安德魯·所羅門——著

FAR & AWAY
比遠方更遠

HOW TRAVEL CAN CHANGE THE WORLD

林凱雄 譯

ANDREW SOLOMON

一九九七年，尚比亞

（攝影：盧卡・崔瓦多〔Luca Trovato〕）

獻給奧利弗、露西、布蕾恩和喬治，

是你們給了我留在家的理由。

試想返鄉的漫漫長路。
我們是否該駐留家鄉，想想此方？
我們今日該身在何處？
……
大洲、城市、國家、社會：
選擇向來不多，也從不自由。
而此方，或彼方……都不對。我們是否該駐留家鄉，
不論家鄉在何方？
——伊莉莎白．碧許，〈旅行的探問〉

目錄

目錄

Contents

編輯說明：

正文下緣、頁腳上方之頁碼為原書頁碼（下有底線標示，以此和中文頁碼區隔）。全書注釋位於書末。注釋句首所列的參照頁碼為原書頁碼，讀者可依此回到正文翻查。

來自四方的絮語
Dispatches from Everywhere

我大約七歲的時候，父親跟我說了納粹大屠殺的事。當時我們開著黃色別克汽車行駛在紐約9A州級公路上，我一路上都在問他「歡樂谷」（Pleasantville）這地方是不是真的很歡樂。我不記得我們為何在開了兩、三公里路之後聊起納粹，不過我確實記得，他以為我已經知道什麼是「最終解決方案」[1]，劈頭就講起集中營的種種。他說那些人因為是猶太人，所以會有這種遭遇。我知道我們是猶太人，便揣想我們家要是置身那個時空也無法倖免。我拗著父親解釋了至少四次，因為我一直在想自己肯定是漏聽了什麼，這件事感覺才這麼沒道理。他最後說大屠殺就是「純粹的邪惡」，語氣重到幾乎就要結束對話。但我還有一個問題：「那些猶太人在情況變糟的時候離開，不就好了嗎？」

他說：「他們沒別的地方可去。」

我在那一刻下定決心：以後我永遠都要有別的地方可去。我不要變得徬徨無助、仰人鼻息，或是輕信別人；我絕不會以為順遂的事就會繼續順遂。待在家絕對安全的想法，當下就在我心裡幻滅了。我要在猶太區圍牆閉合、鐵軌完工[2]、邊界封鎖之前離

1 最終解決方案：納粹德國在二戰期間企圖對猶太人施以種族滅絕而制定的計畫。納粹德國元首阿道夫．希特勒稱此計畫為「猶太人問題的最終解決方案」。——編注

開。如果曼哈頓中城哪天面臨種族屠殺危機，我會做好萬全準備，拿起護照就前往會欣然接納我的某個地方。父親說有些猶太人得到非猶太裔友人的協助，於是我下定決心，永遠都要結交跟我不一樣的朋友，會收容我、救我脫險的那種。從這個角度看來，當初我與父親聊的那番話主要是關於駭人的慘事，但也關乎愛，而且隨著時移事往，我也漸漸了解，人能藉由博愛拯救自己。有人因為思維模式太囿於地域而送命，我將來不要有這個問題。[2]

過了幾個月，我和母親去一家鞋店，店員說我有扁平足，並大膽預言我以後背部會有問題（他不幸言中），我大概也會因為體位不符而不必當兵。當時越戰占據新聞頭條，我也認定自己中學畢業就得去打仗。我就連在沙坑跟人扭打都贏不了，一想到要背負著槍枝被丟進叢林，我就嚇呆了。母親認為越戰只是在糟蹋年輕生命，不過二戰就值得打了，每個美國好男兒不論有沒有扁平足都盡了一分力。我很想弄明白是怎樣的相對標準，使我的親生母親認為有些戰爭師出有名，連我都理當赴死，另一些不知怎地就不干我們的事。戰爭雖然不在美國境內發生，美國還是能送你去世上任何地方的戰場，不論這麼做應不應該。無論有無扁平足，我都想認識那些地方，好有能力自行下判斷。

過去我對世界心懷畏懼。即使我免於應召入伍，法西斯主義也沒能在尼克森的年代站穩腳跟，不過核武攻擊的陰影一直揮之不去。我做過蘇聯在曼哈頓引爆炸彈的噩夢。雖然當時我還不知道「流浪猶太人」[3]的傳說，卻已勤於擬定逃難計畫，並且想像著在港口間輾轉漂泊的人生。我覺得自己可能會被綁架，父母特別煩人的時候，我想像自己其實就是被綁架的孩子，從更宜人的國家、更好的父母身旁被帶走，然後丟到這個莫名其妙的美國杜鵑窩裡。這些憂慮，早早就為我初成年時期發作的焦慮症打下了基礎。

在預期大難終將臨頭的同時，我對從未踏足的英格蘭倒是日漸神往。我的親英傾向大約始於父親從我兩歲開始為我朗讀的《小熊維尼》，接著是《愛麗絲夢遊仙境》，後來陸續有《沙之精靈》和《納尼亞傳奇》。在我心中，這些故事的魔力既來自作者無邊的想像，也來自英格蘭。我對柑橘醬和英格蘭更悠久的歷史都產生濃厚的興趣。對我的各種沉迷愛好，父母的反應通常是教訓我別自以為是威爾斯親王。我隱約生出這個念頭：要是能去英國就好了，我在那裡將獲享各種權利（會有人幫我收拾玩具，這是我清單上最奢侈的一項），當時的我認為人能否享有特權，跟所在的地區比較有關，而不是出生時的造化。如同所有逃避現實的幻想，我對英格蘭的遐思不只關乎我想前往的地方，也關乎我想拋下的東西。那時我是個前同志期的孩子，還沒認真想過自己與眾不同的根本原因，因此也沒有詞彙去分析。我就連在家都覺得格格不入，雖然這想法尚未明確成形，但我明白如果去一個讓自己真正成為外人的地方，別人或許就不會注意到我的特異隱含著更私密的本質。

我的兒時保母更滋長了我最初的親英傾向。我在嬰兒時期有腹絞痛的毛病，所以母親想找個幫手，好讓她每星期能有一天喘口氣。她發出徵人廣告，與可能人選約好面談時間。有一天她並未安排面試，門鈴卻響了。令母親意外的是，門口站著一位體寬與身高相當的蘇格蘭中年婦女，而且一開口就宣稱：「我是保母。我是來帶寶寶的。」母親以為自己忘了有面試約，於是領貝貝進我房裡，結果我在幾秒內便安靜下來，並且吃了有生以來胃口最好的一餐。貝貝當場錄取。後來才真相大白：貝貝搭電梯走錯樓層，原本要去十四樓E室那戶人家，卻來到十一樓E室的我們家。不過到那

2 此處的鐵軌是指「大屠殺列車」，亦即納粹德國為了將猶太人運送至集中營、勞動營與滅絕營所整合出的鐵路系統。——編注

3 始於十三世紀歐洲的傳說：耶穌前往受十字架釘刑途中遭到一名猶太人戲弄，這名猶太人因此遭上帝懲罰，必須四處流浪到耶穌再次降臨為止。——譯注

時也來不及了。接下來十年，貝貝每週四都來我家，做雪利酒乳脂鬆糕給我們吃，講她在馬爾島上長大的故事給我們聽。她小時候有過一個手提袋，上面綴著三塊布標，分別寫著「巴黎」、「倫敦」和「紐約」。她對她的祖母說，有一天她要把這些地方全走一遍，把她的祖母逗笑了——但貝貝真的做到了，甚至在這三個城市都住過。

貝貝就像我心愛的英國書裡的角色，既古怪又充滿魔力——她自己也像個孩子，沒辦法煩惱、失望或生氣。她教我如何發出捲舌的「r」音。當我跟弟弟太過吵鬧的時候，她偶爾會說：「小心點！班特利！」[4]，而她最嚴厲的訓斥也就如此而已。在我的想像裡，每個英國人都像貝貝一樣，幾乎無時無刻都覺得我討人喜歡，而那裡的孩子即使沒吃光蔬菜、沒做完功課，每餐還是能來第二份甜點。

異鄉英格蘭還有一個故事也令我感動，每當我想到那些因無處可去而喪命的人，這故事總能撫慰我。我們隔壁鄰居艾瑞卡・厄巴赫（Erika Urbach）和她的母親奧分巴赫太太（Mrs. Offenbacher）是捷克裔猶太人，當年在納粹逼近時取得英格蘭入境簽證，不過她們穿越歐洲所需的過境簽證直到英格蘭簽證失效後才辦下來。儘管如此，她們還是在布拉格搭上火車。到了荷蘭，一名官員想把她們趕下船，聲稱她們在英格蘭不會獲准入境，不過奧分巴赫太太堅稱她們的過境簽證有效，不該被趕走。等渡輪在多佛港口靠岸，奧分巴赫太太站了整整一小時，看著人群魚貫通過入境檢查哨，想判斷哪個移民官看起來最好心。最後，奧分巴赫太太（她是美麗的女性，艾瑞卡也是漂亮孩子）小心翼翼選了支隊伍排上去。移民官注意到她的證件有問題：「您的英國入境許可過期了。」奧分巴赫太太平靜地回答：「沒錯。但您如果遣送我們回去，我們死路一條。」兩人四目相交，沉默良久，最後移民官在兩份護照上都蓋了章，對她說：「歡迎來到英格蘭。」

我專注於發掘異國避難處，而與這份專注相應的，是我對這個我發現原來相當駭人的世界所抱持的強烈好奇。英格蘭位居我種種想像的中心，不過我也想知道中國人早餐吃什麼，非洲人怎麼打理髮型，阿根廷人為什麼那麼愛打馬球。我如饑似渴地閱讀，沉浸在印度童話、俄羅斯民間故事以及《韓國奶奶故事集》裡。母親曾經帶了一盒舒潔面紙回家，盒子上畫著身穿各國服飾的人。我信以為真，以為在荷蘭人人都踩著木鞋喀喀四處跑、秘魯人都頭戴俏皮的圓頂小帽，同時我也想像著自己見到盒身上所有人的情景，即使面紙用完，仍留著盒子捨不得丟。全世界所有國家，我想要至少都去一次——彷彿踏上中國或印度、登陸甘比亞或摩納哥，或者走遍巴哈馬群島，都只是清單上的一個勾。

我很幸運，母親是熱愛旅行的人。二戰一結束（當時她年方二十二），她便立即前往歐洲，那是她首度訪歐，在當時前往飽受蹂躪的歐洲大陸旅行尚屬新奇之事，所以母親家鄉的報社還報導了她的啟程。我十一歲那年，我們全家進行了第一次海外大旅行，前往英格蘭、法國和瑞士。接下來幾年間，我們也經常趁父親出差跟著去歐洲。父親對新地方向來不特別感興趣，不過觀光帶出了母親最好的一面。不論去哪裡，她都會在行前教我們認識那個地方，我們會讀相關書籍、學習當地歷史，調查我們會吃些什麼、看到什麼。母親熱愛擬定行程，會為每一天規劃路線，細至起床和返回旅館的時間。這種一絲不苟聽來可能有點嚇人，但其實讓人很放鬆，因為這代表唯一會出人意料的只有那些地方本身。我們從不匆忙趕路。母親曾說，要時時帶著你將再訪的心態去旅行，如果你覺得你只會來一次，就會想盡辦法什麼都看，也因此無法真正看進什麼。她說：「永遠留點東西給下一次，好吸引你回頭再訪。」

4 小心點，班特利！（*Gently, Bentley!*）：典出澳洲籍廣播明星迪克．班特利（Dick Bentley, 1907-1995）的喜劇節目。——譯注

然而，直到中學時期，我才開始把這些地理上的探險與宏大的敘事連接起來。多納迪歐先生是我九年級的歷史老師，很喜歡誇大其辭，把許多重要人物（拉美西斯二世、本丟·彼拉多、凱薩琳大帝、拿破崙、湯瑪斯·傑佛遜）形容為站在「歷史的十字路口」。我想像他們是一群大無畏的男女，對號誌燈不屑一顧，在他人筆直前行之處猛然左彎右拐。我後來體認到，這些人的抉擇雖然重塑了世界，但他們同樣是受自身處境驅使才做出那些抉擇。我的另一個老師則堅稱，我們無法斷定這些領袖是有意識地締造歷史，又或者僅是迎合歷史所需。我還記得九年級的我一心只想親眼目睹歷史的十字路口，並做著青少年的大夢：如果我能對人述說那個交叉點上發生了什麼事，或許還能左右歷史進程。

一九八〇年，我念十一年級，我們學校合唱團預定前往蘇聯演出，不過蘇聯在此數月前入侵阿富汗，於是我們改道羅馬尼亞和保加利亞（我在保加利亞人口第七大城普列文進行了人生首次獨唱表演，曲目有西班牙民謠〈啾啾啁〉〔Ríu Ríu Chíu〕，地點是城郊的某家安養院。有鑑於我的男中音宏亮卻刺耳，這幾乎也成為我的絕唱）。我從沒聽說有人去過這些國家。在我們從美國啟程前，多位老師和睿智的大人告誡我：保加利亞是蘇聯的傀儡國，一個糟糕透頂的地方，羅馬尼亞倒是有個尼古拉·希奧塞古，一位勇敢獨立、拒絕聽命於莫斯科的領袖。然而，我們一抵達保加利亞，全都感受到了真摯的溫暖。即使我們的領唱女高音路意絲·艾頓（Louise Elton）和我曾短暫被一班吉普賽人拉走，整體氛圍仍很愉快。反觀在羅馬尼亞，接待單位努力想讓我們相信這裡是自由開放的國家，但我們每天目睹的卻是大相逕庭的壓迫情景。曾有個病人想透過醫院窗戶向我們揮手，身穿軍服的看護卻把他猛地向後拽走，並迅速放下百葉窗簾。在街道上，面露焦慮不安的羅馬尼亞人走近，請我們幫忙夾帶信件出境，卻又不敢多談。每個角落都能看到橫眉豎目的士兵。我們被禁止尋訪布加勒斯特，理由是「在羅馬尼亞，我們沒有不正經的夜生活」。在後續旅途中，我們津津有味地一再重溫這番說詞。

回國以後，我對大家說保加利亞很迷人，羅馬尼亞是讓人發毛的警察國家。每個比我有見識的人都說我錯得離譜。後來，世人在該國政權易手後發現希奧塞古沒那麼值得敬佩——他治下的羅馬尼亞很可能是東歐壓迫人民最甚的政權。關於直覺，這是個很好的教訓：乍看美好的地方，實際上可能十分險惡，不過感覺很險惡的地方，就絕少真的很美好。

近三十年後，我訪問了利比亞領導人穆安瑪爾．格達費的兒子賽義夫．伊斯蘭．格達費。賽義夫在某些方面很有說服力：一身瀟灑的倫敦薩佛街訂製西裝，英語流利，人脈通達，大器又不失和藹。但他也自我中心得令人不安，會公然說謊。他所描述的利比亞生活是如此安和樂利，與我親身見聞幾乎無一吻合，簡直有如行為藝術。在那次拜訪的幾年後，我受邀參加一場著名外交政策組織為他籌辦的早餐會。他在會中發表了一段二十分鐘的演說，隨後每人都獲邀提出一個問題。現場與談人士之畢恭畢敬令我大感詫異，其中許多人是老練的外交官。輪到我的時候，我說：「您保證會實現的事，在五年前就承諾過了，但目前為止全都沒有兌現。我們有什麼根據相信現在的這些承諾是可靠的？」事後有人責備我對代表「我們在北非最大的希望」的「天才政治家」不敬。如今賽義夫被關押在牢，並因為在利比亞革命中的殘暴行為，遭到國際刑事法院依危害人類罪起訴。他在革命期間公然表示，如果平民革命繼續下去，將會「血流成河」。見證人可以比政策分析家更有價值。沒有專業知識而免於概念偏誤的見證人，有時反倒能看見最淺白的真相。我們絕不能被一個人的行頭蒙蔽了雙眼。

大學畢業那年夏天，我去拜訪朋友潘蜜拉．克明斯（Pamela Crimmins），她意外受雇擔任美國駐摩洛哥大使的個人攝影師。當時摩洛哥沒有手機，室內電話也不多，所以我們事先約好，潘蜜拉會在我飛抵首都拉巴特時到機場與我碰面。這是我頭一回獨闖與個人生活經驗天差地遠的地方。班機在夜間降落，我卻發現竟然沒人等在那裡迎接我，整個人慌了手腳。有個男人開著老舊的汽車，主動提議載我去潘蜜拉住的那棟樓，到了之後，我開始跑上那棟樓的樓梯，在每層樓大喊：「潘蜜拉！」最後總算聽到她睡意濃厚的聲音：「安德魯？」事後回想，當晚發生的都只是小事，但那種因為身在異地不知所措而高漲的恐懼，我至今仍然記得。我自己的單純讓我受到的驚嚇，就跟真正感受到危險一樣強烈。

第二天早上醒來，我對我們的摩洛哥遊歷計畫興奮不已，卻得知潘蜜拉臨時必須工作。她提到大使館有個司機哈邁德．艾胡瑪迪（Ahmed El Houmaidi）想去馬拉喀什探望姨母，建議我跟他同行。於是我跟哈邁德在隔天一起搭客運出發。哈邁德的姨母住在市郊的一棟煤渣磚房，中庭裡種著一棵石榴樹。她認為有外國人來訪是了不得的大事，特地空出她的房間供我下榻。

那個星期的每天傍晚，他們家的男人都會散步到馬拉喀什的德吉瑪廣場上。這片開闊的空地在白天擠滿遊客，晚上是當地社交生活的中心。哈邁德有幾個親戚在廣場工作，因此我們也在漸沉的暮色裡與那些魔術師、說書人和舞者一起消磨時間。回家後，晚餐總有塔吉鍋料理等著我們。家裡的女人永遠戴著面紗，在煮飯打掃中度過一整天，而這時她們會取水為男人淋洗雙手，接著便退到外頭，等我們用完餐再進來吃剩下的飯菜。屋裡既沒有自來水也沒有電力，哈邁德的姨母唯一的寶貝是一台電池收音機。此行最後一天，姨母對哈邁德說，她想知道自己最喜歡的歌曲在唱什麼，不

008

過哈邁德的英文能力不足以聽懂歌詞，於是他來問我。我回答：「你姨母可能會覺得這首歌很難理解。歌名叫〈女孩只想玩樂〉（Girls Just Want to Have Fun）。」

兩年後，因為我弟弟在大學修演化生物學，所以我們家規劃了一趟加拉巴哥群島之旅。我們買的郵輪票附贈一段厄瓜多行程，不過我父母不感興趣，參加這次航程的其他旅客也是，我跟弟弟於是獨享了導遊服務。我們先去參觀基多，接著前往匡卡探索因加皮爾卡的印加文明遺址。導遊警告我們那裡不太平靜，但又說我們要是想去，他也奉陪。一路上杳無人跡，整個遺址也只有我們一行人，除了偶爾有隻駱馬現身串場。在回程的陡峭山路上，司機因為一塊巨石擋在路中央而驟然停車。一幫人突然從樹叢後猛竄出來，迅速衝向我們。有人劃破輪胎，另一人砸碎擋風玻璃，還有一人揮舞槍枝。導遊叫我們速速下車。在司機與革命分子談判的同時，我們兄弟倆和導遊被關在一間棚屋裡。那些革命分子聲稱他們因不想納稅而宣告獨立，我們則透過司機解釋：很巧，我們也不太喜歡納稅。司機顯然是告訴他們，美國軍隊恐怕會轟炸他們的村子、對他們的作物下毒。我們在大約兩小時後獲釋，拖著腳步下山，直到後來搭上便車返回匡卡。那時的我已經不是從前在摩洛哥的那個我了，儘管事態驚險得多，卻遠沒有那麼驚慌。

在另一個國家生活和旅行完全是兩回事。後來我去了英格蘭念研究所，也發現那裡儘管是我幻想中的精神原鄉，卻也還是有令我不安的陌生習性。改採英式口音、略知英美用字差異，這稱不上嫻熟當地文化。親疏關係與交談方式、穿著和行為舉止、幽默和恭敬，這些我都得掌握新的規則。

我被分發到大學所有的一棟住宅，室友有美國人也有幾個澳洲人，舍監的解釋是我和「同類」在一起，「感覺一定比較自在」。不過我橫越大洋而來，不是為了和同胞住在一個屋簷下。我換房的請求遭到禮貌但堅定的拒絕，當我鍥而不捨，拒絕變得沒那麼禮貌且更加堅定。我在開學兩週後得了重感冒，於是去見駐校護士喬治修女。她主動提起我那棟宿舍新鋪了滿是毒素的化纖地毯，並推測道：「或許你對你的房間過敏？」我抓住機會，請她對舍監提一提這個難以置信的可能原因。隔天舍監把我叫去辦公室，懊惱地嘆了一口氣說：「好吧，所羅門先生，你贏啦。我幫你找了另一個房間。」

我花了一段時間才明白，教育在英格蘭通常被視為愜意的奢侈品，而不是受實現抱負用的必需品。從前我並不了解，在階級分明的社會，英才制的立足點是多麼薄弱。我也不知道為何每種食物都要水煮這麼久。我同樣無法想像在同一片土地上生活、勞動了數百年的家族所累積出來的那種自信，以及再怎麼情真意摯也得優雅地以幽默半遮半掩，還有整個國家令人安心的那種永恆氣息。令我驚訝的是，我的英國朋友從未讀過我所喜愛的許多作家，而我也從未聽過他們喜愛的許多詩人。我們確實是被共同語言分化的兩個國家，而所謂的共同語言也比我從前想像中來得歧異。我愛上了處處可見的隆重排場，以及逸樂和成功同等重要的新奇觀念。我愛上了英格蘭的銀行假日[5]和茶點時間。我也喜愛他們的宗教信仰崇高且遵循儀式，而不是充滿論斷又無止境地推陳出新。英格蘭人旅行的步調遠比美國人更為堅定沉穩，令我印象深刻。實際上，也是他們更融入環境的探索方式，助我踏上這本書所記述的旅途。除了那些使我成為小小親英分子的原因，我開始因為其他理由愛上英格蘭。

我拿到第一個研究所學位之後，決定在英格蘭停留一段時間，於是著手寫信洽詢出版社和雜誌社。當父母在那年春天來看我，我輕快地告知我正在找個倫敦的工作。當時我們正在格蘭切斯特一家酒吧裡，父親聽到我的打算，氣得一拳猛捶在桌上，現場客人全安靜下來。他說不准，我則反駁他已經無權對我下禁令了。人人都會違逆父母，但我事後回想時醒悟，我之所以這麼做，也跟這地方不無關係。

其實，我選擇留在英格蘭，一則是為了鞏固和新家園的連結，另一則是想證明自己遠離老家也活得下去。當時的我二十三歲，是個男同志，正準備出櫃（雖然我對此還不全然自覺），而我沒辦法在紐約這麼做，因為我覺得在那裡會被捲回旁人期待與預設立場的漩渦。我必須與美國切割才能有喘息的空間——不是為了作自己，還不是，而是為了想清楚我在成為怎樣的自己。跟許多年輕人一樣，我把身為局外人的光環與隨意地思考、行事的自由混為一談。光是承認新找到的自我還不夠，我還要為自己創造出新的人格面具，用天馬行空的想像力闖出天馬行空的名聲。我奇裝異服，以為能與舊時代的優雅相呼應，講話刻意咬文嚼字，社交生活放蕩不羈，任何邀約來者不拒。像這樣練習定義自己，雖終究有助於年輕人經歷波折，卻往往很惹人厭煩。我自以為的創舉常流於矯揉造作。我放肆地展現新生的英式自我，同時又虛偽地堅守母國的價值觀。我拒絕承認自己的養尊處優和由此而來的獨立自主，也不願正視內心的混亂。我在性傾向上的困惑經由模糊的國族認同表露無遺。

就像我這年代的許多同志，我在自己挑選的地方和友誼裡安身立命。但隨著時間過去，我意識到自己在英格蘭交際時有種幼稚的傲慢，也不懂我必須略為改變才能維繫友誼。英格蘭朋友的英式風範令我傾倒，而我以為保持美式作風也能取悅他們——然而，選擇移居他鄉的人是我，不是他們。我嚴重得罪了幾位我喜愛的人。這些友誼可能本就無法維持，當時我很年輕，心理還很魯莽輕率，又因為迅速惡化的憂鬱症困在唯我論中。老朋友紛紛結婚成家，我仍保持單身，這種人生經歷的差

5 銀行假日（bank holiday），即國定公共假日。——譯注

異也讓我自覺處於不自在的邊緣人狀態。今天我有許多摯友是住在紐約的英格蘭人，或是住在倫敦的美國人。流離異地造就了包容的家園，也成為與他者共通的經歷。

如果說我歡快的放逐人生始於英格蘭，這段人生則在我移居莫斯科時臻於圓滿。我的中學合唱團訪俄之旅因為蘇聯入侵阿富汗被迫改道。幾年後，我們家原本計畫去蘇聯旅行，又碰上車諾比核災，行程不得不在最後一刻取消。我有好多心愛的文學作品來自俄國，所以我也像契訶夫筆下著名的三姊妹一樣，開始哀嘆這輩子究竟何時能去莫斯科。一九八八年，我為英國月刊《哈潑女王》（*Harpers & Queen*）擔任藝文特派記者，正逢蘇富比公司籌辦首場蘇維埃當代藝術拍賣會。我看過拍賣品預展的結論是：這是一場自私的騙局，只是在糊弄有錢的收藏家購買劣質的藝術品。我打算寫篇文章，全盤揭發這起愚弄富豪的可悲事件。

然後我去了莫斯科。我在那裡的第三天預計要訪問一群藝術家，他們在福曼尼巷（Furmanny Lane）占領空屋並設立工作室，結果我的翻譯沒來。我不想失禮，於是獨自前去赴約，那些藝術家示意我留下來參觀無妨。起初我們沒怎麼說話，因為我不諳俄語，他們不說英語。過了幾小時，有個會法語的人來了，雖然我法語說得很差，但我們總算搭上幾句話。幾小時後又來了個會說英語的人。雖然我當下沒察覺，不過我們最初說不上話的空檔其實是天賜良機，這讓我有時間觀察那些藝術家的互動。當他們給彼此看作品，我發現他們看到了我沒看到的東西。後來我才明白，為了避免惹來國家安全委員會（KGB）的注意，他們刻意讓作品顯得平庸，但裡面其實充滿言外之意。要能解讀這些意義，關鍵在於這群人之間的關係，而他們全都不指望對更多觀眾公開展覽。這些作品滿是圈內笑話，更重要的是，這種創作反映出一種深刻的密契主義：面對一個致力抹滅真相的政權，這群藝術家相信自己在捍衛藝術操守。

如果那天早上我的翻譯來了，我絕不會有那些領略。西方世界對這些藝術家很好奇，而我很快發現他們也對西方世界充滿好奇，卻因為交流全面被禁而缺乏參照點。我帶著對西方藝術界的粗略認知進入他們的軌道，而他們想獲得我能提供的指引。我脫離了熟悉的環境，大受衝擊，對他們的世界摸不著頭緒，不過隨著我們的共同點逐漸浮現，他們對我也非常包容。

隔年夏天我重返莫斯科，待了一個月做調查。我還記得自己出發時，滿心恐慌地坐在倫敦的希斯洛機場。我想去見我的俄國朋友，已經決定第一本書要以他們為題，但也感到一絲對陌異之地的畏懼，就跟四年前在摩洛哥一樣。我的自我意識仍然脆弱，十分依賴唯有熟悉感能帶給我的恆常安慰。在莫斯科，不論吃什麼、睡在哪、談什麼話題，一切都迥然不同。

起初我和一群德國藝術家住在一間達恰[6]裡，但後來改在福曼尼巷的占屋基地紮營，住得也是有些提心吊膽。我自認是觀察者，結果卻發現藝術家朋友把我當成共同參與一切的一分子——既因為有人從旁記錄使生活發生了變化，也因為外來者在場這件事永遠不可能不引起注意。當時那棟空屋已經住了超過一百名藝術家。雖然屋子裡有多間廁所，但只有一間位於中庭另一頭的浴室能完全正常使用。不像那些藝術家，我天天都要洗澡。我向畫家賴瑞莎・瑞曾—澤維茲杜契托娃（Larisa Rezun-Zvezdochetova）借了一件桃紅色的毛巾布浴袍，但她身高不及一五三公分，因此這件浴袍只能怪模怪樣地掛在我瘦長的身子上。幾年後，俄國有一部介紹蘇聯晚期藝術界的紀錄片問世，其中一

6 達恰（dacha）：俄羅斯的鄉間小屋，度假用的居所。——譯注

段俯拍到我每天穿著萊瑞莎的浴袍穿越中庭的身影，可說是那段逝去時光的標記。

我去莫斯科時已經知道蘇聯統治的黑暗，卻沒料到反抗的規模有多麼壯闊，也沒想過延滯的意識形態危機將如何損害社交關係。這些俄國人建立親密關係的能力與社會失能的程度恰相對應。我向來夢想藝術有能力改變世界，卻又認定藝術實際上徒具消遣功能。然而，對這些俄國人來說，創作的初衷就是改變世界。藝術家妮基塔・阿列克謝（Nikita Alexeev）對我說：「你瞧，我們一直以來要當的不是大藝術家，而是天使。」如今面對一個期待他們遵循商業期望的西方市場體系，有些人端出很能取悅收藏家和美術館的作品，有些人繼續追隨最初的道德理念，創作幾乎不具市場潛力的作品，還有些人完全退出藝壇。

從史達林的年代開始，諷喻就是他們的最佳防禦，也是他們接觸新的世界秩序時所穿戴的盔甲。很多蘇聯人曾經免於入伍，後來又被強制徵召，藝術家柯茲亞・澤維茲杜契托夫（Kostya Zvezdochetov）也是其中之一，他在一九八〇年代早期曾被迫服懲罰性的兵役。這套作法不像古拉格勞改營那麼吸引西方世界注意，但功能相同。柯茲亞來到西伯利亞東部和日本北端之間的堪察加半島，與一群強盜和殺人犯為伍。他的營隊奉命給一棟蓋在融化冰層上的建築挖除地基，而他身形瘦小，老是生病，後來上級總算發現他有繪圖天分，於是讓他負責製作政治宣傳海報。許多年以後，柯茲亞在他首場西歐展覽上對我提起這段往事：他曾經被發配到東部邊疆，比他夢想前往和有意前往的東方都來得更遙遠。他也曾被安置到一個房間，有人給他顏料、畫具，命令他創作，而他即使不同意作品的用途，卻仍然照辦，因為這使他免於苦役。他向我解釋，現在他來到西方，比他夢想前往和有意前往的西方都來得更遠。而他再次被安置到一個房間裡，同樣有人給他顏料、畫具，命令他創作，他也再次懷疑自己的作品是在支持一種他不認同的意識形態——但同樣地，如果這能使他免於苦役，他還是會照辦。

我的《諷喻之塔：開放政策時代的蘇聯藝術家》（*The Irony Tower: Soviet Artists in a Time of Glasnost*）在一九九一年六月出版，那時有人問我這本書會不會出版俄文譯本，我的回答是：蘇聯國內正在發生什麼事情，他們自己知道，實在無需外國人告知。然而這本書還是在二〇一三年出了俄文版，附加一篇柯茲亞的前言。彼時俄國的政壇與藝文界已經改頭換面，他們是出於對歷史的興趣而想知道我們走過的那段日子。這使我覺得我老了，但也不禁沉思，年少的我以參與變動為志向，而這志向或許終究實現了——我在記述這些變動的同時，也將自己銘刻其中。

二〇一五年十一月，我與一位俄國藝術家朋友安德列．羅伊特（Andrei Roiter）吃晚餐，向他提到這本書，並且重溫了我寫進書裡的一些共同往事。他問我：「還記得我們當時多麼滿懷希望嗎？」我暗忖他是不是對未竟的夢想感到遺憾，然後他說：「即使一切最終證明只是空想，光是當時能夠感受到那股希望，就決定了我所有的想法、我畫過的所有作品、我所成為的一切。」我們對俄國在普丁治下的不公不義慨嘆不已，他又說：「就連當時的暴力都不一樣，因為那是因希望而起的。」我在我們聊天時領悟到，希望有如幸福快樂的童年，曾經沐浴在希望裡的人也應付得了人生接踵而至、無可避免的創傷。希望給人的體驗有如原始的愛。我的生活向來與政治無涉，去了莫斯科以後，卻感染了那種人格操守要嚴陣以待迎接考驗的堅持。當時的我還不知道要稱這為「人生使命」，不過這本書所敘述的旅程全是由那份昂揚引起。那群蘇聯藝術家的樂觀感受背後所憑恃的，後來證實多半是幻夢一場。然而，即使只是出於想像的現實，那感受仍舊真切。破滅的希望仍飽含一種高貴的特質，是全然無望的人永遠無法了解的。

母親病危時，我從倫敦和莫斯科搬回老家，好就近陪她共度餘生最後幾個月。離開紐約使我獨立，不過母親的死掏空了我自創的身分認同。我之所以能夠獨立，是因為有脫離的對象，而那個對象部分是美國，部分是我的原生家庭。我思量母親的病況，結論是自己高估了分化[7]的價值。我搬回家陪她並待了下來，因為我終於能接受自己或多或少是美國人。然而，沒人事先警告我，只要你曾經長期旅居在外，「家」的概念將永遠是妥協的結果。你將永遠思念另一個地方，任何國族邏輯於你再也不可能完全理所當然。

我重返紐約定居一年後，倫敦的律師來電通知，我已經拿了六年英國工作簽證，所以有機會申請歸化公民，只需要符合十幾項標準即可。我一直乖乖繳稅，從來沒有犯重罪被捕的紀錄，但最後一項是過去六年間不能離開英國超過兩個月，在這一點上我就有困難了。我一時興起，寫信向英國內政部解釋：我去俄國是為寫書做研究，待在美國是為了照顧母親，不過我的心是忠於女王的。這封信在一九九三年秋天寄達內政部時，當值的職員想必閒得發慌，因為我收到的回郵是公民身分證件。

英國公民身分讓我之前看似藉口的託辭變得正當合理，擁有雙重國籍也多少緩解了我的焦慮。如今我不但能聲稱擁有兩個去處，也化身兩種不同的人。這彷彿使我卸下精心打造單一身分的重擔，我不必再試圖把矛盾的本性硬擠進單一的敘事，弄得自己精疲力竭。這證明了我嘗試當個外人的實驗成績斐然，我也因此有了選擇。我看著新護照，不由得想到父親說的：「他們沒別的地方可去。」我有別的地方可以去了，永遠都有。

歸化證件落實了我自稱世界公民的說法。雖然我無疑會繼續旅行，但現在，我感覺自己對天涯海角的探索又擁有了雙重的正當性。在家鄉的日子往往模糊成一片，處於陌生環境則讓生活鮮明起來。丁尼生在〈尤利西斯〉一詩中寫道：「我無法停下旅行的腳步：我要痛飲人生／直至糟粕。」我珍視旅行，因為旅行彷彿能夠停下時間，強迫我棲身於現在式。據傳希波的奧古斯丁曾說：「世界是一本書，不旅行的人只讀了一頁。」而我想從頭到尾讀個一頁不漏。於是我整裝出發，去看看我在世上想要成為的改變[8]。

我的朋友克里斯汀．卡里爾（Christian Caryl）是傑出的政治記者和評論作家，一九九二年移居哈薩克主持該國的經濟研究院，我在一年後去找他。我對他說，我想去大草原上認識游牧民，他哈哈大笑，並問我和那些人見面時打算說些什麼。後來我們去阿拉木圖（後來更名為阿爾馬地）市郊登山，卻在上山途中被暴風雪困住，我們緊緊擠在一起抵禦風暴，過了一個小時聽到有輛車駛來，於是拚命揮手攔車。司機讓我們上車，開車時頻頻就著扁瓶喝酒，但我們實在沒資格抱怨。他把酒瓶遞給我，我以為是伏特加，喝了一大口，結果那其實是穀醇——純穀物酒精。光是這一口就讓我暫時失明、頭昏腦脹。然後我把酒瓶遞給克里斯汀，我們就這麼一路又喝又唱地下山。我們的救命恩人問我走進他的地盤幹什麼，我脫口說出想去大草原認識游牧民，他便主動提議隔天早上帶我們走一趟。於是我們自願採買明天要喝的穀醇。

游牧民的熱誠好客無人能及，雖然自從史達林強推集體化政策以來，他們已不那麼四處遷徙。我們坐在圓頂帳篷裡，對他們接二連三問個不停。其中一人提到，他對伊朗的觀感是基於該國在當地建設的道路和醫院，至於對美國的印象，主要是來自那裡最常播映的外國節目——連續劇《海灘

7 分化（differentiation）：指脫離原生家庭及對父母的依賴而獨立。——編注
8 作者這句話刻意翻轉了甘地的名言：「你必須成為你想在世上看到的改變。」——譯注

遊俠》。所以他認為伊朗很好，美國墮落而邪惡。有鑑於哈薩克是幅員遼闊且富藏石油的國家，且當時甫獨立不久，我認為這是個重大資訊。我在回家後寫下此行見聞，把稿子投給我認識的《新共和》雜誌編輯，而他幾乎立刻回電跟我說：「真奇怪，關於哈薩克偏愛伊朗的稿子，我這星期已收到第二篇。那個地方一定發生了什麼事。」我尷尬地打電話給克里斯汀，他承認他也把我們出遊的故事拿去投稿了。

遊客應該觀察而非涉入當地社會，這是我年輕時隨父母旅行所耳濡目染的旅遊觀。身為記者，我很快發現這種認知的狹隘。當我初訪某地，通常都是接受當地人竭誠款待的那一方，我不知道自己如何能不回報。一九九二年，我和一個朋友在辛巴威出了車禍，有個前車胎在泥土路上爆胎，整輛車上下顛倒栽進茂密的叢林。我們不得不提前結束行程，設法把這輛老爺車弄回南非。當時我們在露營旅行，帶著十天份的糧食和好幾袋南非玉米粉（一種玉米加工製成的當地主食），本來打算如果得跟當地人家借宿就分給他們，如今也沒必要全帶回去。所以日出後，當我們行經一片特別簡陋的圓頂茅屋聚落，便把車停在附近路邊，我還爬了一段陡峭的堤岸。我看到幾個人圍著微弱的火堆搓手取暖，就把十包糧食遞給他們，短暫沉浸在他們的震驚當中。在旅途上，我們必然會承受陌生人的幫助，反之亦然。

交流和互惠的問題愈來愈令我關切。任何新關係都會對雙方造成破壞，與其盡力避免與降低破壞，我開始試著坦然接受。旅途中的交流有時很深刻，但通常是無心插柳。雖然我善於融入殊異的環境，還是得承認自己格格不入，並接受他們也會察覺這份格格不入。想和當地人打成一片，假裝自己與對方無異並沒有用，而是應該和他們討論彼此的不同，並將「自己的生活方式在任何方面都比他們更優越」的假定拋開。

由於卡斯楚的堅持，古巴有許多年都是無神論國家，後來他才讓古巴轉型為比較溫和的世俗主義社會，最後他在一九九六年與教宗會面。所以我在一九九七前往哈瓦那的時候，當地人都還在猶豫要不要慶祝耶誕節。在此之前的數十年間，除夕夜取而代之，成為家人團圓歡慶的時刻。如今古巴人開始考慮在年末舉行更熱烈的慶祝活動，我決定搭上這股新興活力的順風車。我跟朋友在哈瓦那舊城的某一區找到一間公寓，那一帶環境不怎麼樣，不過公寓挑高六公尺、圓柱華麗、天花板飾條精雕細琢，還有一座陽台，面向對街的歷史老屋。想要快速深入地認識陌生國度，辦派對是最好的方法。在古巴，派對一開始，舞就跳起來。瑪蓮妮是豔光四射的芭蕾舞者，也是黑人女同志，她領我到公寓中央並向我吐露：「音樂是我最重要的東西，讓我能夠感受。」但無論如何，當下我們有的是感受：我們有六個英國人、兩個美國人，還有大約三十個古巴人（其中包括外交人員、醫師、藝術家、電視明星、基金會會長、音樂家、娼妓、學生），大家齊聚一堂，共同慶祝對嶄新開始的種種想望。尷尬、害羞迅速消散，莫希托調酒功不可沒。到了午夜，我們倚在陽台上往街道潑水，一桶又一桶，附近的家家戶戶都在這麼洗舊迎新，雖然有些人手裡只有雪利酒杯，有些人則是接了幾大桶雨水，還有人潑的是莫希托。我們堆了一大盤食物，裝了一杯飲料，放在門外供奉聖得利亞教（Santeria）的神祇，然後我們又開始吃東西、跳舞，直到天明。我們在日出中跌跌撞撞回家，街上每個人似乎都在跳舞。古巴人很愛我們的派對，因為它實在太美國了。我們也很愛這場派對，因為它實在太古巴了。

一九九三年，我前往南非報導當地蓬勃發展的藝術圈現場。我在行前租好車，並買了一份道路地圖集。我的班機在深夜抵達，整間機場在飛機滑向登機門時已經關閉。我是那班飛機上唯一租車的人，在車行櫃檯前，我提醒睡眼惺忪的男櫃員我已經訂了一輛自排車。即使在最理想的狀況下，我也開不好手排，南非又是我不擅長的右駕左行。我一路都得翻地圖摸索前進，當時還是劫車盛行的年代，每回停車都得高度警覺，隨時準備在遇險時加速闖紅燈逃命。那位租車行的仁兄消失了二十分鐘，回來後對我說：「好的老大，我們有一輛自排車。」我簽了文件，隨他走出室外，映入眼簾的是我這輩子看過最大的白色賓士。虧我還想著什麼融入當地呢。

當時南非法律仍禁止白人進入黑人城鎮，如果一定要去，身邊通常會有熟門熟路的黑人陪伴，因為這些地區沒有地圖。有天我去黑人城鎮索維托訪問一位畫家，他先在鎮區入口與我會合，再帶我去他的工作室。等參訪完畢，他說出鎮的路很簡單，我自己開車就行了。我依他的指示前進，一路順利，直到警笛在我車後響起。我看到一名警察打手勢要我靠邊停車，然後他來到我車窗邊宣告：「你超速駕駛。」我向他道歉，說我沒看到速限告示。南非白人有藐視黑人警察的名聲，不過我態度恭敬又滿懷歉意。那名警察說：「你在這裡等著。我請我的督察過來。」

十分鐘後，另一輛警車來了。督察下了車，來到我車窗旁邊說：「你超速駕駛。」我再度道歉。他說：「你不是本地人對吧？我請我的長官過來。」

又過了十分鐘，第三輛警車出現。長官說：「你超速駕駛。」

我三度道歉。

「你為什麼超速？」

「我不知道有速限，路上好像沒有告示，而且我是白人，又是外國人，一個人在索維托開著超大台白色賓士，光是這樣就刺眼得要命。」

那位長官聽了大笑出聲。「老兄，別擔心，我們會護送你出去。」

最後我夾在警車車隊中離開，前面有兩輛、後面則有一輛警車護送我。

旅行既是拓展自我，也是認清個人局限的行為。旅行脫去你的背景，提煉出你的精華。沉浸在全然陌異的環境裡，最能讓你清楚地看到自己。一方面是因為別人會對你做出不同的假設，他們的預期通常與你的國籍有關，而不是你說話態度的細微特徵、衣著式樣，或是種種透露你政治立場的跡象。同樣地，旅行也把你偽裝起來，你會被他人粗略的成見包圍，因而有種奇異的隱蔽和匿名感。我很享受隻身一人的狀態，只要那是我自願的。我也能在某個遙遠而艱困的地方怡然自得，只要有人在家鄉思念我。我不喜歡人情世故的束縛，而旅行助我從中掙脫。

在此同時，如同我在蘇聯學到的，這種社交隱匿性也令我深感不安。這種焦慮既反映了理解異文化出身的人有多難，也反映我在他們眼中是模糊難認的。如果我對他們摸不著頭緒，他們對我恐怕也是。當你必須學習新地方種種陌生的規則，突然之間，你又成了生澀的新手。旅行使你謙卑——在家鄉讓你享有聲望的事，到了國外可能顯得無關緊要，或滑稽可笑。在擁有不同標準的國家，你見解的真實性不再可靠。你常常不解他們為何覺得某些事情好笑，有時某些事情卻必須莊重看待。你對自己的標準，幽默、莊重甚至道德的標準，都起了疑問。熟悉的環境緩和了自我認識的衝擊，因為「你是誰」和「你在哪裡」的分野並不明確。可是在陌生的地方，你這個人會更全然彰顯——在家鄉與異國都維持不變的，就是你真正的本性。

文化認知不一致往往會在語言上提供笑料。在挪威峽灣地區的一間旅館，我發現他們在菜單上宣布：「早餐時間每日早上七點半到八點。午餐時間每日中午十二點到十二點半。晚餐時間每日晚上七點到七點半。宵夜供應至晚上十點。」教人不得不佩服他們的簡約精神。西非法語系地區的客房服務菜單也令我著迷，開胃菜的選擇有「燻鮭魚腫塊蛋可麗餅捲」和「小袋裝茄子番茄莫札瑞拉」，主菜是「霉菌、麵包屑帕馬森焗烤」、「烤船長佐橄欖油醬汁」，或素食的「印度跳跳扁豆」。飯後甜點只有一種，「卡士達上的甜點歌劇」[9]。在西安，有人介紹我們認識一位鋼琴家，他與我們共進午餐時解釋他很少開演奏會，主要靠晚上在某間酒吧表演為生。我們不顧他極力勸阻，執意去酒吧聽他演奏。那間酒吧外頭掛著一塊英文招牌，上頭文字流露著中國人抒情婉轉的表達天賦：「八點後陽光朋友更衣俱樂部」（SUNSHINE-AFTER-EIGHT FRIEND-CHANGING CLUB）——原來那是妓院。從此以後，凡是有朋友需要換衣服，我的心思都會飛回中國西北，憶起那些出身鄉下、身穿透薄性感睡衣的年輕女孩，她們有些人桀驁大膽，更多是愁容滿面。

在陌生環境中因為缺乏參照點，即使用心注意，還是容易落得一頭霧水。一九八五年在布拉格，我和朋友柯妮莉雅．皮爾薩（Cornelia Pearsall）研究了唯一可得的旅遊地圖之後，決定去參觀圖上第十六號景點的猶太人區。我們原本預期看到破敗的景象，卻驚喜地發現那是一座美輪美奐的大宅院，許多廳室擁有優美的窗景。裡面所有的說明牌都以捷克文書寫，我們只得自行推敲解讀。柯妮莉雅注意到屋裡有很多鋼琴，我的解釋是布拉格的猶太人社群教育程度很高，藝術素養深厚。結果我們在兩天後發現，第十七號景點才是猶太人區，我們那天下午參觀的是莫札特的別墅。

有時候，我們對眼見之事就是百思不得其解。我在美國前國防部長羅伯特．麥納瑪拉高齡八十多歲時與他結識，他主導的徵兵令嚇壞了孩提時代的我，而他不只毀了一個國家，造成百萬人枉死，最後也徒勞無功。現在的他是和善的老人家，對自己穿越那個駭人的歷史路口懊悔不已。他提到他後來回到越南會見幾名軍事對手，而根據他的描述，他們的對話大致是某個越南人問他：「你為什麼要做某某事情呢？」然後麥納瑪拉回答：「因為你們做了那件事，而那件事代表這個和那個意思。」越南人會反駁：「不不不，那件事的意思跟你說的正好相反！可是你接著卻做了這件顯然想把戰事升級的事！」麥納瑪拉聽了會說：「不是，我們這麼做是為了緩和情勢，因為我們以為你們……」諸如此類，不勝枚舉。麥納瑪拉的種種失誤起於他對敵方的無知，而這個問題在麥卡錫主義的肅清潮下更形嚴重，因為那導致美國政府與大專院校大舉解雇亞洲事務專家。麥納瑪拉就像身在莫札特別墅的柯妮莉雅與我，把錯誤的假設套用在他完全誤解的地方。要不是越戰有超過百萬人死亡，把他與昔日敵手的相逢說成是法式鬧劇的橋段也不為過。要認識一個地方有如了解一個人，得運用深厚的心理學，你必須了解溝通對象才能了解他們表達的內容。唯有虛心，才能接受你的有道理對別人來說沒道理，反之亦然。麥納瑪拉對我說：「我們用戰爭的語言申辯，而我誤以為那是普世皆同的語言。」

有人大力強調觀光和旅行的差異。觀光客成群結隊移動，不論參觀何處都要拿來與老家比較，再用貶抑外人的結論自我安慰。旅人出發探險是為了親身體驗一個地方，不只是走馬看花。我的朋友費萊明・尼可萊森（Flemming Nicolaisen）是格陵蘭的因紐特人，他在首次出國來紐約找我時，似乎對自由女神像、大都會博物館或百老匯表演都不感興趣，反倒喜歡帶著我的狗在全城裡散上老長

9 這些菜色的正確翻譯依序應為：燻鮭魚黑魚子醬可麗餅捲、番茄莫札瑞拉鑲茄子、麵包粉焗烤淡菜佐帕馬森、烤魚佐橄欖油醬汁、印度風味炒扁豆、卡士達歐培拉蛋糕。腫塊蛋（egg of lump）應是譯自法文的「oeuf de lump」，也就是俗稱黑魚子醬的圓鰭魚子醬（lumpfish caviar）。「small bags of eggplant」應是「aubergines farcies」，即鑲茄子（stuffed eggplants）。「gratin of molds」應為「moules gratinées」，即焗烤淡菜（mussel gratin）。法文的「Captaine」泛稱多種魚類，「烤船長佐橄欖油醬汁」（Roasted Captain, Olive Oil Sauce）這道菜的英文應寫成「captain fish」，不能只寫為「captain」。「jumps of lentils」譯自「lentilles sautées」，意思是炒扁豆（sauteed lentils）。Opéra是一種法式甜點，台灣常音譯為歐培拉蛋糕。——譯注

的步。他說：「從前你來格陵蘭的時候想看戰爭紀念碑嗎？或是努克的博物館？」我不得不承認，我當時最想要的是置身於虹光幻彩的冰天雪地中。費萊明指出，只要一棟世貿雙子星大樓（當時尚未崩塌）就能容納格陵蘭全部人口，他就想感受一下跟這麼多人在一起是什麼滋味。他是旅人，我卻為他安排了觀光客的行程。

原汁原味的體驗是旅人的終極目標，不過這事可遇而不可求。我在二十八歲那年與朋友泰考特・坎普（Talcott Camp）做了一趟橫越波札那[10]的公路之旅，我們沿著僅有的一條主要幹道行駛，不時得停車讓牛群通過。有一回我們早早就看到前方有牛群，卻不見牧牛人的蹤影，車開近以後才發現那是一群大象。之前我們已經在一望無際的保留區見過象群，也就是大象的「自然棲息地」，可是在國家公園的法定範圍內當個付費觀察野生動物的觀光客，讓這場相遇感覺有點取巧。在官方畫定的疆界外與這些動物不期而遇，那種扣人心弦的經驗是無可比擬的。其中一隻大象擋住了路，我們只好停下，一坐就是將近一小時。落日低垂，在這群厚皮動物身上灑滿粉紅色光線。我在十幾個非洲和亞洲國家看過大象，卻從未有過這種天啟般的感受。

兩年後，我與父親去波羅的海諸國旅行，在立陶宛參觀了一間占地很小的博物館，建館宗旨是紀念在維爾紐斯滅絕的猶太族群。全部四間展覽室除了我們，只有兩個包著頭巾的東歐老婦人半睡半醒地坐在塑膠椅上，我們猜想她們不是守衛就是清潔工。納粹的政治宣傳把蘇聯併吞立陶宛怪在猶太人頭上，九十%的猶太人在本地政府積極配合下遭到屠殺，企圖協助猶太鄰居的立陶宛人也難逃一死。進入勞改營的立陶宛猶太人相形之下很少，不過館內還是有一塊展示板介紹營區的景況，並且提到羸弱的勞改者會唱一首歌為自己打氣。我那熱愛音樂的父親對這首歌評了幾句，我則朗聲說不知那曲調聽來如何。話才說完，一縷細弱的歌聲從角落升起。我們沒想過那位老婦人可能懂英文，更沒想到她可能是猶太人，不過她在現場唱起那首勞改營的歌曲，也讓我們發現她既是展覽室的看守人，也是收藏品。她唱完後，我們想跟她聊聊，不過她退縮回一副只諳母語的模樣，似乎聽不懂我們的問題。她也是沒別的地方可去的人，不過她存活了下來。

簡陋卻不原汁原味是很容易做到的，但一害怕純樸，就幾乎不可能原汁原味。約翰・羅斯金是英國維多利亞時代的評論大家，曾經抱怨火車旅行的高效率抹煞了旅途的樂趣。他寫道：「我們僅僅是被『送往』某處，跟變成包裹沒太大差別。」我花了一段時間才學會欣賞旅途中的不適。起初，我喜歡擁有冒險經歷勝過冒險的當下，但後來逐漸體會到旅行若不開心順遂，就會有軼事可說，最終我對兩種結果都坦然接受。我在兒時享受過舒適的旅行，隨著年齡漸長，卻學會了降低對旅行的物質期待，也發現所謂享受是個很容易改變的概念。我去瓜地馬拉市撰寫幫派生活報導的時候，有一天進入貧窮的里蒙納達區（La Limonada），一位長者帶著一群山羊向我們走來。帶我參觀的幫派青少年問我：「你口渴嗎？」我說我渴，於是那個牧羊人現場把一頭山羊的奶擠進大紙杯裡遞給我，那是我享用過最美味的飲料。

如果我們不想得知世人為何對美國又愛又恨，最好是待在家裡為妙。我在旅居海外時仍是個愛國的美國人，卻也目睹我的國家表現得有失尊嚴、同理心和智慧。如果沒去過外來移民中心和難民營，你無法完全理解美國如何辱罵外來移民。如果沒有待過以合理槍枝法規限制暴力犯罪的國家（其實大多數國家都是如此），你無法了解美國步槍協會的專橫是多麼不尋常。在見識到邁向經濟正

10 波札那共和國是位於非洲南部的內陸國，南鄰南非，西邊為納米比亞，東北與辛巴威接壤。——編注

義的社會之前，你看不出美國的社會流動是如何陷入停滯。旅行是一組矯正鏡片，幫助我們看清地球上模糊的現實。有人問E．M．佛斯特當初寫《印度之旅》花了多少時間，他的回答是，問題不在時間，而是地點。他解釋道，住在印度的時候寫不出來，「我離開後，就能動筆了。」

有時，這些新觀點令人難以下嚥，但幾乎都對人有助益。英國作家山謬．詹森曾寫道：「所有旅行都有其好處，如果旅客去了更好的國家，或許會學著改善自己的國家，如果命運安排他去了較差的國家，他或許會學著樂在其中。」起初我旅行是出於好奇，後來則認為旅行有其政治上的重要性，鼓勵國民旅行，或許跟鼓勵就學、環保或全民節約同等重要。我回想起中學那次去羅馬尼亞和保加利亞的巡迴演唱，當時我所目睹的現實是如此顯而易見，儘管那與大多數的新聞報導相抵觸。沒有與一個地方相會，無法了解那裡有怎樣的差異性。假使我們規定所有年輕人都必須在其他國家待上兩個星期，世上三分之二的外交問題應該都能迎刃而解。去哪個國家、在那段期間做些什麼都無所謂，他們要做的，只是接受其他地方的存在，並且認知到那裡的人有不同的生活方式——有些現象普世皆然，有些則隨文化而異。

相對寬鬆的移民政策也能達到相同目的。沒有外人的觀察，你無法了解自己的國家，來自他方的人有助你重新想像自己的問題，而這是解決問題的必要條件。我們不只能藉由出外旅行來理解問題，接納旅行到我們國家的人也可以。讓別人自由地從家鄉來到我國，跟我們從家鄉自由地前往海外一樣值得。不論是愛、工作或美好前景，都不是零和遊戲，有福同享會更有福。與他者相遇或身為他者，都能讓我們釐清自己的界限。身分認同既有偶然性，也有相互性。

我的祖先蒙受了反猶主義帶來的苦難，但不同於在納粹大屠殺中喪生的猶太人，他們有別的地方可去，那個地方就是美國。我祖母的父母都生於俄羅斯，在她出生前就來到紐約。我祖父生於羅馬尼亞，一路歷盡艱辛才來到美國。我外祖母來自波蘭，外祖父的父母則分別出身於維也納和烏克蘭。要是沒有如此開放的移民機會，我這個人絕不會存在。反之，他們也協助維持蓬勃的美國文化。我的祖先為追尋自由而橫越大西洋，而自由也是美國補貼最重的出口品。在我走訪過顯然不如母國自由的地方以後，不只更深入認識了美國的自由，也領悟到我的生活並沒有我動輒以為的那麼自由。自由是一種難以掌握的概念，且必然涉及一個選項：選擇遵循嚴苛的意識形態。大體而言，我支持的與其說是自由，不如說是自由主義。專制壓迫的社會擁有我們無從知道的自由，塑造出這類自由的，是缺乏選擇，是在權利被剝奪的情況下仍得為了尊嚴而戰。當中國知識分子告訴我天安門屠殺帶來的好處，巴基斯坦女性訴說穿戴頭巾（hijab）的自豪，古巴人熱烈擁戴他們的獨裁政權，我都不由得重新思索我對自決的反射性熱忱。人在自由的社會裡擁有實現抱負的機會，在不自由的社會無此選擇，而這往往使人轉向更異想天開的抱負。一九八〇年代，我在莫斯科與一個自稱「紙上建築師」的團體變得很熟。他們心知即使蘇聯官僚鬆綁，也不會有材料供他們打造符合設計規格的作品，於是運用建築訓練駕馭想像力，設計了諸如巴別塔這樣的建築，或是提出整座城市的規劃，以及海上漂浮劇院的結構。他們的創意能量狂放不羈，但他們終歸是建築師，儘管論述新奇又很概念論，使用的仍是建築的基本文法。受限於物質材料的西方建築師，反倒從未有人如此自由地思考。

自由鮮少與停滯相關，而是在巨變的時代快速迸發。自由的要素之一是樂觀，樂觀必然使人相信未來或許會好過現況。改變往往令人陶醉，改變往往一敗塗地，改變也往往在激起一陣狂瀾後消散無蹤，無法實現。民主化需要全體成員承擔決策的部分責任，對很多人來說，這個想法在想像中很有吸引力，到真正投票時就使人卻步了。我曾在緬甸訪問身兼作家和醫師的社運人士馬蒂妲小姐（Ma Thida），她在十八個月後來訪紐約，並表示緬甸不只政府需要變革（可能很快就會發生），人民被高壓統治制約的心智也需要改變，而後者可能得花上一整個世代的時間，這項領悟令她大受衝擊。我見證了人如何驟然獲得自由，同時也看到這種轉變是多麼美妙而艱難。贏得自由之後，必然得學習如何活得自由，用童妮．莫里森的話來說，你必須「宣稱擁有解放後的自我」[11]。許多西方人以為民主是所有人的基本偏好，一旦移除障礙，民主自然就會萌芽（在伊拉克，小布希與布萊爾似乎就是基於這個假設行事）。證據並不支持這種投射心理。

自由必須先學習再付諸實踐。二〇〇二年二月，我在阿富汗，我的朋友瑪拉．魯茲卡（Marla Ruzicka）安排我與三名受過教育、思想開明的女性訪談。她們身穿罩袍，在抵達後很快就脫掉了，不過我納悶的是她們一開始又何必這麼穿。當時塔利班政權已經垮台，法律不再約束她們的衣著。第一名女性說：「我從前一直以為，等到改朝換代我就會擺脫這東西，現在卻害怕改變還沒底定。如果我沒穿罩袍出門，結果塔利班重新執政，我可能會被人用石頭砸死。」第二個人說：「我想放棄穿罩袍，可是社會的標準還沒變，如果我不這麼穿，出門後被強暴了，別人會說這要怪我自己。」第三名女性說：「我恨這種衣服，從前也一直以為塔利班一滾蛋我就會立刻丟了。可是你會漸漸習慣當隱形人，這種狀態定義了你，想到會再次被看見也就感到極端緊張。」個人必須先歷經重重改變，社會的改變才會隨之發生。

令人歡欣的轉變一波波湧現，隨後又陷入驚恐，這在歷史上屢見不鮮。一個文化與其歷史的關係往往反映出公民的自主感。歷史對某些文化來說，主要是曾經發生在他們身上的事，對另一些文化而言則是他們自己做過的事。人民如何理解古今的關聯，往往比史事的時序來得重要。革命既可能代表某項悠久傳統的完整實踐，同時也可能代表與傳統的決裂。民主到來時常伴隨著狂歡的氣息，這有部分是因為民主本身，但有部分只是因為民主的到來。阿拉伯之春令政變國家的國內外民眾都欣喜不已，許多見證變革的人誤以為未來無論如何一定都勝於以往。

人人幾乎都會畏懼個人層級的極端轉變，同時卻又在廣大同胞的陪伴下對變革充滿熱烈盼望，兩者毫不衝突。即將發生變革的社會將短暫愛上自己，我很容易為這浪漫的一刻動容。史達林登上大位時，我曾聽某些人訴說他們感受到的強烈希望，後來史達林過世，同一群人也告訴我他們感受到希望。我也聽過另一些人訴說著他們在文革發端感受到的希望，以及在文革結束時所生的希望。堅信改變可能發生，是希望的表現。曾有許多社會為此奮力一搏，有些確實改善了境況，另一些則沒有。俄國平民在二十一世紀的生活要比從前解放農奴時來得更好，但離富足還很遙遠。阿富汗仍是一團混亂。伊拉克和敘利亞從表面解放向下沉淪至險惡動盪的局面。從未到過利比亞的人，無法了解該國過去在格達費的統治下遠比現在更為糟糕，不過要說他們當前的情勢不算悲慘，也是牽強。

然而，強大的暴政有時仍會垮台。南非雖然有過諸般劣跡，種族隔離制的廢除仍使世界對正道重燃信心。鄧小平上台後，中國人民的生活即使仍有許多進步空間，也已有所改善。希望是政治生活裡規律響起的鳴鐘，美國人每隔四年就會沉浸在這樣的鐘聲裡，在此時刻，許多人以為我們在投票站歷時一分鐘的自決行動或能扭轉歷史。英國作家華特．佩特[12]認為人生的目標在於體驗，而非體驗的成果。據說周恩來曾表示要論斷法國大革命的功過仍為時太早。不過，法國大革命不只是通

11 典出《寵兒》（*Beloved*）：「解放自我是一回事，宣稱擁有解放後的自我是另一回事。」（Freeing yourself was one thing; claiming ownership of that freed self was another.）——編注

12 華特．佩特（Walter Horatio Pater, 1839-1894）：十九世紀英國作家、文藝評論家與小說家。——譯注

往新秩序的路徑，本身也是重大事件。即使轉變本身所許下的承諾從未兌現，轉變發生的當下也可以很寶貴。我這輩子都對人類的復原力深感興趣，這份興趣常驅使我前往正經歷轉型陣痛的地方。隨著時移事往，我的懷疑也比過去強烈，在歷史的十字路口上，看似更好的改變往往適得其反，重大進步有時與悲劇並行發生。儘管如此，煥然一新與重生的感受是如此重要，即使降臨在長期動盪不明的社會也是一樣。再者，改變往往不是滴水穿石的成果，而是一次次錯誤起步的迅速發展所致，唯有經歷兩次、三次，甚或十次的出師不利，累積成為突破，轉變才會到來。

改變倒是會立即勾起懷舊情緒。更好的現在無法抹滅不完美的過去，然而沒有任何過去缺乏絕美的成分。能夠記住逝去的身分卻又活在當下，是真正的大勇。一九九三年，莫斯科的一個朋友帶我去見她認識的一位老婦人。我們爬了七層狹窄的樓梯才抵達她陰暗而局促的公寓。她向我娓娓道來在聖彼得堡一座宮殿裡成長的經歷。她的舊識幾乎全死於一九一七年革命，後來她的丈夫也在古拉格勞改營裡死於苦役。她設法保留唯一一件貴族出身的紀念品：杯身幾近透明的「皇家瓷器廠」（Imperial Porcelain）茶杯，上面手繪著細膩的田園景致。因為我是貴賓，所以她拿出這只杯子請我喝茶。我身體狀況再好也常常手抖，卻得捧著一個代表消逝人生的脆弱象徵，我這輩子從沒有這麼不想碰一件東西過。我那個早已熟知老婦人故事的朋友說：「誰知道呢？或許改革開放以後，我們又能過上那種日子了。」老婦人聽了只是哈哈一笑，「再也沒有人會過那種日子了。」她說，並且催我們再多吃點她依照沙皇宮廷食譜烤的蛋糕，食材是她連排了四天隊才買到的。那塊蛋糕和那只茶杯正說明了：她在倖存的人生中展現出怎樣莫大的勇氣，這些與她昔日身分最後的連結，又蘊含了怎樣豐沛的熱情。她對往日並未特別留戀，不過恰如多數老人家對青春會有的感懷。

這本書裡的故事都來自過去，述及的夢想雖然有些實現了，但也有些以幻滅告終。收錄的報導記述了特定時期的特定地域，寫作時並沒有其他意圖在驅動。即使有些篇章寫得特別深入，也不代表我精通當地的一切。我在俄羅斯待過相當時間，也經常在中國旅行，不過我在阿富汗只停留不到兩週，利比亞則是六週。我在行程前後和停留期間都做了大量研究，也與結識到的許多人保持聯繫，不過我的觀察意見是基於較為廣泛的累積而非深度專精的知識。我的程度無法與漢學家、克里姆林宮事務專家，或是非洲文化研究者相提並論。我的藝文報導偏向描寫藝術家勝於作品。能欣然接受複雜的人，最能把複雜的故事說得精彩，而藝術迫使創作者深入了解社會的歧異性和緊張局勢。這些報導在很多方面而言都偏向心理研究，而非政治研究，與其說是政策分析，不如說是為過往的時代精神留下紀錄。我只是雜學者和人生經驗的收藏家，而且有著古怪的收藏眼光。

重讀個人的作品集是令人謙卑的體驗，不時也教人懊惱。這些報導既反映不斷變化發展的世界，也反映我個人的變化與發展，而我也抗拒了內心的衝動，不為了符合我現今的看法與感知而去編修這些作品。它們是我從前寫的東西，現在的我不會那樣下筆了。如果年華老去令人惆悵，曾經青澀同樣教人尷尬。看到自己當初做過什麼如今不會做的事情，總令人驚嚇。最初我傲慢地以為國家或個人問題終能解決，但我後來轉而開始相信，接受問題往往比執意解決更為明智。我曾想找出少數改變的事物有什麼共通模式——新的國界、民權和殘障人權的整體進步，而許多不變的事物又有什麼樣的模式——無法帶來正義的選舉、權力腐化的傾向等等。而今我開始試著別那麼執著於規則，好好發問、慢點回答。我不像從前那樣肯定大破大立的革命，但仍然相信漸進改良的進步。話又說回來，當年促使我探究其他文化的動力，正是如今顯得天真的信念。

我略微校訂了部分文章，極少數是大幅修正，其他則完全原貌呈現。有些文章當初發表時經過刪減，本書則選用較長的版本。當我接下委託撰寫巴西和緬甸的旅遊報導時，已經有寫這本書的念頭，也打算寫出比雜誌社委託的篇幅更長的報導。部分報導提供的過時旅遊建議，我已在本書中刪除。各篇文章大致上依年代排序，但我忍不住根據記述的時間而非發表的時間來排序。我改動了幾篇文章的內容，因為我在發表後做了追加報導，所以想納入後來的更新資訊（至於乾隆花園，即使我在後續數年間又有更多了解，我的評論仍與最初參訪時一致）。我為每篇文章新增若干段落，好提供個人經歷和後續事件的前後脈絡。已公開發表的文章在發表時都做過事實查核，所以沒有做注，然而我為新撰寫的部分加了尾注，一來解釋資料來源，二來將資源提供給有意更深入探索的讀者。

我對真與美同樣感興趣。一九九六年起，我為《漫旅》（*Travel + Leisure*）雜誌撰稿，很快發現頻繁撰寫旅遊文章是工作，每年只寫一次就是放有薪假了。我也發現《漫旅》的記者大多想寫波西塔諾的水療酒店或尼維斯島的度假村，不過那類文章只要出遊一、兩天，比較不為人知的地點則需要停留較久、做更深入的研究。有時我純粹是熱愛這些國家，樂得撰文說明背後理由，更有甚者，說明理由往往有助於我愛那些地方。不用撰寫報導的假期如今反而讓我覺得很怪，因為我找不到藉口提問。剛寫完戰爭與斷垣殘壁，接著就提及餐廳和觀光景點，這種快速轉換可能令人不安，不過把格局放大來看，這兩類資訊都是與世界交流的元素，所以最終仍是在哺育同一個真相。

《正午惡魔》和《背離親緣》是我最晚近出版的著作，都收錄了我遠赴天涯海角所做的報導，因為我想了解敘事會如何隨著背景環境而變。那時我為了這兩本書的需要而調整了內容，本書收錄的則是形式略異的旅居紀行。我為了推廣《正午惡魔》巡迴世界各地時，世人對憂鬱症的態度之多元，令我印象深刻。在西班牙，幾乎每位記者訪談的開場白都是：「我個人從來沒有憂鬱過，不過……」我也暗自好奇，這些自稱無憂無慮的人為什麼要選擇訪問我，又對心理疾病問得如此鉅細靡遺。在日本，每個訪問我的人都對我提及自己的憂鬱症，但又請我別告訴任何人。在芬蘭收視率數一數二的晨間電視節目上，一位美豔的金髮女子向我俯過身來，以略受冒犯的語氣問道：「好的，所羅門先生，關於憂鬱症，您身為美國人有什麼可以告訴芬蘭人民的呢？」我感覺自己好像寫了一本以辣椒為題的書，然後跑到四川宣傳。

《比遠方更遠》與我探討心理學和家庭動力的著作一脈相承。我晚近寫的那兩本書都是關於差異和身分認同的內在決定性因素，不過我對外在因素同樣感興趣。我的原生家庭無論做什麼都有一套偏好方式，而我不願不由自主奉行兒時習得的原則，更想尋求從這些原則中做選擇的力量。旅行教會我同理價值觀不一致的異族，從而學會當個充滿矛盾的自己。我致力擺脫「世上只有一種最佳生存之道」的預設立場，之所以開始報導心理疾病、身心障礙與性格養成，也是延伸自這個使命。我繼續在內心與外在的異鄉間來回逡巡，兩者都強化了我與另一方的關係。

編選本書的整體成果有點像一部成長小說，既述說著我個人的探險，也述說著讓我探險的這個世界。要是我不曾沉迷於「他方」的概念，我永遠不可能寫出這本書，那是一種率真的熱情，可以追溯到久遠前的那個舒潔面紙盒。世界上獲承認的一百九十六個國家裡，我去過其中八十三個，我預計將來再寫一本人物側記來補充這本地方側記。不過，就某種深層意義而言，人物即地方，地方即人物，我從未獨寫其一。

在本書涵蓋的大約二十五年時間，同志的地位在許多國家都出現劇烈變化，而且這些國家的國情差異之大令人稱奇。在我走筆至此時，同性婚姻已經在二十個國家合法化，另有國家立法為男女同志提供其他保障。同性戀在許多社會中仍是生機蓬勃的次文化，如同藝術，我們也能透過這個窗口解讀一個地方。

從前我在旅行時會隱瞞自己的性傾向，但後來逐漸表明同志身分，這不只是我個人、也是世界成熟的標記。有時，我的身分也比我以為的更加明顯。一九九九年烏蘭巴托，在我旅館所在的街道上，我看到一名年輕的蒙古牧人領著一群粗尾厚毛的綿羊往我這方向走來。我好奇地盯著這個場面，在他過街來對我搭話時嚇了一跳。他以堪用的英文說：「你是同志男生對不對？我也是同志男生。」接著又用充滿暗示的口吻說：「或許我把羊留在旅館停車場，跟你一起進去？」我在伊魯利薩特的導遊曾經感嘆：身為西格陵蘭唯一一個狗拉雪橇的同志駕駛，可真不容易（每當存在的孤獨感襲來，我總會想起這段話）。許多印度人把同志文化貶斥為「西方舶來品」，有一回在德里的某場正式餐宴上，我問起該市是否有同志文化。宴會主人以一種彷彿我是從外太空掉下來的眼神看著我說：「不然你以為這場派對是什麼？」時空移到哥倫比亞的卡塔赫納，在我某次演講後的問答時間，一名衣著高雅的女性表示，她聽說同志家長管教孩子的成果比異性戀家長更好，並試著提出解釋：「這大概是因為男人跟女人太會吵架了。」同志伴侶不會陷入口角之爭，這想法令我陶醉。性傾向認同在許多社會都是首要議題，相關對話已是勢在必行。

二〇〇七年，我與先生在英格蘭舉行婚禮，這在當時的大英國協稱為民事伴侶關係，但享有與夫妻完全相同的權益。這賦予了約翰移民英國的權利。我希望他和我一樣，也有別的地方可去。在麻薩諸塞州（當時美國唯一合法化同性婚姻的州），結婚雖然也叫「婚姻」，卻不會帶給我們任何法律保障。即使美國沿岸的開放社會比英國的這類地區更接受同志族群，但英國法律進步得比較快，反映出英國政治相形之下不受宗教影響。兩年後，我們在康乃狄克州結婚，「婚姻」這個難以捉摸的詞彙，我們總算握在手上了──那時康州法律已經能賦予我們新一波的相關權益。

同志權利的進步並非普世皆同。二〇一五年八月，聯合國安全理事會首次針對LGBT議題召開會議，以因應伊拉克和黎凡特伊斯蘭國（簡稱伊斯蘭國，又稱ISIS或Daesh）的迫害行為。這個恐怖組織將處決同性戀的影片公諸於世，行刑地點主要在敘利亞和伊拉克。二〇一五年六月，伊斯蘭國發布照片，伊拉克北部有一名男同志被吊在空中，接著在圍觀民眾眼前自高樓被丟下。在伊朗，同性戀行為會被處以死刑，馬克萬・莫魯札德（Makwan Moloudzadeh）在十三歲被控雞姦，幾名據稱受害者後來雖然撤銷指控，他仍在二十一歲被處死。在埃及，有個電視節目製播了針對某間澡堂的臨檢行動，有二十六人被捕入獄。在另一集節目裡，數名埃及男性僅因為參加了一場同志婚禮就得坐牢。同志族群在沙烏地阿拉伯面臨死刑風險，二〇〇七年，兩名男性被發現從事性行為，各被判處七千下鞭刑，落得終身殘障。

俄國禁止「同性戀宣傳」的法律導致男女同志被當街毆打，許多人避走他國。在吉爾吉斯，警察利用約會網站誘捕同志，再勒索、要脅他們，而那些被判「宣傳非傳統性關係」的人必須服一年徒刑。二〇一三年末，印度最高法院作出裁決，殖民時代將同性戀行為入罪的刑法仍然有效[13]。有二十七個非洲國家通過反雞姦法。奈及利亞的法律允許人用石頭砸死同志，對同志族群動用法外私刑也屢見不鮮。二〇一一年，一名喀麥隆男性因為傳簡訊向另一名男性示愛，被判處三年徒刑。在喀麥隆，因同性戀行為入獄的人數比任何國家都多，往往是由法院下令男性嫌犯接受「體檢」，藉由檢查肛門彈性來「證明」其性向，即使這樣的檢驗程序既不為國際法所允許，也毫無科學根據。

13 印度同性戀行為後來在二〇一八年除罪。──譯注

辛巴威總統說同志族群很「汙穢」，威脅要把他們斬首。烏干達在二〇一四年立法將同性戀行為定為死罪，雖然這條法律最終被推翻。

哈珊．阿吉里（Hasan Agili）是我在利比亞認識的學生，他在離開祖國後寫信給我。有個朋友跟他借用筆記型電腦，調出他的網路搜尋紀錄，然後在他就讀的醫學院揭露他的同志身分。他遭到無情的霸凌，只好放棄學業搬到另一個城市，不過威脅持續不減。他在信中寫道：「我看到我的朋友因為身為同性戀而被斬首的公開影片。我在那裡的人生完了，我回不去了。我已經被揭發，很可能會被追殺。我甚至不能告訴家人是怎麼回事，也不能說我離開的原因。」如今他躲在某個鄰國，同性戀行為在那裡也屬違法。他沒有身分證件，無法合法工作，一直活在恐懼當中，深怕被找到、被騷擾，或是被驅逐到會有生命危險的國家。

在某些我旅居了不短時間的國家，我收到告誡在當地最好隱藏同志身分。二〇〇二年，我當時的伴侶約翰（後來成為我先生）陪我去所羅門群島出差，而那樣的處境令他難受的程度令我意外，不過他為了出櫃投注了多年時間精力，並不樂意躲回櫃子。雖然我們在所羅門群島沒有被處決的風險，還是一再被勸告不要預訂同床房型，也避免任何公開的恩愛舉動，以免被「誤解」——其實是「正解」才對。起初，約翰的憤慨令我不耐，不過是入境隨俗，究竟有多困難？不過我在往後數年間愈來愈覺得，雖然遵循在地的私生活標準是合理的調適，但因此退縮至虛假不實卻不是。這兩者間的界限至今仍模糊難辨。隨著年紀漸長，看到簽證表格詢問是否已婚時，我也愈來愈憤怒，因為我得逼自己與這樣的現實妥協：我在家鄉已婚，在我想去的地方則否，感覺有如解離性身分病患。我的憂鬱症專書譯成簡體中文版時，論及我性傾向的段落未經我同意就刪除。身為心理健康倡議者，我樂見自己能幫助受憂鬱所苦的中國民眾，可是發現我的故事遭到刪改，令人憂慮不安。如果完整呈現全書內容，許多中國民眾將無緣看到我的看法，但刪節也代表我原本可能幫助的另一些人被棄之不顧。

審查並不限於性傾向議題。二〇一五年，我成為美國筆會中心主席，這個組織致力於推廣美國和全球文學，倡議國內外的表達自由。美國筆會聲援遭到審查壓迫而噤聲的作家，包括許多因公開發表意見而入獄的異議人士。有些外國作家致力在僵固的社會推動轉型，我在就任後的每一天都會接獲針對他們的暴力言論。美國筆會也密切注意作家在美國所受的限制，遭到監視、種族歧視或其他迫使他們沉默的偏見、喪失工作或住屋的恐懼，或以更高理想的名義打壓言論的人，這些都可能使他們感覺難以下筆。莎士比亞筆下的亨利八世說：「話語無足輕重。」但我無法苟同。仇恨言論確實有其危險，以大屠殺否認論者或三K黨人為例，他們散播的言論無異於險惡的種子，若說我在盧安達學到什麼教訓，那就是政治宣傳多麼輕易就能驅使常人做出慘無人道之事。反之，壓制刺激思考的思想既沒有帶來社會正義，也無法促成自由。不論強迫管制的立意有多麼良善，開放論述都能更快成就公義。反對言論禁制需要勇氣，而要另闢蹊徑、使禁制言論仍然能獲得表達，則需要才華。

為別人爭取我們享有的好處，是常見的道德觀，不過我們爭取全球的表達自由不只是因為地位愈高、責任愈大。美國詩人艾瑪．拉撒路曾寫道：「除非人人自由，否則無人自由。」拉撒路字裡行間流露的那種對人類多元性的全心接納，是我當記者的使命之一，本書可為佐證。每一道被迫緘默的聲音，對於原本可能聽見的人來說都是一種剝奪，也減損了全人類都能取用的集體智慧。一九九七年，諾貝爾和平獎得主暨緬甸民運人士翁山蘇姬請求美國民眾：「請運用你們的自由提升我們的自由。」我們能多自由，端視每個人的自由而定。不論是針對國內外，美國筆會都為了盡可能維繫最自由的表達權而努力，但我們並沒有分兩套作法，而是以同一套倡議推動開放的思想交流。

最初，我邁開旅人的腳步是想確保自己永遠有某處可去，但我後來領悟，我得讓其他人也有別處可去才行。第一次有蘇聯朋友來到紐約並借住在我老家公寓時，我突然覺得有種強烈的脫節感（當時我住在英格蘭，回國探望親友）。莫斯科前衛藝文人士的世界與我在紐約的布爾喬亞人生，兩者感覺是如此天差地別，當我看到激進行為詩人暨藝術家迪瑪・普里戈夫（Dima Prigov）坐在我家客廳和我父母開懷共飲，那畫面簡直像是布紐爾[14]電影。我花了點時間才體認，你不能靠區隔化來了解世界。如今外國朋友來訪時都會借住我們家，這成了一個持續不輟的文化交流計畫。

我在抵達喀布爾的第一天認識法洛克・沙敏（Farouq Samim），當時我打算找他工作，請他當我的譯者和在地嚮導[15]，不過我們很快就變得比較像朋友。我待在他的國家時，每天都和他共度十四個小時。當時這個地區正處於令人膽戰心驚的時期，我為了穿越邊界而取道伊斯蘭馬巴德和白沙瓦，同一時間，巴基斯坦發生了美國記者丹尼爾・珀爾（Daniel Pearl）被綁架斬首的事件。然而，出乎意料的是，我非常喜歡阿富汗，部分是因為法洛克是如此深愛他的國家，又如此令人動容地傳達這股熱情。法洛克在塔利班治下的喀布爾習醫，這表示他每天都要接受長時間的宗教訓示，而醫學訓練只有寥寥數小時。他想了解已開發社會的醫師如何工作，所以我在返國後找紐約市立醫院的主管談，而他們同意接待法洛克進行兩個月的參訪，讓他見習醫院的執業常態。

接著他遞件申請簽證，我也自告奮勇幫忙。可是我們被一再告知，年輕未婚的阿富汗男性想在二〇〇二年入境美國，機率趨近於零。法洛克最終放棄了醫學，因為他沒機會拓展喀布爾那貧乏的教育，也發現與外國記者共事讓他受益良多。後來他獲得媒體研究獎學金，前往加拿大留學。在我的阿富汗之行過了將近十年之後，我們才總算成功讓他入境美國。

美國的政策很注重國安，而九一一事件的穆斯林劫機者之所以獲發簽證，或許是當局草率之過。我了解法洛克的背景為何令領事官員卻步，但我也知道他在家鄉協助過許多美國人，如果二○○二年他能赴美參訪，應該會加強他對我國的好感，從而帶著正面訊息返鄉。他既無意移民美國，也不想炸掉哪棟大樓，只是想參與能推動相互理解的文化交流而已。後來我也曾試著協助利比亞的同志朋友阿吉里申請美國簽證，讓他有機會完成醫學學業並幫助患病與絕望之人，而不是被遣返回國，去面對在老家等著他的凶殘惡徒。這類簽證程序並沒有變得比較容易。我在利比亞認識的當地人裡，所有基本上親美的人全都有留美背景，對美國深惡痛絕的人則不然。我並不是在說，應美國大專院校的請求廣發學生簽證，就能解決世界上的問題，我只是要說，你很難喜愛你從沒去過的地方。將「可疑」國家的訪客一律排除，這種全面保護性的政策或許終將破壞國家安全，因為有些人原本可能會發現美國有比《海灘遊俠》更令人激賞的事物，並因此對我們讚不絕口，卻被擋在美國國門之外。

二○一五年十一月的巴黎恐攻事件之後，文化排除被推舉為最佳防禦，當歐美各國意圖剝奪敘利亞及伊拉克難民的公民權，這項主張就糟到無以復加了。共和黨總統候選人川普的聲勢看好，而他揚言禁止所有外籍穆斯林入境美國，又說就連美國穆斯林都該配戴特別身分證。這種刻薄的煽動言論有違我國利益。用高牆把我們與其他人全面分隔，會導致被排除在外的人憎惡美國人，刺激他們，令他們變得激進。隔離他異性，會使他者對我們一無所知，無知生仇恨，仇恨又會迅速惡化為

14 路易斯·布紐爾（Luis Buñuel Portolés, 1900-1983）：西班牙超現實主義電影導演。代表作有《安達魯之犬》、《青樓怨婦》等。——譯注

15 在地嚮導（fixer）：指國際新聞從業人員在當地雇用來協助採訪的嚮導兼助手。——編注

風險，並在我們心裡挑起同樣危險的恨意。閉關自守在全球化的世界不只不可行，最終更將導致危機四起，而這就是本書的中心命題。《聖經》說：「尋找，就尋見。」然而仇外心理最早泯滅的就是尋找的行動。我們不是將自己隔離在美國孤立主義者幻想中的森嚴帝殿，而是腐朽的牢籠。

我的上一本書《背離親緣》是探討家庭內部的歧異本質：若孩子不符合當初決定生育時的預期，父母如何學會珍惜孩子。這本書在某種程度上也是描寫類似的歷程：接納與我們相異的觀點和作風。我不會淡化這麼做所需要的努力，如果接納異於我們的孩子很難，接納異己更難。自然本能促使父母親近孩子，也促使我們迴避與自己相異的陌生人。不過，這不表示我們得掉入同溫層和「安全空間」的兔子洞，只與同聲一氣、能「保護」彼此不受其他觀點侵擾的人在一起。無論我們的國力如何壯大，先一步阻絕自己與這寬廣又令人困惑的世界建立親密關係，是在剝奪自己的權利。

外交仰賴的往往是技巧，而非天性。我們既與盟國交誼，也透過交誼與他國結盟。資本主義社會常以金錢或軍力來定義這樣的關係，不過這兩種評估模式並不適切。如同所有的交誼，國際主義也必然是人與人的會合。日本科技和義大利時尚的引進令人滿足，無所不在的可口可樂為我們代言，軍事行動使美國在某些陷入困局的國家更具影響力。然而，想求得不和的化解之道，必須透過跨國的民間交流。卡爾・榮格在《神祕結合》（*Mysterium Coniunctionis*）中寫道：「如果我們不了解某人，便傾向認為他很蠢笨。」這導致雙輸的局面。不論國際或人際關係，能夠釐清對方的想法都比較容易緩解緊張情勢。其他地方的藝術文化，甚至飲食和歷史遺跡，都有助我們知己知彼，當地人更是最好的老師。美國運用這種軟實力說服外國，卻往往不讓自己享受被他人說服的樂趣。旅行不僅僅是有錢人的愉快消遣，也是我們這個驚險時代的一帖必備良藥。當政治人物紛紛以挑撥焦慮為手段，告誡民眾光是跨出家門都太危險，我們更應重新堅持走出國門，並體認到全人類都在同一條船上。對自由和冒險的需求，反映出國際主義在我們這個充滿猜疑的時代是如何地迫切且不可或缺。

我的意思並不是邊界和國家可以或應該消除，也不是預言我們有天會繁衍出囊括全球的單一公民體，更不是說我們能以某種文化觀的羅塞塔石碑來化解對異己的天生反感。敵人往往來自境外，掠劫征戰在或遠或近的歷史上都歷歷可見。人類有好鬥的天性，烏托邦式的非暴力願景從未促成大規模的永續和平。我們並不是天生沉著鎮靜，只在情勢緊迫時才慌不擇路。我曾與美軍人員在戰地共處相當一段時間，從此以後都很感激軍備開發者，以及代表我們運用武器的那些人。更有甚者，我還見證了暴力如何媒合愛心。和平最常經由外力介入抵達，而不是在矜貴的被動中完成。和睦雖然與侵略對立，卻鮮少消除侵略。

所以說，我們究竟該如何權衡這些相抵觸的需求：界定何謂他者、辨識他者可能造成的威脅、盡可能深入學習他者的一切，又要盡可能在我方最安全的情況下接納他者？即使無處可去，人還是會逃。當加拿大總理杜魯多和德國總理梅克爾向難民伸出友誼之手，這提醒了我們，「如果這人來自遍地是敵人的地方，他也必定是敵人」的這項假定有多麼愚昧。無處可去能置人於死地，有別處可去是人性尊嚴的先決條件，提供別人落腳之處則往往是划算的慷慨之舉，雙方都因此受惠。

愛鄰人很難，愛敵人更難，後者有時確實是出於差勁判斷而做出的行為。我們是社會動物，根據相似性而組織結群。接納多元或許是出於生態律令、社會責任，以及在這日益縮小的世界中不可避免的特質，不過若忽視人與人及文化與文化間的差異，絕對會適得其反。某項頗具說服力的研究顯示，從未聽人談到種族的兒童，傾向根據膚色來區分彼此，曾聽人強調差異分岔都有其來龍去脈的兒童，反倒更願意與人融合共處，此事恰好一反自由主義者的預期。我們都是本質主義者，之所以獲得身分認同，主要是藉由拿自己的特質與他人陌生的特質相對照。沒有異國，就不會有美國，如果你能完全消解異國的神祕感，我們所認知的美國就會消失。不過，我們可以在憑護照區別彼此的同時，仍致力培養各國對彼此的善意，且承認馬歇爾計畫[16]的效力至少不遜於德勒斯登大轟炸，並在援助那些欠缺我國優勢的對象時，仍平等相待。辨識既有的敵人是當務之急，但我們可以把這個需求與瘋狂樹立新敵人的愚行分別開來。

我與先生有了孩子之後，一等孩子學會走路，我們就開始帶孩子一起旅行，因為我們希望孩子覺得這世界既寬廣又多采多姿、充滿各種可能。孩子的可塑期很短，你設下的任何限制，很快就會成為他們的規範。我們希望他們的規範包含旅行的種種驚奇、迷人、不適、精彩、迷惘、刺激和古怪。他們長大後自可以決定當戀家的人，但至少他們會知道自己有怎樣的備案。

我女兒現年八歲、兒子六歲半，兩人都已是出色的旅人。當他們還在學步的年紀，別人會說：「他們實在太小了，絕對記不得西班牙是什麼樣子。」不過當前的體驗不只是為了未來的回憶，探險自有其價值，即使時效只限於當下。雖然我預期喬治和布蕾恩大概記不得特定地點，但我知道自己會記得帶他們去過那裡，他們也會盡早理解世上有各種風俗與信念，而這層理解將會影響他們的性格。布蕾恩三歲的時候，有一回我帶她到巴黎一間餐廳外頭看協和廣場的日落，並且告訴她，我從前也跟我母親一起看過同樣的景色。布蕾恩說：「喔，爹地，我現在好高興喔。」一年後，我們坐在自家地板上玩她的娃娃，她宣布：「艾瑪餓了，她要找東西吃。」

我說：「這樣啊，艾瑪想去哪裡找東西吃？中央市場好不好？」

「嗯，不要去那裡。」

「那要去哪裡呢？」

「去巴黎。」

我兒子喬治對地圖特別感興趣，可以一口氣連看幾小時，在上面尋找各國如何鄰接。曾有個紐約的計程車司機對我們說他來自塞內加爾，引起當時五歲的喬治注意，他透過後照鏡與喬治對上視線，說：「小朋友，我打賭你不知道塞內加爾在哪裡。」

喬治說：「在茅利塔尼亞南邊，馬利和幾內亞的旁邊。」那個司機差點撞壞了車。

過了幾個月，我們問喬治如果任他挑選，他想去世界上哪個地方。他想了想才回答：「敘利亞。」

約翰與我聽了都心生警覺，我們說：「敘利亞！為什麼是敘利亞？」

喬治耐性十足地用我們家常聽見的一句話說：「得有人去告訴那些人，他們在做不應該做的事。」

與我的孩子一起旅行有三大樂趣。首先，他們對新事物的喜愛也會感染我，不論是搭乘貢多拉渡船、洛磯山脈的風光，或是白金漢宮的衛兵交班，都因此又新鮮起來。許多老掉牙的景點之所以過度曝光，正是因為獨特而壯觀，孩子讓我們有藉口再欣賞一回。其次，旅行的種種優點也足可成為珍貴的傳家寶，我何其幸運，早早就有人把世界送到我面前。把這份恩賜傳承下去，也使我重溫與母親的親情，帶我的孩子遠赴他方是向我對她的回憶致敬。最後，孩子也反過來讓我覺得旅行深具意義。我去過那麼多地方、看過那麼多東西，有時感覺旅行好像只是充斥著日落、教堂和紀念碑。我的心智因為這世界的變化多端而拓寬，或許也開始到達伸展的極限。然而，在面對孩子的心智發展時，一種堅定的使命感重又燃起。我不指望喬治有天會解決伊斯蘭國引發的衝突，但我認為他和

16 二戰後，美國對戰爭破壞後的西歐各國進行經濟援助、協助重建，此計畫因時任美國國務卿喬治．馬歇爾而得名。馬歇爾計畫同時亦對美國經濟有利，歐洲各國將大多數來自於馬歇爾計畫的援助資金用於輸入美國生產的商品。——編注

布蕾恩，以及他們同父異母的手足奧利弗和露西正在積累的知識，將放大他們與生俱來的善良，從而增加這個星球枯竭的同情心。

我曾認為我對飛機加壓機艙的稀薄空氣有特殊反應，因為我很容易在機上掉淚，觸發點可能是我看的電影、讀的書，或是我想回覆的信件與電郵。這些翻湧的情緒會在突然間猛烈迸發，而這種特質最常讓人想到物質濫用。有時旅程很愉快，有時很糟；有時那種情緒性很令人興奮，有時非常痛苦。有多年時間，我以為這種過度敏感與高空造成的其他心理效應有關，例如味覺變鈍——這在多數航程中都是一種幸事。我曾搜尋是否有研究證明某些腦區的血液供應量在飛機上有所增減，肺活量如何因飛機升空的角度而降低。

現在我轉而認為，出發就是會使我悲傷，不論是為了前往我一向嚮往的他方，或是我思念的家鄉。旅行雖然能使生活更鮮明，也會召喚死亡。這是一種失依。我在飛機起飛時心生焦慮，不是因為氣壓變化或可能墜機，而是因為感到自己在消解。我從小受到的家教是安全重於舒適、舒適重於勇氣，整個成人時期又都在努力反轉這種優先順序。德國詩人里爾克曾說：「在愛裡，我們只需要練習一件事：對彼此放手。因為緊抓不放很容易，不需要學。」隨著我們爬升到雲端，我練習的是對我出身的地方放手，或對我走過的地方放手。雖然抵達時可能發生的一切在出發時支持著我，但分離永遠將我往回拖，我至少會有片刻的遺憾。然而，即使在那樣的憂傷之中，我知道除非我一再前往異鄉，否則無法完全珍愛家鄉；除非我一再返鄉，否則也無法珍惜異鄉。沒有告別，就無法親密，至少於我如此。

蘇聯 ◆ USSR

冬季色調
The Winter Palettes

《哈潑女王》
1988

從前我常感到不解，為何去過俄國的人好像都會迷上俄國，等我在一九八八年為生平第一次外派工作到那裡出差，才知道原因。當時蘇富比舉行了史無前例的蘇維埃當代藝術拍賣會，英國《哈潑女王》月刊派我去蘇聯報導。三年後，我在《鑑賞家》（*Connoisseur*）雜誌就同一場活動發表了擴充版報導，在此我將兩篇文章合併，從中能看出，不論是我或參與的藝術家，當我們與政治世界碰撞時，都有驚奇的發現。這篇文章描述的遭遇促使我踏上撰寫個人第一本書的道路，成果即是《諷喻之塔：開放政策時代的蘇聯藝術家》。

◆ ◆ ◆

「敬布里茲涅夫！」[1]一名藝術家喊道。時間接近破曉，我已經精疲力竭，因此舉起自己那杯茶的時候，沒怎麼注意他在說誰。「敬布里茲涅夫！」我們全體同聲附和，將茶一飲而盡。這時我才覺得奇怪：在一九八八年的夏天，我們敬酒的對象竟然不

1 列昂尼德．伊里奇．布里茲涅夫（Leonid Ilyich Brezhnev, 1906-1982），第四代蘇聯最高領導人，曾任蘇聯共產黨中央委員會總書記，在此期間，他參與發動政變，罷黜赫魯雪夫。之後，他擔任蘇共最高領導人直至八二年去世，死後蘇共高層陷入權力鬥爭，直至八五年戈巴契夫出任蘇共中央總書記。——編注

是戈巴契夫，而是布里茲涅夫。當時肯定已經淩晨四、五點了，大家早就開始胡扯瞎聊，拋下布希亞、解構主義和後現代主義，正在拿日本觀光客開玩笑。我們七人在小房間裡圍著一張小桌子擠，每個人都邊講話邊狼吞虎嚥其中一個藝術家做的菜，盤子不夠，所以大家輪著用。然後有人說今晚很愉快、大家聊得很盡興，「就像布里茲涅夫在位的日子」，於是有了這一輪敬酒。我恍惚到沒追問這是什麼意思。

我們在清晨六點半離開福曼尼巷那些互相連通的工作室，樓下是一間啟明學校，也是夠諷刺了。黎明降臨莫斯科，那條巷子看起來似夢似真。我從昨天上午十一點開始就待在這些工作室，因為滔滔不絕的討論和徹底脫力，讓我不禁覺得這是世上唯一真實的地方。我們分手時又說了一次：「敬布里茲涅夫！」然後有個藝術家提醒我：「今天中午約在車站，我們到時見。」

我回到自己的西式旅館，裡面富麗堂皇得令人不敢置信。鬧鐘在十一點響起，彷彿一個拙劣的玩笑，我惱怒地把自己拖下床。往火車站的一路上，我都在自問我是著了什麼魔，才會應下這個約。等我在車站看見幾張熟悉的前衛藝術家臉孔，發現自己其實很高興見到他們，才不再埋怨自己徹夜未眠，也憶起如此熬夜的初衷。

我們一起前往莫斯科城外一處風光明媚的鄉野，大約需要兩小時車程。一行有四十人左右，只有一人知道目的地，而且就連他也不曉得抵達後會有什麼發現。我們正在前往一場「行動」的路上，創作者是「集體行動團體」（Collective Action Group, K/D），這層神祕感也是所謂行動的一環。我們下火車時發現自己身在一道稀疏林帶的外緣，接著排成縱隊前進，在低聲交談間不時爆出笑聲，等著看有什麼好戲發生。我們穿越第一重林地後抵達遼闊的玉米田，田地另一頭有幾棟古怪的屋子，看起來搖搖欲墜。再過去是樺樹林，然後是座湖泊，湖畔環繞著剛結籽的蘆葦，接著是松樹林，漠然的樹幹從平順的地面拔起。想像一下那個情景：莫斯科一眾才華洋溢的前衛藝文人士，身邊圍繞一群眼神熱切的跟班，一行人浩浩蕩蕩，穿越有如創世第一天那樣寂靜的森林。

我們來到田野，一條河從中流淌而過。乘著橡皮艇的垂釣者在河面拋出釣線，同時看著藝術家的隊伍，略顯困惑但興趣不大。我們爬上丘地後終於止步，站成一排俯瞰那條河，很快便看到藝術家喬濟・奇斯瓦德（Georgi Kisevalter）站在水邊。他跳進河裡游到對岸，在上岸後失去蹤影。我們盯著他人影消失的地方。後來他返回水邊，抱著好大一包扁平的東西，接著又跳進河裡，游回岸的這一邊。然後他爬上山丘，與我們所在的小圓坡相對，在那裡和集體行動團體的領袖暨藝術家安得烈・莫那史提斯基（Andrei Monastyrsky）會合。他們拆除鮮豔的包裝紙，露出一大幅黑白畫作，接著小心翼翼地撬除固定畫布的釘子，把畫攤在地上。之後他們又開始拆解結構複雜的畫框，直到畫框化為一根根木條。他們拿那張黑白畫裹住木條，最後用原本的包裝紙重新包起來。然後莫那史提斯基把那幅畫的影本發給觀眾。

我們身後的山丘上放著一個藍色盒子，裡面的鐘在這整個過程響個不停，而我們沒有任何一人聽見。

這就是他們的「行動」。來回各花了兩小時路程（還不包括往返火車站的時間），就為了一段十分鐘的行為藝術，而且我覺得這個行動自以為是到無聊的地步。結束後我們在河邊野餐，理應很愉快，我卻覺得惱火。我很高興看到那些樹林，麵包和乳酪也非常好吃，但其他部分給我的感覺只有愚蠢。沙凱・阿努弗列夫（Sergey Anufriev）是藝術運動「醫療詮釋學」（Medical Hermeneutics）的領袖之一，他把我帶到一旁細細解釋，點出這場表演蘊含哪些精心指涉，所涉及的包括先前的行為藝術作品、藝術與自然的連結、陳舊過時的蘇維埃美學，以及個人生活中的插曲。等他說完，有那麼一刻我覺得我懂了。那時，我已經累到沒力氣擔心我懂或不懂了。

後來我才了解我什麼都沒懂，而這就是重點。那時我已開始領悟我們為何向鎮壓人民的布里茲涅夫致敬，而不是改革開放的戈巴契夫。在布里茲涅夫的統治下，就如同赫魯雪夫時代，蘇聯前衛藝術家無法公開展覽，所以他們在自家公寓或工作室掛出作品邀別人來觀賞，唯一的觀眾是其他前衛藝術家。用他們自己的話來說，他們「像是初代基督徒或共濟會成員」。這群人一瞥就能認出對方的作品，不論時局好壞都對彼此不離不棄，從不背叛圈內成員。比起官方允許蘇聯人民知道的事實，他們認為自己所知的是更高層次的真相，但也知道真相揭露的時候未到。他們在困境中學會了什麼叫操守，並打造出休戚與共的世界。對這個國家的無數人民來說，所有的表態似乎終將是枉然，以至於這群藝術家的生命力雖然充滿強烈的諷刺和瑣碎的衝突，仍然賦予作品一種壓迫力。面對苦難，他們達成了一種只與極小眾共享的喜悅，而且這種深切的使命感不斷帶來驚喜，也讓他們懂得了自身才華的價值。

那種才華令人敬畏。他們的喜悅或許可觀，然而通往這種喜悅的道路實在崎嶇，難以吸引無力昇華、無法超越界限的人。更何況，以貧乏的才智與無孔不入的蘇聯國家機器搏鬥，愚鈍之輩很快就會被挫折感打敗。莫斯科的藝術界沒有消極旁觀者容身之處，成員都投注了龐大的心力。因為他們作品的體驗永遠取決於他們身而為人的經驗（約百人上下的前衛藝術界成員，每個人都既是蘇聯藝術的創作者，也是觀眾），所以藝術家的性格決定了他們會創作怎樣的作品。他們強烈的人物形象一部分由他們在藝壇的位置而定，一部分來自他們投入前衛藝術創作時所帶的癖性，不過他們絕對也擁有畫家、詩人和演員的才華。這一連串奇異的組合使得他們充滿魄力、難以抗拒、倔強不屈，終至無法理解。正因如此，他們堅持操守的剛正性格融入了一種狡詐滑溜的特質，屢屢令人誤以為是裝模作樣。他們的作品充滿真相，卻全用偏頗的語言訴說。

阿努弗列夫對「行動」的闡述是聰明詼諧的謊言。他哄騙我相信我看到的事情很好了解、條理連貫，又清楚直白。事實上，那場行動可謂對當代蘇聯藝術的問題下了迷人的註解，在很表面的層次也說得通，但另一方面也是對藝術社群的肯定——一個應壓迫而生，卻又自覺受自由挫抑的社群。這場行動的重點就在於指涉太多，以至於沒人能全部參透。旁觀的藝術家能藉由認出諸多指涉而確立自己在前衛藝壇的位置，又能用看不懂其他指涉來確認他們的隱密程度。鬆綁的管制和外國市場雙雙危及前衛藝術圈成員的心靈堡壘，他們突然感受到，那些認為當藝術家能輕鬆名利雙收的人成了威脅。於是前衛藝術家舉行這類活動，保護自己新生的脆弱性。

我來莫斯科是為了參加蘇聯當代藝術拍賣會。圍繞著拍賣會的宣傳炒作教人目眩神迷。蘇富比正在為買家安排壓軸的莫斯科觀光之旅，整套行程包括外交娛樂節目、吉普賽人演唱、無止境的珍稀聖像畫鑑賞、拜會要人、成箱的進口香檳，以及過去只有沙皇和人民委員才能享用的頂級貝魯加魚子醬。我們參加的不只是拍賣會，也是東西方歷史上的一大盛事。一份精美無比的手冊上印著以鮮紅色的拉丁文和西里爾字母[2]拼寫的「蘇富比」，底下襯著一幅赭色調的古地圖，上面的字樣模糊難辨。拍賣團遊客雖然正熱烈期待魚子醬和聖像畫，但發現那幅地圖（同時也是該趟旅程的標誌而多次登上國際媒體版面）其實是百慕達古地圖時，許多人大吃一驚。蘇富比的某主席告訴我：「我們當時能弄到的就只有這個了。」

蘇富比是營利性公司，之所以舉辦這場拍賣，除了對蘇聯前衛藝術品感興趣，當然還有其他理

2 通行於斯拉夫語族部分民族中的字母書寫系統，使用者有半數在前蘇聯的疆域範圍內。——編注

由。想與剛開始推行改革開放政策的蘇聯政府打好關係，這場拍賣會是個契機，蘇富比或能獨占交易合約和後續的其他好處。起初，當代藝術品和藝術家被視為達成目的的手段，雖然在蘇富比拍賣會之前，西方世界逐漸發掘蘇聯藝術已有十年，那時也有幾位蘇聯藝術家在西歐和紐約嶄露頭角，不過藝術市場的巨頭還沒怎麼關注。

等到蘇富比為拍賣會加快布局時，西方畫廊已經出現蘇聯藝術的展覽，其中以伊利亞・卡巴科夫（Ilya Kabakov）在紐約羅納・費德曼藝廊（Ronald Feldman Fine Arts）的裝置作品展格外引人矚目。他在展場打造出一座莫斯科國宅，每個房間都屬於一個被封閉住所逼瘋的人。「從不丟東西的男子」房裡塞滿卡片，上面是黏在紙板上的各種瑣碎東西，並貼上「我口袋裡的線頭」、「角落的灰塵」、「迴紋針」、「一隻昆蟲」等標籤。在另一個房間裡，「從自家公寓飛進太空的男子」用四條連接天花板四角的巨型彈簧把一張椅子懸在半空，準備將自己彈射到平流層的自由裡。還有一間房裡住著「透過虛構人物自述人生的男子」（很可能是指卡巴科夫自己）。這類展覽確實打動了幾個認真的蘇聯藝術收藏家，不過他們的品味即使不再古怪，仍是深奧的、晦澀的。

西蒙・德・普里成為蘇富比歐洲區主席之前，曾為提森—博內米薩男爵[3]管理私人收藏。在隨男爵赴蘇聯的旅途中，德・普里已經掌握了當地的當代藝術界動態。他也推測蘇聯一九二〇年代的重要前衛作品仍大量掌握在私人藏家手中，許多十八、十九世紀的珍品家具和古董也是。德・普里亟欲與推行開放政策的戈巴契夫新政府有個好的開始，如此一來，若經濟困境迫使物主脫手珍藏，蘇富比便能夠占有優勢。列寧為了給他的新政府籌措資金，曾經出售隱士廬博物館最頂級的部分館藏，或許戈巴契夫也會有類似舉措。新興藝術是美化了的談判籌碼。我前來見證的「當代」拍賣會有多件二〇年代的重要作品，包括亞歷山大・羅欽可（Aleksandr Rodchenko）、瓦爾瓦拉・斯捷潘諾娃（Varvara Stepanova）和亞歷山大・德烈文（Aleksandr Drevin）的代表作。德・普里有個同事說：「等著瞧過多久我們就能在這個國家設立辦公室，掛上『蘇富比莫斯科』的門牌。」不過，德・普里很快看到當代藝術本身也有價值連城的潛力，他對我說：「這一切都是美妙而巨大的風險。我們對於自己在買進的作品所知如此之少——唯一知道的就是這值得買而已。」

一九八八年七月七號，拍賣會進行當晚，來賓陣容空前。晚間六點半，蘇富比的貴賓觀光團開始魚貫進入國際酒店（Mezhdunarodnaya Hotel）寬敞的會議廳。每位賓客先到報到櫃檯領取號碼板，再前往會議廳前方的預定席位。艾爾頓・強的收藏管理人和約旦國王的妹妹寒暄。一名退休棒球員陪著一小隊北歐女爵。一群雍容華貴的德國女性身穿向地主國致意的紅色服飾，與一名美國國務院官員談笑風生。有人問：「你真的要買那件作品嗎？」

另一人低聲輕笑，回答：「對，不計代價。」

一名纖瘦的女性戴著鑽石項鍊、拎著特大尺寸的鱷魚皮提包，在兩位藝術家的兩幅畫作之間來來回回，抱怨道：「我辦不到，我就是做不了決定。」又問身旁的人：「你比較喜歡哪一幅？」

排在貴賓團後面的是旅居莫斯科的西方人士以及過度盛裝的蘇聯權貴，他們夾雜在美國僑民和來度假的西歐人之間，顯得身形臃腫而態度從容。美國駐蘇大使傑克・馬特洛克（Jack F. Matlock）偕同妻兒與兒子的俄國未婚妻出席。派駐蘇聯的富裕外籍商業人士的第二代也紛紛到場。許多人對西式社交場合的穿著相當懷念，欣然以一身雅度夫（Adolfo）和范倫鐵諾（Valentino）的行頭亮相。現場有大批配備著筆記本、相機和電視攝影器材的媒體從業者——不是藝文媒體而是政治媒體，所有媒

3 提森—博內米薩男爵（Baron Thyssen-Bornemisza, 1921-2002）：知名收藏家，其家族自二十世紀初便開始收藏各式藝術品，藏品有七百多件。最後由西班牙政府購入，並成立提森—博內米薩博物館。——編注

體的莫斯科分社都全員出動來報導這歷史性的一刻。

會議廳後方三分之一的空間沒有設席，並以天鵝絨繩欄隔開。那裡站滿了莫斯科其他受邀的人，手上拿著據說是以天價售出的卡片，那卡片讓我們有種錯覺，以為那可能是以畫作甚至公寓換來的。在人群中，藝術家聚成一團竊竊私語，許多人曾經參與河畔那場集體行動。在這場理應屬於他們的全球級盛會上，他們只是串場節目。站在絨繩欄後方的有普希金美術館的幾位策展人、蘇聯藝術家的朋友、其他前衛藝術圈的成員。有些藝術家來自列寧格勒，還有個藝術家的表親遠從一千五百公里外的提比里斯趕來。大家向人群前緣鑽動挪移，卻只是被互相擠壓的人潮狼狽地推回原位。不過，冷氣的吹拂在七月中旬的大熱天彌補了他們，這在蘇聯生活中可不是常備家電用品。

七點鐘，出價正式開始。在冷氣房裡仍汗流不止的德．普里站在講台後指揮拍賣程序，有如為全世界最盛大的表演擔任司儀。早期蘇聯藝術品的成交價遠遠超乎預期，一幅羅欽可的油畫《線條》（*Line*）估價在十六萬五千到二十二萬美元之間，最後以五十六萬一千美元售出。

當代蘇聯藝術品的拍賣始於第十九號拍品，作品是根據藝術家姓氏的字母（拉丁字母表）排序，所以第一件是格里夏．布拉斯金（Grisha Bruskin）的作品。他是矮小、滄桑的男人，多年來都是前衛圈的邊緣人，同儕認為他的作品討喜、技巧成熟，但相形缺乏意義。他所有的畫作都以最高估價的兩倍、三倍或四倍售出，後來又有件估價三萬兩千美元的作品以四十一萬五千七百美元售出。

藝術家開始交換犀利的眼神。他們總算見識到西方人怎麼花錢了。蘇富比貴賓團的成員以漫不經心、幾近厭煩的姿態舉起泛白的木牌，喊出六位數價格，多個一千美元似乎也面不改色。這些藝術家中許多人從來夢想不到的財富就這樣交出，只為了一幅畫作，還是一幅蘇聯的畫作。這些藝術家開始領悟，政府的政策轉向最終或許會帶給他們難以想像的財富。

布拉斯金之後是依凡・楚科夫（Ivan Chuykov），一位備受非官方藝術界推崇的前輩政治領袖。要是有人願意為一幅布拉斯金付出超過四十萬美元，那麼楚科夫的作品肯定值幾百萬。不過他的《柵欄片段》（*Fragment of a Fence*）未達最低估價一萬五千美元，《圈叉遊戲》（*Noughts and Crosses*）也未達最低估價兩萬美元，這些作品的成交價僅勉強超過底價。如此這般，拍賣繼續進行，蘇聯人既為高價困惑，又為低價難堪。接下來，史維拉娜・柯匹史提洋茲卡雅（Svetlana Kopystiyanskaya）的作品上台了，一幅美得引人矚目，但基本上屬裝飾性的油畫。她是嚴肅的女人、出色的畫家，但缺乏引人入勝的原創性，然而畫作的出價一再攀高。這怎麼可能？要不是那些前衛藝術家被圍在絨繩欄之後，又或者他們如果懂得拍賣世界的爭強好勝心態，或許會注意到這是一場出價戰。要是他們出席了昨天的高級晚宴，或許就會得知艾爾頓・強已經指示他的管理人，要與一位宣稱不計代價都要得標的瑞士美女競標同一幅畫作。最後那幅油畫以七萬五千美元售出，現場藝術家不斷困惑地低聲議論：「這表示西方人認為柯匹史提洋茲卡雅畫得比楚科夫更好？比卡巴科夫更好？」

所有畫作幾乎全部售出。成交價最高的是那些最賞心悅目的畫作，偶有幾件風格最為異常奇特的作品。這令莫斯科前衛藝術家大惑不解，一種恐懼也逐漸成形：西方人可能會創造出一套準則，所根據的標準與他們自己的標準毫不相干。這些藝術家曾會見部分買家，但對方無意認識蘇聯的脈絡，這似乎也暗示了他們根本無能認出作品背後是有脈絡的，而這令藝術家極為反感。一名女性後來成為全場最高出價者之一，而在拍賣會舉辦前，一位精通藝術理論的畫家曾在工作室花了三十分鐘為她解釋個人作品，結果她聽完提出的問題是：「你用黑白灰三色作畫，是因為在這個國家很難買到彩色顏料嗎？」

雖然有些最出色的作品確實賣給了知音，不過大多數都落入紀念品買家手裡。這場拍賣會進帳三百五十萬美元，比樂觀預期的一百八十萬美元多出兩倍有餘。德・普里與蘇聯文化部副部長沙凱・波波夫（Sergey Popov）相擁道賀。

他們離開大會議廳時，一名女性指著拍品圖錄對另一人大聲說道：「我買了這一件。」又微微蹙眉：「要不然就是這一件。我不記得了。」

那人回答：「不管是哪一件，能讓你留下今晚的回憶就好。剛才很刺激對不對？」

這些藝術家就這麼被推進公眾視野，而如果你的創作是建立在私密性最極端的形式之上，那麼，眾目睽睽會令你坐立難安。為了使祕密警察覺得他們的作品毫無意義，甚而無聊，他們根據極其隱晦的準則進行創作，於是事情變得很矛盾，這些作品在西方成名多年後仍顯得晦澀難解。當藝術作品切斷了與發源地的連結，最容易流失的便是其中的諷喻。接受單一的官方真相是史達林式的舊習，所以在蘇聯藝術中，堅持真相的多重性就與畫作本身同樣都具有政治性。作品難以捉摸的本質必須是評論的焦點，規避的東西反而不是。以社會學角度檢視這些作品才是最合理的方法，原因也在這裡。簡言之，我們理應為他們偽飾的才華喝采，而為偽飾本身喝采也饒富諧趣。蘇富比拍賣會把這群藝術家投入一種與名利的矛盾關係，而這種關係將動搖他們整個價值體系。

雖然出價人的無知不是拍賣行之過，不過蘇富比要是沒那麼大張旗鼓地辦拍賣會，那些紀念品買家就不會來。想當然耳，這些畫作也就不會拍出天價。假使這場拍賣沒造成如此轟動，文化部在後續數月間也就較不可能舉辦類似活動，而這些活動將幫助到更多的蘇聯藝術家。文化部從這次拍賣所得扣下可觀的份額，從前他們嫌惡不已的藝術家，如今搖身變為強勢貨幣的金雞母，文化部突然開始對這群人投以充滿私心的善意眼光。

這些全在蘇富比的預料之中。這家拍賣行知道他們在開闢新興的獲利泉源，但在此同時，他們也從往昔庸俗的商業主義脫胎換骨。翌日，在惜別晚宴上，就連最憤世嫉俗的蘇富比員工（以及最多疑的文化部官員）似乎都熱淚盈眶。這兩方長久以來站在象徵性的對立面，如果我們同意藝術終極的功能是溝通交流，那麼這場拍賣會本身就是一次藝術創作、一場奇蹟般的交會。蘇富比是發掘了或發明了或毀掉了一場運動？後續數年間，評論家、策展人、收藏家和藝術家對此莫衷一是。就某種程度而言，他們都說對了。

藝術家對這場拍賣會五味雜陳，也或許無法看清事件背後所有的動機和理由。為了抗議西方商業主義，他們在隔天組織了一場乘船出遊的活動。前衛藝術家全員到齊，我們駛向某個休閒度假區，同時為西方商業主義可能造成的效應激辯。大家都下船後，有些人踱進樹林，有人閒坐在沙地上，或是租用划艇和小型明輪船。後來我與普希金美術館當代藝術策展人維克多．米西亞諾（Viktor Misiano）同乘一艘划艇，由力大無窮的畫家佐拉．李提切夫斯基（Zhora Litichevsky）負責划槳。每個人都樂在其中，再次肯定了前衛社群的力量。當其他明輪船試圖向我們撞過來、船上的朋友大笑著想把我們潑濕，米西亞諾會對船上的人一一點頭，並告訴我：「那是列寧格勒重要的觀念藝術家。那是真正的共產主義畫家。那是蘇維埃形式主義者。」就像林間上演的那場「行動」，能看著這群狂放不羈的人嬉鬧也是難得的機會。想了解他們充滿暗喻的作品，這不失為好的開始。

直到拍賣結束，主辦人之一才對我說起蘇富比與蘇聯文化部首次開會的情形，雙方在會中逐一討論各個藝術家。當時要取得蘇聯藝術家的資訊極度困難，而蘇富比提出了一份地下藝術家名單，全是透過蘇聯境內的西方人脈取得的。文化部官員相當惱怒地告訴蘇富比代表，每個來拜會他們的西方人都拿出一模一樣的名單——之所以看得出來完全雷同，是因為其中有個名字根本不是畫家，而是鋼琴家。

那場拍賣會是蘇聯藝術史的轉捩點。後續兩年間，曾經主導前衛藝壇的某些藝術家逐漸銷聲匿跡，另一些人則開始習慣國際名流的生活，受邀至收藏家的頂層豪宅和獨棟義式宅邸作客，在紐約川普大樓公寓享用向他們致敬的晚宴。媒體開始經常提及他們的作品，就算作品不紅，藝術家本身往往很有人氣。他們在晨間電視節目現身，也登上時尚名人雜誌。從他們表現最出色的作品也看得出來，西方世界或許不理解他們特定的溝通行動，但絕對理解他們的溝通意志。縱使他們以一種小心翼翼的熱情期待自己能獲致一定的名氣，但這絕不代表他們已經不再苦澀地反思過去。

這些蘇聯藝術家認為意義的詩學有部分在於他們的懷舊，與意識到鄉愁是他們的文化特質相比，他們這麼想，或許是件幸事。當他們透過作品體悟到實現夢想等於放下夢想，也重新喚醒了自身的幽默感和使命的純粹性，而那正是令我們西方人傾倒的特質。因為時光流轉和無可避免的失敗，這些藝術家已經開始恢復自我指涉的微妙天賦，也就是在拍賣會前的那些年間，他們運用得可圈可點的創作之道。拉開一段良性距離後，他們不只重新發掘了自己的國家和過去受壓迫的生活，也重新發掘了初衷，訴說他們所認為的不可剝奪的真相，不論訴說的方式隱密與否。他們的信念堅強，使人信服。藝術創作之所以具有崇高的道德和美學地位，原因就在於訴說真相——這是藝術家最偉大的禮物，而且受惠的不只有美術館和收藏家，還有整個世界。當這些蘇聯藝術家與他們的作品移向西方，他們改變的方式也將改變我們思考藝術的方式。

◆ ◆ ◆

許多蘇聯末期前衛藝術家的作品雖然都被西方商業化了，不過他們很快也在國內獲得相當的能見度。俄國首都如今以擁有莫斯科現代藝術館、多媒體藝術館和車庫當代藝術館而自豪。車庫館位於高爾基公園內，是占地一千六百坪的建築，由餐廳大手筆改裝而成，中庭有兩幅埃里克・布拉托夫（Erik Bulatov）高達九公尺的壁畫。莫斯科一座退役的發電廠及聖彼得堡從前的史莫林斯基麵包廠都改造為藝術家的工作室，讓藝術家在裡面工作。俄國的獨立藝術學校有英國藝術設計高等學院（二〇〇三年創立）、羅欽可藝術學院（二〇〇六年）、巴札研究所（二〇一一年），以及馬涅日與媒體藝術實驗室開放學院（二〇一三年）。隱士廬博物館舉行了上一屆的宣言展[4]，那是歐洲的重大展覽。莫斯科雙年展正蓬勃成長，莫斯科當代藝術博覽會這類藝術商展也是。

然而，普丁政府對表達自由不屑一顧，俄國當局頻頻禁止或取消令保守派不悅的展覽。二〇一二年，女性主義搖滾樂團暴動小貓（Pussy Riot）在莫斯科基督救世主大教堂演出，樂團成員隨即被逮捕入獄。她們的遭遇引起國際媒體關注，不過這只是眾多類似事件的一例。「藝術—無政府—龐克團體」沃伊納（Voina，俄文「戰爭」之意）的成立宗旨是挑戰「過時的壓迫父權象徵與意識形態」，二〇〇八年俄國總統大選期間，他們在莫斯科提默雅塞夫生物博物館（Timiryazev Museum of Biology）舉行了一場狂歡式的抗議表演。二〇一〇年，五名沃伊納的成員在聖彼得堡的鑄造廠開合橋上畫了一根六十公尺長的陰莖，橋面升起時，聯邦安全局的辦公室就能一覽無遺。沃伊納有多名成員正在服刑，仍是自由身的亞力・普魯澤—沙諾（Alex Plutser-Sarno）說這個團體的根據地「在聖彼得堡監獄無法穿透的高牆後方」，藝術家奧列格・沃羅尼科夫（Oleg Vorotnikov）和列寧德・尼可拉耶夫（Leonid Nikolayev）正在那裡「逐漸喪失生命」。

過去約十年間，有多場展覽被迫取消，例如：在莫斯科沙卡洛夫中心（Sakharov Center）舉行

4 第十屆宣言展於二〇一四年舉行。——編注

的《禁忌藝術》（*Forbidden Art*, 2006），中心主任也因此丟了工作；莫斯科馬拉特・蓋爾曼藝廊（Marat Guelman）的《屬靈惡言》（*Spiritual Invective*, 2012），事後主辦人被當局帶回審訊；彼爾姆市的《歡迎來到索契》（*Welcome to Sochi*），擁戴普丁的國會議員安得烈・克里莫夫針對這場展覽寫道：「這場展覽集結的作品，讓我想起希特勒的政治宣傳工作者，和更早拿破崙走狗所形容的那種俄國。戈培爾看了肯定很高興。」更近期的事件還有：莫斯科展覽中心協會關閉了莫斯科博戈羅德斯科伊藝廊（Bogorodskoe Gallery）的《快樂就好》（*Be Happy*, 2015），以及莫斯科紅場藝廊（Red Square Gallery）的《做你自己：LGBT青少年的故事》（*Being Yourself: Stories of LGBT Teenagers*, 2015）。後者的主辦人曾試嘗試在戶外辦展，不過展出照片遭到破壞，攝影師暨LGBT人權倡議者丹尼斯・史蒂亞澤金（Denis Styazhkin）和一名旁觀的十六歲青少年被警方拘留。莫斯科首映電影節（Moscow Premiere）的資金突然被轉移給普丁親信所籌畫、成立的新電影節「青年奮進電影節」（Youth Festival of Life-Affirming Film）。俄國當局甚至試圖阻撓海外展覽——預計在巴黎《蘇聯普普藝術：來自俄羅斯的政治藝術》（*Sots Art: Political Art from Russia*）公開展出的作品遭到俄國文化部部長反對，並禁止這些作品運出俄國。

即使是對展覽未被取消的藝術家而言，市場也很艱難。儘管莫斯科美術館如今激增，但俄國富裕階級普遍迷戀名牌光環，偏好俗麗且名氣更響亮的當代西方藝術，而非同胞的作品。雖然俄國當代藝術品的國際價格已趨於穩定，國內市場仍苦於嚴重衰退。莫斯科聲譽最卓著的艾登藝廊（Aydan Gallery）、馬拉特・蓋爾曼藝廊和XL藝廊，都不得不轉型為非營利組織。雷吉娜藝廊（Regina Gallery）的總監弗拉基米爾・歐查仁科（Vladimir Ovcharenko）說：「藝術家大多在自家廚房創作，就跟蘇聯時期一樣。」他們是否也跟在蘇聯時期一樣，在創作時懷抱著道德使命，我們並不清楚。

蘇聯 ◆ USSR

八月政變三日
Three Days in August

《紐約時報雜誌》
September 29, 1991

我的第一本書以蘇聯藝術家為主題，他們是我的書寫對象，但也成為我的朋友。我在書出版後也亟欲重返莫斯科，好讓我能夠不用採訪，單純與他們相處。我原本預期的是去朋友住的達恰拜訪、喝酒聊天到深夜，度過一段輕鬆的時光，所以本文描述的戲劇性事件來得令我措手不及。從前的我一向希望（但並未信仰）藝術與文學是有用處的，我也希望磨練自己表達艱難真相的能力，好在修補破碎世界的這場永恆任務中派上用場——我希望筆與畫筆確實比刀劍更有力。我在莫斯科這三天期間領悟到，在特定時空下，我的希望或許是真實的。

◆ ◆ ◆

八月十九號星期一：早上八點，攝影家維多利亞・伊夫列娃（Viktoria Ivleva）的一通電話把我叫醒。她說：「抱歉這麼早打給你，可是我恐怕得取消今天的晚餐約。你知道的，戈巴契夫剛辭職，我今天應該趕不及去市場了，家裡又沒蔬菜。」

我一頭霧水，含糊地重複：「戈巴契夫辭職了？」

「顯然是，至少我知道的是這樣。」

我剛參加了一場莫斯科前衛藝術家的派對，他們一如往常直到凌晨才散夥，所以我的精神還在恢復中。我說：「好吧，維卡，我晚點再跟你聊。」然後就繼續睡覺。八月中的莫斯科洋溢著如此強烈的樂觀氣氛，對戈巴契夫的態度又輕蔑得那麼冷漠，以致在我睡意朦朧的腦袋裡，他的辭職不過是蘇聯又向政壇重組邁出了毫無意義的一步。兩年多了，大家都在說戈巴契夫的時代已經過去，他得讓位給更大刀闊斧的改革人士。現在他終於做出這個決定，沒什麼好大驚小怪的。

我在真正起床後打開CNN電視台，這是莫斯科少數幾家頂級旅館才有的福利，而CNN正在報導戈巴契夫的退隱，令人困惑的報導內容中夾雜了「政變」這個詞。我望向窗外，在羅茲德斯文卡街（Rozhdestvenka Street），所有的攤販照舊做著生意，來購物的人潮仍不斷從庫茲涅茨克橋（Kuznetsky Most）地鐵站湧出。

我打電話到那棟位於福曼尼巷、被莫斯科前衛藝術家改造成工作空間的大樓。我與這群藝術家一起工作生活了三年以上，用英語、法語和極有限的俄語溝通。我也剛出版了一本書，講述我們這段共同的歷險。接電話的是觀念藝術家賴瑞莎・澤維茲杜契托娃，我問她：「你聽說發生什麼事了嗎？」

「所以那是真的了？今天早上八點吧，安東・歐許望（Anton Loshvang）打電話告訴我這個噩耗，然後我跟他說：『安東，我愈來愈受不了你的幽默感。』然後就回去睡了。」賴瑞莎在十一點接到另一通電話，說有個朋友看到坦克車駛向俄國議會大廈。賴瑞莎判斷這只是常態調度，便繼續睡回籠覺。「可是我剛才起床打開電視，看到每一台都在播柴可夫斯基的芭蕾舞，開始覺得超害怕。」史達林過世時，每個電視頻道也都在播放柴可夫斯基的芭蕾舞劇——沒別的東西可播，正是大事不妙的鐵證。

我前往他們工作室所在的破大樓，八名藝術家聚在頂層我們平常喝酒聊天到深夜的小房間裡。

兩星期前，賴瑞莎的藝術家丈夫柯茲亞．澤維茲杜契托夫過生日，不時與他共同創作的安得烈．費李波夫（Andrei Filippov）製作了一幅「全世界最大的俄國國旗」送他，因為他們的作品是在探討俄國精神和蘇聯官僚體系的緊張關係。那塊長達三公尺的三色布已經堆在工作室一隅好幾天了，現在柯茲亞拿來裹在肩頭當成披肩。

柯茲亞把收音機調到美國政宣和新聞頻道「自由電台」，不過聲音斷斷續續，我們也聽得心不在焉。如同赫魯雪夫和布里茲涅夫的時代，諷喻至今仍是他們對付恐懼和危機的唯一法寶，所以一群人你來我往、快嘴快舌，言詞間流露的機鋒和那則新聞一樣犀利而脆弱。這群藝術家早就發現，面對把謊言包裝成真相的政府，反擊之道就是把真相包裝成笑話。幽默成為傳達加密訊息的手段，況且只要他們插科打諢，就能繼續發聲又免於受傷。可是今天，這群藝術家在鬥嘴的背後，也是在給自己打氣，因為接下來不論事態如何，他們都需要勇氣面對。過不了多久，他們就得拋下自己習以為常的拐彎抹角，這場災難將需要他們親身採取實際行動。

我們實在太想獲知消息，於是出發往克里姆林宮，結果發現紅場被封鎖而大為震驚。偌大的廣場空空蕩蕩，坦克和軍官鎮守著入口。我們擠進人群，拿到反抗人士在現場發送的宣言傳單。

在緊鄰紅場的馴馬場廣場上，人群開始集結，但廣場中心一樣禁止行人進入。民眾正聚攏過來聆聽現場即席演講，一名士兵對我們說：「你們知道的跟我們一樣多。我們今天早上剛被叫來這裡，沒有進一步指令。」畫家弗拉基米爾．米羅能科（Vladimir Mironenko）回答：「你們包圍了克里姆林宮，很好，不過槍指錯方向了，只要把對著我們的槍口轉過去瞄準克里姆林宮，一切就沒問題啦。」一那群士兵哈哈大笑。

一名演講者說有場反抗運動正圍著俄國議會展開，鮑里斯．葉爾欽正發起抗爭反對新執政集團。演講者反覆強調：「當選的是他！我們選出來的是葉爾欽！」

藝術家紛紛搖頭，其中一人說：「葉爾欽這個政治動物就會惹是生非，俄國知識界沒人對他有好感。不過在這種危機時刻，我們恐怕只得支持他了。」

我們沿著城中大道特維爾大街前進，不時停步，為彼此拍下站在坦克旁或與士兵交談的相片。街道上擠滿人群卻不見車輛蹤影，簡直就像為了遊行而淨空的。

我們巧遇一個朋友，對方說議會大廈有更多動靜，於是我們搭地鐵到路障（Barrikadnaya）站——站名源於第一次俄國革命時，該處正是路障所在，而大家都很愛這個累贅的地名。車站的老清潔婦照例繃著臉，凡有人看似腳步遲疑，即使只是暫時駐足，她都會趨前去吆喝：「去呀！現在就去參加遊行抗議！」接著又轉到另一群人面前：「去！快去！」

我們加入湧向議會的人潮。當我們聆聽講者在議會露台上發表演說時，從沒想到媒體會把我們這些聽講者也算入抗議人士，人數就這樣大為灌水。政變的局面益發清晰、新政團成員的斑斑劣跡，這些都使我們驚恐不已，不過我們去議會不是為了抗議，只是想探聽情勢。

演講者警告大家，凌晨四點有人要攻堅議會，催促大家組成人牆防禦。我問那群朋友：「你們會加入嗎？」

他們的答案是：「假使有必要，我們當然非這麼做不可。」

我們去莫斯科河邊找士兵聊聊，那裡有更多坦克。這些藝術家的方法是引對方開口交談，有人會問：「那麼，你入伍很久了嗎？你是哪裡人？啊，我的祖母是那附近的人。你以前來過莫斯科嗎？」等到這類友善的閒話家常快結束時（藝術家多半還會拿附近買來的香腸、巧克力或麵包送給士兵），話鋒突然一轉，會有個藝術家說：「聽我說，你不知道你今晚會接到什麼命令，我當然也不知道，不過我想告訴你，我跟所有的朋友都會捍衛這棟大樓。我們會坐在大樓外，別對我們開槍。」

士兵幾乎都會緊張兮兮地不置可否：「希望不會。」

「不行，這樣不夠。不要對我們開槍。如果你遇到麻煩，或是要躲避你的長官，我們會把你藏起來。」雙方很快交換了姓名電話，多半是草草寫在議會大廈發出來的葉爾欽聲明傳單的背面。

一九八八年，當我開始撰寫蘇聯藝術家的報導，我結識的對象會請我別從旅館打電話給他們，以免祕密警察起疑，描述特定活動時也不要寫出他們的名字。但這種時候是不可能匿名了。我說我或許會發表關於這場反抗活動的文章，問他們是否該隱藏眾人身分。藝術家尤里・萊德曼（Yuri Leidermann）說：「你一定要把我參加這場抗爭的事告訴西方和全世界的每一個人。你應該從屋頂大喊我們的名字才對。」

近傍晚時分，我們動手幫忙搭建路障。

柯茲亞說：「莫斯科到處都在施工，這在平時很討人厭，現在倒成了我們的救星。以前哪場人民運動有這麼理想的材料，又這麼唾手可得？今天在這個地方，我們要創造出真正的公共藝術了。」

雨下起來，一名穿著高跟鞋的女性向我們逐一詢問：「不好意思，你會開蒸汽鏟或推土機嗎？」有人設法借電發動了一輛建築機具，可是最後只能交個某個人操作，而這人顯然從沒開過比小客車更棘手的東西。機具這裡推、那裡拖，我們也全都排成一列推呀拖的，路障開始成形。自行擔任監工的是另一名嗓音刺耳而威嚴的女人。她雙手扠腰，全身濺滿泥漿、又濕又冷，對一團混亂的現場尖聲喊出指示。印著西方文字（寫什麼不重要）的T恤在莫斯科正流行，這位女性魁梧的身軀上就繃著一行英文：「我現在寧可打網球。」

我們說好稍晚在工作室會合。到了九點半，我最熟識的藝術家大多都到了，總共約有四十人。

嬉鬧之情由更加堅決的氣氛取代。安得烈拿起他為柯茲亞做的那幅挖苦人的國旗，對大家說，如果我們走散了可以在這面旗幟下碰頭。大家士氣高昂地向議會大廈出發，評論家喬茲夫．巴克斯坦（Josif Bahkstein）對我說：「懸宕的局面要結束了。如果我們贏了這一回，改革就宣告勝利，要是輸了就真的沒指望了。」

我們討論到大罷工，維克多．札卡列夫（Viktor Zagarev）評道：「就算我拒絕去上我們哲學系的課，也不太可能嚇到軍政府，今天是我這輩子第一次希望自己是車廠工人。」另一人說：「如果我關掉我的藝廊，只會讓四個人失業。」

將近午夜之際，我們聽見路障被拉開的聲音，大家的心都猛地一沉。我們跑去路障設置處，發現有幾十個人奮力想把我們的防禦工事弄出一個開口，他們說：「快，我們部隊忠於葉爾欽！」我們才知道原來有支軍隊向我們倒戈，於是趕緊加入拆除路障的行列。

雖然來者只有幾輛坦克，我們還是跳上坦克前方，駛向議會。安得烈揮舞著柯茲亞的國旗，畫家瑟里歐嘉．米羅能科（Serioja Mironenko）是弗拉基米爾的雙胞胎兄弟，他把全程錄影下來。坦克裡的士兵說：「我們來加入你們了。」他們的到來使我們更加緊張，因為這可能是內戰的開始。即使如此，他們通過路障時，現場仍洋溢著無比的喜悅。在這一刻以前，抗議行動似乎大抵是象徵性質，一種不比政治性藝術更具意義的姿態。這下我們突然有了實質武力。

天氣很冷，並且開始下起雨來，我與我這群藝術家同伴拾級而上，站到議會外有遮蔽的廣場上。有些人原本走散了，現在又重新聚在安得烈的國旗下方。現場大致算是知識分子的絕對數得出上百個，包括一些我從沒見過的人。一名藝術家說：「大家抱怨這城市沒有夜生活，可是今晚莫斯科有趣的人物全來了，而且我們可能都會待上好幾個小時。」評論家蓮娜．庫揚澤娃（Lena Kurlyandtseva）

跑過來說：「安德魯，你不認識阿提雍．托伊斯基（Artyom Troitsky），阿提雍，你從沒見過安德魯，可是你們讀過彼此的書，一定有很多問題想問對方。」我們站在雨中聊天，阿提雍思索道：「蘇聯地下搖滾樂手融合了私人與公共能量，西方讀者很難理解這一點，他們比較容易接受視覺藝術家作品裡的這種同時性。」我們簡直就像在雞尾酒會上聊天。

歐嘉．斯維博瓦（Olga Sviblova）拍攝莫斯科藝術現場已近四年，每場聚會和展覽必定出席，身邊總帶著半故障的攝影機和半調子的技師。她在週一深夜時分突然來到抗議現場，一臉精心妝容，身穿黑色迷你絲裙。她借用瑟里歐嘉的攝影機錄下每個藝術家的身影，因為現場幾乎沒有燈光，她請我們幫忙點燃打火機湊近拍攝對象的臉龐。她說：「兩年前，我問他們每一個人覺得開放政策會不會失敗，要是果真失敗他們又會怎麼辦。今晚我只想記錄他們人在現場，以及臉上的神情。這會成為我電影的完美結尾——當然，如果新政府沒毀了它的話。」

到了凌晨兩點，我們逐漸覺得又冷又累、又無聊，也同意有些夥伴該回家，這樣明天才有精力回到現場。賴瑞莎說：「我們不可能從現在開始全體在這裡住六個月。」正當我們走向四小時前駐守的路障，一名身穿淺灰色大衣的金髮美女攔住我們，解釋有人要放個氦氣球到議會上空，她在幫忙充氣，想為氣球繩繫上反抗人士的旗幟。她說：「你們那面俄國國旗是我看過最大的，如果你們肯給我旗子，全俄國的人民都能看見它，從它那裡得到希望。」

安得烈微笑道：「我們當然肯。」並且把國旗交給她。「俄羅斯萬歲。」

這面旗子最初對安得烈和柯茲亞而言是百分之百的諷刺，後來成為抗議先鋒的旗幟，諷刺感也還剩一半，等到賴瑞莎問道：「明天要怎麼找到彼此？我們得跟日本觀光客一樣，在綠色雨傘下集合了。」諷刺意味已蕩然無存。

八月二十號星期二：下午，攝影家維多利亞打電話給我，說她昨晚為了把星期一拍的底片送出去，跑了一趟德國，用掉了單次入境簽證。「我想確保那些照片安全抵達，現在我回來保衛國家了。誰知道我這輩子還能不能再出國呢？」

柯茲亞順道來我住的旅館看了半小時的CNN。當議會大廈在螢幕上閃現，那枚氣球和國旗在大廈上空盤旋，他看著這一幕說：「那是我的旗子。」不久後我們抵達議會，剛好趕上葉爾欽在那面國旗下就集會發表演說。柯茲亞和安得烈四目相交，異口同聲說：「那是我們的旗子。」

當晚我與柯茲亞、賴瑞莎、瑟里歐嘉，以及柯茲亞會在古拉格服苦役的母親吃晚餐。大家不斷舉杯敬酒：敬柯茲亞的母親、敬柯茲亞和賴瑞莎、敬我、敬自由、敬戈巴契夫、敬葉爾欽。柯茲亞不想讓母親知道他等一下要去議會大廈，我們低聲商量，想出一個妙計。

我愈來愈不安。政府已經宣布宵禁。在開車回旅館的路上，我看到街道幾乎淨空。旅館大廳出現了憲兵隊的人馬。

音樂學家湯雅．狄登可（Tanya Didenko）在凌晨一點左右打電話給我。她的公寓在議會對面，已經被知識分子圈的眾多成員拿來權充行動基地，一整晚我都和去那裡取暖、喝茶、用電話的朋友確認他們是否安好。湯雅說：「誰料想得到？我家變成前衛人士的公廁啦。」她正在籌組女性陣線，要站在人牆中男性的後方，同時也在爭取與外界聯繫。她說：「你在你的CNN上看到什麼消息都請讓我知道。」CNN一再表示俄國議會外的群眾都還無法獲知CNN播報的消息，不過湯雅一邊聽我如實覆述，一邊派人下樓轉達給抗議群眾。我聽到已有一人死亡，她聽說的是七人。很多時候難以分辨誰的消息比較準確。

通話中斷了幾次。電話系統亂成一團，時而斷線又復原，我們話說得斷斷續續，線路也不斷喀嚓作響。有一回湯雅撥通電話，要我跟她說CNN究竟報了什麼，我說莫斯科政變的新聞似乎已播報完畢，現在報導的是侵襲新英格蘭的颶風。我向她解釋，颶風鮑勃正在重創美國東岸。半小時後，消息在包圍議會的人群中傳開：起於西伯利亞的颶風鮑勃一路摧枯拉朽，即將向莫斯科撲來。

凌晨兩點三十分，柯茲亞致電說他跟賴瑞莎和瑟里歐嘉一直想辦法要弄點汽油，卻怎麼也找不到。地鐵已經停駛，路上也沒有計程車，所以他們全回家了。我不太情願地下樓往議會出發，卻被一名憲兵擋下。所以我在旅館外來回踱了一陣子，象徵性地違抗宵禁，接著就回房睡了。

後來我才得知，評論家巴克斯坦在凌晨四點在噩夢中驚醒，於是開車到議會大廈加入外面的人群。他在事後說：「我遇到好幾個年輕漂亮的女孩子，過幾天我會再跟其中一個見面。」

八月二十一號星期三：一早就又濕又冷。柯茲亞、賴瑞莎和我一起去議會，發現昨天的抗議群眾還在，但都渾身濕透。昨夜凌晨一點，在某個隧道裡，有民眾想封住一輛駛向議會的步兵戰車的觀測孔，結果有三人被射殺身亡，目前看來只有這些人犧牲。我們想看被害人喪命的地點，在約莫中午時一起前往地鐵斯摩棱斯克（Smolenskaya）站。屍體已被拖走，槍擊地點散布著花束，大約有一百人聚在這裡，談論著這場悲劇。

一名年輕男性從路障處向我們跑來。他滿臉鬍碴，戴著細框眼鏡，蒼白的手緊握著皺巴巴的帽子，神似早年的布爾什維克黨人，又像從契訶夫劇作走出來的學生。他用擴音器宣布坦克正在駛來，請求大家志願加入人牆行列。我們不待討論就跟著他走到重重防禦工事的最外層，也就是我們前兩天幫忙打造、巡守的地方。不論接下來會發生什麼，我們都準備好要面對，雖然關於坦克的謠言四起，但我們之中沒有人預期會真的遇上。

結果坦克在幾分鐘內抵達。我嚇傻了，我的工作項目從來都不包括抵禦坦克。不過我們所在之處瀰漫著強烈的使命感，這也讓我萬分激昂。我從未被迫以這種方式捍衛自己的理念，儘管此時此刻這樣的行為很嚇人，但也像是一種殊榮。我們和暴力的正面對決竟然有種奇異的浪漫。帶頭那輛坦克上的士兵解釋他們是來摧毀路障的，命令我們離開，又說我們如果不讓步，他們就不得不從我們身上輾過去。拿擴音器的男人回答他，我們堅守陣地不是要與他們為敵，而是為了捍衛人民的權利，他說：「我們這裡的人不多，可是議會那邊有好幾萬人，全國各地也是。」他談起了民主，並請坦克車裡的年輕人想想過去的恐怖統治。其他人紛紛加入，柯茲亞和賴瑞莎都對坦克車駕駛慷慨陳詞。我們強調沒人能強迫他們從命，拿擴音器的男人說：「如果你們這麼做，就是出於你自己的選擇。」

士兵面面相覷，又看著我們。我們渾身又濕又凍，除了堅持信念的勇氣，根本不堪一擊——我們如此全心相信自己是本著公義之名發聲，同時又如此明顯缺乏實體防禦，士兵很可能嗤笑出來。可是領頭這輛坦克的駕駛認真凝視了我們整整一分鐘，接著聳了聳肩，彷彿他不過是在讓道給命運的必然進程。他說：「我們必須服從人民的意志。」然後指示我們退開，好讓坦克迴轉。坦克迴轉需要好大一片空間，也要花不少時間。

我問柯茲亞：「你覺得他們究竟為了什麼原因離開？」

他回答：「是我們，既因為我們在這裡，也因為我們說的話。」

這時大家不論是否認識，全擁抱在一起，又站在原地大聲歡呼，直到嗓子嘶啞。

事件落幕後，我們才體會到那種獨特的感受：逐漸消散的恐懼與逞英雄的衝動交織，形成某種迷人的滋味。我們也都覺得今天已經逞夠了赤手空拳的勇氣，於是把朋友召集起來，興高采烈地重溫這一遭冒險犯難，接著回我的旅館好好吃了一頓午餐，人人感到自豪不已。我的簽證在當日到期，午餐後便前往機場。其他人要回家睡覺養神、打電話，準備今晚的守夜。

不過守夜沒有發生。等到我辦理登機手續時，政變已經失敗，一來因為新軍政府內訌，二來因為士兵倒戈加入議會人牆。

對那群藝術家來說，這次政變事件帶來另一種解放。他們一直以來都對自由執迷不已，在這三天裡，獲享了親身捍衛自由的殊榮。後來我跟柯茲亞通電話，他說：「你、我，還有所有的朋友，我們打贏了那一仗。」他頓了一會兒，又說：「不過那是我的旗子。」

俄羅斯 ◆ RUSSIA

俄國青年的叛逆頹廢

Young Russia's Defiant Decadence

《紐約時報雜誌》
July 18, 1993

我在蘇聯解體兩年後重返俄羅斯，這個國家因為暴增的個人自由和新興財富正在劇烈改變。當時的我年近三十，對和我年齡相仿的俄國人特別感興趣，因為他們能夠適應新秩序。老一輩蘇聯人的感受力是在不健康的體制中定型，也大多就此不再變動。文中這些年輕人（甚至比大多數年輕人）都更能定義未來。後來的普丁則將俄羅斯帶往另一個方向，直至今日。在我撰寫本文時，專家紛紛斷言，給予同志更廣泛的權利幾乎勢不可免，而今這種樂觀立場遭到重挫，這些段落讀來也令我格外感傷。不過，這些人物速記還是勾勒出了葉爾欽年代的樣貌，那是憤世嫉俗和獨立自主密不可分的時代。

071

◆ ◆ ◆

近來，我在俄國以作家的身分旅行，很快就自覺像個間諜——不是美方的外國探員，而是幫各個新興的社會階層互探底細的間諜。組織犯罪界的俄國黑手黨聽到知識分子相信犯罪階層能發揮社會影響力，覺得很有意思。知識階層由始至終都憂慮新富商賈的貪婪，怪罪他們終結了理想主義。東正教傳統的復興使同性戀者擔心新保守主義的壓迫，夜總會老闆思索從前活躍於地下的藝人能否在光天化日下生存，政治人物則想知道權力是否會移

072

交給這些混亂的社會群體。在這所有階層中，年輕世代的改變最為顯著。

總的來說，俄國青年的前景確實嚴峻。根據主流報紙《論據與事實》（*Argumenty i Fakty*）週報四月刊出的一篇文章，「對現況不滿的俄國年輕人，每分每秒都在考慮自殺。」有三分之一的年輕人想出國。從一九八九年開始，因為氣餒的青年族群決定不要孩子，俄國的出生率下跌了三十%。

即使如此，仍有些俄國青年不在這些令人沮喪的統計數據之內，他們帶著往往淪於頹廢的狂放，奔向自由、財富與權力，反抗上一代的拘謹與理想主義。這些人分屬數百個不同的「組索基」（tusovki），這個口頭用語有「派系」、「界」與「社交圈」的多重意義。組索基的世界既有美國十九世紀蠻荒西部的精神性，也參雜著頹廢感，令人想起兩次世界大戰間的柏林。只有圈外人才能輕鬆遊走在不同的組索基之間，向其中一群人報告另一群人的現況。可惜俄國人無法更輕易地加入多個組索基，原因是，新俄國的各種實質真相並不存在於任何單一團體的行為或信念，而是存在於多元的願景、意見與目標之中，從共產主義的殘骸中湧現。

銳舞、派對、夜總會

我們去參加一場名叫水晶二號（Kristall II）的銳舞派對，地點是聖彼得堡的大溜冰場。行前我們先去拜訪維克多・佛洛夫（Viktor Frolov），一個溫雅的社交名人，跟派對主辦人略有交情。在場的客人包括一個流行歌手、幾個藝術家和模特兒、一個電影女演員，以及其他職業無法明確定義的人。女性都十分迷人，畫了西式妝容且穿著復古時尚，男性則身披皮夾克。佛洛夫是極殷勤的主人，每個人都得先喝上幾杯、吸嗨了才能出發——大麻很貴，現在只能用強勢貨幣購買，但只要有錢都買得到，不像以前那麼難以取得。有些人服用迷幻蘑菇，這在聖彼得堡附近的森林很容易找到，有些人則為了挺過長夜吸食古柯鹼。今年稍早，海關在聖彼得堡截獲一批偽裝成清潔劑運達的毒品。電視新聞播出了官員扣押貨物的畫面，三天後，每個藥頭都補得大批庫存。

我們在凌晨兩點左右開車前往大溜冰場。那裡大約有兩千五百人，除了有支荷蘭樂團受邀來現場演出，還不斷播放鐵克諾（techno）音樂，外加精美的雷射燈光秀。溜冰場有一半鋪上木板充做舞池，另一半場地則有人在溜冰。在冰場看台上，有人在抽更多大麻，或倒在座位上不省人事。人們在會場角落的酒吧購買大杯伏特加。我們身在涅瓦河的另一岸，河上的各座開合橋在夜間升起橋面，所以我們得等到早上六點橋面再度放下後才能回家。大家都同意銳舞派對已經不「潮」了。沒有哪種流行能持續一年以上。然而今晚每個時髦的組索基還是都來參加。畫家喬基．古雅諾夫（Georgi Guryanov）向我解釋：「熱潮已經退了，不過我們也沒別的事可做。」

人群裡大約有一、兩成是黑手黨代表，而且大家都知道是誰。他們會從派對的收益分一杯羹，俄國每個俱樂部、酒吧或派對都要付錢給黑手黨，金額占營收的二成到六成不等。有人向我解釋：「你在你們的國家要繳稅，我們走的則是這個系統。」

俄國的銳舞場景始於一九九一年十二月十四號的「第一加加林」（First Gagarin）派對，由葉夫蓋尼．柏曼（Yevgeny Birman）和阿列克塞．哈斯（Aleksei Haas）籌辦，地點位於國家經濟成就展覽館的航空航天中心，是這個社會主義國家中史達林式建築的最高殿堂。那場派對吸引了四千多人參加。柏曼從此陸續舉辦其他大型派對，他解釋：「第一加加林了不起的地方在於每個人都渴望參加。我們想把這個符號融入這個後現代的世界，並且把不同的組索基聚集起來。銳舞的重點在於自體性慾（autoeroticism），也是一個絕對美的符號，都是我們在蘇聯時代從沒有過的東西。」

柏曼像個大男孩，熱情又有趣，哈斯則有種放眼世界的專業精神和堅定的自信。我在哈斯位於莫斯科紅場附近的公寓裡與他聊天，他的美國太太在一旁為我們做晚餐。他解釋：「舉辦第一加加林的預算是一萬兩千美元。保全、音樂、DJ、場租、消防員，這些都要錢。我們也付了黑手黨兩成。」這數字很低，是靠精明的協商談成的。「而且我們沒賺到錢。不過我向自己證明了莫斯科確實有這些人存在。我在派對舉行幾週前開車巡街，看到合適的對象就邀，也免費請了一千個朋友。我們在派對當天打電視廣告，而且是用英語，以篩選觀眾。」第一加加林是當時莫斯科前所未有的活動：雷射燈光在富麗堂皇的建築上跳動，西方DJ播放著最新潮的音樂。

哈斯預計在秋天開一家俱樂部。他說：「你從外省來到莫斯科，年紀輕輕又滿懷壯志，結果你看到什麼？成功握在那些開名車、美女環繞的黑手黨大塊頭手裡。這種能量很黑暗，也很邪惡。我想要創立一間散發光明能量的俱樂部，讓健康、聰明、身家清白的人來。要吸引人加入你的光明能量，當嬉皮是做不到的。我想要一家給渾身洋溢著成功氣息、有進取心的人光顧的俱樂部。我不會供應酒精飲料，那會害人頭腦不清醒，而我們的生活已經夠茫然了。我要裝頂級的音響系統、播最好的音樂、雇傑出的DJ，而且入場費定得非常低。這就是民主：開放給每個人、開放給新的俄國。」

我想見識莫斯科的俱樂部，於是拿五個店名詢問弗拉迪克．馬敏謝夫－夢露（Vladik Mamyshev-Monroe），他是扮裝成瑪麗蓮．夢露的藝術家，也是俄國地下電視台的英雄人物。他說：「就黑手黨跟妓女的場子，外加幾個生意人。」我向他問起莫斯科最大的迪斯可麗姿（Diskoteka Lise），他說：「喔，不會吧。就算在美國一定也有這種地方。裡面擠滿肥胖的喬治亞中年婦女，把頭髮漂成淺色、塗藍色眼影、穿金蔥布小背心，隨著黛比．哈利的老歌很不合拍地搖擺。」

跑過幾家可怕的俱樂部之後，我絕望了——在其中一家，光是三根香蕉和三杯飲料就要價九十五美元。

不過在四月中，我去了畫家史薇塔・維克（Sveta Vicker）在隱士廬劇院新開的平價俱樂部，結果發現波希米亞藝文組索基的成員也是座上賓，其他還有一些電視圈的人、演員、畫家、觀念藝術家和知識分子。俱樂部有寬敞的前廳，裡面擺設了桌椅供人喝酒聊天，戲院本體空間就是舞池。我在進去史薇塔俱樂部的半小時內就遇到一百多個認識的人，這裡沒有一個是陌生人。狄登可說：「我很樂意每晚都來。」她是音樂學家，在電視台主持時髦的深夜音樂談話節目《寂靜九號》（*Silence Number Nine*）。藝術家阿麗莎・葛蘭澤娃（*Arisha Grantseva*）占據角落一桌，在眾人簇擁下高談闊論。畫家紛紛來打招呼，饒舌歌手帕夫洛夫（MC Pavlov）隨音樂節奏在椅背上敲敲打打。我在現場認識了一名保加利亞和瑞士籍的行為藝術家、一名希臘建築師，還看到哈斯在前廳的另一頭。這家俱樂部從來不打廣告，大家都是靠口耳相傳得知。

身處這一切中心的史薇塔笑聲不斷，她說：「你知道嗎，比起其他經營俱樂部的人，我有兩大優勢。第一，他們沒有一個是猶太人！第二，他們沒有一個已經升格當媽了！」

史薇塔俱樂部的樂趣源自某種很俄羅斯的東西，是我在西方的俱樂部從未體驗過的。那是一種充滿想像又朝氣蓬勃的愛，就跟裝潢和音樂一樣，在整個場子都能切身感受到。一名年輕的畫家對我說：「我們懂得享受生活。我們從小看著父母吃苦長大，波希米亞世界那種共同的痛苦都強烈遺留在我們體內，這讓我們把喜悅都寫在臉上。」

我在幾個朋友陪伴下首次拜訪了佩留拉（Petlyura）的基地。在地鐵普希金站附近的彼得羅夫斯基大道（Petrovsky Boulevard），我們來到一個看似工地的地方。一個朋友用肩膀頂開一扇隱蔽的門，大家由此進入寬大的天井，裡面有一座高達九公尺的模型占據大半空間，是結構主義藝術家弗拉基米爾・塔特林《第三國際紀念塔》[1]的複製品。有人對我耳語：「就是這裡。」這棟建築曾是某位貴族的家，後來被分隔成公共住宅，如今是佩留拉占領空屋的基地。這棟淺黃色的新古典主義建築是十九世紀俄式建築的絕佳範例，同時也破敗不堪。

我們走進入口通道，接著抵達門廳，漆成黑色的牆面上有銀色塗鴉。我們敲敲門，門立刻應聲飛開，西藏喇嘛的吟誦聲流洩而出，伴隨著一股混合了腐朽、伏特加和乙醇烈酒的濃烈氣味，既酸又甜。我們看到六個人圍坐著一張桌子喝酒，於是開口說：「我們來找佩留拉。」

那桌人裡有一個是行為藝術家蓋里克・文諾葛拉夫（Garik Vinogradov），他答應為我們帶路。我們穿越空蕩蕩的大舞廳，來到酒吧。牆面覆滿巨大的影像拼貼，有舊時的蘇聯模特兒、芭芭拉・布希、身穿風衣的男子抽著牌子不詳的香菸、奧戴麗・赫本，以及西斯廷聖母。牆面的一端掛著寫有標價的黑板，沿著牆邊設置的不是長椅，而是些故障的電視機和幾張小桌子。一名身高約一百五十公分的男性斜倚在其中一部電視上，他蓄著列寧式山羊鬍，身穿鮮紅色長褲和寬鬆剪裁的深紅色大夾克，一群年輕男女圍繞著他。

佩留拉對我們說：「過來坐吧。」

佩留拉的基地成了迷失靈魂的避風港。逃家的、嗑藥的，這些人在後改革開放的新世界裡毫無方向地遊蕩，最後來到佩留拉這裡，不只找到同伴，也找到生活方式。佩留拉不屑地說：「每個人都把開放政策捧上天了。所以我們從前是共產黨跟祕密警察的奴隸，現在是民主分子和資本家的奴隸。這仍是空洞的騙局。我這裡讓人避開那一切。」

佩留拉的基地目前住了三十四人。他在孤兒院長大，這個出身背景幫了他大忙：每個人都照分派輪班值勤，住民一定要做好自己分內的刷洗、下廚、上菜工作。有莫斯科評論家說：「這好像軍隊。」佩留拉回答：「比較像基布茲[2]才對。」誰可以住下來、能住多久，全由佩留拉一人決定。他說：「一切照我的規矩來，誰不喜歡都可以自由離開。」潘妮．布朗雅（Pani Bronya）是忠實成員，一個年約六十五歲的波蘭裔侏儒，身影永遠很顯眼。她的丈夫相信自己是列寧，負責在外頭把風。

我二度拜訪佩留拉的時候，列寧正穿著制服在天井閒晃。人群聚集在屋裡，十多人在吧檯喝酒，隔壁一個房間被改裝成「精品服飾店」，成排的舊款蘇聯服飾以低價拋售。湧進店裡的人穿著二手店淘來的時髦行頭，有那麼一點龐克調調。

我前往參觀屬於文諾葛拉夫的空間，在那裡聽了充滿吟誦的「實驗」音樂，搭配著幾盞幽微的燈光和薰香。接著我參觀了一名占屋住民的作品展，她繪製了一系列名為《未訴說的童話》（*Untold Fairy Tales*）的作品，畫中有斑馬和長頸鹿站在冰山上，漂浮在極地風景中。她說：「我在大約兩個月前來到這裡，在那以前，我從沒認真想過藝術創作。」

莫斯科有許許多多組索基、酒吧和舞廳的占屋行動，其中最出色也最有趣的就是佩留拉的基地，但城裡也不少。每週三，莫斯科河對岸的「第三條路」（Third Path）都有舞會。有天晚上我想去參加，到了門口卻得知那裡要關閉幾個星期，因為「暴力已經失控了」。什麼暴力？應門的男人告訴我：「黑手黨流氓。」我環顧那滿室瘡痍，而他說：「這裡沒東西可偷，我們什麼也沒有。」隨即關上大門。

1 第三國際紀念塔（Constructivist Monument to the Third International）：又名塔特林塔，俄羅斯社會將其視為對艾菲爾鐵塔的現代建築地位之挑戰。原本計畫在一九一七年布爾什維克革命後作為共產國際（第三國際）的總部及紀念碑，但之後政體更迭，不曾完工。——編注

2 基布茲（kibbutz）：一種具人民公社性質的猶太人聚落，居民共享財產，也共同分擔工作。——編注

智性生活

俄羅斯的每個人似乎都在辦雜誌，新創刊物說有數千種也不為過，多半是影印機（共產時代的管制品）印出來的，其中只有少部分屬商業性質。這些雜誌有特定主題：微生物、商管、時尚、藝術，發行量大多在五十到五百本之間。

當前最令人印象深刻的或許是《書房》（*Kabinet*）季刊，一群聖彼得堡知識分子的心血結晶。每一期各由一位聖彼得堡藝術家負責美術設計，內容是數百頁深奧的哲學論述、西方評論的譯文、諷喻散文，以及犀利的文化評論。

我參加了《書房》的一場員工會議，地點是十八世紀宮殿內的一座阿拉伯式會客室，藝術家提姆爾·諾維科夫（Timur Novikov）正在那裡舉行織物創作展。廳內燈光昏暗，播放著東方音樂。《書房》的編輯維克多·馬津（Viktor Mazin）和歐烈茲雅·特其納（Olesya Turkina）朗讀了一段極具煽動性的「柏拉圖式」對話，主題就是提姆爾的作品。與會的二十五人中，除了提姆爾本人，還有艾琳娜·庫茲內特（Irina Kuksinaite），她是藝術家、演員暨《時尚》雜誌模特兒，作品展剛在附近另一座宮殿開幕，以及畫家古雅諾夫、銳舞派對主辦人柏曼與其他知識社交界的紅人。

朗讀結束後，一群人開始抽大麻、喝克里米亞雪利酒，一邊辯論馬津翻譯的那篇保羅·德曼[3]的文章有何優劣，文章是在探討黑格爾的超然崇高。馬津向我解釋他最近翻譯了幾本批評理論的書，但沒想要出版，因為他只是想跟朋友分享。庫茲內特聊到德文和俄文分別將祖國稱為父國和母國，這兩種概念有怎樣的符號學差異。其他人向我詢問美國的拉岡修正主義，並且討論為史達林辯護的梅洛龐蒂有無正當性，也就是他們正在為下一期季刊翻譯的主角。話題接著轉向當晚的銳舞派對，誰要去、要穿什麼衣服、現場會放什麼音樂。

在莫斯科，一場晚餐派對將近尾聲時，一名年輕的文獻學家當眾朗誦了三〇年代的希臘未來主義詩作，而另一名客人回應以馬雅可夫斯基[4]。我說以美國標準而論，這種行為在晚餐派對上很不尋常。一名建築師柔聲問我：「可是這麼一來，你們要怎麼維繫口述詩歌的傳統呢？」

搖滾、流行與饒舌

在整個七〇年代與早期八〇年代，水族箱樂團（Akvarium）、電影樂團（Kino）和鮑里斯．格列邊希科夫（Boris Grebenshchikov）透過歌詞讓蘇聯人民知道世上有更好的生活方式。那時的搖滾音樂充滿豪情壯志，樂手與知識階層關係密切。流行樂手則代表官方文化，往往能在廣播上聽到他們的音樂，但熱門程度令人懷疑，通常是官方製造的假象。

我見了格列邊希科夫，他即將發行新專輯。曾有幾百萬唱片銷量的他，如今只預期會賣一萬五千到兩萬張。庫茲內特說：「現在是俄國流行音樂的天下了，因為大家只想有錢有權。」

托伊斯基是俄國國家電視台音樂類節目監製，我在莫斯科與他聊了一晚。三十八歲的他說：「在我比較年輕的時候，事情相當簡單。他們是壞人，我們是好人。在軟弱又邪惡的社會裡，我們代表活力與善良。年輕人會選擇最簡單的事。對我們來說，最簡單的事是講道德，在今天，最簡單的事是舒服過日子。在我那年頭，體制讓你別無選擇，你才變成邊緣人，然後用搖滾樂表達政治立場。今天你如果想參與政治，沒人會攔你。政治不是禁忌，只是令人反感，不過你沒辦法好

3 保羅．德曼（Paul de Man）：比利時解構主義文學批評家兼文學理論家，也是解構主義中耶魯學派的知名人物。——編注
4 馬雅可夫斯基（Mayakovsky, 1893-1930），俄國知名詩人，史達林曾大力讚揚其文學地位。——編注

好唱出那種情況。」

他的評論有助於解釋俄國新流行樂的乏味。今年最受歡迎的歌曲之一唱著：「你是名叫查娜的女服務生，又可愛又有魅力。你是我最愛的女服務生。」伯格丹．提多米爾（Bogdan Titomir）是俄國的性感男星、少女偶像，在他某支音樂錄影帶裡，伴舞的年輕男性全穿戴著美式足球制服與頭盔，意圖模仿麥可．傑克森跳舞。俄國唱片產業已經被經濟開放摧毀，只有少數幸運兒買得起唱片，提多米爾這類歌手的盈利來自一場接一場的巡迴演唱會。

流行巨星的經紀人全深受黑手黨控制。托伊斯基說：「無時無刻都有人拚命想賄賂我。他們提出幾百美元的價碼，就為了讓某支音樂錄影帶播出一次。某個商業頻道跟我同職位的人在幾週前被殺了。我不收賄，這是出於我的老派英雄心態，所以我只收過一次謀殺恐嚇。那些經紀人是成批地喪命。」

我和饒舌歌手帕夫洛夫共進晚餐，我還記得他過去仍是搖滾樂團「哞哞叫」（Zvuki Mu）一員的日子。帕夫洛夫與全心營利的流行樂壇保持距離，不過他的新樂團正在拍攝錄影帶，唱片也發行了。他的演唱會愈來愈受歡迎，就連提多米爾都承認帕夫洛夫是俄國唯一真正的饒舌藝人。他說：「我不介意揚名全國，可是我不想跟犯罪活動有瓜葛。如果有企業贊助會是好事。」帕夫洛夫的音樂是寫給文化菁英，特別酷的那群人，他曾在第一加加林銳舞派對上演出。

帕夫洛夫說：「磅礡的俄式搖滾不是跳舞的音樂。我們想給俄國引進一點好玩的東西。我們做的是一點饒舌、一點浩室、一點節奏藍調，外加一點爵士。」帕夫洛夫的音樂屬於一種融合了多樣元素的俄羅斯音樂，雖是根據西方概念而生，聽起來卻與西方音樂迥然不同。他剃了個光頭，有一雙藍眼和高大身材，頭戴小方帽，身穿鬆垮的饒舌歌手服飾，戴著幾枚戒指和幾條民族風項鍊。「我們知道自己不是出身貧民區街頭，也沒興趣像美國饒舌或俄國搖滾那麼政治性，我們不想唱商店裡買不到香腸這種事。我們主要用英文唱饒舌歌，因為用俄文聽起來很蠢。我有點像是發明了一種語言，拿英文字彙套用俄文文法。」

帕夫洛夫的音樂有強烈的節奏和出色的混音，很適合跳舞。他的放克調調有模有樣，這在俄羅斯並不常見。「我想，就算我們想表達什麼關切，也是關於靈性而非政治。我們是素食主義者、反暴力、反毒品、反酗酒，追求純粹靈魂。我們遵循的是佛陀的教導。西方人為俄國的政治擔心，不過我們還沒辦法處理政治。先教導人民好好當個人，或許接著就能開始談政治了。」

隔天晚上，我跟莫斯科畫家沙凱．沃科夫（Sergei Volkov）吃飯。他說：「看到這些年輕人拚命想模仿美國饒舌歌手，我覺得不可思議，這就好像有天你去紐約哈林區，發現每個人都打扮得像烏克蘭舞者，彈著巴拉萊卡琴。」

同志的九〇年代

俄國同志的日子多少比從前好過一點。即使沒有反雞姦法，「也只有那些社運怪咖才會真的到處向人提起自己的性傾向，而且他們這麼做只是為了博取西方世界的關注。這裡之所以會出現倡議運動，都是受到西方人的慫恿。」一個同志朋友說道。

這似乎是普遍觀感。即使顯然是同志的名人也不會在公開場合坦承性傾向。聖彼得堡藝術家諾維科夫已經做了多年同志主題的創作，他私下表示，當同性戀的樂趣之一就是那種私密性，他上電視受訪時，會一概否認任何暗示他可能是同志的說法。流行歌手謝爾蓋．彭金（Sergei Penkin）有時被稱為「俄國的喬治男孩」[5]，經常在莫斯科某家同志俱樂部演出，但他上電視時也說自己是直男。

聖彼得堡藝術家和攝影家瓦列拉・卡祖巴（Valera Katsuba）說：「我知道這在西方很流行，但我不想成為次文化的一分子。即使我多半選擇跟男同志上床，也不代表那是我最想往來的圈子。」

今年，詹姆斯・鮑德溫的《喬凡尼的房間》[6]剛在俄國出版，電影《愛是生死相許》[7]透過私人贊助在電視上播出。卡祖巴說：「我回白俄羅斯小鎮的老家看家人，然後我們一起看電視，結果這部電影突然跳上螢幕。我母親說：『看，這是講同性戀的。』我很驚訝她竟然知道這個詞。我問她怎麼想，她說：『如果他們幸福快樂，我也能接受。』十年前，沒有人會這麼說。」

一些異性戀與同志朋友都認為，俄國人大多有更重大的問題要操心。其中一人說：「他們在想俄羅斯聯邦是不是快解體了。」另一人說：「又或者黑手黨是不是要統治全國了。」另一個直男說：「他們害怕自己下個月就買不起食物。至於是不是有男人在跟男人睡——拜託，誰會在乎呀。」

有天下午，我去見莫斯科的愛滋維權倡議人士凱文・加德納（Kevin Gardner），他是美國人。他說：「這裡有很多同志團體，有一個專屬聽障同志，有幾個提供同志交友服務，還有很多同志報紙。就連主流報紙都能看到同志的個人廣告。有個團體在做同志戲劇，還有一個單位叫做『男女同志復歸社會彩虹基金會』。新法西斯團體帕姆雅特（Pamyat）還是很反同志，不過社會風氣絕對在轉向開明，至少在大城市如此，同志也的確在湧進莫斯科。不過，還是有很多自我憎恨、憂鬱和自殺的案例。」

有個朋友說：「讓我獲得社群歸屬感的是別的地方。俄國人是非常浪漫的民族，不過我們對性沒那麼熱衷。不寬容會逼人走上自殺的絕路，可是寬容也不會吸引我們產生西方對同志次文化和生活風格的那種幻想。」

維繫信仰

我在聖彼得堡上了教會，去的是聖三一大教堂。這裡曾被蘇聯政府當作筒倉使用，現在經過清理和修復，已經恢復禮拜。會眾中有一小群年輕人，其中一人告訴我：「我是為了美學理由來的。我認為我們的東正教很美，不過我當然不信教。」

其他人是真正的信徒。我在莫斯科與瑪莎·奧夫欽尼可娃（Masha Ovchinnikova）共度了一個下午，她是藝術家，年近三十，作品深具宗教意涵。她說：「教會是我的生命，唯一重要的事。改革開放以前，想歸屬教會就得吃苦頭，只有真心信主的人才會來。現在有大量民眾加入教會，有些人是真的受信仰感召，不過大多數人之所以來，是誤把教會的思想當成意識形態。他們從父母口中聽說意識形態，像小孩一樣抱著期盼。不過他們人雖然來了，對信仰卻並無了解，只希望有人給他們絕對不容違抗的命令。這是我們教會的悲劇。這些人把教義和極權主義混為一談。」這類俄國人也是美國福音派人士贏得的第一批信眾。這些福音派一波波湧進俄國，近來橫掃全境並大打粗俗廣告，信誓旦旦地承諾能解決病態社會的種種問題。

在共產時代，東正教教會自外於俄國的政治與生活。奧夫欽尼可娃解釋：「我十九歲受洗，一直自認是社會的局外人，這好像一種自閉症。以前教會的人從來不會為了與社會互動而改變自己。新入教的主要是對經濟不滿意或個人生活不快樂的人。他們來教會是因為教會不看重這些，但他們

5 喬治男孩（Boy George），八〇年代英國知名男歌手，以其陰柔氣質與中性穿著風格著名。——編注

6《喬凡尼的房間》（*Giovanni's Room*），非裔美籍作家詹姆斯·鮑德溫（James Baldwin）最知名的一部小說，由於內容有明確的同性戀與雙性戀情節，一九五六年出版時引起極大爭議。——編注

7《愛是生死相許》（*Longtime Companion*），內容描述八〇年代男同志圈內因愛滋病而受苦的浪漫愛情片，是首部針對主流觀眾並以愛滋為主題的同志電影，一九八九年上映。——編注

也不了解教會究竟看重什麼。」

部分會眾將宗教信仰化為右翼國族主義的基石，奧夫欽尼可娃說：「教會不是政治體，絕不能涉入世俗事務。」教會助長的是俄國人習以為常的消極被動。她說：「美好的生活是神的恩賜，想靠自己掙得好日子是癡心妄想。」教會也滋長了不寬容和偏執的心態。奧夫欽尼可娃語帶同情地對我說：「你不會得救，因為你不是我們教會的人。」

商界新秀

俄國隨處可見新興的資本主義者，也就是年輕的商人、銀行業者、股票經紀人。你可以看到他們穿西裝、打領帶，頭髮精心修剪，體面卻不帶官僚氣息，是莫斯科的一種新風貌。這群雅痞很少涉足製造業，該產業仍由國家主導，深陷官僚作風的泥淖。二十五歲的雅洛斯拉夫・帕楚金（Yaroslav Pachugin）是專業財務顧問，任職於國際投資私有化國有產業基金會（Foundation for the Privatization of State Industry Through International Investment），一個民間營利單位。他說：「我們只做交易跟投資，把既有的東西轉手。」

他補充：「我的收入比父母高得多，這讓我汗顏，他們都是很有成就的專業人士。不過那一代的人無法立即學會在資本主義中行事的必要技能。資本主義的基本架構對我們來說不是問題，那些我們都懂。」他頓了一下。「當然了，我們還不懂的是民主。」年方二十四歲的伊果・傑拉西莫夫（Igor Gerasimov）在業界巨頭英科姆銀行（Inkombank）的旗下部門英科姆信託（Inkomtrust）擔任總經理。他負責操作私人資金的投資，而他的作法是把錢投入房地產和外幣。他對我說：「我通常會拿到能投資一到三個月時間的資金。沒人對經濟信任到敢讓錢離手更久，所以投資工業和建設是不可能的事。此外，我們的通貨膨脹也讓人很無力。」

「我在做的事情很重要，持續經商來幫助俄國成長是我的道德責任。我不能立刻選擇另一種行業。這麼做當然也是為自己，我想有間好公寓、一棟達恰、買輛車，說不定還是高級的林肯城市轎車。不過，我為自己賺得愈多，對俄國幫助也愈大。」

自成一格的俄國富人

前述的商界人士雖然形成雅痞階級，不過另有一群人自成金融界貴族圈，也就是所謂的美元百萬富翁和暴發戶。他們構成一道光譜：一端是純粹的商業活動，往中段移動是黑手黨主導的商業，繼續往另一端移動則是衍生自商業的黑手黨活動，最遠端是純粹的黑手黨活動。許多超級巨富落在黑手黨那一端，但並非全部如此。然而，想在老實經商那一端獲得成功，得有本事應付黑手黨的威脅，因為那是躲不掉的。

我去拜訪尤里．貝加洛夫（Yuri Begalov），他與兩名合夥人共同擁有「量子國際」（Kvant International），據說這家公司去年營業額高達十億美元。貝加洛夫今年三十歲，我聽說他是正直又深諳世故的人。他的辦公室位於工會街（Profsoyuznaya），一個很普通的地段。他與我見面時身穿喀什米爾羊毛西裝外套、法蘭絨長褲，打著愛馬仕領帶，腕上配戴著百達翡麗手錶，保時捷就停在大樓外。起初我們坐在狹小的蘇聯風房間聊天，接著穿過走廊來到會議室，坐在鋪著平整桌布的大餐桌前，上面擺設了骨瓷和沉甸甸的銀器。員工為我們端上午餐，五道精緻細膩的喬治亞菜，佐以多款葡萄酒。貝加洛夫是亞美尼亞人，但在喬治亞長大，他進口了全套喬治亞廚房設備並安裝在這棟複合式辦公大樓裡。

貝加洛夫說：「在這個國家要開始一門生意，人脈比任何事情都來得重要。所以，因為我的兩個合夥人都是物理學家，我們創立了一家專門把科學研究轉為商業應用的公司。人脈帶我們到哪裡，我們的生意就做到哪裡，只要有錢賺，任何工作都好談。」莫斯科證交所開張時，貝加洛夫看出這是下一波契機，立刻提領了一筆銀行貸款（貸款在當時還是很新鮮的概念），在證交所買下一個交易席位。莫斯科證交所根據神祕而古怪的規則運作。他說：「風險高得不可思議，我真正的優勢唯有一項，那就是我下過工夫搞懂俄國的商業實務和法律，幾乎沒有其他人費心花這份力氣。」

我認識的一位俄國社會學家說：「這個國家的機會，用在俄國人身上完全是浪費了。」後來我也一再聽見這樣的感慨。貝加洛夫順勢而行，參與了西伯利亞的私有化，等他聽說秋明市將開設商品交易所，又在那裡買下一個交易席位。石油是極度缺乏效率的國營產業：國營油井先把原油交給國營煉油廠，再把煉過的油賣給國營工廠。貝加洛夫找上一家莫斯科工廠的主管，取得購買石油的許可，接著在秋明交易所開張的第一天就買下市場上可得的石油。交易所員工在當地到處打電話找來更多石油，貝加洛夫也把這些油買下來，建立起市場的控制權。

貝加洛夫成為西伯利亞石油的一股主導力量，協助這項商品進入全球市場。起初他的生意不在稅務法規涵蓋範圍之內，他的活動完全不受管制。俄國的商事法實在太新、太紊亂，又寫得太糟，聰明人還是有辦法規避。貝加洛夫說：「我不擔心自己做的事是否對社會有益。在這樣的大環境裡，我相對容易成功。對手少得令人驚訝。」

艾登．沙拉科瓦（Aydan Salakhova）是艾登藝廊的老闆和總監。在某些方面來說，她是新俄羅斯帶來的最佳典範：聰明、美麗、修養和智識兼具，在東西方都人脈亨通。她本人是才華洋溢的畫家，而艾登藝廊有種莫斯科難得一見的雅致。她展出許多該市的頂尖藝術家，把作品賣給識貨的國內外收藏家。她說：「我認為我是在幫忙教育這群人。他們雖然有錢，卻往往不知道怎麼花錢。他們買車、買房，舉行炫富的派對，在場上播放吉普賽音樂。等這些事情都做過了，他們就需要有人告訴他們什麼叫美、怎麼好好過生活。這跟你們的國家很像，只是發生得更快。首先你賺到了錢，接著你想要權力，然後是品味。有人得出面牽線，讓新富人及新權貴認識我們的文化財富。這是一種社會責任。」

我去莫斯科中央藝術館參觀一場雷納戈集團（Rinaco）收藏品的展覽，在展場中，年輕的銀行家與藝術家在來去間互相點頭致意。策展人斯維博瓦說：「這些人彼此需要。從前每個人都從蘇聯政府獲得金錢和文化，一種被強迫灌輸的文化。但現在，文化既昂貴又令人嚮往，大家得互通有無。」畫家沃科夫說：「沒錯，現在這些『高雅』的生意人對藝術家獻殷勤的方式，就跟粗俗的生意人追求舞女一樣。」

犯罪人生

在俄羅斯，想擺脫黑手黨是不可能的事。他們無所不知，也無孔不入，與政府、商界、軍隊甚至藝壇都聲氣相通。黑手黨分子就跟蘇聯體制中的官僚一樣顯而易辨，從他們開的車就看得出來——沒有牌照的頂級西方車款。他們大多有一副光鮮卻庸俗的外表，而且獨屬他們所有。男性的肩膀寬闊，常常張開雙腿站立並把頸子向前伸，俄國人管這姿勢叫「公牛」。他們的女人通常都很漂亮、衣裝華貴，而且一句話也不說。俄國黑手黨以不可思議的速度成長，愈來愈多年輕人選擇加入。庫茲內特說：「從前在列寧格勒，男朋友是藝術家、搖滾歌手或記者是很時髦的事，如今漂亮女生都想跟黑手黨交往。」

我有個黑手黨聯絡人是三十二歲的莫斯科人，他說：「在我們國家，政府既不組織系統也不管控，但國家沒有這些東西會崩潰。能撐住俄國的就只有黑手黨了。我們確實提供一套系統，我們掌管哪一門生意，那門生意就能順利運作。這是崇高的工作。年輕人如果有抱負、想對社會發揮影響力，卻認為實現抱負的方法是進議會，那就太蠢了。如果他聰明，就會加入黑幫。」

我的聯絡人極富魅力，也幫了我大忙，他向我解釋各族裔黑手黨（主要有七個）的地盤劃分，並且教我認識一套可謂思想體系的東西，有助我理解所有的黑手黨活動。他個人「接管」公司行號，向對方提供資金，再安插「人才」掌管這些公司。他說：「當然啦，我們起初都是無足輕重的混混，但假以時日你會成長。這個國家最聰明的人大多被黑手黨囊括了。」他也成為文化贊助人。「有時真不知道怎麼花我所有的錢，而且對我來說，參加不同的圈子帶來很大的樂趣。很多黑手黨分子厭倦了跟圈內人在一起，於是跟各種組索基往來——這是我們的理想。」藝文人士欣然接受他們的庇蔭。

他說：「黑手黨組索基真的很有趣，給我們帶來很多歡笑。如果我有麻煩，這群弟兄會伸出援手。我曾經在芬蘭坐牢，是他們把我弄出獄的。但這也不是沒壞處。」我後來得知，他的搭檔在幾週前遭人以殘酷手段殺害，原因是他搭檔的太太醉酒後在餐廳出言辱罵，從此與另一個族裔的黑手黨結下梁子。

另一個黑手黨聯絡人與跨國毒品走私有密切關係。他今年二十五歲，相貌英俊且口才極佳，很能逗人開心。他很懂得花錢：舉辦派對，為黑手黨分子購買藝術品，幫人建立有用的交情。他也說著一口流利的英語，閱讀之廣叫人驚訝。他說：「我這一點很討大老喜歡。組織犯罪在幾年前剛進入全盛期的時候，他們還是一群暴發戶老粗，不過他們後來看了義大利黑手黨題材的好萊塢片，《教父》等等的，就喜歡上那種極致的講究及斯文。當然了，家常事還是少不了，主要是那些骯髒事。」

「殺人嗎？」我問他。

「你也看過不少電影。當然還是有殺手，不過老鳥的圈子已經不時興那一套了。幾年前還在互相打打殺殺的同一批人，現在都投身金融操作，那比較愉快也比較好賺，是白領工作。至於殺人那套——做那些事的人真的很沒魅力。」

我跟另一個聯絡人出去過好幾次，他是亞塞拜然的黑手黨。我們初次見面的晚上去了一家知名西方連鎖飯店分店的高級餐廳。我們跟幾個惡棍圍著最好的桌子坐，其中一人拿出一塊大如棒球的大麻開始捲菸，讓我有點吃驚。我問他：「在這種餐廳裡抽大麻好嗎？我的意思是，這是西方人開的飯店。」

他哈哈大笑，對餐廳經理說：「我朋友在想，你會不會介意我們在這裡抽菸。」一邊慵懶地指了指那塊大麻。

經理回答：「別客氣，祝你們抽得愉快。你們想做什麼都可以。」他看來臉色發青，站在一旁恭順地對我們微笑。

幾天後在一場派對上，一名年輕的黑手黨主動說要介紹我認識他的老大：一個身型福態、蓄著大鬍子的金髮男子。結果我們聊車聊得很愉快。他希望我得到了有趣的收穫。他說：「我們這個幫是最棒的。」

我輕快地問：「你做的究竟是什麼工作？」

他雙眼一瞇：「你知道，你人感覺真的很好，我也知道你來這裡有什麼打算，如果有人想跟你聊，那由他們自己決定。可是我覺得你最好要謹慎。如果你出了什麼不愉快的事，我會真心遺憾。」說完，他意味深長地微笑。

最近我聽說，有個拉脫維亞記者在調查某椿黑手黨事件期間失蹤，後來被人發現陳屍暗巷，身上有七個彈孔。那畫面不怎麼叫人心安。

「現在我有個問題想請教你，希望你知道正確答案。」那位老大不懷好意地壓低了聲音。「我有個棘手的問題，西方人應該能幫忙解決。」我嚇得魂都飛了，人就是這樣捲進犯罪的。他說：「我的頭皮屑很嚴重，我想知道美國的海倫仙度絲真的有用嗎？還是你能不能從你的國家寄點別的產品給我？」

我在即將離開莫斯科之際跟那位老大吃了一頓晚飯。在我傳授他洗髮精的挑選祕訣之後，他判斷我這人還可以。我們聊到了政治、餐廳和時尚，後來他問我：「你這趟旅行愉快嗎？」是很愉快。

「在莫斯科有人找你麻煩嗎？」

「沒有值得一提的。」

他露出燦爛的笑容說：「你知道，在我們國家，雇一個殺手只要二十美元。你想的話，我能替你安排。」

我向他保證我不需要這種服務。

「好吧。」他把名片遞給我：「這是我的電話號碼。如果你在美國有麻煩，也可以打給我。派一個殺手去紐約也是二十美元，外加機票錢和一晚的旅館費。」

邁向變革的政壇？

在蘇聯時期，共產黨奉行僵固的階級制，這表示政壇大位只能由資深前輩出任。政治圈後輩不論有什麼抱負，都要以恭順的官僚辭令行事，避免僭越，並遵照上司的命令行使他們僅有的微小權力。

對俄國政壇來說，由年輕一代主掌要職仍是很新穎的概念。羅莫德・克李洛夫（Romuald Krylov）是莫斯科中央區的藝術文化處主任，今年三十歲，他說：「就連聲稱想要變革的鐵桿民主分子，看到我擔任高級官僚也覺得不自在。他們比較想看到一個對藝文興趣缺缺的花甲老頭，這才符合他們的習慣。」

在中央政府，論資談輩的習氣更是嚴重百倍。葉戈爾・蓋達爾（Yegor Gaidar）短暫出任總理，向俄國人民證明了年輕人有可能帶來新政策。蓋達爾的政治手腕是聳人聽聞，俄國政壇後進在辭令和政治手段上展現了豐沛的多樣性，卻好像厭倦了烏托邦的理念。西方世界的年輕政治人物大談激進改革，老一輩傾向懷柔，在俄國恰好相反。既可笑又令人不安的是，他們轉向溫和穩健，似乎不是出於合作精神，而是一種普遍認知：使用妥協式的說詞最利於獲得權力。

誰也說不準哪些人選會在三年後當權，但我們還是可以審視這整個世代有什麼特色，試著去了解怎樣的年輕人選擇投入政界角力，他們參政的方式與原因又是什麼。二十五名四十歲以下的男性或許有助於界定俄國政壇的年輕聲音，此外還有追隨他們腳步的數百名人士。藉由仔細觀察其中三人，我們或許能領會他們的觀點和能力：人民代表暨新政治黨改變黨團（Faction Smena-New Politics）主席安德烈・葛羅文（Andrei L. Golovin）、俄國民主改革運動執行委員會（Russian Movement for Democratic Reform）委員長亞列山德・基謝廖夫（Aleksandr A. Kiselev）、國政顧問謝爾蓋・史坦科維奇（Sergei B. Stankevich）。

葛羅文主張的是他所謂的中間路線。俄國政壇傾向根據激烈主張行事，我對中間政黨這概念深感好奇。他說：「那些自稱民主派的人是激進分子，左翼激進分子。你們的政府支持他們，原因是你們認為不這麼做的話右派會掌權。不過與那些激進派相較，我們真的比較接近美國，也更符合你們的國家利益。柯林頓當選時，我以為他會有此觀察領會，看到他延續布希總統偏執的外交政策，我們實在很失望。難道他沒看到俄國、美國和國際利益全繫於中間派，仰賴那種居中斡旋且有所節制的行事作風？危機並非來自保守派或民主派，而是鬥到難分難解的極端派。」

葛羅文的年紀在三十五歲上下，有種自負且有時近乎目中無人的氣質，不過他的論點很有說服力。五年前的他是任職於研究機構的物理學家，改革開放後改為公部門效力，負責草擬軍事、經濟與民事政策，他的中間路線讓我覺得與瑞典式社會主義特別相似。他說：「你們在美國大談一個代表中產階級的穩健政府。我們改變黨團就是中產階級的政府。」

我問他：「可是俄國真的有中產階級嗎？這個國家的人民想走折衷路線嗎？你們的選民是誰？」

「假使由我們執政，就會有中產階級，他們會想要折衷路線。如果我們將來掌權了，全國各地都會有人支持我們，而這些百害叢生的經濟改革，絕大多數也將被我們廢除，好讓中產階級再度興起。」

我指出，這並非民主制度中一般會有的事發順序，理論上應該先獲得人民支持才會勝選。

他說：「怎麼說呢，我們俄國沒有新聞自由。左翼媒體由政府撐腰，右翼媒體也是，因為對右翼的恐懼會促使人民支持左翼。我們沒有那一套媒體操作。中間路線無法吸引人注意，很難做激情的公關宣傳。激進派、共產主義者、法西斯主義者都曾經屬於同一個黨派，有相同的布爾什維克思維。我們很清白，從未隸屬於蘇聯官僚。俄國好像在趨向一種拉丁美洲式的局面，我覺得很嚇人，因為在這種局面中，權力來自暴民，政府會受非法特殊利益的牽制。」

接著他神色緩和下來。「這是高度文明的國家。」他向窗外一比。「我們可以用文明的方式互動。為什麼人民要把票投給我們？因為我們有才識又講誠信。你把我的相片跟生平印在葉爾欽的相片跟生平旁邊，然後自問，誰過著理想的人生並致力於公共服務，誰又是老共產黨員，深陷偏差的意識形態和貪腐的泥淖？我們想建立的是合理的法律。等我十五年後當上總統，到時布爾什維克主義、極端主義肯定都完結了。」

葛羅文口才便給，很能打動人心，不過他對自己國家的實況表現出莫名的不屑。他似乎不了解，我們無法將公民性強加於整個社會。他一再談及要以實用主義取代意識形態，卻沒看出他的實用主義也根植於某種意識形態，旨在創造一個實事求是但目前並不存在的社會。他說：「要去除這個社會的意識形態得花很長一段時間。」顯然他並未想到這一點：要去除一個社會的意識形態，這種計畫終究深具意識形態。

葛羅文說「激進分子」是「布爾什維克黨人」，言猶在耳，我便與基謝廖夫見了面，他是熱忱的民主派，而且始終不曾動搖。只不過，假使基謝廖夫三十年前便活躍於政界，他無疑會同樣堅定地捍衛共產主義。當他還是伏爾加格勒的青少年時，確實曾在蘇聯共青團擔任要角，而那時的共產黨仍是同一個共產黨。在我們見面這天，基謝廖夫穿著淺灰藍西裝，這身衣服若是大個十一號，要說是布里茲涅夫的行頭也不為過，他看起來就像「典型的官僚」。他不斷以這類句子回答我提出的具體問題：「要使人民強盛，我們一定要有民主。」或是「我們一定要詢問人民想生活在怎樣的國家，根據民之所欲建設國家。」

在現今俄國，他領導的俄國民主改革運動是最接近政黨的組織，組織前身是把葉爾欽拱上大位的政治機器。聽過葛羅文明晰的慷慨陳詞之後，基謝廖夫的回覆顯得格外虛假而平庸。他也向我援引了大量統計數字。我問他俄國多數人民是否真的想要民主，無論是哪種形式的民主，他的反應是一臉困惑，然後滔滔不絕地陳述上週議事討論的點點滴滴。他對抽象思考或大方向的問題毫無興趣。

基謝廖夫是倡議新憲法的一分子，事實上，他的組織創立宗旨就是重新立憲。他說：「我們會向議會和人民提出這部民主憲法，然後葉爾欽會對人民解釋，他們聽了以後就會知道新憲法是好事。」我點出這套作法與現行法規不符，而基謝廖夫說：「你要批評葉爾欽違法就去吧，不過每個人其實都在違法。現行的憲法糟糕透頂，大多數人都懶得理會。」

那天下午，我去見葉爾欽的國政顧問史坦科維奇。俄國政治詭譎難料，不過各人性格仍分明有別。在這三人當中，史坦科維奇是唯一堪當治國重任的人。目前他民氣低迷，也與許多或能助他更上層樓的運動派系切斷了關係，不過俄國政壇的風水轉得很快，失意者可能瞬間翻身，史坦科維奇也有過萬人擁戴的時刻。雖然他仍保有克里姆林宮的辦公室和官職，但近來已開始與葉爾欽漸行漸遠。在過去，每當葉爾欽行事古怪或出人意料，史坦科維奇都是出面解釋的那個人。

史坦科維奇既沒有葛羅文的實用主義理想和清新身家，也沒擺脫共產黨式的辭令。經常有人指控他玩弄下流的政治伎倆，而他也是去年一樁小醜聞的中心人物：政府有大筆資金遭到挪用，名目是一場幾乎不存在的音樂節。據說他會運用個人影響力，為家人安排公寓住所與其他特殊待遇。過去是地下社運人士的一個朋友對我說：「你要去找史坦科維奇？訪完切記洗個澡。」不過史坦科維奇有種能承擔大任的特質，坐在他偌大的克里姆林宮辦公室裡聽他侃侃而談，會讓人不禁以為政治一點都不複雜。他在追求個人政治願景的同時，也心知他這一套民主不只對俄國好，也對他自己有利。

他說：「俄國的改革有好幾波。首先是始於一九八五年戈巴契夫那一波，在改革重組時期達到高峰，然後從葉爾欽當選俄羅斯聯邦總統開始衰退。第一波改革的目標是導入由政府管控的選舉制和自由言論，同時也要維繫既有的體制並保住共產黨的主導權。這些目標達成了，不過第一波的領導人沒有建立新的政治或知識典範，所以不得不下台。」

「第二波是葉爾欽的改革，沙卡洛夫等人也參與其中，目標是把共產意識形態趕下主導地位，並訂立基本的自由權：言論自由、新聞出版自由，以及議會制度。這些目標也達成了。這一波改革在一九九一年政變達到巔峰。一九九二年，當國家對經濟的控制大抵解除，第二波改革潰散了。這一波改革沒有催生出新的俄國，沒有平衡這個國家的種族、民族和宗教的複雜組成，也沒有達成以市場為導向並對社會負責的重大共同目標。第二波已經衰退了一年半之久。」

「現在，第三波改革的時候到了，而且基礎已經打下，將透過接下來的選舉和憲政改革真正展開。第三波的首要目標是創立新憲法和治理體系，讓政府各部門得以合作而非彼此競爭。我們將創造代議政府，好讓目前半自主運作的各界組織覺得他們的代表也參與了創建國家法律的行動，從而也自覺必須服膺這些法律。我們還是會向社會負責，但我們將推行走向經濟改革的合理措施。我認為我們將藉由溫和、協調的作法達成目標，創造出合一、強盛、團結的俄羅斯。站在坦克車上就能治國的時代，在這個國家已經過去了。」

一個還是總統顧問的人說出這番話，似乎很出人意表，因為葉爾欽正是當年站在坦克上的那個人，所以我也針對這點追問史坦科維奇。他暗示葉爾欽並不可靠，雖是人民英雄，但並非治國專才。他說：「葉爾欽如果能接受第三波改革的條件，可以想見會是改革的掌舵人。不過第三波必定將由我這個世代主導。」俄國的新政壇是年輕人的天下。與許多年輕政治人物不同的是，史坦科維奇打造從政生涯的進度十分緩慢。他曾備受戈巴契夫青睞，後來又領導葉爾欽政治運動的幕僚團隊。當年政變爆發時，正在度假的他飛回國內直奔俄國白宮，那三天都陪在葉爾欽身邊。

史坦科維奇正在轉向支持右翼的俄羅斯愛國運動，而這或許是不智的一步，他有非俄羅斯的姓氏，談話風格極其知識分子，這些都與那路運動格格不入。一個莫斯科政論專欄作家對我說：「他向來深藏不露，想知道他究竟在幕後行使多少權力是不可能的事。」史坦科維奇說：「此時此刻的俄國，一丁點民主的東西都沒有。直到第三波改革開始、憲改實施前也不可能有。」一個「民主」總統的高級顧問說出這種話，代表什麼意思？他繼續說道：「現在是政界換血的時候了。」曾出力推翻共產主義的激進分子已經無用武之地——這是他的解釋。「我們正處於最令人卻步的第二十二條軍規[8]狀態。」聽一個克里姆林宮官員說出這句話的感覺十分滑稽。「因為俄國得有一部改變議會功能和定義的新憲法才能運作，而這麼一部憲法只能藉由它要摧毀的議會才能通過。」所以現在該如何是好？「或許事情得違反現行法律才能推進。美國革命的領袖能靠著遵守殖民地法律獲勝嗎？」

如果說葛羅文擁有的是闡述「何謂正確」的辯才，那麼史坦科維奇有的就是剖析「何謂必要」的措辭。最後我問他：「你能扭轉俄國事態發展的方向到什麼樣的程度？目前又有多少狀況已經勢不可擋，沒有任何民選或官派的官員可以掌控？」

史坦科維奇說：「在當下和可預見的未來，俄國政府沒有實質權力可言。我們所有的只是影響力。我們的目標必須是承認這個事實，停止假裝我們擁有絕對的權力，並且徹底運用我們的影響力。我們也必須把目標放在重獲權力上。我們會達成這個目標的。」

電話鈴聲在我們訪談期間響起。在史坦科維奇的辦公室裡，距我們最遠的角落有張桌子，上面擺著十幾部顏色與款式各異的電話，每部各接通一個號碼。史坦科維奇走過辦公室接聽其中一線，講了大約五分鐘時間，逐步指示某人（我想是個親戚）怎麼修車。他的聲音像平常一樣散發鎮定的權威感，語氣也同樣使人安心。你試試這麼做。如果行不通，再試試那麼做。俄國即將在明天就葉爾欽是否續任總統進行全國公投，而史坦科維奇並不像某些克里姆林宮成員那樣異常激動。他的態度清楚表明：十六個小時後將在投票所發生的事情傷不了他。

俄國年輕人最重要的新技能是適應力：比起任何族群，他們更快更好地領悟如何得償所願。他們缺乏的是一個定義自己與定義個人成就的架構，對這些成就可能附帶的責任也欠缺清楚的認知。過去的蘇聯被意識形態的話術主導，直到意識形態本身最終喪失了意義。當你與受到賦權的年輕一代討論民主，他們似乎把民主理解為資本主義的美化說詞，而資本主義在他們眼中是一種體系，裡面每個人都在為自己爭奪最有利的東西。這些年輕人要是生在十五年前，當中許多人應該會覺得蘇聯體制很邪惡，並起而抗爭。托伊斯基語帶苦澀地對我說：「英雄的日子過去了，如果我是今天的年輕世代，也不會過著壯烈的生活。」

我在莫斯科的最後一個下午與瓦斯歷・伊斯塔索夫（Vasily N. Istratsov）一起度過，他是俄國外交部的議會關係處主任。伊斯塔索夫是年約三十五歲的男人，聰明通達，從原先任職的莫斯科大學教授獲延攬來坐鎮高位。他懂得諷喻，妙語如珠又有個人魅力，比起我遇過的那些自吹自擂的人，他更有托爾斯泰筆下世故外交官的風範。我們聊到我訪問過的政治人物，其中許多他都認識。他說：「你看，俄國政治的傳統架構有如足球賽，每個人都屬於對陣的兩隊之一，目標都是藉由攻擊對方獲勝。唯一會改變的是劃分隊伍的議題：這星期是親葉爾欽隊迎戰反葉爾欽隊，不過上星期是別的議題，下星期又是另一個。我是公務員，一個近距離觀賽的觀眾。我看著各陣營集結又集結，跟球

8 意指互相抵觸之條件與規律造成無法脫身的困境，語出美國作家約瑟夫・海勒（Joseph Heller）的長篇小說題名。在該部小說中，美國陸軍航空軍的第二十二條軍規規定，精神異常者得免於執行飛行任務，唯免除之申請須由飛行員本人提出。然而既能夠提出申請，即意味本人仍具備關注自身安全的理性思考能力，並未陷入精神異常，因此也就不得免除飛行任務。——編注

隊重組一樣，他們多年來都在這個國家如此不斷重組。這些年輕世代的人，你訪談過的那些人，他們不是觀眾，而是在場上打球的人。不過他們沒有穿制服。你就納悶了：『他們是黑隊的人，還是白隊的人呢？』然後很快領悟到他們既不站在黑隊這邊，也不跟白隊同邊，而是站在球那邊。」

軟弱的警察、支配社會的黑幫、艱鉅的憲政改革、不可靠的葉爾欽、劇烈的通貨膨脹、西方政府天真的援助分配政策，還有糧食短缺、缺乏效率的國營工廠……凡此種種，都不是新俄國亂象的真正肇因。這個社會的成員過去被要求為集體的共同利益效力，如今卻處在人人只注重個人發展的價值體系裡，人人只關心自己的進展才是新俄國真正的問題。這個問題使得國家無法統合，各方人馬面對成千上萬種不同的單一個別議題時，或有意見相合，或不同調，全憑機運，然而也只能如此運作下去。

◆ ◆ ◆

諾維科夫於二〇〇二年死於愛滋，享年四十三歲。古雅諾夫於二〇一三年七月死於愛滋併發的肝衰竭，享年五十二歲，同年，四十三歲的馬敏謝夫－夢露在峇里島的淺泳池溺斃——或許因為他當時太醉，跌進水裡後無力翻身，又或許如同某些人的猜測，這是偽裝成意外的謀殺，原因是他生前一直大力批評普丁。

佩留拉曾想創立「自由學院」，後來因組織不善以失敗告終，不過他獲得國際聲譽，在前衛劇場藝術家羅伯．威爾森的贊助之下赴美國發展。佩留拉在二〇〇〇年舉辦回顧展，主題是在新俄國消逝的社會主義夢想。在此同時，布朗雅贏得一九九八年另類世界小姐冠軍。文諾葛拉夫在二〇〇九年拿莫斯科市長尤里．盧日科夫（Yuri Luzhkov）的名字做文章，調動字母順序變成「高明的小偷」，從此成為這位大市長的眼中釘。卡祖巴在西方培養出一批支持者，近來剛拍攝了一個父子肖像系列。斯維博瓦成為國際名人，一名藝術家近來向我形容「她的個性有如推進器——永遠向前」。格列邊希科夫獲美國《新聞週刊》特別報導，得到「蘇聯巴布・狄倫」的美譽。他曾想在美國流行樂壇一炮而紅，但事與願違。後來他返回俄國，現在被稱為「俄國搖滾樂之祖」。帕夫洛夫頻頻哀嘆他的人氣已輸給新生代的西方風格饒舌歌手。托伊斯基曾援引俄國憲法禁止審查的第二十條條文抗議普丁的作為，結果普丁不屑地說他拿來當抗議象徵的白緞帶像個保險套。二〇一一年，托伊斯基就打扮成保險套參加一場抗議遊行，以此反諷普丁。

貝加洛夫成為一家礦產石油業大公司的合夥人，與知名電視主持人結婚，又以離婚收場。二〇〇九年，基謝廖夫受命擔任俄國郵政局長。他在二〇一三年辭職，並拿到超過三百萬盧比的酬庸。史坦科維奇在一九九六年被控貪汙，逃往波蘭，目前他已返回俄國，在安納托利・索布恰克基金會（Anatoly Sobchak Foundation）擔任資深研究員。

俄國並不缺叛逆頹廢。向來擔任政府傳聲筒的《真理報》（*Pravda*）為夜總會大作政治宣傳：「根據《富比世》報導，莫斯科是世界上擁有最多百萬富翁的城市，可以想見，在該市某些夜總會可以親身體驗怎樣的奢華享受。因此莫斯科是男性絕佳的遊憩地點，也是舉辦頂級專屬男性派對的首選。」當社會規範益發僵固，對規範的鄙夷也有增無減。阿芙朵嘉・亞列山德羅夫（Avdotja Alexandrov）在二十四歲創立了模特兒經紀公司「浪叛」（Lumpen），旗下女模有著刮花的臉、凌亂的頭髮和浮腫的眼睛，她的理由是「不展現情緒的臉龐，無論五官多麼端正對稱都不可能美麗」。謝爾蓋・柯斯卓敏（Sergey Kostromin）創辦了獨立誌《烏托邦》（*Utopia*），他說：「每個人都在尋找專屬於自己的烏托邦：在消費主義社會的協助下，或許有辦法偽造的滿足感。」《沒有我們的俄國》（*Russia With-*

out Us）是另一份獨立誌，創辦人安德烈．烏洛多夫（Andrey Urodov）說：「有些青少年懷念他們從來無緣活在其中的時代，這份雜誌是為他們辦的。」——這是一分緬懷葉爾欽年代的小刊物。一名莫斯科美食評論家被問及該市的餐飲特色，他表示：「每家莫斯科餐廳都是主題餐廳。那個主題就是『你不在莫斯科』。」

流行音樂仍持續受到審查。安德烈．馬卡雷維奇（Andrei Makarevich）有「俄國保羅．麥卡尼」之稱，他在烏克蘭東部為當地兒童演唱後，音樂會遭到取消。噪音客（Noize MC）是莫斯科最知名的饒舌歌手，曾在一場烏克蘭的演唱會上接過粉絲遞來的國旗。他說：「我用烏克蘭語唱歌，然後有人送我一面烏克蘭國旗，而這在烏克蘭完全合情合理。」幾週後，他的演出開始被取消，有時會有拆彈小組突然到場宣稱有危險，實則是子虛烏有。他在西伯利亞的巡迴演唱幾乎每站都被叫停，政府當局也會去他下榻的旅館並攔阻他的行動，不讓他去替代場地演出。

反同志宣傳法已導致無數起自命正義的同志攻擊事件。有些團體以約會引誘男同志與青少年，接著毆打上當的受害者並強迫他們做出極盡羞辱的行為，例如喝下攻擊者的尿。這些事件被錄影公開，二〇一五年，在網路上這類影片有數百則之多。許多受害者被打到骨折與顏面傷殘，有些人罹患焦慮症與憂鬱症，還有人嚇到足不出戶。在街道、地鐵、夜店或工作面試時，同志都曾遭到攻擊。俄國政府拒絕以仇恨犯罪起訴這些行為。

葉蓮娜．克里莫瓦（Yelena Klimova）曾經試圖為同志青少年建立線上資源網，結果被迫繳交鉅額罰鍰。她在二〇一五年春天出版了一本影像錄《那些美好的人與他們對我說的話》（*Beautiful People and What They Say to Me*），彙整了曾在社群媒體上威脅她的民眾的個人檔案照。一個笑容滿面、手捧花束的女人寫道：「在他們來追殺你之前，你先他媽的自殺吧。」另一個男人在個人檔案照裡抱著一隻小山羊，狀甚討喜，而他寫道：「小賤貨，你應得的報應太多了，一槍斃了你只是開頭而已。」同志倡議人士與詩人狄米屈・庫茲明（Dmitry Kuzmin）寫道：「尊重他人的原因很簡單，就只因為他或她也是人，一個獨特且獨立的個體，不過在俄國沒有這個概念。所以在這裡說『我是同志，我有權利』，一點用處都沒有。」庫茲明表示，日益高漲的恐同心態迫使同志不得不成為激進分子。「只要同志繼續被捏造成敵人形象，我就必須以奮戰的男同志身分發表所有公開發言，然而這場戰爭是被強加在我身上的，並非出自我的本意。」

東正教教會在蘇聯時代享有的反主流文化地位，如今已完全喪失（雖然過去的教會其實也與祕密警察串通一氣），現在的教會公開執行普丁交辦的任務。一九九一年僅有三分之一的俄國人自稱是教會會眾，二〇一五年，有超過四分之三如此表示。與此同時，近四分之一的俄國人認為宗教弊大於利，此外有三分之一的教會會眾表示他們不信神。作禮拜的人數很少。俄羅斯大牧首基里爾（Patriarch Kirill）形容普丁的執政是「奇蹟」，並且在論及反對聲音時表示，「自由主義將導致法理崩潰，接著就是世界末日。」據傳大牧首基里爾擁有約四十億美元的個人財富，他公然配戴價值三萬美元的手錶、在莫斯科坐擁頂層豪宅，將基督救世主大教堂出租供商業活動使用。

普丁頻頻與東正教飛車黨「夜狼」（Night Wolves）合影。夜狼的領袖伊凡・歐斯塔科夫斯基（Ivan Ostrakovsky）說：「神聖俄羅斯的敵人無所不在。我們必須保護聖地免於自由派和他們的撒旦思想侵害。警方應付不了這種攻擊。我打完車臣戰爭回來的時候，發現我的祖國滿是汙穢。娼妓、毒品，還有撒旦的信徒，不過宗教信仰現在興起了。」激進樂團暴動小貓曾在莫斯科某間教堂演出反普丁的禱告音樂會，遭到政府嚴刑懲處，從而引發一場抗議遊行。某個信仰東正教的光頭黨成員將一名抗議人士毆成重傷，並且表示：「他侮辱了我們神聖不可侵犯的事物。」

喬爾基・米特羅法諾夫（Georgi Mitrofanov）是唯一要求教會承認與蘇聯政府過往關係的俄國神職人員，他表示：「我們在二十世紀失去了太多正直的人，因此創造出一個以偽造冒充和虛有其表為常態的社會。從前有人大喊他們在打造共產社會，實則是那些口號讓他們有機會鑽營。現在又有一幫新人，其中甚至包括幾個老江湖，在大喊什麼『神聖俄羅斯』。這種話一點意義也沒有。」

俄國犯罪集團的活動遍及世界各地，舉凡敲詐勒贖、人口販運、毒品走私、賣淫、軍火交易，綁架和網路犯罪皆有涉及。俄羅斯聯邦安全局弊案吹哨人亞歷山大・利特維年科（Alexander Litvinenko）在倫敦遭到謀殺，而負責偵查這起命案的英國檢察官及西班牙大型洗錢網絡的調查員都斷定，許多俄國組織犯罪都由克里姆林宮內部調度。西班牙的調查聲稱，俄國主導重大刑案調查的聯邦偵察委員會主席亞歷山大・巴斯特雷金（Alexander Bastrykin）及聯邦毒品藥物管理局局長維克多・伊萬諾夫（Viktor Ivanov）均與罪犯有往來。維基解密公布的電報直指俄羅斯是「貨真價實的黑手黨國家」、各種犯罪組織的溫床，規模較大的有松采沃兄弟會（Solntsevskaya Bratva，年收入估計在八十五億美元之譜）、兄弟圈（Bratskii Krug）、坦博幫（Tambovskaya Prestupnaya Grupirovka）、車臣黑手黨，另有不計其數的中小型幫派。許多幫派的主事者有大學學歷，在極其複雜的層面上玩弄這個系統。

俄國每年因貪腐造成的經濟損失高達五千億美元。在最嚴重為七分的貪腐量表上，自由之家（Freedom House）給俄國的評分是六・七五。普丁廣邀在海外擁有資產的罪犯將財富移回國內。他在二〇一五年簽署一部保證特赦這類人士的法案，讓他們免於刑事、稅務或民事訴訟。即使如此，當年估計仍有一千五百億美元流出俄國。國家杜馬預算委員會主席安德烈・馬卡羅夫（Andrey Makarov）說：「我們都知道這些資產是透過很多手段賺取或購置的，不過我有信心，我們最終會讓『境外資產』在我國歷史和經濟史上都成為過去，這麼做非常重要，也很有必要。」

廉正執法的象徵性行動在人民眼前上演。為了報復制裁，莫斯科禁止歐洲乳酪與其他食品進口，然而其他國家受此杯葛的影響遠小於俄國人民。為了展現俄國的決心，國營電視台播出了巨型機具摧毀超過六百噸禁運食品的畫面。這種戲劇畫面或許充滿愛國情操，不過在一個人民瀕臨餓死的國家，許多人都覺得是種招搖的殘忍。

俄國名列全球經濟最不平等的國家之一，全國超過三分之一的財富掌握在僅僅一百一十人手裡。二〇一一年到二〇一五年間，貧困人口率增加了三分之一，同期間有五十萬人逃往國外尋求生機。俄國經濟百病叢生：產業缺乏多樣性、過度倚賴石油市場、國際制裁、勞動生產力低落、貪汙腐敗，此外也缺乏改革動機。莫斯科已經在贊助政府掌控的大型公司，但中小企業不受眷顧。在歐盟，中小企業的產值占總體生產毛額的四十％，在俄國則占約十五％。這種將重心移出私人企業的轉向並不利於經濟前景。石油與天然氣占俄國出口總值的三分之二，這表示每桶石油價格每下跌一美元，俄國就損失二十億美元。持續進行的國際制裁將使該國經濟產值減少近十％。俄國勞工的效率仍格外低落。伊恩．布雷默（Ian Bremmer）在《時代》雜誌撰文指出，美國勞工每人每小時的工作產值是六十七．四〇美元，俄國勞工卻只有二十五．九〇美元。然而，他們的財務訓練起步得很早，國家經濟成就展覽館有個「小小投資人學院」，專門教導兒童財務知識，學員年齡小至八歲。

雖然有超過三分之二的俄國人自承受國家經濟困境所苦，但有同樣多的人民支持普丁在經濟上的領導。大多數俄國人透過國營媒體接收新聞，而這些媒體報導政府入侵烏克蘭及其他行動時，總不脫「俄國對決西方」那套劇本。布雷默寫道：「普丁知道他的人民想聽什麼，至於他是否知道如何解決手上的經濟難題，就不清楚了。」

俄國政壇的憤世嫉俗有增無減。二〇一四年，二十七歲的馬克斯．卡茲（Max Katz）當選莫斯科市議員。他曾是撲克冠軍，而他的競選口號是：「莫斯科市議會沒用透頂、毫無丁點實權。」他宣稱他之所以勝選，是因為他「選擇實話實說」。二十四歲的伊莎貝爾．馬科耶瓦（Isabelle Magkoeva）是拳擊冠軍，她坦然自稱是共產主義者——她也是俄國新興左翼潮流的一分子，公開稱許列寧是「偉大的革命家」。二十九歲的羅曼．多布羅科夫（Roman Dobrokhotov）在推特的自我介紹欄位寫著「我就是革命」，已被逮捕超過一百次。他曾寫信向愛德華．史諾登解釋，因為大家都知道俄國會監聽所有對話，所以史諾登在新住所不會有任何祕密可以揭發。

反普丁人士在二〇一一與二〇一二年的選舉後發起抗議，領軍的是前西洋棋冠軍加里．卡斯帕洛夫（Garry Kasparov）、社運人士伊利亞．雅辛（Ilya Yashin）、左翼陣線（Left Front）領袖謝爾蓋．尤達佐夫（Sergei Udaltsov）、反貪腐倡議者阿列榭．納瓦尼（Alexei Navalny），以及地方議員鮑里斯．涅姆佐夫（Boris Nemtsov）。二〇一五年，納瓦尼和尤達佐夫遭軟禁。涅姆佐夫在莫斯科過橋時遭人從背後槍擊身亡，事發幾小時前，他剛在推特發文呼籲追蹤者抗議普丁在烏克蘭的行動。

莫斯科智庫政治科技中心（Center for Political Technologies）的喬爾基．齊佐夫（Georgy Chizhov）說：「俄國人如今以『自己人』和『叛國賊』彼此劃分。」自由派人士無法抗議，他們可能會與社會大多數人站在對立面。三十三歲的倪基塔．丹尼索夫（Nikita Denisov）曾是活躍的抗議人士，他說：「我們知道這些遊行其實沒有用，甚至是過時的舉動。」二十九歲的葉蓮娜．波波洛瓦（Yelena Bobrova）說：「我們走上街頭，心想自己能帶來改變，結果只是遭人漠視，而且不只是當權者對我們不予理會，我們的親戚朋友也是。」看來漠不關心已然成為俄國的全民消遣。

中國 ◆ CHINA

他們的諷刺、幽默（和藝術）或能拯救中國

Their Irony, Humor (and Art) Can Save China

《紐約時報雜誌》
December 19, 1993

出了西方便沒有上乘的藝術創作——這項假定在一九九〇年代相當普遍，但現在恐怕很難想起了。在俄國新世代那篇文章之後，《紐約時報》編輯問我接下來打算寫什麼，我提議寫中國的藝術家，不過我根本不知道中國有沒有藝術家。我的猜想是，如果莫斯科跟聖彼得堡那麼有看頭，北京和上海肯定不遑多讓。對西方人來說，蘇聯的藝術無從理解，但中國的藝術卻是無從見識。因為極少數在國際上展出的中國創作都經過政府審批，所以評論家大多認為藝術家人人遵照黨的規矩行事。等我真拿到這個報導任務，反倒不知所措。不過我慢慢聯絡上相關的藝術家，起初是透過在莫斯科認識的一個德國觀念藝術家。在今天，半數的現代藝術似乎都來自中國，蔡國強和艾未未在西方世界的展覽觀眾人數也名列前茅。

本文當年刊出時刪除了部分段落，在這裡的版本重新加入。

◆ ◆ ◆

一九九三年八月二十一號，《鄉村計劃》展覽預計在北京的中國美術館開幕。參展畫作無意探討政治，看在一般人眼裡也不帶絲毫政治意涵，不過官員仍判定多件作品未展現中國生活的光明面，因此不接受參展，最後只有大約二成的作品獲准展出。這

場展覽的主要推手是藝術家宋双宋[1]，展覽遭到刪減使他大為光火。他告訴朋友，八月二十五號那天他要去美術館，在現場剪去象徵他自主作風的一頭長髮。

那天中午，宋双宋偕同一群朋友、一名身穿白淨工作服的理髮師、一名山西電視台記者，再加上我，齊聚《鄉村計劃》的展廳。宋双宋鄭重其事把報紙鋪在地板上，又在中央放了把椅子。恰好進場的觀眾也駐足觀看。全場鴉雀無聲，聚精會神看著宋双宋的頭髮一綹接一綹落地。他先面向一邊，接著轉向另一邊，有好一會兒都神色凝重，然後又咧嘴而笑，擺起姿勢來。過了二十分鐘左右，宋双宋請人把椅子搬走，接著他躺下來，如屍體般癱在地上。理髮師在他臉上抹肥皂，拿出直式剃刀為他刮起鬍子，等他那把落腮鬍剃光了，宋双宋再坐起身來給頭髮做最後的修剪。不過理髮師才剛開始動刀，美術館的保安主任走了進來，看見了圍觀群眾和攝影機，綳著滿臉的怒氣問：「這是誰主使的？」

宋双宋說：「這是我的展覽，由我負全責。」

兩人短暫交鋒了幾句，保安主任氣沖沖地離開，回來時身邊跟著一群來勢洶洶的手下。你要是見證了這一幕，可能會以為他們逮到宋双宋持有炸彈，而不是在剪頭髮、刮鬍子。現場每個人都被攆出去，展廳的門被厚重的鐵鍊和掛鎖封住，展覽立即且永久地結束了。宋双宋被兩名警衛強押出美術館。

一名西方觀眾碰巧看見這場表演，他轉向我一聳肩，說這些為中國爭取民主的公開行動老是失敗，實在可悲。他下了個西方很常見的結論：在中國，藝術家若衝撞政府，必定是在直接或間接地為自由選舉和立憲努力。這路思維根據的是一種對中國和中國人的誤解。就本次事件而言，這種說法忽略了一個關鍵：宋双宋的落髮行動其實完全成功了。中國知識階層（包括前衛「地下」藝術家）

中，有許多都是（或曾是）活躍的民運人士，他們有志一同，堅決相信西式民主在中國不只是個錯誤，也不可行。中國人喜歡中國。他們雖然想得到西方的金錢、知識和權力，卻不想用西方的手段解決中國的問題，當他們為民主抗爭，實則是在迂迴地爭取中式解決之道。在東方不只一位藝術家向我強調，為了得到想要的東西，反過來要求不想要的，是他們慣有的作法。

在中國，當個獨立自主的個體是很激進的事，因為這與他們五千年的歷史背道而馳。中國人對他們的歷史高度自覺並極端自豪，常常加以修正（有時是粗暴地修正），但從不拋棄。中國前衛藝術界的每一人都是獨特的個體，不過在中國人看來，過度的個人主義實為荒謬，藝術成就來自中庸之道，而不是西方那種自我中心——中國人認為這很粗鄙。有些舉動在我們西方人看來是與中國高度一致性的傳統決裂，實際上不如說是一種藉由跳脫來刺激傳統演進的手段。中國即使有其問題和殘酷現實，仍然運作良好，這對中國人來說遠比任何西方民主觀念都更加重要，就連知識階層也這麼認為。鄧小平政府或許令反傳統的藝術家驚駭，但出人意料的是，就連這群人都對中國的運作方式大致滿意。中國前衛人士的叛逆仍不出體制允許的合理範圍，而西方藝術圈會如何詮釋，也不在他們的設想中。

看似激進的舉動往往確實很激進，但箇中含意未必是你以為的那樣。在南京方言裡，有句話聽起來很像英文「我愛你」，實則是在問：「要辣油啊？」藝術家倪海峰說：「西方人與我們的藝術相遇時，以為我們在向你們示愛，但我們只是在私下聊吃的罷了。」

1 宋双宋（Song Shuangsong）：原名宋永平，宋双宋是他當年的筆名。——譯注

106

前衛的靈魂

中國社會向來注重層級，再怎麼非正式的團體也有金字塔式的結構。中國前衛藝術界的「領導」是栗憲庭，大家叫他老栗，帶有尊敬、服從和親切的意味。畫家潘德海說：「有時候說『老栗』要比說『中國前衛藝術』來得簡單，兩者代表同一件事。」四十六歲的老栗身型偏矮小，蓄著與眾不同的落腮鬍，有種睿智的溫和與體貼周到的慈祥，有時簡直散發著光輝。他是素養深厚的學者，既熟知中國藝術史也通曉西方藝術。

老栗住在老北京典型的四合院小平房，他家也是中國前衛文化的重心。上午休想見他，因為他到午餐時間才會起床，不過下午或晚上你總能看到藝術家聚在他屋裡，有時三三兩兩，通常是二、三十人。人人茶杯在手，在夜裡偶爾是烈酒。他們聊起天來可能滿嘴宏大論述和理想，但更常是平凡甚而八卦的話題：哪些展覽好看，誰是不是要跟太太分手了，或者一個接一個的新鮮笑話。

老栗家只有三個狹小的隔間，並且和大多數的四合院平房一樣，既無室內浴室也無熱水。不過你一旦來到這個溫馨舒適的地方、擠上了板凳，就能待個幾小時不成問題，聊得晚了還能留下來過夜。今年夏天有一回，我們一群人聊到將近凌晨五點，這裡竟然奇蹟似地容納得下全部八人過夜，而那時我們也已累得倒頭就呼呼大睡。要是我們有二十個人，說不定還是挪得出空間。老栗的屋子就是這麼不可思議。

很難解釋老栗究竟在做怎樣的工作。他是出色的作家和策展人，但主要任務是溫和地引導藝術家認識一種語言，讓他們用於體驗和討論個人作品。我在中國不論去哪裡都有人談到老栗：他最近寫的文章、他一個人這麼呼風喚雨應不應該、他是否自認比他發掘和記錄的藝術家更重要、他喜歡哪種女人、他從去年的西方之行回來後是不是變了。北京藝術圈有人這麼說：「藝術家拿新畫作給他看，好像孩子交作業給老師一樣。他或稱讚或批評，然後敦促他們回去繼續創作。」中國各省都有藝術家把作品照片寄給老栗，請他指點一二，而老栗會帶著書籍和知識到處去拜訪他們。他說：「帶著材料去各省滋養文化，這也是一種耕耘。」他不論走到哪裡都會拍攝幻燈片，他的檔案記錄了現代中國每一次饒富意義的藝術奮鬥。每當他發現值得注意的藝術家，就邀他們上北京。透過老栗，藝術界不斷因為新血加入而煥發活力。

老栗的學術成就卓越，卻沒有保持評論家的客觀距離，批評者也拿這一點攻擊他。他的回應永遠情理兼具，而他的道德使命感是他樂在工作的主因。老栗傾力支持能培力中國社會的思維，這個理念既有別於藝評家的評析職責，也更為崇高。

老栗交遊圈裡的藝術家自視為前衛分子，其中一人曾給我名片，名字底下印著「前衛藝術家」的頭銜。起初我為這個定義感到困惑：以西方標準觀之，這群藝術家有許多並不特別前衛。我在跟老栗聊天時領悟，這些作品的激進之處在於原創性，凡是忠於個人願景並選擇表述出來，就是位於中國社會的最前緣。老栗是推崇個人性最不遺餘力的旗手。因為政府的管束和社會的內在機制，原創思想不見容於中國社會，老栗卻主張為精神自由和表達自由開路，他獨到的人文主義也因此彌足珍貴。

老栗曾說：「你問我的理想？我希望中國能出現新藝術，而我能助它一臂之力。在八九年以前，我們以為能用這種新藝術改變社會，讓中國社會自由。如今我只願它能使藝術家自由。話說回來，任何人要自由都不容易。」

歷史略述

老栗解釋：「中國藝術就像傳統的鼎，由三足支撐，一是傳統水墨，二是二十世紀初引進的西方寫實主義，三是當代西方藝術的國際語言。」

一九一九到一九四二年間的變遷，使得傳統文人水墨的理想大抵幻滅。毛澤東當權後，以蘇聯為榜樣的英雄式風格成為革命的官方語言。直到一九七九年，中國才出現了發起前衛運動的星星畫會。當時中國興起民主牆運動[2]，匯聚社會、文化和政治動能，要求改革，星星畫會也是民主牆的一部分。馬德升是畫會創始成員之一，他曾說：「每個藝術家都是一顆星。我們自稱星星畫會是為了強調各人的獨特，這是在針對文化大革命的單調一致。」星星畫會的成員從未受過正規學院訓練，因為無法辦展，曾在一九七九年把畫作懸掛在中國美術館外的柵欄上。當公安取締這場露天展覽，他們為爭取個人權利發起抗爭。

一九七七年，在文革中關閉的美術學院重啟大門，年輕藝術家開始申辦嚴苛無比的申請入學流程，為了爭取杭州浙江美術學院[3]和北京中央美術學院的寥寥幾個名額，參加一場又一場的考試。一九七九到一九八九年間，隨著中國政府走向改革開放，中國美術館開始出現西方藝術的展覽，學生會花好幾天觀賞。在中國，即使是痛斥社會的人也想接受正規學術訓練，因為他們覺得這能讓他們享有發言和思考的權利。星星畫會帶來內容的激進主義，現在的八五新潮則引進形式的激進主義。一九八五年，含栗憲庭在內的五位評論家私下創辦《中國美術報》雜誌，成為新藝術運動的發聲管道，直到一九八九年被迫停刊為止。與老栗合辦雜誌的其他評論家也是藝壇要角，八九以後不是移民海外就是相形沉默。

在這段時期，許多藝術家不再理髮（從宋双宋的落髮秀可見蓄長髮的激進意涵），藉此表達對社會規範的鄙夷。他們無視中國社會對色慾的壓抑，肆無忌憚地談論女人，毫不諱言私生活細節，大講黃色笑話。他們通宵長談西方的哲學家、藝術家和詩人，許多從前不可得的文學作品在一夕間出版，他們如饑似渴地閱讀。雖然他們大都一副放蕩不羈的模樣，多數人其實有工作，也認真執行職責。他們為自己創作，歷經萬難才能展出，作品只偶爾賣給「國際友人」（毛澤東對外國支持者的婉轉稱呼，很獲藝術家愛用）。

整個一九八〇年代，中國藝術家在反抗社會價值觀時往往使用西方的視覺語言，有些西方評論家看到這種藝術，將之貶為東施效顰。不過，當時西式語言在中國之所以有力，單純因為這向來為當局所不容，所以實則是一種刻意且別具深意的運用。中國前衛藝術家採納西式風格，跟羅伊·李奇登斯坦仿效漫畫畫風、米開朗基羅師法古典雕塑並無二致。形式看似雷同，語言看似模仿，箇中意涵卻大異其趣。

六四天安門大屠殺發生前的幾個月，朝氣蓬勃的中國藝術運動嚥下最後一口氣。一九八九年二月，在天真的狂喜氛圍之中，《中國現代藝術展》於中國美術館開幕，主視覺是「No U-Turn」（禁止迴轉）的路標。十年前，星星畫會曾力爭將作品掛在這座展館之外，而今《中國美術報》的評論家與多人攜手策畫了這場大展，推出中國所有前衛新秀最激進的作品。許多藝術家以為這場展覽代

2 民主牆運動起始於一九七八年到一九八一年間，年輕人張貼大字報以表達政治異議的舉動，後來演變為民間社團定期發行的刊物。大字報最先張貼於天安門廣場毛澤東紀念堂的工地圍牆，後轉移至北京西單38路公共汽車總站後的工地圍牆，並成為中國政治異議運動的象徵，故民主牆也稱「西單民主牆」。——編注

3 常簡稱為「浙江美院」，一九九三年更名為中國美術學院。——編注

表官方認可，作品因此得以觸及更廣大的群眾。開幕日當天，兩名藝術家對著他們的裝置作品開槍，震驚的官員立即叫停展覽，戳破了前衛人士的夢想。如今已有藝術家看過政府歸檔列管的「機密」備忘錄，裡面記載著：為避免八九年展覽的類似事件發生，使用任何手段在所不惜。

這場展覽的取消令中國藝術家不知所措，六四大屠殺發生時，他們正在討論接下來該如何是好。藝術家和理想主義者醒悟到他們對國家的未來毫無影響力，栗憲庭的女友暨評論家廖雯寫道：「如今被理想主義破滅的殘骸環繞，人們終於不得不下這個結論：極力反抗只能證明對手有多麼強大，人又是多麼脆弱易折。反之，幽默和反諷或許更能滴水穿石。自從一九八九年以來，理想主義就讓位給嬉笑怒罵。關於藝術、文化和人類處境的嚴肅討論，在這種風氣下並不容易促成。這年頭的人覺得這些東西全無關緊要。」

有些藝術家在八九年以前遷居國外，還有很多人在八九年後立即移民。老一輩前衛圈的重要人物多半逃出中國，星星畫會只剩一名成員留在北京。然而，「禁止迴轉」的精神仍在延續。每天晚上都有二十多人繼續去老栗家聚會，從不間斷。

有目的的漫無目的

老栗將中國當代藝術定出六大流派，其中幾個派別比另一些更廣獲認可。藝術家抱怨他的分法太過刻意，不過中國人仍難以克制對井然有序的追求，想認識百花齊放的中國藝術，沒有分類也難以著手。比起行為、觀念或裝置藝術，老栗對繪畫的品味拓展得更快。在他定義的繪畫流派中，「玩世現實主義」和「政治波普」引起最多探討和辯論，最終也最為人肯定。

玩世現實主義是很後八九的風格，代表人物是方力鈞和劉韡，其他還有王勁松、趙半狄（他不喜歡被歸為這個流派）等人。他們都受過高等學院訓練，也都擅長精確如照片的具象繪畫，作品色彩鮮豔又極為細膩，畫中人物彼此詭異地疏離。方力鈞的畫裡常出現相鄰卻互無關聯的光頭男子，有人在畫面中央打著老大的呵欠，另一人無端咧嘴而笑，黑白兩色的泳者漂浮在空蕩蕩的海裡。那些人物總是很懶散，漫無目的地或坐或走或游泳。方力鈞運用縝密的構圖和純熟的技巧，描繪一種似乎並不值得描繪的無所事事，成果往往滑稽、抒情而悲哀，犀利地呈現他所謂的「日常生活荒謬、庸碌而缺乏意義的事件」。

不論藝術或社交，劉韡和方力鈞永遠焦不離孟。兩人是多年好友，念同一所美院，都有衝撞的氣勢，而這在方立鈞身上似乎只是種掩護，不過劉韡就有種天生的暴徒本色了。劉韡是紅軍高級將領之子，畫作常以父母為題。中國人大都認為高階軍官過著安逸快樂的生活，而劉韡透過歡鬧而怪誕的畫面描繪出「我的家庭與全體中國人民的無力感和憋屈」。他說：「一九八九年我還是學生，跟每個人一樣參加了民運，但沒有擔任要角。我在六四之後絕望了。現在我已經接受我不能改變社會，只能描繪我們的處境。既然我不能在中國展出，作品也就不能給本地帶來什麼啟發，不過作畫有助我抒發個人的無力和憋屈。」

王勁松以近似塑料般不自然的圓滑傳達出此一尖刻的訊息。趙半狄創作了一系列下筆工整、用色優美的巨幅油畫，畫中人獨自受囚，畫面細膩而略顯怪異。玩世現實主義不全然是玩世不恭，這些藝術家的理想，是描繪中國社會不願承認的犬儒心態。他們的作品有如在大聲求援，卻也嬉鬧無賴，幽默和洞見在他們筆下成為防禦，能自我啟力。方力鈞說：「我希望我的畫有如一陣雷雨，讓你在看畫時留下強烈印象，並在事後思考自己是如何、為何被打動。」

政治波普很受西方人歡迎。這個流派的領銜藝術家是王廣義，一個熱愛名利的人，作品售價已超過兩萬美元。近來他入住了一晚兩百美元的旅館客房，就為了「感受活得像個藝壇巨星是什麼滋味」。王廣義即使在室內也戴墨鏡，紮著長馬尾，其他藝術家總說他是西方價值觀在中國的範例。他正在創作「大批判」[4]系列，巧妙呈現毛澤東的革命宣傳品和西方富裕社會的廣告之間種種引人發噱的相似感。理想化的軍人和農民青年戴著毛澤東的紅星八角帽，與「OK繃」、「萬寶路」和「班尼頓」等品牌名稱並陳。他說：「後八九的人民是這麼脆弱，我擔心商業會傷害他們的信念和擁有信念的能力，就像愛滋病可以摧毀愛，或是摧毀人擁有愛的能力。我當然很享受名利。我雖然批評可口可樂，但每天都喝這種飲料。這些矛盾對中國人民來說不是問題。」

上海藝術家余友涵一再以毛澤東入畫，通常與裝飾性的花朵圖樣交疊，而這些花樣取自毛主席喜愛的「農民藝術」。毛主席或與老百姓相見歡，或閒坐在摺椅上，有時他的臉龐清晰可辨，有時被花遮住了一隻眼睛或鼻子。余友涵近來的一件作品是波普風濃厚的雙聯肖像：左邊是毛主席在為他的政令鼓掌，右邊是惠妮．休斯頓在為她的音樂喝采。兩幅都是臨摹既有照片，有種奇異的相似感。

循規蹈矩的個人主義

傳統中國畫家是靠臨摹師傅習藝，老年才能談原創，而到了那種年紀，就算要變，恐怕也微不可辨。中國傳統藝術史豐富但進展緩慢，相較之下，前衛藝術家是在超速前進。

全心探究何謂個人性的藝術家，或許是現今中國最有意思的一群人。在北京，由藝術家王魯炎、顧德新、陳少平組成的「新刻度小組」決定做個矛盾的實驗，取消藝術裡的個性。他們在八九年的現代藝術展之後採行一項決議，聲明小組成員不能在個人作品上簽名，隨即又訂立行動規則，規則由三人共同構想，經多數決投票通過，並同意全員都必須遵守。王魯炎向我解釋：「我們在這些規則之下都是平等的。因為我們認為規則比藝術家來得重要，所以採用充滿規則的語言表達自己，符號和數字最能傳達我們的理念。」

所以新刻度小組擬出複雜的公式來表述成員的相互關係，並據此繪製圖表。他們近來有件作品如此開頭：「A1、A2、A3表示為進入設定量之前的個人，也表示為進入設定量之後採取行動的順序。A1、A2、A3任意設定測量圖表，亦即圖A1、A2和A3。A1、A2、A3共用同一設定量，即成A表。」新刻度小組故弄玄虛的絕對規則始終以最為一絲不苟的嚴格方式呈現，遂成了對這種從眾習性的調侃。他們的作品雖然高度規範化，卻是我在中國見過數一數二原創的作品。王魯炎說：「我們一起遵守依共識制訂的規則，原創性是合作行為的副產品。」

他們三人是奇特的三位一體：陳少平在文革時被下放到礦區勞改，有十二年時間都在挖煤礦，現在他是《中國煤炭報》的藝文編輯。王魯炎在文革期間到農村接受貧下中農再教育，現任《中國交通報》美術設計。顧德新最年輕，決定投入全職藝術創作前是化工廠工人。

提到宋双宋和他的落髮秀，三人搖了搖頭。顧德新笑著說：「想想那副德性！留長了頭髮，好讓人在市場、公車站一眼就認出你是藝術家！」他們的個性在掩飾下反倒顯得強烈無比。近來顧德新的作品入選了西方某場展覽，展覽結束時，打包工人以為那是他們自己的包材，不小心扔了。顧德新說：「作品被扔掉，我覺得很好。世界上已經有這麼多藝術要保存研究，我不想再把藝術史塞得更滿。」另兩人聽了都點頭同意：去除個人性於他們幾乎是下意識的衝動，與西方藝術家那種令中國藝術家嫌惡的高傲自負恰成對比。

4「大批判」系列始於一九九〇年，終於二〇〇七年。——編注

杭州的張培力和耿建翌也在試驗這些問題。美麗的古都杭州坐落在知名的西湖湖畔。比起北京或上海，這裡的藝術家沒那麼多國際友人或本地大事的紛擾，日子過得比較悠閒。杭州藝術家多半畢業於浙江美院，他們就像留在劍橋或紐海芬的長春藤校友，和學生時代的老地盤有種既矛盾又親切的關係。出於學生習氣，他們的創作與抽象原則保有堅定的連結，但又為抽象表現注入成熟的智慧。與其他地方的藝術家相比，他們思考得更多，但或許創作得更少。我在杭州時住在美院裡，身邊環繞著學生和學生作品。當我想與張培力和耿建翌安靜聊聊，我們便找了個下午划船遊西湖，一邊吃月餅、喝啤酒，眺望遠處的山景。到了晚上，我們在市場小巷的路邊攤吃海鮮和小籠包。有一、兩回，他們從前在美院的老師也跟我們共進晚餐。杭州有種充滿藝術情趣的氛圍，與北京或上海大不相同。

在八九年現代藝術展舉行前，耿建翌寄了一份問卷給一大群當代藝術家，信封看來十分正式，回郵地址是中國美術館。在中國日常生活中，公家單位的大量文書作業避不可避，這份問卷刻意偽裝成其中之一。開頭是標準問題，姓名、生日等等，不過在「你之前辦過哪些展覽？」之後的下一題可能是「你喜歡吃什麼？」，甚至還有「你欣賞怎樣的人？」有些收件人一眼看破這是藝術計畫，於是答案創意百出，並附上滑稽的照片，但另一些人對官僚體系抱持永難磨滅的疑懼，他們嚴肅以待，一題不漏地填答。耿建翌在八九年現代藝術展中就展出這些問卷。

張培力和耿建翌在六四之後的認同都變了。張培力說：「天安門事件以前眾聲喧嘩，抗議聲喊得震天響。然後坦克車來了，大家全沉默下來。那種沉默比坦克車更嚇人。」他們兩人為某位受難者創作了一件巨幅繪畫，趁夜裡掛到天橋上。張培力說：「如果你看見對街有人遇凶，或許想都不想就會跑過去阻止凶手，這幅畫是出於同樣心理。」之後他們因為害怕躲到鄉下，那段期間一直覺得自己會去坐牢。

中國有位知名女主播在播報大屠殺新聞時面無表情，這態度令張培力分外反感。他認為不論是誰決定了那名主播的播報內容，想必那人也為中國人民的命運做了決定。「那些新聞播送得鋪天蓋地，那個女人的身影也無所不在，所以我不只對這個人，也對全體中國人是如何透過她了解政府起了濃厚的興趣。我透過朋友的朋友的朋友聯絡上她，問她願不願意朗讀一段辭海，我會付酬勞。我得挑一段絕對中性的文字，不偏向我倆任何一人的立場。她透過中間人問了很多問題，不過我全蒙混過去了，我說想請她為一場以水為題的展覽朗讀一段關於水的條目，成果會搭配花卉擺設，結果這個幾乎等同政府化身的女人同意朗讀我選用的文字。對我來說，那是一種擁有無上權力的體驗，一個曾有被捕風險的非官方藝術家，竟然能用這種方式操縱官方象徵。由此也可見金錢在我們的社會具有怎樣的分量。這件事之不費力令我難以忘懷：我從沒想過能這麼輕易做到。」[5]

張培力說到做到，辦了那場展覽。看在不知情的觀眾眼裡，那只是一件關於水和花的作品，不過對精明的內行人來說，這場展覽訴說著金錢交易、人格操守，以及強勢如何栽在弱勢手裡。張培力說：「幽默和諷刺一定要小心拿捏，才能融入作品的形式，卻不變成作品的內容。我從來沒有喪失獨立自主，總是與中國各種事件保持一定的距離。藝術家不會選擇像這樣當個外人，但一旦開始就不能回頭，你無法抗拒。」

耿建翌說：「我們的社會不僅不鼓勵、不支持個人特質，我們還不准它明顯表現出來。」他在絲綢工學院教繪畫和設計，去年他曾提議，與其教授技巧不如教導背後的原理。院方教員表示對創

5 展覽主題為《水：辭海標準版》。——編注

新感興趣，而他獲准提案說明，後來案子卻以不符既有授課標準為由被否決。

耿建翌的風格溫和輕盈，張培力則強硬許多。張培力的作品通常也很幽默，但透著暴戾之氣，他說：「我的作品一直都有種怒氣，我必須創作，但作品並沒有抒解我的憤怒，這又不像上廁所。」他的創作涵蓋錄像、行為和繪畫。在八九現代藝術展之前，他曾剪碎醫療用的橡膠白手套寄給多名藝術家，有些手套抹了紅色與褐色的顏料，彷彿血跡斑斑，把收件人嚇得驚疑不定，後來又有更多奇怪的包裹陸續寄達。然後有一天，張培力的收件人都接獲一封正式信函，解釋那些手套是隨機寄出，有如肝炎大流行般擴散，現在整件事已經落幕。然後他再也沒有寄出手套。

一九九一年愛國衛生運動期間，人人都被耳提面命要保持清潔，一種荒謬又紆尊降貴的官僚辭令侵擾著人民生活最私密的一面。張培力在這段期間創作出他的經典錄像《衛字三號》，片長兩個半小時，內容是張培力不斷用肥皂和清水搓洗一隻可憐的雞，再把牠擺到板子上展示，既駭人又教人看得目不轉睛。這隻雞在影片最終被放走，但仍令人不禁覺得牠再也不會是同一隻雞了。張培力直白的表現手法隱含著深切的同理，政令宣導的道德修辭之虛偽、膚淺和殘酷，透過這樣的作品表露無遺。

裝置藝術家倪海峰大半時間住在南部外海的舟山島上，雖然地處偏遠，不過他是當代藝術界交際最活躍的人物之一，經常現身北京、杭州和上海。倪海峰個性一派閒散而幽默，知識廣博但有時顯得無邊際。他可說是眾藝術家中精神最自由的一個，興頭上來就創作，創作方向也隨興所至，是前衛藝術界的浪子。他有一份在舟山中學教書的薪水，但校方以「過於古怪」為由免除了他的教學職。一九八七年，他開始在房屋、街道、石頭和樹木上作畫，以粉筆、油彩和染料在舟山島上到處留下怪異的記號。他曾說他想把寫作降至「零度」，也就是不帶任何意義：「當文化大規模入侵私人生活時，個人肯定已被強姦。那麼從這一角度出發，我的零度書寫僅作為對『強姦』的反抗。同時提醒人們注意這種強姦的危險性。」

藝術村一例

中國的住房通常由工作單位分配給員工，自立門戶得犧牲很多社保服務，此外也要自尋住處，既昂貴又困難。按照規定，未經政府批准不能搬家，所以許多前衛藝術家至少有份兼職的正式工作，其他人則設法讓生活勉強合乎法定標準。

有個藝術家聚落位在俗稱圓明園藝術村的地方，距北京市中心大約四十五分鐘車程。這個村子在一九八〇年代晚期由當地農民建立，路是泥土路，村子是傳統格局：平房成排而立，每棟都有小院子，屋頂鋪瓦，每戶各有一間戶外廁所和一具電話。幾間屋子的牆面爬著藤蔓，紗門甩上的聲音不絕於耳。附近是農田和一座公園，往一頭走會抵達占地寬廣的北京大學，另一頭是讓藝術村得名的圓明園遺址。第一批進駐本地的藝術家覺得這裡離北京市中心夠近，又遠到能擁有較為平靜的生活。很快地，許多人紛紛加入他們的行列。

圓明園藝術村是西方觀光客與記者的聖地，許多國家撰文把這裡形容為中國藝壇的中心，因為在西方觀感中，那種揉合了自由和便捷性的特質像是個中心。中國人不會很快敞開自己，許多前衛藝術家都遮遮掩掩，言簡意賅到幾乎無法理解，也不流露情感。這些藝術村的藝術家則很隨和，介紹起個人作品有種隨意的專業。你能在村裡閒逛，隨意敲門拜訪，許多居民會自願為你導覽。遊客多到有些藝術家說他們都沒空創作了。

除了少數著名的例外（尤其是方立鈞和岳敏君），村裡的藝術家並不特別出色。許多人互相模

118

仿，缺乏想像力地拼湊玩世現實主義和政治波普。這些藝術家大多距玉雕師傅只有半步之遙，與應外國消費而生的家庭手工業沒有太大差別。他們能如此生活，絕對是靠穩定流入的西方金源和西方的關注。他們作品的涵養大多不足以撐起政治意涵，然而，就算他們對自由的評論未必擲地有聲，至少能過著無拘無束的個人生活。

畫家岳敏君告訴我：「我們是『後八九現象』的一部分，在八九年以前還有希望：對政治的希望、經濟的希望，都很讓人興奮。」另一位畫家楊少斌接口說：「現在沒有希望了。我們成為藝術家是為了讓自己有事可忙。」與他們聊天，你能感覺到這種說詞也很合市場口味。在藝術村，玩世不恭是種時尚，不過這是一種平庸化的玩世不恭，與其說是出於絕望，不如說是學生擺酷。

緬懷毛澤東

我們一般會以為文化大革命對知識分子而言是一段恐怖時期，許多讀書人不是遇害就是被發配到礦坑、工廠或農家做苦工。不過在中國說到文革，你不會聽見那種俄國人聊到史達林或羅馬尼亞人聽到希奧塞古時的驚懼憎惡口吻。前衛藝文圈對毛主席有種矛盾卻無可質疑的仰慕。某天深夜，老栗就著茶杯說：「就連我們這些被革命的對象，多少也是信徒。」他在文革初期被扣上反動的帽子，期間大半在牢裡度過。「毛澤東很有說服力，我們知識分子覺得自己很可悲。文革那時候，大家一心只想打造純淨完美的社會。我不同意他們特殊的理想主義，也極力反對，要是再來一次還是會反對，但我能毫不遲疑地說，在今天這個重商的社會，沒有能與文革相提並論的東西。被誤導的理想也勝過毫無理想。」

上海的周鐵海和楊旭自稱「新革命分子」，他們創作帶有文革風格和精神的巨幅繪畫，其中一件最近剛被官媒斥為頹廢。那幅二乘四公尺的作品以報紙為底材，政治宣傳和廣告影像古怪地交錯並陳，畫面中央是穿著緊身馬甲上衣的瑪麗．安東妮。整幅畫也寫滿口號，例如「把這種日常的現象集中起來，把其中的矛盾和鬥爭典型化」。

周鐵海說：「我是喝兩個母親的奶水長大的，一個是我親生母親，另一個是毛主席。」

周鐵海和楊旭身穿同款的高級雙排扣西裝、打著鮮豔的領帶。根據他們的解釋，這身保守行頭能掩飾他們的政治極端主義。兩人都很英俊，以緬懷毛主席的年紀而言年輕到怪異。他們的極端姿態或許意在諷刺，且絕對是（刻意地）幾近可笑，然而他們堅定不移地搬演下去，三句不離紅衛兵熱愛的那種八股用詞。他們對我說：「毛主席教導我們分辨善惡。」兩人一搭一唱，有如單一心智發出的兩股聲音。「但後來怎樣呢？我們瞧不起舞女和娼妓，如今卻只有最美麗的女人進得了那些行業。我們需要革新的思想，用社會主義的矛去刺殺資本主義這頭海豹。從前大家窮歸窮，卻知道生活的意義，現在富起來了反倒不快樂。我們喜歡六〇年代，那時候不論早飯晚飯，就連睡覺大家都在讀毛語錄。這些思想教洋人摸不著頭緒，可是中國人民一下就懂。」

我去畫家余友涵在上海的住處拜訪他，那是他母親的公寓頂樓，裡面隔成幾間房，而那棟房子曾歸他家族所有。他父親從前任職於銀行，在文革時期遇害，他自己則被學校開除，接受了再教育。不過，當我探問他是否憤怒，他搖搖頭說：「否認毛主席是在否認我們自己的一部分。」香港藝術商張頌仁代理了現今前衛界幾乎所有的藝術家，而他說：「這就像不快樂的童年，你不能老想著它、老是對別人訴苦，但你要是完全否認這段過去，就成了做作和殘缺的人。」

方立鈞一般不愛談政治，但有天深夜我們聊到了毛主席。方立鈞家曾是地主，在文革期間就跟所有地主一樣悽慘。方立鈞曾說他會成為藝術家，是因為畫畫讓他在家有事可做。他不能出門，因為人人都覺得自己有資格在興頭上來時教訓他。他說：「我絕不會忘記毛主席過世的那一天。消息宣布的時候我在學校，每個人都立刻痛哭失聲。雖然我的家人都很恨他，我卻是哭得最大聲也最久的人。」我問他為什麼哭，他回答：「這是計畫中的事，我們又都是照計畫生活。」我又問他真覺得傷心嗎？他微笑回答：「傷心也是計畫好的。」

中國人的從眾是不由自主的，根深柢固，總是有人告訴我，文革對許多中國人來說有舒服的一面，他們不必考慮該做什麼、說什麼、想什麼，甚至不必想該有什麼感覺。我對方立鈞說，你們回首那段時間一定覺得很恐怖。他說：「是有一點，不過我也慶幸有過那段經歷。年輕人很嫉妒我，年紀比我小的藝術家很想成為歷史的一部分，那段從未納入他們的歷史。你知道嗎？我跟一個朋友在六四那天去天安門廣場，我們看見坦克開過來，也聽見槍聲，於是我朋友跑了，但我還是去了。我不是想逞英雄，而是太好奇，想看看那裡是怎麼回事。我一直覺得我朋友一定永遠後悔臨陣脫逃。文化大革命也是你逃不過的事。或許這種想法很中國，但我認為一個人從前要是沒吃過苦，現在也不會快樂。」

倪海峰說：「文革是死了很多人，不過每個時代都有很多人被害死。這些人陷入狂熱，看不清楚自己在做不對的事。他們為了加入文革放棄了很多，也殺了他們覺得該殺的人，這很有勇氣。我欣賞那種勇氣。」後來我們聊到天安門廣場，他說：「我們都參加了抗議，後來出的事很慘烈。不過，要是沒發生過六四，那麼中國或許會有一場內戰，成千上萬的人會死。或許這個國家會像俄國一樣分崩離析。你無法斷言那場事件是個錯誤。」

劉安平是行為藝術家，曾被控領導杭州的民運抗爭而入獄一年。他說：「在天安門，沒人了解自由選舉的原則，也沒人感興趣。自由選擇生活方式、住處和想做的事，這些才是我們真正想要的。

我們想終結貪腐，希望能隨心所欲地創作。不過以自由選舉來說，中國太大也太難規劃了。我們的文化很排外，我們之所以懷念文革，是因為那非常中國。我們永遠接受不了西式民主，理由沒別的，就因為那是西方的東西。我們得想出中國的解決辦法，而這個中國的辦法絕不會像自由選舉那麼自由，我們也不想要那麼自由。」

張培力曾冒著入獄風險，在天安門事件後將受害者畫像掛在杭州街頭，他也認可這種觀點：「藝術家堅持理想主義很了不起，所以我們緊守不放，這是我們身為藝術家的權利。不過領導人堅持理想主義就糟糕了。」民主式的修辭在中國某些圈子很有分量，但不是字面上的那種意義。張培力說：「你不能基於十億種意見來治國，這會出大亂子，死的人會比現在已經遇害的還要多。」

二十六歲的馮夢波屬於老栗圈子裡最年輕的那群，對東西方的互動關係有種少見的精闢理解。中國孩子在電子遊樂場打西方的電動遊戲、扮演剷奸除惡的好人，而馮夢波認為這與參與文革的年輕人相去不遠。文革青年也站在正義的一方，攻擊他們認為是壞人的一切對象，並藉此贏得大把積分。他曾以靜態繪畫呈現他想根據革命樣板戲製作的一系列電玩，還有另一個系列畫的也是電玩，畫面裡的毛澤東擺出招牌姿勢，揮舞著右手，有如在祝福群眾。馮夢波把這個遊戲命名為「『Taxi，Taxi』——毛澤東說」，既調侃毛澤東的姿勢，也調侃中國人逐字引用毛澤東發言的習慣，彷彿那蘊含了絕對真理。毛澤東在遊戲中舉手站在路邊，同時有許多計程車飛馳而過。毛澤東每次都輸，因為沒有任何一輛計程車為他停下來。文革在許多中國人眼裡有如這款遊戲，與西方新開啟的交流是同款遊戲的另一個版本，或許還比較不好玩。

中國前衛藝術家大都未滿四十歲，所以他們與六〇年代晚期、七〇年代初期的種種事件只有被動的關係，參與程度僅限於知道發生過哪些事，但卻是知其然不知其所以然。老一輩的前衛運動規模較小，但風險更大，參與過的藝術家幾乎全移民海外了。楊益平是星星畫會唯一留在中國的成員，他是共產黨高級幹部的兒子，文革時在軍中謀得職位，那裡也是最安全的地方。楊益平留在北京，為軍隊繪製宣傳畫、與朋友討論思想，不過他後來體認到文革災難性的一面，並且加入一九七八年民主牆運動。

他目前的作品都是以年輕人為主角的巨幅黑白繪畫，畫中人向觀眾走來，臉龐煥發出理想，背景則是天安門廣場，紫禁城城門上的毛主席肖像總是位於畫面中央。這些畫作有種令人痛心的悲涼，色彩和氛圍有如褪色快照，見證著年少時清晰的人生目標，事後回首幾乎教人無法想像。我站在楊益平的工作室裡，久久凝視著這些毛裝衣領襯托的臉龐，他們臉龐發亮，簡直不可思議。接著我轉過身，瞥見一小幀黑白照片——那是年輕的楊益平，一身瀟灑的軍服。我也看進了那雙眼睛，那種不假思索的自信來自一個志在救世的年輕人。他說：「我是那麼熱切相信這些理念，後來又有了民主牆和星星畫會。」我們站在一起看他的畫。「那是我的青春。從前我不明白自己在做什麼，現在覺得很後悔——不過我那時候多快樂啊！當時的我不能放棄，也不會放棄。」

三十歲的姜文是中國首屈一指的年輕演員，正在執導他的首部電影。他選擇改編中國去年的暢銷小說《動物凶猛》，故事背景設定在文革期間。我和姜文在電影取景的一間學校進行訪談，他在那裡讓職業演員和該校學生共同演出。為了讓學生體驗時代感，他帶他們到鄉下進行「思想改造」。學校大樓右側的教室為電影做了改裝，裡頭每個人都穿著同款長褲和布鞋，毛主席的肖像照高懸在牆上，不過左側的教室照常上課，孩子身穿運動服，時而依序發言，時而七嘴八舌。在這兩邊穿梭的感覺非常詭異。姜文的話呼應了我聽過多次的觀點：「西方人忘了那個時代有很多樂趣，生活很輕鬆。沒人工作，沒人讀書。如果你是紅衛兵，到了村子，大家都出來迎接，全部人一起唱革命歌曲。文革有如一場大型搖滾演唱會，毛澤東是當家主唱，每個中國人都是他的歌迷。我想要刻畫出一種已經喪失的熱情。」他並非對那個時代犧牲的生命視而不見，但也不認為逝者代表全貌，就像西方有浪漫的戰爭詩歌和電影，但這也不代表要抹煞其他戰爭中所流的鮮血。

我去電影導演吳文光的公寓吃晚飯，近來他剛完成紀錄片《1966，我的紅衛兵時代》。他找到五名曾是紅衛兵的男性，花了很長時間訪問每個一人，然後把影片剪輯起來，呈現出他們對個人過往那種奇異地交織了緬懷與羞愧、自豪與憤怒的種種心緒。那頓飯吃得很愉快，來客的組合很有趣，除了玩世現實主義畫家趙半狄，還有一名剛在北京完成山姆・謝普（Sam Shepard）作品初期製作的導演，他自己改編《第二十二條軍規》的作品即將開拍，到場的還有倪海峰，其他人也各有來頭。我問吳文光，對於紅衛兵在他們的年代那段殘暴的歷史中扮演的角色，他是否感到鄙夷或恐怖，而他回答：「你看看這一桌人，我們都站在中國新思想的風口浪尖上。我們是前衛分子，是催生下一波浪潮的人，也是民主的信奉者，在幫忙建立更好的中國社會。」我點點頭。「我們怎能覺得鄙夷或恐怖呢？要是早生個二十年，我們也會是紅衛兵，每一個都是。」

老派藝術家

我在上海探望了高齡一〇二歲的文人大家朱屺瞻，中國有很多人認為他是最傑出的傳統水墨畫家。他說：「我年輕時也學過油畫，油畫既感動了我，也影響了我的作品，尤其是那種強烈的色彩。我會說中國藝術家可以西學，但要中用。中國人可以無視西方藝術，卻不能無視中國藝術。如果他混合兩方的形式和意義，很可能變得不倫不類。」

中國繪畫傳統根植於避世之道，旨在提升觀者的靈魂。所謂「國畫」的傳統繪畫與前衛藝術最大的差異，或許在於國畫帶你遠離問題，前衛藝術卻逼你直視問題。朱屺瞻的畫作揮灑自如、成就高妙，令後輩藝術家肅然起敬，卻也可見前衛藝術創作是多麼背離傳統，不論形式或意義皆然。

中國的寫實主義風潮始於一九一九年，在今日蓬勃發展。陳逸飛是名聲最響亮的寫實畫家，以西方標準觀之，他的作品就連作為賀卡插畫都嫌太過陳腐。陳逸飛已移民美國，不過在他精雕細琢的肖像畫裡，身穿立領棉襖的年輕吹笛女子依舊令人傾倒，亞洲買家尤其趨之若鶩，在香港能賣到高達二十五萬美元。

我去拜訪楊飛雲，一位與陳逸飛同流派的肖像畫家。他筆下的女性沒有笛子在手，畫面如照片般清晰，有種塑膠般不自然的平滑，是中國學院派追求的那種成果。楊飛雲說：「對我影響最大的是波提且利、杜勒和達文西。或許寫實主義在西方發展得太好也太久，藝術家已經厭倦了。我不能接受西方的作法：否定過去，甚至否定自己的過去，永遠都在重新開始。追求化境比選擇多種路線來得重要。人說藝術無疆界，不過這話只有藝術留在自己的半球中才成立。當西方與東方相遇，藝術確實有界線。」

為什麼是吉伯特和喬治？

近年來，中國逐漸接受西方的展覽，只要西方人出資都能獲准展出。大約兩萬五千美元就能租用中國美術館上層展廳一個月，再通過幾個批准程序，想展什麼都行。自從羅伯特・勞森伯格[6]在一九八五年破冰展出，多位籍籍無名的外國藝術家已經由政府資助在中國舉行個展，此外還有幾個國際性的學生計畫，一場羅丹大展也在今年六月開幕。

吉伯特和喬治（Gilbert & George）是英國的前衛藝術雙人組，在國際間成功舉行多次展覽，作品是巨大、色彩鮮豔又具高度政治性的攝影蒙太奇。他們在一九九〇年於莫斯科舉行的展覽，至今仍是俄國藝術圈的話題。那場展覽的主辦人是詹姆斯・柏區（James Birch），一個精明而有魄力的英格蘭人，當他問吉伯特和喬治：「下一站去哪裡？」兩人異口同聲回答：「中國！」

他們在莫斯科辦展時正值蘇聯改革開放的陣痛期，因為他們的作品洋溢著文化、政治和性的激進思想（部分帶有濃厚的同志情色元素），即使在西方也曾招來惡評，所以展出這種藝術正符合俄國「對我們而言沒什麼太過極端」的總體方針。但很多事情在中國都會被認定是過於極端，所以中國政府放行吉伯特和喬治的展覽，乍看是令人詫異的決定。吉伯特和喬治的上一場大展叫做《新民主圖像》（*New Democratic Pictures*），雖然在中國的展覽沒用這名字，看在熟悉西方當代藝術語彙的人眼裡，作品的意義相當明顯。

雖然中國官員多少為柏區的熱忱所動，但他們首肯的主因還是經濟考量。吉伯特和喬治以及他們的倫敦代理商安東尼・德歐菲（Anthony D'Offay）不只租用中國美術館展廳，也承諾帶西方人來參加開幕式，外加舉行宴會、上電視節目介紹，為在地經濟注入金流。某位籌備工作人員透露，這場展覽的全部開銷將近一百萬英鎊。再者，政府對這些影像一無所知。老栗難掩笑意地說：「你不會以為官員知道這些作品在講什麼吧？他們頂多只知道這在西方很有名。」當時奧運場地遴選尚未定案，中國人必須表現出開放的態度。此外，出於一種「西方言論動搖不了我們」的心態，中國人心知只要掌控了開幕式，就能掌控吉伯特和喬治的媒體形象。

九月三號，展覽由英國駐中大使和中國文化部長攜手盛大開幕。與會者中大約有一百五十名西

6 羅伯特・勞森伯格（Robert Rauschenberg, 1925-2008）：美國藝術家，以運用日常生活物件創作的「組合」（Assemblage）作品系列聞名。——編注

方人士，現場滿是中國高官。吉伯特和喬治覺得開幕擺的花不夠豐富，親自買來精美的花飾點綴展場，中國人看了樂不可支。因為中國人全都知道，但吉伯特和喬治渾然不覺的是，他們買到的是喪禮用的花束。吉伯特和喬治不只親自參與布展，在開幕式和七、八場相關宴會中發言致意，也配合報章雜誌和電視訪談。然而，他們的訪談內容只有極小部分刊出，展覽在中國國內的宣傳也相形低調。他們的演說被大幅修改淡化，就連活動現場的同步翻譯也一樣。

英方人士聯絡上老栗，請他代為向藝術家發送邀請函，不過中國前衛藝術界覺得那場國際名流嘉年華般的開幕式很可憎，洋溢著帝國主義心態又自我吹捧。吉伯特和喬治在政府關照下享有的熱忱寬待令中國藝術家強烈不滿。在開幕宴會上，有人看著坐在主桌的吉伯特和喬治，說他們是「一群笨蛋裡的一對傻瓜」。在這些中國藝術家眼裡，開幕式幾乎完全破壞了作品的意義。整場活動有種虛偽的光環，有如泰瑞莎修女進行親善訪問，結果全程與川普和李奧娜・漢姆斯利[7]同行。中國官員心知肚明，如此安排開幕式，可以削弱這些作品在國內激進分子眼中的意義。

大多數中國藝術家只在書上看過西方當代作品。在畫家丁乙的工作室裡，我翻閱了一冊名為《西方現代藝術》的書，裡面收錄了一幅吉伯特和喬治的巨幅彩色攝影蒙太奇，原作往往長達或高達六十公尺，在書裡只以十三平方公分的黑白照交代過去。吉伯特和喬治在這趟中國行期間一再表示：「我們的創作是為了愛、寬容，以及個體的普世性描繪而戰。我們每一幅作品都是給觀眾的一封視覺情書。」如今西方藝術在中國還能傳達什麼更高層次的訊息？老栗說：「我想，這些作品有怎樣重要的含意，終究會傳達給有心了解的人。」開幕式不過是一陣刺耳的雜訊。

當東方遇見西方

「西方傾向把文明、現代化和西化畫上等號，不過西方直到晚近才在創新上領先中國，我們在古代是比較先進的文明。」張培力說道。中國人很厭惡西方人老是自詡為工業化始祖。上海記者薄小波對我說：「你看著工廠說那是西方的東西，不過我們百年前就有工廠了。西方人一在中國認識了火藥便立刻採用，但沒人說美國革命或第一次世界大戰是中國的東西。開車或進工廠幹活不代表西式生活，這不過是現代生活罷了。」

西方也傾向把水墨畫以外的藝術全歸功於自己。今天的中國人採用西方發展出來的視覺語言，然而紙張源於亞洲，卻沒人把所有紙上作品都視為亞洲藝術。為什麼所有的油畫都該歸為西方藝術？為什麼西方世界覺得觀念藝術、裝置藝術、現代主義和抽象藝術是他們的東西？香港藝術商金董建平展出以現代手法創作的國畫類作品，她問道：「什麼是中式繪畫？凡是作者來自中國就算嗎？凡是華裔畫的就算嗎？又或者這是體裁的問題？西方人用宣紙毛筆就能創作出中式繪畫嗎？」西方人有時將中式創作貶為因循守舊，不過圓明園藝術村的畫家王音說：「即使西方人覺得這很無趣，我們藝術家有責任解決中國的問題。」

栗憲庭指出，西方文學在清朝傳入中國，在此之前，中國的書面語和口語有很大差異：「中國古文是一種很模稜兩可、詮釋空間很寬廣的語言，內容大半由讀者自行判斷。中國文人直到讀過外國著作，才開始想到口語和書面語可以有直接關聯。從那以後，我們的書面語開始採納西式的精準。不過這還是中文，主題也還是很中國。如果我給你一本近年出版的中國小說，你不會說：『可是這是用英文寫的呀！』所以你們也不該這麼說我們的藝術。」中國的經濟和社會改革或許也有相同的

7 李奧娜．漢姆斯利（Leona Helmsley, 1920-2007），美國富商、飯店界大亨，曾因逃漏稅入獄服刑。——編注

處境，西方世界似乎太勤於攬功，令中國人大為著惱。自稱上海新革命分子的兩位藝術家說：「現在是一面倒的情形，中國有那麼多西方的東西和思想，西方卻沒有任何中國的東西或思想。這一定要平衡過來。」

西方的自由權利是民主制的必然結果，而這種自由的範圍是中國人津津樂道的話題。現居紐約的谷文達、艾未未和徐冰是中國藝術界的海外領袖人物，而谷文達告訴我，雖然他在中國的展覽曾因「帶有不當政治意涵，暗藏政治密語之類的」遭到中止，可是他曾在紐約展出以中藥為素材的作品，其中包括人類胎盤粉，結果當局再次關停展覽，理由是人工流產云云。他認為這兩者對藝術家來說沒太大差別。

去年，倪海峰贏得一項德國藝術獎並在波昂旅居三個月，結識了當地的藝術家，其中有人邀他參加每人出一道菜的晚餐會，對他說：「我們希望你準備一些中國的東西。」所以倪海峰煮了一鍋自己特別愛喝的湯。他告訴我：「我給每個人都盛了一碗，他們全說太可口了。我是最後喝湯的人，一喝就發現自己犯了個大錯，湯難喝得要命。起初我以為大家只是給我面子，不過他們喝了好幾碗，我也總算確定他們真心喜歡。不過我因為讓他們吃了難吃的東西感到很內疚，所以過幾個星期邀他們每個人來我家，又煮了那道湯。這一回成果無可挑剔，結果他們對我說：『嗯，這湯很不錯，但味道不如上次那麼好。』然後只喝了一點點。」

西方人無法理解中國的文化標準，這讓中國人覺得好笑。在杭州的某天晚上，張培力、耿建翌和幾個朋友跟我聊到他們的兩個女同學，說她倆就像「老百貨公司賣不掉的貨」，可是她們都交了西方男朋友，過得很幸福快樂。張耿兩人說起與其中一名男友的家人吃晚餐的經驗，男友的母親不斷低聲說她從沒見過「這麼漂亮」的女孩子。他們說：「我們下一種大宗出口貨物就是中國最醜的女人，她們全都能嫁給有錢的美國帥哥。」接著他們彷彿考較我似地對我說：「你看那邊，那群女孩子有一個很漂亮，其他人不怎麼樣。你看得出是哪一個嗎？」

即使中國消費者對西方產品永不饜足，中國人並不覺得西方世界真有什麼了不起。有天晚上我和某位藝術家的太太共進晚餐，她說：「你知道，如果我跟一個中國男人出來吃飯，我先生會氣死。」

我問她：「可是跟我吃晚飯沒關係？」

她說：「沒關係，當然沒關係。」

在中國買得到《國際先驅論壇報》，很多人會收看英國廣播公司國際頻道，再加上他們對吉伯特和喬治的寬容，這一切都令我訝異。起初我以為這代表思想壁壘的鬆動，後來才明白，引進西方思想無法真正影響任何人，然而在中國的公共討論中，相形微不足道的小事（例如某種髮型）卻能掀起論戰。

中國的孤立政策在一九七八年正式告終，不過孤立主義的心態延續不絕。張培力說：「我們與世隔絕太久了，這就好像你待在黑暗的室內，突然有人拉開窗簾，你的眼睛還在適應光線，所以看不見窗外的景色。」上海藝術家與評論家徐虹說：「大家老是在說東西匯流，好像混合了紅色和藍色就能用紫色來作畫一樣。他們沒有想過，了解這些文化、試著採納不同的思考方式代表什麼。」我認識的每個藝術家都向我解釋他的作品為何沒有表面看來那麼西式。住在圓明園藝術村的大學教師張偉問道：「這怎能是西方藝術呢？當然了，我們都是在所謂門戶開放政策的時代下長大的，不過我們都知道這頂多是門戶微開政策，也知道那扇門絕不會真正開放，人民永遠不會獲准隨心所欲地進出。」

中國藝術家很難完全自絕於中國傳統。抽象畫家丁乙在上海過著低調平靜的生活，他在畫布上把簡單的圖樣配置在平面空間上，繪製出色彩優美的巨幅作品。而他近來開始在竹片和紙扇上創作這種抽象畫。他說：「我必須與中國傳統有所連結，同時也想讓中國人覺得這種西方創作法則沒那麼令人卻步。」

同時期的其他藝術家則以中國媒材創作西方形式的作品。呂勝中曾在北京中央美術學院研究民俗藝術，專攻剪紙。傳統上，鄉村婦女要能煮飯、縫紉和剪紙。呂勝中說，那些婦女的生活技能在年邁後退化喪失，除了剪紙什麼都做不動，她們也透過細膩又充滿故事的紙藝來自我表達。他本人也是剪紙大師，出版多本相關著作。近年他只創作「小紅人」，不斷剪出大大小小、造型一致的人形，且一律使用紅紙，再集結成充滿神祕氣息的巨型裝置藝術。老栗對這類作品嗤之以鼻。許多中國人覺得這種混合鄉村傳統和現代主義的作法簡直猥褻，看到西方人熱烈追捧這種中皮西骨的東西，令他們憤恨不平，覺得呂勝中有如在出賣自己和傳統文化，提供西方人某種他們不應得的東西，而且是賤賣。

一股國族主義之聲就從這種對西方堅決而強烈的排斥中湧現，而永遠好勝的中國人會盡所能自西方擷取可用的東西。老栗說：「西方文化稱霸，不過中國文化在古代曾是最崇高的。如今西方衰退，中國崛起，我們很快要交叉了。」谷文達乾脆地說：「當初中國要是二戰後最強盛的國家，西方藝術家就會使用我的語言，而不是我用他們的語言。」

在中國，總有人一再提起中國稱霸世界的話題，彷彿大勢已定，唯一待討論的只有時間問題。有人認為只需二十年，有人認為可能要花超過一個世紀。藝術家盼著中國崛起並凌駕所有國家，屆時他們也將躍居國際主位。畫家丁方的風景畫氣勢懾人，帶有華格納風格的神話氛圍，他對我說：「我是神的守衛，也是神的代言人。我的創作是為了精神的文藝復興和靈性的昇華。我的作品將永存不朽，就像太陽必將升起。明眼人都看得出來。藉由這種作品，中國將恢復全世界人類的精神文化。」

危險的思想

在圓明園藝術村，人人尊稱嚴正學一聲村長。四十九歲的他比其他人年長，也在村裡住了更久時間。嚴正學一頭短髮，穿著普通，看起來不太像藝術家。他的大型水墨畫風格傳統且富裝飾性，而他待人處世很謙和。

今年七月二號在北京市中心，嚴正學搭上往圓明園方向的三三二號公車。司機在他想下車時關了門，於是兩人起了點爭執，司機凶惡的態度惹得嚴正學很不高興。到了下一站，司機故意在嚴正學要下車時關上車門，把他一路載到最後一站，又在到站後指控嚴正學從他的錢袋偷東西，叫了警察來。那一帶與藝術村屬同一轄區，所以到場的三名警察都認得嚴正學是村長，嚴正學也認出那些警察取締過村裡藝術家想舉辦的某場展覽。嚴正學說他從沒碰過司機的錢袋，可是警察把他拉下公車痛毆一頓，把他整個人摔在地上。幾個當地居民在一旁圍觀，不敢插手。

警察接著把他拖到車站，再用電警棍打他。嚴正學說：「我沒有還手，只是一直問：『你們為什麼打我？』可是他們沒停手。」我們聊天的地方是嚴正學在藝術村的四合院小平房，他拿照片給我看，裡面的他渾身灼傷、血跡和流膿的水泡。他遞給我一張特別駭人的照片：「他們不斷揍我的下體，用電警棒把我嚴重燙傷，我的牙齒也被打鬆了，前胸後背、屁股跟頭上都是瘀青。他們叫我跪下，我拒絕了，於是他們打得更凶。他們說：『你要是吐了，就把地板舔乾淨。我們知道你是誰。好個藝術家，誰讓你當村長的？你一點管事的權力也沒有。』」警察接著要求他簽一份承認偷錢的自白書，他拒絕後把他打到失去意識，在午夜把他丟到車站外頭。凌晨四點，一名當地居民拿毯子裹住他，帶他去醫院，他因為身受重傷外加聽力受損，必須住院治療。

幾天後，村裡一個藝術家把這件事告訴王家騏律師。王家騏平常為北京某家房地產公司工作，聽了以後立即與嚴正學聯繫。他說：「我告訴他這起暴力事件違法，中央政府不喜歡這種低級的警察暴力。我提議幫他打官司。」

嚴正學請藝術家連署抗議他遭受的不當待遇，方立鈞是最早加入連署的圓明園藝術家之一，老栗也在家裡放了一頁連署書，請來客簽名支持。有幾位中國記者同意報導這場官司。消息傳開後，遭遇相似的受害者紛紛來信，嚴正學收到了幾百封。「有些人問我怎麼起訴，另一些人警告我要小心，以免『突然出意外』。」

王家騏把包含照片、醫院紀錄、嚴正學的聲明和連署書副本在內的文件呈交給法院。他告訴我：「法院同意審理我們的案子。我們一毛錢也拿不到，警方也不會被懲處，不過，要是能讓他們承認自己犯了罪，也很了不起了。我避免公開提到人權和民主，這太危險。我是在循法律途徑解決個人事務。中國人民完全沒有用法律保護自己的概念，以為法律的存在只是為了管束他們。我們想要反抗這種現況。」

擺在我面前的快照歷歷呈現嚴正學恐怖的傷勢，我一邊翻閱一邊說：「真是奇怪，我來中國是為了寫藝術和藝術家的報導，卻發現自己在聽民權和人身自由的故事。簡直像另一篇報導的題材。」

嚴正學說：「這是一則藝術和藝術家的故事。警察恨我是因為我是藝術家，不乖乖聽話，想幹啥就幹啥。他們氣自己管不了這個村子。這些沒戶口的人住在這裡，沒工作單位、生活不規律，還有西方人在裡頭閒晃。我自然是他們出氣的對象。在這個國家，你可以拜金、喝酒、玩女人，只要你在單位裡，一切好說。可是當藝術家……」他指了一下自己的大型水墨卷軸。「這就成問題了。」

王家騏點頭同意：「嚴先生正在提出訴訟，因為訴諸法律，他又違反常態了。嚴先生是有主見又有骨氣的人，所以被痛打一頓，又因為有主見，所以沒有認栽了事。不論官司輸贏，我希望我們能把這個觀念帶給人民：他們能抗議，能找到辦法為自己的信念挺身而出，能活得像人。」

我想起宋双宋的落髮行動，當下懂得了那為何激起如此強烈的憤怒，他又獲得了怎樣的成功。我也明白了這件小事為何在這層意義上比炸彈更危險。藝術只要能證明藝術本身有多麼危險，就達成目的了。這整套獨立自主的觀念，及以老栗為象徵的這套人道主義思想，在中國幾乎無人知曉。如果這套思想在中國的廣大人口中傳播開來，將促使他們轉向自決，屆時中央政府、社會控制和共產主義都將終結，而這也將是中國的終結。幸運的話，這場人道與專制的鬥爭將永遠沒有結束的一天——無論哪一方獲得絕對的勝利，都只會是慘勝。不公義的社會很糟糕，但也沒有人想看到中國滅亡，不論鄧小平或老栗和他的藝術家都不例外。

◆ ◆ ◆

比起蘇聯／俄國藝術，西方藝壇更快接受了中國當代藝術。當時恰逢反思西方文化史的風潮興起，有人開始對照歐美文化向亞洲輸出了什麼，又從亞洲學到了什麼。歐美從亞洲習得對漆器和瓷器的品味，然而這只是皮毛，亞洲對歐美更深刻的影響在於哲學。極簡主義和形式主義是源於亞洲的思想。沒有亞洲頌揚無常的傳統，激浪藝術（Fluxus）可能出現嗎？我們不再貶抑亞洲當代藝術是在抄襲現代主義之後，如今反倒得正視現代主義在某些方面抄襲了亞洲。西方藝術家是從書法運筆學到了一點技巧，但這還在其次，他們透過語素文字所領略的，主要是模糊了語言和視覺表徵的界線能營造出豐富的隱喻。我們直到近年才承認我們受惠於這一點。

我與中國當代藝術初次相遇時，這種藝術在西方世界中還相當邊緣，但後來逐漸成為所有當代藝術討論的重點，中國藝術家的作品也賣出天價。二〇〇七年，玩世現實主義畫家岳敏君的《處決》以五百三十萬美元成交，創下中國當代藝術的紀錄，但很快被張曉剛超越——二〇〇四年，他的畫作行情在四萬五千美元之譜，二〇〇八年以六百一十萬美元拍出。同年這個紀錄又被曾梵志打破，《面具系列1996第6號》售得九百七十萬美元，《最後的晚餐》則在二〇一三年以兩千三百三十萬美元成交。

這類作品大多被老栗稱為「豔俗藝術」，他自創此詞來描述這類作品表面上的亮麗，及其病態的吸引力，那突顯出「藝術無力阻擋消費主義蔓延」。他曾說豔俗藝術是「為回應當代中國的精神真空和無知所作的自嘲」。中國藝壇充斥著非關政治的玩世諷刺。廣州知名藝術家曹斐說：「批判社會是上一代的美學。我開始創作的時候沒想要做政治性的東西，那都有人做過了。」畫家黃銳提到新生代藝術家的時候說：「他們在重視經濟的時代長大，認為他們的生活受經濟左右。他們沒想到政治對他們的生活影響更大。」

一九九三年，當局關閉了圓明園藝術村。包含老栗、方立鈞和岳敏君在內的一批住民率先遷往宋莊，一個距北京市中心約十九公里遠的農村。許多人馬上追隨他們的腳步。村政府樂見這股遷入潮帶來的稅收，不過藝術家很快便與當地居民發生土地糾紛。另一些藝術家進駐北京東北郊的一座廢棄無線電器材廠，也就是七九八藝術區，後來這裡成為藝文觀光客的必遊景點，在世界各地都會隨藝文產業興起而出現的咖啡館、小精品店很快就遍地都是。北京藝術商李文子說：「圓明園藝術村是避風港，收容理想主義者和尋求自由與平靜的不安靈魂。其他聚落打從一開始就是為了錢。」

中國政府亟欲開發文化觀光，不過相關的宣傳推廣也帶動了租金，許多藝術家很快因無力負擔而退出七九八。這個問題在比較偏遠的藝術區沒那麼嚴重——現今有超過四千名藝術家在宋莊創作，這還只是北京市郊超過百座藝術家聚落的其中之一。

老栗是宋莊美術館館長和栗憲庭電影基金的負責人，後者已經主辦了十年的北京獨立影展。在二〇一〇年的一次訪問中，方立鈞表示：「老栗像天上的太陽，照耀著我們所有人。」二〇一四年八月，當局關閉了北京獨立影展，就在預計開幕的前一天。十多名警察進入影展辦公室沒收大批文件，官員拘留了老栗和兩名共同負責人，強迫他們簽署取消影展的同意書，接著切斷場地的電力。栗憲庭電影基金多年來都為有志進修的電影工作者舉辦工作坊，不久後，場地也被封鎖，如今工作坊改到祕密的鄉郊進行。主辦人員困惑又不安，影展行政總監范榮說：「我們的宗旨是豐富學員的心靈，教他們用新的方法思考人生和電影。我們想做的事沒有一丁點是要反對黨或政府。」

圓明園「村長」嚴正學在一九九三年針對警方濫權提出訴訟後，被強制勞動教育兩年。他在期間創作出上百件繪畫：晦暗的地景在黑色的太陽下滲出鮮血，每一幅在中央都有一條垂直分隔線——這是他為了掩飾真正的主題，每次只畫半張的結果。為了把畫弄出勞教營，他會把它們塞進塑膠袋、藏在內衣底下，然後把袋子丟進權充營區廁所的糞桶，他的孩子和朋友再去把畫撈出來。他在獲釋後又陸續被警方拘禁過十幾次。二〇〇七年，他因「顛覆政權」的罪名入獄，服刑的兩年期間完全沒有創作。他說：「我爭累了。」在獄中時，他曾上吊自殺未遂。

一九九四年，跨性別行為藝術家馬六明因「製造、傳播色情」的罪名入獄。二〇〇〇年，艾未未和馮博一聯合策劃了《不合作方式》當代展，其中有一則藝術家朱昱的行為藝術錄像，他在影片中吃下了他聲稱是人類胎兒的東西。從此以後，所有行為藝術在中國都違反法律。王蓬在鄉村長大，後來在北京創作。他原本對天安門大屠殺一無所知，直到二〇〇二年取得網路翻牆軟體為止。他放棄抽象繪畫，轉而從施行強迫人工流產術的診所取得染血的外科手套，以此為創作媒材。他表示，得知那場屠殺事件，「讓我想要撕開社會最嚇人、最醜陋的一面。這讓我醒悟到重要的不是美感，而是現實。」畫家陳光曾是鎮壓天安門活動的士兵，對那場慘劇的記憶在他筆下化為血腥畫面。二〇一四年，他在自家私下舉行展覽，警方隨後駕駛四輛裝甲車抵達他簡陋的公寓，把他帶走。二〇一五年，上海藝術家戴建勇用影像軟體做出緊閉雙眼、蓄八字鬍的習近平頭像寄送給朋友，結果被依「尋釁滋事罪」刑事拘留，可能面臨五年徒刑。

二〇一二年，當局扣押了藝術家趙趙的作品貨櫃，告知他必須繳納一筆約合四萬八千美元的罰鍰，然而他沒有被依任何罪名起訴。他無論如何都不能領回作品，不過繳了罰鍰後能在作品銷毀前去看一眼。他無力湊到這筆款項。被問及是否為這次事件感到害怕，他回答：「我不想變得提心吊膽。」

二〇一〇年，吳玉仁到天安門廣場抗議政府查封他個人與多名藝術家的工作室，因此被捕。包括艾未未在內的多名重要藝術家都出席他的庭審，後來他在二〇一二年獲釋。二〇一四年農曆新年前夕，有人向吳玉仁洩漏一封文件：北京公安局國保總隊發出公務通知，指示警員「務必不使穩控對象出現在北京市一中院和海淀法院附近區域」，結尾是「杜絕因群體聚集產生的破壞性影響」。匿名發訊人另加了一條訊息，簡直像是在激他似的：「你要是把這貼出來，政府會來抓捕你。」吳玉仁用個人微信帳號公布這條通知，眾人紛紛轉發分享。四小時後，警方請他去「喝茶」。當時正值午夜，他還是出門了，在前往茶館的路上被四名警察和幾個彪形大漢攔住。到了警察局，一個警官對他說：「新年快到了，你得在這裡過了。我們不會讓你回家。」吳玉仁平靜地回答：「其實這樣也好。我一點都還沒開始為過年準備，根本趕不及，這下可有好藉口了。」這一回，無賴的反應生效了，警方在半小時後釋放他。他說：「我父母當然希望我離開中國，或是別再批評政府了。所有父母都會這麼想。我不想要自己的孩子生活在中國，尤其是在目前的大環境。我父母那一輩的人都說單憑個人什麼也做不了，所以勸我別再試了，說這不值得。」

二〇一四年，藝術家王藏在推特貼出一張他打著雨傘的照片，警方隨後以「滋事擾亂」為由，拘捕了十三名宋莊居民。雨傘在當時已成為香港民主派抗議人士的象徵。警方沒收王藏的雨傘並羈押了他，一關就是兩個月，期間他遭到剝奪睡眠的酷刑，導致心臟病發。王藏的妻子表示：「雖然惹來這麼多麻煩，我認為我先生做了對的事情。」宋莊的駐警在那次逮捕行動後立即大幅增加。有些藝術家原本一向樂於推銷作品給金主，現在卻開始趕走潛在買家。畫家唐建英也遭到與日俱增的監控，他說王藏犯的錯誤是使用網路：「我們在自己朋友的圈子裡可以愛說什麼說什麼，可是上網暢所欲言，他們就會來抓你。」

二〇一五年春天，中國國家主席習近平表示：「好的文藝作品就應該像藍天上的陽光、春季裡的清風一樣，能夠啟迪思想、溫潤心靈、陶冶人生，能夠掃除頹廢萎靡之風。」這段對春季氣候的描述可謂十分新穎，而中國國家新聞出版廣電總局隨後發表聲明，表示該局計畫讓文藝工作者下鄉接觸民眾，好讓他們「樹立正確的文藝觀」，在基層生活中「挖選題、找市場、推佳作」。箇中意涵再清楚不過。這就像文革期間的作法，藝術家要是拒絕自我審查，懲罰就是發配下鄉。

我在一九九三年為《紐約時報》撰寫本篇報導時，徐冰、谷文達、艾未未這三位傑出的中國藝術家正旅居美國。我在中國認識的藝術家向我提到這些人，而我在返美後與他們見面。艾未未身兼藝術家、詩人、建築師、維權人士，政治色彩顯然最為鮮明。他的父親是文革時被下放偏鄉的詩人艾青，而艾未未因為參與設計二〇〇八年京奧國家體育場「鳥巢」而聲名大噪，後來卻將奧運形容為中國政府的「虛假笑臉」，觸怒當局。二〇〇八年，中國發生四川震災，數千名學童死於不符建築法規的校舍，艾未未為他們發起了「公民調查」。他編錄這些學童的名冊，收集他們的小書包並公開展出，令政府顏面盡失，此後他很快遭到更多為難。他在二〇〇九年出席另一名震災維權人士的庭審，結果被公安毆打到腦內出血。他在網上貼出照片，可以看到他的頭蓋骨插了根導管放出積血，手裡握著一包放出的血液。艾未未對豔俗藝術感到幻滅，曾在二〇一二年寫道：「中國藝術只是商業產品，唯一的目的是以模擬兩可取悅觀眾。中國沒有藝術界可言。在一個限制個人自由與違反人權的社會，任何自稱創意或獨立的東西都是虛有其表。對我來說，這是在侮辱人類的智慧、譏笑文化這概念——不過是政治宣傳的工具，炫示著缺乏實質內涵的技巧和無意義的匠藝。」

中國國內有許多抨擊艾未未的人。北京一名策展人曾說：「那全是噱頭、裝模作樣。」艾未未談到這類批評和藝術家時這麼說：「這跟政府宣傳沒兩樣，只是為了挑動外國人情緒而換種說法罷了。他們永遠站在當權者那一邊。我不怪他們。我跟他們握手，對他們微笑，為他們寫推薦信，可是……我心裡失望透頂。」

希望必然導致憤怒，絕望的結果則是悲傷。岳敏君畫了無數自畫像，畫裡的他都在縱情大笑。過去二十年間出自中國的圖像裡，辨識度最高的或許就屬他的自畫像。他的創作速度趕不上收藏家的熱烈需求，北京的跳蚤市場充斥著仿作。岳敏君被歸類為玩世現實主義畫家，不過一名策展人說，隨著時間過去，他的作品散發出「一種憂鬱的感覺，不再玩世了」。詩人歐陽江河曾寫道，岳敏君的作品是「一切不能回憶的悲都在這笑裡」。

南非 ◆ SOUTH AFRICA

南非藝術家：隔離，與平等
The Artists of South Africa: Separate, and Equal

《紐約時報雜誌》
March 27, 1994

我在一九九二年首度前往南非，在一九九三年返國。即使在那趟旅行的短暫期間，種族隔離式微所引發的改變仍清楚可見，雖然這套可憎的制度直到南非於一九九四年首次舉行自由選舉後才完全廢除。南非訴說的是一則贖罪的故事。因為抗爭逐漸減少，應抗爭而生的藝術多少也有所轉型，這對有些藝術家來說是種解脫，另一些人則感到極度艱難。

之前我已經寫過俄國和中國的藝文界，因此以為報導南非所需的本事大同小異。然而，蘇俄或後毛澤東時期的中國皆可大致分為兩個陣營：一個是「官方」藝術圈，推崇並也受惠於既有權力結構，另一個是反革命的地下藝術圈，成員在去人性化的體制中致力於救贖個人的身分認同。不過在南非，當局沒有規限藝術家只能產製文化政宣品，所以並未大量出現強化種族隔離現狀的視覺創作。我遇到的藝術家不分黑人、白人，都渴望公義的社會，即使他們對那個社會的樣貌沒有百分之百的共識。

我個人的角色令我無所適從。在莫斯科沒人以為我是共產黨員，在北京也從來沒有人把我錯認成紅衛兵，不過在約翰尼斯堡，我是白人，也因此負罪。我獲准進出黑人通常不得其門而入的地方，所以無權自稱清白無辜。在一個多數人口都被公然奪走公民權的國家，再怎麼說我也是享有優待的旁觀者。

這篇報導編修起來特別困難，所以我回頭參考草稿和筆記，大幅重寫。不論是刪去遭世人淡忘的藝術家，或是讓更多人關注藝壇巨星，感覺都是在欺騙，所以我盡量不更動當年的視角，在這裡恢復了當初捨棄的部分素材並刪修原文部分段落，以呈現我撰文的初衷。

◆◆◆

一九九三年夏天，我在約翰尼斯堡參加的第一場藝文聚會上，現場話題全圍繞著芭芭拉・馬瑟凱拉（Barbara Masekela）從開普敦飛往約翰尼斯堡的班機打轉。馬瑟凱拉是曼德拉的個人助理，想與一代偉人接洽就得由她安排。她也是非洲民族議會（African National Congress，以下簡稱非民議）最舉足輕重的女性黨員，聰穎、強悍、成就斐然，強烈的性格使她在任何場合都很醒目。然而，當空服員在頭等艙送餐，首先端給馬瑟凱拉右邊的白人男性，接著是她左邊的白人女性，然後是她後排的乘客。當馬瑟凱拉表示不滿，空服員似乎是真心驚訝並再三道歉，解釋自己「只是沒看見您坐在那裡」。她是真的沒注意到馬瑟凱拉，彷彿那張黑色臉龐有保護色，與椅墊融為一體。與我同桌進餐的白人藝術家認為，他們的創作必須指出這種黑人被無視的現象，即使這麼做無法讓白人和黑人互生好感。

兩週後，我和其中一名白人藝術家以及他的幾位朋友去開普敦附近的海灘，那天微風溫熱，陽光猛烈，海水冰冷，景色絕美。我們躺在沙灘上，這時一位有色人老先生（「有色」〔colored〕是種族隔離時代對混血人種的泛稱）帶著一箱冰淇淋走過來，箱子沉得他幾乎提不動，而他穿著長袖長褲的西裝，在大太陽下汗流浹背。我們有人說：「天啊，冰淇淋，誰想來一點？」大家當然都想。一個人說：「我請客。」然後我們都選了口味，從老人手中接過冰淇淋，打開包裝享用起來。那個老

143

人說：「八蘭特（rand）。」說要請客的人探了探襯衫口袋回答：「可惡！我只有五蘭特。」其他人都沒帶錢來沙灘上。另一人說：「我車上有錢。如果我等下遇到你，會把剩下的錢付清。」沒人請他立刻去取錢，沒人顯得不好意思，也沒人道歉。老人不發一句怨言，提起箱子，在烈日下步履蹣跚地離去。

舊南非長盛不衰，即使在那些坦言為此感到遺憾的人之間，也是如此。

不過，新南非有時也同樣令人不安。我出席了全國藝術倡議聯盟（National Arts Initiative，以下簡稱全藝盟）成立大會，聯盟宗旨是開啟南非創作自由的新紀元。麥可．范葛藍（Mike van Graan）是非民議黨員和聯盟祕書長，他雖然有個南非語名字，其實是有色人。他為大會規劃的議程有多位知名藝術家、作家和音樂家共襄盛舉，而他提議節目以英語進行，因為這是全場的共通語言，不過幾名與會代表要求也說他們的母語。現場的白人緊張而順從地坐在位子上，聆聽冗長的祖魯語、科薩語獨白，臉上繃著禮貌而專注的神情。提出要求的代表在講者發言時立刻就聽懂了，他們在翻譯進行時興高采烈地聊天，顯然很滿意自己占了上風。在翻譯牛步推進的同時，部分代表乾脆起身離開，顯然感到無聊難耐。這種時間金錢和精力的浪擲令人咋舌。

繪畫、概念和串珠

南非國家美術館有如一個小宇宙，當我置身其中，南非藝文界各種優先價值的衝突、不同族群對彼此的麻木無感，在裡面具體而微地上演。五年前的南非國家美術館慘不忍睹：阿非力卡[1]畫家

1 阿非力卡（Afrikaner），南非白人移民後裔。——譯注

「泰斗」漢克・皮爾尼夫（Henk Pierneef）的作品——墾荒的波爾人身處於鬱鬱蔥蔥的風景中——黯淡地與歐美二流藝術家的三流作品並列。後來瑪麗蓮・馬丁（Marilyn Martin）接任新館長，活力四射的她有如一股西風襲捲而來，做出徹底改革。現在的國家美術館擁有一批永久收藏，包括多位南非頂尖藝術家的作品，還有自由派白人藝術家和激進黑人藝術家在過去四十年間留下的史料。

這是長足的進步，與別國相較下尤其顯著。例如，在「自由」的納米比亞，國立博物館是把古老的陶器、犀牛交配的模型、擺著身穿「原民服飾」的黑人假人的全景模型全湊在一起展示。藝術的定義和目的要是混淆不清，可能使「美術館」這稱呼也顯得可疑。我在國家美術館的某間展廳看到一件大型裝置作品，作者是觀念藝術家麥爾坎・潘恩（Malcolm Payne），一名中年白人男性。他使用的媒材有購物推車、古代和現代的陶瓷器、燈光投射，此外也包含一段滿是「挪用」和「解構」這類用語的文字。有些觀眾可能不熟悉當代藝術的國際交流語言，不過這件作品沒有因此妥協。下一廳的展覽是《伊札卡萬杜（Ezakwantu）：東開普省的串珠藝術》，展廳一角坐著維吉妮亞和露西，這兩位科薩族女性整天都在安靜地做串珠，只在有人透過她們的翻譯人員發問時暫停。

南非正時興把手工藝稱為「藝術」，尤其是品質極佳的手工藝品。高級手工藝品就是高級手工藝品，並不遜於藝術，但兩者仍然有別。馬丁說：「我們已經把自己從歐洲中心論的桎梏中解放出來了。」她的話語中充斥著一種很直率的政治正確態度，雖然她經營博物館的標準仍然秉持歐洲中心論。然而，國家美術館禮品店販賣的科薩族串珠藝品並不是館藏的仿作，那本身「就是」原作。我在店裡買了幾個牛奶桶，外加幾張皮爾尼夫的明信片，相比之下，我買的明信片並非皮爾尼夫的原作，而只是個象徵。藝術品有優劣之分，工藝品也有好有壞，還有些作品難以用這些分類定義，但這不表示分類沒有意義。

維吉妮亞和露西出現在國家美術館，也點出這種館方不願承認的區別。馬丁堅稱她們兩人在現場是要彰顯歷史傳統的延續，然而其他展廳僅以當代的創作成果來彰顯這一點。在德國表現主義的展廳，馬丁當然沒請德國表現主義畫家整天坐著作畫，也沒有請潘恩來坐在他的裝置中央，好讓作品變得很有觀念。將那兩位女性置於展覽現場，目的是要提升她們手藝的地位，但只顯出館方的高高在上。潘恩認為這就好比十九世紀的歐洲，公開展示霍屯督人[2]在當時也蔚為風潮。

提包工廠及其他

一九九一年中在約翰尼斯堡，一位倫敦贊助人開放廢棄的速成提包工廠（Speedy Bag Factory）供藝術家使用，現在這個園區有十九間工作室，進駐的藝術家黑人白人都有。每週五中午，他們會一起聚餐。看在許多外人眼裡，這裡有如打破種族疆界的微型烏托邦，但要是仔細觀察，黑白之間仍存在著令人不忍直視的鴻溝。

黑人藝術圈的多位重要人物都在提包工廠創作：大衛・科洛安（David Koloane）、杜蘭・席拉利（Durant Sihlali）、艾茲隆・拉海（Ezrom Legae），以及比較年輕的山姆・格蘭茲華（Sam Nhlengethwa）和派特・毛特瓦（Pat Mautloa）等人。科洛安和席拉利的風格獨特且詩意，反映出白人作品看不到的勇氣和自決。黑人的創作並沒有因此而更優越（他們的作品通常很單純直率），但確實因此與眾不同。格蘭茲華說：「報紙不寫出命案受害者的種族是很政治正確，不過你永遠能從姓名、案發地點和報導篇幅看出來。不提藝術家的種族，感覺或許也很體貼，不過你總看得出差別。」意思是說，雖然

2 霍屯督人（Hottentot），對非洲西南部科伊科伊人的舊稱，已被視為帶有貶意的用詞。——譯注

藝術創作應該一視同仁，但不該以同等意義對待所有作品。

我在提包工廠和格蘭茲華談話時，一名白人藝術家衝進來，氣呼呼地對我說：「我等了你三個小時。」不過，我之前只說我從中午開始會待在這裡，想跟大家認識認識。「你現在要是不過來，我就要回家了。」他對格蘭茲華毫無歉意。格蘭茲華如同飛機上的馬瑟凱拉，也是隱形人。如此冒犯讓我覺得很難堪，不過格蘭茲華說：「去吧，我不急。」回到格蘭茲華的工作室以後，我為這番混亂向他道歉，而他說：「沒關係，他真的有在努力。他人很好，只不過他畢竟是南非白人。」

提包工廠的白人藝術家很年輕，是南非最時髦的一群人，從衣著、言談舉止、閱讀品味和種族觀都能看出他們有多時髦（潘恩管這群人叫「滴著罣固酮的前衛分子」）。約阿希姆．申菲德（Joachim Schönfeldt）在寫著「珍品與藝術真品」的橫幅下展示作品，揶揄歐洲中心論下的「原生」非洲創作。他的木雕做工細膩但造型古怪，有種令人不自在的美，而且總是使用藍桉木（非洲最具政治意涵的樹種，由墾荒者引進，用於打造礦坑支架）。這些作品以阿非力卡式的媚俗風格結合一種挖苦的態度，處理「藝術還是手工藝」——也就是國家美術館想用偷天換日應付的問題。艾倫．歐伯羅（Alan Alborough）透過作品探討可跨越的和不容侵犯的界線。他創作過一系列特別有力的作品，以兒童的遊戲隱喻社會規範和社會排斥。貝琳達．布利諾（Belinda Blignaut）走形式主義路線，作品刻意不碰政治議題。肯德．吉爾斯（Kendell Geers）常使用充滿暴力氣息的媒材：碎玻璃、刺網線、用於「掛項鍊」的輪胎（把橡膠輪圈掛在人身上點火燃燒，南非常見的私刑），再結合後結構主義和現代主義的誇大手法，效果往往非常強烈，偶爾不免造作。這些年輕一輩的作品有時流於艱澀，他們沒有想到的是，否認自身帶有狹隘的地方主義，恰是最狹隘的作法。當他們努力融入卻又誤解國際藝壇時，作品會讓人困惑，在比較正確地掌握國際藝壇卻未增添太多新意時，讓人感覺那只是衍生作品。

吉爾斯的創作處理政治議題，不過他的政治神經有時遲鈍得驚人。聽我提起壓迫的課題，他抱怨道：「我跟這個國家的每個人一樣，也有過苦日子。在南非當白人辛苦得不得了，尤其是你從小家裡沒錢沒勢的話。」南非的白人一再被提醒別人受過的磨難，也只在同理他人之苦時才有權利悲傷，這一切的確可能令白人很不好受，然而，跟成千上萬的南非人相比，吉爾斯的人生並沒有那麼艱難，他那種跟人比苦的自我膨脹讓人不舒服。

即使提包工廠的黑白藝術家都矢口否認，雙方競爭的緊張關係仍令人難以忽視。外國評論家與策展人傾向關注黑人藝術家，雖然白人的作品對他們來說通常比較好懂，黑人作品的意義往往更需要靠地方脈絡來理解。吉爾斯說：「這裡不流行當白人。」韋恩．巴克（Wayne Barker）喜歡扮演不按牌理出牌的怪才，作品具高度劇場性且經常很憤怒，揉合了個人、形式化與社會議題。他在一九九〇年用聽似黑人的假名「安德魯．莫列基」（Andrew Moletsi）遞件參加某個繪畫比賽，結果頗獲好評。他建議所有白人藝術家都該這麼做，以打破既存的障礙。

開普敦有些年輕藝術家也形成創作聚落，與提包工廠相仿，其中有位比茲．貝利（Beezy Bailey）把巴克提出的挑戰聽了進去。貝利的畫作以粉紅、橘色、綠色為主調，想像力豐沛，概念鬆散，但極富表現力也很吸引人。他在市場上雖然小有成績，卻從未打進南非的頂級藝廊。一九九一年，他送件參加知名的開普敦三年展，其中一件作品使用本名貝利，另三件則假托本地工人喬依斯．恩托布（Joyce Ntobe）之名。沒什麼人關注貝利的作品，不過恩托布的畫作獲國家美術館收購。他在幾個月後才揭穿這場騙局。貝利和許多白人藝術家認為，僅憑作者是黑人便購買作品，最終將有損而非提升黑人的自尊。貝利後續舉行了一場他與恩托布的「聯展」，現在也繼續同步推銷他和黑人分身的作品。他聲稱，唯有試著同時以黑人和白人的視角生活，才能成為新南非的藝術家。貝利的作法令自由派白人陣營大為光火，但有許多黑人藝術家讚許他的勇氣。

我問身為黑人的科洛安和身為白人的貝利是怎麼成為畫家的。科洛安說：「我一直都喜歡畫畫，但從來不知道這能幹嘛。我十六歲的時候，路易斯．馬庫貝拉[3]搬到我家對街，他說世界上有一種叫藝術家的人，工作就是畫畫，其他什麼事都不幹。所以我們決定要當藝術家。」科洛安到十六歲還沒聽說過藝術。貝利說：「我十六歲的時候跟安迪．沃荷同桌吃午餐，就坐他旁邊，他建議我申請倫敦的藝術學院。」每週五中午聚餐是很好，然而這無法消弭任何差異。

自由派白人藝術家

從前，老一輩的自由派白人藝術家鍥而不捨地反抗隔離政策，總是在為打造更平等的社會而努力。他們在藝壇的地位等同獲國際肯定的南非作家，例如娜汀．葛蒂瑪、阿索．佛加德（Athol Fugard）和柯慈，然而這些藝術家若沒有獲得諾貝爾獎或同等級獎項的提名，出了國界就比較鮮為人知。他們的壯舉功過待定，他們的創作成績也是。視覺藝術向來比文字更隱晦，這或許讓社運藝術家得以更自由發揮，卻也可能模糊了他們對理念的表達。種族隔離能廢止，主因是經濟，不過自由派白人藝術家對人道和道德正義的堅持確實也軟化了這個暴虐的國家。然而，他們在今天屢屢被批為虛偽，因為他們唾棄一個優待他們的制度，又拿這種唾棄來自我行銷。許多南非白人簡直覺得「自由派」這標籤跟「種族歧視者」一樣令人難堪。白人自由主義者可能覺得這是他們的義務，然而這與藝術背道而馳。

在整個八〇年代，南非受到文化杯葛，這是由流亡海外的非民議成員發起、聯合國通過決議執行，目的是削弱隔離政府具有正當性的表象。執行方式則是請求外國藝文人士、運動員和學者專家不要前往南非，南非人也不出國展覽或比賽。這個行動協助加速了種族隔離的終結，雖然孤立狀態也使黑白族群都大受打擊，但黑暗中不無一絲光明。即使沒有文化杯葛，南非黑人藝術家泰半也因隔離政策而與歐洲潮流絕緣，原本能在國際間活動的白人藝術家也因此喪失機會，但少數身家富裕者仍負擔得起旅行。馬丁對我說：「文化杯葛有助切斷我們與歐美相連的臍帶。」她認為南非藝文界的獨立自主和活力是孤立帶來的直接效果。蘇．威廉森（Sue Williamson）是老一輩優秀的藝術家，她說：「文化杯葛某種程度上當然是在跟自己過不去，但也確實提升了我們的南非意識，這是意外的收穫。」

威廉森以不落俗套的作品直面問題重重的地方歷史。在近來的一件作品中，她收集了開普敦六區的物品殘骸並以透明樹脂封存，再用這些樹脂磚搭建一座小屋，見證那段失落的過去（六區曾是豐富多元的有色人區，但因為太靠近白人區，景色又優美宜人，當局認為有色人不配擁有，於是驅逐了他們）。潘妮．西奧皮斯（Penny Siopis）創作繪畫和拼貼／組合作品，主題通常是女性的歷史與經驗，以及女體的完整自主。這些作品奇異地集結了過多的物件、充滿緊緊擠在一起的臉龐和身體，令人目眩神迷。她的作品之所以有力，不只是因為高超的技巧和深厚的智性基礎，也因為其中隱含強烈的同理心。她是嚴謹的思考者，也是南非最富人文情懷的藝術家。

威廉．肯膂居（William Kentridge）的作品詩意盎然、明晰且表現力豐富，不像許多南非藝術家那樣太有政治自覺，因而在創作上綁手綁腳。他的創作充分結合了南非的社會情勢，卻能免於其他藝術家的那種局促，令人耳目一新。肯膂居正在創作一系列用於製作影片的素描（也可以說他在創

3 路易斯．馬庫貝拉（Louis Maqhubela, 1939-）：黑人畫家，生於南非杜爾班，現居倫敦。——譯注

作一系列以素描為媒材的影片），作法是先繪製大幅炭筆素描，接著反覆重繪、擦除，把每次更動都拍成一格畫面，最後剪輯成優美的象徵寓言。這些影片蒼涼而浪漫，敘事片段的形式自由且結構鬆散，既緊繫南非的慘痛歷史，也展現人類意識獨有的神祕聯想。肯特居為這些影片配樂，以短片形式播放，並銷售那些最終狀態的素描。與提包工廠其他藝術家不同的是，肯特居並不想把南非誇大成全世界最重要的地方。他說：「在威尼斯，我們頂多就是新奇有趣而已。」他指的是威尼斯雙年展。「我們一定要設法享受並善用邊緣位置，約翰尼斯堡不會是下一個紐約或巴黎。」在他最新的影片裡，一名白人男性與一名黑人女性進行了一段複雜的對話，用詞極富象徵意涵，兩人從各自的視角看著東蘭德地景的形成。東蘭德是約翰尼斯堡東邊的一個地區，長久以來都充斥極端的暴力事件。影片中出現的人物被槍殺或因其他方式遇害，屍體被報紙蓋住，化為山丘或水塘，成為構成地景的素材。所以這片南非人都無比熟悉的蕭條地形變得不只是地質現象，也是死亡日積月累的具體表徵。

肯特居說：「我的作品呈現很多爭議但不帶寓意，我不是要感召人民救國。」他有強烈的道德觀，卻迴避勸說。對任何事物都充滿信心必然隱含危險，這是他的作品唯一確信的事。他對自己的創作方法很有把握，對自己的信念很樂觀，卻也堅定守護作品的歧義性。他因不安而四分五裂的作品總回歸到對教條主義的批判，同時也勾勒出人類難以自抑但必然無果的求知衝動。無從解釋的現象不盡然有害而無益。肯特居認為不公義是這個世界不可避免之特徵，即使不可能徹底消除，我們也一定要直面這個問題。他從未掉入存在主義一切皆為虛無的主張，只是細細闡明了這個觀點：我們鮮少確知或甚至推測不出任何事物的意義。不過他認為美並非偶然，幽默也不代表輕佻，問題即使沒有答案，仍值得提出。他說：「這幾年我的課題之一，是找到辦法隔著一段距離保持透澈。」

人類有許多問題是無可解決的，這是肯背居作品中憂鬱和熱情的源頭。

在開普敦，潘恩、大衛・布朗（David J. Brown）、佩珀・史考尼（Pippa Skotnes），以及才華洋溢的雕塑家蓋文・楊恩（Gavin Younge）是最獲推崇的前輩藝術家。至於年輕一代，凱特・高貞斯（Kate Gottgens）的媚俗風景畫既浪漫又陰森，巧妙地運用南非人心中揮之不去的恐懼。巴蘭・德衛特（Barend de Wet）的雕塑和裝置也很有力。安德里・柏薩（Andries Botha）是德爾班首屈一指的藝術家，他的雕像裝置常運用非洲工藝表達歐式概念，實際上是由具備手藝的本地工人為他組建的，而自由派白人曾因此指控柏薩剝削。柏薩不善使用自由主義的辭令（那是英語系國度的發明，而非來自他的母語南非語），不過有兩名黑人助手向我為他辯護，他們說柏薩在黑人城鎮授課，藉此協助他們創作並銷售到海外。

珍・亞歷山大（Jane Alexander）以離鄉或無家可歸的黑人為題，創作大型人像。她為石膏像披上破爛的衣服，看來詭譎而淒涼，洋溢著強烈的人性。她感傷但不悲傷地說：「我這種作品在新南非很難有一席之地，每個人都想看到快樂的小黑人四處奔跑的烏托邦景象。黑人藝術家描繪起他們的領袖，就跟從前俄國人畫列寧一樣。白人藝術家為了響應積極平權，不得不退入背景之中。我在一間有色人的學校教了一段時間，一方面也是想為那個族群盡點心力，不過，當一個有色人老師出面說他想要那個職位，我只能讓給他。即使你覺得我的作品在對黑人的掙扎表示同情，接下來十年，它們還是會被丟到倉庫裡。」我們聊到政治現況、妥協的精神、其他白人所做的努力，以及如何推動改革等等。她露出文靜的微笑說：「很多白人想盡快糾正不平等的問題，因為他們只想早日熬過去。」

黑人城鎮與藝術

在南非社會，惡意的管控或值得稱許的進步措施，兩者的界限往往很模糊。黑人城鎮的藝文中心提供了創作、演奏、跳舞、演戲等各種活動的場地，這些設施泰半是在隔離時期創立。這是為了防止居民在街頭生事，同時也傳授他們家庭手工藝，讓他們有機會自我探索、發掘個人天分。藝文中心在隔離時期也發揮了另一種功能。當時在黑人城鎮進行政治集會是違法行為，但文化晚會就不是了，所以包含非民議在內的許多違禁組織會以藝文節目掩飾真正的活動。

援助藝文中心曾是國際間的優先要務，直到曼德拉在一九九〇年獲釋才畫下句點。在七〇年代中期以前，會舉辦黑人藝文活動的地方只有塞西・史考尼（Cecil Skotnes）經營的波莉街藝文中心（Polly Street Centre）、瑞典傳教士在羅克渡口辦的一間黑人藝術學校，以及約翰尼斯堡藝術基金會。這個基金會由白人畫家比爾・安斯利（Bill Ainslie）創立，是一個為黑白藝術家開闢共融空間的教學機構。安斯利是抽象表現主義畫家，以教授抽象創作為主，在隔離時期抽象是一種安全的風格，因為顯然與政治無關。安斯利後來與黑人藝術家科洛安攜手創立圖佩洛[4]工作坊，宗旨是促進種族交流。

不過，他們想促進的交流比較偏重社會和解，而不是創作優良藝術。我在開普敦觀摩過一場圖佩洛工作坊，那讓我聯想到夏令營。人人有說有笑，樂在其中，顏料的氣味令人陶醉，歡樂的氣氛激動人心。舉辦烹飪課大概也能輕鬆達到相同成果。與此同時，南非隨著曼德拉獲釋從各界「受壓迫」名單的首位退下，具社運意義的藝文中心也斷了財源。有些藝文中心現在已經廢棄，其他則轉型為營利單位。以約翰尼斯堡黑人城鎮亞歷山卓（Alexandra）的亞歷藝文中心（Alex Art Center）為例，那裡曾獲海外理想主義者資助，現在大抵只剩空殼，拉胚機還在原位，但已不見陶土痕跡。反觀凱特宏藝文中心（Katlehong Art Centre）則將學員作品賣給南非白人，成為鎮上最賺錢的機構。凱特宏是治安特別糟的黑人城鎮，在凱特宏藝文中心，你能看到攜帶重槍械的彪形大漢在那裡創作紡織、版畫、雕刻、繪畫，很違和地以如此平和的方式實現自我。

馬凱利斯（Michaelis）是開普敦的大型藝術學院，學生黑白都有。少數黑人也會就讀於金山大學（約翰尼斯堡）和納塔爾科技大學（德爾班）的美術系。專為黑人設立的獨立藝術學院則有約翰尼斯堡的黑人藝術聯盟（Fuba）和索維托的方達中心[5]。不過，即使在這些場域，為藝術而藝術，或以藝術作為改善社會處境的手段，兩者還是混淆不清。方達中心主任席尼・塞樂佩（Sydney Selepe）告訴我：「我們會收到母親來信說：『我的兒子在學校成績很差，所以請教他當藝術家。』」平面藝術家查爾斯・恩寇奇（Charles Nkosi）也提到，他曾得為在學校自然課以外沒畫過任何東西的申請者評分。有些學生的素養雖然很好，但另一些人在入學前連一間藝廊都沒去過。塞樂佩解釋：「我們問他們有什麼夢想，從這個切入點教起。」有時在這些看似無望的地方，真正的藝術家會不期然與他深刻的天命邂逅。

白人在這些場域中扮演的角色極具爭議。史蒂芬・塞克（Stephen Seck）是約翰尼斯堡藝術基金會的白人主任，他說：「這是個兩階段的過程：殖民者毀滅、庇護者重建。一直以來，很多人都想恢復黑人『真正的』身分認同，好像白人到來以前的藝術創作比較真實似的。最近有幾個黑人學生請我開一堂色彩理論課——他們想成為嚴肅的油畫家。改教他們做串珠是在恢復他們的身分認同嗎？又或者這是一種終極的種族隔離手法，在為每個人指定位置？」對於黑人藝術家的作品，白人

4 圖佩洛（thupelo），南非塞索托語「教導與學習」的意思。——譯注
5 方達（funda），在恩古尼（Nguni）語中是讀或寫的意思。——譯注

往往一邊用庇護的形式加以貶低，一邊又以感傷的情懷加以推崇。黑人和白人藝術家大都很討厭「黑人城鎮藝術」（township art），這個標籤雖然很獲商業成功但充滿貶意，等於在強調那些創作出自隔離而未開化的背景，更有甚者，他們也很討厭經常出現在媒體上的「過渡藝術」（transitional art），這個字眼暗示著黑人傳統必將逐漸被白人傳統取代的進程。

畫家奧森．姜格斯（Alson Ntshangase）對我說：「我是誰、我從哪裡來，我一清二楚。我在祖魯蘭長大，我是祖魯人。」他在德爾班一家白人經營的旅館打雜，下班後步行來與我會面，身上還穿著白色的連身工作服。他讓我看那身乾淨的工作服下面是尋常的西式服裝，更裡層是傳統的祖魯腰布。「我沒有一天到晚穿著，只在我覺得快忘本的時候才穿。」然而，他的作品能看出背離祖魯傳統價值的跡象。「拿一只籃子給我的族人看，他們一眼就知道編籃草染得好不好。可是如果給他們看一幅畫，還有……」他望向房間另一頭。「那個上面印了一隻鳥的塑膠購物袋，他們就搞不懂為什麼其中一張圖比另一張更有價值。」他在作品《愛滋醫生》（*The AIDS Doctors*）裡畫了一名躺在床上的病人，旁邊圍繞著姿勢超現實的醫生、牧師和巫醫。科學、靈性，以及黑人和白人的生死觀，該如何梳理出意義？

白人置身黑人城鎮時的不適感，可能會扭曲他們對當地藝術創作的理解，不論那是不是「黑人城鎮藝術」。雖然隔離政府誇大了黑人城鎮的危險，許多白人的恐懼也不成比例，不過黑人城鎮的暴力無從預料，也確實有人遇害。白人要進黑人城鎮得遵循複雜的規則：身邊最好有熟悉當地的嚮導陪伴，而且一般來說最好與他約在緩衝地帶碰頭，換他開車。你永遠無法確定在打算前往的那一天能不能成功入鎮，因為不時會遇到嚮導警告你那天「日子不對」的情形。嚮導要為你的安全負責，你也仰賴他的知識、人脈和敏銳神經。有時電話在你拜訪某人家或工作室時響起，然後主人會說你得離開，不做任何具體解釋。

我在黑人城鎮遇到的居民都知道白人來一趟有多費事，他們對我來此的反應或許有些誇張，但還是讓我對自己的勇氣頗感得意。他們說，我光是來到這裡，就已經是在為他們付出。他們知道這表示帶我進鎮雖然麻煩，但有人認為值得。讓白人進鎮，與他們被迫隔離的遭遇恰成對比。我與畫家席拉利在他位於索維托的家聊天，他對我說：「我在種族隔離時代被很多地方排除在外，現在還是一樣。我也不是很想接納所有隨口說想來的白人。這是我的地盤，我不喜歡的人，我一個都不想帶來。我進約翰尼斯堡載人、無時無刻為他們的安全著想、招待他們、開車送他們回家，要花很大工夫。我不想把人生耗在這種事情上。」

席拉利在種族隔離時期長大，不過他受過教育，有自信，有時卻又顯得羞怯，英語表達很豐富。六〇年代時他還年輕，有一回，他碰巧遇見一個白人美術系老師帶一群學生來黑人城鎮寫生。他在旁邊看了很久，然後走向一個學生，默默向對方伸出手。那名學生遞給席拉利一枝畫筆，席拉利接著把畫完成，讓美術老師對他的技巧印象深刻。雖然席拉利不能就讀那間學校，不過那位老師請他去當模特兒。「這麼一來，雖然我在課堂上從沒動過畫筆，還是都能學，只要注意老師怎麼點評學生就好。」

有多年時間，席拉利是靠彩繪並販售貝殼紀念品、畫廣告招牌為生。他在閒暇時創作了一系列描繪黑人城鎮風貌的水彩畫。當代西方藝術家總在反思再現的意義，而席拉利的具象水彩畫則不大處理這個問題。不過南非黑人藝術家的作品通常著重於家庭、歷史和夢境，必須依照其獨特脈絡來理解。席拉利的水彩畫記錄了隔離政府想隱瞞的一種生活，他解釋：「我感興趣的不是美麗的東西，而是記錄我們的歷史。我的作品不是為了表達憤怒，你在說出真相的時候不會生氣。我覺得這是我得做的事。不過我常常得和時間賽跑。對著推土機作畫就是我抗議的方式，如果我在他們推倒某間屋子之前畫完，我就覺得我贏了。」

席拉利住在加布拉尼（Jabulani），或者用他的話來說，在「索維托最深的地方」。那裡的房子全加裝鐵窗，席拉利還會以自家的鐵窗柵欄為創作主題，畫成有故事的場景，其中一幅作品裡有一對母子。我們從加布拉尼前往索維托的恰維羅拓建區（Chiawelo Extension），去找恩寇奇和雕塑家文生・巴洛伊（Vincent Baloyi）。我們到了那裡，打發幾個孩子去幫我們買啤酒，然後坐在前廳裡聊天。在黑人城鎮，除非你感到有危險，一般不會拒鄰居於門外，即使他們喝醉酒、很煩人，或你就是不喜歡他們也一樣，屋子對所有人開放，左鄰右舍都會進來聊幾句。大家一看到我就說：「你在索維托耶！你現在害怕嗎？」接著哄堂大笑。他們會說：「告訴他們這裡沒那麼糟啦，沒那麼糟，沒那麼糟。」很多人想知道我為什麼對藝術感興趣。在黑人城鎮，藝術是令他們自豪且幾近至高無上的話題，這樣的對話在黑人城鎮非常珍稀，其意義之重大，遠勝於你能從作品解讀出的任何意義。恩寇奇說：「平等啦，和白人藝術家一起創作啦，全都要花很長時間適應。這就像你有了一頂新帽子，起初真不知拿它怎麼辦，你老是把它忘在一旁，永遠記不得有這玩意兒，戴在頭上又老感覺到它的重量。就算你從前很冷，剛開始擁有一頂新帽子也不容易。」

畫家格蘭茲華說：「大家看著我的作品問我：『你以黑人城鎮為題材，怎麼畫得出這麼快樂的東西？』這裡不是只有械鬥而已。即使隔條街有人喪命，我們還是有音樂、婚禮和派對。凡是有暴力存在，外人就只會盯著暴力，這是不對的。我想在作品裡找到反映現實的比例：三成暴力景象，七成是大家熱鬧歡聚。前幾天我起床後走出家門，差點被一具屍體絆倒。所以那也是我一部分的生活現實，也進入我的作品。但無論如何，我還是去了原本要去的地方。我的生活就處於這種平衡。」

我前往德爾班的黑人城鎮烏姆拉濟（Umlazi）時，同行的是商業畫家阿洛伊斯．謝列（Alois Cele）。他在過去五年做起一門繪製T恤、招牌和告示廣告的生意，現在（說也奇怪）正把業務擴展到果汁業。謝列在祖魯族小有名氣，他在自己的黑人城鎮開辦免費教學工作坊，也有人想找他去其他黑人城鎮帶同樣的計畫。他的成就加上神氣活現的態度，讓他有種權威架勢。向他買T恤和其他商品的人往往屬於不同政黨，他在接單後會告訴他們何時回來取貨。他說：「泛非會[6]的、非民議的、因卡塔[7]的，我統統告訴他們T恤會在星期三大概四點做好，然後我讓他們來了以後繼續等，所以他們不得不聊起天來。他們坐在那裡氣得要命，可是也看到大家其實都是人。藝術這門生意什麼都搞得定。」謝列追求的目標遠不止於藝壇：「我要教大家自己思考。祖魯人很危險，因為不識字，而且一聽到什麼立刻就信了。他們不想自己思考。祖魯人總是一起工作，闖禍也是一起闖。我想教他們獨立自主！那是唯一的出路。」

種族隔離政策把南非人分成四類：白人、黑人、印度人、有色人。我在開普敦去過一個叫米歇爾平原（Mitchells Plain）的有色城鎮，陪我的是威利．貝斯特（Willie Bester），他可說是南非最獲推崇的都會區非白人藝術家。

貝斯特是有色母親和黑人父親之子，他之所以被歸類為有色人而非黑人，得歸功於學校曾寫信說他行為良好，所以不算黑人。貝斯特年紀輕輕就當了警察，「打擊犯罪嘛——這樣就沒人會偷我

6 阿扎尼亞泛非主義者大會（Pan Africanist Congress of Azania），分離自非洲民族議會。——編注

7 因卡塔自由黨（Inkatha Freedom Party），前身是「民族文化解放運動」，以黑人解放為宗旨，一九九〇年向所有種族開放後更為現名。——編注

的腳踏車了。」身為有色警察，貝斯特照理該打壓非民議的活動，不過當他讀到非民議的文宣，他覺得那很感人。「這些不是我該打擊的人，他們就是我的人。如果他們是共產勢力，那我知道我也是共產勢力。」受命鎮暴的他有天前往車站，看見被屠殺的年輕黑人屍體堆疊如山。「有個警察叫我把滿地的血清乾淨，我站在那裡目瞪口呆，後來有人抓起消防水管把那些血跡沖掉，因為他們覺得媒體要是來了會很難看。那些警察都在慶賀彼此殺了多少人。那天晚上我回到家，難過到好幾天動彈不得。」

今天的有色族群既沒有白人的特權，也不像許多非裔黑人可以追求自我實現，有些有色人就緊抓著在隔離時期享有的丁點特權不放。他們擁有得太多，無法公然自暴自棄（就像眾多的非裔黑人），但也擁有得太少，過不上安居樂業的生活（如同大多數的白人）。有色族群的恐懼源頭不只一個，而是來自黑人與白人。貝斯特的拼貼─組合作品將他在有色城鎮找到的素材與他繪製的圖像並陳，力道十分強勁。其中一件作品包含了刺網線片段、一本政府部門分類各種族的書、某場種族攻擊事件的快照（官方紀錄聲稱這起事件從未發生），還有一條警用彈藥帶。貝斯特說：「我年輕時會做漂亮的東西，讓白人買回去掛在家裡，幫他們忽略外面的現實。現在我自由了，我的作品探討真實生活和有色城鎮的問題。現在我是為自己創作。」

黑人藝術可以，黑人藝術家不行

貝斯特的說法只有一半屬實。他現在或許是為自己創作，但收藏他作品的幾乎全是白人。自由派白人買他的作品，既因為那是好創作，也因為能減輕罪咎感。有鑑於時下風氣，白人收藏家想要的是非白人藝術家抒發自身苦難的作品，美麗的開普敦風景已經討不了他們歡心。這是一種進步，但難說是自由。有些非白人也展現對非白人作品的興趣，卻很少收藏，事實上，他們不太有拿藝術當生意經營的想法。貝斯特有些鄰居既擁有也欣賞他的作品，不過當他們參加貝斯特在開普敦的大型展覽開幕式，作品的售價令他們不敢置信，有那麼多白人想訪問他、認識他、恭賀他，也令他們困惑。有幾個黑人醫生在收藏科洛安的畫作，曼德拉家裡也掛了一幅，不過這是一群小眾菁英。科洛安說：「約翰尼斯堡美術館那塊地方從前是白人專用公園，現在去那個公園的主要是黑人。黑人喜歡幫彼此在美術館大門口拍照，可是從來沒有人想要進去看看。」

南非重要的商業藝廊只有三家，全由白人經營，客戶幾乎都是白人，展出大量黑人作品，分別是古德曼藝廊（Goodman Gallery，歷史最悠久，規模也最大），艾佛拉瑞德當代館（Everard Read Contemporary，最熱門、最新成立，也最時髦），以及紐騰藝廊（Newtown Gallery，展品有點缺乏主軸）。非白人要如何打破這種一面倒的市場控制？這不單是誰有資本的問題，而是誰有投身這一行的意願。十八個月前，劇作家馬策梅拉．馬納卡（Matsemela Manaka）宣布將他在索維托的家作為藝廊開放。我去參觀時，看見他的員工正耐心地向觀眾解釋什麼是藝術，這些觀眾雖然好奇，但主要是想一睹該場地的奇異擺設，而不是了解作品涵意。里諾斯．西威迪（Linos Siwedi）從事藝術品交易，雖然他曾在索維托銷售，但現在是透過約翰尼斯堡的據點經營，因為黑人不會買，而白人不會來一個他們還覺得不安全的地區。西威迪是中間人，負責追蹤黑人城鎮動態、把藝術品推介給社會大眾、租借場地辦展。他甚至為有錢的客人規劃黑人城鎮藝術的私人導覽行程。提到那些曾在黑人城鎮授課的自由派白人，他說：「他們教大家怎麼創作，卻沒教怎麼賣作品。」西威迪的努力雖值得敬佩，卻無法與白人旗下更具規模的商業藝廊競爭。

有些人覺得，就連黑人覺醒運動的激進藝術家也被這個系統收編了。他們允許作品經由白人賣給白人，成為既有權力結構的共犯。費奇列．馬卡澤拉（Fikile Magadlela）向來被奉為黑人激進分子的最高典範，但他也是白人藝術商最早開始搶購的藝術家之一。潘恩說：「如果你的作品出現在藝廊，就是在為政府效力。費奇列跟大家一樣，也想賣作品。」費奇列早在種族隔離式微前就在古德曼藝廊展出過。在隔離時代，席拉利的作品也在約翰尼斯堡多家藝廊賣得很好，他說：「這讓我覺得不可思議，社會不公的罪魁禍首會買我的作品，拿去掛在他們白人的牆上，卻從沒注意到那些畫是在講他們有多麼殘酷。」

這些藝術家也在比賽有所斬獲。南非的各項競賽和舉辦競賽的領域之多，全世界望塵莫及。就潘恩看來，這些賽事「成為最強大的壓迫工具」。雖然費奇列在我們見面時談到鮮血和苦難，但也頻頻提及他的白人收藏家，而且他近期的作品似乎流於做作，透著匠氣。多位評論家都曾警告，藝術家可能會「步上海倫的後塵」，他們指的是畫家海倫海倫．瑟彼狄（Helen Sebidi），她從白人評審手中獲獎無數，導致她開始重複運用靈感而非創新，美妙的作品變得了無新意。雖然這些畫家應奮鬥而生的創作成了商品，仍不失為他們力求生存的回答。如今有人斥責黑人城鎮藝術家為迎合白人市場，損害自己的傳統，使其淪為乏味的樣板，跨文化藝術家則被批評在搞「歐式」創作。

我知道德爾班黑人藝術家崔佛．馬寇巴（Trevor Makoba）的作品入選了今年威尼斯雙年展的南非館，所以我去黑人城鎮拜訪他時，向他問起展出的那幅寓言畫：一塊南非造型的乳酪，兩邊各有一隻黑老鼠、一隻白老鼠在啃食。他反過頭來問了我一堆雙年展的問題：那真的是很重要的展覽嗎？會有很多人去看他的作品嗎？等我向他描述完這個展覽，他有點難過地說：「我很高興我參加了這個展，不過我真希望他們先問過我，我會想跟他們討論討論。」

我非常驚訝。「沒人問你想不想代表南非去威尼斯嗎？」

「沒有。我第一次聽說這回事是雙年展開幕那一週。」

雙年展在排除南非數十年後總算發出邀請，政府官員卻遲遲沒有行動，拖到最後一刻才匆匆湊出「民主」藝術家作品選，幾天內就打包寄出。南非政府出資讓官員出席開幕式，卻沒提供藝術家入場券，幾位白人藝術家自掏腰包買了票，等政府尷尬地發現與會的只有眾多白人而無黑人，他們火速寄票給黑人藝術家。這些黑人大多連國境內的另一邊都沒去過，遑論是出國了。雕塑家傑克森·洪萬尼（Jackson Hlungwani）回訊表示：「廣播很好，但訊息很差。」暗示他原本或許會想去，但事情不是這樣做的。他拒絕離開他在加贊庫盧的家。馬寇巴則是奮力一試，但即使有白人朋友幫忙，他還是無法及時搭上飛機。似乎沒人說得清在威尼斯會有怎樣的安排、政府會負擔哪些開銷、藝術家要怎麼吃飯。開普敦白人藝術家威廉森說：「言下之意顯然是：你們不重要，你們的勞動成果才重要。白人打從種族隔離政策一開始就一直在對黑人這麼說。」

上頭來的藝術

在隔離時代晚期的加贊庫盧，曾有自由派白人開辦一個計畫，讓黑人透過學習編籃發掘自己的傳統。因為當地不產適於編籃的草料，住民也沒人知道如何編籃，計畫主持人只好從外地找來材料和老師。沒人觀察到這個地區盛產陶土，當地人也有捏陶的傳統。編籃這主意實為荒謬，不是說加贊庫盧的藝術家只能使用在地媒材，不過向外採購編籃草而忽略陶土，不論就資源或能力而論都是一大浪費。由此可見一種將所有黑人族群視為一體的扁平視角，這也是種族隔離最惡劣的遺風之一。在高層指示下根據政治綱領創作的藝術，鮮少能啟迪人心。

南非不論黑白族群都沒有鑑賞畫作的傳統。正如美國魚類學的發展大抵只有美國魚類學家感興趣，南非的藝術主要也只有南非藝術家在關切。雖然藝術作品的觀眾僅限於創作者，就像蘇聯時期的莫斯科，不過這群觀眾的數量並不小，因為新南非的每個人都被鼓勵創作，就連那些如果能夠自主選擇便絕不會這麼做的人也不例外。「鄉村援助」計畫是自由派政綱的一大要項，宗旨是勸服偏鄉民眾進行創作。為了達成這個目標，雄心萬丈的計畫負責人帶著大疊紙張和成堆蠟筆（或串珠和串線），下鄉前往一個又一個社區，計畫的創作成果則被捧為非常「真實」。

創作這類作品或許能幫「藝術家」感覺良好，觀賞這些作品或許也能讓觀眾感覺良好。威廉斯解釋：「過程比最後的成品重要。」但即使是她極力推崇的過程，或許也有值得商榷之處。讓人人自由發言是民主的基石，但不管人民有無意願都力促他們「自由」發言，就是另一回事。威廉森認真地說：「全世界都認定南非沒指望了，南非人卻在這時達成世人認為不可能的壯舉，我們自然覺得格外自豪。不過我們的種族否定了另一個種族，所以那些族群的每一分子我們都不能忽視。他們想說的每件事都值得表達，我們也必須一字不漏地聽進去。」面對種族隔離，沒有最適切的因應方式可言，白人亟欲悔過的表現也值得肯定。不過，說「人人都是藝術家」——每種聲音都必須傾聽，最終是在否定個人特質，而非頌揚多元。

主張人人在法律與道德上同等重要是一回事，說人人都有同等重要的事情要表達，便成了眾聲喧嘩。同時聽到一千種聲音，就不可能了解任何人在說什麼，得有所取捨才行。政府頒布新南非十一種官方語言的隔週，我去拜訪兩度獲諾貝爾獎提名的人權運動家海倫．蘇茲曼（Helen Suzman），她對我說：「我不敢想像透過翻譯會喪失多少東西。」全國政府必須具備一定程度的一致性，這不該因為肯認多元的迫切需求而退居次要。

藝術中的政治

非民議的藝術文化部認為藝術應該為國家服務，奮鬥尚未結束，藝文工作者得為打造南非新天堂出一分力。毛主席發起文化大革命時，推動的是同樣政策。無黨派的全國藝術倡議聯盟（全藝盟）由藝術家和作家創立，他們認為藝術應由公共贊助，藝文工作者應該自由創作忠於個人體驗的作品。小甘迺迪總統創立美國國家藝術基金會時，推動的也是同樣政策。作家圖圖澤利・馬秀巴（Mtutuzeli Matshoba）略帶沮喪地說：「全藝盟說他們代表『藝文工作者』的權益，不過非民議的主要目標是對被褫奪公權的南非人民進行文化解放。文化解放本身不是非民議的目標，只是解放全國的其中一面。」很多人反對這種機械論和政治宣傳式的藝術觀，因為這其中沒有自由表達的空間。全藝盟領導人麥可・范葛藍抱怨道：「我們這些曾經跟非民議並肩對抗種族隔離的人，以為現在總算能安心創作、唱歌、歡笑、批評，沒有罣礙地宣揚我們的理念。我們錯了。」後來他又對我坦承：「我們接獲明確指示，要求我們以非民議為題創作，但不能提到非民議的貪腐，以免給南非國民黨[8]遞刀。」

在南非，走到哪都會遇見有人在成立新的委員會。不論成立宗旨為何，委員會名稱永遠是縮寫。我去參加全藝盟在德爾班的成立大會，會中獲得投票權的有AWA、AEA、ADDSA、APSA、ICA、NSA、PAWE、SAMES和SAMRO，只有臨時投票權的是ATKV、COSAW、FAWO和PEAP。你要是去南非參加藝文活動卻不知道這些縮寫究竟什麼意思，就請老天保佑吧。我曾經出席非民議在約翰尼斯堡某家飯店的藝文晚宴，會中沒完沒了的演講即使以英文發表仍教人聽得一頭

8 南非國民黨（National Party）為南非的白人政黨，支持隔離政策。一九一四年成立，一九九七年解散。——譯注

霧水，就是因為內容頻頻出現這些令人眼花繚亂又不耐的側翼團體。對委員會的狂熱是非民議的不良遺風。藝術家西奧皮斯和柯林・理查斯（Colin Richards）是全心獻身社運的自由派白人，我在與他們共進晚餐時提到這問題，理查斯扶著額頭說：「那些委員會！我們在隔離時期一直在參加這些委員會的會議——無聊得要命、沒完沒了的成千上萬場會議，開到天荒地老。那是我們唯一能表達支持的方式，在我們為反種族隔離能做的努力裡占了很大部分。可是，老天爺，每次想到我們為開會枯耗了多少時間，我就想哭。」

南非人常壓低聲音對我說：「我知道，這很可笑。」彷彿空氣中有竊聽器。北德蘭斯瓦省鄉下地方的黑人白人都這麼說，中產階級白人也在自家對我這麼說，還有立場堅定的自由派人士、黑人城鎮裡的中間派分子，不論在大莊園、農場或黑人城鎮的非法酒吧都不例外。在南非，除了種族隔離，沒人會公開承認還有什麼事情是荒謬的，因為這個國家如今無論有什麼不是，都遠比不上種族隔離那麼糟糕。不過大家也心知肚明，他們花費大把時間，就為了在一齣荒謬劇裡表達象徵性的尊重。

雖然這種官僚作風複雜得沒道理，但他們處理複雜議題的方式往往簡單得出人意料。大哉問在南非正流行：什麼是藝術？什麼是民主？什麼是自由？更驚人的是，他們對這些問題有很多信心十足的答案。在一場全藝盟的會議中，五分鐘能解決的事要耗兩小時討論，數千年來令哲學家沉吟再三的問題卻在吃頓午餐的時間就解決了。因為每段演講都要用多種語言複述，會議愈拖愈長，後來資格委員會主席妮姿・馬蘭基（Nise Malange）起身宣布，因為額外的困難，「交誼酒會只好以別的活動取代。」當時我坐在白人評論家艾弗・鮑威爾（Ivor Powell）旁邊，他說他為這場會議的報導下的標題只有這一句：漫無章法、毫無共識。

我認識的幾個南非白人藝術家都說阿扎尼亞泛非主義者大會是「黑人種族主義者」。這個政治團體比非民議左傾很多，向來以「一個墾荒者、一顆子彈」為口號。不過，我曾與泛非會文化運動處幹事費茲羅．恩庫卡納（Fitzroy Ngcukana）見面，比起我遇過的所有非民議黨員，他的態度熱忱得多。那天我們約在晚上十一點，地點是約翰尼斯堡市中心的一家爵士酒吧，我們一聊就聊到了大半夜。恩庫卡納的立場溫和、作風爽朗，他說：「藝文人士的精神很自由，也有權採用各種創作手法。他們應該做他們想做的事，不受政治力約束。黑人和白人藝術家應該交朋友，互相交流學習。黨同伐異一定不能在藝文界發生。」

內陸地區

就某種意義而言，南非的藝術都受到了玷汙。黑人作品因為依賴白人市場而蒙塵，白人作品又因為難逃剝削體系的共謀身分而受累。加害者與受害者都在壓迫中受傷，而他們全渴望一種想像出來的、高度浪漫化的純真無邪，一種從未受損的真品，一種人類墮落前的善。這種幻想最可能成真的地方非文達莫屬，在這個幾近獨立的班圖斯坦[9]，黑人過著表面獨立的生活，享有有限的自治權，雖然他們無法經濟自主，只能靠南非中央政府補助。

從約翰尼斯堡往北走，南非的景觀一路壯闊起來，讓人開始感到自己置身非洲，真確無疑——曖昧的歐化風情在開普敦十分強烈，在約翰尼斯堡半像回事，到了北部卻彷彿消失無蹤。這個地區會成為阿非力卡極端保守主義的溫床，肯定是因為本地的非洲色彩是如此濃烈，即使有高籬笆和精

9 班圖斯坦（Bantustan），又譯黑人家園，南非政府為黑人保留的領土。——譯注

心植滿異國花草的花園，顯然也無力把非洲阻絕在外。愈接近辛巴威的白人城市愈顯醜陋，那醜陋也愈顯得沒有道理。皮特斯堡[10]和路易特里哈特雜亂得毫無魅力，是我前所未見。從路易特里哈特通往文達的道路緩緩攀升，最後進入林波波河南方和緩厚實的丘陵地。這仍是南非最大的高速公路國道一號，不過多線道逐漸縮為單線柏油路，末端分岔成多條泥土小徑。路上行車不多，只有幾輛北上辛巴威的貨運卡車、幾輛小巴士，偶爾會出現農用機具。等你抵達文達，整個人會不由得安靜下來，這裡洋溢著一種神祕而喜悅、彷彿有神靈對話在上空盤旋的氛圍，就好像紐約上空籠罩著刺激、忙碌和都會區腐朽的氣息。

我在兩年前初次踏足南非時，曾聽約翰尼斯堡的藝術商形容文達是片純真之地，依然盛行真正的黑人文化，而我以為文達大概是那個失落的環節，有了它，我就能從南非都會區的黑人和白人藝術體驗中理出頭緒。文達人有雕刻珍玩藝品的悠久傳統，例如各式各樣的碗、動物和小雕像，過去五年間竄紅的文達新興藝術也與這項傳統相繫。有些作品只是名過其實的小擺飾，另一些是半具宗教性質的物件，還有些反映出西方藝術思想。文達藝術品融入南非藝術市場的過程是很好的比喻，說明了新南非的基礎必將建立於千頭萬緒卻又令人動容的文化交流之上。

文達的面積約有七千七百平方公里，卻沒有道路地圖。要找到藝術家不容易，他們的住所大多連電力或室內配管都沒有，電話更是罕見。但你只要登門拜訪就對了，他們通常都在家——通常也很高興看到你。文達藝術家都擁有虔誠的信仰，但很難解釋他們信的是什麼，那混合了基督宗教和十數種神話，外加經常現身的舊時神靈，林林總總的傳統巫醫，還有一位掌管鄰近某個湖泊的女祭司，而你的祖先就在那湖裡化身成魚。你抵達文達後，能先從阿利亞斯（Elias）那裡得到初步的指引，這位老先生在主要幹道旁經營一家藝品店。接下來就只能沿途請當地人指點迷津。

開普敦藝術家貝利陪同我前往文達，我們首先去拜訪諾莉雅・馬巴沙（Noria Mabasa），文達唯一的女性藝術家。我們遇到一片麻田後駛離主要幹道，接著穿越一座尖頂茅屋的村落，村民曾見我們的車都停下來盯著瞧。許多女性身穿傳統服飾、袒露胸部，手腕腳踝套著幾百枚閃亮的細銀環，身上裹著鮮豔的幾何紋花布。

我們見到馬巴沙時她正和幾名親友坐在屋外，赤著腳，身穿藍色罩衫，頭戴色彩繽紛的編帽。她說：「我的東西目前大多在約翰尼斯堡，一家藝廊。那裡太遠了。」但還是有幾件作品四散在屋外。她把中空的樹幹刻成人群組成的圓環，這些人或把手伸向彼此，或是跳舞，出奇精細的臉孔全朝外。馬巴沙的茅屋旁有一棟水泥灌築的新房子，她得意地說：「這是靠我的作品蓋出來的。」

馬巴沙告訴我們：「我不是自願要做這些東西，從前我病得很嚴重，非常、非常嚴重。」她渾身顫抖，彷彿生病似地弓起身子。「然後我做了一個夢，一個相當老的女人來找我，我非常害怕。」馬巴沙站起來模仿夢中那名老嫗，僵直地伸出手臂指著。「她說我想康復就一定要做陶偶，所以在這個可怕的夢之後，我開始做人偶，然後我就好了。」她露出大大的笑容。「喔，我一邊做人偶，身體又這麼健康了，而且持續了，喔，好幾年。」她突然爆出一陣笑聲。「然後我又病了，這個恐怖的女人又來托夢，她說我不准再剪頭髮。所以每次頭髮長長，我也跟著變得愈來愈強壯、愈來愈強壯，所以我再也不想剪頭髮了。」馬巴沙脫下帽子，露出一頭密密麻麻、有如造型灌木的髮絲，既不剪也沒梳理。「然後這個女人第三次入夢叫我做雕刻，那是最後一次——只要我刻東西，她就再也不會來煩我。等她離開，我開始刻出我的夢，以免她再來。結果她再也沒來煩我了。現在呢，

10 即現今的波羅克瓦尼（Polokwane）。——譯注

167

只要做了很強烈的夢，我就開始刻東西。」我們在屋後散步，馬巴沙採了幾枚芒果，我們一起吃了。「現在這些人從約翰尼斯堡來把我的雕刻拿去賣。我也去過約翰尼斯堡。實在太多人了！好恐怖的地方。」她舉起雙手扶著頭。

馬巴沙的作品即將在阿姆斯特丹展出，她正準備為了出席展覽搭機出國。這將是她第二次離開文達，她也是村裡唯一離開過的人。我們警告她阿姆斯特丹的冬天很冷，一定要帶保暖衣物。

「真的嗎？真的嗎？」她吸了吸鼻菸。

「你知道鼻菸在阿姆斯特丹不好買吧。」我們說。

「這樣啊？那我要帶一大包過去。」她把雙手張得老開，比出那一大包有多大，然後對這一切不敢置信地搖搖頭。「他們有香菸嗎？有芒果嗎？」

我們想去找恩杜（Ndou）家的高德溫（Goldwin）和歐文（Owen）兩兄弟，馬巴沙說他們住在哪裡太難解釋了，於是我們哄她隨行。高德溫跟馬巴沙一樣，靠創作賺了點錢，也有一棟水泥「豪宅」，裡面有一台靠電池運作的電視。我們抵達時看到兩兄弟的母親站在屋前，她高挑挺拔、氣質莊嚴，坦露胸部並裹著傳統花布。她看見白人男性乘車而來，立刻遁入她位於高德溫家旁邊的圓頂茅屋裡，再次現身時已經套上家僕穿的那種制服外套。

高德溫當過十四年的鐵路工人，棲身處是黑人城鎮的青年旅館。後來有一天，他在文達砍下一株可樂豆木，看到樹心是堅硬的深色木材。「我對我弟弟歐文說：『約翰尼斯堡有人在賣這種木頭做的東西，而且賣得很貴。』」他們各自刻了一座木雕拿到路邊賣，高德溫從此再也沒回頭鋪鐵路。高德溫說話溫吞，不過歐文的口才異常便給。我第一次見到歐文時，他穿著絲夾克，第二次則穿著格紋長褲和看似義大利風格的拖鞋。他與母親似乎相隔著三千年的歷史。與其他文達藝術家不同的是，歐文對南非政治現況知之甚詳，不過他誰也不挺。他說：「這是文達的好處，沒太多政治問題，也沒人為了政治抗爭。這裡沒有暴力。」我在歐文屋裡看見一座上了色的天使木雕像，身上的連身裙恐怕連尚—保羅．高堤耶也設計不出來，巨大的胸部從綠色的百褶裙身中挺立而出。他的另一件近作是一隻身穿高爾夫球褲、手握高爾夫球桿的兔子，高一．八公尺，名叫《紳士的運動》。歐文從沒見過高爾夫球運動員或穿高爾夫球褲的人，而且，為什麼是兔子？

我們坐在高德溫屋裡喝啤酒，收聽國際新聞廣播直到日落，聲音發自一座猴子木雕的嘴，這件高一．八公尺的作品是他特別刻來放收音機的。恩杜兄弟的創作靈感通常來自他們的夢境，儘管作品特異的造型散發著宗教儀式氣息，不過他們創作是為了銷售，不會在藝術商取走作品時痛哭流涕。他們為作品訂定價格，談起生意很理性，甚至會簽正式合約。

第二天，我們去拜訪費迪．拉馬布拉納（Freddy Ramabulana）。拉馬布拉納在他所居住的鄉村聚落裡是個邊緣人。他過著赤貧的生活，患有一種害他破相的皮膚病，沒人想陪我們去見他。約翰尼斯堡有個藝廊老闆曾警告我們別去碰他家的孩子，以免感染寄生蟲。拉馬布拉納的木雕粗獷、原始而懾人。他為他的雕像鑲上大理石的眼睛、黏上髮鬚，也鉅細靡遺地刻出生殖器，再讓雕像穿上童裝連身裙、破舊的睡衣、褪色的長版襯衫。我們抵達他家時，他正跪在粉塵中為一座男子雕像黏鬍鬚，雕像的雙手伸向前方並抓著一顆大石頭。我們向他打招呼，他點頭示意卻沒有起身，我們在大太陽下站了二十分鐘等他完工。然後他進小屋取出一座雕像：一名呈跪姿的男人，臉與身上畫著湧出的血液。他把這座人像放倒，再把剛刻好的那座疊在上面，如此看來就像在用石頭砸那個下跪男人的頭，凶手和被害人都茫然直視前方。另一件作品是一根雕工粗獷的巨大陰莖，倒在地上用毯子裹著。當我們掀開毯子，圍繞在一旁的孩子全神經兮兮地咯咯笑，又蹦又跳。

拉馬布拉納的英文幾乎無人能懂，不過他說起文達語好像也含糊不清，讓人聽得很吃力。貝利在開普敦的展覽即將開幕，他帶來一些邀請函，上面印的畫作裡有兩個身體是茶壺的男人在跳舞。他給了拉馬布拉納一張，拉馬布拉納仔細研究了整整四分鐘，然後說：「這我能刻。」我們只好拚命解釋這圖只是供他欣賞，我們不是要委託他刻東西。

那天稍晚，我們又去找亞伯・布澤尼・穆涯（Albert Mbudzeni Munyai），傳說他精神不正常，上回他在約翰尼斯堡的代理商來找他，穆涯拿大砍刀把對方趕出家門。他住在北文達，我們開了一小時左右的車才抵達那一帶。我們向一個女人問路，她說：「穆涯？你得開下這座山坡，經過辛巴威超市，然後過河，經過右邊第三棵大樹，就會看見他坐在他的果園裡唱歌。」我們找到穆涯時，他正坐在果園另一頭的鐵皮涼棚下專注地雕刻。他在我們走近時一躍而起，彷彿與兒時老友重逢般歡迎我們，先擁抱了貝利，接著是我。他英俊健美，只穿了條短褲，頭髮扭成許多細小的髮辮，雙眼炯炯有神。他一邊驚奇地搖頭，一邊問我：「你是從美國來的？你是飛來的？」

我說我是飛來的。

「你看看你！」他身子向後一傾。「像隻蝴蝶！」

最先鼓勵穆涯創作的是阿非力卡雕塑家大衛・羅索（David Rossouw），他也是率先與文達藝術家交誼的白人藝術家。穆涯是羅索一個朋友的園丁，起初他們只是一起抽大麻，後來一起創作，從他們的作品能看出兩人互相影響。我們聊天時，穆涯的太太坐在他身邊打磨一把大湯匙，當地藝品店會賣的那種。穆涯也一面為一隻木雕魚的側面刻出鱗片。我們進行著一場五方對話，穆涯對太太和魚說的話跟對我們說的一樣多。他說：「我得做這個雕像，木頭才不會被燒掉。這塊木頭實在太美了！我的天啊！我是在拯救這些木頭免於葬身火海。」

我問他對賣作品有什麼感覺。

「喔，天啊。你問這個問題讓我好難過。天啊，每次我都心碎。不過我一定得有些工具才能創作。小孩子有三塊石頭，能玩的遊戲比兩塊多。可是，天啊，這些來買作品的人喲，談錢真是下流。」後來我們一起欣賞那些結合了木材和金屬的作品，他說：「我不能跟所有的作品住在一起。感謝神，有人來把它們帶走！我的作品對我來說太強烈、威力太大了。如果它們一天到晚跟我在一起，會把我變虛弱。」我們想更仔細看看他的雕塑，不過他不太情願把它們拿到陽光下：「你不知道它們有什麼能耐。」

穆涯要太太去取來一卷紙。「可以請你告訴我這些紙上寫了什麼嗎？」穆涯在一項泛非原民藝術競賽得到優等獎。評審聲稱這位藝術家藉由揉合後現代影響和傳統非洲精神，將不同的藝術流派成功冶於一爐，乃興起中的非洲之聲，既捍衛了傳統，也明顯流露現代主義精神。穆涯的作品是從數百名藝術家當中脫穎而出的。他問道：「真的嗎？神啊，天啊，太神奇了！」他歪著頭看我：「你會寫文章把我的作品告訴美國人嗎？」我點點頭，他爆出一長串悅耳的笑聲，又說：「大家一定要看我的作品！」接著轉為嚴肅：「他們一定看得懂。這些作品有魔力。」他送我們走回座車，久久凝視著車子：「那就去吧，沿著地面飛呀飛。」

在南非北部的最後一天，我們南下去鄰近的加贊庫盧找洪萬尼，常有人說他是南非最傑出的黑人藝術家。洪萬尼曾住在某座山丘頂上的鐵器時代遺址中，兩年前才搬走。由巨大的環形石堆可推知那是古代的堡壘。神諭示洪萬尼住在那裡，要他創作傑出的雕刻來榮耀神。洪萬尼打理出一片聖地，在裡面擺滿巨型雕像，有些高大如喬木，全環繞著一個六公尺高的十字架。洪萬尼的講道、他在「新耶路撒冷」的生活，以及他為自己創作的聖像，使他的名聲傳遍文達和加贊庫盧。他刻出的臉龐有四個眼睛，十分古怪，與復活節島的巨石頭像一樣詭異又令人生畏，好像他釋放了樹木的生機似的，有種活物感。

五年前，約翰尼斯堡紐騰藝廊創辦人瑞奇．柏奈特（Ricky Burnett）北上來訪，說他能幫洪萬尼成名，讓他的作品傳遍世界。洪萬尼很興奮，要柏奈特把作品全部帶走，柏奈特也恭敬不如從命，並為他辦了一場回顧展。展覽結束時，洪萬尼因眾人的讚美欣喜若狂，答應讓柏奈特賣掉所有作品。洪萬尼的作品傳遍世界，他也成為非洲南部最知名的藝術家。不過，等新耶路撒冷的巨型雕像銷售一空，他也覺得靈性離他而去。既沮喪又失落的他走下山丘，從此離開石堡遺址。洪萬尼說自己被背叛了，對柏奈特咒罵不已，柏奈特則自稱對洪萬尼照顧有加，說洪萬尼如果不想賣就不該把作品交給他。一九八五年，柏奈特策畫了一場名為《支流》（*Tributaries*）的展覽，特別介紹文達和其他地方藝術家的作品，打破了南非在白人圈子外沒有創作的成見。黑人藝術與白人藝術之間的鑑賞體驗原本隔了一堵高牆，自此開始倒塌。肯胥居說：「《支流》是我們的軍械庫展覽[11]。」不過，這些「真實」的藝術家究竟是被發揚光大還是被剝削，實在難以判定。

一座巨大的宗教人像出現在我們眼前，洪萬尼就坐在人像雙腿間的陰影裡，正在刻一堆天使雕像。他跟我們說起他見到的異象：「我在重建伊甸園。」我們表示感興趣，他指向前方說：「你們爬上那座山丘，直到看見神為止，伊甸園就在另一頭的樹林裡。」我們確實在那座小山丘上尋得了神：洪萬尼以整棵倒木為材料，雕出一個長著密密麻麻多重五官的臉龐，有數十隻眼睛和好幾個鼻子，在更遠處的伊甸園，我們又看到更多雕像。洪萬尼告訴我一定得去好好看看那隻蛇的眼睛。他打發我去山丘下，那裡有一塊三公尺長的白色木頭，由幾個小木架撐高。我盯著那塊木頭的末端看了一會兒，然後回到洪萬尼身邊。他向我透露：「這就是伊甸園那條蛇，半埋在地裡。魔鬼就是從牠來的！」他近乎咆哮地說：「我把牠挖出來、讓牠離開地面，所以我們現在平安了。新南非和整個世界都平安了。」

他取出兩件雕刻。「我有東西要給你，是為了你的靈。這個已經完成了。」他讓我看一尊天使。「完美無缺。這不是給你的。」他拿起另一尊天使。「這個還沒完工，現在我送給你，讓你用自己的靈完成他。」我仔細端詳這兩尊天使。「動動腦筋！你自己給他一張臉！這個天使充滿了愛！把這個天使的故事全告訴美國人！」

尼爾森・穆胡巴（Nelson Mukhuba）至今仍是文達人津津樂道的話題。他傳世的雕塑作品相當驚人：優美鮮活，彷彿釋放了木頭的靈性。文達藝術熱剛興起時，約翰尼斯堡的市集藝廊（Market Gallery）為穆胡巴辦了一場個展。約翰尼斯堡藝文界的所有成員都參加了開幕式，穆胡巴也從文達南下出席。在衣著時髦、手持白葡萄酒杯的與會群眾之中，他跳著舞進入展廳，頭戴大沿帽、腳蹬高蹺，整個人從頭到地將近三、四公尺高。他從文達帶了鼓手同行，伴隨著鼓聲在全場跳舞，踩在高蹺上的身段靈活得不可思議，還錦上添花地加上吐火表演。展覽大獲成功。

一個月後，在文達一個晴朗的日子裡，穆胡巴拿一把大砍刀砍除自家周圍的樹，殺死妻子和孩子們，放火燒掉房子和所有留在身邊的作品，最後上吊自殺。有人說穆胡巴瘋了，也有人說他被惡靈附身。許多人認為他是中了「穆提」（muti）而死，也就是被人詛咒。有人說下咒的可能是酋長，因為他不樂見穆胡巴名利雙收。另一名藝術家也可能是罪魁禍首。又或者是純真的藝術家遇上貪婪的市場，生活型態被嚴重侵犯，造成了這場悲劇。在文達，大家還是把穆胡巴掛在嘴邊，不過沒人

11 軍械庫展覽（Armory show）：一九一三年於美國舉行的國際現代藝術展（International Exhibition of Modern Art）別稱，展出了野獸派、立體派、未來派等作品，令美國民眾眼界大開。此展覽後，美國的藝術開始走向獨立發展。——譯注

提他死時的情狀。巫醫在文達仍是備受敬畏的對象，有些深受愛戴，不過濫用法力的巫醫會被亂石打死。馬巴沙告訴我：「我老是想到穆胡巴。」她開朗的笑容暫時消失，一臉陰沉，令我突然害怕起來。

觀看和被觀看

黑人藝術家受白人文化影響，反之亦然。科洛安對我說：「老實說，最初影響我的是我家附近的電影院，不是非洲傳統。」不論以任何標準衡量，東尼．恩科齊（Tony Nkotsi）都是出色的畫家。但我遇見的一位理論家曾抱怨：「可是呢，說那是白人藝術也差不多。」艾弗．鮑威爾曾表示，文達在南非人心目中的那份「純真」是無法永久存續的，當藝術商絡繹不絕前往文達，當地藝術家將開始迎合市場，那股魅力也將喪失。然而，讓白人組織機關以家父長姿態出手「保存」傳統也不會有用。傳統若能存續，就會存續，若是不行，至少我們可以慶幸自己曾經見證傳統。

肯胥居告訴我：「一個人在自己的工作室裡創作些什麼，跟國家正發生什麼，聽起來並不是同一回事，但兩者往往是同一個問題。個人關注的事一定和外界的各種想法一樣有趣，我在這世界上的沉思冥想絕對會在工作室裡引起共鳴：世上肯定有值得讓我創作或描繪的事物。倒置和轉換就是我的創作手法。」在南非的黑人及白人藝術家創作裡，這樣的倒置和轉換就是最重要的成分。在這段充滿新自由和新焦慮的時期，南非人大都十分掛心政治，不過純粹探討政治情況的創作容易淪於說教。拒碰政治有時不失為立場高尚的表現，但完全聚焦於藝術家內在的創作往往令人不耐。南非有些藝術家的作品同時探討藝術和社會發展，態度既樂觀也悲觀，而肯胥居是其中表現最有連貫性的人。一直以來，他的作品都非常個人又顯然關乎政治。

在這趟南非行尾聲的某個寒夜裡，我與黑人藝術家保羅・賽凱泰（Paul Sekete）在他約翰尼斯堡的小屋聊天，我問他對展覽、演出和國際主義有何看法。他說：「我認為藝術應該讓人快樂，而不只是向人示範快樂是什麼樣子。我想使人快樂。這就是我們需要藝術帶給我們的東西。」那時已經很晚了，我們兩人都頗為疲倦。我問他：「你能使別人快樂嗎？」賽凱泰伸手搔我的癢，我不禁大笑出聲。他問：「你看，多簡單啊？」我們聊到一位我們都認識的白人觀念藝術家，他說：「那個啊，沒什麼不好，可是那不是藝術。為什麼他們要一直做那種東西？真是浪費時間。」

幾天後，我遇見那位白人藝術家（也欣賞了他出色的作品），向他提到我訪談賽凱泰的那一晚，甚至連被賽凱泰搔癢的事都對他說了。結果他打斷我，著惱地說：「可是那不是藝術！我以為你來南非是為了寫下這裡該死的藝術界現況，而不是做更多政治正確、幾乎全在談政治的報導。如果在紐約有人搔你的癢，你會把這件事寫在藝術雜誌上嗎？」

值得一提的是，他們兩人即將在同一場展覽展出，也各給了我一封邀請函。透過這封邀請函，他們都想證明自己由衷認為藝術的世界沒有種族之分，也都認同人人平等的理念。不過，參加聯展不代表他們想從藝術得到同樣的東西，正如同新南非政府將黑人與白人都納入戶口登記，不表示不同族群投票時會做相同選擇，他們投票也未必是為了達成和解。黑白藝術家要從寬容看待彼此的藝術理念，走到美學價值觀上的平等，是一條漫長而坎坷的路途。不過，當我回想起初抵南非遇見的那些藝術家，他們是如何譴責馬瑟凱拉被空服員無視的遭遇，這讓我領悟，那兩位藝術家對彼此是投以多麼深切的凝視，即使雙方對自己所見都不完全信服。

◆ ◆ ◆

南非國家美術館館長李艾森・奈度（Riason Naidoo）在二〇一三年說：「今天的市場與十年前不可同日而語。藝術市場變得更專業，商業藝廊大量增加使得競爭更激烈，許多國際場館和藏家在收購南非的現代與當代創作，這對藝術家來說是再好不過了。從邁阿密到柏林，現在南非商業藝廊在國際藝術商展的能見度都提高了。」拿近年的南非藝壇與我二十年前初見的情景相較，他的看法更顯得中肯。

如同俄羅斯和中國，南非的審查爭議也仍是現在進行式。二〇一二年，非民議想禁止藝術家布萊特・墨瑞（Brett Murray）一幅畫作展出，因為他把行一夫多妻的總統雅各・祖馬（Jacob Zuma）畫得神似列寧又暴露陰莖，意在譴責南非政府的腐敗。非民議全國發言人傑克森・姆坦布（Jackson Mthembu）透過正式聲明表示：「本黨已於今日上午指示律師向法院提出聲請，強制布萊特・墨瑞和古德曼藝廊自公開展廳與網站移除該幅肖像，並銷毀所有宣傳印刷品……此乃本黨堅守之立場：我國總統身為非民議主席、共和國總統及人類同胞之形象與尊嚴，均因墨瑞在古德曼藝廊展出之所謂藝術創作而遭到汙衊。本黨也認為對我國總統作此一令人作嘔之描繪，已違反我國憲法保障之維護尊嚴之個人權利。」祖馬的支持者旋即闖入古德曼藝廊，在那幅畫上塗抹顏料，將它毀了。拿撒勒浸信會是南非擁有數百萬會眾的基督教派，該會領袖呼籲民眾用石頭砸死墨瑞。史蒂芬・費德曼（Steven Friedman）是約翰尼斯堡民主研究中心的白人主任，也是南非《商業週間報》（*Business Day*）專欄作家，他撰文指出，在許多黑人眼中，墨瑞的畫「是他們認為白人鄙視他們的又一例」。然而，南非網媒《特立日報》（*Daily Maverick*）的黑人作者奧布萊・馬桑哥（Aubrey Masango）擔憂，南非統治者「將會挾誤導性的文化認同理念，操弄群眾對經濟狀況的實質不安，促使人民同情他們」。自由邦大學的黑人副校長喬納森・簡森（Jonathan Jansen）寫道：「這立場強硬的兩方必須對話，在我看來，這是再緊要不過之事，無奈我們身在南非，一個激情勝於理性的國度。雙方都死守自以為正義的立場，飛身投入這場血戰並欲置對方於死地。」南非電影與出版品理事會曾決議將那幅畫「分級」為具冒犯性且可能有害兒童，不過此一決議最終被推翻。

二〇一三年，阿言達．馬布魯（Ayanda Mabulu）參展約堡藝術博覽會的一幅畫作被撤下，原因是策展人認為他對祖馬總統的描繪可能使贊助人不悅，爭議隨之引爆。主辦人在解釋理由時承認，他之所以做此決定，是擔憂博覽會未來吸引財務支持的能力：「我覺得藝術博覽會對創意經濟有責任，但那幅畫可能會拖累這一切。」後來博覽會的年度主打攝影師大衛．戈布拉特（David Goldblatt）威脅撤展以示抗議，馬布魯的畫作才重新上架。馬布魯說：「這不是我第一次被審查了。種族隔離時代發生過的事情，現在重新上演，目睹這種狀況令我很難受。如果我們要讓少數人、兩個族群來為全國人民決定什麼叫賞心悅目，這就更讓人想不透我們身為南非人、身為藝術家，究竟在走上什麼方向。」

隨後又有爭議出現：在二〇一五年的威尼斯雙年展，南非館任用了兩名白人策展人，他們選出的十三位藝術家中只有三名女性，且只有一名黑人女性。約翰尼斯堡《郵政衛報》（*Mail & Guardian*）的史戴芬妮．傑森（Stefanie Jason）指出：「一個屠殺外國人的惡名正傳遍世界的國家[12]，承受得了南非館危機帶來的更多難堪嗎？」

12 當時南非的大城市德爾班發生多起排外的攻擊外國人事件。——譯注

美國 ◆ USA

弗拉基的勝利

Vlady's Conquests

《新共和》
June 1994

俄羅斯自由民主黨奉行極端的國族主義，創始人暨黨主席弗拉基米爾．季里諾夫斯基（Vladimir Zhirinovsky）曾任國家杜馬（即下議院）副主席，於二〇二一年卸任。英國國家廣播公司說他是「俄國政壇的秀場明星，結合了民粹和國族主義辭令、反西方的謾罵，和急躁挑釁的風格」。霍華．艾莫斯（Howard Amos）也曾在《衛報》撰文形容他是「國族主義的一把火」。季里諾夫斯基浮誇好鬥，粗鄙妄為、暴躁易怒，既有種族和性別歧視又恐同，是個專橫的丑角，而且自我撰寫這篇文章後二十年來未見改善。

◆ ◆ ◆

近來我和多位莫斯科的知識分子在紐約參加了同一場派對，我們的話題自然是繞著季里諾夫斯基打轉。令我意外的是，這些當年曾率先支持戈巴契夫的自由派人士，提到季里諾夫斯基竟語帶親暱，如同很多美國人說起全盛時期的奧利佛．諾斯[1]會有的態度。其中一人說：「你也知道，他只是在憤世嫉俗。莫斯科也好，紐約也罷，每個人都很憤世嫉俗呀，這沒什麼大不了的。」

1 奧利佛．諾斯（Oliver North, 1943-）：美國前海軍陸戰隊隊員、暢銷作家與保守派政治人物，在一九八〇年代末期任職於國安會時，捲入政壇醜聞「伊朗門事件」。——譯注

看我對他們的國族主義領頭人物如此好奇，令這些俄國人不禁莞爾，於是他們邀我第二天晚上一起赴約，去見見季里諾夫斯基在紐約的朋友和顧問。隔天晚上十點，在曼哈頓第五十二西街一家俗麗的俄式茶餐廳裡，這群俄國朋友介紹我認識幾位虎背熊腰的男士，他們個個五官粗獷、蓄著落腮鬍，身穿高領毛衣和深藍色西裝。我幾度想討論季里諾夫斯基的反猶立場，都被「憶難忘尤金妮亞」打斷了。這名七十二歲的歌女身穿亮片連身長裙，戴著超大款膠框眼鏡，在現場高歌俄國猶太民俗歌曲。有個朋友在歌曲間的空檔說：「我上個月跟他在一起。」他秀出照片佐證：「好可惜，他真的變得很傲慢，跟他從前的風趣差太多了。名人都這樣，一走紅就沒了幽默感。」

我納悶他從前到底有多風趣，並表示他近來實在讓人笑不太出來。有個男人說：「你讀太多紐約報紙了，弗拉基米爾只是喜歡權力和引人關注。從前在學校，每個人都討厭他，他是班上的傻瓜蛋，土氣得要命！所以他說現在只要能受歡迎，他什麼話都講，不過他根本不信自己說的那一套。他不像魯茲柯伊[2]，或是希特勒和史達林。都是玩笑罷了，全國最大的笑話。」我覺得就算是憤世嫉俗，他也太誇張了，但沒機會說出口，因為憶難忘尤金妮亞在此時引吭唱起《屋頂上的提琴手》的盛大混合曲。

季里諾夫斯基那群朋友說：「我們去個能好好說話的地方吧。」然後領我前往第五十七街和第十一大道轉角的一個地下室，裡面的裝潢彷彿重現了一九八六年前後莫斯科因徒里斯飯店（Intourist Hotel）的大廳酒吧。現場有個樂團，團員一律穿鑲黃邊海軍藍夾克，用俄語演唱著披頭四的歌曲。天花板吊掛一顆旋轉鏡球，每桌都擺了幾盤番茄和小黃瓜，口感粗糙，難以下嚥，我還以為只有貧瘠的西伯利亞大草原才種得出這種東西。

我向他們探問季里諾夫斯基是不是同志，這是我從莫斯科的朋友那兒聽來的傳言。在場有人附和：「他向來對女人沒太大興趣，身邊又老跟著年輕英俊的保鏢。」另一個人也說，他認識的某位男詩人聲稱與季里諾夫斯基長期私通。伏特加上了好幾輪，現在每個人都很熱心提供意見。有人主動提議：「如果你想跟他睡，我們或許能幫你安排。」另一人聳肩說：「事後拿來當撰文的題材，說不定很有趣。」接著又壓低聲音：「可是相信我，我懂。如果我是你，會三思而後行。」

後來有幾名女性加入我們，讓我有些分心，她們全塗著濃重的土耳其藍眼影，其中一人身穿及地的黑緞連身裙，戴著袖筒長至肩膀、綴著黑玉鈕釦的黑緞手套。我覺得政治討論的內容已經超出我的掌控範圍，於是拿跳舞當藉口，起身在鏡球下隨著〈你需要的就是愛〉（All You Need Is Love）、〈隨它去吧〉（Let It Be）跳起緩慢的兩步舞，我上回跳這舞步已是高中時代的事，如今又派上了用場。回座後我說，就算季里諾夫斯基真的在作戲，也不信自己說的那一套，這麼做恐怕也會害了自己。某人說：「別擔心，他沒那麼位高權重，害不了自己啦，他頂多只能帶風向。俄國人太憤世嫉俗，不會選這種憤世嫉俗的人上台。」我說這樣我就放心了，有人接話：「像他那種憤世嫉俗的料，來選紐約市長容易多了，想當選美國總統都沒問題。」他拍了一下桌邊，「這就是我們住在這裡的原因嘛。」語畢，這位仁兄爆笑出聲。

179

2 亞歷山大．魯茲柯伊（Alexander Vladimirovich Rutskoy, 1947-）：俄國政治人物與軍人，曾任葉爾欽的副總統。——譯注

台灣 ◆ TAIWAN

「不准動我們的國寶！」
“Don’t Mess with Our Cultural Patrimony!”

《紐約時報雜誌》
March 17, 1996

一九九五年，紐約大都會博物館計畫推出台北故宮典藏大展，並積極邀請媒體報導。他們原本期望得到一篇安全討喜的文章，描寫借展的頂級文物如何為了這場盛事飄洋過海。但我寫下的初稿主要是依據大學時的訓練，對宋代繪畫提出半學術性的討論。不過在展出計畫開始曝光後，這篇評論文不得不徹底重寫。最後它登上雜誌的封面專題，配圖照片是圍繩後的一幅宋代名家范寬的山水畫，標題是「大都會看不到的中國大師傑作」。雖然這個封面令策展人懊惱不已，那仍是大都會史上參觀人數最多的展覽之一。如同我在莫斯科和北京學到的教訓，爭議可以是藝術的得力盟友。要是這場展覽重要到足以引發台灣舉國抗議，肯定很有看頭。

181

◆ ◆ ◆

一月二十號，有人誤以為我是大都會博物館的員工，狠狠賞了我下巴一拳。那是我在台北的最後一晚，我跟藝文界朋友在我的旅館附近深夜小酌。酒吧的氣氛宜人，我們旁邊有一群瘦小的年輕男性，他們的領帶已經拉鬆，正在打大哥大，另一邊是兩個戴著新潮日式眼鏡的女孩子在格格嬌笑。不遠處有個身穿皮夾克配牛仔褲的男人說著夾雜加州腔英語的中文。那是週六的午夜時分，我們跟尋常台北人一樣，喝著啤酒加酸梅。那天傍晚，我先

182

與台北故宮副院長張臨生吃過晚餐，同席還有大都會博物館亞洲部主任何慕文、台大藝術史研究所所長石守謙等人。我在酒吧裡低聲告訴朋友餐敘的情形。

穿皮夾克的男人無意間聽見我在說什麼，走過來往我們的桌子重重一倚，一開口就是：「不准動我們的國寶。」在美國，那種語氣通常不會用在有「國寶」出現的句子裡。「我們知道你們在搞什麼鬼。」他的話聲宏亮，好些人圍了過來，我覺得他們不像愛逛博物館的人。

圍觀群眾中有人出言譏諷：「你們永遠拿不到那幅范寬的。二十七件限展品，一件也別想。能弄到幾個清朝的碗就算你們走運了。」打大哥大的那群人感到苗頭不對，開始往酒吧另一側移動，戴眼鏡的兩個年輕女生尾隨在後。

我和氣地說：「藝術文物的保存狀況真是一門高深的學問。」這句話理應無傷大雅，但現場隨之飆高的緊張氣氛，簡直就像我在提倡台灣該向大陸投降一樣。

一名圓臉男子咬牙切齒地說：「你們美國人懂個屁。」

另一人緊接著質問：「你是誰呀你，大都會派來的間諜？」隨即一拳打在我臉上。

一個朋友抓住我的手臂：「走吧，剛才有人說你確實是大都會博物館的人——我們要有麻煩了。」然後匆匆把我推向門外潮濕的夜色。

我與張臨生等人在晚餐時聊的話題，正是大都會不到兩個月即將開幕的故宮典藏文物展。這場展覽是超過五年細心磋商的成果，代表最高層級的經濟、社會與文化合作。許多博物館展覽都有賴高明的外交手腕才能成事，不過這場大展的政治意涵格外濃厚。今日的美國在籠絡中國之際，不忘就人權問題對中國略施薄懲，而在此同時，中國正威脅要強行統一他們向來視為叛變省分的台灣。這場展覽將提醒美國觀眾：台灣不只存在，對獨立自決的渴望也日益強烈。大都會預定的開幕日是三月十九號星期二，而台灣在此四天後就將首度舉行總統全民直選，公開展現他們的自由，這已然激起中國大陸展開強力軍事恫嚇。此外，這場展覽也將是西方有史以來最盛大的中國文物展，旨在完整呈現中國的傳統藝術史——這段歷史握在台灣而非中國手上，原因是蔣介石在一九四九年逃往台灣時，一併帶走了中國頂尖的史蹟文物、書畫、陶瓷、玉器、銅器。中國人認為這批收藏是贓物，理應歸還北京。

所以，一月三號，在這批藝術瑰寶即將打包運送的兩週前，抗議活動便開始上演。不論該歸中國或台灣所有，「國寶」放洋，激怒了這座島嶼上的許多民眾。到了一月中，情勢已升級成一場危機。這些文物究竟該不該，又會不會出國，占據了台灣晚間新聞和報紙的頭版頭條，也成為大學生發起校園抗議的原由。立法委員偕同部會首長，詩人攜手畫家，眾人為反對故宮結成出人意料的陣線，既古怪又生動地彰顯出台灣深陷的認同危機。沒人能斷言大都會這場當期主打大展會不會取消，也沒人能說這些抗議對台灣的未來會有怎樣的影響。

現年六十五歲的方聞在一九四八年自上海前往普林斯頓大學就讀，一年後因為家鄉爆發國共內戰，他在美國留了下來。如今他是普林斯頓的藝術與考古學系教授、大都會博物館的亞洲部首席顧問。方聞頗有威嚴但性情開朗，也是台灣中央研究院的院士。身為全國最高學術研究機構的一員，他得以與官方最高層往來——在華人社會，這是最令人豔羨的好處。台灣藝壇滿是方聞過去的門生，在他的推薦下置身台北，就像身在奧茲國時，額頭上有好女巫葛林達的吻痕在發亮。方聞的學術成就斐然，固執己見，他的熱情也很感染人心。在這場大都會展覽的某次初期會議中，故宮官員曾想扣住幾件畫作，但方聞表示若真如此，不如只辦場陶瓷展算了。那些畫作就這麼回到展品名單上。

在方聞運籌帷幄之下，大都會擁有一等一的中國文物館藏，他的扛鼎著作《超越再現》（*Beyond Representation*）就透過這些文物將中國藝術史娓娓道來。台灣的收藏向來令方聞傾心，所以當美國國家藝廊在一九九一年舉行《一四九二年前後》（*Circa 1492*）展覽，故宮出借了幾件文物，方聞便告訴大都會館長菲力普．德．蒙特貝羅：「我們出擊的時候到了。」方聞赴華盛頓參加展覽開幕式，藉機極力遊說故宮院長秦孝儀。秦孝儀曾任蔣介石的侍從祕書，如今已年過七十，舉手投足有一種小神祇似的拘謹風範。他與方聞有如軍事盟友，維繫著小心拿捏的情誼，大都會的展覽條件也就憑藉這樣的關係往來磋商，最終展覽合約在一九九四年簽訂。

這場展覽打從一開始就因台灣的政治情勢掀起波瀾。即使這場耗資六百二十萬美元的大展顯然會造成轟動，美孚石油原本有意贊助，但擔心對台灣展現任何支持都會冒犯中國政府，在一九九四年打了退堂鼓。一九九五年八月，花旗銀行迫於北京的壓力也收回贊助。台灣宏碁電腦的美國分公司則是在抗議爆發時撤資。

保護主義在藝術界並不罕見，墨西哥曾因大都會舉辦墨西哥大展而爆發群眾抗議，義大利人曾抵制梵諦岡主題展，希臘則有輿論譴責《愛琴海諸島希臘藝術》（*Greek Art of the Aegean Islands*）展。不過，具外交意圖的展覽也不是毫無斬獲：大都會在一九七八年舉辦的《圖坦卡門王》，就在以埃兩國邁向停戰之際改善了埃及的對外形象。在歷史榮光勝過當代現況的社會裡，象徵過往光輝的歷史文物，其威力之強大不亞於軍武或財富。

就故宮借展大都會此例而言，攸關的不只有台灣國內政治，也涉及中台美之間脆弱的關係。如果台灣能維繫社會秩序、財富和民主，如同現況所示，那就成了中國行民主制的典範。美國若想促成對中外交目標，比起經濟抵制或發表人權聲明，對亞洲民主國家展現支持更能收到成效。中國有諸多理由對台灣文攻武嚇，不過主因則在於對民主模式的憎惡。美國身為這場展覽的主辦國，除了對台灣提供經濟援助，更在文化層面增添絕佳助力，所以說，因這場展覽而起的危機，也是我們美國的危機。

故宮藏品的歷史與中國歷史密不可分。幾世紀以前，這些文物大多是有政治力量作為支撐才能問世，時至今日，它們也有如護身符一般，繼續左右政局。台灣的立法院知道這場大都會展覽屬於外交事務，遂通過三百一十萬美元預算協助支付辦展開銷。方聞說：「台灣受限於目前的地位，無法針對美國這個主要盟友發表政治聲明，所以必須透過經貿和文化溝通。現在，文化溝通的重要性即將提升到不亞於經貿的程度。」

去年十月，我參加了故宮創院七十週年慶祝活動。宋朝（公元九六〇－一二七九年）之於中國，如同文藝復興時期之於西方世界，故宮在週年紀念展覽就端出了鎮院的宋代典藏：郭熙和范寬的代表作。西方在攝影技術發明後，面臨了再現（representation）的問題。關於抽象表現和不確定性的複雜關係，由塞尚率先探討，畢卡索和杜象接棒。不過，這個問題在這些一千年前的中國創作便已可看出。這些宋代畫作也能從歷史和時代背景的角度加以解讀，藝術家在作品中注入隱晦的政治訊息，藉繪畫傳達朝廷禁言之事，畫面也充滿一種深具中國特色的語彙：每種樹都有其含意，有時是多重含意。例如，梅樹可能指涉年邁男性的性能力，或某個熬過生命寒冬之人。一株生在後宮院落裡的梅樹，可能象徵某位年老色衰的失寵嬪妃，或引申指涉一名不再受皇帝倚重的朝臣。松樹在歲寒中長青，不若其他樹木紛紛變色，向來代表有節操的君子。每個季節、每種石頭、每一抹繚繞的霧氣，都有其涵意。

這種作品反映出一種特殊、深思而崇高的心境，也唯有這種心境才能創作出這種作品。郭熙曾在近一千年前寫道：「世之篤論，謂山水有可行者，有可望者，有可遊者，有可居者。……以林泉之心臨之則價高，以驕侈之目臨之則價低。」他的《早春圖》畫面亦真亦幻，洋溢著活潑的動態和生機。

郭熙是宋神宗的御用畫家，這位野心勃勃的皇帝在一〇六七年即位，隨即大刀闊斧推行新法，意圖改革中國，而《早春圖》也在五年後問世。早春是萬物更新變化的時節，在這幅畫中則寓意政治改組和社會秩序的重建：農民和漁夫位於畫面底部，上方不遠處是僧侶，再略往上是騎馬的官員。層層構圖所揭露的是祥和但正在轉變的整體階級次序。雲霧模糊了畫面的明確性，但高處的景致仍清晰可辨，因為領導社會的是神宗強烈的信念。即使有這層奉承意味，這幅畫仍不失坦率，不平穩的構圖貼切地呈現了新帝登基的情勢。與范寬早五十年完成的《谿山行旅圖》並列，《谿山行旅圖》相形質樸，《早春圖》則洋溢著沛然奇思和氣韻。

唯有在故宮，你才能看見這樣的作品並排陳列，從而對中國帝制時期的民族精神和美學產生深刻理解。故宮博物院雖然在一九二五年於北京正式成立，不過典藏古代宮廷收藏的台北故宮是在一九六五年啟用。台北（宮廷收藏所在地）和北京（「故宮」指稱的紫禁城所在地）都慶祝了創院七十週年，而置身台北的感覺，有如在亞維儂參加教宗壽宴。我與包括德・蒙特貝羅和方聞在內的紐約代表團一同出席，我們先被領進禮堂聽演講，隨後參加宴會。李登輝總統、行政院長，以及執政的國民黨多位重要立委都蒞臨現場，藝文人士卻幾乎不見蹤影。德・蒙特貝羅說這是「我參加過最奇特的展館活動」。方聞被官員團團簇擁，當時的我實在想像不到，三個月後我將見證他遭遇何等猛烈的怒火。

台灣要是有皇帝，故宮應該會是皇宮首選。故宮位於台北市北郊青翠的山巒之間，建築是再典型不過的中式風格，正館居高臨下，坐擁腳下的整座城市。館前有一百三十階大理石樓梯，如果你倚著樓梯的石雕欄杆向外俯瞰，下方的庭園應該能使你心曠神怡：池塘裡的鯉魚如莊子所想的一樣快樂悠遊，象徵儒家堅貞氣節的松樹處處挺立，涼亭裡擠滿校外教學的小學生，還有優美的湖石假山，天天都有年輕的新人在此拍婚紗照。

故宮的室內空間就乏善可陳了：天花板不是低到有壓迫感就是高得浮誇，燈光照明醜陋，展示櫃的設計主要是出於保全而非觀賞考量，牆上解說牌語焉不詳的程度也令人詫異。然而，千萬別把心思流連在這些缺陷上，因為真正叫人目瞪口呆的是，全中國最傑出的藝術文物就這麼在你面前呈現：新石器時代的玉器、周朝的酒器、宋朝的瓷器、清朝的多寶閣，以及故宮最傲人的、質與量都令人咋舌的唐宋書畫。這些文物是歷經超過一千一百年王朝統治，由各代皇帝點滴累積而成，至今仍稱為宮廷收藏。西方沒有任何博物館有如此精良的傑作典藏，但話說回來，西方也沒有任何國家如同中國，有著相形連續且恆久的中央集權歷史。

宮廷收藏一直傳到中國最後一位皇帝手裡，直到他在一九二四年被迫遷出紫禁城為止。翌年，故宮博物院在北京成立，這批千年來未曾公開的文物總算現身於世人眼前。然而，當日本在一九三一年入侵滿州，宮廷收藏被封箱運送到上海保存，共有兩萬箱之多，後來又轉運至南京的儲藏設施。一九三七年，日軍即將攻陷南京之際，這些木箱再度啟程，以船運沿長江而上，搭火車穿越秦嶺，再乘卡車抵達漢中。途中雖然遭遇一連串沉船和建築爆炸等媲美龐德電影的險境，文物仍一件不漏地抵達安全地點。第二次世界大戰終了時，這批收藏運返南京，並未開箱，所以等共產黨在一九四七年兵臨城下，蔣介石直接把其中最珍貴的藏品帶到台灣，存放在山壁開鑿的隧道裡。

這批文物就此塵封，除了自一九六一年春天起的一年間，有大約兩百件書畫器物參加《中國藝術珍品展》（*Chinese Art Treasures*），在美國巡迴展出，其中也包括《谿山行旅圖》和《早春圖》。方聞說，那是「憑一展之力開闢了現代西方學術界的中國藝術史學門」。原子彈之父羅伯特．歐本海默在看過那場展覽後對方聞說：「如果地球上的一切即將毀滅，我們只剩一艘太空船可以容納要帶走之物，那麼這裡面有幾張畫絕對應該上船。」四年後，蔣介石終於開放台北新故宮的大門。他雖然輸掉中國重要的城池、失去大半江山與人民，仍然握有一批絕世珍寶：宮廷收藏。

台北故宮的員工一待就是一輩子。他們入院時年紀輕輕，雖然擁有漂亮的博士頭銜，卻連應徵導遊這類基層工作時都派不上用場。他們的社交和職涯發展都圍著故宮，也將隨這個地方一起老去。有幸晉升研究員的員工，著作會交由故宮出版，內容均直接或間接與故宮有關。他們在館藏奇特的歷史中受訓，並得以進入傳奇的庫房：九成九的故宮文物收納在此，靜靜躺在典雅的絲絹盒、木雕匣或巨型鐵箱裡。閒暇時，他們會參加故宮的羽球社，一起打球。有位研究員說：「這裡是中國封建制度最後的遺緒。」

宮廷收藏甚至不會移到台灣其他地方展出，也正因如此，這些藏品中的精華文物（四百七十五件全世界最重要的中國藝術品）赴美展覽才會舉國譁然。大都會預定展出的文物包含二十七件格外珍貴的「限展品」，通常每隔三年才會公開展示四十天。美國人想到博物館，往往認為那是為大眾策展的教育型機構，不過對中國人來說，博物館是守護國寶的倉庫。中國的藝術愛好者喜歡賞畫，但他們認為美感只是歷史價值的附屬品，因此，把范寬的畫送到國外，意義有點類似出借《獨立宣言》或美國憲法的原件。

故宮文物標示著十八世紀的考證資料，雖然近年的學術研究顯示其中許多並不正確，館方仍繼續沿用。有位台灣藝術學者告訴我：「如果他們著手重新考證，別人會指責他們在貶低文物價值！想想看，如果他們說某張畫不是范寬真跡，立法院會爆發怎樣的騷動！」故宮的研究人員改以不著痕跡的方式更正作品出處。根據傳統，中國人會在秋季掛出重要畫作，所以你要是在春天看到故宮展出一幅范寬，就知道館方認為那並非真跡。解說牌出現「這件作品不是藝術家典型的風格」，也在暗示作者另有其人。方聞協商的一大成果即是獲故宮首肯，讓大都會在展出這些作品時標示他自己考證的出處。

一月二號，故宮為即將在紐約展出的藏品舉行預展。張臨生是故宮副院長，為人深明事理，也是秦孝儀的得力助手，她說：「我們認為應該公開展出這批文物讓民眾看看，等它們回國時再展一次，大家就能看到完璧歸趙了。」這場預展涵蓋了將送往大都會的所有文物，但二十七件限展品除外。展場貼出一張告示，說明那批限展品由於剛為創院七十週年展出過，所以無需再度展出。鑑於後續引發的風波，當初這段聲明的措辭如果能更婉轉一些，抗議或許不至於發生。

之所以限展，不是因為展品本身有多麼脆弱。書畫卷軸其實很經久耐放，只是每隔數百年必須重新裝裱罷了，然而，卷軸的展開與收捲必須小心進行。在故宮，這項工作主要由隨蔣介石來台的老兵負責，他們在退役後轉任「技士」，其中有個老技士特別容易把卷軸弄出摺痕（有個餘悸猶存的研究員說：「他喜歡在捲好的最後使勁一扭、聽卷軸發出『咿——』的聲音。」）。限展品中有幾件古老的書畫，曾為了供人檢視，一度在一星期內展開五、六次。秦孝儀在一九八〇年代中期擬定限展名單，好有個官方說法婉拒來訪的學者，但這種作法也暗示了限展品極其脆弱，彷彿呼一口氣就會吹散，預展的這份告示更強化了這種偏執的擔心。

一月三號，正當秦孝儀陪同立法院副院長參觀預展時，一位名叫唐筱麗的年輕女性自稱「憤怒的藝術愛好者」，開始在現場大喊國寶多麼脆弱云云。她那股來者不善的狂熱，神似舊時紀錄影像裡的紅衛兵。一名旁觀者後來說：「秦院長當初要是對唐小姐客氣一點，而不是置之不理，或許就沒事了。不過秦院長就是秦院長。」唐筱麗覺得藝術文物要是脆弱到不能在故宮展出，那也不該送出國門，於是她四處奔走呼告，《中國時報》也在一月五號星期五引述了她的呼籲之詞：「週六早上十點開始，聲援靜坐者可著黑衣出席，抗議脆弱的國畫被放洋。」

一月六號星期六，天氣晴朗，陽光燦爛，故宮門前人聲鼎沸（有個研究員說：「那天要是下雨，或許就不會有事了。」）。應唐筱麗號召而來的群眾中，大多數人後來都成為這場衝突的要角，其中包括多名故宮前員工，而根據現場傳出的說法，他們是「遭到猜疑」而離職，有些人跟方聞、秦孝儀，或他們兩人都有私人恩怨，此外也有些是真心關切此事的國民。藝術家楚戈曾任職於故宮，他投書《中國時報》：「這些瑰寶名畫已經非常脆弱，縱然只是打開一次也令人提心吊膽。」他的故宮背景使他更顯得可信。油畫家夏陽也寫了一篇慷慨激昂的文章，因為他曾遭到紐約某家藝廊惡劣對待，從此學到美國不可信的教訓。抗議人數估計在六十到四百人之譜，充滿戲劇張力的現場照片在隔天登上全台報紙頭版。詩人管管說：「故宮要當不肖子孫，卻要我們來披麻戴孝。」媒體後來又拍到他坐在大柱子底下絕食抗議。

到了一月八號星期一，政治人物搶進舞台中央。在野黨新黨的黨鞭周荃去找秦孝儀理論，身後尾隨了十多名記者。此外，她也帶了朱惠良同行——朱女士當時還在故宮工作（也是羽毛球社的台柱），甫自普林斯頓大學獲得博士學位（指導教授是方聞），而且剛當選立法委員。朱惠良建議秦孝儀以高級複製品取代真跡借展，秦孝儀反問她：「你一個博物館訓練出身的人，怎能提出這種建議？」不過媒體不理會他的發言。同一天，抗議民眾也在監察院外集結。教育部此時已接獲命令，負責處理故宮這起事件。在立法院，反對黨領袖禁止二十七件限展品離境，並在一月十號星期三召開公聽會，研議此事該如何進行。

屈志仁是香港出生的華裔學者，跟在方聞手下工作，性不喜與人衝突。他到台灣，是為了監督狀況報告的準備和藝術品包裝，現在卻發現自己成為眾矢之的。在立法院的公聽會上，他排第一個發言。當他走上發言台，十架電視攝影機的燈光照照得他睜不開眼睛，擠滿立院大樓的抗議民眾在他想開口時大聲辱罵，群起叫囂：「無恥！無恥！你瘋了！」屈志仁沉穩地陳述了大都會致力於文化交流的使命，沒人把他的話聽進去。等他踏進議場外的走廊，一名記者恰好撞倒某個抗議人士，兩人扭打成一團，屈志仁僥倖躲開。後來他說：「我覺得自己好像困在一齣尤涅斯科[1]的荒謬劇裡。」

德・蒙特貝羅說，大都會這時已經「在紐約闢了一間戰情室」。為了與台灣通電話掌握消息，他、方聞，以及負責發展事務的博物館副主席艾蜜莉・拉弗蒂（Emily K. Rafferty）幾乎天天通宵熬夜，方聞的特別助理史文慧負責統整資訊，撰寫詳細的日誌。他們起草了多封信函想與官員和抗議民眾溝通，或表達焦急，或極力安撫，有些寄出，有些作罷。方聞每天都在計畫和取消赴台行程，最後他們判斷方聞出面只會更激怒抗議民眾，還是別去的好。德・蒙特貝羅與周荃取得聯繫，他說：「可是她對我們的理念無動於衷。這對她來說已經成了政治問題，是為達政治目的必須放大檢視的戲劇事件，就像〔前參議員〕傑西・赫爾姆斯拿羅伯特・梅普爾索普開刀[2]，這是拿民粹立場吸引選民，好讓他們別去注意真正的國家大事。」

一月十三號星期六，抗議群眾在中正紀念堂集結。他們額頭上綁著寫有口號的紗布，手中拉開

1 尤金・尤涅斯科（Eugene Ionesco, 1909-1994），生於羅馬尼亞，定居法國。他是荒誕派戲劇最著名的代表，其成名作為《禿頭女高音》。——編注

巨大的橫幅。到場的政治人物包括一位無黨籍總統參選人[3]，而根據他的說法，執政的國民黨領導人是為了自添光環，濫用他們對故宮館藏的主導權。有些年輕人初識民主新滋味，似乎陶醉在抗議的力量裡。現場出現了數量驚人的憤怒青年，他們不分男女，都因為中華民族主義熱血沸騰。其中一人說：「我們絕不向洋人低頭。我們每三年才能看那些文物四十天，你們能看一年？我們還要為那場展覽出一半的錢？」

眼見民憤高漲，方聞透過致教育部的公開信宣稱，他願意放棄三幅鎮展名畫的其中兩幅，只求借展《早春圖》，因為那是展覽圖錄（已經付印）的封面作品。對方聞和秦院長來說，這一切紛擾都是政治化了的感情用事。方聞後來提到宮廷收藏時坦承：「我祖母或未出閣的姨媽也會說展出這些作品會毀了它們，不過這種感情用事已經過時了。」台灣媒體的敵意與日俱增，他們節錄方聞的發言，說他「十分高傲」地表示，如果有更多文物退出，他會乾脆取消展覽。方聞說：「不是我要取消，而是依他們提的縮減方案，展覽根本辦不成。」

他說，在大都會的戰情室，德．蒙特貝羅與其他人「擬了一份絕不可少的展品清單。我們願意接受一場規模縮水的展覽，但代表類型減不得。各種文物的主要類別一個都不能少，展覽必須維持完整呈現中國藝術史剖面的初衷，不能強迫我們從展場刪除唐朝、宋朝或元朝作品，這個策展理念必須保全。可是對這一點太過堅持也無助於公眾利益，重要的是，我們不能因為自己失望就取消一場精彩的展覽。我一天覺得成功的機會有六成，隔天又覺得只有三成。」

大都會新聞處原本正在安排昂貴的台灣預展之旅、印製彩色手冊，至此業已陷入混亂。他們禁止媒體採訪，對外發布的消息也充滿引導式的措辭，反倒啟人疑竇。今年一、二月期間，大都會博物館控制記者口風的企圖之強烈，恐怕不輸文革時期的中國。

場景拉回台北，在一月十七號另一場抗議活動中，流言四起：大都會博物館會把中華瑰寶鎖進地下室，把惟妙惟肖的贗品送回台灣，而柯林頓總統會把那些文物還給中國，美國國會對保護他國國寶許下的承諾，就跟他們終究在一九七八年和台灣斷交一樣，不足為信。一名抗議人士告訴我：「不論在大都會或西方任何地方，你們沒人懂得如何處理紙質或絲絹作品。」我有個華人朋友反駁他，說大都會有修復亞洲文物的工作室，而且作業標準比故宮高得多，結果引來現場民眾的斥罵。另一名抗議者說：「這些文物對你們來說太深奧了，你們美國人既看不懂也不會欣賞，送它們過去只是白費工夫。」

194

教育部組織了一個委員會調查這整起慘敗。一月十八號星期四，在一場聲勢浩大的集會上，抗議民眾把自己裹在一份有兩萬人簽名的連署書裡，那些簽名僅僅一天就在高雄中正文化中心收集到。在調查委員會裡，與方聞有關係的成員遭千夫所指——儘管想成立一個夠格的委員會又要排除他教出來的學者，恐怕十分困難。方聞仍被建議留在紐約，委員會裡有個朋友告訴他：「你能做的就只有等了。我希望到了下個星期，你還有場展覽可以挽救。」

調查委員會首次召開會議時，我就站在樓外的人群裡，一架電視攝影機突然對著我拍，一名記者說：「有人說你親自見過方聞。他真的像我們所知道的那樣貪婪、高傲、自私又惡毒嗎？」

到了一月二十號，我與新黨新科立委朱惠良見面時，她對這場災難表示遺憾：「我很擔心把《谿

2 羅伯特．梅普爾索普（Robert Mapplethorpe, 1946-1989）是美國知名攝影師，在獲政府補助的個展中展出了指涉同志性行為的照片，時任參議員的傑西．赫爾姆斯（Jesse Helms, 1921-2008）聯手其他保守派參議員大力抨擊，並質疑這類猥褻作品不應獲聯邦政府補助，從而引發言論自由的爭議。——譯注

3 陳履安，他當時的副手候選人是王清峰，相比其他政治人物，他們為此事發聲次數較為頻繁。——編注

山行旅圖》送出國的問題——我認為他們這麼做很輕率。社會大眾需要了解『限展品』真正的意思，不過，我也不希望這場展覽全毀了。」故宮的高牆內瀰漫著受挫的哀傷，張臨生得應對抗議日復一日造成的傷害，她問道：「這些人有什麼毛病？」因為她迴避媒體採訪，所以我得溜進她的辦公室。她看來一臉疲憊。「他們不用工作嗎？他們除了成天舉著胡說八道的標語走來走去，沒別的事好做了嗎？」電話響起，她急切地講了四十五分鐘，語調既像在安撫，又顯得煩躁。她掛上電話，說：「是方聞。我跟他說我已經幫不了他了。」她拿起一份封面印著《谿山行旅圖》的通俗雜誌：「才不久以前，國人就連我們七十週年特展都懶得來看，一轉眼每個人都聽說過范寬了。這也算是一項成就吧。其實，我們都擔心送范寬出國，或許有一、兩件別的國寶最好留在這裡，就像《蒙娜麗莎》鎮守羅浮宮一樣，但其他的文物應該讓世人看見才對。那群人怎能這麼懷疑我們呢？他們難道不知道我們有多寶貝這些文物嗎？每個人都很脆弱，難道我們永遠不該出門？」

方聞打了另一個比方：「人不能因噎廢食。」

教育部調查委員會及附屬小組決定重新考量每件文物，不只有限展品，抗議人士則威脅對故宮採取法律行動。德．蒙特貝羅的後門策略和「走廊外交」似乎不管用，不論是他，或實質即為「駐台大使」的美國在台協會主任，都一直無法與教育部取得聯繫。對台灣當局來說，大都會博物館展現的強烈心願無關緊要，大都會後來也領悟這種態度無助於保全展覽，於是收小了音量。不過方聞還是有信心：「政府得做出回應民意的表現，所以有些文物會撤下名單，但如果取消整場展覽，政府看起來就像是任憑幾個狂熱分子擺布，如此示弱不符合他們的利益。」

話雖如此，大都會的狀況還是愈來愈嚇人。打包工作進度已經落後一週，館方委製的展示櫃也遲遲無法動工，因為沒人知道裡面要放哪些展品。原訂的空運貨櫃艙位被取消了。宏碁電腦收回一百五十萬美元的贊助，而抗議人士如今還想阻止台灣政府出資。台北藝文界現在的標準問候語是：「今天有方聞的消息嗎？」但事態已然再明顯不過，方聞或美方任何人都無計可施。

一月下旬，中國再度對台灣發布威脅，藝文爭議被擠下頭版。一月二十三號，調查委員會公布了令各方都大失所望的折衷方案：二十三件文物將退出展覽，其中包含多件具指標性的重要館藏，另有十九件重要文物限展四十天。大都會接著大膽決定，在沒有財務保障的情況下，為館史上最昂貴的展覽之一著手打包（因為鎮展的無價之寶被排除，保險費和運費倒是省下一些）。拉弗蒂說：「我們告訴董事會，我們會自行補足企業取消贊助造成的一百五十萬美元缺口，也坦承台灣政府的三百一十萬美元可能不會過關。這是一場豪賭——從營運預算提撥四百六十萬美元不會害大都會關門大吉，但還是一記沉重的打擊。」德．蒙特貝羅挖苦地說：「文物到了，錢卻沒到，請問該緊張的是誰呢？」最終，台灣外交部挺過了這道難關。

《中華瑰寶展》（*Splendors of Imperial China*）仍將在大都會開幕，但三十六件鎮展瑰寶付之闕如。比《早春圖》或《谿山行旅圖》的缺席更令人扼腕的是，展覽原本該有優美的起承轉合與平衡，如今大打折扣。然而，就許多方面而言，這仍是西方有過最出色的中國藝術文物展，展示和打光設計也將比故宮好上千倍。這或許也是西方最後一次舉行這類展覽了，有鑑於在一月的紛擾中湧現的保護主義狂熱，這批文物有大半恐怕再也不會離開台灣。

台灣這次的風波之所以令人不解，有兩個原因。首先，台灣實在不是反美的國家。前往美國旅遊和留學的台灣人不計其數，很多台灣人會說英語。雖然偶爾會有因范寬而起的酒吧混戰，美國人在台灣很容易覺得像在家一樣自在，這是其他東亞國家幾乎都比不上的。台灣現任十七位閣員中有

196

七位擁有美國大學的博士學位，台灣也是美國的全球第三大軍購客戶、第八大貿易夥伴。當地一名年輕藝術家告訴我：「這裡受過高等教育的人都美式到不行。」

這些抗議令人意外的第二個原因則更為微妙而重大。台灣究竟是不是中國的一部分，這個問題使台灣陷入長期紛擾，尤其是過去五年。「一中政策」是當前最迫切的政治議題：不論受武力脅迫或其他原因，台灣是否會在某個時刻與中國統一？抑或終將宣布獨立？中國共產黨和台灣國民黨的官方立場都是將台灣視為中國的一省，台北和北京政府也都自稱是中國的合法統治者。在不求甚解的西方旁觀者眼裡，這種狀況很可笑，因為台灣有獨立於中國的經濟、政治和教育體系，公民也持台灣護照。不過，中華民族主義其實深植於這片土地。部分台灣人喜歡自覺是泱泱大國的一分子，而不是如同某位評論家所述：「另一個東南亞蕞爾小國之民。」對許多與大陸有深厚淵源的台灣人來說，宣布獨立有如自斷臂膀。

中國大陸也容不得台灣獨立。自從李登輝總統去年六月赴美國康乃爾大學演講，中國就在台灣對岸和北部海域舉行一次比一次浩大的「常態軍事演習」。所以，台灣在大陸不間斷的威脅下，必須同時迎合對岸和西方世界。美國在一九七八年對台斷交一事，台灣人至今仍氣憤難平。美國不承認台灣這個和平的民主政體，原因是我們承認了另一個人權紀錄糟糕、與我們的貿易量不及台灣一半、在對內與對外政策上都不把美國放在眼裡的國家。

台灣的認同掙扎是激化故宮抗議事件的另一個原因。我在故宮七十週年活動遇見的藝文界人士裡，對故宮不以為然的人比推崇的人更多。雖然故宮引來絡繹不絕的遊客，本地人大都會避開，既因為森嚴的氣息，也因為台灣長久以來對藝術的漠視，而根據許多台灣知識分子的說法，還因為故宮「很中國，難以親近」。

現今的台灣有一股強烈的族群對立，一方是攜家帶眷隨蔣介石來台、占全台人口約兩成的「大陸移民」（也叫外省人），另一方是祖先更早來台定居的「台灣人」。這種緊張關係令人困惑，因為兩個族群都是漢人，祖先都來自中國大陸，台灣真正的本土原住民只占極少數。不過，當年蔣家勢力以征服者的高姿態到來，從一九四九年直到殘酷的「蔣氏王朝」在一九八七年落幕，台灣都由國民黨籍的外省人統治，台裔族群即使握有大量土地與財富，仍被視為下層階級。

蔣氏政府貪汙腐敗，不但自稱仍統治中國大陸，也在國民大會安插大陸各省的代表。然而，在過去九年間，這個國家轉型為有效運作的民主政體，過程出奇平順，而且人民教育程度極高（識字率超過九成，就漢字書寫語系而言是驚人成績），國家非常富裕（包括全世界數一數二的人均現金儲備），還有自由開放的選舉。台灣立法機構也不再佯裝代表全中國。

民進黨是台灣兩大反對黨之一，公開支持台灣獨立，台北市副市長陳師孟曾任民進黨祕書長，他說：「故宮是好地方，可是太過中國，不夠台灣。蔣介石當初應不應該帶那些文物來台，我不知道，不過我們需要一個台灣場館來補足故宮。我們理應基於台灣人的身分來了解自己。從前我被教導自己是中國文化的一部分，但我從未真正屬於那個文化。我們必須提升下一代的本土意識，幫他們走向不受大陸局限的文化自由。」接著，出於在台灣緊繃的政治情勢下會有的典型反應，陳師孟話鋒一轉，談起更根本的獨立問題：「台灣當局說為了避免激怒中國大陸，發言必須有創造性模糊。這種意在混淆北京視聽的模糊，令台灣人困惑的程度多過令敵人困惑。如果中國動武，我們會反擊。我們轉眼就能摧毀他們的經濟區。對中國軍事專家發出威脅是贏不了的，但我們的軍事能力要是能使經濟學者心生恐懼，就能分化中國領導階層，從而取勝。我們一定要對中國大陸明確表態，培養本土文化意識也是這項政策的一部分，要達成這種目標，故宮的幫助不大。」

198

故宮博物院張臨生談到倡議台灣藝術自決的那群人，是這麼說的：「這些是沒有根的人。你知道被本土派捧在手心裡的原住民部落，他們的語言沒有『藝術』這個詞嗎？」她誇張地頓了一下。「民主對藝術沒好處。」她雙手交握，笑了出來。「共產主義更糟。資本主義有點類似皇權體制，但可以說是一種理想的皇權，而且對藝術很有利。台灣沒有本土文化，這跟美國的種族問題不一樣——我們全都是漢人，我們文化的精華就在歷代宮廷裡。」她堅持，故宮是台灣尋求尊嚴的最佳解答。

《中華瑰寶展》不會有中國最頂尖的宋朝山水畫，但觀眾還是能看到書法和較晚期繪畫的傑作。時下流行批評西醫無法調和身心分裂，並轉向東方尋求整體療法。西方慣於區別文字和影像，將文學史和藝術史分開來看，這種分裂也同樣令人困惑。這個問題在中國並不存在。在中國，文字既是語言的表徵，本身也是一種視覺語言，繪畫元素的符號性幾乎與文學詞彙一樣強烈。對多數西方人來說，書法仍是最難理解的中國藝術——漢字並非隱喻，而是客體，文字的所指在一定程度即有表意作用。書寫過程和書寫的內容，比舞者和舞蹈更難分難解。書法作品可以是隨興自發、筆跡極富表現力的書信，也可能中規中矩並嚴守章法。

觀眾將在大都會博物館看到懷素的《自敘帖》，一幅公元七七七年的草書，文字大意是他在酒後自誇個人成就，並解釋他在喝醉時書法寫得最好。隨著醉意漸深，他的辭藻不再那麼華美，書法卻更為精妙。文字隨筆鋒流轉連為一氣，留下滿紙流暢的線條——充滿節奏感和律動，幾近情慾勃發。懷素自己則寫道，好書法有如「飛鳥出林，驚蛇入草，又遇坼壁之路」。

每個修習中國藝術的學生都會研究蘇軾成於一〇八二年的《黃州寒食詩帖》，書法史上的登峰造極之作。方聞為這場展覽撰寫了一份出色的圖錄，其中最有力的就是他對《寒食帖》的細膩剖析。

蘇軾是宋神宗極為欣賞的散文大家（《早春圖》就是在暗喻神宗初即位時的成就），他在當了幾任地方官員後，對百姓的生活益發關切，不斷向朝廷上書籲請減稅，激怒了宰相王安石。蘇軾在一〇七九年因烏台詩案被認為詆毀神宗而遭定罪，貶至黃州。後來他成為詞人，歸信佛教，寫出多篇中國文學的經典之作，其中的《赤壁賦》是後代文人間接批評政府時常引用的作品。蘇軾的詞透過位高權重的朋友在中國廣為流傳，貶謫期間也成為知識階層和文人的英雄。他在一〇八四年終於被朝廷召回，但不出幾年又遭貶謫。

蘇軾在仕途最失意時寫下了《黃州寒食詩帖》，詩中對春天的觀感幾乎與郭熙完全相反：

自我來黃州　已過三寒食
年年欲惜春　春去不容惜
……
闇中偷負去　夜半真有力
何殊病少年　病起頭已白
……
死灰吹不起

《寒食帖》是對平衡與線條的研究，每一字的造型和角度都別有用心，運筆極為自信堅定。這不是懷素飛揚跳脫的狂草，而是有如樹的枝幹，布局既優雅又錯綜複雜。蘇軾曾為文自評：「吾文如萬斛泉源，不擇地皆可出，在平地滔滔汩汩，雖一日千里無難。」

蘇軾摒棄寫實主義，評為「見與兒童鄰」（而在他身後的八百年間，西方藝術家卻全心鑽研寫實）。此外，他也反對為國家服務的藝術。中世紀的西方藝術仍十分注重形式，不過蘇軾的書法卻透露了一種簡直稱得上表現主義的個人境界，那是一種專注於過程和藝術轉化的創作，我們身為觀者，也獲邀走上他的心路歷程。《寒食帖》揭露了一種自我了解的掙扎，雖然失意，卻也使人得到救贖。時隔九百一十四年，《寒食帖》的死灰吹口氣後仍能復燃。

《中華瑰寶展》也有多件元朝的重要畫作。對西方觀眾來說，元朝繪畫似乎比宋朝更難理解。元朝畫家對風格和主題都力求簡潔，在重重限制中發揮無邊的想像力。元朝畫家吳鎮就在拒斥宋朝太過戲劇性的畫風時，提到「平淡有致」之說。

黃公望在一三四七到一三五〇年間創作了長卷《富春山居圖》。再現自然的技法在宋代畫家手中已登峰造極，他們以渲染隱去運筆痕跡，旨在把自己從畫面完全消除。不過黃公望的筆觸就如同他的情感般，在畫面上處處清晰可見，使得這幅畫有如一表心跡的書信。

宋徽宗的《詩帖》是他自創風格「瘦金體」的絕佳範例，這幅字帖也將來到大都會。這件作品比懷素的《自敘帖》晚三百多年問世，兩者形成強烈對比。美籍中國藝術史學者高居翰寫道，《詩帖》「每個字各居其位，沉穩有序，有如鐫刻」。徽宗是昏庸的皇帝，一心想打造規模浩大的園林，治國無方，卻是傑出的藝術贊助人和創作者。他曾寫道：「丹青難下筆，造化獨留功。」

《中華瑰寶展》既反映也涵蓋了中國歷代皇帝的成就，而他們在書畫上的造詣有時比政治或軍事功績更為突出。方聞的展覽圖錄名稱取得意味深長——《掌握過去》（*Possessing the Past*），其中有不少令大都會難堪的地方。圖錄封面是沒來參展的《早春圖》，版權頁感謝了退出贊助的宏碁電腦，內文花了相當篇幅介紹的作品全都穿插色彩亮麗的圖例，然而那些作品可能永遠不會出現在美國

（在這場展覽眼看將盡付流水之際，德．蒙特貝羅對方聞說：「至少你還有這本書。」）。話雖如此，這本圖錄還是運用了專業鑑賞技巧，兼顧社會史和正規藝術史，將書畫思想在一千年間的演變娓娓道來，闡明了讓這些中國傑作贏得經典地位的力量，以及經典地位又回頭賦予作品怎樣的力量。

《掌握過去》似乎也在不斷重述台灣一月期間的種種紛擾，因為在歷代中國，獨裁的菁英階層與陷於困境的人民也屢見不和。今年冬天的某個傍晚，方聞問我：「現在中國有多少中式的高雅文化？全都只剩西方的了。過去一百五十年來，中國人民失去了太多，也遺忘了太多。他們仍然擁有的東西何其珍貴，可是以自己的傳統為傲跟有心了解傳統是兩回事。」

在一月的抗議群眾中，有人說台灣應該辦個與《中華瑰寶展》同等盛大的歐洲藝術展，從米洛的維納斯到《格爾尼卡》一網打盡。他們或許該把這麼一場展覽命名為《逃離過去》，因為傳統西方藝術大多展望未來（儘管仍有新古典和後現代主義），傳統中國藝術則傾向回首過去。對未來的強調是台灣政壇的重要論點，而故宮恰是求新求變的反面象徵。比起提出新觀念，故宮的展覽更傾向展現舊思想。

在台灣，領導這一波抗議運動的是正在竄起的新黨，他們的政治主張即是兩岸統一，也是掌握過去的終極手段。從故宮館藏引起的鬥爭看來，台灣下一次再出現重大紛爭，更可能是為了統一的條件，而不是那股橫掃東歐、純真熱情的獨立潮。如同大多數的古代藝術展，《中華瑰寶展》是一場關乎過去的展覽。然而，與大多數的古代藝術展相較，它或許也關乎未來。

◆ ◆ ◆

故宮自二〇〇二年起進行大規模翻修，除了改善參觀體驗，也加強防震措施。二〇〇六年十二月重新開放所舉辦的展覽中，包括一幅曾借展大都會的宋朝山水畫。環境翻新也為故宮引來一批新的觀眾，正院參觀人數在二〇一四年超過五百萬人，而新成立的嘉義南院在二〇一五年正式對外開放。

二〇〇九年，中國出借多件清朝文物給台北故宮辦展，禮尚往來，故宮館長周功鑫隨後拒絕展出兩尊雕塑，因為那據說是第二次鴉片戰爭期間自圓明園掠奪至海外的文物。即使如此，台灣故宮對中國博物館的借展請求仍一概回絕，唯恐北京政府拒絕歸還文物。故宮對世界各地借展的對象僅限依國際法禁止扣押爭議資產的國家。

群眾抗議在台灣依然活躍。二〇一三年，「白衫軍」首次嶄露頭角，這是一場由台灣青年發起的運動，而他們拒絕觸碰統獨議題。三十歲的柳林瑋上網張貼了一則譴責政府虐待國民的文章，由此發起白衫軍運動。他說：「我們支持的不是任何一方或任何領導人，而是公民權利、共同價值和民主。加入我們的方式也很簡單，穿上白襯衫就好。」幾週後，二十五萬身穿白襯衫的年輕人走上台北街頭。柳林瑋說：「我們這年紀的人生活太忙碌，也被政治弄得太冷感，可是他們真的關心社會議題，我們要做的只是讓他們更容易參與。」[4]雖然這場運動似乎正在消退，不過在二〇一四年三月，台灣當局為了與北京建立更緊密的關係而有意簽訂服貿條款，導致數百名青年發起反對運動，後來他們在一場前所未有的抗議活動中占領了立法院。這場社運被稱為「太陽花運動」，名稱來自他們抗議時帶進立法院的花束。在刻意維持的模糊脈絡下，統獨問題仍持續在台灣混亂地發酵。

4 關於柳林瑋的發言內容，應引述自《華盛頓郵報》之報導。——譯注

台灣 ◆ TAIWAN

各取其色的政治調色盤

On Each Palette, a Choice of Political Colors

《紐約時報》
August 4, 1996

我一頭栽進台灣錯綜複雜的政治情勢，也很快找到這個國家朝氣蓬勃的當代藝術界。從前我以為，台灣的新藝術大抵就是次級版的中國新藝術，但我的發現其實更引人入勝。我在中國遇見的藝術家，是透過對自由的幻想在高壓管束的社會中求生，台灣藝術家生活的社會比較自由，但也不斷面對打壓的威脅。我後來發現，在紐約，人人都想知道中國的狀況，卻少有人想了解台灣的情形，這很可惜。中國大陸的藝術家已經開發出龐大的國際觀眾，許多台灣藝術家同樣有意思，在國際藝術界的空間卻遠遠不及。

◆ ◆ ◆

台北在一九八五年有十五家畫廊，如今超過兩百家，大多販賣印象派畫風的裝飾性油畫給中產階級作為裝潢之用，風格媚俗。不過有不少更嚴肅的場地展示認真的當代藝術作品，從所謂西式、中式到本土台派都有。過去活在獨裁統治之下的台灣人對這個政權的本質心知肚明，那就是流亡的中國國民黨政府。但民主化以後的台灣卻舉棋不定，不知自己在多大程度上偏向中國、獨立，或西化。李登輝連任總統，證實了台灣身陷美國國務院所謂的「創造性模糊」。這樣的認同危機既反映在也部分導因於（正如兩位政府高層官員對我所說）該國日漸分歧的藝術。

你幾乎能說，畫傳統中國水墨是支持右傾且贊成統一的新黨，創作觀念藝術是與左傾且贊成獨立的民進黨站在一起，畫油畫（以西方標準而論幾乎都很糟糕）是把自己連上執政且採取中間立場的國民黨。

台北美術館是台灣當代藝術的展館，占地廣大，也是市立單位，所以新任館長由民進黨籍的台北市長任命。這位市長近來剛宣布要再建兩座展示台灣藝術的專門美術館。在北美館館長舉辦的一場宴會上，展覽組組長李玉玲坐在我身邊，她是氣質優雅非凡的年輕女性，在官場人士與當代藝術家的圈子之間穿梭自如。我請她幫忙引介幾位藝術家，她說：「我是民進黨的，如果你在文章裡寫到台灣獨立的理念，我就幫你。」一星期後，我在一場宴會與周海聖比鄰而坐，他是台灣一家重要藝術出版社的總編輯。他說：「我會介紹我們偉大的國畫藝術家給你認識。」又解釋：「新黨成立那天我也在場。」

在現今的台灣，「本省人」指的是土生土長的台灣族群，「外省人」指的是於一九四五年來台的大陸人與他們的後代，近來蔚為風潮的「台灣人」則是可能扭轉局面的政治正確用語。許多台灣藝術都與這三種自我定義模式有關。

台灣的前衛藝術重心是由藝術家經營的伊通公園。一九八八年，五個藝術家朋友感到有必要開闢一個另類空間，於是共同創立這個地方。伊通公園位於二樓，有三間展覽室、一個灑滿陽光的小陽台、一間辦公室與一座小吧檯。伊通公園與大約四十位藝術家往來，其中有兩位實際負責這個空間的日常經營。藝術家晃進來欣賞彼此的作品，或純粹來交誼，對話很輕鬆隨性。伊通公園的大多數藝術家都曾赴西方留學，例如紐約柯柏聯盟學院、巴黎高等藝術學院，以及其他類似的學術機構。我前去拜訪時，年輕的觀念藝術家梅丁衍正在展出一只比著中指的手套，他說，這件挑釁之作是他母親按他的要求織出來的。他在午餐時給我看一幅畫布，上面釘了兩只幾乎一模一樣的手錶，都是在紐約中國城買的，一個錶面上是中國國旗，另一個是台灣國旗，作品名稱是《香港製造》。有天晚上，我跟曾任藝術評論家的石瑞仁坐在伊通公園的陽台上喝東西，他說：「我在文化上是中國人，政治上卻不是。」自稱「Tchenogramme」的藝術家陳愷璜則這麼說：「我是國際公民，也是台灣本土派。」他們的創作是不是台灣藝術？原因又何在？是這些藝術家主要的話題。

七〇年代，許多藝術創作擁抱了台灣的鄉村文化，呈現出迥然不同的地景特色，而另一位年輕藝術家陳主明這麼解釋：「在七〇年代，政治利用藝術；八〇年代晚期，藝術開始利用政治。在七〇年代，我們的本土主義反映出台灣被逐出聯合國時的不安，而現在，台灣正走向更全面的自由與更繁榮的社會，我們的台灣主義也反映出這種自信。」貝霖甫卸下美國在台協會處長一職，也就是美國駐台「大使」，他向我解釋：「一九六四年，台灣脫離外援，接著迅速從農業走向手工製造業，再走向科技經濟。有段很短的時間，農村與手工業曾是社會的基礎，現在成為感懷的主題。」

像伊通公園創作群那樣受過西方教育的藝術家，所面對的複雜性比他們所能處理的還要高。石瑞仁說：「我們有些人跟中國文化決裂，有些人跟西方文化決裂，有些人跟自己的整個過去決裂。我們私底下排斥西方、檯面上排斥中國。不過本土主義並不真是國族主義。」莊普是伊通公園創始人之一，他說：「藝術家創作關於台灣政治的作品，不過他們對政治藝術的定義與概念是在美國藝術學校學來的。」

如同大多數的先驅，他們也飽嚐挫敗。「走向國際」之困難，常顯得難以克服。梅丁衍說：「藝術家拚命想開創一種台灣視角，但這種奮鬥本身從來就不是作品的主旨。世界其他地方對這種作品不感興趣，就是這個原因。」藝術家陳慧嶠的裝置作品以針、鋼鐵與水為素材，融合了形式主義與極簡主義。她說：「看著我的作品時，心裡別想到台灣。欣賞就好。這單純就是藝術。」

台灣目前的當代藝術市場很疲軟，約有九十％的藝廊都在虧損經營。李亞俐是台灣畫廊協會理事長，也是龍門畫廊負責人，她說：「問題在於，價格在美術館時代初期被炒得很高，就是北美館創立、大家開始追捧台灣藝術那時候。結果顯示次級市場難以預料，我們的藝術也沒有真正打入國際。華人不喜歡這種不穩定的投資。」因此，雖然對台灣持續追求的文化認同來說，當代藝術界的發展至關重要，藝術的產製卻因為無利可圖而日漸邊緣化。

新樂園是另一個由藝術家經營的空間，距伊通公園五分鐘計程車車程。非營利的新樂園位於沒有窗戶的地下室，既沒有時髦的咖啡吧檯，也沒有陽台讓思想家做日光浴。這裡的觀眾比伊通公園還要小眾、更自我指涉，作品也更艱深與疏離。在一件作品裡，所有時鐘都定在兩點二十八分，以防世人遺忘了二二八事件（發生在一九四八年二月二十八號的台灣大屠殺），那是台灣國族主義的壯烈背景。

北美館的李玉玲陪我去見她大膽創新的藝術家朋友，我們在途中聊到獨立的台灣所運用的微妙語用學，那可能是源於藝術家的先見洞察。她說：「台灣本土基本教義派拒絕來自中國的過去，不過我們的新認同其實是半發掘、半創造出來的。我們不能拋開故宮與中國傳承，因為這也是現代台灣重要的一部分。問題是如何納入來自中國的過去，又要使自己與它有別。文化是累積出來的東西，你不能馬上就開始一種新文化。文化必須以過去為基礎。」

在吳天章的工作室，我們討論了他所謂的「國民黨的過客心態」，也就是國民黨政府來台只是反攻大陸前的暫留。他說：「每個來到這裡的人都預期要再次離開。我們沒有超級高速公路，因為國民黨認為這種路不值得建，因為他們當初想盡快離開。這座島上布滿夾板蓋出來的花稍建築，什麼東西都沒有實在的基礎，也沒有真正的根。我們在台灣太習慣這種虛假，結果把它們當成真實。我們必須改變這一點。」他比了比他的作品《再會吧！春秋閣》，畫面的顏色詭異，光線充滿人工感，景色媚俗得引人發噱。「我作品裡的每樣東西都很假，因為這反映出這座島上的社會現實。」

當晚稍後，我們離開壅塞的台北市中心，來到一棟彷彿是從卷軸畫搬出來的平房。我們坐在庭院裡，與黃致陽夫婦一起看著月亮升到城市上空，一邊喝茶、嗑南瓜子。黃致陽運用中國水墨技法創作觀念裝置，作品美得難以忘懷。他解釋：「我剛開始念藝術學院的時候，決定學中國藝術，因為對年輕時的我來說，所有西方藝術看起來都一樣。我心知自己想做新的東西，又覺得西方媒材完全沒有新的聲音了。」《肖孝形產房》是他最壯觀的作品，在十幾張吊掛的宣紙上以水墨畫出骨骼人形，尺寸與真人相仿，性器官都誇張美化，半人半怪。他說：「為什麼有人認為現代跟中式風格在藝術中是不相容的概念？我追尋的是這個瘋狂、混成社會的真相。」

我和編輯周海聖一起去看夏陽，台灣藝壇的大老。他的油畫看在西方人眼裡平凡且缺乏獨創性，不過他去年在北美館的回顧展大為轟動。夏陽說：「學西方藝術的藝術家，都企圖用西方的東西改善中國藝術。這套思路只會敗壞傳統，毫無重新建樹。頂多是把中國情感與西方形式湊在一起，這或許還有可能。」

另一天，我們去拜訪夏一夫。唯有訓練有素的中國眼睛，才能看出他的山水畫裡有西方透視的崩壞痕跡，以及濕筆與乾筆之間某些非傳統的對比。他說：「西式油畫是你心情平靜的時候去看的，會激發你的情緒。水墨畫是你興奮的時候看的，使你平靜下來。水墨畫比較接近宗教體驗，就像冥想，能淨化心靈。我的作品本身既不是中式，也不是台式，而是發自內心，因為在我們心裡，大多數人真正想要的是平靜。我覺得你們西方人想要的，還有這些年輕前衛藝術家跟民進黨想要的，是興奮刺激。」他暫時打住，環顧全室。「選舉啦、飛彈危機啦，我們還需要藝術來刺激我們嗎？」

◆ ◆ ◆

一九九八年，在我寫出這篇文章的兩年後，一名中國大陸公民抵達台北，並且在幾天後發射了多枚飛彈，導致松山國內線機場暫時關閉。關於飛彈的數量眾說紛紜，不過官方的數字是兩百枚。根據一則當地報導，台北北區的居民被強烈閃光與巨響嚇了一跳，但「沒有過度恐慌」，也沒有傷亡傳出。松山機場關閉是北美館事先協調的結果，而那些飛彈是由旅居紐約的藝術家蔡國強所發射，是為台北雙年展開幕所做的表演。台灣藝術有一條日趨政治化的進路，其上有許多激進的作品，蔡國強這個《金飛彈》計畫便是其中之一。

土耳其 ◆ TURKEY

航向拜占庭

Sailing to Byzantium

《漫旅》
July 1997

我在一九九六年陷入重度憂鬱，幾乎無法旅行。但我還是接下了一個案子，那是我為《漫旅》雜誌撰寫的第一篇文章。所以我硬拖著自己向地中海東岸出發，並且在那裡發現一個寶貴的真理：雖說運動、藥物和心理治療是憂鬱症最有效的療法，一次令人全然沉醉的假期也能有所助益。土耳其的海岸優美宜人，旅伴討人喜歡，天氣無可挑剔，我的病情也好轉了。我在《正午惡魔》提過這段經歷。

這趟旅行名義上是為了學畫，而我第一天就跟蘇珊娜說我不會畫畫。她說：「亂講，每個人都會畫畫。你只是從沒受過適當指導，我會讓一切改觀。」那天結束時，她說：「你說得沒錯，你真的不會畫畫。或許你該試試攝影。」

◆◆◆

這趟帆船探險之旅有十一人登記參加，大家的藝術造詣都在業餘程度，原本是為學畫來的。每天早晨，我們都在醒來幾分鐘內就走出自己的搖籃，色深如酒的東地中海波浪輕柔起伏，我們也隨之無止境地晃盪著。昔日曾有一群身分高貴的男性生活在這片大地，高唱戰歌，從那時起，就有人以酒比喻這片海洋的深沉顏色。在甲板上等待我們享用的是麵包和新鮮奶油、希臘羊乳酪和橄欖，以及濃醇的土耳其咖啡。年紀最小的船員伊卜拉欣（Ibrahim）服侍我們用餐，他稱呼我們「先生」、「女士」，每當有人想來點蜂蜜、優格或安納托力亞櫻桃醬，他總會立刻出現在客人身邊。到了那時往往已豔陽高照，日光浸透了空氣。有些人抱怨自己睡得太少，又喝了太多船長的特調雞尾酒，但我們大都只因為又能在阿里夫船長號（Arif Kaptan B）上度過一天而感到滿心幸福。我們對早起都不以為意，如果你是在其他場合認識我們，肯定難以置信。我們自己也不敢相信。

等到吃飽喝足，帆船啟動引擎，升起風帆，我們會順著陸地的輪廓航行，彷彿那是愛人的身軀，每一道曲線我們都得探個究竟。湯姆．強森（Tom Johnson）是西敏古典旅遊公司（Westerminster Classic Tours）總經理，他會告訴我們碼頭上的老頭有哪幾個是互相競爭的小餐館老闆，新近如何蓋了傳統樣式的屋子，而且「就在原地」（他用手一指），蓋在公元前四世紀的地基上。同一時間，牛津大學古典學家安德魯．霍布森（Andrew Hobson）會告訴我們，在打下這些地基的時代發生過哪些事。在這個失去了根基的世界，霍布森致力於保存偉大古文明的知識。這些海岸的上古歷史如此豐富，簡直容不下現代，當你望著這些地方，滿眼盡是它們的過去。我們聊著這些話題，一邊抽起土耳其香菸，喝完咖啡，斜倚在枕頭上幫彼此的背搽防曬油。我們的膚色愈來愈像船長和船員，開始轉為適於航海的色澤。

接著登場的就是晨間繪畫課，我們雖然只是業餘卻興致高昂，課程也是為我們量身設計。蘇珊娜．范恩斯（Susannah Fiennes）是感性的人，授課卻條理分明，以精準但熱情的眼光凝視這個世界。她在倫敦的國家肖像館舉辦過個展，富有表現力的準確和質樸的哀愁使她的畫作備受好評。她本人就像根茲巴羅畫裡的人物，臉色是再英式不過的粉紅，衣衫隨風飄動，寬大草帽上繫著的白緞帶已脫了線。她將各種表現手法傾囊相授：原色和對比色、濃淡色調、厚重的渲染和負空間。「飽和的顏色帶來免於灰暗的自由。」她會一邊指點我們備妥調色盤和水彩紙，一邊這麼說。當她向我們指出呂基亞（土耳其西南部的古老地區）的海岸線與古蹟所隱含的造型色調，語氣會高昂起來。她也有鏗鏘有力的時候。

我們有人問蘇珊娜：「你跟查爾斯一起畫畫的時候，他請教過你嗎？」她曾應英國皇室之邀，陪同威爾斯親王在國事訪問途中作畫。

她回答：「沒有，但總之我還是給了他一點指教。」

有時她會朗讀一段色彩理論書，或是塞尚的信件。她指示我們：「畫畫一定要在分析自然世界之餘仍保持主觀。」經她調教，我們全學到了如何以嶄新的眼光觀察。她會說：「看那形狀多美，天空夾在兩座山峰之間的那個地方。」她也會驚呼：「你們看！那根本不是鼻子，而是光線碎解成的三角形，太美妙了！」這話讓那個害羞的廚子頗感不安，畢竟在此之前，他一直很確定自己臉上長的是鼻子，挺直好看的鼻子。

課後我們會上岸參觀某處史蹟，或把船停靠在海灣，下水游泳。海水如此澄澈，簡直無從與光線區別（蘇珊娜會解釋：水還是比較偏茜紅色）。起初，海水的深度總令我們不知所措，從甲板高度縱身入水之際，我們會不禁猛吸一口氣。接著，我們突然發現水深其實不足為懼，於是開始游過彼此身邊，手牽著手踢水，或是水花四濺地踏上某處無人的海灘或一角礁岩，或者扮起海怪來。有個女性團員身穿在聖特羅佩買的粉紅比基尼，其他人雖然沒有那樣的行頭，泡在同一片鹹而清澈的海水裡，仍讓大家覺得彼此是平等的。你可以繞著船游一圈，或是游上一公里多直達某塊引人入勝的礁岩。置身海中的感覺實在美妙，既愜意又冷冽。

我們坐下來吃午餐時通常渾身濕漉漉。在餐桌上，沙拉對比的色彩賞心悅目，葡萄酒則是本地所產。女性有時會在頭上簪花。大家分享最精彩的個人軼事，很快建立起真摯而親密的友誼。或許，要能建立這樣的情誼，條件必須是你人在呂基亞且天氣大好，你的旅伴從年方二十四到超過八十歲都有，你們搭乘的船長二十六公尺，配備藍色帆罩，船尾飛揚著一幅大如地毯的土耳其紅國旗，鋪著桃花心木板的客艙各有專屬淋浴設備和浴室。又或許，最可能的條件是這趟行程的旅費不高，全程有兩位古典學家和一位畫家為伴，而且大家都脫下了手錶，八天後才再次戴起。此外，你們大都讀了太多的伊夫林・沃[1]，曾為艾斯奇勒斯[2]和馬諦斯沉吟許久但從未完全領會，說起情境喜劇《荒唐阿姨》（*Absolutely Fabulous*）幾乎都能立刻分辨在談的是哪一集。

「你們聽！那是什麼聲音？應該是我們昨天聊到的那種鳥，罕見的安納托力亞鷹。」有人說。

我們全陷入片刻沉默。

「那是維內莎的鬧鐘啦。」另一人回答。

謎底揭曉。不過眾鳥確實在我們頭頂飛翔鳴叫，彷彿牠們也覺得光是有這麼一天、有這樣的陽光，就值得慶祝。

午餐後，因為消耗了一上午的體力，我們躺在船頭的藍色大毯子上做日光浴，船通常也正航向另一處奇景。稍後我們會享用茶水點心和土耳其芝麻酥糖，再下船參觀當日景點。某天是鑿山腰而建的希臘劇場，另一天是古代呂基亞人詭異的大型墓地，他們的富人在那裡把自己葬入永不腐朽的石墳。我們端詳著以失傳的呂基亞文書寫的銘文，安德魯向我們解釋現代人為破譯這些符號做了哪些努力。我們隨湯姆攀往這座城邦、那座衛城，他會解讀途中所見的古希臘碑文並為我們翻譯，向我們訴說上古時代的奇聞軼事。在代姆雷附近的劇場遺址，湯姆向我們指出牆上的刻名：堅果販子傑拉休斯（Gelasius）刻上自己的名字，就為了占據主出入口樓梯頂層的好位子。湯姆也帶我們參觀阿瑞肯達（Arykanda）的祭壇，公元前五世紀的人就在這裡祭祀太陽神海利歐斯（Helios）。在烏其埃伊斯（Üçağız），他與我們並肩坐在厄馬皮歐斯（Ermapios）之子阿虔德摩斯（Archemdemos）的墳墓旁。

這些地方都沒有圍起鐵絲網，偶有幾次，我們得為知名景點付入場費，不過大多數遺跡都空曠無人，只見野百里香和苜蓿在石縫間生長。我們四處攀爬，自覺有如首批造訪這些黃金處女地的旅人。自從當年被浪漫主義文人發掘以來，這個上古世界的風貌仍如往昔，既不像成了考古界迪士尼樂園的龐貝城，也不是遊客如織、經大力整治而顯得難以親近的德爾菲。如同維多利亞時代的查爾斯・費洛爵士[3]和史派特船長[4]，我們也來到米拉宏偉的羅馬劇場，參觀聖尼古拉教堂和完整得驚人的阿瑞肯達遺址，也就是亞歷山大大帝曾經征服、哈德良曾經閒遊之處。一名牧羊人帶著羊群，磕磕絆絆地穿越競技場。兩個包著頭巾的老婦人向遺址下方傾斜的田地走去。除此之外，現場的人類就只有我們一行人了。我們參觀過的每個地方，在凋零破敗中都自有一股壯美，古時的英雄豪傑想必也跟我們一樣，曾目睹此情此景並心生悲涼。我們以較為謙遜的眼光凝視這片景色，繼續以水彩寫生，除此之外，在這片歷史反覆更迭一如羊皮紙重複擦寫的土地上，不留更多印記。

我們筆下的丘陵因花朵盛開處處染紫，紅瓦村舍層層掩映於九重葛中。我們隨處閒坐，用畫筆

1 伊夫林・沃（Evelyn Waugh, 1903-1966）：英國小說家、記者，也從事旅行寫作。——編注
2 艾斯奇勒斯（Aeschylus, B.C. 525-456）：希臘悲劇詩人。——譯注
3 查爾斯・費洛爵士（Sir Charles Fellows, 1799-1860）：英國知名考古學家與探險家，以他在土耳其的考察聞名。——譯注
4 史派特船長（Captain Spratt, 1811-1888）：英國海軍將領和地質學家。——譯注

記下對石垛牆的印象，蘇珊娜則不時從我們的肩頭探看，沒有人比我們更能領略什麼是免於灰暗的自由了。她說：「我想看到那片山花的造型帶給你什麼感覺，要從輪廓邊緣切入。」我們下筆迅速，既寫生又寫意。

然後我們往下一站前進，有時可能是去參觀另一座景致宜人的墳墓，要是在村莊附近，可能也會上酒吧來杯土耳其茴香酒，或是買些基里姆織毯（kilim）、明信片、亞美尼亞古董銀腰帶。抑或有時我們會巧遇湯姆或船員的當地朋友，於是與他一起拾級而上，進入隱蔽的街道。鑲著金牙的女人在那裡洗衣煮飯，事業有成而發福的男人則閒坐著抽菸、對奕雙陸棋。船長哈珊告訴我們：「男人沒小腹，就像房子沒陽台。」我們一行人裡的男人有時會上村裡的理髮店，讓師傅用直剃刀為我們修面，按摩臉部和肩膀，並梳上油頭。回到船上，我們把一碟碟土耳其軟糖掃進肚裡，讓陽台擴充到蘇丹王宮殿的規模，然後在流連不去的暮光中下海游泳，甲板上四處晾著水彩畫。

通常到了九點左右，我們又坐回甲板，此時夕陽終於西沉，伊卜拉欣會從下層的廚房為我們端出更多美食佳餚：烤肉、香料雞肉、鑲茄子。月亮升起後，我們玩比手畫腳或講故事，喝更多茴香酒、聊更多藝術，或你來我往互拋格言警句，極致的歡愉讓每個人都更顯犀利機智。在滿月之夜，我們關掉全船電力，船員在蠟燭上放橘子皮增添香氛，安德魯拿起《伊里亞德》為我們朗讀希拉勾引宙斯的段落。接著我們在午夜下水游泳，互相潑灑海水，銀光四濺。就連船員都加入與我們同樂，船長更跳了一段讓我們全都自嘆不如的肚皮舞。

「你們聽。能聽見山羊的鈴聲吧？牠們也醒著。」凌晨時，有人這麼說。

我們全陷入片刻沉默。

「那是賈斯伯杯子裡的冰塊啦。」另一人回答。

謎底揭曉。不過在月光下，我們確實看到了山羊。那是一群沒繫鈴鐺的野山羊，在丘陵間上下遊走。當晚我們大多在甲板上並肩而眠，直到玫瑰色的曙光染到我們身上、四周礁岩全轉成稀薄的粉紅色，才突然驚醒。然後我們又陷入半睡半醒之中，直到伊卜拉欣端來咖啡。

每天總有舞會，不分年紀大小，我們似乎總在跳舞。有幾個傍晚，我們會上港口村子的小酒吧，隨著亙古流傳的音樂與趾高氣昂的本地人共舞，大家走成一圈，抬頭挺胸、高舉雙臂。湯姆是博德魯姆（Bodrum）傳統戰士舞的一流舞者，他教我們這群男人跳當地的傳統舞步（「你得一付雄風萬丈的樣子才行。」他滿懷鼓勵地解釋）。在卡什（Kaş），我們之中有幾個人勇闖鄉下的迪斯可舞廳，土耳其風帆衝浪手和潛水員在那裡隨洛．史都華搖擺，他們的女人則有如當代莎樂美，跟著奧莉薇亞．紐頓－強縱情迴旋。

不過，最教人難忘的還是我們在船上跳的舞。每天早餐和午餐後，我們有些人會打起小盹，其他人播放錄音機卡帶，或將吹撫峭壁的海風想像成音樂，繞著主甲板翩翩起舞。蘇珊娜穿著飄逸的連身裙，在舞伴把她放倒在船頭外時放聲大笑，任一頭長髮垂向海面，引得主廳裡的船員好奇地向外張望。在這個柚木和帆布組成的世界裡，我們想像自己是酒神的女祭司。

某個炎熱的日子，暴風雨突如其來。我們全衝到艙外，任憑雨水流下臉龐，半舞半泳地在甲板上滑行。音樂自湯姆的卡帶流洩而出，那是一名土耳其男子以低沉的嗓音吟唱著熊熊愛火。諷刺是英式幽默的精髓，我們這群人格外重視，但不知怎地，這一回，我們似乎把那套從現實抽身、反諷世事的功夫遺落在岸上，與周遭融為一體。這是我們此生首次也僅此一次的奧德賽漂泊之旅，我們在船上做的每件事彷彿都比真實人生來得更真實，至少在那片刻是如此。倘若思及回程的漫漫長路，我們再也無法想像自己當初應該留在家鄉、遙想呂基亞。亞歷山大大帝在公元前三三三年首次踏上這片至今仍純淨無瑕的海岸時，想必也有同感。

尚比亞 ◆ ZAMBIA

尚比亞魅力

Enchanting Zambia

《漫旅》

February 1998

我在一九九二年初訪尚比亞，並於一九九七年再度前往。尚比亞後來成為熱門旅遊地點，在一九九〇年代卻還是鮮為人知的偏遠地帶。這趟獵遊之旅雖然比較折騰人，卻也讓攝影師、兩個朋友和我見識到蠻荒野地能有多麼強烈的美感。

◆ ◆ ◆

幾年前，我與一位朋友曾花一個月開車橫越非洲南部。我們的計畫很粗略，對當地認識也相當淺薄，直到途中某天晚上在波札那，我們偷聽到一個渾身散發獵遊行家氣息的大鬍子男人說話，於是在徵詢他的建議後重新規劃了行程。可惜我們沒什麼機會應用這些新獲得的真確知識，兩天後，我們在辛巴威崎嶇的道路上出了翻車意外，這趟旅行就此突兀而狼狽地結束。有五年時間，我都夢想重返非洲南部，去年七月總算一償夙願，與兩名好友、一位攝影師加上那位鬍子男蓋文．布萊爾（Gavin Blair），一起踏上探索尚比亞之旅。

我們嚮往的是刺激、鮮為人知又有新鮮感的國家。要有趣、美麗又不致危險，最好是既能一覽獵物之美，又能接觸在地文化。蓋文說，我們在曾隸屬於北羅德西亞的尚比亞將會發現另一個非洲，那是大批湧入肯亞、北坦尚尼亞、南非等地國家公園的遊客仍一無所知的非洲。在尚比亞的兩個星期中（耗在所謂「高速公路」上的三天除外），我們總共只看到十一部車輛。

蓋文是辛巴威白人，擁有三個國家的導遊執照，也熟知多國的鄉間僻徑和稀有物種。他知道你可能看到的大半植物的拉丁學名、昆蟲的交配季節、每一種動物的足跡。他懂修車、修你的雙筒望遠鏡、治鳥兒受傷的翅膀，要是有人在圍著篝火吵架時感覺受傷，他也同樣有本事修復那人的心情。

我們在姆富韋機場降落，其實就是一條小跑道，這是前往尚比亞中北部國家公園的便捷起點。蓋文來接機，隨即載我們去南盧安瓜國家公園，他美麗的太太瑪喬麗（Marjorie）在營區等著我們。瑪喬麗是能幹的廚子、鋪床快手，辨認獵物快又準，此外也是傑出的法國號演奏家，每年她會在英國待三個月，參加格林德伯恩巡迴歌劇團（Glyndebourne Touring Opera）的演出。而且，她顯然喜歡動物勝過蓋文以外的所有人類。

第二天，我們一大早就啟程，動物會盡可能在這涼爽的時段出來活動。中午，我們在巨大的猴麵包樹下野餐，然後原地待到傍晚，等候在暮色中狩獵的掠食性動物出現。我們四個新手這時還十分天真無知，一看到動物就大驚小怪，就連遇上瓦氏赤羚都要駐足觀看，儘管這種毛色偏紅的羚羊在尚比亞就跟癩皮狗身上的跳蚤一樣多。我們看到了鱷魚，也欣賞河馬滑進淺水灘，悠哉地泡在裡面，還目睹一隻鬣狗打量著一群斑馬。最美妙的是大象，牠們踮著腳尖涉過泥漿，有如碩大無朋的芭蕾舞者，等踏上堅實的地面才放平腳掌。本地有悠久的盜獵史，獵物對人類充滿戒心。雖然如此，仍有一頭年輕的公象站得離我們驚人地近，當牠用象鼻在泥漿裡探來探去，彷彿用望遠鏡找星星，我們就這麼貼身觀察了牠半個小時。

隔天，我們看到了第一頭獅子。她身影忽隱忽現，小心翼翼地跟蹤一隻嚇呆的瓦氏赤羚幼羚。

這隻獅子的一舉一動是如此精心盤算，令人難以抗拒，任何七層紗之舞[1]的演出都不足以相提並論。那天我們也看到了牛羚，神態有如遠征途中的暴躁老翁，還有一隻高挑可愛的扭角林羚、一隻水羚，以及數百隻身形苗條的飛羚。我們觀察到準備交配的長頸鹿——雄鹿試喝雌鹿的尿液，藉此判斷雌鹿是否正值受孕期。我們對牠們奇異的長脖子和銅鈴巨眼嘖嘖稱奇，揣想著上帝發明牠們時想必玩心正盛。

探索過南盧安瓜獵物最密集的河川區之後，我們往環繞盧安瓜山谷的懸崖出發。路況崎嶇難行，車子得涉水過河，有時路跡杳然，幾乎模糊到完全消失。我們大多坐在車頂一路彈跳，不時壓低身子避開低垂的樹枝，在豔陽下過度曝曬，偶爾瞥見幾隻動物和許多前所未見的植物。一回，車身的顛簸把我的皮夾震得飛出後口袋，不過我們覺得想必是找不回來了，於是繼續前進。我們穿越采采蠅猖獗的低地，那真令人渾身難受，不過我們也在肥沃的谷地摘了馬魯拉果來吃，並一嚐猴麵包果莢內的粉末在舌尖融化的滋味。

等我們抵達崖底，時間已是下午。我們往山上前行，山路是如此陡峭，車子感覺簡直要從岩壁翻落。後來我們遇到一個非常深的窟窿，只好停下來搬石頭填補坑洞才能繼續前進。高度不斷爬升，車子行經蓊鬱蒼涼的野地，當我們覺得再也吃不消了，這才突然發現自己已來到崖頂。自抵達尚比亞以來一直置身其中的風景，在下方如地圖般展開，與地平線同等遼闊，既清晰有序又具體而微，我們彷彿是透過記憶而非雙眼看著這片地景。

蓋文事先警告我們，車程將持續一整天。懸崖北邊的道路坑坑洞洞，為了避開，我們得迂迴前

1 歌劇《莎樂美》中的段落，女主角莎樂美應國王要求跳起極度情慾的舞步，以此為代價要求國王殺害拒絕自己求愛的施洗聖者約翰。——編注

進。蓋文說：「只有喝醉的駕駛才會直直往前開。」等我們好不容易抵達目的地，每個人都又餓又暴躁，不過那是一棟可愛的都鐸風小屋，有攀藤玫瑰、工整的花園，從尖樁圍籬上的標示看來，我們來到了「卡碧夏溫泉旅社」(Kapishya Hot Spring Lodge)。一名白人男性從小徑小跑步過來，身上裹著非洲的奇柯沙龍布（kikoi），模樣有點神經質。他說：「唉呀呀呀，還以為你們不來了呢，我是說真的。快進來吧，請進請進。」他是旅社老闆馬克・哈維（Mark Harvey）。一群手提油燈的村民站在他身後，哈維對一名助手說：「厄尼，把行李搬進去，給他們弄點熱的東西吃。」又轉過來對我們說：「晚餐前剛好有空泡一下。」

我們被帶到配備很基本的客宿小屋，厄尼隨後又領我們去幾百公尺外的一個池子。池底鋪滿白沙，池邊原有的石塊被鑿出幾層階梯以供人走入水中。水面蒸氣裊裊升起，透過蒸氣可見一棵棕櫚樹獨立的剪影，掩映著一輪將圓的明月。我們脫下衣服，滑入池水，從未覺得洗去一日勞頓的感受是如此暢快。溫泉不斷從沙間汩汩湧出，銀色月光穿透蒸氣，把盧安瓜炎熱明亮的地貌從我們的雙眼洗去。泡完溫泉，我們坐到篝火邊啜飲琴通尼、吃牧羊人派，聽哈維說席瓦甘杜（Shiwa Ngandu）的故事，那是他外公在尚比亞蓋的屋子。隔天早上我們就去參觀席瓦甘杜，這棟建築不是非洲殖民風格，而是被遼闊的英式花園環繞的維多利亞式大宅院，毫無非洲氣息。花園仍由忠心的僕人略做維護，但基本上已經荒廢。走過這些園圃，讓人有種英倫夢境正被非洲叢林狼吞虎嚥的感受。精雕細琢的藤架上爬滿開花藤蔓，我們站在藤架底下眺望山巒和遠處一座壯麗的湖泊，樹叢間隱約可見獵物的動靜。

席瓦甘杜讓我們覺得既有趣又陰森，之後我們便迅速往西邊的班韋烏盧沼澤地（Bangweulu）前進。車子開上一條小路，接連穿越數十座由泥磚草屋組成的聚落。這條路每隔幾星期才有一輛汽車開過，本地居民大多身披非洲傳統布料，會在我們行經時停下手邊的一切，跑來向我們揮手。孩子會唱歌跳舞，有些還尾隨在車後蹦蹦跳跳。正如我們中的某人所說，這肯定就是英國女王的日常。

午餐時間，我們在某個村莊暫歇。因為英語是尚比亞的官方語言（該國有三十五種族語），與村民溝通很容易。我們遇見一個年方二十、名叫威利．蒙巴（Willie Momba）的年輕人，他邀我去家裡，那是只有一房的小屋，帶我去看他的田地（種了一棵芭樂樹、六株青蔥、四排番薯和兩排番茄），又介紹我認識他太太。他的寶貝是一部相機，但他從沒有過底片，所以我給了他兩卷。

到了下午，沿途的村莊愈來愈小也愈顯窮困，而且更靠近路邊。將近黃昏時，蓋文看似隨意地把車轉進一片遼闊的原野，二十分鐘後又駛上一條堤道，過了半小時終於抵達營地。無名泥沼向四面八方綿延數公里而去，在夜色裡霧氣迷濛、輪廓不清，怪異的聲響和動物的喊叫此起彼落。我從沒到過這麼像大地盡頭的地方。我們很早就寢，做了奇異的夢。

清晨，我們與四名地陪一起出發。這群男人笑容開朗，打赤腳但戴著帽子，擁有神祕的方向感。我們一路尋找非洲最難得一見的鯨頭鸛，跋涉過一叢叢灌木，遇見大片水體就搭小船撐篙或划槳而過。愈往前走，四周的地面益發綿軟、沼澤愈見濕濡，然後，我們便抵達了漂浮地。這地方實在古怪，草堆長得密密麻麻，交纏的根部把泥土牢牢攫住，再下方卻是大片渾濁的沼澤水。看似普通地面，腳一踩下卻凹陷滑動，每踏一步都會下沉個十公分左右，像是走過一碗蓋著保鮮膜的湯，又像在裹了厚絨布的水床上散步。

我們帶著想一睹鯨頭鸛的高昂興致前進，終於走進了漂浮地也托不住我們的地區，陷入深及膝部，有時深達腰際的沼澤。但最後，我們總算找到目標：一種外型彷彿出自詹姆斯．瑟伯[2]筆下的動物，在翼手龍滅絕不久後即降臨這個世界的史前鳥類，嘴喙有如巨大的木鞋黏在臉上，模樣很可笑。我們總共看到三隻鯨頭鸛，然後渾身汙泥但心滿意足地跋涉回營，沖了長長的澡。那天下午，我們待在營地看著石龍子在附近亂竄，自覺像是全宇宙唯一的人類。

傍晚，我們沿著堤道開了幾公里路，行經彷彿吹口氣就會倒塌的蘆葦漁舍，接著進入沼澤旁的沖積平原。成群的垂耳鶴在那裡表演求偶舞，牠們身後是多達五千隻的紅驢羚群。蓋文設定好油門，讓車子以每小時約十六公里的速度向前，然後爬上車頂加入我們。車子緩慢笨重，但穩穩前行，動物並不怎麼害怕。我們有如行李推車，穿越人滿為患的機場。回到營地後，瑪喬麗動手做晚餐。當她端出甜點焰燒香蕉，全體雇工爆出一陣狂笑。他們笑到流淚，說太太放火燒了晚餐。

離開班韋烏盧沼澤地，有如從愛麗絲的魔鏡返回真實世界。在兩天前走過的道路上，我們再次向手舞足蹈的孩子揮手。到了某座村莊，蒙巴在路邊叫住我們。他拿出一個用線捆住的盒子說：「我一直在等你們回來，想把這些番薯送給你們，能認識你們真是太高興了。」那分量肯定占了他全部收成的三分之一。我們推辭了一番，最後還是收下他的禮物。他站在路邊揮手，直到我們消失在他的視線之外。能來到這樣一個世界，我們深感榮幸。這些住民的慷慨無私、對我們的強烈關注，以及他們真摯的善良，就跟這裡完美無瑕的天氣一樣，是我們在尚比亞最深刻的體驗。

離沼澤地愈遠，房屋也愈來愈大、離路邊更遠，居民似乎也比較富有。他們從遠方揮手時更為不疾不徐，或許是比較見慣了外國人。我們在下午三、四點來到一塊白色路牌前，上面的亮藍色字體寫著：「右轉至契坦波（chitambo）酋長宮殿。」又開了快要一百公尺左右，另一塊路牌指示：「由此去契坦波酋長宮殿。」我們經過一間學校，還有一塊泥土空地，有孩子正在玩球，然後看見一塊最大的路牌：「你正在接近契坦波酋長宮殿。請脫帽下單車。」矮柵門後是一小方養護良好的英式草坪，中央矗立著一根旗桿，草坪遠處座落著三棟一模一樣的白色矮房，附近四散著幾間小棚屋。

一棵樹下露出一張躺椅的椅腳，椅身泰半被一份超大的報紙遮住。報紙往下一移，露出後頭穿著野營短褲、精神奕奕的男人。這位酋長用英國上流階級的口音說：「歡迎光臨我的宮殿。」他領我們去他的辦公室，向我們訴說契坦波族的歷史。他說他致力於土地保育，每年都騎單車四處拜訪他九萬臣民的每一個人。我們喝著他請的可口可樂，向他稱讚尚比亞有多美，他的族人對我們又有多好，此外也聊了點美國的事。酋長拿出訪客留言簿請我們簽名，又帶我們到外面參觀宮殿周圍環境。那三棟矮房是供他的三個太太居住，他輪流陪每個太太一星期。當我們提到我們的習俗是只有一個太太，而且一直跟她住在一起，他問道：「你們不會落得一天到晚吵架嗎？」

酋長分別與我們每一人在國旗底下合照。我們要離開時，他低聲說明，在這類拜會後留下一點紀念品是當地風俗。我們給了他幾美元贊助他的教育基金，還有一個人送給他一頂鮮豔的彩色格子布網球帽，帽子前緣繡著大大的《芝麻街》畢特與恩尼字樣，是她原本想送某個孩子的禮物。契坦波酋長戴上那頂帽子，等他把帽子調整到完美角度，我們再全體大合照。等我們回到車上，酋長就像蒙巴一樣，站在路中央不停揮手，直到車身轉過街角，從他的視線中消失。

我們抵達占地不大的卡桑卡國家公園時，滿月已經升起，山谷中花香浮動。第二天，蓋文在日出前就把我們叫醒，我們爬上搖搖晃晃的高梯子，站到一棵樹最頂層的枝幹上。等陽光驅散霧氣，我們看到了罕見的澤羚群。蓋文帶了保溫瓶，大家喝茶配餅乾，聽著第一聲鳥鳴響起。那天有一人得先搭機離開，所以我們往首都路沙卡前進。那是令人感傷的一天，也十分漫長。

路沙卡是醜陋的城市，髒臭又擁擠不堪。我們在城外一間舒適的高級旅社留宿，臥房有現代

225

2 詹姆斯・瑟伯（James Thurber, 1894-1961）：美國知名漫畫家與作家，以機智幽默的風格著稱。——編注

照明，水龍頭一轉開就有熱水，公共區域甚至還有游泳池——在沼澤走過一遭後，我們對這一切欣然接受。晚餐後，我走向我的圓頂小屋，發現一群斑馬圍繞在屋外啃食著綠草坪。牠們在我緩緩走近時讓開，但頂多只移步了一公尺。我停在門口看著其中一隻，她也盯著我。要是你剛花了一星期用望遠鏡觀察動物，不時還得為了看個清楚而伸長脖子，這種突如其來的近距離接觸實在令人飄飄然。我們就像火車上的陌生人，好奇地打量彼此，然後她大概是看夠了，掉頭小跑步離去。

第二天，我們抵達北部的卡富埃國家公園時，夕陽已經低垂。我們在低谷地撿柴火，在幾近漆黑的夜色中抵達營地。蓋文客氣地請我們別幫忙搭帳棚，以免礙手礙腳，所以我們帶著一瓶葡萄酒走向河邊，看群星亮起。如果要我選出一個私心最愛的尚比亞國家公園，我會說卡富埃。這裡的動物和樹木與其他地方沒什麼差別，但一切不知怎地又格外優美，彷彿大自然在塑造此處的地貌時，興致特別高昂。我們在這裡看到了第一頭花豹，牠正如我們所想的一樣性感、羞怯、渾身斑紋。獵豹也出現在我們眼前。接下來三天，我們開車穿越卡富埃的丘陵，在午後散長長的步，閱讀，寫明信片。然後我們開車往南移動了半個卡富埃的距離，來到四十公里長的伊泰濟泰濟湖（Lake Iteshi-Teshi）。我們爬上巨岩，蹄兔（形似齧齒目的小型哺乳動物）也聚在上面曬太陽。伊泰濟泰濟湖的風貌還很原始，彷彿停在創世的那一天，裡面有河馬、斑馬，還有一葉正橫過湖心的獨木舟，彷彿多愁善感的畫家為畫作添上了一筆細節。

隔天，我們前往卡富埃幾近完全荒蕪的南區。那裡有五百隻水牛，黑斑羚和牛羚的數量甚至更多，這些動物看到我們似乎很驚訝。我們目睹一棵相思樹上棲息著一百隻鵜鶘，樹葉因沾滿鳥糞而全變成白色。一隻紫胸佛法僧飛過，留下藍綠色的飛行軌跡也牽引了我們的目光。最後我們來到一塊彷彿被施了魔法的空地，陽光特別集中而明亮。蓋文和瑪喬麗在一棵開闊的可樂豆樹下紮營，我們看月亮升起，就著營火敞開心房聊天，火堆逐漸燃燒到只剩螢火蟲光點般的餘燼。

第二天早上我們又開車穿越重重野地，停在利文斯頓購物，最後在維多利亞瀑布區入境辛巴威。到了旅館，我發現皮夾在那裡等著我。一個盧安瓜的工人撿到它，於是設法聯繫上美國運通，美國運通又在取得我的旅行計畫後幫忙把皮夾送來。裡面的現金一塊錢也沒少。

當晚，我們找出行李箱底壓得皺巴巴的體面衣服，去維多利亞瀑布大飯店吃晚飯。現場有樂團演出，有人跳舞，我們從菜單點菜，舉起香檳杯向叢林致敬。隔天早上，我們向蓋文和瑪喬麗道別，因為一段精彩歷程告終而感到有些揪心，就像我大學畢業時的感受——此後人生或許會另有一番光景，且不失美好，然而，這段經歷絕不可能再重來。

◆ ◆ ◆

撰文報導鮮為人知的景點，要負的一項責任就是那些地方會因你而為人所知。尚比亞的觀光業在二十一世紀達到前所未有的高峰，不過這似乎有益當地社會，因為想抵禦盜獵、濫伐和一切摧殘大型獵物的其他行為，唯一有效的措施是建立有助動物保育的基礎建設，而觀光業往往是有力推手。自我這趟旅行以來，銅金屬價格下跌使尚比亞益發依賴觀光業，黃熱病的根除也增加了該國對遊客的吸引力。遭世人忽略的蠻荒之地很容易被蒙上浪漫色彩，當地居民卻往往因為被世人忽略而面臨生命危險。

柬埔寨 ◆ CAMBODIA

龍斐莉的三個步驟

Phaly Nuon's Three Steps

《正午惡魔》
2001

當年我去柬埔寨不是要了解心理疾病，而是想研究吳哥窟的建築。在金邊的第一晚，我向鄰座的人提到我在研究憂鬱症，對方則說起龍斐莉（Phaly Nuon）這個人。我說我想訪問龍斐莉，因此損失一天北上的參觀行程也無妨，於是他幫忙牽線安排。我在訪談時領悟到，如果我想寫憂鬱症，一定要納入跨文化觀點，後來這也成為我書裡的一個重要主題。我將這個摘自《正午惡魔》的片段略為擴充，使它獨立成篇。

◆ ◆ ◆

我在一九九九年一月前往柬埔寨，是為了欣賞建築奇觀，除此之外也想了解，在一個從匪夷所思的悲劇中重生的國家，人民會過著怎樣的生活。我好奇的是，當一個人目睹四分之一的同胞慘遭殺害，在暴政下備嚐艱困與恐懼，現在又要克服萬難重建破敗的國家，這個人的情緒會有怎樣的波動？我也想了解，如果全體國民都承受過超乎想像的創傷壓力，如今一貧如洗，並且鮮有教育或就業機會，這些人會變得怎麼樣。戰時的絕望心理常顯得狂亂，毀滅過後的絕望心理則是麻木且無孔不入，更接近於折磨西方世界的憂鬱症狀。柬埔寨的問題不是派系互相殘殺，而是所有社會機制皆被摧毀殆盡，這就像前往南極冰原中毫無臭氧層覆蓋的區域。

一九七〇年代，波布在柬埔寨發動革命，建立他稱為「赤色高棉」的毛澤東式獨裁政權。隨之而來的是多年血腥內戰，全國有五分之一人口被屠殺。受過高等教育的菁英慘遭清洗，農民被迫頻頻遷徙，許多人被關押入獄，備受恥笑和折磨，舉國長期活在恐懼之中。

柬埔寨人大多輕聲細語、性情溫和又迷人。很難想像在這個討人喜歡的國家竟有過波布那種暴行。說到赤色高棉為何能在柬埔寨掌權，我遇到的每個人各有不同解釋，但沒一個說得通，正如世人對文化大革命、史達林主義或納粹的解釋也都說不通。事後看來，或許可能理解有些國家為何特別容易淪入暴政的掌控，不過人類究竟怎麼想像出這些行徑，究其起源，我們仍毫無頭緒。這種邪惡既與所有社會的平庸之惡相連，又極端到自成一格。社會結構總比我們願意承認的更脆弱，但我們無從得知它是如何一夕消失。美國駐柬埔寨大使告訴我，高棉人民最大的問題在於，柬埔寨傳統社會沒有和平解決衝突的機制，他說：「如果他們意見不和，必須完全否認、壓抑，否則就得拔刀互相砍殺。」一名柬埔寨政府官員則告訴我，他們的人民對專制王權太過順從，長此以往，等他們終於想反抗當權者時已然太遲。

柬埔寨人很容易掉淚，每當一個笑容滿面的柬埔寨人突然在我眼前痛哭失聲，兩種情緒間沒有任何緩衝或轉換，美國大使的話都會在我耳邊響起。我有很多受訪者都在赤色高棉手下歷盡磨難，而我發現他們大多寧願往前看。然而，當我鼓勵他們說出個人遭遇，他們彷彿在我眼前退回過去，陷入極端痛苦的往事。我在柬埔寨遇到的每個成年人都受過這類創傷，換作是我們，很多人恐怕會發瘋。然而，他們內心忍受的創傷，恐怖程度又是另一個層次。我決定在柬埔寨採訪時，原本希望他人的痛苦會使我自謙，結果我自慚到無地自容。

龍斐莉是法國費加洛人道服務獎得主，曾獲諾貝爾和平獎提名。她在金邊創辦了一所孤兒院和憂鬱症婦女服務中心。她輔導婦女的成效十分卓著，孤兒院的員工幾乎全由那些婦女擔任，她們也以她為中心，形成一個慷慨助人的社群。有人說，如果你拯救婦女，婦女會拯救更多婦女，她們會從而拯救兒童，如此環環相扣，你就能救起國家。

我在龍斐莉提議的場所與她見面，那是金邊市中心附近一棟舊辦公大樓的頂層，一間閒置的小房間。她坐在一側的椅子上，我在她對面的小沙發上坐著。她如同大多數的柬埔寨人，以西方標準看來有點矮小，一頭花白的髮絲全往後梳，為臉龐增添了幾分嚴厲。她表達起個人論點會有咄咄逼人的時候，但她也很害羞，不說話時總是微笑著往下看。

我們從她個人的遭遇談起。一九七〇年代初期，龍斐莉在柬埔寨財政部與商會擔任打字員和速記祕書。一九七五年，波布和赤色高棉占領金邊，她與丈夫孩子從自家被帶走。她不知道丈夫被發配到哪裡，也不知道他是生是死。她被迫帶著十二歲的女兒、三歲兒子和新生兒在鄉下農地裡勞動。生活條件惡劣、糧食匱乏，但她與同伴並肩工作時，「從來不跟他們說任何事情，也從不露出笑容，我們也沒人露出過笑容，因為知道自己隨時可能被處決。」過了幾個月，她與家人被趕到另一個地方，途中一群士兵把她綁在樹上，讓她親眼看著女兒被輪姦並殺害。幾天後，輪到龍斐莉了。她和幾個苦勞同伴被帶到鎮外的田地，士兵把她雙手綁在背後、雙腿捆住，再逼她跪下，然後他們把一根竹竿綁在她背上，把她整個人往前傾向泥濘的田地，所以她的腿不得不死命撐住，否則就會失去平衡。等她終於筋疲力竭，就會向前栽進泥漿淹死。她三歲的兒子在她身邊嚎啕大哭，嬰兒則綁在她身上，她一倒下就會跟著她溺斃——龍斐莉會親手害死自己的孩子。

於是龍斐莉撒了謊。她說她戰前曾為一名赤色高棉的高官工作，是他的祕書和當時的情人，如果她被殺了，那個高官會很生氣。很少有人逃得出那種殺戮之地，不過有個指揮官大概信以為真，最後說他受不了孩子的尖叫，開槍打死她又未免浪費子彈，所以他為龍斐莉鬆了綁，叫她快跑。她一手抱著嬰兒、一手抱著三歲兒子，逃進柬埔寨東北部的叢林深處。

她在叢林裡待了三年四個月又十八天，從沒在同一個地方過兩次夜。她在流浪時會採樹葉、挖根莖給自己和孩子吃，不過食物難尋，往往被其他更強壯的人搶先採集一空。她嚴重營養不良，日漸形銷骨立，很快沒了母乳，沒乳汁可吃的嬰兒就在她懷裡死去。戰爭期間，她與僅存的兒子勉強活在瀕死邊緣。

等龍斐莉說到這裡，我們兩個都已經移到座椅間的地板上，她泣不成聲，踮著腳前後晃動，我則坐著，把下巴靠在弓起的雙膝上，一手搭著她的肩膀，以她在幾近恍惚的狀態下所能允許的方式擁抱她。她就這麼悄聲說下去。

戰爭結束後，龍斐莉找到了丈夫。他的頭部和脖子遭到毒打，造成重度心智缺損。她與丈夫和兒子被安置在近泰國邊境的難民營，裡面有數千人住在臨時搭建的帳棚中。他們遭到營區某些員工的身體虐待和性侵，但也得到另一些員工的幫助。龍斐莉是那裡少數受過教育的人，又通多種語言，能與救援人員溝通。她與家人被分配到一間小木屋，相形之下已是奢侈待遇。她說：「我四處走動時，看到有些女人的狀況非常糟糕，其中很多人好像癱瘓一樣，既不動也不說話，也不餵養或關心孩子。於是我明白，她們雖然熬過了戰爭，現在卻要死於憂鬱。」龍斐莉向救援人員提出特別請求，把她的小屋布置成某種心理治療中心。

她的治療第一階段是使用高棉傳統藥方（以超過一百種草藥和葉子配成），要是療效不足，再使用營區偶爾能取得的西藥。她說：「我會把救援人員帶進來的抗憂鬱藥藏起來，盡量為最嚴重的病患存足數量。」她會帶病人冥想打坐，並在屋裡設下佛壇，在壇前供奉鮮花。為了勸誘這些婦女打開心房，起初她會花三小時左右陪伴每個人，鼓勵她們說出自己的遭遇。然後她會定期追蹤訪視，想辦法讓她們再多說點，直到這些憂鬱的婦女完全信任她。龍斐莉解釋：「我想具體了解她們每個人得克服怎樣的難關。」

第一階段完成後，她就展開一套固定的療程：「我的治療有三個步驟。首先，我教她們遺忘。我們每天都做練習，讓她們每天多忘掉一點點她們永遠無法完全遺忘的事。這段期間我會盡量引她們分心，不管是聽音樂、刺繡、紡織，或是演奏會，偶爾看個一小時電視，只要有效，只要是她們說她們喜歡的事情，我都會試試。憂鬱貼在皮囊下，全身皮膚底下到處都是憂鬱，我們是拿不掉的，但即使憂鬱就在那裡，我們還是能試著忘了它。」

「等她們的腦海不再被已經遺忘的事占據，等她們學會好好遺忘，我就教她們工作。不論她們想做什麼樣的工作，我都設法教她們。有些人只學會打掃屋子或照顧孩子，另一些人學到能用來照顧孤兒的技能，有人甚至開始養成真正的專業。她們一定要學會把工作做好，並以此為榮。」

「等她們對工作駕輕就熟，最後，我教她們愛。」我說，這種技巧要怎麼教？她說：「這個嘛，其實我是靠手部和足部護理來教。」我聽了眉頭一挑。「我在難民營搭了個小棚子，布置成蒸汽浴室，現在我在金邊也有個類似的地方，蓋得稍微好一點。我帶她們去那裡洗蒸汽浴，讓她們有機會把自己梳洗乾淨，然後我教她們幫彼此保養手腳、修指甲，因為這會讓她們覺得自己很美麗，而她們非常想要覺得自己是美麗的。這麼一來，她們也要把自己的身體交給別人照顧。女性受過那麼惡毒又暴力的傷害，得鼓足勇氣才能伸出手腳，讓一個還不熟的人拿利器靠近她。等她們學會不退縮，這會幫助她們從身體上的孤立走出來，而這最後會化解情感上的孤立。她們一起洗澡、塗指甲油的時候，會開始聊天，漸漸學著互相信任，最後她們也學會交朋友，然後便再也不那麼孤單寂寞了。從前她們只向我吐露她們的遭遇，現在開始向彼此訴說。」

龍斐莉讓我看她做心理治療的工具：五顏六色的琺瑯小瓶、蒸汽浴室、去指甲角質層的小棒子、磨甲板和毛巾。理毛是靈長類主要的社交形式之一，她的作法無異於讓人類回歸理毛的社交力量，這種奇異的生物性讓我相當驚歎。當我對龍斐莉這麼說，她哈哈大笑，提起她在叢林裡看到的猴子，又說那些猴子或許也在學習愛。我對她說，我覺得要教自己或別人如何遺忘、如何工作、如何愛與被愛，是很困難的事。不過她回答我，假使你自己做得到這三件事，要教別人就沒那麼棘手。她告訴我她治療過的婦女如何形成一個大家庭，她們又把孤兒照顧得多好。

她停頓了好一會兒，又對我說：「還有最後一個步驟。最後，我教她們最重要的事。我教她們這三種技能：遺忘、工作和愛，並不是分別獨立，而是同屬一個廣大的整體。要同時實踐這三種技能，每種相互結合，才能真正有所改變。這是最難傳達的道理。」她笑了起來：「不過她們最後都明白了。等她們懂得這個道理，也就準備好重返世界。」

◆ ◆ ◆

二〇一二年十一月二十七號，龍斐莉因車禍傷重不治過世。她的喪禮長達七天，有數千人為她奔喪，許多曾是她的未來之光孤兒院（Future Light Orphanage）的院童。未來之光收留的數百名兒童都把她當成母親哀悼。

柬埔寨精神病患的處境仍十分淒涼，人民也持續為迫遷和非法人口販運所苦。創傷後壓力症候群十分普遍，自殺率是全球平均的將近三倍。儘管柬埔寨國民的心理健康如此脆弱，他們的照護系統卻是慘不忍睹，每三名精神病患中大約有一人被關在籠子裡，或是被上了鎖鍊。有精神疾病的柬埔寨人大多不尋求也不接受幫助，國民的健康預算只有〇．〇二%用於精神健康領域。提供住院治療的只有高棉蘇維埃友誼醫院（Khmer-Soviet Friendship Hospital），全國僅有三十五名受過訓練的精神科醫師為一千五百萬人服務。二〇一五年春天，某個省分提議把所有精神病患集中，移送佛塔由僧侶照料，以恢復他們的「美感與秩序」。

蒙古 ◆ MONGOLIA

天寬地闊在蒙古

The Open Spaces of Mongolia

《漫旅》
July 1999

從前當我母親想表達某個地方有多偏僻，例如她無論如何不太想探望的某個叔叔的住處，或是某間她希望我別去念的大學，她會說：「簡直像在外蒙古。」或許因為這個緣故，蒙古在我心目中成為遙遠的象徵。我常會想像某個地方深具異國風情，實際到訪後卻失望地發現沒什麼特別。不過蒙古確實是迥然不同的異境，彷彿滯留在另一個時代。蒙古的壯麗風情是如此耀眼，在你橫越這個國家的旅途中不斷閃現。

我在戈壁沙漠因為嚴重食物中毒病倒，雖然我與一位同事一起旅行，不過他受夠了旅途勞頓，決定中途打道回府。後來我與住在烏蘭巴托的大學朋友不期而遇，短暫交談後，我邀她同行，她也欣然同意。這位朋友說得一口漂亮的蒙古語，對當地所知剛好多到足以提出源源不絕的精闢見解，又不至於過多到對沿途所見感到厭倦。

◆ ◆ ◆

從北京到烏蘭巴托，我們搭乘了長達三十六小時的火車，而不是兩小時的飛機。一路上，我與旅伴看到了大段長城以及河北與山西的華中北部風光，隨後穿越中國內蒙古自治省單調而一望無際的平原。我們隔壁廂房有個二十歲的蒙古僧侶（他在八歲時

237 238

入寺修行），之前在印度留學，這是他五年來首度返鄉。與他同間臥鋪的是一名德籍管理顧問，再隔壁臥鋪是來自北達科塔州的二十一歲俄籍畢業生和來自克里夫蘭的退休英文老師。五號臥鋪是戴了五隻手錶的波蘭小說家。隔壁車廂坐著一對相貌非凡出眾的法國伴侶，他們沒跟任何人說話，還有幾個信奉哈瑞奎師那的斯洛維尼亞人，努力說服我們全體皈依，但沒有成功。我們在兩天後抵達烏蘭巴托，獨立蒙古國（又叫「外」蒙古）的首都。

蒙古的面積是美國的六分之一，約有兩百五十萬人口。國民大多是游牧民，住在木架撐起的氈毯帳棚，放牧綿羊、山羊、犛牛、駱駝、牛與馬。他們沒有柏油道路，通常不用電力，也沒有私家車，舉國信奉藏傳佛教，「達賴喇嘛」的尊號就是在四百年前由蒙古首領俺答汗（Altan Khan）所創的。即使蒙古實行過七十年共產主義，許多寺廟和僧院仍生氣蓬勃。

雖然蒙古的識字率將近九成，人民見識之廣也令人印象深刻，不過在城市之外，生活方式仍與公元一千年時大同小異。蒙古蘊藏豐沛的銅礦和金礦，也是全球首屈一指的喀什米爾羊毛產地，但大半地區仍自絕於現代化和工業化之外。有將近八十年時間，蒙古都是夾在中俄之間的「獨立」緩衝國，不過蒙古近來開始實行民主制，在最近一次選舉中，雖然投票所數量有限且相距極遠，還是有超過九成的合格選民參與投票。

我與導遊從烏蘭巴托驅車前往哈拉和林，先走了四分之三的路程，然後停下來為我們在蒙古的第一晚紮營。我們在遼闊的原野過夜，附近有座蒙古包，也就是造型低矮、類似帳棚的當地傳統住所。第二天早上，我們被馬匹走動的聲音吵醒。我坐起身來撥開帳棚門簾，眼前出現一個高大的男人，他身穿側襟開扣的藍絨布長外套，繫著黃絲布寬腰帶。我衣衫不整地隨他走進蒙古包，在蹣跚的步伐中逐漸清醒，他請我吃了乳酪、奶油和一片新鮮麵包。好客在這個游牧國度是不假思索的反應，也令西方遊客無比欣喜。我試騎了他養的馬，一群兒童在一旁看得興味盎然。他們四歲就會騎馬，六歲時的騎姿已經比我走路還泰然自若。一個大約十六歲的大孩子趨近前來看我們的車，向車廂內比了一下，那困惑的神態彷彿置身外星人太空船的動作片主角。我向他示範如何搖上車窗（他覺得很神奇），又向他示範只要按下門鎖，就不能從外面開車門（他覺得很好笑）。

那達慕是蒙古人的運動大會，每年七月十一號到十三號舉行，我們就在這場盛會的第一天抵達哈拉和林。在這沒有道路的鄉野，即使我們還沒看到遠方會場的大帳棚，光是發現這些成群結隊、衣裝鮮豔的騎士，就足以知道該往哪走。我們走近會場，逐漸感染了人群的興奮之情。賽馬在破曉不久後已經起跑，超過兩百匹馬在早晨的賽場中奔馳，另有至少六百匹馬在一旁成排而立，觀眾跨坐在馬上觀賽，就跟西方人坐看台一樣。每個人都引頸企盼獲勝的牡馬躍上地平線。他們不分男女，大都身穿傳統長袍「德勒」，質料通常是絲絨或錦緞，腰上圍著鮮豔的黃色、猩紅色或綠色絲帶。馬鞍上有銀飾，許多騎手配備銀質的馬鞭和腰鍊。他們頭上的尖塔帽五顏六色，有些鑲了毛邊，頂端綴著羽飾。幾個青少年喝多了馬奶酒（蒙古特產的發酵馬奶，多嚐幾次才懂得欣賞的那種東西），正在飆速快騎，他們前方的人群不時得分開避讓。老人與兒童被推到人群前緣，我們其他人則在後面拚命拉長身子張望。空氣裡滿是猜測、問候、家人爭吵和盤算討論的聲音。

最後，拔得頭籌的馬匹飛馳而過，現場爆出一陣歡呼。我們讓路給絡繹不絕的參賽馬匹，騎士的年紀都在四到七歲之間。他們策馬小跑穿越人群，騎遠了才放慢速度，轡頭上彩帶飛揚。冠軍被領到一旁的空地，一名喇嘛身穿飄逸長袍、頭戴鑲穗子的黃色法帽，以佛陀之名為他祈福。人人有說有笑，有些人唱起歌來，新交舊識都共享這份喜悅。經由導遊翻譯，我們遇見的每個蒙古人都對我們發出邀請：來我們的帳棚坐坐、來喝杯馬奶酒、吃塊炸麵餅、來點乳酪。他們拚命想跨越語言障礙，和我們結為兄弟，借帽子給我們試戴，教我們說朝氣蓬勃的蒙古語。

第二天早上，我們在比較靠近城區的場地看摔角。青草地上架起數座絲質帳棚，圍成一個大圈。人群在騎兵管制下大致遵守秩序，但偶爾仍有觀眾衝向彼此叫罵幾句。裁判坐在飾有白色聖符的藍色天篷下。樂隊放聲演奏，觀眾為了搶個好視野或陰涼位置擠來擠去。穿著長德勒皮袍的摔角選手依序出場，在歡呼的群眾前繞行而過，接著脫下外套，露出手工刺繡的摔角裝。每名選手都繞著裁判莊嚴地跳上一段鷹舞，然後用力拍打腿的前後兩側（「啪！啪！」、「啪！啪！」），接下來便開始根據古老的規則，兩兩成對競技。他們盡可能只以腳和掌心觸地，將體重和精準的技巧結合，逼使對手摔倒，教人看得驚心動魄。

射箭比賽也在附近舉行，弓箭手將細長的箭射過長型草地。男選手從靠後方的準線放箭，身穿白絲袍的女選手則站在離靶子稍近幾公尺的地方。在另一塊場地，有人打起非正式的馬球賽。小攤子在現場販賣糕點、毯子或收音機。賽場的背景是一片染成五顏六色的坡地——來尋歡作樂的民眾搭起了一座小帳棚村。空氣中瀰漫著露天烤肉的味道，夾雜著凝固馬奶酒的香氣，以及被摔角手踩踏過的野生百里香氣味。邀我留宿的蒙古人之多，讓我在這裡住上五年都不成問題。我為一個騎姿特別高貴的男人拍照，然後他一把將我抱上他的馬，我就這麼居高臨下地觀賽，而他的朋友在一旁對我頻頻提問，請我喝牛奶釀成的烈酒。

我們離開那達慕大會，往前杭愛省（哈拉和林位於它的北端）內部前進。走著走著，柏油路到了盡頭。想像一下你開過路況最差的泥土路，再想像其中最糟糕的路段。接著，想像那裡正在下雨，最後再想像剛發生地震過後，那個路段在雨中的情景。現在你心裡浮現的畫面，在蒙古就是狀況還算比較好的道路了。我們穿過看不見原本路面的泥濘原野，在駕駛研判橋梁不穩固時涉水過河。一路崎嶇不平，我們下車推了好幾次車，或是向其他動彈不得的車輛伸出援手。

儘管顛簸得厲害，但沿途風景壯麗，我將永誌不忘。那些巍峨的丘陵幾乎稱得上山巒，卻連一棵樹也沒有。放牧的牲口把茂盛的青草啃到如此低矮，草地平整得有如高爾夫球場。一條小溪自山谷蜿蜒而過，遍地是盛放的黃花。縷縷煙霧從四散原野的蒙古包升起，犛牛、乳牛、綿羊、山羊，牧群就著植被大快朵頤，甚至偶爾能看到一隻從戈壁遊蕩來的駱駝，自由奔跑的馬匹多得驚人。這裡既沒有掠食者，也沒有藏身處，氣氛無比安寧。

不時有牧人走入我們的視野，一面抽著菸斗一面看顧牧群，孩子在水邊嬉戲，女人鑽出蒙古包，把一盤盤乳酪擺上屋頂曬乾，滿足地環顧四周。老鷹在空中循著特定的軌跡盤旋，較小型的鳥兒在更低處飛翔。土撥鼠從洞裡竄出，匆匆現身又飛也似地消失。這片純淨的大地既未經開發，也未加刻意保護。我從未到過如此壯觀卻不令人生畏的地方，這裡不見大自然驚天地、泣鬼神的力量，只有光輝，明亮，絕美無瑕。

在蒙古所有的動物裡，我最喜歡犛牛。牠們龐大笨拙，一臉自負，垂披的毛皮遮住四肢，有如毫無必要的流蘇，類似維多利亞樣式的沙發會有的那種裝飾。牠們走動時那種自信又老大不高興的神氣，就像刻意以破爛行頭做出過時打扮的老婦人。幾隻活潑的犛牛在空中甩動蓬鬆得可笑的尾巴，有如揮舞陽傘，有時也大膽橫衝過車道，像是在春天來時興奮躁動的瘋癲老姑婆。牠們大多會以猜疑的眼神打量我們，雖沒擺出威脅態勢，但也仍保有一絲不以為然。牠們喜歡拍照，會直直盯著鏡頭，挑逗地眨著眼睛。

蒙古的土地幾乎都沒有地主，也從未有過地主。你可以隨心所欲駛過任何地方，想在哪裡紮營都行。在戈壁沙漠，有個牧人對我說：「我移動蒙古包的時候，心裡會湧起一股興奮，覺得自己即將迎向無窮的可能和自由。我哪裡都能去，隨處都可以安置屋子，把牲口趕到什麼地方都行，或許只有少數幾個建了城市的地方例外。」他停了半晌，為我的茶加駱駝奶。「依你看，美國也是自由的國家嗎？」我雖然愛國，但這是我人生第一次發現那個問題很難回答。蒙古有三分之一人口生活在貧窮線以下，不過，當我聊起美國夢，那個牧人問我：「為什麼兒子會想過跟父親不同的人生呢？」這時他的稚齡兒女正在我們腳邊玩耍，我問起他對孩子的想法，他說：「我會送他們去念書，以後他們要是想從政或經商，隨他們自己決定。我也念過書，後來選擇繼續當牧人。我也希望他們選擇當牧人，因為我想不到更好的生活了。」時下流行說資本主義已經勝過共產主義，不過這趟蒙古之旅讓我相信，資本與共產主義從來不在對立面，真正與這兩種體系對立的是遊牧——人類所能達到最接近歡樂無政府狀態的生活方式。

我們在南下戈壁途中為了加油而停了幾次。沙漠逐漸展開，植物愈見稀疏，地勢轉為平坦，平滑優美的草原緩緩淡去。我們開了好幾小時的車，穿越景觀單調而蒼涼的中戈壁省，接著進入南戈壁，那裡的沙礫均勻而呈黃色，幾乎沒有任何植被。過了一、兩個小時，我們抵達戈壁的其中一座「森林」，裡面長滿莖粗葉細的植物，有如裝飾著芝麻葉的陳年漂流木擱淺在沙灘上。從這裡開始就是真正的沙漠了：平坦且毫無點綴，一望無垠、無垠再無垠。

我們在巴彥扎格過夜，這地方俗稱「火焰崖」，是一大片呈豔紅或暖橘色的破碎石灰岩層，重重框住周圍的沙漠。山風從鑿穿峭壁的隧道呼嘯而來，遠方能望見白雪罩頂的高山。遍地都是化石，彷彿當年那些恐龍由此地出發前往下一個營地時懶得收拾就走了。

當晚沒有月光，導遊、攝影師和我決定與幾個駱駝牧人一起過夜，所以我們直接走到他們的蒙古包前，報上來歷。阿拉伯駱駝會對人吐口水，但蒙古駱駝沒這種習性，牠們很好奇，會在你經過時跟上來。牠們的雙峰頂上蓄著長毛叢，身體缺水時，駝峰會像老化的胸部一樣下垂。牠們會在夜間嚎叫，聽起來很詭異，彷彿煉獄中的鬼魂哭號。

我馬上對那些牧人起了好感，那是一對姊弟和各自的配偶，年紀最長的也不過二十五歲。他們的父母來長住了一陣子，剛剛離開，目前在一天騎程外紮營。這兩對夫婦有問必答，所以我得知駱駝比綿羊更好照顧，每個人放養的駱駝群不會與其他人的混雜。白天可以任成年駱駝自由走動，可是牧人得看顧新生或剛滿一歲的駱駝，到了傍晚還要領牠們回家。駱駝媽媽會回來與幼崽團聚，雄駱駝尾隨在後，牧群如此保持不散。駱駝產出優質的毛料，不常進食也沒有大礙。每年大約五次，牧人得捆起蒙古包、把全副家當堆上駱駝背，出發尋找更好的放牧地。

我們已經學到拜訪蒙古包的基本禮數，知道男人坐在西側、女人坐在東側，主人總會拿點食物飲料招待你，客人不嚐嚐的話是非常失禮的。他們請的通常是奶茶，用茶、鹽、糖和手邊有的各種奶水調製而成（這次是駱駝奶），馬奶酒也很常見。牧人用綿羊肉乾煮湯請我們吃，我們往湯裡添了點從烏蘭巴托帶來的洋蔥和馬鈴薯。這些對他們來說是新奇食材，他們喜歡洋蔥，但覺得馬鈴薯「很噁心」，抱怨「口感像吃土」。在夜裡，每座蒙古包通常只點一根蠟燭，我們就著搖曳不定的燭光聊到深夜，孩子在地上打起瞌睡。因為不想霸占蒙古包裡僅有的幾張床位，我們回到一旁的帳棚過夜。

第二天下起雨來。南戈壁省的年均雨量大約是一百二十七毫米，在這種地方竟然遇上大雨，感覺很不公道，而且這一下就是三天，感覺更不公道了，回烏蘭巴托的路在我們眼前消失，幾乎寸步難行。更讓人覺得天理不彰的是，我們的帳棚不如廠商擔保的防水，一路上沒有人全身乾透過。真正徹底沒有天理的事還在後頭：我在那達慕吃了來路不明的東西，報應在這時候來了。我覺得自己好像一件只能乾洗的衣服，卻被丟進行動洗衣機裡。車子卡住了兩次，我們用千斤頂抬起車身檢查輪胎，又扭下附近的植物枝條、墊在輪子底下增加摩擦力。我剛讀完朋友的小說手稿，要讓輪胎重新抓地，這些紙還滿管用。我們腳下的土地簡直是棉花糖做的。

我們在旅途前半段享受了露營、兜風和每晚換地方過夜的樂趣，但這下實在受夠了，於是我跟一個朋友搭機向北飛往庫蘇古爾省，行程的剩餘時間都在那裡度過。寫過前杭愛省獨一無二的美景之後，要再為庫蘇古爾找到貼切的最高級形容詞，實在很難。為了前往庫蘇古爾湖國家公園，我們搭吉普車走了四小時的顛簸路程。在蒙古國境中央建立國家公園，就像在曼哈頓中城弄個都會開發區一樣無謂，不過這基本上代表了此地禁止狩獵，也解釋了這裡的野生動物為何特別繁多。庫蘇古爾湖遼闊、美麗而深邃，蘊含了蒙古境內四分之三的淡水。河岸上是一片又一片的野花，鮮豔奪目，乍看可能會以為那裡布滿了蝴蝶。湖四周是險峻的山巒，舉目所見，沒有任何打了地基的建築。每天早上，我們都要決定今天是要遊船、健行、騎馬或騎犛牛（除非為了嚐鮮，否則凡是有馬匹可騎的人絕不會選擇騎犛牛）。

蒙古的察坦人是信奉薩滿教、牧養馴鹿的民族，我之前就聽說過，也一直很想見見這群人。這支民族有五百多人，住在人跡罕至的地方，人類學家與堅毅的旅人往往得騎三到四天的馬，穿過國家公園西北部的森林才能找到他們。不過我們運氣很好，一個察坦孩子恰好在我們附近過夜，同意帶我們去找他的親戚。他說這趟路要開一個小時車，外加走四公里多的路。我們沒聽清楚，那原來是四公里多的陡峭山路，但我們還是鼓起勇氣隨這名七歲的嚮導往上爬，同行的還有他在谷地召集來的幾個親戚——他們與蒙古人同化，改以放牧山羊為生。我們沿著一條流入庫蘇古爾湖的山溪前進。隨著我們愈爬愈高，景觀也在我們身後漸次展開。男孩會不時為我們指出熊的巢穴，或是哪裡有隻老鷹、有頭鹿。

健行約三小時後，我們來到森林線之上，到了山頂能隱約看到一個察坦人的圓錐形帳篷和牲口群，接著，很快就抵達馴鹿民族的營地。他們依照習俗在住處熱情招待我們，請我們享用馴鹿奶茶、難以下嚥的乳酪，以及炸餅乾（我問那位最年長的女性：「用馴鹿油炸的嗎？」她從櫃子後面拿出一瓶東西給我看：「這年頭，我們比較喜歡用葵花油。」）帳篷邊上掛著各有用途的鹿角鉤，還有幾個鹿皮袋。正對門口的牆上吊著一小捆東西，裡面有羽毛、緞帶、乾燥花、一隻鴨掌和一截鹿角，我們問那是什麼，他們說是法器，並明確表示希望我們別再多問。帶我們來的男孩說他母親是薩滿巫師。

我們接著去外頭看牲口：有三頭雪白的馴鹿，另外有二十七隻棕色的。在我腦海中，馴鹿永遠活在十二月裡，但眼前這些馴鹿已經褪去厚重的冬季毛皮，看起來正開心地享受午後陽光。牠們走上前來，用鼻子和頭磨蹭我們，毛茸茸的鹿角很敏感，我們很快發現牠們喜歡被人搔那個地方。這個察坦家庭的父親給一隻馴鹿上好了鞍，讓我騎騎看。馴鹿的身體在小跑步時會左搖右晃，外行人騎著騎著覺得自己快滑下地了，本能衝動就是抓住眼前的東西，只可惜那就是牠們的角。這一抓讓我後悔莫及，也讓那個察坦家庭看得樂不可支——馴鹿的頭猛向後仰，撒開四條腿狂奔。那奔跑速度之快，遠超乎你的想像。

我很高興重返烏蘭巴托，那是個有趣又混雜的城市，有宏偉的俄羅斯新古典主義建築、佛寺，也有醜陋的共產時代住宅。不論在烏蘭巴托何處，居民大抵對冷戰政府抱持冷嘲熱諷的態度，那個政府留下的紀念文物也無所不在。某間博物館有一幅二十四公尺高的列寧鑲嵌壁畫像，下面是一家土耳其餐廳。我走進餐廳後看到兩道標語，一道寫在牆上：「全世界勞動者，聯合起來！」另一道寫在剛粉刷過的架子上：「六點前飲料半價！」

一九三一年，蒙古有三分之一的男性住在寺廟裡，全國財富集中在佛教聖所。史達林的惡徒幾乎將這些廟宇摧毀殆盡，但仍有少數倖存。其中最輝煌的是烏蘭巴托的甘丹寺，也是蒙古最大的寺廟，寺院中央有一座寶塔，塔內是一尊緊貼著塔身、近三十公尺高的佛像。佛寺內外有數十名身穿長袍的僧侶在唸禱，散發強大而祥和的氣場，即使有嘈雜的觀光團推擠而過仍絲毫不減。我與從北京出發的火車上那位僧人朋友重逢，他對我報以溫暖的微笑，並興高采烈地聊起他的家人。

我們也參觀了哈拉和林雄偉的光顯寺，這裡給人的感覺更古老，觀光人潮較少，氣氛也更為神聖。僧侶的年紀從六到九十歲都有，他們穿著紅色長袍踱步走過雜草叢生的庭院，寺裡有其他僧侶誦經、擊鼓，在金色佛像前點亮蠟燭。金佛像出自札那巴札爾之手，那是十七世紀一位偉大的蒙古國王與雕刻家。參拜的民眾獻上供品，把額頭抵在佛畫上，然後推動轉經筒。只要捐獻兩美元，就能讓僧侶為你和牲口誦一段特別的祝禱文。

蒙古的精髓所在遠超出肉眼可見之處。在蒙古任何地方（出了烏蘭巴托）你都能看到必看的純淨風景、亙古不變的文化。接下來，如果你特別想探索戈壁或庫蘇古爾，或一睹犛牛的風采，也都可以成行。中國人有種奇特的國族自豪，覺得外國人絕對看不透中國社會的複雜。俄國人則認為西方人絕無法領會或動搖他們的絕望感。然而蒙古人不同，他們似乎對自己在世界上的位置了然於心，如果你想加入他們的行列，他們會欣然接納。在蒙古，你切身感受到的不只有歷史，還有永恆。

◆ ◆ ◆

蒙古的游牧人口逐年減少，從近年來密集的遷徙紀錄可以見得，該國如今有半數人口定居烏蘭巴托，很多人住在都市外圍龐大的貧民窟，全國有五分之一人口落在貧窮線之下。蒙古仍是民主國家，但近來因為選舉舞弊引發動亂，前總統那木巴爾．恩赫巴亞爾被判貪汙定讞入獄。當地自然環境每況愈下，採礦、過度放牧加上全球暖化，導致國土大面積沙漠化，植栽密度也顯著下降。許多動物因為能製成中藥或有毛皮可圖而被獵捕，現存數量達到歷史新低。

但蒙古也有重大進步。現代化斷斷續續地進行。「全國蒙古包太陽能計畫」旨在讓游牧民擁有可攜式的再生電源。二〇一一年，聯合國教科文組織的世界遺產委員會將那達慕定為人類非物質文化遺產。許許多多的轉變都反映出蒙古在遠離過去的共產體制，其中最讓令我莞爾的是，他們把列寧博物館改成了恐龍博物館。

格陵蘭 ◆ GREENLAND

發明對話
Inventing the Conversation

《正午惡魔》
2001

格陵蘭距美國和歐洲都不太遠，但無論歐洲或美洲都少有人踏足此地。在這個優美絕俗的地方，傳統生活與現代科技處於微妙的平衡。要是你的國家非得被殖民，你可能會選丹麥當宗主國。丹麥人在格陵蘭投入重金打造基礎建設、醫療和學校體系。然而，在這個全球人口密度最低的國度，第一語言是愛斯基摩－阿留申語系的格陵蘭語，第二語言才是丹麥語——要與全球經濟接軌，這不算太充分的準備。

◆ ◆ ◆

為了檢視憂鬱症在各種文化結構中的樣貌，我採訪了格陵蘭的因紐特人——一來是因為憂鬱症在那個族群很常見，二來是因為因紐特文化看待憂鬱症的態度非常獨特。憂鬱症影響了格陵蘭高達八成的人口，在憂鬱症如此普遍的地方，要如何組織社會？在格陵蘭，古老社會的風俗習慣正和現代世界的現實逐漸融合，這種轉型中的社會（例如被納入大型國家的非洲部落、正在都會化的游牧文化，被併入大規模農產體系的自給型小農），往往有高比例的憂鬱症患者。然而，即使在傳統的社會背景下，憂鬱症在因紐特族群中仍屬常見，自殺率也居高不下（引進電視後倒是下跌了將近一半）。在某些地區，每年大約每三百人就有一人自殺身亡。或許有人會說，這是上帝曉諭世人不該住在如此險惡的地方，然而，因紐特人大多並未拋棄冰天雪地的生活、移居南方。他們已然適應了北極圈生活的種種艱苦。

我在踏上格陵蘭以前，以為他們主要的問題是「季節性情緒失調」，一種因陽光短缺導致的疾病——在每年整整三個月見不到太陽的地方，特別容易陷入重度季節性情緒失調。我原本預期每個人的心情會自秋末開始轉為低落，從二月開始好轉，但事實不然。格陵蘭的自殺旺季是五月，雖然移居格陵蘭北部的外國人會因為長期處於黑暗而陷入憂鬱，不過因紐特人多年來已經適應了陽光的季節變化。在許多社會，春季都會誘發自殺行為。英國散文家艾爾．艾佛瑞茲（A. Alvarez）寫道：「自然變得愈豐饒、柔和、怡人，內心的冬季就愈顯深沉，分隔內在與外在世界的深淵也裂得更開、更難以忍受。」比起氣候較為溫和的地帶，在格陵蘭，春天來臨的換季變化要來得劇烈兩倍，是以這些月分最為殘酷。

格陵蘭的生活十分艱辛。丹麥政府設立了全民免費的醫療和教育體系，甚至還有失業津貼。醫院一塵不染，位於首府的監獄比較像附早餐的平價旅館，而不是懲戒機構。不過，格陵蘭的自然力量仍極其嚴酷。有個曾赴歐洲旅行的因紐特男人對我說：「我們從沒像其他文明那樣創作出藝術傑作、打造偉大建築。不過，我們在這樣的氣候裡存活了數千年。」這使我覺得他們的成就可能更偉大。

格陵蘭的獵人和漁夫得設法獵捕足以餵飽家人和狗群的食物，海豹除了食用，也得剝皮拿去販售，以支付雪橇和船隻的維修費。挨餓、受凍、受傷與喪親，對他們來說屢見不鮮。在極夜的三個月裡，穿著北極熊毛皮褲和海豹皮外套的獵人得跟在狗拉雪橇旁奔跑，以免凍傷。許多人在冬季賴以為生的食物是醃海雀，作法是把海雀塞進飽含油脂的海豹皮囊裡，埋到地底發酵十八個月，然後直接生吃。格陵蘭朋友向我保證，這東西不會比藍乳酪更噁心。因紐特人四十年前還住在冰屋，如

251

果你從沒走進那裡頭，無法想像一般冰屋有多狹小。冰屋的唯一熱源是一只海豹油燈和人的體熱，住民會把全身包得密不透風過冬，睡覺時半倚在彼此身上。現在他們住在丹麥樣式的組合屋裡，每棟只有兩、三房，原因是本地不易取得燃料（格陵蘭沒有樹），室內供暖太過昂貴。

因紐特人都是大家庭。一戶十二口的人家可能數月一直待在家裡，通常全聚在同一個房間。外頭實在太冷太黑，除了父親每個月要出門一、兩趟打獵或冰釣以補充夏季儲存下來的魚乾，每個人都足不出戶。這種被迫的親密共處容不下人抱怨、訴說問題、發怒或控訴。居住在冰屋的年代，你不可能跟你必須一連數週貼身接觸的人吵架，即使是現在，大家仍然得在數月間共處一室，一同進餐。假使你奪門而出，只會衝進令你必死無疑的天氣裡。就像有人在提到往日生活時所說的：「你要是生氣或心煩，只能轉過頭去，看著牆面融化。」在這個社會，極度近身相處使人非克制情緒不可。生活方式仍與舊時相仿的人都是說故事高手，尤其善於講述打獵冒險和死裡逃生的經歷。大多數人耐性極佳，許多人笑口常開，其他人則沉默而鬱鬱寡歡。不過，不論各人性格如何，幾乎沒有人會討論自己的感受。格陵蘭的憂鬱症之所以獨特，不是氣溫和光照直接造成的，而是源於不許談論自己的禁忌。

保羅・比斯卡德（Poul Bisgaard）是魁梧而溫柔的男人，散發一種呆茫的堅忍氣息，他也是第一個成為精神科醫師的格陵蘭本地人。他說：「家裡要是有人陷入憂鬱，我們當然看得出症狀，不過根據傳統，我們不去干涉。指出某人看起來很憂鬱，會傷到他的自尊。憂鬱的人會覺得自己很沒用，並認為自己要是這麼沒用，就沒理由打擾任何人，所以他身旁的人也不會擅自干預。」在格陵蘭住過十多年的丹麥心理師克瑞斯騰・培爾曼（Kirsten Peilman）說：「沒人會去指點別人該怎麼做。不論別人看起來怎麼樣，你只要容忍就是了，也放任他們容忍自己。」

我來到格陵蘭時正值六月的長日照季。六月的格陵蘭美得我始料未及，太陽從早到晚都高掛空中。我諮詢格陵蘭的公衛首長後選定了一個聚落。我先搭小飛機降落在有五千居民的依盧利薩特市（Ilulissat），再搭乘電動小漁船北上目的地。那個地方叫伊里明納克（Ilimanaq），住著獵人和漁夫，全聚落約有八十五名成人。伊里明納克沒有聯外道路，聚落裡也沒有路。在冬天，村民會駕駛狗拉雪橇在冰封的大地上移動，夏天則只能乘船出入。春秋兩季居民都留在聚落。在我拜訪的時節，體積驚人的冰山沿岸漂流，聚集在康格魯斯瓦克（Kangerlussuaq）峽灣附近，有些冰山龐大如辦公大樓。導遊與我搭乘小電動船橫渡峽灣口，在冰間航行。裡頭比較古老的冰塊是光滑而呈橢圓型，翻轉成底部朝上。從冰河崩落的大塊碎片則因年久而產生皺摺，呈現特異的藍色——面對大自然的壯麗，我們的小船相形微渺。有些冰塊折射著陽光，那光發自永遠盤踞在地平線之上的太陽。我們一面行駛，一面輕柔地推開小型冰山，有些尺寸與冰箱相仿，有些看似漂浮的餐盤。水面上的冰如此密集，你要是順著遙遠的地平線眺望，會以為我們正在通過一大片完整的冰面。光線如此澄澈，好像沒有景深，我無法分辨景物是近是遠。我們一直離海岸不遠，不過我看不出海面與陸地有何分別，航行中，大半時間都在重重冰山間穿梭。海水如此冷冽，當從冰山山尖剝落的冰塊掉進海裡，水面會如奶蛋糊般往下凹陷，因碎冰而裂開短短幾秒復又合攏，回歸平滑無痕。我們不時看到或聽到環斑海豹撲通一聲縱入冰冷的海水，除此之外，只有我們與光和冰同在。

伊里明納克圍繞著一個天然的小海港建立，全村大約有三十棟房屋、一間學校、一座小教堂，一家大約每週補貨一次的商店。每戶人家都養著一隊雪橇犬，狗的數量遠多於人口。房屋都漆成本地人喜歡的明亮色彩——土耳其藍、毛茛黃、淺粉紅，不過，與屋後雄峙的巨岩或屋前浩瀚無邊的白色大海相較，顯得很不起眼。很難想像世界上有比伊里明納克更遺世獨立的地方。不過村子裡確實有一線電話，要是遇有緊急醫療狀況，只要天候允許著陸，丹麥政府會出錢雇直昇機接送本地人就醫。這裡沒有自來水和沖水馬桶，但有一具發電機，所以學校和部分住屋有電力，幾戶人家還有電視。每間屋子都看得到美不勝收的景觀。午夜時分，當太陽仍高掛空中，而村民已經入睡，我會在寂靜的住屋和酣睡的狗兒之間散步，恍如置身夢境。

在我來訪的一星期前，商店外頭已經貼出告示，徵求志願者與我討論他們的情緒。我的翻譯是個活潑、受過教育又熱衷社運的因紐特女性，很得伊里明納克的人信任。她雖然有些疑慮，但同意幫我說服含蓄的本地人開口聊聊。我們抵達的隔天，就有人略帶羞怯地前來攀談。沒錯，他們有故事可說。沒錯，他們決定把那些事告訴我。沒錯，跟一個外國人談這些東西比較容易。沒錯，我一定要跟那三位有智慧的女人聊聊——談論情緒這回事是由她們開始的。每個人都想幫忙，雖然這使他們必須一反常態地說很多話。因為介紹信早我一步抵達，也多虧載我一程的漁夫和我的翻譯，居民既把我當自己人看待，也把我當客人款待。

負責照顧伊里明納克地區的丹麥醫生建議我：「不要問開放式問題，你要是問他們有什麼感覺，他們什麼也說不上來。」話雖如此，這些村民知道我想知道什麼。他們的回答通常只有寥寥數語，問題也必須盡量具體，但即使情緒對他們來說無法言傳，仍清楚存在於他們的概念當中。由於創傷是格陵蘭人的日常經驗，創傷後焦慮並不罕見，他們也經常陷入抑鬱和自我懷疑。老漁夫告訴我，他們曾經搭雪橇落水（訓練有素的犬隊能拉你上來——如果冰面沒愈裂愈開、你沒先溺死、韁繩沒斷的話），然後在零度以下的氣溫裡，穿濕答答的衣服走上好幾公里的路。他們談到在移動的冰面上打獵的經歷，冰層發出的轟轟巨響讓人聽不見彼此的聲音，當整段冰河移位，你會感覺自己被抬高，不知道那塊冰是不是即將翻面、把你投進海裡。他們也談到，在這類經歷之後要繼續過日子、繼續在冰雪與黑暗中奮力獵捕明天的食物，是多麼困難的事。

我們去拜訪那三名女性長者。亞美莉雅．喬爾森（Amalia Joelson）是助產士，全村最接近醫生的角色。她曾在某年生下死產胎兒，隔年又生了個孩子，但出生第二天晚上就夭折了。她先生悲痛過度，怪她害死了孩子。當時的她完全無法承受她得為鄰居接生，自己卻一個孩子也不能有。凱倫．喬韓森（Karen Johansen）嫁給漁夫，離開自己出身的小鎮來到伊里明納克。不久後，她的母親、祖父、姊姊在短時間內因不同原因相繼過世。後來她嫂嫂懷了雙胞胎，不過其中一胎在懷胎五月時流產，另一胎雖然健康出世，卻在三個月大時因嬰兒猝死症而夭折。她哥哥只剩一個六歲的女兒，當她溺水而死，凱倫的哥哥上吊自殺。艾梅里亞．藍恩（Amelia Lange）是村裡的牧師，年紀輕輕就嫁給一名高大的獵人，並很快接連為他生了八個孩子。接著，她先生打獵時出了意外，右臂被石頭反彈的流彈擊中，導致手肘與手腕間的骨頭斷裂。他的骨頭從未癒合，你要是握住他的手，會看到他的手臂在斷裂處彎曲，好像多出一個關節。他的右臂就這麼廢了。幾年後的一場暴風中，她先生在自家屋外被強風吹倒，因為無法伸手臂支撐，跌斷了脖子，從此頭部以下大半癱瘓。他太太得負責照料他，推著他的輪椅在屋裡移動，還要拉拔孩子長大、獵捕食物。她回憶道：「我在戶外幹活的時候，從頭到尾都在哭。」我問她，別人看到她邊工作邊哭，怎麼沒來關切。她說：「只要我還能幹活，他們就不會插手。」她先生自覺是太太的累贅，於是停止進食，想餓死自己，不過艾梅里亞看出他的意圖，因此打破沉默，懇求他活下去。

凱倫說：「對，是這樣沒錯，我們身體靠得太近，反而沒辦法真心親密。大家心頭各有重擔，沒人想拿自己的事加重別人的負擔。」在二十世紀初期和中期，丹麥探險家藉由因紐特人的自述得知，他們主要有三種心理疾病。如今這些疾病泰半絕跡，只在非常偏遠的地區還存在。一個曾罹患「極地歇斯底里症」的男人說，這種病是「一股血氣上湧，那是一股受到海象、海豹和鯨魚的血滋養的年輕熱血，然後憂傷攫住了你。起初你覺得很浮躁，然後開始厭倦生活」。這種病的變種至今仍然存在，我們可能會稱為激躁性憂鬱症或混合狀態，很類似馬來西亞人說的「抓狂」。罹患「山區浪人症候群」的人會背棄社群離開——在比較古老的年代，這些人不准復歸，得在徹底的孤絕中自生自滅。「獨木舟焦慮症」是認知違反現實，例如覺得水正在流入你的船、你會沉船淹死，是最常見的妄想症形式。

雖然如今說到這些名詞時主要是在講述過去的事，但仍能讓人聯想到因紐特人生活中的某些衝突。根據格陵蘭公衛部長瑞納．伯格．克利斯汀森（René Birger Christiansen）的說法，近來在烏瑪納克（Uummannaq）突然接獲許多陳情，那些陳情民眾覺得自己皮膚下有水。法國探險家尚恩．馬勞理（Jean Malaurie）在一九五〇年代寫道：「愛斯基摩人有傾向個人主義的基本性格，卻又認為孤獨等於不快樂，兩者往往產生巨大的矛盾。要是被同胞拋棄，就會被伺機而動的憂鬱擊垮。集體生活難道是不能承受之重？人與人透過道德義務的網絡相連，使愛斯基摩人成為自願的囚犯。」

伊里明納克的女長者各自有各自的痛苦，並且隱忍了很久。凱倫說：「起初我曾想向其他女性傾吐，不過她們不理我。她們不想聊不好的事，也不知道怎麼聊這種事。她們從沒聽別的女人傾訴過煩惱。在我哥哥死前，我也以不打擾別人為傲。不過，在他的自殺對我造成衝擊之後，我非找人聊聊不可。大家不喜歡這麼做，根據我們的習慣，對別人說『我很遺憾你遭遇了這些困擾』是很粗魯的事。」她說她先生是個「沉默的男人」，而凱倫與他協商出一種方法，讓他傾聽她哭泣，這麼一來，兩人都不必使用對他來說實在陌生的言詞。

這三名女性被彼此遭遇的困境吸引到一塊兒，多年後，終於互相傾訴共有的痛苦。亞美莉雅曾到依盧利薩特的醫院接受助產士訓練，在那裡得知了談話治療。與另兩名女性的交談讓她深獲慰藉，於是她向她們提出一個主意，對當地社會而言十分新奇的主意。某個星期天，艾梅里亞在教會宣布她們成立了一個團體，只要有人想聊聊個人困擾，都能來找她們，獨自或結伴來都可以。她提議將地點設在亞美莉雅的生產諮詢室，並承諾會談將完全保密。她說：「我們都不必獨自一人。」

接下來一年間，全村的女性一個個找上門來，沒人知道有多少人也接受了這項提議。從未對先生或孩子傾訴心事的女人，在那間接生室裡痛哭流涕。敞開自己的新傳統就這麼開始了。也有幾名男性來到這裡，雖然在一開始，作個男子漢的理想典範使許多人裹足不前。我在這三名女長者家裡各自待了很長時間。艾梅里亞說，看到別人和她談完後「解脫」的模樣，使她深有體悟。凱倫邀我去與她的家人同住，並請我喝了一碗新鮮鯨魚肉湯，她說這湯往往是煩惱的最佳解方，又告訴我，對她來說，悲傷真正的解藥是聽取別人的悲傷。她說：「我這麼做不只是為了來找我訴說的人，也是為了我自己。」伊里明納克的人在自己家裡不會談彼此的事，不過他們會去找三位女長者，從她們身上獲得力量。凱倫說：「我知道我擋下了很多次自殺。」

保密是最重要的事，一個小聚落有很多階級，這些階級要是被打亂，帶來的問題遠比沉默不語的問題更為嚴重。亞美莉雅說：「在諮詢室以外的地方，我也會見到向我傾訴煩惱的人，這時我會絕口不提那些煩惱，也不會用異於平常的方式問候他們的健康。除非當我禮貌地問：『你好嗎？』他們卻哭出來，我才會把他們帶回諮詢室。」

憂鬱症是種寂寞的病，曾苦於憂鬱的人都深知這會使人嚴重孤立，即使是周遭充滿愛的人也不例外——在格陵蘭，這種孤立多少是因為無法獨處造成的。伊里明納克的三名女長者發現了藉談話為自身卸下痛苦重擔，以及協助別人傾吐痛苦所具有的神奇效果。不同文化以不同方式表達痛苦，出身不同文化的人會經歷的痛苦也各有差異，但寂寞的可塑性是千變萬化的。三位女長者也問起我的憂鬱症，而當我坐在她們屋裡，吃著裹在海豹油脂裡的鱈魚乾，我感受到她們正藉由個人經驗來理解我的體驗。當我們離開伊里明納克，我的翻譯說她這輩子從沒感覺這麼疲累，但她的話中也透著無比自豪。她說：「我們因紐特人很堅強，如果我們不能把問題全部解決，會死在這裡。所以我們也找到自己的方式解決這個問題，憂鬱的問題也是如此。」格陵蘭女性莎拉．林吉（Sara Lynge）在一個較大的城鎮設立了自殺專線，她說：「首先，大家必須理解要找個人談談有多容易，還有這麼做的感覺有多好。他們不知道有這樣的事。我們這些知道的人一定要盡力把所知告訴大家。」

面對以災厄為常態的世界時，人們會理解到一件事，也就是準確評估生活的艱難程度或是陷入憂鬱，這兩者的界線是浮動的。我在伊里明納克拜訪了幾個家庭，他們熬過磨難的方法大多是遵循保持沉默的協定。這套作法確實能有效達成目的，幫助很多人度過無數漫漫寒冬。現代西方世界堅信煩惱要攤在陽光底下才能獲得最好的解決，而伊里明納克的情況印證了這套理論，不過他們訴說的範圍和場合都有限。別忘了，憂鬱的村民都沒有跟造成他們煩惱的對象討論，就算會跟三位女長者討論自己的困難，也不是定期這麼做。常有人說，只有已開發社會的有閒階級才會為憂鬱症所苦，而事實上，所謂有閒階級的特出之處，不過是有餘裕訴說並處理憂鬱症。對因紐特人來說，憂鬱症相較於生活中的其他事情實在無關緊要，又如此明顯存在於每個人的生活當中，除非有人病重到喪失活動能力，否則他們只會置之不理。不論是討論精神痛苦，還是了解精神痛苦，在他們的沉默不語和我們熱切表述的自覺之間，還有很多種方式。

◆

◆

◆

格陵蘭仍深受憂鬱症所苦。自殺是當地的主要死因，自殺身亡者占全國死亡人數整整十分之一。即使當局推行自殺防治計畫，自一九八〇年以來，整體自殺率仍穩定不變。年輕族群的自殺率正在攀升，而這通常與酗酒和家暴有關。二〇一四年，格陵蘭每十萬人有七十八人自殺身亡。二〇一五年，在依盧利薩特推行自殺防治的雅斯緹．歐森（Astrid Olsen）解釋，她與同事已不再使用「im-minorneq」，這個詞的意思大致是「取走自己的性命」。他們改用「imminut toqunneq」，意思是「殺害自己」。新的用語更清楚點出自殺實則就是殺人，以及自殺可能對社群造成怎樣的情緒創傷。她說：「感覺就像有一張巨大、沉重的毯子蓋住了全鎮，我們得把這張毯子掀掉。」

二〇〇九年，格陵蘭透過投票表達自治意願並獲得自治權。如今，它已不再是我當年去的那個丹麥殖民地。因為興建了水力發電場，當地建設大幅躍進，各個聚落有更多居民得以過上舒適的生活。雖然這樣的進步很振奮人心，現今對格陵蘭而言最重大的消息是這座島正在融化：二〇一五年，一塊面積與曼哈頓相當的冰層自雅各布冰河（Jakobshavn Glacier）崩落，這起斷冰事件的規模大得驚人，遠從外太空都看得到。當年我身在格陵蘭時，有些地方仍是堅硬的冰層，如今已成為農地。拿我在一九九九年拍的照片與別人後來寄給我的照片相較，令我心碎。格陵蘭冰天雪地的風光消逝如斯，不只是環境浩劫，也是文化浩劫。

塞內加爾 ◆ SENEGAL

裸浴公羊血，暢飲可樂，好不痛快！

Naked, Covered in Ram's Blood, Drinking a Coke, and Feeling Pretty Good

《君子》雜誌
February 2014

我還記得，我在施行這場儀式的當下，就覺得這是我往後人生都會一說再說的經歷。我在《正午惡魔》詳述過這場儀式，但後來非營利的說故事組織「飛蛾」（The Moth）邀請我再講一次，所以我得把它改得更精煉有力。他們出版的第一本文選《飛蛾》收錄了我現場說故事的逐字稿，後來獲《君子》雜誌轉載。原始版本裡有更多資訊，不過本文涵蓋了那次經歷的要點和來龍去脈，且已將口述版的部分措辭做了精簡處理。儘管《君子》直到二〇一四年才刊出這篇文章，但在本書中，我將這篇文章排在這裡，以求與我在二〇〇〇年前往塞內加爾的時序一致。

◆ ◆ ◆

我現在沒有憂鬱的問題，不過從前的我有好一段時間都很憂鬱。我曾與嚴重的憂鬱症共處，也曾在幾段很長的日子裡感覺一切看來毫無希望、沒有意義，就連回朋友電話都好像超出我的能力範圍，起床走出家門的感覺好痛苦，焦慮使我整個人動彈不得。

等我總算好轉，也開始書寫復原的經歷，我對各種憂鬱症療法都產生了興趣。起初我可說是醫療保守派，認為只有少數方法管用——藥物、電痙攣療法、某些談話治療，後來我逐漸改變了心意。我意識到，如果你得了腦癌，而你認為每天頭倒立漱口半小時會讓你感覺比較舒服，那麼這樣做或許真會讓你舒服些，但比較可能的情況是，你還是有腦癌，要是不接受其他治療，也還是會病死。不過，假使你有憂鬱症，然後你說每天頭倒立漱口半小時讓你感覺比較舒服，接著你就痊癒了——因為憂鬱症是感覺的疾病，如果你感覺很好，那就代表你不再憂鬱。

所以，我開始對另類療法敞開心胸，從實驗性的腦部手術到催眠療法，什麼都鑽研。我不斷針對這個主題發表文章，因此一直有人寫信給我。有位女性來信說，她試過藥物、各種心理治療、電擊，以及五花八門的其他方法，最後總算找到一種方式對她有效，她想請我告訴世人。這方法是「用毛線做小東西」，她還寄給我一堆實物範例和一張照片，照片裡的她身在一個有兩千隻小熊玩偶的房間裡，每隻熊都長得一模一樣。我不是要說強迫症跟憂鬱症是同一回事，不過，嘿，從前她很悲慘，現在卻過得很開心。

在我研究憂鬱症療法的時候，有種想法引起我的興趣：憂鬱症不只如一般人傾向假設的那般，在工業化的現代西方社會裡愈來愈普遍，同時也是跨文化、跨時空的現象。所以說，當有一陣子我的好友大衛．海切特（David Hecht）正短期旅居塞內加爾，而他問我：「你知道這裡有治療憂鬱症的部落儀式嗎？」我便回答：「不知道，不過我有興趣了解。」他說：「那好，你要是來塞內加爾一趟，我們能幫你做點研究。」

於是，我出發前往塞內加爾，在那裡與大衛當時的女友、現在的前妻艾蓮（Hélène）碰頭。艾蓮有位表親的媽媽有個朋友，那個朋友與某人的女兒是同學，而那個某人會做「恩德普」（ndeup），就是大衛說的那種儀式，所以她為我安排採訪那位女性。我前往達卡城外約兩小時車程的一個村子，

263

在那裡，他們介紹我認識一位女祭司，一個非常特別的老婦人，她寬闊的身子裹在長達幾公里的非洲花布裡，布上印著眼睛的花樣。這位是狄奧芙（Diouf）夫人。我們聊了大約一小時，她為我完整說明了恩德普的事，訪談快結束時，我壯起膽子問她：「那個，不知道你願不願意考慮一下，能否讓我參加一次恩德普呢？」

她說：「這，我從沒讓土巴（toubab）參加過恩德普，不過，既然你是朋友介紹來的，好，下次我做恩德普，你可以到場。」她說的土巴就是「外國人」的意思。

我說：「太棒了，你下次什麼時候要做恩德普？」

「喔……接下來六個月裡的某一天吧。」

我說：「要我在這個村子待六個月等你做恩德普，還滿久的。我們可不可以盡快提前為哪個人做一次呢？我願意幫忙。」

她略帶歉意地說：「不行，恩德普不是這麼辦的。」

「好吧，看樣子我是無緣一睹恩德普了。雖然如此，這番談話還是很有趣，對我也很有幫助。沒有親眼見識恩德普就離開，是有點遺憾，但還是謝謝你。」

「好吧，我很高興你來了，也很高興幫上你的忙……但我還有件事想跟你說，希望你別介意。」

「我不會介意，是什麼事呢？」

「你自己看起來不太好，你有憂鬱症嗎？」

我遲疑了一下。「嗯，是啊，憂鬱症。沒錯，我有憂鬱症，曾經很嚴重，現在好一點了，不過我的確還在生病。」

「這個嘛，我還真是從沒為土巴做過恩德普，不過，其實我可以為你做一場。」

「喔！真有意思。嗯，好啊，當然好。對，太棒了，對對對，就這麼辦。我要來一次恩德普。」我說。

「很好。我想這對你會有幫助。」

她給了我一些基本的指示，然後我就離開了。

我的翻譯艾蓮，就是前面提到的大衛當時女友／現任前妻，轉頭對我說：「你真的瘋了嗎？你知不知道你給自己找了什麼麻煩？你瘋了，徹底瘋了。不過你要是想的話，我會幫你。」

首先，我得採買一連串東西：七碼長的非洲花布、一只大葫蘆碗、三公斤小米、糖、可樂果。除此之外，我還得買兩隻活公雞、一隻活公羊。於是艾蓮與我加上大衛，我們三人一起上市場把大半東西買齊了。然後我說：「公羊怎麼辦？」

艾蓮說：「今天不能買公羊，否則我們要怎麼伺候牠過夜？」說得有道理。

第二天，我們跳上計程車，為了做恩德普又開上兩小時。我說：「公羊怎麼辦？」

艾蓮說：「喔，我們開著開著就會看到了。」所以我們開著開著，果然在路邊看到一個帶著羊群的塞內加爾牧人。我們叫停計程車，下車與牧人討價還價一番，用七美元買下一隻公羊。然後我們費了點力氣把那隻活公羊弄進後車廂，不過司機似乎一點都不以為意，就連那隻公羊在車廂裡猛撒尿，好像也不礙事。

我們抵達後，我對狄奧芙夫人說：「好啦，我來了。我準備好接受恩德普了。」

恩德普的作法其實變化萬千，取決於上天諭示的一卡車信號與象徵，所以我們得把整套巫醫儀式完整執行一遍，才能知道我的恩德普該怎麼進行。這時的我還是搞不太清楚接下來會怎樣。首先，我換下牛仔褲和T恤，裹上腰布，接著坐下來，讓別人用小米搓洗我的胸膛和手臂。有人說：「欸，我們真該來點音樂才對。」

我說：「欸，好主意。」然後我想，對，擊鼓什麼的，來點充滿氣氛、具有濃厚西非風情的東西。狄奧芙夫人拿出她的寶貝，那是一台靠電池供電的錄音帶播放機，配上她唯一一張錄音帶：《火戰車》電影原聲帶。於是我們大家一邊做儀式，一邊聽《火戰車》。他們遞給我各式各樣的巫醫法器，讓我先握在手裡，再鬆開手讓它往地上掉。接下來，我得用腳攫住這些東西，再鬆開腳讓它往地上掉。狄奧芙夫人的五名助手全圍在一旁，他們會說：「喔，這是吉兆」、「這是凶兆」。整個上午就這麼度過。我們大約從八點鐘開始，然後到了十一點、十一點半，他們說：「好啦，重頭戲要開始了。」

我說：「喔，好啊。」接著擊鼓聲響起——我殷殷企盼的擊鼓樂來了。鼓聲淹沒全場，氣氛非常高昂。我們前往村子中央的廣場，然後我得和那隻公羊一起躺上一張臨時鋪設的新人床。他們說，公羊要是逃跑，會帶來非常、非常糟糕的厄運，所以我得抓好牠。我們必須待在這張床上，原因是我一切的憂鬱症和煩惱都來自我的靈。在塞內加爾，人渾身附著許多的靈，就跟已開發國家說的微生物差不多。有些靈對你有益，有些靈對你有害，有些不好也不壞。他們說，我的惡靈對我真實生活中的性伴侶嫉妒得不得了，我們得請那些惡靈息怒。所以，我得跟公羊來到這張新床上，還得緊抓住牠不放。至於那隻羊呢？自然是立刻在我腿上撒了一大泡尿。

全體村民放下農事休息一天，在我和公羊身邊繞成同心圓跳舞。他們一邊跳舞，一邊把棉被和床單拋到我們小倆口身上，我們就這麼逐漸被埋住。被窩裡熱得不可思議，也真的很悶。鼓聲隨著村民跳舞的踏步聲愈來愈響，愈來愈奔放。我以為我快昏倒或失去意識了，但就在那一刻，突然間，所有的布都被掀開，有人猛拉著我站起來，把我身上僅有的腰布扯掉。那隻可憐的老公羊被割開喉嚨，兩隻公雞也落得同樣下場。狄奧芙夫人和助手把手浸入新鮮的公羊血和公雞血裡，然後往我身上塗抹。我全身上下每一寸都得塗滿鮮血。他們把血搓進我的頭髮、抹過我的臉龐和生殖器，連腳

265

底也沒放過。血水溫溫的，半凝結的血塊拍在身上的感覺特別舒服。

我就這樣赤裸裸地，渾身浴血，然後他們說：「好，這部分結束。下一步現在開始。」

我說：「好啊。」我們隨即走回早上做預備儀式的地方。

有人說：「欸，該吃午餐了。我們不如休息一下吧？你想喝可樂嗎？」我不太喝可樂，不過在那當下，來罐可樂感覺是個非常、非常棒的主意，所以我說好。於是我坐在那裡，全身一絲不掛、塗滿動物血液，被蒼蠅團團包圍——你要是赤身裸體又渾身是血，牠們能不圍上來嗎？我就這麼喝著可樂。

等我喝完那罐可樂，他們說：「好，現在要收尾了。首先把雙手放在身體兩側，整個人要把身子站得非常挺直。」然後他們拿公羊的腸子把我綁起來。牠的屍體吊在附近的一棵樹上，有個人正在宰割，除去部分內臟並留下羊頭。另一人取出一把長匕首，在地上慢條斯理挖了三個渾圓的洞，每個大約四十五公分深。我杵在一旁，盡量不讓蒼蠅飛進我的眼睛和耳朵。

接下來，我得在全身被羊腸五花大綁的情況下蹲到那隻羊旁邊，你們應該很少有人試過，這可不容易。他們把公羊頭切成三塊，我得把每塊分別放進那三個洞裡。就算你被五花大綁，要鬆手把東西落進洞裡還是辦得到。接著我們把洞填平，我得用右腳在每個洞上用力踏三次，這就比較不容易了。然後我還得說幾句話。在這麼詭異的情境下，他們交代我說的話既古怪又出奇地感人，我要說的是：「靈啊，離我而去吧，讓我好好過完一生，要知道，我對你們永誌不忘。」我心想：「對你要驅逐的惡靈說『我對你們永誌不忘』，還真體貼。」我真的從沒忘記過這件事。

隨後是一連串各式各樣的瑣碎儀式，都很短暫。他們交給我一張紙，上午儀式所用的小米全被收集起來盛在上頭。他們交代我把這些小米墊在枕頭下睡覺，第二天早上起來，把米施捨給一個聽力良好、肢體健全的乞丐，米一交給他，我的困擾就會解決了。接下來，村裡的女人全都含了滿口的水，吐到我身上——有環繞式水浴的效果——幫我把血沖掉。血跡緩緩流失，等我被洗乾淨了，他們把牛仔褲還給我。每個人都在跳舞，山羊上了烤肉架，大家一起吃晚餐。

我的心情真好，我的心情真好！這次經歷實在令我大為驚奇。即使我不相信儀式背後的泛靈論，村民全聚在一起為我歡呼喝采，仍教人精神為之一振。

五年後，我在盧安達為我後來寫的另一本書做研究，又遇上一件奇事。我跟一個本地人聊天時，向他描述了我在塞內加爾做恩德普的過程，而他說：「喔，你知道嗎，我們也有種儀式，跟他們有點像。塞內加爾是西非，這裡是東非，兩邊差很多，不過我們的儀式有類似之處。」他頓了一下，說道：「你知道嗎，種族大屠殺之後，馬上有西方的心理健康工作者來到這裡，結果我們跟他們出了很多問題，不得不請一些人離開。」

我問他：「問題出在哪裡？」

「他們的治療不會像你說的那樣，把人帶到戶外的陽光下。再怎麼說，陽光才是康復的起頭嘛。他們既不放音樂也不打鼓，這要怎麼讓人在憂鬱時恢復血液循環呢？你要是萎靡不振，就得促進血液循環才行。他們也沒有全體休息一天，好讓左鄰右舍齊聚在一起，想辦法幫你提神、讓你恢復喜樂。他們沒這種概念。他們不知道憂鬱是種由外入侵的東西，要是上身了，其實可以趕走。」他意味深長地停了半晌。「他們反倒是一次一個把人帶進昏暗的小房間，要人坐上一小時、淨講自己遇到什麼壞事。」他搖搖頭，說道：「我們只好請他們離開這個國家。」

◆ ◆ ◆

塞內加爾只有不到五十名精神科醫師，要為全國一千四百萬人服務，其他醫師幾乎沒受過任何精神科訓練。提供西式心理健康服務的地方只有達卡，鄉村地區付之闕如。雖然如此，塞內加爾對精神病患普遍抱持接納的態度，家人會參與照護，鄰里也會伸出援手，協助餵食無法自理的病患等等。在過去，受過學院訓練的精神科醫師會與傳統治療者劃清界線，但現在他們開始破除這種分野，如今雙方攜手合作是尋常之事。在達卡的精神病院，團體治療往往會納入恩德普的元素，請成員圍成傳統的圓圈進行療程。遇有特別嚴重的病患，院方往往會商請泛靈醫者協助。

隨著美國的塞內加爾移民人數增加，有人開始呼籲要根據塞內加爾的靈界觀為他們量身設計心理健康療程。缺乏對文化的深切尊重，精神疾病的解決之道就不可能出現。我們現在愈來愈體認到，不由分說地認為現代醫學是正道、古老的儀式只是迷信，於心理治療是種糟糕的模式。威廉・路易斯・康威爾（William Louis Conwill）是學界研究恩德普的先驅，根據他的說法，「對於勒布（Lebou）人的信仰和文化，若不開放接納，便很容易將恩德普儀式所謂的惡靈附身貶低為只是暗示作用、將屠宰獻祭視為未開化的迷信。西方的健康專業人員普遍推崇因果關係明確的實體世界，勒布人則認為保佑他們免於災病的是靈界，在這兩者之間，恩德普開啟了一扇大門。美國諮商師面對塞內加爾移民時，要是不願意承認信徒的世界和恩德普女祭司所具有的力量，可能會認為恩德普不過只是『障眼法』，如此一來，諮商師的努力也將付諸流水。」

阿富汗 ◆ AFGHANISTAN

塔利班之後的甦醒

An Awakening after the Taliban

《紐約時報》
March 10, 2002

二〇〇一年九月十一號，我人在紐約。從前的我經常一馬當先衝向危險，這次卻躲在家足不出戶一星期，然後跳上離開紐約的第一班飛機。我在紐約長大，而在我從小到大養成的憂慮裡，紐約遭實質攻擊可不是其中之一。等事件發生，我覺得自己像是被剪了頭髮的參孫[1]。後來，我對自己驚嚇過度而抽身逃離的行徑感到羞愧，現在再去曼哈頓下城當志工已來不及了，不過，幫大家了解我們捲進的這場戰爭還不算太遲。

馬歇爾計畫是現代外交史上最成功的一著棋，我也相信，要是我們不把錢浪擲於毫無意義的入侵伊拉克，而是用於重建阿富汗，美國現在就會有個穩固的中亞盟友了。別忘了，阿富汗在一九六〇年代還是自由主義重鎮，女人在那裡能穿迷你裙。我報導過許多國家短暫湧現的榮景，其中沒有任何一國像阿富汗那樣，舉國看似如此歡欣昂揚，又如此迅速而殘忍地被擊垮。

這篇文章雖以《紐約時報》委派我撰寫的報導為基礎，但我曾為《酒食誌》（*Food & Wine*）報導過我們在阿富汗的最後一頓晚餐，這裡也納入部分細節。

1 參孫：《舊約聖經》中獲上帝賜與神力的猶太人，弱點是被剪去頭髮後會力量盡失。——編注

◆ ◆ ◆

二〇〇二年二月，喀布爾國家美術館的重啟典禮在黑暗中展開。飽受戰爭摧殘的電力系統再度中斷，沒人啟動得了美術館的發電機。場內瀰漫著陰森的氣息。為了使人銘記教訓，館方特別展示了塔利班撕毀的畫作和損壞的畫框，比許多藝術品更令人印象深刻。然而，氣氛還是充滿希望、勝利感，甚至顯得歡愉。

這場典禮由阿富汗臨時政府的領導人哈米德·卡爾扎伊[2]主持，他感性地說國美館是「耀眼的希望與光明」之所在，躲躲藏藏的阿富汗文化在此得以重見天日。他宣稱：「這不僅是、遠遠不僅僅是重新開放一間博物館。」並以茶代酒，為這一刻舉杯慶祝。接著他欣喜地觀賞尤瑟夫·阿塞菲（Yousof Asefi）博士進行一段表演，象徵甜美的勝利。

阿塞菲是藝術家，曾冒巨大的個人風險搶救藝術作品。塔利班認為再現人類形象是褻瀆阿拉，一律禁止，所以阿塞菲用水彩塗覆了八十幅油畫裡的人物，讓這些畫作逃過銷毀的劫難。而現在，在部會首長、記者、藝術家與當地知識分子的見證下，一身筆挺新西裝的阿塞菲走向一幅油畫，拿布沾水擦去畫面表層的水彩，露出底下仍完好無缺的人物。全場報以熱烈掌聲。

阿富汗曾飽受塔利班和戰爭的蹂躪，我來到這裡是為了目睹倖存的文化。令我訝異的是，在喀布爾被炸得滿目瘡痍的殘骸中，這裡的藝文圈子不只態度樂觀，還欣欣向榮。與我交談過的每個人都有塔利班時期的精彩故事可說，但藝文工作者不只在那段時期好好存活下來，現在也重拾了許多中斷的創作。你要是看過西方世界的新聞報導，可能會以為喀布爾住的都是絕望的農民，而且許多人都好勇鬥狠，此外只有政府官僚和士兵，然後就沒別人了。事實上，喀布爾也有一群富有文化素養、穿著高雅時髦的阿富汗人，其中某些人在整個塔利班時期都待在本地，有些在自行流亡海外後又湧回國內。

不過，文藝復興不僅僅始於小眾菁英。被塔利班解散的藝術家工會在三個月前悄悄復會，已經吸引全國各地超過三千名會員，包含兩百名女性在內。卡爾扎伊對我說：「我們的未來就靠這些人了。我們必須拯救我們的文化，推動文化的發展，創造新的阿富汗文化。這是我們施政綱領的第一要務。」

阿富汗女性正逐漸棄穿遮蓋全身和頭臉的罩袍，對西方人來說，這種服裝是塔利班壓迫最鮮明的象徵。我在二月中旬參訪喀布爾的兩週期間，只看過十多名女性在街頭露出臉龐，而且即使禁令已經解除，還是沒人露出頭髮。從她們對服裝的執著，可以看出這種遮掩有其深層的文化根基。雖然女性公開露面仍是緩慢而充滿矛盾的過程，但近來藝術創作的激增，不論雅俗新舊、東方或西式，在在反映了都會區的阿富汗人如今重獲自由是多麼突然。

與塔利班的政治宣傳相反，伊斯蘭教義從來都不是藝文禁令的根據。資訊文化部長薩伊德・馬克圖・拉辛（Said Makhtoum Rahim）說：「這想法非常可笑，這種法律完全沒有宗教上的依據。」南希・哈奇・杜普莉（Nancy Hatch Dupree）是西方首屈一指的阿富汗文化專家，她說這些禁令「根本就是譁眾取寵，完全出於政治目的」。阿富汗電視台台長和前文化部部長阿布杜・曼蘇爾（Abdul Mansour）說道：「他們說這是為了宗教，但說穿了不過是草菅人命、圖謀暴利，再加上履行三軍情報局的任務罷了。」他指的是當時扶植塔利班政權的巴基斯坦情治單位。他說，三軍情報局「想看到阿富汗

2 哈米德・卡爾扎伊（Hamid Karzai, 1957–）：在二〇〇一年十二月美國打敗塔利班政權後曾擔任臨時政府領袖，後又於二〇〇四年當選為阿富汗伊斯蘭共和國首任總統。——編注

積弱不振，愈弱愈好」。又說：「而且巴基斯坦嫉妒心作祟，他們是新國家、假國家，沒有歷史可言。可是我們呢，我們的歷史可燦爛輝煌了。」

拉辛說：「阿富汗的文化被摧毀過很多次，亞歷山大大帝幹過，英國軍隊也幹過。成吉思汗在十三世紀攻打赫拉特，不留一個活口。那時有十六個人各因不同原因出城，回來時發現自己的城市已經沒了。起初，他們痛哭流涕，但後來決定重建赫拉特，雖然只剩十六個人，赫拉特還是從灰燼中再站起來。我們也會讓阿富汗再站起來。我們想對全世界發出愛與合作的訊息，展現我們傑出的藝術，好讓世人知道這個國家不是只有軍閥和戰爭而已。」

值得注意的是，塔利班早期其實支持過藝文活動，也參與文化保存計畫，只是後期受恐怖組織蓋達和外國勢力主導才開始推行反藝文政策，許多阿富汗最精美的文物，大約兩千件國寶，從而被惡意摧毀。塔利班的目的是抹滅阿富汗人的身分認同，削弱他們以國族之名反抗新政權的力量。與蘇聯或毛澤東治下的中國不同之處在於，中俄共產政權干涉藝文創作，用意是消除不能用於建構愛國政治宣傳的歷史，塔利班政權卻是要殲滅文化，將「阿富汗人」這觀念連根拔除。這套計畫不只得干預知識分子和藝文工作者，也得把手伸進百姓的生活和日常娛樂。拉辛說：「他們成功毀了我們大約八成的文化認同。之前蘇聯為了把這個千年古國改造成十九世紀的馬克斯主義國家，已經在這裡大肆摧殘過一輪，不過塔利班想要的是毀了一切。」

圍觀電視

電視在塔利班治下是違禁品，不過在二〇〇二年初又重現於阿富汗。雖然阿富汗唯一的電視台設備破舊，許多節目因為畫質低劣和攝影機失靈得一再重拍，但想要宣揚新思想、新價值，電視節目仍是最受民眾歡迎的方式。曼蘇爾請學者教授來拍攝節目，講述遠溯至公元前一千年的阿富汗歷史。他們也有音樂和藝文節目，會播放阿富汗的老電影，朗誦新創作的阿富汗詩歌。阿富汗人對這些內容求之若渴，過了五年沒有電視的日子，在喀布爾，大批觀眾會圍聚在一起看電視。夜間大多會停電，這時他們往往將電視機接在汽車電池上觀看。

273

藝術的守護者

阿富汗有許多頂尖藝術家投入傳統創作，例如微縮畫，這種藝術形式發源於阿富汗，並在該國藝術史占有重要地位。哈菲茲．梅賀札（Hafiz Meherzad）是首屈一指的微縮畫家，他以金箔和礦物顏料繪製精緻細膩的邊框，框內描繪具象的場景。梅賀札說，聖戰士在後蘇聯的權力真空時期上台後，他已經「沒力氣移民了」，也覺得在塔利班政權下，只要不公開展出，他還是能繼續悄悄創作。不過，後來某次鄰居大喊塔利班在挨家挨戶搜查，他在驚恐之下把作品全埋到地底，結果濕氣把畫作毀損大半。梅賀札有強烈的文化責任感，他說：「我認為這門藝術無法創新。這種創作要是有所變革，也會摧毀過去。你們在美國可以創新，因為你們的過去很安全，可是在阿富汗，我們在開創未來之前得先保全過去。」

塔利班發現書法家很難打壓，因為他們的作品具有神聖性。然而，他們仍對書法家滿懷猜疑，以實邁．瑟迪奇（Ismail Sediqi）這類書法創作者只得保持低調。過去他會創作詩歌（例如：「我是廢墟中的珍寶」），然後寫成美麗的書法作品，但在塔利班時期只能放棄。他成為「單純的抄經員」，只寫古蘭經經文，即使如此，他還是找到反叛的空間：他常常抄寫這本聖書的開端章文字「真主，全世界的主」[3]，這行宣告正與塔利班的限制措施站在對立面。他說：「你說創新？我有時會為古典形式的美麗臉龐畫上現代的妝。」

在喀布爾，阿塞菲成為文化重生的鮮明象徵。塔利班時期始於一九九六年，而他在那段期間因家庭因素無法離開阿富汗，只能創作不含任何人類或動物形象的風景畫，而且「不在畫中表現阿富汗的生活方式」。壓力和恐懼造成的精神問題至今仍困擾著他。如今他回頭重畫這些作品，把他原本打算要畫的圖像加進去。他說：「要是塔利班政權再持續個五年，我們的文化恐怕就被他們毀了。」他很感激美國的軍事介入：「你們解放了我們，因此既解救了我們的歷史，也解救了我們的現代生活。」

地下詩人

阿富汗是詩人的國度。在塔利班治下，沙爾・穆罕默德・卡拉（Shir Mohammed Khara）組織了一個地下詩歌創作運動，他與其他詩人背下彼此寫的詩，一起討論時就不必擔心被抓到攜帶作品。他們每次聚會都帶著《古蘭經》，塔利班幹員要是問起，就能說是在舉行禱告會。也有幾名詩人與《希望報》（*Arman*）攜手合作。

詩人穆罕默德・雅辛・尼亞濟（Mohammed Yasin Niazi）說：「我們無法如實反映塔利班時期的社會。」他同為詩人的朋友阿布杜・拉齊・賈希德（Abdul Raqib Jahid）補充說道：「塔利班統治的時候，我只盡量寫能幫人民抒解緊繃情緒的詩。」他們創作的新詩洋溢著熱烈的國族情感。

尼亞濟寫道：

> 我們已然目睹無知之人帶來的後果。

如今我們應該理智行事。
是時候打開窗戶
迎向燦爛的陽光。

賈希德寫道：

共產主義和恐怖主義曾想吞噬阿富汗
但自由的刀割斷了他們的喉……
我只想對你訴說自由的故事
盡可能委婉地訴說。

然而，其他詩人表達了沉痛的心情。阿克美・舍奇・桑雅爾（Achmed Shekib Santyar）寫道：

墓誌銘

在最寬闊的懸崖，
在最陡峭的山峰，

3《古蘭經》開端章有言：「奉至仁至慈的真主之名，一切讚頌，全歸真主，全世界的主。」——編注

以最清晰的字母，
銘刻著
這段訊息，來自一個沒有未來的世代：
我們在童年得到的不是母親的恩慈，而是
士兵的粗暴言語；
我們在青年時手握的不是筆桿，而是槍枝；
我們老年時無法休息，而得四處行乞。
別怪我們。
我們無法為你們做什麼。

千鈞一髮的電影工作者

一九六八年，阿富汗國家影業公司在好萊塢協助下成立，一年大約產製十多部電影，紀錄片與劇情片都有，直到蘇聯入侵和聖戰士時期才變慢，在塔利班統治下則完全停擺。塔利班在占領喀布爾後燒毀了超過一千盤電影膠捲，影業公司總監帝穆爾・哈奇米安（Timur Hakimian）說：「他們就從這間辦公室開始燒。」他在臉部前方揮手作勢搧風：「你絕對無法想像那個味道。這麼做不只會嗆死我們，也會嗆死他們自己，所以他們改把膠捲堆到運動場上，公開大燒特燒。」還好塔利班審查人員不懂拷貝和底片的差別，被燒掉的膠捲大多可以代換，原始底片則藏在別處，逃過一劫。哈奇米安說：「可惜我們那幾年不只不能使用器材，也不能清潔維修。很多器材之所以報銷，不是被粗暴對待，而是疏於保養。只要拿得到器材，我們隨時能重新開始拍片。」

哈奇米安是冷面笑匠，閱歷豐富，參加過世界各地的電影節。他曾擔任多年藝文工會主席，如今重掌舊職。從前他拍過一部電影，片中的旁白指控塔利班反文化、反伊斯蘭，所以哈奇米安在塔利班主政期間躲了起來。他告訴我：「我們很有理由害怕！如果這幫人有本事炸掉你們的世貿中心，也能炸死我這小老百姓！我竟然能活下來，實在幸運。」他請一個在塔利班國安部門當清潔工的朋友將他的檔案取出燒毀，並認為自己能倖存，要歸功於朋友的義舉。

已有數十名男演員和三名女演員來找過哈奇米安，說他們希望復出拍電影。莎莎瑪．沙齊拉（Zamzama Shakila）是前塔利班時代的傑出電影女星，大家通常就叫她莎莎瑪，對於塔利班而言，這位明豔動人的女性也必須特別提防。即使在塔利班治下，她還是想留在阿富汗，於是她放棄演戲，而她先生（也是演員）則改在街上擺攤賣衣服。不過塔利班幹員對他們窮追不捨，在基本教義分子發動的一次攻擊中，她身中五槍，她先生身中七槍，現在還有一顆子彈卡在他的顱骨裡。他們僥倖逃過一劫並逃到巴基斯坦，有多年時間，她靠著在白沙瓦擔任婚禮歌手勉強餬口。喀布爾被攻下那天，他們回到阿富汗。她說：「我對我的國家朝思暮想。」

她穿著罩袍回到阿富汗，一抵達喀布爾就脫下來當街燒了。在今天，她是少數不會把全身包得密不透風的女性。她說：「我聽見別的女人經過我身邊時議論紛紛，說她們很佩服我敢擺脫罩袍，我就直接上前對她們說：『脫掉你的罩袍呀，不會怎麼樣的。』有時她們當下就把罩袍甩了，我們就這麼一起走在街上。總得有人帶頭這麼做。」莎莎瑪抱怨，阿富汗男人是會盯著她們看，不過真正討厭的冒犯鬼是美國的特種部隊士兵。「我跟他們說：『你們比恐怖分子更糟，你們害得阿富汗女人沒辦法過日子，快給我住手。』」

在阿富汗國家影業公司殘破的辦公室裡，莎莎瑪向我解釋：「過去的電影人正在集結。演員的思想當然比其他人更自由開放，我們在這些辦公室碰面、握手。」她突然百感交集，握住我的手臂。「就算是在最快樂的夢境裡，我們也不曾夢到這一刻。」因為阿富汗國家影業公司沒有拍片設備，所以莎莎瑪目前在兩個每週一次的電視節目演出，以此養家活口。她說：「現在要我演喜劇也沒問題，那種浪漫喜劇。」

哈奇米安仍心存懷疑：「電視新聞的女主播還是包著頭巾，國人還不太能接受她們露出臉孔。如果你不能讓女人露出頭髮，又怎能讓她們出現在男生懷裡？」不過莎莎瑪反駁：「不要拍打打殺殺的電影，我們在真實生活裡已經看夠槍桿子了，大家應該要享受新一代的阿富汗電影。」她比出豪放的手勢：「盡情享樂的時候到了！」

打破沉默的音樂

文化復興的態勢在各個藝文領域都很強勁，不過最引人矚目的還是音樂界。這個國家曾被迫長期噤聲，女性為寶寶哼歌也可能被逮捕，就連拍手都違法。但突然之間，處處飄揚著各式各樣的音樂。

我參加了一場婚禮，樂團在現場演奏著很不西方的「西方」音樂——如果有人計榜，這些可是阿富汗的暢銷金曲。新郎家有人剛過世，照理說不能有音樂，不過新娘表示反對，她說這些年來的寂靜無聲夠抵去上千個家庭的喪事了。婚禮樂團由一把電吉他、一具鼓機、還有一台蘇聯時代的合成器組成，不穩定的電力使得演奏過程中所有樂器時響時停，表演也不算出色，即使如此，音樂還是讓眾人欣喜若狂，他們幾乎一個勁地只聊音樂。我最喜歡的一首歌有部分歌詞是：

心上人哪，畫上你的妝容、灑上你的香水。
美麗地亮相吧。
你有小鹿的眼睛
石榴花的雙唇
樹一樣的高挑身材。
喔，我要去見我的心上人
但我不知道怎麼出發
要開達特桑、小貨卡，還是荒原路華？

時下阿富汗流行音樂的先驅，都會氣息則稍微更濃厚一些。巴塔許．坎姆朗（Baktash Kamran）是阿富汗最稱得上流行歌星的人物。二十三歲的他相貌英俊，是健身運動員，除了翻唱七〇年代歌曲，也有新的創作。我在阿富汗多次遇見他，他總穿著背上有一面美國國旗的皮夾克。在塔利班時代，他偷挖了一間玩音樂用的祕密地下室，而且挖得很深，好教外人聽不到。那時他還是好尋釁滋事的青少年，四度入獄，一次是因為他把落腮鬍修得太漂亮，另一次是因為他擁有一台電子琴。他聲稱自己就連逃跑時也唱著歌。

阿富汗電視台復播後，坎姆朗是第一個舉辦電視演唱會的歌手。他給我看一樣東西，說那是他的快樂和驕傲：一具高科技的山葉牌合成器，是他在塔利班仍控制阿富汗南部時從巴基斯坦走私入境的。他解釋：「帶著它無法通過官方檢查哨，所以我把它綁在一頭驢子上，我們再一起爬過阿富汗和巴基斯坦之間的山區。然後我把它裹在披肩裡，帶著它搭計程車進喀布爾。」

他的歌曲常以兩性關係為主題，當我問起這一點，他表示，阿富汗男女現在日漸拉近距離，又補充說，罩袍從沒讓他覺得自己被拒於千里之外。他告訴我：「因為一雙鞋子或某人衣衫飄動的方式而墜入愛河，都是很容易的事。」他曾經以此為題創作歌曲。

在流行樂壇蓄勢待發的同時，音樂也重返某些族群的生活，而對他們來說，音樂是更深刻的志業。阿富汗的蘇非派契斯特教團是穆斯林神祕主義分子，他們恢復了每週四，也就是安息日前夕的聚會，舉行塔利班長期禁止的儀式。我去參觀了喀布爾近來重建的某間哈納卡，也就是蘇非派的聖堂。那場儀式在城裡最貧困的地區舉行，地點在長巷的盡頭，巷子兩側的樓房被炸彈夷為平地。我走上泥磚砌成的狹小樓梯，來到某棟建築物上層的隱藏樓層。裡面大約有八十名男性，坐在地面鋪著的老舊地毯上，牆面上塗寫著古蘭經經文，現場光源來自幾支蠟燭和一盞愛亮不亮的電燈。

這些男人的臉龐像是來自時間之外：飽經風霜、蓄著落腮鬍，不過有些看來其實很年輕，且因儀式而容光煥發。他們身穿傳統的阿富汗長袍，全身裹在厚重的毛披肩裡。在一座高台上，約有六名樂手正在演奏奇異的抒情樂曲、誦唱經文，曲式重複而引人入神，每隔一陣子就有人停下來，換另一人接手。台下眾人跟著音樂搖擺轉動，有些人隨歌手哼著曲調。一名青年拿著一把破損的茶壺躬身爬行，為每個人添茶，大家共用八個杯子。儀式持續了整晚，令人有種眩迷之感，時間彷彿失去了意義。時不時會有人站起來，在狂喜中跳舞或搖擺。吟誦聲逐漸提高並轉為粗重，歌曲速度隨之加快，節奏也更急促，直到最後全曲戛然而止，另一首歌隨之緩緩揚起。氣氛十分神聖，也與阿富汗蘇非派信徒延續七百年的儀式同樣古老。

我有幸拜會阿富汗最傑出的幾位傳統音樂家，雄心勃勃的電視台音樂總監阿濟茲．加茲納維（Aziz Ghaznavi）促成了他們攜手合演，而加茲納維本身在前聖戰士時期是流行歌手，曾赴美巡迴演出。他說：「完美演出自然是勤練出來的，不過我們在塔利班時期全都不能練習，退步太多了。整整五年沒唱歌，我都不敢聽自己的聲音了，第一次再度開口唱歌，那一刻真是很嚇人。」

聽在外行的耳朵裡，阿富汗傳統音樂有點像印度傳統音樂，不過演奏用的是阿富汗本土樂器，例如沙林達琴、拉巴布琴、艾捷克琴，還有塔布拉鼓、西塔琴和簧風琴。塔利班執意銷毀所有樂器，只有想方設法藏起來的樂器得以倖存。我遇過一個男人，在整個塔利班時期都把他的沙林達琴放在木柴堆裡，假裝是要拿來燒的，他也心知鄰居要是看到了，隨時都能告發他。加茲納維解釋：「這幾個月，我們陸續拿起這些層層包裹、破損不堪的樂器，重新演奏。阿富汗只有一個製作樂器的師傅，現在他得負責維修所有損壞的樂器，還沒時間做新的。」

出於家庭因素，加茲納維無法逃出塔利班治下的阿富汗，對任何一個一生與音樂為伍的人來說，那段日子都是艱難無比，他也因為無法滿足渴望而陷入憂鬱。他求診時告訴醫生，人生要是沒有音樂，他會發瘋。那位醫生建議他聽一種連塔利班都無法宣告違法的歌曲。於是加茲納維買下他生平的第一批鳥，從此愛上這種動物。如今他擁有超過五十隻鴿子，全養在他屋後的鴿舍。有天下午我去拜訪他，他把我領進牆面漆成了淺紫色的客廳，我盤腿坐在地上，吃著糖果，加茲納維和一個朋友在一旁試彈幾具簧風琴，都是剛買的新貨。在這間薰衣草色的客廳聆聽簧風琴重奏，頭頂有好多隻鴿子到處飛來飛去，感覺很超現實，而這詭異的感覺並沒有因為加茲納維的兒子在場而減輕——他是阿富汗全國舉重冠軍，穿著傳統的長衫長褲作陪，沒為我們斟茶時，就在那裡伸縮他那令人目瞪口呆的二頭肌。

電視台的練習室永遠滿滿都是人，儘管裡面既無暖氣也缺乏便利設施。我第一次去參觀時，加茲納維介紹我認識了幾位才情特別秀異的音樂家，少數人剛從巴基斯坦和伊朗返國，不過另一些人在塔利班時期都留在喀布爾。阿布杜・拉辛・馬西尼（Abdul Rashin Mashinee）被塔利班逮到演奏沙林達琴，他們警告他，要是再抓到他彈琴就砍了他的雙手。在那些黑暗的年頭，他改行當屠夫，但他說：「我還是勤練樂器，每晚都在夢裡練。」

這群人在聊天中頻頻停下來向我道歉，為了現場寒冷而道歉，也為了樂團沒有全員到齊而道歉。他們說：「我們本該有十一人，不是六個人。」他們說我像是喜歡音樂的人，又說他們要是能找齊這群朋友，我就能聽聽他們全體合奏。我說要是果真如此就太榮幸了，也邀他們隔天下午五點到我的住處晚餐。

我的喀布爾晚餐

這段時間我落腳在高級時尚地段阿克巴汗區的一棟房子，這裡曾歸蓋達組織所有，現在由幾個朋友合租，我們還雇了全職的翻譯和司機。之前我已經聽說我們會有廚子，不過在喀布爾吃的第一頓晚餐仍教我驚喜。菜色有浸在濃郁醬汁裡的香辣小肉丸、美味的米飯、酥脆的炸馬鈴薯糕和新鮮的阿富汗麵餅。當我表達驚訝之情，一個朋友解釋，我們搶到了喀布爾手藝最好的大廚，每個來這間屋子吃飯的人都想把他挖走。庫達土拉（Qudratullah）每天早上七點到班為我們做早餐，中午端出熱騰騰的午餐，也為我們調理每一頓晚餐。

市集是喀布爾冬季的一大勝景。在這個殘破的城市裡，在彈痕累累、布滿塔利班時代塗鴉的牆面環繞下，攤販擺出琳瑯滿目的當地食材：石榴和柳橙，林林總總的堅果和果乾，鮮肉（有時新鮮到令人不知所措），大袋盛裝的香料和穀物，大量花椰菜，我畢生見過最大最鮮豔的紅蘿蔔（有些近乎發紫），茄子，洋蔥，馬鈴薯，以及各色甜食。靠近河邊的食品市集貨色最豐富，但即使在最貧困的街區，我也看過擺得十足豐盛的攤子。他們雖然沒電、沒管道系統、沒暖氣，有時連屋頂也沒有，不過他們有食物。庫達土拉買得到最好的食材，朋友來訪時飯菜也總是足夠，因為他有阿富汗人把菜餚分量變大的本領，無論誰來作客都有得吃。所以說，我邀那些音樂家來吃飯，感覺理所當然，因為這裡不只有出色的食物，還有喀布爾罕見的暖氣，我們用的是柴爐。

那天稍早，我去聯合國教科文組織辦公處拜訪他們的活文化（living-culture）專家，他正計畫籌辦一場音樂節，卻連一位音樂家都還不認識，所以我邀他出席我們的音樂會。我也問了瑪拉．魯茲卡，她是自由派的金髮女子，當時住在法新社旗下的房子。她和她的翻譯前天幫了我一個忙，所以我便邀她們一起來。我也邀請了我們住處的全體工作人員——翻譯、保全等等。《新聞週刊》的史考特．強森（Scott Johnson）說他覺得德國電視台的安東尼亞．拉多斯（Antonia Rados）會想參加，我欣然同意。幾個《華盛頓郵報》的人來拜訪，我們覺得不納入他們太說過不去了。我也邀請了前天訪問過的一位電影工作者。人數就這麼不知不覺攀升。

我告訴庫達土拉有客人要來，他說那麼他需要額外預算買菜、買盤子，還要多點工錢好找個人來幫廚。我說我們大概會有三十個人，他跟我請了兩百美元。

結果我的估計大大失準。音樂家、自宅員工跟我們認識的其他人加起來，已經有整整二十個左右的阿富汗人，而外國客人也都帶了朋友出席。等晚餐在七點三十分左右開動，現場總共有五、六十人。庫達土拉令人讚歎，竟變出了足以讓全體吃飽喝足的食物。菜色有香甜的阿富汗國菜喀布爾抓飯，肉軟嫩到直接與骨頭分離的烤羊腿，烤雞，風味絕佳的布拉尼沾醬（borani），這是道以茄子製成並加入優格和大蒜的菜色，伊朗式的菠菜燉肉（sabzi qorma），還有沙拉和玉米澱粉做的阿富汗布丁（firni）。桌上自然也少不了阿富汗麵餅。

我原本打算聽音樂家演奏一小時，不過難得有演出機會又有觀眾捧場，他們興高采烈，一曲接一曲停不下來。我們都隨著這洋溢異國風情的音樂起舞，享用美食，再跳舞，再大快朵頤。加茲納維也為我們獻唱。阿富汗的男女不會混合交誼，即使在婚禮上，女賓和男賓也分兩廳慶祝。我們的阿富汗客人全是男性，他們向我們示範他們如何圍成圓圈跳舞。西方人從善如流，也向阿富汗人示範西方男女如何共舞。音樂愈來愈生動活潑。

那位教科文組織專員說：「老天爺，阿富汗真的有音樂！我一定要辦音樂節，一定要！」我的翻譯法洛克說：「再多吃點吧？菜都還有！我們來吃個盤底朝天！」

這間屋子的代表負責人強森問我：「場面是不是開始失控了啊？」我不得不承認，的確如此。九點鐘，有人帶了一瓶威士忌到場，在禁酒的穆斯林國家，這等同於在美國帶大麻參加派對。咯咯笑聲四起，幾個阿富汗人很快就酩酊大醉。隔天早上，我教法洛克認識了「宿醉」這個詞。

喀布爾晚上十點開始宵禁，所以客人自九點半起一一離去，不過那些音樂家住得太遠，趕不及在宵禁前到家，於是留下來過夜。他們一曲接一曲，到了凌晨兩點，我們還坐在一起，讓西塔琴和塔布拉鼓以輕柔抒情的深夜音樂款待我們，原定的短暫表演持續了超過十小時。

不論在塔利班治下或美國主導的首輪入侵階段，在喀布爾開派對都是無法想像的事，情勢是如此肅殺而悲傷。然而，這城市雖負有近代歷史留下的慘烈傷痕，全城人民仍企盼著終將獲享些許樂趣。阿富汗的熱情好客舉世聞名，對許多阿富汗人來說，國家處於戰爭狀態令人痛苦的一點，就是他們無緣對外國人展現好客之情。我在阿富汗原本做好了吃苦的準備，也確實目睹了種種慘況，不過，我也感受到一股熱忱和自豪之情，那既是因為政府改革，也是因為人民重拾了微小的滿足——這種滿足曾被長久剝奪，而現在，他們又能如此輕易、公開且大方地分享。阿富汗有種曾經深深哀悼的人才能了解的喜悅，快樂不只是因為快樂本身使然，也是對比造成的效果。我們對阿富汗食物和音樂的青睞令他們喜出望外，光是共享抓飯和布拉尼沾醬，隨沙林達琴、拉巴布琴、艾捷克琴一同起舞，就好像在達成某種外交使命。那一晚有種蘇非派儀式帶來的狂喜，每個音符都因為得償宿願而渾圓飽滿。能與之相提並論的音樂，我是再也沒聽過了。

◆ ◆ ◆

阿富汗戰爭造成無數阿富汗人與大約兩千五百名美國人喪生，消耗了數千億美元。在我走筆至此時，仍有近一萬人的美國軍隊留守阿富汗境內。二〇一五年，多明尼克．提爾尼（Dominic Tierney）在《大西洋》雜誌撰文指出：「從前我們常說這是為了拯救阿富汗人，如今重點轉為如何讓美國士兵返鄉，阿富汗人已經從故事裡消失。」在喀布爾，這種背棄很殘忍地令人非常有感。近來我與法洛克重逢，我們聊到二〇〇二年的往事，他說：「是啊，那些美好的日子你也在場——那段充滿希望的時光。現在全沒了。」

阿富汗有許多女性藝術家遇害，包括電視記者扎奇雅．札齊（Zakia Zaki）與珊嘉．阿馬克（Sanga Amach），以及音樂錄影帶節目主持人夏瑪．瑞札伊（Shaima Rezayee），原因是她們在電視上公開亮相，並想藉此讓女性獲得更開明的對待。行為藝術家庫布拉．哈德米（Kubra Khademi）曾穿著誇張凸顯胸臀的盔甲在喀布爾街頭走動，因此收到死亡威脅，不得不藏匿度日。還有一些女性藝術家被迫流亡海外。不過，仍有許多人因此獲得勇氣。二〇〇六年，多名女性藝術家攜手創立了阿富汗當代藝術中心（Center for Contemporary Art Afghanistan）。慕涅拉．尤瑟札達（Munera Yousefzada）在喀布爾創立夏瑪瑪當代藝術館（Shamama Contemporary Arts Gallery），她說：「我開這家藝廊以前，感覺好像困在井底，沒人能聽到我的尖叫。現在他們聽得見我了，也能聽見牆上這些畫的女性創作者的聲音。」

在此同時，以復興傳統工藝為宗旨的土耳其藍山（Turquoise Mountain）也成立了，致力於推廣木工、書法、微縮畫、陶瓷、珠寶和寶石切割等工藝。二〇〇九年，為了支持喀布爾的當代藝術家，第一屆阿富汗當代藝術獎的參賽者共同成立貝朗藝術協會（Berang Arts），並把喀布爾一間公寓翻修成當代藝術中心。阿蘭・法哈（Alam Farhad）教授是喀布爾大學藝術系主任，他說該系在二〇〇一年有八名學生，現在則超過七百名，不得不開始拒絕申請者。阿富汗藝術家得處理複雜的認同問題，例如阿里・阿克拉奇（Ali Akhlaqi）表示：「就我看來，喀布爾是個沒有任何慰藉、被詛咒的黑夜之城，白天也沒有一絲光明。這裡沒有一點真實的東西。」不過塗鴉藝術家尚西亞・哈薩尼（Shamsia Hassani）另有想法，他經常出沒於大量地雷遍布的社區，在半毀的建築上作畫，而他把阿富汗形容為「新生的嬰兒」，又說：「我想用色彩蓋過牆上悲慘的戰爭回憶，把戰爭從人民心裡抹去。」阿齊姆・法克里（Azim Fakhri）乾脆地說：「我覺得你要接受自己不能改變的事，但要改變你不能接受的事。」喀比爾・莫卡梅（Kabir Mokamel）策畫了一個「藝術頭子」計畫（拿「軍事頭子」來玩文字遊戲），在喀布爾政府建築外的圍欄上作畫。二〇一五年，他在國家安全局四周的牆上畫了一雙巨大的眼睛，提醒政府幹員別忘了人民也在監看他們。

我的朋友魯茲卡創立了「衝突無辜受害人倡議組織」（Campaign for Innocent Victims in Conflict, CIVIC），致力於協助被褫奪公權的人民。二〇〇五年，她在巴格達機場路的一起汽車炸彈自殺攻擊事件中喪生。

日本 ◆ JAPAN

沒有圍牆的美術館

Museum without Walls

《漫旅》

June 2002

我參訪直島以前，已經報導過西方世界如何逐漸意識到亞洲藝術的存在。假使歐美人士已經開始欣賞中國當代藝術，那麼遠東的人又是如何理解西方藝術？比起西方對東方的認可，遠東地區更快承認了西方對他們的影響，但不論是在哪一方的社會背景下，無疑都要面對轉化詮釋的課題。

◆ ◆ ◆

現代藝術自有其朝聖者。一等我有能力，我馬上就去畢爾包看法蘭克・蓋瑞設計的古根漢博物館。我也曾開車橫越沙漠，就為了參觀唐納・賈德[1]在德州馬法創立的奇納提基金會。我甚至硬拖著自己去了羅馬尼亞南部的特爾古捷烏，只為一睹布朗庫西[2]的《無盡之柱》。有朝一日，我也希望能去亞利桑那州的羅登火山口，光線與空間藝術家詹姆斯・特瑞爾花了超過二十年時間把那座天然火山口轉化為藝術作品。我最近一次朝聖之旅的地點是日本直島的倍樂生之家，位於日本南部，整座島嶼就是個令人讚嘆的複合式藝術園區。不論是對於新婚蜜月的知識分子，尋求

1 唐納・賈德（Donald Judd,1928-1994）：美國極簡主義藝術家代表。——編注

2 康斯坦丁・布朗庫西（Constantin Brâncuși, 1876-1957）：羅馬尼亞雕塑家，被譽為現代主義雕塑先驅。——編注

靜心頓悟的禪宗信徒，或是想要偷得浮生半日閒的熱情理想主義者，此處似乎都別具吸引力。

想前往直島，首先要從日本本島南部任一城市坐火車到瀨戶內海，再搭上往返於俗稱「千島」的瀨戶內海諸島之間的渡輪。瀨戶內海諸島是日本最低度開發的地區之一，數百年來，本地漁夫過著同樣的生活——每天清晨出航試試捕魚的手氣，參拜樣式樸素但優美的神社（從渡輪的甲板就能望見），返航後掛出漁網隔夜晾乾。

渡輪航行大約一小時後抵達直島，我們在小漁村本村上岸，跟倍樂生之家派遣的司機會合。我們驅車穿越直島綠意盎然的景觀，一路上很難不注意到島上四散著古怪不協調的物件：玻璃纖維製成的巨型南瓜蹲踞在碼頭的盡頭，溫泉浴池被眾多石雕團團圍繞，或是海邊一座架在磚造基底上形似巨大沙拉碗的東西。我們開上陡峭的斜坡，來到一棟巧妙融入周圍地景的建築，要是無意間開車經過，可能根本不會注意到。這就是倍樂生之家，倍樂生藝術之地的重心，全世界頂級私人藝術收藏的所在地。

倍樂生是專營教科書的大型出版集團，前任總裁福武哲彥是藝術收藏家，生前的夢想是打造一間美術館展示個人收藏、與真心想體驗這些藝術品的人共享——不過，他既不喜歡大批人群，也不想弄得像在炫富，於是想出一個天馬行空的點子：在瀨戶內海的小島上蓋美術館。福武哲彥在一九八六年去世，後來他的兒子在直島開闢了一片至今營運不輟的蒙古包露營場，並聘請建築大師安藤忠雄設計一棟包含十間客房的美術館。安藤在雨中來訪，愛上了這個場地並著手設計，整棟美術館半鑿半蓋，與直島的地表融為一體。一九九二年，倍樂生之家正式開幕，到了一九九五年，設有額外六間客房的別館也落成了。

倍樂生不只是美術館，更絕不只是旅館，而是一加一大於二的複合體。這讓我聯想到某些佛寺，你只要略作布施就能在那裡落腳，與僧侶一同沉思世事，吃同樣的膳食，生活在優美僻靜的環境裡，當個既非僧侶亦非觀光客的人。倍樂生之家的客房並不奢華，但舒適而雅致，而且每一間都擺設了藝術佳作，我房裡就有一件凱斯・哈林親筆簽名的紙上作品。每間客房都有一面透明玻璃牆，你與大海之間彷彿沒有任何隔閡。餐點由美術館附設餐廳提供，即使在餐廳裡也處處是藝術作品，且總有造型奪目的插花點綴，還能欣賞更開闊的絕美海景。食物美味而精緻：餐點由許多極費工夫的菜色組成，細緻且風味獨具，全盛放在同樣精心製作的陶瓷餐具裡。

安藤忠雄設計的美術館展現了他對幾何圖形的研究，美術館外觀由簡潔的幾何造型交疊而成，基礎結構是灌漿混凝土築成的螺旋空間（彷彿在對俄國構成主義大師塔特林低調致敬），本館側翼的直線型建築則是客房所在，以粗石砌成外牆，整個園區都嵌在半山腰裡。要前往丘陵頂上的別館得搭乘纜車，接著便會被載到一處有噴泉的奇特場地，中央是一座巨大的池子，被放射狀排列的客房所環繞。整體風格強烈但不流於華麗炫技。美術館本館的下層是大型藝術作品的展覽廳。這裡之所以獨具魅力，部分原因在於你很難說哪裡是美術館的盡頭，哪裡又是自然景觀的起頭。美術館的屋頂長滿野草，與周遭的草地連成一片，有些藝術品在館內展示，有些位於半屬於美術館半開放的空間，還有一些設置在開闊的海岸。倍樂生是個沒有界線的地方。

館方的收藏出自二十多位藝術家之手，包括賈斯珀・瓊斯（一九六八年的《白色字母》〔*White Alphabets*〕）、布魯斯・瑙曼（巨型霓虹裝置《一百種生與死》〔*100 Live and Die*〕），以及塞・湯伯利（一幅粉彩風格的美妙塗鴉）。他們也委託二十多位藝術家創作，例如安田侃（一座有冥想風的巨大圓碟狀裝置，名叫《天空的祕密》〔*Secret of the Sky*〕）、雅尼斯・庫奈里斯（他把鉛塊、漂流木和陶瓷捲成圓筒，組裝在一具窗框裡，彷彿為遮擋視線而放置的工業障礙物）、大衛・崔姆利特（壁畫）和

289

理查．隆恩（在地面以石塊鋪成圓圈，與牆上的圓形繪畫相呼應）。每位藝術家基本上各展出一件作品，綜觀之下，可說是對二十世紀晚期藝術做了具體而微的考察。我特別欣賞杉本博司的一組攝影系列作，每張照片乍看是同一片海景的複本，實則都是不同的海洋。這個系列懸掛於美術館的露台，你要是坐在那裡的椅子上，會看到照片中的海平面對齊了直島實際的海平面，你所凝視的海洋對齊照片裡的海，帶來一種難以言喻的奇幻效果。

美術館四周的戶外空間散布著作品和裝置藝術，例如草間彌生（巨型南瓜）、亞歷山大．考爾德（直立式的動態雕塑，隨風變化）、丹．格蘭（《平面等分圓柱》〔*Cylinder Bisected by Plane*〕），以及其他藝術家的作品。你可以根據館藏目錄逐一參觀，但更愜意的作法或許是直接在島上漫步，猜想這些作品出自誰的手筆、有什麼含意，再打開目錄看看自己猜對或漏看了什麼。我非常喜歡華特．德．馬利亞那枚巨大的鏡面球體，你能從球面看到自己的映象和周圍全景。那裡也有蔡國強的《文化大混浴》：一座泡滿藥草的西式熱水澡缸，你可以在傍晚初始時躺在裡面，欣賞落日畫過造型奇巧的巨型供石（古代中國文人用於遙想地景壯美的奇石），體驗宇宙的和諧。

雖然戶外的裝置作品得自己尋找，不過本村內的作品則有導覽手冊可按圖索驥。村裡有幾棟古民宅的外觀雖與其他老屋無異，其實經過特別重建，在這些稱為「家計畫」的屋子裡，你不會看到鍋碗瓢盆或在白天捲起的日式墊被，而會看到尺寸與內部空間相應的裝置作品。特瑞爾的家計畫與安藤忠雄合作重建，揉合了傳統、禪宗和現代主義元素。你會走進一片漆黑，摸索著找到一張長凳，坐上至少十分鐘好讓眼睛適應黑暗，然後在一片空蕩中看出五個發出藍光的長方形，那飽滿的鈷藍色搏動著，衝破黑暗而出，向你遠離又靠近，傳遞一種純粹的冥想體驗。宮島達男把他的家計畫設計成水池，水面下裝設一連串紅色和綠色的ＬＥＤ數字燈，數值不斷改變，創造出詭異又令人難忘的效果，也美得難以置信——既原始又有未來風。訪客得沿作品邊緣狹窄的走道繞行。目前還有多項家計畫正在打造中。

當你在本村漫步欣賞這些裝置作品，或許也會在村裡的兩間神社駐足，與已經習慣外人的村民打照面，他們會向你微笑點頭致意。這些村民不只喜歡村裡的藝術創作，似乎也很喜歡那些來自東京和紐約、打扮有型有款的遊客。直島與其他當代藝術場景不同，能夠帶給人溫暖的感受。在這裡，智性、五感和心靈都能得到滿足。

◆ ◆ ◆

倍樂生藝術計畫在我這次旅行後又擴大規模，如今美術館園區涵蓋鄰近的豐島和犬島，直島也興建了三座新美術館，全由安藤忠雄設計：地中美術館收藏莫內《睡蓮》系列作的其中五件，以及特瑞爾和德．馬利亞的作品；李禹煥美術館專門收藏韓國極簡主義作品；安藤忠雄博物館顧名思義，是向這位建築大師致敬。倍樂生藝術計畫持續委託藝術家設計旅館客房，加拿大夫妻檔珍妮特．卡迪夫和喬治．布雷斯．米勒現正負責一間雙人套房。藝術家內藤禮和建築師西澤立衛攜手打造的豐島美術館於二〇一〇年揭幕，是倍樂生擴建計畫的一部分。豐島也是法國藝術家克里斯蒂安．波爾坦斯基的作品《心的檔案》（*Les Archives du Coeur*）所在地，而豐島橫尾館則是民居翻修而成的藝廊和展覽空間。這個群島計畫仍在發展中，犬島是第三座島嶼，現在也有自己的美術館，由廢棄的銅礦精鍊工廠所改建而成。犬島海濱藝廊正展出印尼藝術家陳金霖的作品，此外也有犬島家計畫，是五個泰半使用回收素材改建的展覽空間。倍樂生藝術計畫的創始人接受李玉玲訪問，談到這個擴大中的計畫，他說他的目標是打造一座「實現孩子夢境的島嶼」。

所羅門群島 ◆
SOLOMON ISLANDS

所羅門之歌
Song of Solomons

《漫旅》雜誌
August 2003

我要承認，所羅門群島會吸引我，跟名字脫不了關係。我在預約行程時開玩笑說，我這是在引領人地同名旅遊的風潮。不過，我之所以心生嚮往，也是因為這地方實在罕為人知，彷彿使它保存了某種本真性，且不論這本真性是什麼意思。抵達所羅門群島的隔天，我原本要搭國內班機出行，卻發現航班取消，晚一天才能出發。櫃員在我詢問原因時解釋，機長在那天早上改信基督復臨安息日會，所以再也不能在安息日開飛機了。

◆ ◆ ◆

南太平洋向來令我浮想聯翩。有些人雖然也對世界這一隅充滿憧憬，心向奢華的大溪地度假村，然而我想要的是未經現代化破壞的蠻荒島嶼，以及僅僅偶爾才被獨木舟或海豚群劃開的天藍色海洋。我想遇見當地的男男女女，他們既渴望從我口中聽見外界新聞，也慷慨分享在地消息。我想當一個介於庫克船長和魯賓遜之間的人。當我初次聽說世界上有個跟我同名的所羅門群島，年紀還很小，後來又發現這地方遠在天涯海角，更令我興奮不已。我想去所羅門群島，我想不起來自己有什麼時候不想去過。梅爾維爾在《白鯨記》裡寫道，這些島嶼雖然已經被標上地圖，也已經有人探索踏足，但我們仍對它們一無所知。

所羅門群島位於巴布亞新幾內亞東方，包含近一千座島嶼，其中許多是彈丸之地，有幾座的面積則相當寬闊，大約三分之一的島嶼有人居住。這個國家涵蓋了超過一百三十萬平方公里的海域，每年接待約四千名觀光客。他們有至少一百種本土語言和方言，以皮欽語[1]為通用語言，但因為這裡曾是英國保護領地，所以很多人說英語。當地人稱呼傳統生活和慶典為「土風」，所以他們有土風舞、土風聘禮、土風頭顱窟，諸如此類。由於傳教士的到來，本地人於一八〇〇年前後歸信基督教，全民幾乎都上教堂做禮拜，但基督宗教並未完全取代本土信仰和儀式。長久以來，所羅門群島都因為獵人頭和食人的風俗惡名遠播，我抵達該國首都荷尼阿拉的第一天，在某家商店看到一些尖銳物品，一問之下，那原來是鼻骨——拿來戴在穿孔的鼻中隔上。

所羅門群島在二戰期間是瓜達康納爾島戰役的主戰場，美軍在本地人協助下擊敗了意圖在此建立空軍基地的日軍，或許這就是本地在西方世界最廣為人知的事蹟。這個全世界數一數二貧窮的國家沒有菁英階級，生活只限追求基本滿足。主導所羅門群島經濟和權力結構的是馬萊塔人，他們與其他族群至今械鬥不休，然而這些暴力衝突從未打壞遊客的興致。

我們一行四人（包括我的高中同學潔西卡與她先生查克，還有我的男友約翰與我）飛抵荷尼阿拉，與可靠的旅行社經理威爾森．馬勞艾（Wilson Maelaua）會合，他將帶領我們安然度過這些偏遠島嶼可能帶來的所有險阻。我在抵達前已決定以馬基拉島（Makira）為起點，因為查克之前介紹我認識了羅傑．詹姆斯（Roger James），保護國際基金會（Conservation International）在當地分會的主任。馬基拉島在所羅門諸島中擁有最多的單一島嶼特有種鳥類，保護國際即是致力於保育該島內陸的雨林。在保護國際和其他非政府組織的指引下，當地地主擬定森林管理計畫，協助村民了解保護土地不只對全世界有益，也符合他們自己的利益。羅傑娶了馬基拉叢林原住民族女性為妻，過著比在地人更在地的生活。他向我保證：「你說你想徹底融入當地，我就讓你徹底融入當地。」

我們一踏上馬基拉，便馬上向高地出發，隨行的有羅傑、一群地陪、行李挑夫和約翰·韋胡盧（John Waihuru）——他是「大人」（皮欽語中意為「有權有勢的人」），也是這趟探險的領隊。我們在谷地裡迂迴前進了幾公里，然後來到第一條需要涉水的河流，這樣的河流在旅途中總共有十六條。我們逆流而行，水深直達腰際，挑夫把我們分量不輕的行李箱頂在頭上。從這裡開始，就要走上坡路穿越雨林了。我們一路跌跌撞撞，走著一條外行人看不出來的小徑，每個人都由一名地陪從旁扶助，他們溫和沉穩，並且令人吃驚地打著赤腳。

說到雨林，有件事你應該知道：那裡雨下得很凶。我們剛上路時天色和煦，但沒過多久就颳起暴風雨——雨水如瀑布轟然而下，幾秒鐘就把我們淋得渾身濕透。腳下愈來愈泥濘滑溜，每個人都緊抓住自己的地陪。因為有能手相助，我們很少摔跤，但一直處於要跌不跌的狀態，再加上雨水猛打在臉上，在特別不巧的某刻，我的一只隱形眼鏡被沖掉了。上坡路費力又滑溜，我們不知自己身在何處也不知正往哪裡前進，因而心慌意亂；再加上要徒步渡過水深及肩的河流，還有濕透的衣服沉甸甸掛在身上，這一切都讓我們吃盡苦頭。到了中午，雨勢最凶猛的時候，韋胡盧竟然宣布我們要停下來吃午飯。這主意聽似荒唐，不過在我們的旁觀下，他與其他本地人從叢林裡拖來樹枝、扯下巨大的蕨葉，就地搭起一個遮雨棚，地面還鋪了香蕉葉。他們拿棕櫚葉三兩下編成盤子，五分鐘不到，我們就得以坐在木樁上弄乾身子、吃東西，從一上午的爬坡路恢復精力。

最後我們抵達一間供人中途歇腳的小屋，並在這裡過夜——經過這漫長的一天，這個鋪了乾葉

1 皮欽語：兩種以上語言合併而成的語言，又稱混雜語言。——編注

子的小棚屋簡直奢侈得不可思議。第二天我們又整天跋涉，在近黃昏時抵達了浩塔村（Hauta）。我們一行人之外大約有二十五個村民，他們全出來列隊與我們握手。除了羅傑，我們是他們兩年多來見到的第一批外國人。

浩塔村位於山區，居高臨下，旁邊有一條清澈的小溪流過。村裡的屋子由樹葉鋪蓋而成，我們落腳的小屋就在「大人」住的小屋對面，與他家幾乎一樣寬敞，原本是村裡的豬舍。我們去溪邊洗去連日累積的汙穢，接著去參觀村民的菜園，裡頭種著本地人主食的芋頭、樹薯和番薯。在公用廚房裡，我們就著夕陽餘暉和圓形石堆中的火光吃了晚餐。村民的小刀刀刃是金屬製的，除此之外，叢林裡的生活想必跟一千年前沒有太大差別，只有一樣東西除外：泡麵。這種食品以暴風之勢席捲了所羅門群島，我們待在這裡將近一個月期間，不論吃什麼都是配泡麵：蕨葉泡麵、包心菜泡麵、芋頭泡麵、番薯泡麵、青木瓜椰子泡麵，就連米飯都加泡麵。這趟旅行過後，我寧可吃土也不想再看見任何泡麵調味包了。不過，我在初嚐泡麵的那個晚上還沒養成強烈反感，雖然不太好吃，至少很有新鮮感。

晚餐後，我們坐在一間寬敞的公用小屋裡，就著地板上的一小盞燈籠學嚼檳榔，村民在一旁看得興味盎然，但我希望這輩子只要嚼這一次就好。檳榔有輕微的麻醉功效，所羅門人大多嚼食成癮。你要先把檳榔果嚼軟，再咬幾口沾了石灰的蔞葉捲加強風味。檳榔會刺激口腔生津，所以嚼的時候會一直吐口水，整張嘴也會變成觸目驚心的紅色。經常嚼檳榔會害牙齦萎縮、牙齒脫落，你要是沒這個習慣，偶爾試一次也可能害你肚子痛得要命。嚼檳榔使你頭昏腦脹，石灰也很容易灼傷口腔。等我們不再猛吐口水，時間已經將近晚上九點。我們蜷在小屋的地板上，緩緩墜入深沉誘人的夢鄉。

隔天早上，村民領我們渡過小溪，一群裹著腰布的男人從對岸遠處的叢林中跳出來，揮舞著長矛又狂野地吼叫，差點沒把我們的魂嚇飛。後來我們才知道這是傳統慶典的橋段，即使來客是本地人，他們也會做這種表演。另一群男村民在手執長矛的男人後面等著我們，他們列成兩隊領我們走進村子，一邊吹著竹排笛，一邊躬身隨音樂搖擺。那笛聲彷彿結合了鋼鼓和低音管，舞姿有如野生版的瑪莎．葛蘭姆[2]。他們領我們穿越一片長滿蕨類的空地，走上一處地勢較高的地方，女村民給我們每人戴上一條種子項鍊、一圈鮮花頭冠，邀我們來到村裡最大的草屋，在與草屋相連、類似門廊的區域就坐。音樂愈來愈飽滿狂放，村子中央的空地擺著木架支起的大型竹管，有些長達兩公尺多，而他們演奏這樂器的方式好像在敲擊巨型顫音琴，拿來當琴槌的是夾腳拖鞋的橡膠鞋底。

村民問我們想參觀什麼，我們想知道他們怎麼蓋草屋，於是他們弄來一堆蘇鐵葉，示範如何將葉子折繞在野生檳榔木削成的支柱上，再用藤條縫合，鋪排成屋頂和牆面。他們也向我們示範如何摩搓**加胡托**（gahuto）的枝條生火，拿**奧荷**（aohe）的根編成打獵用的陷阱，用巨大的杵臼把燻過的**恩加利**（ngali）堅果搗成泥，與芋泥混合後塞進竹筒火烤。最後，他們示範雕刻我們吃飯用的木碗，做工粗獷但優美。那天下午，我們留在村裡認識他們生活的一切種種，在欣賞之餘也試著入境隨俗。如果說我走這一遭是為了尋覓另一個世界，我確實找到了。

我們回到小屋，看到母雞正想在我們睡覺的蓆子上下蛋。清理乾淨以後，我們吃當天捕到的鰻魚（加泡麵）當晚餐，飯後正準備就寢，卻聽到音樂聲再度響起。這一切難說是不是刻意而為，因為他們鮮少舉行迎賓慶典，所以每次都有些新發明，而且浩塔很久、很久沒有外國人來訪了。不過，這場突發的夜間音樂會純粹是一時興起，有人想來點音樂，結果大家的興頭都上來了。月光下，管

2 瑪莎．葛蘭姆（Martha Graham, 1894-1991）：舞者、編舞家，現代舞先驅，曾獲《國家藝術勳章》等獎章。——編注

樂手帶著樂器來到我們的小屋前演奏，女性在他們身後合唱，我們聆聽這突如其來的天籟大約一小時之久，氣氛既歡樂又奇異。接著他們問：你們的文化有沒有音樂？我們答有，於是他們也想聽聽。突然間，換我們成了異國奇觀。我們四人在匆匆討論後為他們演唱了〈奧克拉荷馬！〉（Oklahoma!）、〈再會牙買加〉（Jamaica Farwell）和〈美好的美國〉（America the Beautiful）。他們又問：你們的文化有沒有別的表演？例如跳舞？於是潔西卡和我攜手登場。在春天的月光下，雨林的空地上，我們伴隨自竹管流洩出的奇異樂聲，踩著山巔凹凸不平的地面跳起搖擺舞。最後我把潔西卡下腰一倒，觀眾熱烈歡呼，音樂愈來愈激昂，熱烈的氣氛持續不墜，彷彿五餅二魚的神蹟。

我們花了兩天時間回到山下，挑夫循陡峭的原路折返，以免把行李弄濕，我們其他人則走另一條坡度比較平緩但要渡更多次河的路，其中一次得游過深水急流（穿著衣服游，反正什麼都不可能保持乾燥）。這時我們已經跟地陪變得很親，跟他們天南地北什麼都聊，盡量回答他們提出的種種問題，也說明我們的生活：大都市是什麼樣子，我們為何花那麼多年上學，足球的比賽規則，還有我們為何對農事一無所知。有人帶了排笛，一路吹奏，鳥兒也在雨中互相呼應。

抵達海岸後，我們離開地陪去海灘上散步，沿途分送糖果給本地人的孩子，不過我們一跟他們說話，他們立刻跑開。「嗨！」我們在發糖時不斷打招呼，後來才發現「嗨」在當地語言裡是交配的意思（他們管父親叫「媽媽」）。後來我們又短暫鬧了一次笑話：在這個熱帶國度，沒人想做日光浴，當我們其中一人躺在沙灘上，村民以為他想必是在對抗瘧疾導致的寒顫，好心地帶著解藥前來相助。

在馬基拉停留過後，我們租下十公尺長的雙體船「拉蕾號」（*Lalae*）進行跳島之旅，這也是所羅門唯一一艘真正的遊艇。在叢林中跋山涉水、滿身泥濘、與雞同睡一星期後，拉蕾號潔白的船身、船上的自製巧克力蛋糕、周到的服務，還有永遠堆滿鮮果的籃子，真令人意想不到。這艘船是為海釣打造的，雖然我總共只拋出過一次釣魚線，也收獲了好大一隻梭魚。我們瀟灑的船長史帝夫．古德修（Steve Goodhew）是退役澳洲皇家海軍，他釣到了一隻長達兩公尺半的旗魚和一眾較小型的魚類。

我們停靠的第一站是加布圖島（Gavutu），港口所在地是個能與海豚共游的度假村，出資者是一位不屈不撓從事保育工作的加拿大動物行為學家。度假村以土風舞迎接我們，男舞者圍著腰布（當地語言叫卡畢拉托（kabilato）），女舞者身穿草裙和貝殼做的上衣，全員都綁著紮了長草葉的臂環（約翰說他們是大蔥舞者）。我在這裡撞上了想當冒險家的人總要面對的那堵牆：你發掘到的事物基本上都有人發掘過了，再者，即使那些部族的所作所為與千年前無異，只要那是出於刻意自覺的舉動，就不完全是同一回事。這群藝人的表演令他們自豪，也完全合乎傳統，只可惜我們在山上經歷過那場即興音樂夜，曾經滄海難為水，這些排練過的展演實在太像夏威夷夜總會的節目了。之前在首都時，我們去看了所羅門群島小姐選美會，參賽者穿著粉紅塑膠袋碎片做成的草裙、椰子殼穿繩做成的比基尼上衣，在台上扭腰擺臀——畫面既滑稽又惹人憐愛，因為那既透著一絲荒謬，也令人有點感傷。這場表演令我有同樣的感傷：這不是真正的傳統，只是在演示傳統。

所以，當我們抵達帕武武島（Pavuvu）上的洛伊索林村（Loisolin），每個人都倍感欣慰。史帝夫在一個月前已經代我們做好安排，而島民得知將要接待我們也雀躍不已。雖然他們的舞蹈在國內很有名，住在沿岸地區偶爾也能見到外國人，但從來沒有觀光客特意去村裡拜訪。我們抵達時，全村的人都在岸上等候，有些人划獨木舟出海繞著我們的船打轉，長矛戰士跟在後頭衝進浪花，狂野地吼叫，依慣例擺出友善又嚇人的姿態。等我們上了岸，彷彿出自高更筆下的小女孩為我們套上緬梔花環項鍊，酋長親自出面迎接，他戴的頭環密密麻麻地綴滿了負鼠的牙齒，十分醒目。一隊竹管樂團演奏著和聲音樂，比我們在叢林裡聽到的更為繁複。我們每人都獲得一枚椰子解渴，外加一個葉子編成的籃子，裡面盛著整隻龍蝦、芋頭、椰子糕、樹薯糕、鮮魚、另兩種芋頭佐以口感滑溜的包心菜（一種黏稠的本土葉菜），以及白煮塚雉蛋。在我們用餐時，幾名年輕女性拿寬闊的樹葉為我們和食物搧走蒼蠅。

同一時間，大約四十名村民表演了一連串複雜的舞蹈，許多人渾身彩繪，舞步從引人入迷到熱情狂野，有滑稽也有哀傷，彷彿有位南太平洋的喬治．巴蘭欽[3]在帕武武島駐村創作。穿草裙和貝殼的女性跳了一段詩意盎然的迎賓舞，舞步模仿海浪的動態，男人在一旁如小公羊般縱躍。樂曲的節奏有多重層次，近似切分音樂，隨後又轉為抒情甜美。表演結束時，他們請我們也來點美國的東西，於是潔西卡與我秀出招牌搖擺舞，他們在一旁不斷歡呼叫好，直到我們兩個筋疲力竭才讓我們停下來。

等我們跟村民再也跳不動了，眾人就在午後悠長的陽光下一同揚帆出海。我們駛過一群群數量驚人的飛魚，牠們能躍出水面飛行一百五十公尺之遠。一群約兩百隻左右的海豚前來繞著我們玩耍，恍如翻騰的海浪，空氣中洋溢著活潑的生機。燕鷗、軍艦鳥和白腹鰹鳥在空中盤旋，舉目可見童書裡那種完美的半圓形小島，小如客廳，無人居住，中央點綴著五棵造型無懈可擊的椰子樹。時不時也會看見獨木舟上的漁夫伺機出手刺魚。我們就這麼坐在前甲板上暢飲本地啤酒，或唱歌或談天，逗留在一張無邊無際的明信片裡，一個太平洋上的世外桃源。

所羅門有許多較小的島嶼是珊瑚環礁，集中環繞著馬羅沃潟湖（Marovo Lagoon）。這是全世界最大的環礁湖，可能即將登上聯合國教科文組織的保護名單。馬羅沃潟湖被美國作家詹姆斯．米契納

（James Michener）譽為世界第八大奇景，也是我們的重點行程。我們在馬羅沃停留了四天，前往多處偏僻無人的島嶼浮潛，例如其中的伊比島（Uepi），那裡的物種之多樣與密集更勝大堡礁。我看到了規模驚人的腹麗魚群、烏翅真鯊和灰鯨鯊、十數種鸚哥魚、各式各樣的隆頭魚——包括瀕危的蘇眉魚，還有神仙魚、金鱗魚、小丑魚、玳瑁、海鰻、鯧魚、一隻鬼蝠魟、其貌不揚的石斑魚、開口呈螢光粉和薰衣草紫的巨型蚌殼在人靠近時閉合，還有長吻雀鱔、渾身斑點的石鱸、彈塗魚、獅子魚、黑藍相間的海蛇、電光藍的海星。簡直是一趟海底獵遊之旅。

但對我來說，魚群幾乎只是其次，那些活生生的珊瑚礁才是重點，它們彷彿是巴克敏斯特·富勒[4]、馬克斯·恩斯特[5]和蘇斯博士[6]攜手創作的成果。你會看到尖端呈粉紅與藍色的纖長蘆筍，西班牙淑女上教堂時穿戴的大馬士革玫瑰紅薄蕾絲，連綿不盡的橄欖綠硬鬃毛刷，海扇，不堪入目的條紋勃起陽具，淺紫色圓拱屋頂，豐滿的黃色繡球花，橘色雷鬼髮辮，一片片帶浮雕紋的紫色羅緞。外型有如熔岩燈在唱片轉盤上不停迴旋的奇異生物，還有形似海底含羞草的東西在我們靠近時退縮。繽紛的色彩和數不盡的物種，讓我們在浮出水面時頭暈目眩。我們天天出海潛水，每一天也都親眼目睹超乎一切想像的奇景。

3 喬治·巴蘭欽（George Balanchine, 1904-1983）：美國舞蹈家、編舞家，被譽為美國芭蕾舞蹈之父。——編注

4 巴克敏斯特·富勒（Buckminster Fuller,1895-1983）：美國建築師、發明家，以球型的屋頂設計最為著名。——編注

5 馬克斯·恩斯特（Max Ernst,1891-1976）：德國藝術家，創作形式包括、繪畫、雕塑、詩等，是達達主義及超現實主義的重要人物。——編注

6 蘇斯博士（Dr. Seuss, 1904-1991）：美國作家暨漫畫家，知名作品包括《魔法靈貓》等。——編注

親身浸淫過所羅門主流的美拉尼西亞文化之後，我們也想看看玻里尼西亞人的生活，於是在荷尼阿拉，我們與親愛的拉蕾號告別，飛往所羅門最大的玻里尼西亞島嶼倫內爾島（Rennell）。我們全擠上導遊約瑟夫．普亞（Joseph Puia）的車，開往聯合國教科文組織認證的世界遺產——南太平洋最大的淡水湖特加諾湖（Lake Tegano），途中不時停下車來，好讓約瑟夫以驚人的速度與精準度砍除橫倒路面的樹木。

特加諾湖的湖面點綴著許多小島，島上長滿巨大的紅樹林和露兜樹，也是許多動植物特有種的家園，其中有許多獨一無二的鳥類和蘭花。除此之外，湖裡也有九架二戰期間墜毀的美國飛機（有兩架可以在浮潛時看到）。因為戰時有個美軍基地就坐落在湖畔，所以本地人仍然很歡迎美國人。儘管鍥而不捨的傳教士竭盡全力發揚教義，不過湖區居民仍相信死者的靈魂會化為流星，飛向比東岸更遠之處與神相會。

我們乘坐以馬達發動的大型獨木舟出行，一睹著名的湖上日出，參觀了據說是傳奇章魚怪棲居的洞穴，以及約瑟夫稱為「古早民居」的另一個山洞——倫內爾島直到晚近才開始有村落。我們遇見了許多鳥群：白腹金絲燕、軍艦鳥、燕鷗、鸕鶿和朱鷺。當你靠近鳥兒在島上的群棲地，牠們會數百隻集體衝上天際盤旋，有如希區考克電影的唯美重現。我們參觀了割禮島（Circumcision Island），顧名思義，島上住著南太平洋唯一奉行這種習俗的部落。船夫在我們口渴時三兩下爬上樹，拋下現採的椰子，又拿來亮橘色果肉的綠皮萊姆，彷彿採用一九六〇年代流行配色的水果王國子民。我們也看到了果蝠屬的狐蝠，牠們或在空中飛翔，或倒吊在樹梢，有如魔鬼的聖誕裝飾。還有椰子蟹，我們不只看到牠們活生生的模樣，也一嚐為快，這種本地生物要花三十五年才能長大成熟。

只可惜，最後我們沒能照原訂計畫離開。因為天候不佳，班機取消了長達五天，在那幾個陰雨綿綿的午後，我們都待在傳教中心沉悶的客房裡。我們抗拒了本土福音教派的召喚——約翰靠的是閱讀《白鯨記》，我則動筆撰寫這篇文章，記述這個令我們神魂顛倒、蠻荒又溫柔的嶄新現實。

◆ ◆ ◆

所羅門群島在我們這趟旅行後有過一陣子內部動亂，不過政治情勢後來似乎恢復穩定。馬羅沃潟湖已獲提名十年，但聯合國教科文組織仍在考慮是否將它指定為世界遺產。在此事深陷無止境的官僚作業之際，二〇〇七、二〇一三、二〇一四、二〇一五年，所羅門群島都慘遭強震和緊接而來的海嘯摧殘。如同格陵蘭，這個地區正在體現全球暖化的效應，海岸侵蝕、洪災和海水倒灌都日益嚴重。因為海平面升高，舒瓦瑟爾省決定遷移首府，成為太平洋海域第一個採取此類措施的行政單位。居民在首府新址建設完工後才分批遷入。為了因應暖化引發的危機，世界銀行提撥九百一十萬美元給所羅門的社區氣候與災害風險回復力計畫（Community Resilience to Climate Change and Disaster Risk in Solomon Islands Project, CRISP），是紓困措施的其中一環。近來有研究顯示，這些區域可能要面臨另一個挑戰：在海平面節節高漲之際，移動中的陸地板塊可能也正拉著這些島嶼下沉。

盧安達 ◆ RWANDA

慘痛回憶之子
Children of Bad Memories

《背離親緣》
2012

盧安達種族滅絕事件十週年之際，我參觀了該國首都吉佳利新落成的紀念館，承造單位是專精種族滅絕紀念活動的英國非營利組織羊皮盾信託（Aegis Trust）。這棟紀念館不同於盧安達多數建築，內有空調設備。展廳呈現手法極具戲劇效果，彷彿規劃者做過商店櫥窗布置。牆上的解說文字催人淚下，照片觸目驚心，不過從這種浮誇的審美觀可以見得，這個國家亟欲與那些太接近現在的史實劃清界線。展覽提出的傷亡人數與總統保羅·卡加梅以圖西族為中心的估計一致，但與國際觀察員提出的數字相距甚遠。

我這趟去盧安達，是為了採訪在種族滅絕期間被強暴的婦女。紀念館公事公辦，將一九九四年的一切種種當成史蹟處理，然而十年過去，這些婦女仍活在事件當中，彷彿時光從未流逝。

◆ ◆ ◆

盧安達種族滅絕事件背後有一段長遠的種族衝突歷史。圖西族來到盧安達定居的時間點尚有爭議，但顯然晚於胡圖族，後來圖西族崛起成為封建領主。到了殖民時代，比利時人偏好高挑纖瘦的圖西牧民，而非矮小黝黑、鼻翼寬闊的胡圖農民。殖民政府宣稱圖西族這個只占十五％人口的種族為天生的貴族，並賦予胡圖族不可得的各項優待，從而釀成尖刻的族群仇恨。殖民時期尾聲，比利時人與圖西君主失和，便將權力移交給胡圖族。盧安達在一九六二年獨立後，胡圖族取得統治權，不時對圖西族發動攻擊。後續二十五年間，大批圖西族受迫於種族械鬥而流亡烏干達和剛果，後來又要求重返盧安達。

胡圖政府不准他們返鄉，於是圖西人組織了一支軍隊，即卡加梅領導的盧安達愛國陣線（RPF），在邊境進行小規模戰鬥。一九九三年，胡圖政府和圖西叛軍在聯合國居中協調下達成和平協議，然而胡圖族中的強硬派並不想與圖西族共享權力。到了一九九三年末、一九九四年初，胡圖力量運動（Hutu Power）的狂熱分子開始籌謀種族滅絕行動。他們召集貧困且心懷不滿的年輕人，組成「聯攻派」（Interahamwe）民兵，並大力宣揚他們的仇敵圖西族稱不上是人類——用他們話來說是「蟑螂」。他們創立盧安達第一個私立廣播電台「千丘電台」，用於鼓吹仇恨思想，並著手儲備武器，部分是槍枝，但主要是大砍刀和菜刀。在政府機關內，他們也有系統地剔除所有溫和派人士。

一九九四年四月六號，盧安達總統哈比亞利馬納的座機遭人擊落，大屠殺隨即展開。接下來百日間，有八十萬圖西人被屠殺。納粹主導的猶太人大屠殺十分科學化、系統化又冷漠無情，然而盧安達這場血腥濫殺全由平民親手犯下，聯攻派和農民就拿平常用的農具下手。不過，那段時間的暴行不只有殺戮。盧安達有句諺語說：「沒被揍過的女人不算真正的女人。」厭女思想在這種文化中根深柢固，輕易就被種族仇恨的宣傳撩起。在種族滅絕分子眼裡，強暴毫無疑問是露骨的工具。根據千丘電台的廣播，圖西婦女意圖勾引胡圖男性，藉此終結胡圖族的血脈。許多胡圖人認為纖瘦、莊重的圖西婦女姿態傲慢，於是決心給她們一點教訓。

這些男性強暴女性不只是為了羞辱受害者，也是在殺人——許多加害人本身是愛滋病毒帶原者，於是上級鼓勵他們盡量感染給圖西婦女。強暴有多重目的：滿足好奇心、傷害圖西婦女，另外這也是一種較緩慢、較折磨人的殺人方式。憎恨和慾望都驅使他們下手，有句政治宣傳口號就說，他們想要這些女人「死於悲痛」。一名婦女回憶，當殺氣騰騰的聯攻派青年民兵團打來，一名步兵把她逼到牆邊，用刀子割下她整個陰道內壁，再把這血淋淋的人肉管掛到她屋外的竿子上，對她說：「經過的人都會看到圖西人長什麼德性。」

盧安達愛國陣線在將近百日後攻占了首都吉佳利，種族滅絕隨之落幕。聯攻派大多逃到剛果，以難民營為據點繼續為非作歹。卡加梅就任新總統，口口聲聲要促進族群和解，實則在他國政府默許下建置起圖西人占多數的權力結構，而這正是胡圖力量擔心的局面。卡加梅不時下令突襲剛果難民營，自戰爭結束後，陸續約有兩萬人死於報復攻擊。胡圖族再度生活在圖西族主導的政權下，自覺被一個可憎的少數族群奴役，然而圖西族也恨胡圖族害他們家破人亡。盧安達人所見證、承受與加諸他人的創傷，定義了他們是誰。他們接受正式訪談時總是說「絕不重蹈覆轍」，不過我遇見的人大多在私底下告訴我，衝突遲早會再度爆發。

種族滅絕期間遭強暴的女性高達五十萬人。倖存的圖西婦女約半數曾被強暴，受害人幾乎全染上愛滋，生下多達五千名遭姦成孕的孩子。這些孩子被稱為「慘痛回憶之子」，有位作家說他們是「死亡時代的活遺產」。在一項研究中，這些遭姦成孕的女性有九成表示，她們無法愛殺害家人的凶手之子。一名婦女曾想投水自盡，卻被漁夫救起，她說：「我就連帶著肚裡的孩子一起死都辦不到。這是我怎麼也擺脫不掉的詛咒。」一名盧安達婦女曾嫁給強暴她的人，就跟許多被強暴而受孕的女性一樣，她說：「當這些人的妻子跟死了沒兩樣，也沒有比這悲慘的死法。」研究盧安達強暴問題的凱瑟琳・邦尼特（Catherine Bonnet）博士表示，因為盧安達社會怪罪這些婦女，所以她們「排斥、隱瞞且往往否認自己懷孕的事實，很晚才發現身孕」。社工葛莉耶・穆卡沙拉西（Godelièvе Mukasarasi）解釋：「遭姦成孕的女性是最被邊緣化的一群，人們都嫌棄她們的孩子是聯攻派的種。」

盧安達基本上沒有做人工流產術的地方，但有些婦女在戰後的混亂中想方設法流產。有些人（天知道有多少）親手殺嬰，另一些人把寶寶丟在教會台階上。一時之間盧安達孤兒院林立。我們無從得知哪些婦女拋棄了孩子，所以我探訪的都是留下孩子的人。她們葬送個人前途所生下的孩子也一再提醒她們受過怎樣的創傷。愛一個遭姦成孕的孩子簡直與聖人無異，尤其這些婦女不只被強暴，大多也承受了無數創痛：失去家人、社會地位，也喪失了一度看似穩固的社會結構，以及穩定、恆常的感受，就連健康也被愛滋病毒奪走。當我在二〇〇四年春天拜訪這些婦女和她們的孩子，這些孩子也九歲了，年紀已大到看得出胡圖族父親的容貌特徵。我去盧安達是想了解人如何學會愛這樣的孩子，或是雖然不愛，至少仍甘願扶養他們。

盧安達社會十分敵視這些母子，有些人遭家人和鄰里排斥，有時也遭醫院拒診。慘痛回憶之子有如半個種性階級，胡圖族和圖西族都容不下他們。我在吉佳利認識了為「種族屠殺遺孀協會」（Avega）工作的艾絲沛鴻・穆卡瑪那（Espérance Mukamana），她解釋：「有些婦女受家人所逼，只得棄養孩子。一開始，她們就連把孩子視為人類都很困難，因為社會普遍認為那是惡魔的小孩。這些婦女大多從未真心愛過孩子，就算有母愛，也只愛到足以養活孩子，再多也沒有了。你得想辦法鼓勵這些母親，反覆提醒她們錯不在孩子。很難要她們認為孩子是無辜的，她們也沒辦法認為自己是無辜的。」這些婦女全困於生計，因為大家認為她們不配結婚，所以她們大多得拚命努力養活自己和孩子。

尚・達馬先・納達亞姆班傑（Jean Damascène Ndayambaje）教授是國立盧安達大學心理學院院長，他解釋，女人要是寧可被強暴而不是被殺，往往被認為是可恥的。他問道：「遇上這種事，難道有人能

309

斷言一種下場好過另一種？但我們的社會不這麼認為，千錯萬錯都是女人的錯。」他提到，有名婦女臨盆時，醫護人員不得不把她全身束縛，醫生才能為她剖腹，因為她為了不要生下孩子，到最後關頭仍死命緊縮陰道肌肉。等醫生把寶寶抱給她看，她開始瘋狂叫嚷，後來進了精神病院。納達亞姆班傑說：「很多精神科病房滿是這類婦女。」尚—皮耶．蓋辛季（Jean-Pierre Gatsinzi）教授是盧安達大學新聞傳播學院院長，他指出盧安達現今的文化有了重大轉變，社會大眾不再預設母子必有強烈連結。他說：「我們活在一個嶄新的社會，規則已不同以往。我們得承認強暴和戰爭都造成創傷，而這些女性同時經歷了這兩種創傷。戰時強暴是一種反人類罪，比一般的強暴糟糕百倍。」不論是怎樣的強暴，對直接受害者都是嚴重創傷，然而戰時強暴是在侵犯社會規範，對受暴社會造成的傷害更嚴重。

穆卡瑪那解釋：「受創的母親對孩子冷酷無情，甚至會虐兒。孩子知道母親不愛他們，卻不知道為什麼。他們說話，母親不聽；他們哭了，母親也不哄。他們因而發展出異常行為，性情也冷淡不安。因為他們在家太過缺乏關愛，於是到街上尾隨陌生人到處走。」許多強暴之子被取了引人不快的名字，例如有一個叫做「Inkuba」，意思是「戰爭」，另一個依父親命名為「小殺手」，還有一個叫做「恨兒」。艾豐欣．尼拉亞比瑪娜（Alphonsine Nyirahabimana）也在遺孀協會服務，她說：「我總在想，這些母親有誰能愛自己的孩子，又是怎麼辦到的？基督信仰幫了一些人很大的忙，她們藉禱告克服這個關卡。其他人選擇珍惜個人處境的光明面，例如有個婦女說：『我被人強暴，家人被殺害，然後我生下慘痛經歷帶來的孩子，但至少我沒有感染愛滋病毒。』不過她們大多無親無故，走投無路又人生無望。她們來到遺孀協會彼此傾訴，既然沒人忘得了自己的遭遇，倒不如一起記得。」

有些婦女團結起來，挺身為自己爭取權益，有人從這種集體認同獲得很大的力量，足以彌補她們喪失的傳統社會地位。盧安達大學歷史系主任塞勒斯汀．卡林巴（Célestin Kalimba）教授說，種族滅絕有許多非預期的附帶效應，新興的盧安達女性主義就是個例子。他說：「太多男性死亡或坐牢，女性必須擔任要角。女性在後種族滅絕時期能繼承財產，這在之前是不可能的事。從前一夫可以多妻，現在大家結婚時會在教堂簽訂合約，誓言對彼此專一。盧安達女性當前的處境好過從前任何時候。」有些被迫受孕的母親奮力邁向新社會——就算不是為了自己，也是為了遭千夫所指的孩子。

許多人就只是被剝奪了一切。一名婦女向我解釋，有個男人殺了她全家，丈夫和三個孩子無一倖免。那人把她當成性奴拘禁了三個月，後來在盧安達愛國陣線攻來時跑了。她生下一子，雖然她有愛滋病，兒子倒還健康。盧安達在家庭以外的社交網絡很薄弱，得有親戚才能生存。她知道自己來日無多，擔心兒子孤苦無依，於是追查兒子生父的下落，發現他在坐牢，便決定與他培養交情，為的是讓兒子在她走後有個依靠。我們認識的時候，她正在為孩子的父親煮當天伙食，準備為他送飯。這個男人強暴她又殺了她的孩子。她講到自己正在做的事時，只能低下雙眼直直盯著地面。新興的盧安達女性主義與她的人生完全無涉。

我在吉佳利認識了相貌神似畢卡索面具的碧翠絲．穆坎桑加（Beatrice Mukansanga），以及年輕嬌美的瑪麗．蘿絲．馬塔穆拉（Marie Rose Matamura）。穆坎桑加對她在一九九四年的遭遇只有模糊的記憶。她記得自己被輪姦，幾週後在醫院醒來已懷有身孕，但不曉得自己是怎麼度過戰爭的。種族滅絕期間，她被砍掉一條腿，先生和兩個孩子也失去蹤影。「全沒了，全都走了。」她說。她在暴亂終了時不只懷上身孕，還感染愛滋病毒，卻無從得知是哪些人強暴了她。她說：「寶寶在我肚子裡死了，被拿掉了。」也不知道流產是不是她自己造成的。她回到從前住的恩延扎市，發現舊識全死於屠殺，於是搬到吉佳利。她說：「每年這時期，就是種族滅絕週年前後、雨季剛開始的日子，我都很痛苦。我會作恐怖的噩夢，總覺得自己隨時會死。」要加入政府的醫療計畫非靠關係不可，她為此憤慨不平。她的愛滋病已經很嚴重，不過醫事人員在她想拿藥時嘲笑她。「他們只幫狀況好到足以自立的人，任我們其他人自生自滅。」

三十四歲的馬塔穆拉說起自己的人生，語氣淡漠，像是已經徹底認命。種族滅絕開始時，她逃到自己的教會，不過民兵很快抵達，在牧師的准許下幾乎殺光了教會裡的人。她與姊姊逃了出來，卻被一個聯攻派的胡圖族男性逮住，姊妹倆被他強占為妻。許多聯攻派民兵逼女人當性奴，又諷刺地聲稱她們是「妻子」，藉以粉飾重重罪愆。這根本不是婚姻，也沒有任何安全保障。妻子一詞只代表這些婦女與某個男人同住，並淪為重複性侵的對象。馬塔穆拉對俘虜自己的男人百依百順，但對他的恨意未曾稍減。她說：「他會在鄰里間到處強暴太太小姐，隨時都會逼我接受他朋友的侵犯，我還被很多人強暴過。他告訴我，他已經把愛滋病毒傳染給我，所以不必浪費時間殺我。」

圖西族軍隊逼近時，俘虜馬塔穆拉的男人逃之夭夭。馬塔穆拉和姊姊既虛弱又走投無路，而且都懷了孕，於是仍繼續住在他屋裡。二〇〇一年耶誕節當天，她姊姊因愛滋病過世。馬塔穆拉收養了外甥，和自己的女兒一起扶養長大。馬塔穆拉的皮膚已出現病變，她擔心鄰居認出這是愛滋病的症狀，而她實在不敢驗明真相，所以沒讓兩個孩子做愛滋病毒檢測。她說：「我不知道等我死後有誰會照顧他們兩個。我挨家挨戶問人有沒有髒衣服要洗，為有錢的胡圖太太編頭髮。想到我快死了，我好傷心——不是為我自己傷心，而是為了孩子。我這個身染絕症的人是他們唯一的親人。」

馬塔穆拉也說到她如何盡力保護孩子。「我覺得這世界充滿仇恨，也總是擔心害怕，只想把自己鎖在家裡，誰都不見。不過，我會確保孩子不擔心害怕。我不希望他們問我為什麼這麼傷心、這麼孤單。我外甥脾氣很壞，不過我特別用心帶他，因為他現在一定把我認作母親了。我從他們臉上看得出胡圖民兵的長相，不過我恨不了親生骨肉，也恨不了姊姊的孩子，雖然我從沒忘記他們是怎麼來的。有時他們會問我：『我父親是誰？』我說他們沒有父親，從來就沒有。總有一天我得告訴他們真相。我無時無刻都在想該怎麼開口，總是在琢磨說詞。我會教他們堂堂正正做人，要是有人想侵犯他們又該怎麼應對。我既擔心他們跟我一起該怎麼活下去，也擔心他們沒了我該怎麼辦。」

瑪麗安・穆卡瑪娜（Marianne Mukamana）在種族滅絕前過得幸福美滿，她深愛身為營建工人的丈夫和五歲的女兒。起初，暴徒衝著她先生來，他們說：「我們會宰了他，再回頭找你。」從此她再也沒有先生的下落。她想帶女兒逃跑，卻無處可去，擔心自身安危的鄰居也拒絕收容她。她在走投無路之下去到聯攻派的營區，對他們說：「你們想對我怎樣都可以。」希望這麼做能保住女兒。他們把美貌的穆卡瑪娜留下當性奴，接下來數週在營區，多名男性不斷強暴她，還說最後要殺了她。當盧安達愛國陣線來到吉佳利，俘虜她的民兵強押她千里迢迢步行到吉塞尼市，後來盧安達愛國陣線終於也攻下吉塞尼，她重獲自由，帶著五歲女兒回到吉佳利。

穆卡瑪娜的家人全部喪生，只有兩個兄弟倖存。當她發現自己懷孕，曾想方設法擺脫這孩子，她回憶道：「她出生以後，我曾想把她丟掉。」她已確診感染愛滋病毒，那孩子也是。接下來幾年，穆卡瑪娜看著小女兒，常感到一股嫌惡湧上，因為這個女兒一再讓她想起亟欲遺忘的往事。要她像愛長女那樣愛么女，她辦不到。她曾幻想找到小女兒的生父，把這孩子交給他，不過她當年被強暴的次數如此頻繁，她連生父是誰都不清楚，何況任何可能的人選也跟聯攻派其他餘黨一樣逃逸無蹤，不是死了就是逃到了剛果。她說：「感謝主，這不是男孩，否則要愛他又更難了。男孩子年滿二十一歲會繼承財產，女孩子因為沒有權利，麻煩沒那麼多。」不過她下定決心教自己公平地愛兩個孩子，她解釋：「我又多了一顆心。她是我的孩子、我肚裡的種，她也是我的，我覺得有責任照顧她一陣子。」我認識穆卡瑪娜時，她說她對兩個女兒的感情一模一樣，但也說還是想把么女送走。

兩個女孩常得面對旁人的困惑。大女兒有純正圖西血統，看起來也像，小女兒則膚色黝黑，有著胡圖人的五官。鄰居都說兩姊妹不可能是同一對父母生的，不過穆卡瑪娜沒讓他們知道實情。她解釋：「我也想辦法調和兩個孩子的差異，盡量讓她們倆看起來相像。我跟小的說她是圖西人，叫她別理會別人說她是胡圖人。我盡量多跟她們這麼說，讓她們覺得自己有人愛。」大女兒仍會提起父親，她會說：「我記得那天有人來我們家，然後他走了，再也沒回來。我看到他離開，卻再也沒看到他回來。他上哪去了呢？」小女兒則老是央求：「跟我說我父親的事嘛。」甚至還問：「你為什麼一個人，沒跟我父親在一起？」不過穆卡瑪娜三緘其口。然後小女兒會說：「有一天，我要去見我父親。」從這些話可以見得孩子知道她們的父親不是同一人，卻不明白母親為何絕口不提。

兩個女孩也會向媽媽爭寵。盧安達傳統上最疼么子，但穆卡瑪娜實在難以落實這種期望。她說：「我會死於愛滋，老大會落得孤單一人，這都是因為我被強暴，而老么是因為強暴才出世。我明知這些事，要如何做到不生氣？她們倆都是我的親骨肉。當老么愈長愈大，我大部分時候都可以不帶怨恨地看著她。隨著這些年經過，我漸漸釋懷了，我盡量不想過去，因為過去讓我害怕，我也不去想未來，因為我知道還是別作夢得好。」

瑪瑟琳．尼詠森嘉（Marcelline Niyonsenga）身材嬌小，有一雙大眼，安靜害羞且哀傷，舉手投足仍像黏人的孩子，會焦急地仰起臉來，彷彿在等誰允許她繼續活下去。戰爭爆發時她十九歲，正好在吉佳利探親，暴徒攻到他們住處，殺了她的叔叔和哥哥，只剩下她跟叔叔的孩子。隔天，民兵回來把尼詠森嘉帶走，而她設法逃脫，找到一戶願意讓她躲藏的人家，結果男主人把太太趕走，逼尼

314

詠森嘉當他的性奴。她白天都躲在屋裡，晚上才溜出門找水喝，總是害怕有人要殺她。過了兩個半月，那個男人說對她膩了，也把她趕走。她被人輪暴，後來勉強接受一名生意人的庇護，隨他去了剛果。當她得知戰爭結束，苦苦哀求先生讓她回家，不過她有孕在身，先生決定留下她跟孩子，並對她說：「圖西女人，我要是讓你走，你會跟別人說我是怎麼強占你的，我跟我的家人都會被殺掉。」她隱忍了幾個月，終於等到某天先生出差，她馬上拿了三千剛果法郎（大約五美元），說服計程車司機載她到盧安達，在那裡獲聯合國難民署收容。她的子宮受損，在女兒出世後不得不摘除，而她把女兒命名為克萊曼絲・圖伊森格（Clémence Tuyisenge）。

戰後，尼詠森嘉為喪妻的哥哥打理家務。她想把外甥和女兒一起帶大，不過哥哥不准感染愛滋的克萊曼絲進家門，小女孩只好住在外婆家。哥哥和外甥是男性，必須有人照料，所以尼詠森嘉犧牲與女兒同住的機會，每週去看她一次。不過尼詠森嘉說至少哥哥沒棄她不顧，有時還給她錢。克萊曼絲常一不留意就感染生病，每次尼詠森嘉看到她生病，就記起她的來歷。尼詠森嘉自己發病時，也想到把愛滋傳染給她的男人。克萊曼絲身上已開始長水泡，她母親說那是「青春痘」。每當克萊曼絲發燒，外婆就帶她去找尼詠森嘉，尼詠森嘉再帶女兒去醫院。母女倆都健康無事時會一起歡笑，要是尼詠森嘉發病，克萊曼絲會蜷在她身邊。尼詠森嘉兩相權衡後覺得女兒比她先離世較好，然而她也深深倚賴女兒的陪伴。她說：「大家可憐我，因為我有個慘痛回憶之子，不過她是我生命的光。要是像這樣慢慢死去卻連孩子的安慰都得不到，會悲慘一千倍。我雖然快死了，卻不孤單。」

315

我採訪過的許多婦女都了無生氣，艾弗辛・穆卡瑪庫札（Alphonsine Mukamakuza）卻不一樣，她前一分鐘還在大笑，後一分鐘就泣不成聲，情感總是洶湧澎湃。她住在吉佳利郊區的小泥屋裡，屋

316

裡擺著一把飛機座椅和兩張破木椅，看起來很不相稱。屋頂和牆面相交處有道細縫，屋裡唯一的光源就是那兒透進的自然光。即使貧困至此，她仍穿著一襲棉質印花連身長裙，裹著花色相配的頭巾，打扮無可挑剔。她覺得鄰居應該已經猜到她兒子是強暴懷孕生下的，但她不想讓他們確知此事，所以我們訪談時，她姪子站在屋外把風，把可能偷聽的人趕走。

種族滅絕開始時，穆卡瑪庫札二十歲。她以為暴行只在她村裡發生，於是逃到親戚住的鄰村，豈料聯攻派也已經殺到那裡，所以她和親戚決定跨越國境到蒲隆地尋求庇護。他們即將抵達目的地時，一陣槍火掃射爆發，穆卡瑪庫札死命狂奔，家人在她身後一一中彈倒下。她衝進一間屋子，裡面有個老婦人說：「你在這裡很安全，我會把你藏起來。」當晚，老婦人的兒子回到家，看到有個漂亮女人，就說要穆卡瑪庫札當他的妻子。他在三週期間不斷強暴她，跟她說她的死期馬上要到了，而她盡其所能討他歡心，因為他雖是敵人，但沒他的關照她肯定會葬身殺戮之地。他帶其他聯攻派民兵回家，他們有時也會強暴穆卡瑪庫札，而那個男人就在旁邊觀看。

種族滅絕結束一個月後，穆卡瑪庫札發現自己懷孕了。兒子尚德狄伍．恩賈本吉沙（Jean-de-Dieu Ngabonziza）出生後，她曾想把他交給兄弟扶養，然而她兄弟一點也不想幫這個忙。她帶著尚德狄伍再嫁，但也確實地讓兒子知道自己是個累贅。她會狠狠打他，偶爾還把他趕到屋外。他們一起出門時，她會說：「叫我阿姨，不准叫我媽。」而她那有名無實的配偶也從早到晚揍她，對她說：「想跟我過，就把那孩子弄走，我不想看到他。」最後她鼓起勇氣離開，搬到我拜訪她時她所居住的貧民窟。她回憶道：「然後我才明白，我只剩這孩子了。即使經過這一切，有時他還是會笑，我是在他笑的時候愛上他的。不過他長得不像我，他犯錯的時候，我就會想起自己被強暴的事。現在他去上學了，我希望他學到那場戰爭是怎麼回事。我終究得向他說明他的身世，到時我們只會落得更傷心。」

克里絲汀・烏瓦瑪霍洛（Christine Uwamahoro）神氣昂揚、抬頭挺胸，與我在盧安達遇見的受暴婦女很不同。屠殺開始時她十八歲，住在吉佳利。「有些民兵是偷偷潛進屋裡，有些是大剌剌闖進來，但都一樣，他們會一個劫財，一個劫色，然後交換。他們會叫我們舉起雙手、跪下、留在原地不准動，什麼命令都有。有個人用槍指著我說：『脫掉衣服躺下，否則我殺了你們。』不過他沒有殺了我們全家，而是一再回來，每次都強暴我，然後我父親每次都會給他錢，要他離開。是上帝的恩典使我得救。」

最後他們一家人逃跑了，但很快遇上路障，過不了橋，只好在路邊枯坐兩個小時，眼睜睜看著其他人慘遭屠殺。到了黃昏，有個聯攻派民兵一臉殺氣地走來，他們拔腿就跑，可是烏瓦瑪霍洛的媽媽已經舉步維艱，哥哥去扶她，烏瓦瑪霍洛一回頭，看到兩人都被那人拿大砍刀剁成碎塊。烏瓦瑪霍洛有條手臂也破了一道口子，傷痕至今仍清晰可見，但不確定是跌倒受傷或被刀砍的，因為她對全部經過的記憶很模糊。她和父親勉力走了九十多公里路才抵達吉塞尼市，白天躲藏起來，晚上悄悄沿路前行，不過殺戮也擴及吉塞尼，所以他們又多走了幾公里，入境剛果。

在這最後一段路上，他們又遇到一群聯攻派。有人喊道：「你們看！圖西人！他們非死不可！」他們與另外兩個家庭逃入一大叢灌木，在裡面躲了一天，其中一家人有個嬰兒哭個不停，他們都擔心引來注意，不過那個嬰兒患有結核病，跟他們擠在一起躲藏時就夭折了。烏瓦瑪霍洛手臂上的傷口感染發炎，又腫又痛。最後他們總算抵達戈馬市，在那裡待到戰爭結束。烏瓦瑪霍洛擔心自己感染了愛滋，卻不敢面對檢驗結果，至今都不知道實情。她持續自修，但再也沒有重返校園。等她發現自己懷孕，心裡很恨，後來生下一女，但她也恨寶寶，於是把女兒交給父親，眼不見為淨。即使過了十年，那孩子的存在仍使烏瓦瑪霍洛滿心悲戚，提醒著她的人生就這麼毀了。烏瓦瑪霍洛每天探望唯一倖存的妹妹，但一個月頂多只看女兒一次。烏瓦瑪霍洛說那孩子性子很暴躁，老是氣沖沖的，不論想要什麼都得立刻、馬上就要，否則就大發脾氣，曾在盛怒下連續兩天拒絕說話。

烏瓦瑪霍洛後來再婚，這點和大多數育有悲慘回憶之子的婦女不同。她再婚的先生是個一夫多妻的剛果人，家裡另有一妻。她說：「事情發生後，我沒辦法嫁給盧安達人，連圖西人都不行。我無法忍受盧安達男人碰我。起初我不想讓老公知道我的過去，但最後還是對他全盤托出，不過他一直對我很好。我傷心時，他會帶我出門散步。我腦中常常閃現過去的畫面、作噩夢，這時他會提醒我，我本來可能會被殺死卻活下來了，也總是安慰我。自從我跟這個男人在一起，我比較能夠愛我的女兒了，也成為更好的基督徒。」他甚至提議把那孩子接來同住，但烏瓦瑪霍洛不想。她告訴我：「這段婚姻讓我又有了個女兒，現在八個月大。要不偏心實在很難。我知道老大會想跟我一起住，我父親也說她需要母愛。我必須一直提醒自己那孩子是無辜的，這很重要。我不住禱告，求上帝幫我愛她。慢慢、慢慢地，我對她有了愛，她畢竟是我女兒，在我肚裡待了九個月。不過這一直都很難。」

有時我會問受訪者有沒有問題想問我，尤其是那些似乎已被剝奪殆盡的婦女。這種角色互換的邀請，有時能夠讓她們覺得自己不那麼像實驗對象。在盧安達，這些母親的問題不外乎：你要在盧安達待多久？你要訪問多少人？你做的訪調何時發表？誰會讀這些報導？我與烏瓦瑪霍洛的訪談結束時，也問她有沒有問題。「這個嘛……」她遲疑了一下才說：「你寫的是心理學的東西。」我點點頭。她深吸一口氣：「你可以告訴我，該怎麼更愛女兒嗎？我實在很想愛她，也盡力了，可是每當我看著她，就看到我自己的遭遇，這會梗在中間。」一滴眼淚滑下她的臉頰，然後她又問了一次，語氣近乎厲聲質問：「你能告訴我該怎麼更愛我女兒嗎？」

後來，等我已經沒機會告訴烏瓦瑪霍洛，我才驚覺，這個問題本身就蘊含了濃濃的愛，只是她自己不知道。

◆ ◆ ◆

卡加梅在一九九四年掌權後，盧安達的政治情勢穩定下來，國內生產毛額的年均成長率達到百分之八。貧困人口率下降了近四分之一，兒童死亡率減少了三分之二，全國兒童幾乎都註冊上小學。世界銀行將盧安達列為全球最容易創業的國家之一。

不過，仍有人指控卡加梅政權暗殺異議領袖和記者，在國內外大舉屠殺平民，侵占並濫採鄰國剛果民主共和國的自然資源，對盧安達人民進行政治壓迫。政治排除程度比盧安達更嚴重的只有蘇丹和敘利亞。政府勒令關閉獨立報社，禁止在野黨登記參選。一名意見領袖投書《紐約時報》，形容盧安達處於「全境封鎖」。二〇一五年，卡加梅託稱應「廣大民意要求」說服盧安達高等法院與立法機關放寬總統任期限制，為他的永久任職鋪路。盧安達總統是七年制，而卡加梅到二〇一七年將做滿兩屆任期，美國及他國政府要求他在那時退位，為非洲地區做出表率。卡加梅對外國干涉表示不滿，但仍將此問題交付公投，投票結果幾乎肯定會支持他續任。有鑒於某些人先前曾公開大力反對卡加梅，結果遭暗殺身亡，盧安達異議陣營說，他們在國內找不到願意對總統提起訴訟的律師。

我的朋友賈桂琳．諾佛葛拉茲（Jacqueline Novogratz）創立「聰明人基金會」（Acumen），自一九八〇年代起便投入盧安達慈善工作，她轉述當地一名朋友曾對她說的話：「說謊是這裡的文化，我們無時無刻都在對每個人說謊。想要在這裡生存，只能這麼做。」於是賈桂琳說：「你也在騙我嗎？」那個朋友說：「我不知道。我們說了太多謊，連自己說的是真是假都分不清了。我不知道我什麼時候在騙你，也不知道什麼時候在騙我自己。」

利比亞 ◆ LIBYA

火圈：利比亞來鴻

Circle of Fire: Letter from Libya

《紐約客》
May 8, 2006

格達費政權極其隱密，所以他的對外恐怖政策雖然廣遭譴責，卻鮮少有人記述利比亞人民日日承受的荒謬折辱。在利比亞待一個月，如度十年。在我報導過的許多其他國家，人民都必須看卡夫卡式官僚的臉色過日子，也有些政府恣意行使暴力，但沒有一個國家如同利比亞，把如此大量的公家與私人精力浪擲於混亂無章的治理。

◆ ◆ ◆

利比亞流傳著這麼一則故事。三個人賽跑，要扛著一袋老鼠跑五百公尺。第一個跑者起步順利，不過在一百公尺後，老鼠咬破了袋子，散落到跑道上。第二個跑者跑了一百五十公尺，也落得同樣下場。第三個跑者邊跑邊猛搖袋子，所以老鼠不斷在袋裡翻滾，什麼都咬不著，他就這麼贏了比賽。故事中的第三個跑者是影射永遠的革命分子：利比亞領導人穆安瑪爾·格達費上校。

利比亞的面積大約等於德國、法國、義大利和西班牙的總和，但只有近六百萬人口，與丹麥相去不遠。受惠於石油收益，利比亞的人均財富在非洲名列前茅，然而全國最普遍的健康問題卻是營養不良和貧血。這是個伊斯蘭國家，酒精屬違禁品，已婚婦女大多戴著頭巾；這也是個世俗國家，女性依法能穿比基尼，格達費被配槍的女保鏢團團保護。格達費在一九七〇年代中期透過政治宣言《綠皮書》（*Green Book*）鼓吹的那套社會主義，在利比亞備受尊崇，不過他們也正經歷資本主義改革的陣痛。利比亞出版業聯盟的主席表示，在他店裡最暢銷的書一是《古蘭經》，二是比爾．柯林頓的《我的人生》（*My Life*）。至於利比亞由誰統治，官方的說法當然是由全民透過「基層人民大會」統治，不過實際現況是，這個國家由格達費統治。《愛麗絲夢遊仙境》的白皇后每天吃早餐前就能相信六件荒唐事，不過利比亞官員要相信的荒唐事之多，肯定遠勝於她。

對美國人來說，利比亞還有個更顯而易見的矛盾：他們的政權領導人被雷根總統稱為「中東瘋狗」，這個政權在整個一九八〇年代資助愛爾蘭共和軍、阿布．尼達爾組織、巴斯克埃塔組織，並且被公認是一九八八年泛美航空一〇三班機在蘇格蘭洛克比爆炸墜毀[1]的幕後主使，如今卻被美國認可為反恐戰爭的盟友。利比亞統治階層深陷兩方內鬥，一方樂見與美國結盟並期望與西方建立更密切的關係，另一方則對西方世界抱持強烈懷疑。

二戰結束後，同盟國扶植伊德里斯為利比亞國王，格達費在一九六九年協助叛軍向這位親西方的國王發動不流血政變，進而掌權，時年二十七歲的他還只是低階軍官。如今格達費聲稱他在利比亞未擔任正式職位，只是個樂於向求教者分享智慧的慈祥長輩。然而，利比亞人不敢提到他的名字，除非是在對這個名字歡呼喝采的官方場合。人民大多尊稱他為「領袖」，私底下叫他「老大哥」或「那個人」，又或者，就只是伸出食指向上一比。人們認為大聲說出「格達費」會惹禍上身，質疑他有時顯得荒謬的施政建議也一樣。他曾堅持每戶人家每星期限用一塊肥皂，另一回則提議取消貨幣，改行以物易物。利比亞首都的黎波里的某位國際人士曾對我說：「他篤信沙漠文化，即使沙漠並沒有文化。他努力想讓生命回到童年時期。」

格達費的次子賽義夫．伊斯蘭．格達費是可能的接班人選，但一般也很少提到他。賽義夫是格達費的八名子女之一，政權核心集團叫他「首長」，但也有人叫他「兒子」、「勇敢青年」、「我們的年輕朋友」和「工程師」。父子關係長年備受揣測。首長沒有任何職銜，並與父親口徑一致，堅稱「領袖」的位置不會世襲。然而，他確實安坐於一個非常接近權力的位置。「領袖」雖然反對王權，看起來卻與國王無異，「首長」則有如他的太子。

賽義夫扮演改革的代言人，如同利比亞某位知名作家對我說的，任務是「美化他父親的形象」。目前他在倫敦政經學院攻讀政治哲學博士，據說他的論文顯示出對霍布斯和洛克的扎實理解。他創立了「格達費慈善組織國際基金會」，致力於終結國內外的刑求並提倡人權。民主變革要是真正到來，可能不會讓他從政，即使如此，他似乎仍堅守崇高的原則。賽義夫的一位顧問告訴我，賽義夫寧可當利比亞第一位民選領導人，也不要當第二位非民選的革命領袖，不過他要走哪條路都不是不行。

薩德．德吉巴（Maître Saad Djebbar）是阿爾及利亞籍律師，曾經手利比亞相關事務多年，他說：「格達費自稱不是『領袖』，賽義夫自稱在野，兩個人都在說謊。」其他人則看出父子兩人的理念出現分歧。旅居海外的利比亞詩人哈勒德．馬塔瓦（Khaled Mattawa）告訴我：「『領袖』是沙漠出身的貝都因人，一心著眼於權力與控制，就算統治的是個破敗落後的國家，他也滿足。不過他的兒子都出身都會，曾經四處旅行，出國念書，知道什麼叫品味格調。他們跟灣區國家的王公貴族一起鷹獵，他們想開BMW、統治一個世界各國看得入眼的國家。」

1 洛克比空難：一九八八年，從法蘭克福起飛、目的地為底特律的泛美航空一〇三號班機，途經蘇格蘭洛克比上空時爆炸，造成機上乘客與機組人員共二五九名以及地面十一人罹難。種種證據指出此次爆炸是利比亞嫌犯所為，利比亞政府於二〇〇三年對此次襲擊承認責任。——編注賽義夫的辦公室位於的黎波里最高、最新潮的摩天大樓：一棟龐大的玻璃牆面建築，樓頂架著一個巨型環狀結構，原本要作為旋轉式景觀餐廳，如今卻既不旋轉也不供餐。基金會所在的辦公空間裝潢樸素，設備也簡約，員工則似乎是全利比亞最忙碌的一群人，他們埋首於電腦桌，同時對好幾具電話說話，桌上堆滿了文件。牆上貼滿了宣傳賽義夫理念的海報，一張海報裡有個臉龐被刺鐵網纏住的男人，標語是：「反刑求國際行動：中東地區第一站——利比亞。」

然而，賽義夫通常不在這裡。去年秋天我在蒙特婁見到他，他在那裡為個人畫展主持開幕式。他下筆有種印象主義的熱情，採用多種通俗的風格，主題有馬匹、沙漠天空、「領袖」的臉龐，以及賽義夫鍾愛的寵物：幾隻孟加拉虎。賽義夫把畫作捐贈給各大城市的單位，從巴黎到東京都有，受贈方當成紀錄性質的珍玩收下，與末代沙皇皇后的個人物品無異。至於這些展覽的主要目的是政治、社交或藝術，則從未有人過問。

我們在索菲特飯店見面，飯店把整個頂樓都撥給賽義夫和隨從下榻。多名副手和顧問齊聚一間布置單調的大套房，賽義夫一進來，每個人的坐姿都挺直了些。雖然賽義夫盡量表現得親切隨和，然而他的在場，甚至光是聽聞他的名字，都使其他人拘謹起來。他穿著剪裁合身的西裝，舉手投足一派優雅。三十三歲的他英俊時髦，剃了個光頭，雖然談吐機智，但對自我和現實都懵懵懂懂，這是皇室成員與童星會有的問題，因為他們從未從旁人的眼光看見自己真正的模樣。他的魅力頗有乃父之風，但尚未淬火鍛造成英才或反覆無常之人，又或者兩者兼具——那正是他父親的招牌特色。

我問賽義夫，利比亞為何沒有更快走向民主改革？他說：「過去五十年，我們已經從部落社會陸續轉型為殖民地、王國和革命共和國了。請再多點耐心。」（利比亞曾被鄂圖曼帝國統治了幾個世紀，後來在一九一二到一九四三年間又被義大利占領。）不過他也跟父親一樣喜歡夸夸其談，很快就提到利比亞應該完全裁撤軍隊。

「信念和策略徹底變了。」他邊說邊看向他的奉承者，等他們點頭同意。「我們為什麼還要有軍隊呢？要是埃及入侵利比亞，美國人會出面制止。」他說在雷根年代，利比亞「預期美國隨時會攻打我們——國防策略全側重如何對付美國人。我們使用恐怖主義和暴力，因為這是以弱擊強的武器。我沒有飛彈炸你們的城市，所以派個人去攻擊你們的要害。現在我們已經和美國握手言和，既不需要恐怖主義，也不需要核彈了。」賽義夫認為，利比亞過去所資助的恐怖主義與蓋達組織的恐怖主義完全不能相提並論。他告訴我：「恐怖主義於我們是談判的手段，於賓拉登先生是戰爭的手段。我們想的是爭取更多籌碼，他想的是取人性命。至於利比亞的基本教義派——他們一直都存在，但不像一九九〇年代那麼壯大了。」賽義夫沒提到的是，在一九九〇年代，他父親的國安部隊頻頻將基本教義分子關押入獄。

賽義夫表示，宗教極端分子「曾經在利比亞惹出很多麻煩，意圖擾亂全體社會，但現在不可能了。如今他們勢單力薄，但仍然是威脅，有潛在風險。」他指出，去年伊拉克發生的自殺炸彈事件就有三名利比亞人涉案。「他們是被札卡維招募的。」那是蓋達組織在伊拉克的約旦籍領袖。「他想建立基層組織，攻擊美國在利比亞的要害——石油公司、美國學校等等。這對我們來說是災難，因為我們希望美國人來利比亞。這種極端分子不是很多，大概幾十個，不過就算在利比亞這種國家也是燙手山芋了。」至於美國的國安問題，他說：「我們已經站在你們這一邊，幫美國人打反恐戰爭，這是現在進行式，也一定會繼續下去。」

賽義夫的美言或許收服了西方崇拜者，不過利比亞政府內的強硬派仍對這些說詞深惡痛絕。至於賽義夫自己，他拒絕承認國內有強大的反改革聲浪：「這種國民可能有三、四個吧，不會更多了。」

325

這是他的種種發言中最為古怪的一句。一名曾與賽義夫密切合作的美國國會助理準確地形容他「只通曉八成世故」。賽義夫的政治前景所仰賴的並不是他在海外的形象，而是他在國內調度支持力量的能力。即使他在利比亞政壇有一席之地，要接父親的棒絕非易事，角逐下一世代大位的競爭者太多了。不過賽義夫是精明人，他有個顧問告訴我：「『首長』知道當領袖有個祕訣，那就是看出人群正往哪走，趁大家抵達目的地前趕到隊伍最前方。」

二〇〇四年，利比亞政府同意賠償洛克比空難家屬，並宣布放棄大規模殺傷性武器，美國隨即終止了為時二十年的制裁（賽義夫曾投入大量精力重建利比亞的國際形象，也參與這兩大決策的協商）。從那時起，這就成了的黎波里的大哉問：一個被國際孤立數十年的國家，改革究竟能深入到什麼程度？政府內部鬥爭非常激烈，國家石油公司（改革派）和能源部（強硬派）衝突不斷，經濟部（改革派）和利比亞中央銀行（強硬派）也不遑多讓。自從格達費為他們最終的意識形態路線拍板定案，利比亞的局面讓人想起了多黨民主制最糟糕的缺點，雖然利比亞既沒有政黨，也沒有民主。

阿里．阿度拉提夫．阿米達（Ali Abdullatif Ahmida）是旅外利比亞人，緬因州新英格蘭大學政治系系主任，根據他的說法，格達費「是在挑撥親生兒子賽義夫和自己在意識形態上的繼子艾哈邁德．易卜拉欣（Ahmed Ibrahim）互鬥」。利比亞有影響力強大的保守派三巨頭同盟，其中身為基層人民大會副議長的易卜拉欣最常公開露面，另兩人分別是利比亞情報局局長穆薩．庫薩（Musa Kusa）和監管國內安全的阿卜杜拉．塞努西（Abdallah Senoussi）。易卜拉欣曾宣稱，美國在布希總統命令之下，「不斷捏造《古蘭經》偽本發送給美國人，意圖醜化穆斯林和伊斯蘭教」。

內訌有助於格達費放緩變革的步調。格達費家的一名世交說：「他認為改革應該『有如夜賊』，來得神不知鬼不覺。」在某些領域（尤其是公民自由和經濟重組）變革的速度更是慢如冰河流動。「有什麼好急的呢？」A．M．澤義特尼（A. M. Zlitni）是主導利比亞經濟規劃的幕僚，他在我們訪談時反問。「我們又不是走投無路了。」他的語氣刻意平和，是利比亞官員為避免偏向任一陣營而採用的那種。其他領域的變革則如風馳電掣。雖然這個國家仍苦於兩大殖民強權的不良遺風——拜占庭的腐敗、義大利的官僚，但國際貿易仍迅速開放，市面上買得到舶來品，不過很少有利比亞人負擔得起。你能買到愛迪達球鞋、義大利的鞋子，以及本地的仿冒品牌，例如有個牙膏牌子就叫做「佳潔王」[2]。從前書店裡一本英文書都沒有，但現在架上可以看到《水手比利．巴德》、《隱形人》和康格里夫[3]的作品。民營企業恢復榮景，透過衛星電視能收看數百個頻道，網咖座無虛席。一名高級官員說：「一年前提到世界貿易組織還是大忌，現在我們已經想成為會員國了。」國營大報《太陽報》（*Al Shams*）的編輯形容他們新聞室的政策「從前是宣揚對抗西方的奮鬥，現在轉為提倡與外國合作」。

一名利比亞官員解釋：「格達費懂部落體系，也有本事挑撥兩人互鬥、族群相爭。他是謀略天才，從前怎麼對付部落，現在就怎麼操弄改革派和強硬派，挑撥親西方和反西方陣營對立。」

對外國人來說，新利比亞這種雙頭馬車的特色，從申請入境的過程最能一覽無遺。去年我遞件申請記者簽證，雖然利比亞駐美代表一再向我擔保快辦好了，五個月過去仍不見任何結果（我在蒙特婁會見賽義夫時，他還主動說要幫我關切簽證的事，最後仍沒有明確答覆）。於是我加入一個獲准入境利比亞的國際考古學者團，不過，當我們在羅馬準備登上利比亞阿拉伯航空的班機，突然

2「佳潔王」（Crust）：仿美國知名牙膏品牌佳潔士（Crest）。——譯注

3 威廉．康格里夫（William Congreve, 1670-1729）：英國劇作家。——譯注

被拒絕登機。利比亞政府某位消息人士告訴我們，移民部近來剛遷址，把我們的文件歸錯了檔。另一人說，原因是我們的檔案在搬遷期間遭簽證部門的主管損毀。還有人說，搬遷只是幌子，「領袖」早就打定主意，禁止所有美國人入境。紐約大都會博物館曾組團出遊，他們的船在去年十月抵達的黎波里時的確就被禁止靠岸，隔月有五艘船隻也遭遇相同命運。

我有雙重國籍，於是用英國護照再次遞件申請，同樣以考古學者團成員的身分，又經高人指點，在表格上申報自己是英國國教徒。最後我總算收到一份標示著「六十日簽證邀請函」的文件，雖然沒人知道這六十日從何時算起：是這封信的日期、簽證章蓋上我護照的那一天，還是我入境利比亞的那一天？我為了問個明白，天天致電倫敦的利比亞領事館，上午沒人接聽，下午才有人接起電話，卻又說領事服務僅限上午。我飛去倫敦，領事官向我解釋，接下來四十五天內我隨時都能入境利比亞，停留最多九十天。我在十一月中旬抵達的黎波里機場，之前已經透過利比亞某家旅行社在機場安排了座車，就在我排上那幾乎一動也不動的入關隊伍時，一個旅行社的人舉著我的名牌板現身海關，帶我直接通過檢查站。移民官一眼都沒看我的人跟護照是否相符。旅行社的人說：「你的簽證過期了——你本該在三十天內入境的。幸好入關檢查站那個人是朋友，所以沒關係。」

想認識這個法律永遠開放詮釋空間、有關係就沒關係的國家，這是很貼切的入門介紹。我雖是美國猶太裔記者，卻以英國基督徒考古學家的身分入境，但無論如何，總算是入境了。我立刻前往國際媒體處表明報導目的，卻被一名主管的男性官員訓了三十分鐘，內容大抵是利比亞的民主制為何優於美國、美國記者如何以惡劣的假消息大肆抹黑利比亞、美國的帝國主義傾向云云。接著他主動透露我想採訪的官員肯定無暇見我，我根本不該來。

這是他們的標準套路。去年四月，紐約的美國外交關係協會歷經數月籌畫，派出重量級代表團前往利比亞，成員包括大衛・洛克菲勒、彼得・彼得森、艾倫・帕特里科夫、李歐納・勞德[4]，並已約定拜會穆安瑪爾和賽義夫父子。不過代表團抵達後卻被告知「領袖」沒空接見他們，而「首長」行程安排有誤，正在前往日本途中。

利比亞官員鮮少說不，也鮮少說好。用一個流行的阿拉伯用詞來形容利比亞人，就是IBM，「Inshallah, bokra, moumken」的縮寫，意思是「如果神願意，明天或許可以」。一切安排只具臨時效力，即使政府高層也不例外。你能在接獲通知一小時內見到國家石油公司主席，也可能費時數週準備某次拜會，對方卻從未現身。

我為了拜會總理舒克里・加尼姆（Shukri Ghanem），在此行出發前和在的黎波里三週期間天天提出請求。到了此行最後一天，我的手機在某場訪談進行中響起，電話那頭的某人說：「總理會接見你。」

我說我希望能在離開前見到他。

「他馬上就要見你。」

我又開口：「啊，好的，我會帶錄音機——」

對方打斷我：「他現在就要見你。你人在哪？」

我給了他地址。

「車子會來接你，頂多三分鐘就到。」

4 大衛・洛克菲勒（David Rockefeller, 1915-2017）是洛克菲勒家族第三代成員，銀行家與慈善家。彼得・彼得森（Peter G. Peterson, 1926-）為美國企業家，曾在尼克森時期任商務部長。艾倫・帕特里科夫（Alan Patricof, 1934-）是美國風險投資家。李歐納・勞德（Leonard Lauder, 1933-）為美國企業家、藝術收藏家，家族企業雅詩蘭黛集團董事長。——譯注前往總理辦公室的車程很挑戰心臟強度，而利比亞人的駕駛風格大抵如此。的黎波里人似乎認為紅綠燈只是沿路隨機點綴的彩色玻璃，與節慶裝飾無異。他們藉由無視一切交通規則來反抗被嚴格管控的生活，在雙向道上滿不在乎地駛入對向車流的裡側，一個急轉彎就切過五線道川流不息的車陣。有次我跟利比亞一個熟人一起出行，他在途中說：「這裡永遠不缺移植器官！」最後司機放我下車的大樓是錯的，我又花了兩小時打電話加迷路才抵達目的地。

舒克里博士身材魁梧，儀表堂堂。他是塔夫茲大學弗萊徹學院的國際關係博士，所以與他相熟或裝熟的人總以博士稱呼他。他留著整齊的八字鬍，一身剪裁合身的西裝，渾身散發瀟灑的國際氣息，而這似乎比較有利於將利比亞推回世界舞台，而不是贏得國內強硬派的心。我抵達時，發現舒克里博士的房間內陳設著阿拉伯人想像中的路易十六家具，舒克里博士坐在鍍金的沙發上，面前擺著好幾碟點心和當地的全民飲料薄荷茶。在利比亞這個拐彎抹角的王國，他的直言不諱令人耳目一新，且不時語出調侃諷刺，似乎也藉此承認了利比亞人的含糊其詞有多麼荒謬。

我提到他有許多同僚認為沒必要加快改革，而他顯然不這麼認為，他說：「有時候你得愛之深、責之切，就像你為了讓孩子去上學，會把他從睡夢中叫醒。嚴厲一點，別太汲汲於拉攏人心，是比較好的作法。」他提到利比亞必須採取措施，減少繁文縟節的阻礙並抑制猖獗的貪腐，以利商業發展。這位總理說：「資源匱乏、缺乏效率和失業問題，都跟貪腐脫不了關係。簡化公務手續——有些人很抗拒。有些抗拒是出於善意考量，但也有些是不懷好意。」他也無意順應政府那套人人平等的辭令：「有本事出類拔萃的人應該得到更多報償——幾個有錢人就能拉拔起整個國家。」格達費的《綠皮書》斷言人民應該是「合夥人，而非受薪勞工」，但總理認為，要讓人人都成為合夥人絕非易事。「大家不想找工作，而是寄望政府幫他們找。這是行不通的。」公家單位雇用了全國大約二十%的利比亞人，充斥大量冗員。國家石油公司有四萬名員工，實際上或許只需要一半人力。給薪額度雖有上限，但很多人重複領多份職位的薪水，要是頂頭上司是自己部落的人，就算缺勤也從來沒人問起。另一方面，因為政府對糧食高度補貼，靠很少的錢就能度日，使人民得以拒絕他們認為是低就的工作。做粗工的是南撒哈拉的非洲人，技術性稍高一點的則由埃及人負責。

加尼姆說：「我們的經濟體很矛盾，很多利比亞人失業，但外籍勞工有兩百萬人，這是災難性的懸殊差距。」利比亞官方統計的失業率將近三十%。在石油富國，大量進口勞動力加上本國人高失業率是常見的組合，不過這問題在利比亞格外迫切待解決，因為他們的人口正迅速增加——只有一段婚姻就育有十四名子女的人並不罕見，全國十五歲以下國民占總人口數大約一半。

總理對伊斯蘭激進分子的看法與「領袖」和「首長」很接近：「激進的基本教義派就像癌症，可能在任何時間、任何地方發動攻擊，無從預料，等你發現時，通常已經擴散到失去控制。利比亞有這種基本教義派嗎？我真心認為沒有，但可能正悄悄醞釀，大家都沒察覺。」利比亞主要的伊斯蘭教派是遜尼派的瑪利基法學派（Māliki），教規相對有彈性，與聖戰者信奉的基本教義天差地遠。然而有些利比亞人已經注意到，在其他國家滋生恐怖主義的某些環境條件——富裕但失業率高、大量年輕族群缺乏人生目標——在國內正普遍可見。

談到美國和利比亞外交關係的前景，總理措辭就比較謹慎了。「我們是想建立關係，但也不想和大象同床。」他笑了出來，雙手一攤做無辜狀。「牠可能在夜裡一翻身就把我們壓扁。」

加尼姆曾公開發表聲明，如果他得與格達費欽點的內閣共事就不可能推動改革，所以我也問他的職權受到怎樣的局限。他擺出一副向我吐露重大私事的神色說：「我的部會首長有如我的兄弟，」說到這裡他伸手圈住膝頭，「——他們不是我選的。」他頓了一下，又微笑說：「是我父親選的。」

綠色廣場位於的黎波里市中心，是軍政府偏好的那種開闊而乏味的空間，如今主要作停車場使用。廣場東側有幾棟義大利殖民時代留下的建築，西側的舊城區則密布窄小的街道和商店，由紅堡居中坐鎮，這座古蹟如今是一間出色的古文物博物館。廣場前緣是濱海的空地。現代的城區向四面八方展開，部分是私人別墅組成的社區，還有許多是蘇聯樣式住宅的開發區。這一切既反映出利比亞近代史上的光明面，也道出其中的苦澀之處。

我受邀參加一場義工事蹟特展的開幕式，展場就是一座架在綠色廣場上的帳篷。一名官員對現場約百名與會者演講，呼籲大家一定要向全體義工中最偉大的一位致敬，也就是穆安瑪爾．格達費上校，因為他不像美國總統，並未支薪，反倒是出於「愛與真誠」，仁慈地接下治國重任。「世上唯有一位真神，穆罕默德是祂的先知，格達費是祂現代的化身！」人群中有人激動落淚。這種公開輸誠無異於利比亞隨處可見的廣告看板，上頭貼著笑容滿面的格達費肖像，有如克拉克．蓋博那樣意氣風發、迎風而立。這些看板是遊客最先會注意到的東西，其次是無所不在的垃圾。在利比亞，不論走到哪——就連昔蘭尼、塞卜拉泰、大萊普提斯這些壯觀的古希臘羅馬城市遺址也不例外——你都會看到地表彷彿被一層薄膜覆蓋，組成這片薄膜的是寶特瓶、塑膠袋、紙屑、雞骨頭、鐵鋁罐。利比亞有位學者告訴我：「這是利比亞人民唾棄體制的方式。『領袖』根本不關心這個國家，我們又何必為他保持美觀？」在這個國家的諸多矛盾中，這是最引人矚目的一點：利比亞人痛恨政府卻又熱愛利比亞，兩種心態糾纏不清。你或許能說，他們是用反串法向官方意識型態致敬。

七〇年代初期，「領袖」對同胞欠缺革命熱情的表現感到失望，於是退隱沙漠並寫出《綠皮書》，在裡面提出他聲稱既優於資本主義也勝過共產主義的「第三普世論」，讓個人擁有住屋，其他土地收歸公有。一九七七年，他發表《民治制宣言》（*Declaration of the Establishment of the People's Authority*），宣布成立「民眾國」（Jamahiriya），也就是利比亞特色的「直接民主」，國家由人民大會「統治」，實現《綠皮書》所說的「政府由人民督導」。大阿拉伯利比亞人民社會主義民眾國（簡稱是容易記憶的「the Great SPLAJ」）就此誕生。《綠皮書》提議，為避免內部紛爭，各國應統一信仰單一宗教，但並未提及伊斯蘭教。格達費說他的宣言吸納了《古蘭經》的基本教條（例如他任意將《古蘭經》施捨救濟的觀念與他的重分配社福政策相提並論），因此享有伊斯蘭律法的地位。他對伊斯蘭教又愛又恨，雖援引宗教以鞏固個人權威，但他也敵視伊斯蘭主義者，因為他容不下任何對手挑戰這份權威。

隨之而來的是激進極端的二十年——電視轉播公開絞刑，西洋書籍與樂器被燒毀，私人企業突然遭禁，激烈的反錫安主義，官方與恐怖分子和游擊隊公開結盟——在國際間引發強力譴責。利比亞奠定了惡棍地位，讓格達費借勢鞏固權力，也扮演四面受敵的人民的保護者，在這方面，他同樣演得有聲有色。

有個甫入中年的利比亞男性曾在美國長住，九一一事件爆發後才返鄉。他很想念美國，也跟我談到格達費治下的利比亞有什麼不是，接著又說：「可是，要是沒有革命，我也不會是今天的我。他們為我繳學費、送我去美國，給我一個作夢也想不到的人生。」

這多少反映出革命前的利比亞是何等赤貧。多虧七〇年代起暴漲的石油價格，利比亞又強制外國石油公司接受嚴苛的分潤條件，民眾國在七〇年代中期從石油獲得的收益大約是六〇年代中期的十倍，政府遂得以大力投資教育和基礎建設。利比亞的識字率原本是二十%，在格達費掌權後提升到八十二%。國民預期壽命從平均四十四歲提高到七十四歲。全國開拓了超過八萬公里的道路，各地幾乎都有電力。

對大多數的利比亞人來說，格達費不過成了生活中的既定事實。利比亞有四分之三的公民在他掌權後出生，而在他主政期間，對他個人的崇拜火熱興起又黯然消退，與蘇聯各階段的領導人不無相似之處：起初，許多人民相信他的理念，醉心於列寧式的革命，隨之是史達林般的殘酷鎮壓和蓄意暴行，然後是一段長期的赫魯雪夫式緩和解禁，如今輪到布里茲涅夫時期的貪腐、混亂和派系鬥爭上演。許多推崇賽義夫的人都希望他能證明自己是故事裡推動改革的戈巴契夫。

一個大抵仍備受壓迫的社會，竟然稱得上正在改革之中，由此可見他們過去活在怎樣的恐怖統治之下。我在的黎波里聽很多人說過從前坐牢的經歷，他們唯一觸犯民眾國法律的罪行就是批評民眾國。二〇〇二年，一名前政府官員公開呼籲舉行自由選舉、開放媒體自由，因此入獄。他在二〇〇四年初獲釋，又因為對外國記者批評政府，兩週後再度入獄。利比亞沒有異議媒體。去年一名網路媒體記者發表批評政府的報導，結果被控以莫須有的罪名，坐了幾個月的牢。「社會復歸」機構（其實就是看守所）本應庇護犯了通姦罪或發生婚外性關係的女性，但有些受刑人實則是被趕出家門的強暴受害者。除非男性親戚或未婚夫出面擔任監護人，女性受刑人才能離開。

有個廣受媒體報導的案例：一九九九年，五名保加利亞籍護士被控蓄意使四百二十六名兒童感染愛滋病毒，事發地點是班加西的某家醫院。這些護士遭到刑求後招供，後來在二〇〇四年五月被判處死刑。在外國人看來，這罪名十分古怪、看似捏造，然而利比亞人大多認為受害兒童要是遭到蓄意感染，這些保加利亞人最脫不了嫌疑（雖然西方調查人員認為肇因是醫院衛生欠佳，不過一名與該案關係密切的醫生仍堅稱，爆發兒童感染的只有那些護士任職的醫院，而且她們離開後便不再發生新的病例，雖然各地醫院的衛生條件確實遠遜於理想標準）。賽義夫曾批評本案判決不公，這樣的表態可說十分勇敢，因為維持不屈於西方壓力的形象對他來說至關重要。一名政府低階官員解釋：「沒錯，老大哥讓賽義夫說那些護士是無辜的——試探一下輿論會怎麼反應。結果反應很糟。」過了幾個月，格達費重申強硬立場，宣稱感染的罪魁禍首是「意圖摧毀利比亞的組織」。然而，利比亞正與保加利亞進行協商，最高法院也允許被告重新受審，將在五月開庭。（保加利亞最後在二〇〇七年將五名被告引渡回國，予以赦免。）

格達費既不是伊拉克的海珊，也不是烏干達的阿敏。他一向暴虐善變，但並未大舉屠殺國民。誹謗「領袖」是違法行為，第七十一號法令也將一切反革命的團體活動定為死罪，不過這條規定近來已沒執行得那麼嚴格。利比亞簽署了聯合國禁止酷刑公約，司法部長也表示將力促利比亞法律符合國際人權標準，然而這些表現有部分只是表面功夫。的黎波里有位律師告訴我：「他們關閉了收押全國政治犯的人民監獄，然後呢？政治犯只是轉押到其他監獄而已。」外交部長阿布杜拉曼．沙格翰（Abdurrahman Shalgham）得意地告訴我，他們依違反人權的罪名逮捕了四百名警察，接著坦承沒有任何一人定罪。

歐瑪．艾奇克里（Omar Alkikli）是聲譽卓著的小說家，在七〇年代與八〇年代初期因政治犯身分坐了十年牢。由於政府禁止有服刑紀錄的人參加利比亞作家聯盟，所以他在去年把利比亞政府告上法院。他說：「我輸了這場官司，也早知道自己會輸，但我表達了我的立場。」哈珊．阿吉里是的黎波里阿爾法塔赫大學醫學院的學生，他告訴我：「好吧，或許他們只解決了一點點嚴重的問題，百分之四吧，但我想這也算了不起了。」一班加西一名官員說：「從前堅若磐石的法律，現在只如木

335

頭一般硬。」

絕大多數的利比亞人都無意試探公民自由的底線。吉烏瑪．阿提加（Giumma Attiga）是人權律師、賽義夫的格達費基金會的共同創辦人，他說：「這種恐懼非常強烈、根深柢固。最高領袖大可鼓勵人民自由開放發言，並擔保這麼做絕對安全，不過話還是會梗在人民的喉嚨裡。」事實上，與外國人討論國家政策是重罪，要服三年徒刑，雖然這類判決近來比較少見了，利比亞人談到這類話題時大多仍深感不安。那是種晚期蘇聯的氛圍：雖然大抵上性命無虞，人民仍給自己設下重重禁令，凡事諱莫如深、謹小慎微。有人要求我別在電話或電郵中提到姓名；好幾個人請我別記下他們的電話號碼，以防我的筆記本「被遺失」。一名在訪談時言無不盡的女性告訴我：「我是打從心底說這些話，請你存在腦袋裡就好。」

在利比亞，政府監控無所不在。有人警告過我，載我出行的計程車司機是國安局的眼線，我也知道我的手機通話並無隱私可言。即使如此，有一回我發了封私人電郵到美國，幾天後一名媒體處官員質問我那封信是不是別有深意，還是讓我嚇了一跳。另一天，賽義夫辦公室有個人打電話給我，憤慨地說：「有人聽到你在旅館說不滿意我們的協助，這太不公道了。」

某天晚上我與一名官員餐敘，對方向我抱怨起國內政治局勢，他說自己近來曾與一名外國人交談，後來竟因此遭到長時間訊問。他解釋：「我們的審訊人員被訓練得心狠手辣又狡猾，調教他們的全是箇中翹楚——出身古巴、東德、敘利亞、黎巴嫩跟埃及的特工。」

等我們用餐完畢，侍者把桌面收拾乾淨，又過來把糖罐放回桌上。

我問那位官員：「這糖怎麼了？」

他陰沉地向我使了個惡作劇的眼神：「另一罐裡面的帶子錄完啦。」

當利比亞人聊到民主化，他們想的大多不是選舉，而是更多個人隱私、更好的教育機會，以及更寬廣的言論自由。澤義特尼是政府經濟規劃幕僚長，他說：「『民主』在這裡的意思是『領袖』考慮、討論、偶爾接受別人的想法。」在格達費眼中，民主選舉制是過半數的暴政——他曾寫過一段令人印象深刻的文字，形容西式民主國家的公民「有如念珠串上的珠子，一個個默默走向投票箱，把票投進去，就跟把垃圾丟進垃圾桶一樣」——近來他宣稱西式民主「荒謬」而「虛假」，這也不是他第一次這麼說了。他聲稱：「利比亞是全球唯一的民主政體，美國、印度、中國、俄羅斯聯邦這等國家，都亟需採納民眾國的制度。」

利比亞的務實派大多認為，政治改革的重點在於改變格達費掌權的機制，而不是放鬆他的掌控。一名部會首長告訴我：「大部分歐洲國家都有好幾個政黨，美國只有兩個。所以，這裡只有一個！其實沒太大差別。」就連改革派也鮮少對選舉民主制展現高度熱情。他們大多嚮往某種現代化的威權統治，那種理想典型比較接近土耳其的凱末爾或伊朗的沙阿，而不是哈維爾[5]。艾哈邁德．史威利（Ahmed Swehli）甫自英格蘭學成歸國，是一位年輕的生意人。他說：「阿拉伯世界沒有民主國家，我們不會搶著當第一，我們需要的是一個獨裁明君，我認為那應該就是賽義夫。或許他既能夠當個好獨裁者，也會贏得選舉，不過我想不到他有什麼理由要費事競選。」其他人沒那麼懷疑選舉民主制的理念，但對於能否舉行選舉也不抱太多希望。

許多利比亞人對選舉心存疑慮還有一個原因，他們擔心在這個高度部落制的社會裡，大型部落

5 瓦茨拉夫．哈維爾（Václav Havel, 1936-2011）：作家、異議分子，在推翻捷克斯洛伐克社會主義共和國的天鵝絨革命中扮演重要角色，於一九九三至二〇〇三年間擔任前捷克共和國總統。——編注

會贏得主導權，其他人只有被排擠的份。部落是利比亞人的第二層身分認同，雖不像家族認同那麼親密與明確，但有些人對部落的認同更強。特別是教育程度不高的人，基於親屬關係和血統形成的群體——部落和部落裡的各種次級單位（子部落、氏族）——既是他們的社交網絡，也是安全網。同部落的人會幫你找工作，或在你經濟有問題時伸出援手，即使在你生前不怎麼喜歡你，還是會在你過世時悼念你。利比亞一名知識分子就說：「寧可是格達費，一個小部落出身的強勢領袖，而不是另一個全心只為自己部落打算的人。」

在此同時，他們還是有基層人民大會，讓他們多少做做政治參與的樣子。基層人民大會開放所有年滿十八歲的利比亞人參加，每年開會四次，每次會期一到兩週，原則上不限任何事務皆可討論，不過議程還是由政府高層設定。會期間，全國四百六十八個基層人民大會天天開議，會期結束後，每個大會都要彙整簡報送至中央委員會（利比亞是委員會的天堂——他們甚至有一個「全國委員會委員會」）。每個人民大會的與會人數通常在三百人上下，受過教育的國民要是無意在政壇打拚，大多不會參加。開會形式有點像市公所大會，同時帶有幾分貴格教派聚會和匿名戒酒會的氛圍。

我在利比亞時正值基層人民大會會期，我也一再請求觀摩，可惜都遭到拒絕。後來我去訪問國家供應公司（National Supply Corporation, NASCO）主席——這是撐起利比亞經濟補貼政策的主責部門——我在訪談時順口提及對人民大會有興趣，結果主席說那天中午恰好有一場在他們公司舉行，便邀我參加。

我原本只想靜靜坐在角落，卻被護送到會場最前排，還有人趕緊為我端茶來。一名健談的女性在會中慷慨陳詞，質問利比亞明明有足夠水源種植番茄，為何還要進口番茄糊？接下來即是一段關於番茄的討論，與會官員隨後將議題導入經濟改革。我對會場上的互動比較感興趣，內容倒在其次，所以幾乎沒注意到翻譯員說的話從「公開交易股權」、「補貼基金重分配」變成「我們有幸接待一位美國名記者」，我剛領悟到這是什麼意思，他又說：「現在，他要就美國與利比亞邦交的未來為大會演講。」麥克風就這麼遞到我手上。

幸好他們要把我的發言逐句譯成阿拉伯語，我能利用翻譯的空檔思考講詞，所以我的演講很溫暖真摯。我說，我希望我們的國家很快就能建立全面的邦交，認識利比亞人讓我覺得非常愉快，希望他們在美國也覺得自己受到熱情款待，諸如此類。全場報以持續不絕的掌聲，之後每個講者都在發言前對我恭維幾句作為開場。我剛開始享受新生的名人光環，翻譯員就對我說：「我們得走了。」把我領到場外。三名《太陽報》記者等在那裡，表示想訪問我。我們陸續談及一些可以預期的話題，接著他們問我對格達費致力於達佛地區的和平有何看法（格達費曾公開會面蘇丹的叛軍首領和總統奧馬爾．巴希爾）。我說只要是為那樣的情勢盡一分力，都值得肯定，又說格達費反對恐怖主義，美國人會喜歡。

隔天，《太陽報》刊出幾乎全版的報導，上面有我在基層人民大會的三張大幅照片，最上方打著雙欄大標題，第一行是「要達成全球和平，世界需要穆安瑪爾．格達費這樣的人」，第二行是「美國人民感謝穆安瑪爾．格達費為撫平九一一之慟所做的努力」。報導出刊的那天上午，我收到了期待已久，來自格達費府邸的邀請。

國際媒體處一名隨行人員打電話來，告知這次邀請是給我的「驚喜」，下午四點他會來旅館接我。在綠色廣場附近的國際媒體處，我加入一群二十多人的「國際」記者，其他人全來自阿拉伯國家，大家議論紛紛格達費想接見我們的原因。有人嚴肅地告訴我，旁人永遠摸不透「領袖」想要什麼：「他叫你來，你就來。」終於，到了六點四十五分左右，一輛小巴士出現。車行駛二十分鐘後停在一堵巨大的水泥牆前，牆內就是格達費府邸所在地。他們先搜查車子，又對我們搜身，我們接著開過一段設有重重路障關卡的曲折車道，接著又是一次嚴格安檢，最後我們才被領進一座巨型帳棚，裡面陳設著豐盛的自助餐檯。接下來半小時，大約四百人陸續進場，其中許多身穿傳統長袍。

我剛認識的一名記者朋友說「好戲」馬上要上場了，於是我們走過一座小土丘，進入一棟梁架外露的多邊型建築，有點像夏令營的康樂室。牆上張貼著用巨大的阿拉伯文和英文字體印出的「領袖」名言（「非洲合眾國是非洲的未來」、「一個非洲，一個認同」），兩側是羅莎．帕克斯[6]的海報照片。今年是她拒絕移步到公車後方的五十週年，此時我們總算知道這場聚會所為何來。場地最前方是一座高台，上面擺著一把巨無霸的人造皮革扶手椅，旁邊架了三支麥克風。有個身穿醫院工作服的男人走出來，用紗布擦拭椅子和麥克風，保護「領袖」免於感染。

幾個非裔美國人坐在我們前排的座位上，我向其中一位自我介紹，而他沉著臉解釋他是阿布杜．阿克巴．穆罕默德[7]教士，路易斯．法拉汗（Louis Farrakhan）教長的國際代表。格達費長期贊助法拉汗在美國主持的「伊斯蘭國度」組織，法拉汗稍早人還在的黎波里，但出於健康因素臨時返回美國。

演講開始，講者使用高台旁的講台，把主位保留給格達費。第一位是利比亞前外交部副部長，他在眾人掌聲歡迎後開始發言：「我們利比亞人不能接受美國人對非洲人的偏見。如今領導著美國的某些人，在蘿莎．帕克斯被攆到公車後面的時候才七、八歲，而他們現在也已經五十七、八歲了。他們還是懷有那種偏見，而新一代又傳承下去，導致這種心態至今持續不絕。」他繪聲繪影，說得好像美國還在實行吉姆．克勞法[8]。「我們一定要對抗美國對非洲的仇恨。」

等他走下講台，換穆罕默德上台談起美國的種族歧視，又說在隔離制度下，黑人與白人必須使用不同的公共蒸氣澡堂（我在此之前從不知道有這回事）。他說：「我們不能放心讓錫安主義者控制的美國媒體來報導我們的故事。美國的錫安主義者不會告訴我們，綠色革命[9]的領袖與我們心有同感，我們對他也是。」

「領袖」從未現身，看樣子他是打定主意，既然法拉汗不出席，那他也不會。藉由這場活動還是可以見得，他執意將利比亞打造成一個非洲國家，而不是阿拉伯國家（即使利比亞人大多鄙視黑人，不只讓黑人做利比亞人瞧不起的粗活，也把一切犯罪怪在黑人頭上）。格達費早年曾夢想組織泛阿拉伯聯盟，但以失敗告終，後來其他阿拉伯國家在九〇年代遵守聯合國制裁利比亞的決議，不過許多非洲國家並未跟進，於是他把注意力轉向了南方。以非洲標準觀之，利比亞顯得既富裕又運作良好，不過阿拉伯國家對格達費沒什麼好感，就連北非鄰國也不例外。他曾支持反沙烏地政權的團體，二〇〇三年發生一起意圖行刺沙國王儲的行動，也有利比亞幹員疑似涉案（賽義夫拐彎抹角地向我表示，涉案的利比亞人希望「政權輪替」，但他們未必知道沙烏地盟友想行刺皇室成員）。

格達費忠於貝都因出身，一直睡在帳篷裡。近來他出訪阿爾及利亞時，當地媒體刊出一則漫畫：一頂帳篷紮在位於首都阿爾及爾的喜來登飯店裡，有個男人說：「讓我進去，我想看馬戲團表

6 蘿莎・帕克斯（Rosa Louise McCauley Parks，1913-2005）：美國黑人民權行動主義者，她曾因拒絕在公車上讓座給白人而遭逮捕，引發後續一連串抵制運動，被稱為「現代民權運動之母」。——編注
7 阿布杜・阿克巴・穆罕默德（Abdul Akbar Muhammad, 1939-2016）：美國非洲與伊斯蘭文化學者。——譯注
8 吉姆・克勞法（Jim Crow laws）是一八七六年至一九六五年間美國實行種族隔離制度的法律，主要針對非裔美國人，但也包含其他族群。——編注
9 利比亞綠色革命：一九六九年，格達費領導自由軍官組織所發起的革命，成功推翻利比亞王國。——編注

演！」另一個人說：「這裡沒有馬戲團。」第一個男人又說：「可是有人說帳篷裡有個小丑！」

看在加尼姆總理這種現代化改革派眼裡，利比亞主要的癥結是治理不善和孤立，所以解決之道就是改善治理、與國際接軌。如同加尼姆所說：「世界已經變了，而且我們就像其他社會主義國家，也體認到財力有限、需求無窮。」圓盤天線在利比亞已到了無所不在的程度，你要是搭飛機在的黎波里降落，感覺便有如陷入一片遷徙中的白色飛蛾海。網路與衛星電視讓國民一窺更寬廣的世界，也帶來更多改革壓力。一位傑出的利比亞詩人懊惱地對我說：「自從《歐普拉脫口秀》上了我們的電視螢幕，改變就再也免不了了。」不過，利比亞人認同的對象主要是其他石油富國，也就是半島電視台和其他中東頻道呈現的生活水準。利比亞相形之下又髒又窮，令他們不禁要問原因何在。

國家預算有大約八十％來自石油出口的收益。利比亞在全盛時期的原油日產量是三百萬桶，如今跌至一百七十萬桶，不過國家石油公司計畫在二〇一〇年以前恢復到三百萬桶。利比亞原油的品質優良，硫含量低，很容易精鍊。利比亞已證實的原油儲備有四百億桶，是非洲之冠，實際上可能高達一千億桶。多家大型石油公司將利比亞列為全球最有開採潛力的地點，不過利比亞人自己缺乏進行大規模探勘的資源。在外國公司撤出後的十五年間，利比亞的煉油資源嚴重管理不善。利比亞政府一名英籍顧問說：「要是諾博士[10]圖謀摧毀利比亞石油公司，不論他想到什麼方法，都有人幹過了。」

話雖如此，石油收益一直都是補貼政策得以實行的功臣——補貼就是大阿拉伯利比亞人民社會主義民眾國的社會主義理念。國家供應公司以二十六第納爾買進一袋五十公斤的麵粉，再以二第納爾的價格賣給烘焙商，你用兩分錢就能買到一整條麵包。米、糖、茶，麵條和汽油的售價也只是成本的零頭。經濟改革的目標之一，是在減少補貼之餘（目前每年補貼款約達六億美元）不致使人民變窮或挨餓——有鑑於國內薪資從一九八二年起凍漲，這個目標顯得更難以企及。在此同時，利比亞幾乎沒有信貸服務，國內發行的信用卡全都無法跨國使用，沒有任何金融機構符合國際銀行業的標準。

一名利比亞官員告訴我：「我們犯了很多錯誤，但全被石油吸收了。石油收入代表根基穩固，治國也變得容易。一個小國家擁有那麼多石油——就好像你決定開一家7－11超商而手上有十億美元來撐腰。」石油既是福，也是禍。民眾國這套制度養出一群不必理會工作倫理的人民。利比亞人一週工作五個上午，這就夠了——假使他們有工作的話。澤義特尼嚴厲地說：「如果他們有心工作，例如進營建業，絕對不乏工作可做。不過我們國家有錢，所以年輕人無心打拚。」靠石油這類資源運作的經濟體，除非讓產業多元化，否則能從石油衍生出的職缺很少。我採訪過的許多大學生都抱定一種心態，認為高層就算為改革說再多好話，他們的才幹仍不會獲得重用。一名學生向我抱怨：「等我念完企管碩士，很可能一份工作也找不到。整個國家全靠石油而不是就業，再怎麼努力打拚也無法讓你獲取財富。我是想打拚，但這有什麼意義？」

財政部長阿布杜嘉德．艾卡伊（Abdulgader Elkhair）告訴我：「我們要是沒有石油，早就發展起來了。坦白講，我還寧可我們有的是水。」

對艾卡伊和利比亞新興的民間創業人士來說，最教人憤慨的，是行政單位僵固的官僚作風和猖獗的貪腐。根據非營利組織「國際透明」，利比亞的清廉印象指數是二．五，低於辛巴威、越南和

10 諾博士：詹姆士．龐德系列電影《第七號情報員》中的反派人物朱利斯．諾（Julius No）。——編注

阿富汗。美國傳統基金會二〇〇六年的經濟自由度指數評估了一百五十七個國家，利比亞排在第一百五十二位。艾卡伊告訴我：「要創立一家公司得準備二十種文件，就算把該收買的對象全部打點好，還是要花六個月。」

某天，我與一名利比亞人權運動家堵在擁擠的車陣中，他絕望地向道路施工處一比：「他們挖了又填、填了又挖，每次都砸一大筆錢，砸錢也是唯一目的。害我開會遲到的就是這種貪汙。必要的事不做，不必要的事一做再做。」我前往拜會國家癌症中心前主任，其他醫師告訴我他是全國最好的腫瘤外科醫師，高層卻把他解雇，好把職位讓給「領袖」的朋友。這位被迫離職的名醫如今在一家小診所工作，裡面連基礎設備也不齊全，從前隸屬於他的主管人員在附近擺路邊攤賣魚。

一名格達費親信圈的人對我說：「格達費樂得讓貪汙的人為他做事，他寧可要貪財而非貪權的人，好讓他能把注意力放在別的地方，也沒人會威脅他對國家的全權掌控。」（部落式忠誠加上用人唯親在此也幫了不少忙：格達費在很多高階軍事與國安職位安插了卡薩斯發〔Qathathfa〕和大部落瓦法拉〔Warfalla〕的人，卡薩斯發是他自己的貝都因部落，瓦法拉是他們的長期盟友。）的黎波里的一名律師補充：「貪腐雖然棘手，有時也不失為解決辦法。」

我參觀了阿拉伯聯合大公國在的黎波里舉行的商展開幕式，場地是一頂帳篷，笑容可掬的展商殷勤推薦各種國際商品。不論藥品、廚具或工業設備都有樣品可拿，一群特別受邀的利比亞貴賓也拎著購物袋在場中穿梭。大家熱絡交換工作名片。留學英格蘭的商人史威利告訴我：「你看，這個國家有錢到讓人不敢置信。」他環顧四周，說道：「現在的我們就像世界首富的孩子，卻衣衫襤褸。貪腐跟自滿淘空了我們的財富。」

欠缺基本的營運能力，讓他們的貪腐問題更加惡化。我在的黎波里觀摩了一場領導力訓練課程，主辦單位是為利比亞政府提供諮詢的兩家美國顧問公司，劍橋能源研究協會和摩立特集團。外國主辦單位原本決意招募最有領導潛力的學員，但有些本地官員想憑人脈找人，雙方妥協的結果是徵選標準既不全視才幹而定，也不全然只講關係。資本主義對一些學員來說還很新奇，另一些人則等不及要在摩根史坦利辦公室占據一角。他們在課堂上練習角色扮演，在「領袖」的巨幅肖像下用破音的麥克風演講。有人細細描述各種複雜的金融工具，佐以流程圖說明，有人談到「融資收購」、「機構投資人」和「零和賽局」。另一廂，一名學員身穿老舊的西裝、打著鮮豔的領帶，被問及要怎麼為營建計畫籌措資金，他含糊地回答：「銀行不是會弄嗎？」另一名學員得知銀行冒著風險借貸，通常是因為預期得到利息或分潤作為回報，他大吃一驚。利比亞商界顯然將由英才和草包共同主導。

研討會結束時，最佳簡報獎頒給了阿布度莫能・史貝塔（Abdulmonem M. Sbeta），他開了一家石油和海事工程的民間公司。史貝塔處事圓融又溫雅，目光靈活有神。後來我們在的黎波里郊區共進晚餐，吃的是義大利菜，他對我說：「我們需要的不是領袖，而是異議分子。這裡大家都有了領導的好榜樣，但從沒有人看過如何表示反對，而經商成功的祕訣就是唱反調。比起解放，人民更想要的是發達，但不管怎麼說，社會改革都只能透過經濟發展達成。」

不過，格達費想教導臣民反對他嗎？一名旅外的利比亞生意人告訴我：「格達費害怕的是，富裕階級興起或許會引發所謂的二次革命。」財富是相對的概念，以全球標準觀之，利比亞的富人是格達費那群親朋好友，要是還有別人確實擁有可觀資產，想必是聰明到懂得財不露白。在此同時，「領袖」的反覆無常也使利比亞菁英無所適從，情況有時近乎荒謬。二〇〇〇年，格達費解除了一項針對運動休旅車的長期禁令，於是利比亞的有錢人開始進口悍馬和荒原路華。三個月後，「領袖」覺得自己做錯了決定，再度將休旅車列為違禁品，導致大批上層階級徒然坐擁一開就犯法的車。一個利比亞年輕人告訴我：「想知道自己是不是爬到了社會頂層，很簡單，如果你常常聽人聊到停在車庫裡生鏽的休旅車，那就是了。」

我問外交部長沙格翰對新利比亞有何想法。「別說『打開大門』。」他搖搖手錶示反對，說：「也別說『重新融入』。利比亞從沒對世界關上大門，是世界對我們關上大門。」不過，利比亞對外界過度猜疑的代價即是孤立，孤立又使他們猜疑更甚，從而被「領袖」牢牢把持。說外界有意與利比亞交流，對格達費霸權而言是很危險的想法。政治學者阿米達說：「與美國為敵會帶給他很多麻煩，但他也不想與美國友好。」

利比亞與美國的關係仍籠罩在歷史的陰影裡。雷根總統是格達費最難纏的對手，他在一九八〇年關閉利比亞大使館，接著停止石油進口，又在美國認為是主權爭議海域的錫德拉灣上空擊落兩架飛機。一九八六年，西柏林一家美軍經常光顧的夜總會遭炸彈攻擊，美國認為利比亞是幕後主使。十天後，雷根下令轟炸的黎波里和班加西，並重炮攻擊格達費府邸，顯然欲除之而後快，而格達費宣稱他有一名養女在那次突襲中喪生。一名利比亞官員告訴我：「他原本正逐漸喪失權力，卻發生了轟炸，這下利比亞人民全團結起來挺他了。」

利比亞的全面孤立始於一九九一年，當時英美兩國起訴了涉嫌犯下泛美一〇三號班機墜毀案的兩名利比亞人，法國也針對一九八九年法國聯合航空七七二號班機在尼日沙漠上空爆炸的案件，起訴了四名涉嫌犯案的利比亞人。利比亞拒絕交出任何一名嫌犯，於是聯合國在隔年通過經濟制裁令。直到一九九九年，利比亞才同意讓洛克比空難的嫌犯前往海牙，根據蘇格蘭法律受審（同年利比亞也與法國當局達成賠償和解）。最終蘇格蘭法院判決一人有罪、一人無罪。利比亞向來對犯行一概否認，但最終出於現實考量而認罪，不過利比亞官員認為這是被迫的。格達費從未承認任何個人罪責。

美國人對洛克比空難大多一無所知，不過我在利比亞時一再有人對我提起此事。一名官員說：「我真不敢相信當時的利比亞人竟會搞出這麼大、這麼愚蠢的事——我完全相信他們做得出那麼愚蠢的事，但做出這麼嚴重的事，我無法想像。」至於利比亞是否直接涉案，西方調查員仍沒有共識。初步調查顯示，事件主謀是敘利亞人領導的解放巴勒斯坦人民陣線總指揮部，一個由伊朗資助的恐怖組織。一名蘇格蘭前任警長和美國中情局前任官員後來也透過聲明表示，證明利比亞有罪的實質證據是栽贓而來。因為這類狀況層出不窮，去年十一月，協助安排本案庭審的御用大律師（英國位階極高的律師）暨愛丁堡法學教授羅伯特．布萊克（Robert Black）對《蘇格蘭人報》（*Scotsman*）表示，洛克比案的判決是「蘇格蘭司法百年來最可恥的誤審」，可能「嚴重破壞」蘇格蘭刑事司法體系的聲譽。目前蘇格蘭刑事案件審議委員會正在調查這件案子。然而，因為利比亞資助許多國外恐怖組織，就算不是這場慘劇的幕後主使，恐怕也脫不了關係。

近年來，美國和利比亞的外交關係已略見升溫。一九九九年，美國同意暫停執行聯合國的制裁令，但美國自己的制裁措施並未終止，還在二〇〇一年八月展延。接著，九一一事件爆發。格達費譴責恐攻行動，說塔利班是「不敬畏神的伊斯蘭世俗政治宣傳分子」，又強調他曾在六年前對賓拉登發出逮捕令。二〇〇三年八月，利比亞政府承諾將二十七億美元存入瑞士的國際清算銀行，用於補償泛美一〇三班機空難的罹難者家屬。四個月後，利比亞與英國主導的團隊進行祕密協商，旋即同意放棄大規模殺傷性武器計畫，美國的制裁隨之解除。

格達費曾向老布希和柯林頓總統提議相似的協商，卻遭美方斷然拒絕。根據柯林頓的近東事務助理國務卿馬丁・英迪克表示，原因之一是利比亞的軍備計畫在當時不被視為迫切威脅，而這種看法也不無佐證。國際原子能總署（IAEA）總幹事穆罕默德・艾巴拉迪曾說利比亞的核子計畫處於「發展初期」，多座離心機顯然從未開箱啟用。不過，小布希總統的防核武擴散助理國務卿約翰・伍爾夫是解除利比亞核武計畫的關鍵功臣之一，而他堅稱，美國確實掌握了寶貴資源——主要是情報和事證，而不是截獲實際存在的威脅。「利比亞人握有一款核子武器的設計，是經由阿巴杜・卡迪爾・汗的網絡購得。」他指的是巴基斯坦核武計畫的前任總監。「利比亞決定交給我們的不只有設備，還有各項文件、貨運清單和計畫書等等，提供了大批寶貴情資，讓我們得以提出可靠說法、動員各國對抗海外的涉事者與公司。卡迪爾・汗的網絡跟癌症一樣凶險，沒有這些文件，我們當初就無法說服許多國家和國際原子能總署。這份情資使我們得以瓦解這個網絡，實在太重要了。」

二〇〇三年的協議達成之後，小布希總統表示，凡是放棄大規模殺傷性武器的國家都將「尋得開放途徑，與美國建立更良好關係」，又說「利比亞已邁開重新加入國際社會的腳步。」到了二〇〇四年末，美國已撤銷往利比亞的旅行禁令，建立有限的外交關係，並大舉解除施行中的貿易限制。看來，賽義夫口中的「麻煩和制裁的大雜燴」已泰半得到處理。小布希政府當然等不及看到美國公司搶占利比亞的石油開採權，雙邊經貿合作也因此推進，不過，諸如二〇〇三年的反沙烏地阿拉伯行刺案和保加利亞護士案，仍是化解嫌隙的絆腳石，利比亞也持續名列國務院的恐怖主義資助國名單。直到利比亞除名為止，美國仍肯定會對國際貨幣基金組織和世界銀行向的黎波里融資投下反對票，也將持續相當程度的制裁。

國家石油公司主席說：「這跟禁運時期幾乎沒兩樣。」利比亞強硬派指出，美國已經承認多年來沒有任何恐怖行動與利比亞有關，此外他們也抱怨，布萊爾、席哈克、施若德和貝魯斯柯尼全都訪問過的黎波里，美國卻遲遲未派次長以上層級的官員來訪。美國在利比亞沒有官方領事館，想辦美簽的利比亞人得跑到突尼西亞，美國也不輕易核發簽證。利比亞的改革派原本以為洛克比案達成和解、放棄大規模殺傷性武器之後，雙方就能恢復正常關係，如今他們覺得美國「出爾反爾」。

大衛．梅克（David Mack）曾是美國高級外交官並派駐過利比亞，他告訴我：「能與利比亞交換情資對我們很有助益，對他們顯然也是。」他舉利比亞伊斯蘭戰鬥組織為例，這個異議團體有部分成員以英國為據點，而美國不只將他們列為恐怖組織，也促成英國禁止他們活動。梅克說：「我們已經大有進展，要是現在撒手不管，他們一定會故態復萌。」所以，雖然小布希政府標舉利比亞為裁減軍備的楷模——美國駐聯合國大使約翰．波頓曾說：「如果利比亞辦得到，伊朗也可以。」——仍有政策分析師認為，美國政府對這個模範仍推廣得不夠。羅納．布魯斯．聖約翰（Ronald Bruce St John）是美國的利比亞專家、外交政策聚焦（Foreign Policy In Focus）智庫計畫的成員，他表示，美國的優先事項是控制大規模殺傷性武器、爭取各界對反恐戰爭的支持，而利比亞的優先事項是讓經貿和外交關係合理化。現在美國的目標已經達成，利比亞卻還沒有。在的黎波里，強硬派痛斥利比亞過度讓步，改革派則覺得顏面掃地。

改革派本身的外交成果有限。加州民主黨眾議員湯姆．藍托斯、印第安那州共和黨參議員理查．魯嘉等人都曾訪問利比亞，與賽義夫、加尼姆和格達費本人會面，兩位議員對於過程也十分樂觀。藍托斯對我說：「格達費的態度顯然一百八十度大轉變，美國也遵循解禁政策，召回航母。」不過，當藍托斯為推動加強雙邊關係的《利美關係法》尋求共同提案人，卻乏人問津。梅克說：「我們得讓全世界，尤其是伊朗和北韓這類國家的政府看到，與美國往來有另一種典範可循，與我們建立正常關係大有益處。」他也認為，面對一位反對基本教義派、國內又有大量石油儲備的阿拉伯領導人，改善雙方關係是符合美國利益的作法。

賽義夫的一位顧問說：「利比亞人內心深處認為，唯有政權輪替才能使美國滿意，而美國人內心深處認為，如果讓邦交正常化，格達費不知又會炸掉什麼，害他們看起來像傻瓜。」

在利比亞，不論我走到哪裡，雖然總能聽見反對美國政策的聲音，但這股聲音卻也被他們對美國人民的熱情招待給緩和下來。在老一輩的利比亞人當中，留美的改革派總是熱切探問母校所在地的消息，其中不乏堪薩斯州、德州或科羅拉多州的城市（我遇見的強硬派大多從沒去過美國）。遭世人遺棄是種孤獨的體驗，許多利比亞人盼著與外界的關係能有所改善。我與人權律師艾札・馬古爾（Azza Maghur）共度了一個上午，她是位外型亮眼的女性，一頭長髮豐盈飄逸，笑聲溫暖，剛從摩洛哥的一場人權研討會返國。馬古爾的父親在後革命時代的利比亞政壇舉足輕重，賦予了她施展的空間。利比亞女婦女大多被迫裹上頭巾，只能待在家裡，不過馬古爾似乎不把這些束縛放在心上。我問她對美國有何觀感，她告訴我，得知阿布格萊布和關達那摩的虐囚新聞後，她很難對美國有好感。「你絕對無法想像我們有多崇拜美國。」她垂眼看著地面，彷彿我們在聊的是某位剛過世的親戚，「我們不求別的，只想跟你們這個富裕美好的民主國家站在一起。但現在我們捫心自問：『這個給我們上自由課的是什麼樣的人？』我的意思是——如果你們逮到主教跟妓女上床，還會相信他能帶你們上天堂嗎？」馬古爾還是想帶年幼的女兒去美國見識見識。她說，她女兒每星期至少會問一次利比亞跟美國有什麼進展，而馬古爾會說：「正在進行，小寶貝。」然後她女兒會問：「所以我們能去迪士尼樂園了沒？」馬古爾只得回答：「還不行，小寶貝，還不行。」

對一個政治與社會發展程度都不高的文化來說，利比亞的知識階級活躍得出人意料，他們對本國社會的態度是既疼惜又冷眼嘲諷。我遇見的利比亞人要是與我相處愉快，會一再約我見面，還把我介紹給親友認識。曾有這麼一個利比亞人邀我去他家參加慶生會，他太太做了一頓大餐，我與他們一家大小一起熬了大半夜看電影。在我離開前夕，那些朋友請我吃宵夜，又送我全套利比亞傳統服飾——一件長衫、一件刺繡背心、一頂小黑帽——作為臨別禮物。

利比亞人的社交生活非常具有私密性。的黎波里市區有寬闊的高速公路交織來去，汽油有政府補貼，而且當地沒有酒吧和俱樂部，電影院和劇院也很少，所以最受歡迎的休閒活動就是兜風。他們會開車到處繞上好幾個小時。車廂的隱蔽性更增添了兜風的魅力，不過對渴求娛樂和新鮮事的國民來說，最主要的消遣還是來自公路本身，夜裡可以看到車輛川流不息。不兜風的時候，的黎波里人大多在家交際而不是上小館子，一來也是因為女性和酒精不能出現在公共場合。

我在利比亞第一次喝到酒，是因為有個朋友打電話問一位上校：「你有沒有石榴籽？」（在警察國家，用詞最好委婉）。他有，於是我們驅車前往某個小城市的郊區，來到泥土路旁一棟有著長長外廊的白色大宅。這棟房子是利比亞典型的水泥建築，外牆漆成白色，但已略顯風霜。我們被請進一間裝了日光燈的開闊廳堂，坐上寬大而鮮豔的長沙發。我們的東道主曾在中亞受訓，屋裡陳設著他從那裡帶回的紀念品，其中有好幾座拿著釣竿的熊雕像。我們聽著齊特琴演奏的雪莉．貝西金曲大會串，輪流抽一管一．五公尺高的水煙筒。上校容光煥發、性情外向，是個有南撒哈拉血統的利比亞人。他請我們喝的是本地人私釀酒，酒精濃度高達四十％，烈得不止能充當指甲去光水，恐怕連指甲都溶得掉。桌上鋪著華麗的刺繡桌巾，擺滿芬達汽水和品客洋芋片，氣氛有點像中學生的大麻派對。我問我朋友，他要是知道兒子喝酒會怎麼想？他大笑著回答：「這種事免不了。」我又問，如果是女兒呢？這下他嚴肅起來：「要是我女兒喝酒，我會非常、非常不高興——老實說，我會氣個半死。因為要是別人知道她們有喝酒的習慣，會假設她們的性生活大概也很活躍，她們就別指望結婚了。」

我認識了一名任職於義大利航空的女性，她雖然熱愛自己的工作，卻也覺得要是嫁給利比亞人，老公絕不會容忍她繼續上班。她說：「我得在婚姻和人生之間二選一，而我選擇了人生。女人大多寧願結婚，這是個人喜好問題。」這些束縛與法律無關，因為說到性別平等，利比亞的法律比大多數阿拉伯國家來得更進步，問題在於社會規範。

格達費認可這類習俗，卻又常說自己國家的社會很「退步」（他表示譴責的愛用詞）。一名利比亞知識分子向我抱怨：「你要是聽他說話，也會覺得他很討厭利比亞人。」格達費雖然打壓左翼的民主化勢力，對付右翼的伊斯蘭主義者其實遠為心狠手辣。過去數十年間，格達費治下的政治受難者大半來自他查禁的伊斯蘭組織，其中也包括穆斯林兄弟會。一九八八年，利比亞有將近五十個伊斯蘭相關機構被勒令關門。格達費對《古蘭經》自行「創新」解讀，全盤否定後古蘭時代的經文註釋和習俗，當教士表示抗議，格達費就宣稱伊斯蘭教允許信徒直接對阿拉說話，教士只是不必要的中間人。一年後，他將伊斯蘭激進分子喻為「癌症、黑死病與愛滋病」。格達費曾慷慨資助哈馬斯組織，近年卻彷彿要激怒哈馬斯似的，主張巴勒斯坦人無權獨占以色列領土，並呼籲成立兩國邦聯——他自創了以色列坦（Isratine）一詞——說這能同時保障巴勒斯坦人和猶太人的安全，又說根據聖典，兩支民族其實是宗親，猶太人根本不是阿拉伯人民的敵人（他曾經坦承：「或許有人會反對那個名字，不過那些反對有害無益又膚淺。」）。

今年三月，格達費透過衛星連線參加一場哥倫比亞大學的研討會，他身穿紫色長袍，坐在一幅非洲地圖前發言：「你們問我們：『為什麼你們要鎮壓中東的異議分子呢？』原因是，中東的異議分子和先進國家的異議分子是兩回事。在我們的國家，異議分子採取的行動是炸彈攻擊、行刺、打打殺殺……這是社會退步的徵兆。」在這一點上，利比亞的強硬派和改革派至少比較有共識。外交部長沙格翰告訴我：「基本教義派對你們是國安威脅，對我們是生活方式的威脅。他們反對未來，也反對科學、藝術、女性和自由。他們會把我們拖回中世紀。你們怕他們的行動，我們怕的是行動背後的意識形態。好嘛，每天讀一小時《古蘭經》，這也夠了。若不同時研究工程、醫學、商業和數學，你要怎麼生存？不過大家已經摸索到竅門：你的教義主張愈強硬，愈容易找到信徒。」

這種對伊斯蘭激進教派的恐懼，有助於解釋利比亞當局為何在今年二月強力鎮壓班加西爆發的抗議活動。抗議的導火線是丹麥出現嘲諷先知穆罕默德的漫畫，一名義大利閣員又穿著印有那幅漫畫的T恤公開現身。警方擊斃了十一人，暴亂蔓延到至少另兩個東部城市，而格達費對那一帶的控制向來比較薄弱。賽義夫代表國內向國際發言：「那場抗議是個錯誤，警方的干涉行動又是更嚴重的錯誤。」他父親也譴責警方的反應「很退步」，但這主要是為了強調暴亂的肇因不是伊斯蘭宗教狂熱，更不是對他的統治有所不滿，而是人民對義大利殖民歷史的憤慨（在義大利統治之下死亡的利比亞人估計超過二十五萬人，可能達到總人口數的三分之一，許多人死在集中營裡）。格達費警告，要是羅馬當局不加以彌補，「恐怕會有更多班加西人走上街頭」，甚至「在義大利出現攻擊事件」，並表示義大利如果願意支付個三十億歐元蓋一條貫穿利比亞的公路，他會感到很欣慰。義大利外交部長詹法蘭柯．費尼（Gianfranco Fini）說這是「相當直白的威脅」，並補充「我國已經表示，義大利與利比亞往來時希望徹底放下殖民的過去，至今亦以清楚透明的方式堅守此一立場。我國期待利比亞領導人亦遵守相似的一貫立場」。

我把這段聲明讀給利比亞一個熟人聽，他爆笑出聲，又說：「費尼先生，祝你好運！」旅外的異議領袖宣稱，這些暴動是格達費為了逼歐洲妥協而策動的，只是後來一發不可收拾。利比亞國內則普遍認為癥結在於經濟——失業的年輕族群對現況不滿，需要為怒氣找個出口。

暴動過後，最直接的影響就是總理加尼姆旋即下台（改去國家石油公司任職）。我在的黎波里時已耳聞加尼姆可能在內閣重組中出局，他在我們會談時展現了令人耳目一新的開放態度，但這並不討「領袖」歡心。格達費的顧問對我說：「他犯了三個基本錯誤。首先，他讓自己的名字與改革扯上關係，又公開抱怨領袖的作為。在利比亞，要想達成任何目標，就得低調再低調、昇華自我。其次，他以為站穩在西方世界的地位就能確保他掌握實權，但他不了解西方在國內無足輕重。第三，他未能贏得利比亞民心，他好像從不在意人民受的苦……在街頭巷尾，大家即使對替代人選沒有好感，也因為他下台鬆一口氣。」接任總理的是沉默寡言的強硬派巴格達迪・馬哈茂迪（Baghdadi al-Mahmoudi）。「對『領袖』圈裡的人來說，現在要出手整頓經濟容易多了，因為他們將明確直接地下達改革命令，既不會給外界他們承認『領袖』犯錯的觀感，也不會像是在對競爭對手讓步。」

總理換人再度鞏固了格達費的權力：老鼠又在袋子裡打了好幾滾。含石油能源部門在內的多名首長重新洗牌，執掌同一職位數十年的老將也被拔除。二〇〇六年三月底，美國國務院將利比亞續列為恐怖主義資助國，此一決定既反映出恐怖主義的問題，也助長了恐怖分子的氣焰，並導致利比亞不分當權在野都大為憤慨。

照理說，加尼姆的長處該讓他在與西方強權交涉時得心應手，但他還是無法使利比亞自美國恐怖分子資助國名單上除名，這也使得總理必然改由強硬派出任。不斷有人對我說馬哈茂迪有貪汙的毛病，不過他狡猾又有城府，而且非常勤政打拚。一名利比亞裔的美國學者說他：「是個出身革命委員會的技術官僚，為了榮耀領袖的政策賣命工作。改革的腳步會放緩嗎？怎麼說呢，加尼姆為改革說了很多好話，成效卻極其有限，我們就算開倒車也退不了多少。馬哈茂迪知道經濟改革勢在必行，也會為『領袖』這麼做，但他對政治或社會改革毫無興趣，這方面他會讓給『領袖』來做，藉此與西方拉關係。」也有人說，任命強硬派上台有望平息部分內訌。

賽義夫的一名顧問語帶希望地告訴我：「易卜拉欣的力量也會減弱。」他指的是基層人民大會副議長。賽義夫將能獨當一面，「他已經老練到能作主了。」

一名利比亞知識分子說：「我們管『領袖』身邊的世界叫『火圈』。靠近了能暖身，靠得太近惹火上身。火圈裡既有改革派，也有強硬派，格達費樂見由此衍生的混亂衝突。」那種諷刺的口吻近乎不屑，然而他自己並非不想暖身。利比亞的高級知識階層是極小眾，他們是詩人、考古學家、教授、部會首長、醫師、商人和公務員等等。利比亞人的部落意識和階級聯盟、政治認同錯綜交織，要是在更大型的社會裡，有些人很可能因為立場互斥而不相往來，在利比亞卻能保持社交關係。在政治上為敵的人往往私誼甚篤。我在的黎波里時，有一回到詩人醫師阿舒爾・艾威比（Ashur Etwebi）家吃晚餐，提到格達費政權的專制和新資本主義造成怎樣的社會不公，他說得口沫橫飛。「他非下台不可。這個上校毀了我人生最好的年頭，害慘了我的靈魂跟存在，殺了我愛的人。我對他的恨比對我太太的愛還多。他跟他的政府還有任何有牽連的人都得滾。真是夠了。我們一點靈魂都不剩了。你千萬別被他們說的勞啥子改革給騙了，如果的黎波里還是由這傢伙坐鎮，這算哪門子改革？這話我跟你說再多次都不為過，他非滾不可、非滾不可、非滾不可。」過了幾分鐘，我提到我想採訪的某位政府高官，艾威比說：「啊，他這星期剛來我家吃過晚飯。」他一聳肩又說：「我不同意他的想法，可是我喜歡他。」

政府官員和異議人士稱兄道弟，在在令我詫異。有些關係純粹是出於實際考量，但並非一概如此，那比講求實際來得更親密。一個人的忠誠和人際關係網絡會如何串連，永遠無從預料。我和一位教授約在的黎波里天文台喝一杯（無酒精啤酒），之前我們見面時，他曾直言總理和賽義夫沉迷於酒精、糟蹋國家——不過他們是好人。那時我們也拿政府的缺乏效率開玩笑，而他陰沉地說，任何外國人都不該忍受這種混亂，並問我與政府機關打交道時是怎麼保持精神正常的。

不過，今天的他笑容滿面。「嘿，他們讓我進內閣工作。」他一手高舉過頭，得意地擺出勝利姿態。看他這麼等不及要加入一個令他痛惡的政權，我感到很意外。

「這個嘛，誰叫這恰好也是我們唯一能玩的遊戲呢。」他回答道。

◆ ◆ ◆

我這輩子學過很多教人不可過度樂觀的教訓，但沒有一個比利比亞在格達費慘死後陷入動亂來得更苦澀。西方雖然協助反對勢力推翻了格達費政權，但事後看來，西方的介入並非問題所在。問題在於，關於政權輪替的後續發展，我們既無心了解，也不協助規劃。缺乏井然有序的良政來填補權力真空，即使剷除了龐大的惡政也無濟於事。二〇一二年九月十二日，班加西的美國大使館遭恐怖分子攻擊，美國大使克里斯多佛．史蒂文森、外交事務情報管理官尚恩．史密斯和兩名中情局約聘人員遇害。這是一記沉重的打擊，讓人驚覺利比亞已失序至此。時任國務卿的希拉蕊．柯林頓飽受批評，因為她先前拒絕了班加西使館加強保安的請求，理由是想讓美方在當地保持低調，而這顯然是因為她誤信了利比亞剛萌芽的民主體制。那次事件以後，伊斯蘭國的激進分子占領了格達費的故鄉蘇特，大舉屠殺當地的基督徒。班加西、德爾納、的黎波里、瓦沙法納，奈富塞山區和其他地區都出現了武裝衝突。圖阿雷格人（Tuareg）和泰布人（Tebu）在南部互相殘殺。來自撒哈拉沙漠以南的非洲人湧向無人看管的沙漠邊界，希望橫渡地中海到歐洲非法居留，通常是在人口販子的指揮下偷渡。國際特赦組織堅稱利比亞的伊斯蘭極端組織刺殺了數百人，遇害者包含無神主義者、國安官員、政府雇員、宗教領袖、不可知論者、社運分子、記者、法官和檢察官。司法體系全面失靈。艾威比是我在的黎波里最好的朋友，曾不計任何代價、一心想為建設新利比亞效力，結果就連他也偕家人逃往挪威。我的同志朋友阿吉里避居黎巴嫩，雖然還沒拿到居留簽證和工作許可，但已經獲得聯合國難民身分。不論有多麼熱愛自己的國家，能出國的人全離開了。這樣的悲慘境地就是格達費的遺毒，他對利比亞社會殘害至深，身後留下的人力結構完全撐不起政府運作。

在蠻荒的南部地區，各個部落不受任何限制地交戰，在無政府的北方地區，擄人勒贖成了家常便飯。「國民代表大會」（House of Representatives）是獲國際承認的民選政府，但已經自的黎波里撤退，偏安東部的托布魯克市。與國民代表大會對立、主要由伊斯蘭主義者組成的政府「國民議會」（General National Congress）則在的黎波里自行宣布成立。套用法國外交部長的話，這代表了利比亞「有兩個政府、兩個國會和一團混亂」。伊斯蘭國的影響力與日俱增，聯合國雖想撮合雙頭政權組成「聯合政府」，然而這勢必將助長伊斯蘭主義者的力量，他們的前身「利比亞穆斯林兄弟會」在最近兩輪大選中都輸得一敗塗地。西方曾協助推翻在埃及勝選的伊斯蘭主義者，如今卻想把在利比亞從未勝選的伊斯蘭主義者拱上位。哈里發・哈夫塔爾（Khalifa Haftar）將軍自格達費政權叛出，是國民代表大會軍隊的領袖，而他威脅要發起「卡拉瑪」行動（Karama，阿拉伯文「尊嚴」之意）、成立第三政府對抗伊斯蘭主義者。

反格達費的革命在二〇一一年風起雲湧時，賽義夫曾像個失望的保母搖著手指警告：「利比亞將爆發內戰……我們會在街頭互相殘殺。」如今這樣的殺戮正四處蔓延。賽義夫自己遭國際刑事法院依反人類罪通緝，目前被關押在津坦市。抓到他的反叛分子砍下了他用來訓斥國民的手指。國民議會主導的法庭在二〇一五年夏天判處他死刑，不過近期內行刑的機會不大，因為他是極具價值的談判籌碼。國際社會希望賽義夫押送海牙受審，但國民議會仍判他死刑，顯然是反叛不屈的表態。二〇一五年八月，支持格達費的民眾首次走上街頭抗議，高喊：「津坦、津坦，釋放賽義夫．伊斯蘭！」距離帶來了美感，讓昔日的恐怖統治再度煥發魅力，在反對伊斯蘭主義者的班加西、塞卜哈和的黎波里人眼裡尤其如此。

享樂是要付出代價的，我在這趟一個月的飲食之旅胖了五公斤。這趟豪奢放逸的旅程結束前，我們到北京時髦的七九八藝術區繞了一圈，我有許多藝術家朋友的工作室都在這裡。我與伴侶約翰偶然逛到一家小店，看到櫥窗裡陳列著一件雅致的唐裝外套。我問女店員：「請問那件衣服有我的尺寸嗎？」她恭敬地看著我，極盡禮貌地回答：「啊，實在抱歉，沒有。我們做的衣服是給瘦子穿的。」

中國 ◆ CHINA

吃在中國
All the Food in China

《漫旅》
October 2005

◆◆◆

我在一九八二年首次踏足中國，行前有人警告我中國的食物很可怕，而實際經驗比預期更糟：油膩、粗糙、寒磣。烹飪手法粗暴、滿不在乎，而那似乎正是共產主義所稱許的，端上桌的東西既單調乏味又醜陋。中式烹飪傳統在香港、台灣與新加坡流傳下來，有如三點微小的燭光，代替全世界最旺的篝火燃燒。到了九〇年代初期，情況略有改善，只要你堅持吃得簡單，或是到別人家裡用餐。在過去五年間，中國烹飪崛起，有如自灰燼重生的鳳凰，如今該國的無數餐廳都能夠嚐到極品佳餚。今日的中國與我初次造訪的那個國家差距之大，有如奧茲國與堪薩斯州。當國家已經徹底改頭換面，中國人在表面上看來似乎仍保持心智健全，真不知他們是怎麼辦到的。這裡曾有愁容滿面的人身穿破舊的制服，在地力耗竭的田裡耕作，而缺乏說服力的工人則用不忍卒睹的工廠績效頌揚共產黨政府。如今，我們在中國城市看到的效率和先進，讓我覺得紐約簡直是窮鄉僻壤。當然，中國還是有大批農民在貧困中勞動，不過相較於俄羅斯，社會上已有更廣大的領域獲得進步。飲食的改善反映出深刻的社會轉型：在過去肯定教人難受的事物，如今往往令人興奮不已。這些改變在北京與上海頂級時髦的餐廳裡最顯而易見，就連在鄉下小飯館與街頭餃子攤也不難發現。

我很幸運能與時裝設計師韓楓結伴走一趟美食之旅。韓楓親切而有魅力，生活多采多姿，不只帶我們造訪中國最精緻的餐廳，也品嚐我們所能想像最棒的街頭小吃。我們抵達上海的第二天就前往豫園一帶的佳家湯包。韓楓在路上說：「你們不會相信的。」那是個外觀髒兮兮的攤子，在那裡吃上一頓大餐，要價約莫一美元。我們坐在人行道的塑膠凳子上，大啖小籠湯包，湯包的內餡滿是湯汁、豬肉、蝦仁或毛蟹（一種地方佳餚）。拿這些小籠包蘸上泡有薑絲的米醋，一口咬下，溫熱的湯汁首先湧進嘴裡，接著感受到的是柔滑的麵皮和豐腴的肉餡。大批食客不分晴雨蜂擁而至，在攤子裡工作的八名女性擠得如此靠近，讓人納悶她們怎麼活動手臂。攤子外頭架著一個巨大的蒸鍋，高高堆著竹蒸籠，有個女人負責照看，她的臉龐經常籠罩著茫茫蒸汽。不過每個人都笑容滿面，笑聲不斷。「怎麼會這麼好吃呢？」韓楓一臉得意地問我們。

韓楓所創造的不只是我們這趟旅行——這段旅程所花費的心力可不少——她也創造了自己的人生，過程之神奇與匪夷所思，不亞於光輝奪目的現代中國。韓楓在一九八五年從中國移居紐約，不過最近在上海買下一戶寓所，將生意搬回家鄉，開始往返兩國。

十二年前，我發表了一篇以中國藝術家為題的文章，不久後在紐約受邀參加一場晚宴。主人在席間告訴我：「我有個朋友今晚會帶他的新女友來，她是中國人，不太會說英語。因為你剛去過中國，所以我讓她坐你旁邊。」韓楓與我就用這個兩人只共通一半的語言尷尬地打開話匣子，開始了這頓晚餐。我主動提起自己近來的調查有哪些新發現，她說：「我對中國的當代藝術沒什麼了解。」我又說了些自己的冒險奇遇，勉強避免冷場。我不確定她聽懂了多少。不過當我在某個時刻提到耿建翌，她猛地坐直身子：「杭州的耿建翌？長得真的很帥，年紀跟我們差不多的那個？」

「對，就是他！」

「我高中的時候跟他約會過，後來再也沒他消息了！」

韓楓來自一個有十億人口的國家，而我去過那裡。我們怎會沒有共同朋友呢？

從此以後，我發現天底下的有趣人物韓楓幾乎都認識，我也有幸常受邀她舉辦的絕妙晚宴，或由她在家親自掌勺，或辦在中國城的餐廳裡。你會發現座上賓是潔西．諾曼、路．瑞德、蘇珊．莎蘭登、魯柏．梅鐸、安東尼．明格拉，也可能是她妙語如珠的樓上鄰居，或是曾恭維過她幾句的皮草採購業者。她悅耳而低沉的笑聲讓每個晚上都像場慶祝活動。韓楓是徹頭徹尾的國際人。她曾經對我說：「我人在哪裡就喜歡上哪裡，做什麼就愛什麼。」她剛抵達美國時，就像她自己形容的，是個「中國鄉下土豆」。她告訴她當時的丈夫：「有些人的成功路像是爬樓梯，我是坐高速電梯。」很快就有人想支持她的設計事業，也承諾讓她名利雙收。「我說：『我們或許可以撇開成名，專心賺大錢就好。』」從那時起，她創立了個人品牌，並且打進班德爾百貨、高島屋、波道夫百貨與巴尼斯百貨。她為英國國家歌劇院與大都會博物館設計表演服，也為紐約的新藝廊（Neue Galerie）製作過一個服飾系列。她是國際時尚的代表人物，曾擔任克里斯汀．迪奧在中國的模特兒，也登上過美國雜誌封面。

她在離婚後有過一段長期交往關係，卻在男友表示想搬來與她同居後告終。「我真不敢相信！我說，『搬進來？搬進來？我可沒有那種閒空間！』」大多數人只要有些許機會，都會愛上韓楓。她曾經受摩洛哥國王委託，為他製作許多個人服裝，也是他王宮的常客。她向我吐露：「我住在那裡，什麼大場面都看過了，然後我就想，我真慶幸自己的生活很簡單！」這是我見識過最強大的簡單了。不論她當初離開中國時是顆怎樣的土豆，現在的她都已成為一株極品蘭花。

我們的旅途始於上海，而我最喜歡的上海餐廳是雍福會。這是當地一名室內設計師的心血結晶，他租下英國領事館舊址，花了三年時間與五百萬美元整建，然後陳設古董、重新栽種庭院裡的植物，讓它煥發老上海的氣息：頹廢、華麗又世故。我們盛讚油爆蝦、鐵板松子鱸魚，還有與章魚和豬肉一起燒烤的鵪鶉蛋，同桌的中國朋友則對蘿蔓生菜沙拉印象深刻——在這樣的場景裡，這道菜很有異國情調。甜點未必是中菜的強項，不過雍福會的芝麻棗泥酥餅既香且甜，彷彿已經在追憶這一餐的其他菜色。用過晚餐後，我們去一家帶有地下酒吧風格的爵士俱樂部，與幾個藝術家朋友碰頭。稍後，我們前往永不退流行的瑞金賓館 Face Bar 和韓楓的一位中醫朋友見面。即使我們倚在鴉片床上喝著熱白蘭地托迪酒，他仍把了我的脈，並開了一帖養生方子。隔天我匆匆被抓去針灸。

在中國餐館點菜是一門藝術。在紐約的中國城，韓楓會花上半小時跟侍者討論她想點什麼。如果說在聖像畫中，聖人通常會與自己的主要象徵一同出現，那麼韓楓應該跟菜單畫在一起。她讀起菜單來彷彿在鑑賞（有待編修的）詩作，而廚房似乎也受到她的講究與熱情感召。她會詢問食材的新鮮程度，並且盡量平衡菜色，讓桌上同時有熱菜、冷盤和溫菜，辛辣與清淡口味皆備，魚肉蔬食俱全，濃重與清爽相伴。每頓飯都得當成一個整體來設想。中國人把收入花在飲食上的比率，比幾乎任何國家都高。張光直在他的名著《中國文化中的食物》裡，談到了「食物作為社會語言」與「食物語言學」。在帝制時代的中國，有誠意的待客之道是即使家中有僕從，主人仍親自下廚做菜。敬拜祖先的祭品也是食物。食物就是中國社會的化身。

在中國，最好的飲食未必出自最奢華的場所。翡翠酒家位於上海的商場裡，外觀也就那麼一回事，不過這家餐廳的粵式點心令人叫絕——入口即化的炸薯球，烤乳豬、燒鴨與烤雞的脆皮，以及一種有著蝦米與蘿蔔絲內餡的千層酥。在市區另一頭的蘇浙匯裡，樓下夜總會規律的貝斯節奏不絕於耳，但仍不足以減損糯米藕的美味，或是他們的樟茶鴨——這道菜與一般禽類料理的差距有如正山小種紅茶之於立頓紅茶。

我們在元旦那天驅車前往杭州，那是韓楓從小長大的地方。中國有句俗諺：上有天堂，下有蘇杭。這個城市座落在西湖湖畔，遊船在湖中小島間穿梭，陽光在湖這一側的城市天際線上閃耀，也照著另一側的典雅高塔。在這裡吃頓道地的地方晚餐，菜色會包含臭豆腐，味道像是穿久了的運動襪扔進陰濕寄物櫃裡，存放一個悶熱的夏季後再拿出來用酸奶煮滾。近來就有個賣臭豆腐的街頭小販以違反空氣汙染法規遭到逮捕。這是一種後天習得的滋味，而我還沒學會。我們參加了杭州歌劇院的開幕晚會，會後意猶未盡，決定犒賞自己一次午夜腳底按摩：雙腳浸泡在中醫草藥裡，被人拿橡膠槌捶打、用溫熱的鹽搓揉，從每一個可能的角度按壓。我們在凌晨兩點開車回旅館，只覺身處極樂。

隔天，我們在龍井草堂吃午餐，這個狹小的餐廳位於茶園中央，只有八桌客席，分設在幾座圍繞著美麗園林的隱密包廂裡。這裡的中式菜色精緻之極，我們青澀的味蕾沒能嚐出其中某些獨到的造詣。我們用了二十二道菜：荷葉清蒸甲魚，蟲草老鴨湯（老鴨據說在冬季能暖身），聽似古怪，實際嚐來非常美味。有一道濃郁細緻的湯品喚作「無名英雄」，是在向直接下鍋熬湯的活魚致意。此外還有經四天慢燉的紅燒肉、佐滷蛋上桌，以及燜燉野味。我們也品嚐了魚肉獅子頭，作法是把魚釘在砧板上，一層層刮下魚肉，使肉質變得綿軟無比，再把這肉泥加冷水打成沫，下鍋水煮。韓楓說：「這道菜難做得要命，即使是給皇帝做菜的御廚，也無法做得比這更出色。」

當地的特產是龍井茶，也是餐廳名字的由來。我們啜飲著這款清爽的茶品，而韓楓透過廣大人脈邀來一位贏得帕格尼尼小提琴大賽的神童，現場為我們揮撒一手絕技，演出既精準又激昂，令人激動不已。韓楓也帶我們參觀西湖西端的郭莊，比起杭州其他的園林，這裡的遊客較少，極為寧靜宜人。稍後我們前往杭州的知味觀餐廳。對西方味蕾來說，龍井草堂的菜色很有異國情調，那珍稀、淡雅之味絕不可能出自中國以外的地方。知味觀則非常光彩華麗，卻又平易近人，就算搬到紐約上東區，生意也能維持不墜。其中一道金牌扣肉，是廚師把豬肉片成三公尺長的細扁肉條（有如不削斷的蘋果皮），再疊繞成形似墨西哥契琴伊薩神廟的金字塔狀，進爐燒烤。肉上桌後，侍者把肉片解開、切成小塊，包在菠菜汁荷葉餅裡讓人享用。另一道鹽殼叫化雞是在雞腹裡塞入大蒜，整隻裹上薄紙，埋入鹽中烘烤——肉質軟嫩多汁得令人難以置信。

很少有外國人造訪紹興，這令人不解。紹興運河如夢似幻，清朝老屋緊鄰水岸搭建，窗戶飾以木雕窗花，水邊可見婦女跪坐刷洗衣服。運河上的船隻舒適宜人如威尼斯的貢多拉渡船，船夫用腳推動大槳。不論身在紹興市何處，總能望見雄峙在市郊山坡上的塔樓。我們在紹興市的那一天，有人在大聲播放著京劇，樂聲在小路間迴盪。本地蜿蜒複雜的巷弄過於狹小，車輛無法通行，得乘雙輪黃包車才能接駁運河邊的渡船。我們在咸亨酒店用餐，品嚐了好幾種臭豆腐，有些相當溫和可口。

倒是另一種地方發酵特產更令我垂涎：紹興黃酒。我們也點了尖椒茄子，甘美豐腴的梅乾菜扣肉則是夾饅頭享用。甜點是芝麻糯米糰，幾乎帶著點苦，又有蜂蜜的甘甜。韓楓帶頭敬酒，我們則迫不及待要用食物、酒精和愉悅感填滿肚子。每天兩餐，每餐平均十二道菜，而我們預計在中國停留二十一天，這表示在離開前我們將品嚐超過五百道菜。我們深吸了幾口氣。

對中國人來說，中菜有兩大菜系：川菜與粵菜。外國遊客知道粵菜，因為那是港式烹飪，但大多數的旅遊地圖仍尚未列入四川。四川人談起辣椒的那股熱情，跟其他人討論起運動隊伍不相上下。他們的菜餚讓墨西哥菜相形之下顯得淡而無味，不過川菜的辣味複雜有層次，把各種焙製或新鮮的辛香料混合再混合，浸泡在不同的底料裡，創造出五花八門的強烈快感與極致疼痛。四川的招牌椒種是花椒，其實這種辛香料並非胡椒，而是一種多刺梣屬灌木的乾燥果實。花椒的氣味濃烈得驚人，令人嘴巴發麻，卻又麻得美妙。才一入口就讓人感受到麻醉效應，同時不知怎地，似乎又讓味蕾更加靈敏，簡直像是在吃以古柯鹼燉煮的東西：初時感覺古怪不適，之後便食髓知味。

我們在成都的寒舍吃午餐，這家一點也不寒傖的餐廳座落在公園裡，四周環繞著竹林與水道。室內裝潢走高檔的現代中式風格，有巨型太師椅、供人慵懶斜倚的絲綢四柱床、錦鯉盆、鹵素燈，餐桌上撒了絲絨玫瑰花瓣。餐點是融合式中菜，但融合的不是西方風格，而是多種中國菜系和東南亞菜式，例如，粵菜傳統的魚翅湯在這裡加入綿滑的南瓜同煮。

四川以茶館聞名，也名不虛傳。成都的商人大多在下午離開辦公室，去茶館就著茶水談生意。婦女上茶館打麻將、閒嗑牙，孩子在那兒玩耍。我們去的易園是成都最美的茶館，位於一座修復的明朝園林內，裡面有十幾重院子，清澈映天的池塘，亭台迴廊、牌桌、湖石假山，以及松樹框景的小橋。我們與一群和尚鄰桌而坐，飲用薰香茶。

一日我們在豪庭大酒店吃晚餐，走進酒店時我心想，馬可孛羅當年置身紫禁城門下，想必就是這種感覺。我傻傻以為是偏僻郊區的地方，其實富麗堂皇得令人咋舌。我們穿過宏偉的大門，進入寬闊的迎賓廳，鋼琴師用平台鋼琴演奏著蕭邦，廳裡的瓷器和陳設說是世界頂級博物館的收藏也不為過。豪庭大酒店附設一間藝廊，水療中心裡有三座巨型熱浴池和一隊手藝高明的女按摩師，另有兩間卡拉ＯＫ吧（其中一間的天花板是魚群悠游的透明水族缸），四家餐廳，以及客房。氛圍帶著一絲奢華優美，有如電影《金手指》中的場景。

我們走進紅漆拱頂的長廊，盡頭是一道雙開門，門邊各候著一名身穿黑色制服和白色圍裙手套的員工。我們被直接領進一間廂房，因為這是一家沒有共用空間、只有私人包廂的高級川菜餐廳。包廂裡的清朝燭台擦得發亮，牆上掛著筆意奔放的明朝書帖，侍者為我們斟上現泡茶和四川白酒，酒一入喉如野火般燒灼而下。我們的前菜有夫妻肺片、芫荽涼拌海蜇，接著是一道新鮮冬蟲夏草熬的清湯。冬蟲夏草以滋補功效聞名，市場價格高達每磅兩千美元；中國人認為醫食同源，兩者無明確分野。浮在高湯裡的是氽燙油豆腐和雞肉。接著上的是鮑魚鍋巴，宮保雞丁綴滿上鮮的花椒。晚餐吃到一半，一名川劇演員走進包廂，為我們專門表演一場「變臉」。這是古老的川劇傳統，演員將一連串鮮豔的綢布面具疊戴在臉上，在舞步進行間透過隱藏的線一層層扯下、變出新臉。餐後，侍者端出古巴雪茄和一九八八年拉菲酒莊珍釀，不過我們順著自己的喜好，選擇了按摩。

成都這座偉大古城值得更多讚譽，除了舉世無雙的佳餚，也有令人沉醉的景點：在繁育基地能近距離觀賞貓熊和新生的可愛熊崽，古剎文殊院能聆聽僧侶誦經、觀賞恭行佛事的隊伍。距市中心兩小時車程處座落著七十一公尺高的樂山大佛，這尊成於八世紀的佛像是在淩雲山山壁直接雕鑿而成，用來鎮住祂腳下兩江交匯處的惡水。這也是全世界最龐大的佛像，光是大拇趾就長八．五公尺。

那天晚上我們入境隨俗，吃四川火鍋。成都的火鍋餐廳林立，一位本地朋友帶我們去「皇城老媽」。在餐廳裡，每個桌子中央都嵌了兩口爐，讓我們同時享用一鍋滿是辣椒的湯底，還有一鍋由海馬和雞肉熬成的清淡高湯。我們點了大概二十盤火鍋料，有沙朗牛肉、雞肉、鱸魚肝、竹笙、莧菜、香腸、河鱔與海鱔、五種蕈菇、四川蕨菜、新鮮蓮藕、切片牛黃喉。麻辣湯底搭配的火鍋料蘸醬是拌了蔥的麻油，清湯底則佐一種鹹香的草藥蘸醬。晚餐後，我們上另一家茶館看川劇，整齣劇碼由一連串橋段組成，有變臉、傀儡戲、舞蹈、靈活的丑角表演民間傳說，還有特技雜耍、變魔術，以及戴面具的吹火人。

北京居民不得討論誰是黨的最佳領導人，於是把全副心力轉而鑽研另一個更迫切的問題：誰家的北京烤鴨最好吃？這個問題涉及諸多細節：店家烤鴨的手法是太過精緻或太過俗氣？鴨皮太肥或太柴？柴火用了蘋果木還是杏子木？蘸醬的醬底是甜麵醬還是果泥？鴨皮該蘸糖吃嗎？鴨肉要怎麼片？我們吃了七次鴨子，在以西方顧客為消費主力的餐廳裡，我們最喜歡「長城腳下的公社」和「長安壹號」，至於主要招待本地顧客的餐廳，我們比較中意「香滿樓」。長城腳下的公社是家旅館，旗下別墅都出自當代頂尖建築師之手，每棟緊鄰一段未經修復、風貌猶存的長城遺址，你能拾級而上，在整段專屬於你的城牆上散心。我們點了旅館餐廳供應的傳統北京菜，有炸蝦球、鴨架湯、燒鱈魚、小籠包，自然也少不了烤鴨。

長安壹號是東方君悅大酒店附設餐廳，所以你絕不會以為自己正在開發什麼不為人知的去處，這裡給人的感覺無異於置身洛杉磯或紐約。話雖如此，這仍是北京公認的頂尖餐廳，我們嚐到的菜色樣樣美味。我們點了綠茶蝦、口水雞，至於烤鴨，他們把鴨皮從鴨肉上完全剝離並分開盛盤，質地酥脆緊緻，既不油膩也不碎爛。包烤鴨的荷葉餅薄透如紙，蘸醬是調入蜂蜜和麻油的甜麵醬，收到恰到好處的稠度。

香滿樓的裝潢樸實無華，但環境乾淨清爽，六人份餐點的價格恐怕在紐約買個三明治還有找。餐廳裡座無虛席，擠滿了北京家庭。這裡的鴨皮還分等級——最上等的部位特別盛盤，「硬皮」分開上桌。他們的烤鴨比長安壹號肥腴，是肥肝那種令人陷溺的肥腴。隨後也上了鴨架湯。我們也點了魚肉料理，他們把活蹦亂跳的魚放在籃裡，先拎到桌邊讓我們過目才宰殺。

煎餅是北京最佳街頭小吃，想一嚐為快，最好去找報國寺院落外的攤販，這一帶現在也是跳蚤市場。小販先把麵糊塗在淺口寬面的鐵鍋上，煎蔥花餅皮，接著在餅上打個蛋抹開，使蛋液融入麵糊，然後把餅一翻面，厚厚塗上豆瓣醬、辣椒醬，最後拿整張餅裹住薄脆就完成了。吃起來新鮮燙口，又有蛋香和澱粉的飽足感，十分美味。

我們對按摩上了癮，有天深夜為了換換口味，也試了一次採耳。北京這家按摩館有如舒適的醫院——環境一塵不染，女按摩師戴著護士帽上班。館內供奉的觀音像前擺滿了供品，其中不乏高熱量的健康飲料——唯恐觀音的慈悲在人間縮了水。

為了慶祝與哀悼在北京的最後一夜，我們來到超高概念的紫雲軒茶事。這家餐廳的椅子加襯了羽絨墊，場內打著旋轉色燈並展出當代藝術作品，角落裡擺了搖木馬，外加鏡面餐桌，諸如此類。一切布置都非常具潮流感，強烈散發「我最酷」的氣息。他們的菜單彷彿出自荒謬主義作家之手，中文菜名的詩意已是勉強堆砌，譯成英文更是滑稽得令人傾倒：「一點點魚子生魚片佐無法想像的醬汁」、「奧祕牛肉捲鑲金針菇與莫札瑞拉乳酪」、「極樂墨魚」，還有——這是我的最愛——「六菇繞著寂寞的栗子跳豔舞」。菜吃起來就不如名字那麼出色了，不過在現場抽著長菸的模特兒和髮型驚人的年輕潮客，還是別的地方比不上的。

二十一天以來，我們餐餐都吃中國菜，除了某天晚上在北京，一群美僑好友在自家公寓辦了一場宴會招待我們。他們向法國領事館商借主廚，而這位大廚也確實施展了一手出神入化的廚藝，只不過，在遍嚐迷人的東方風味之後，西餐吃起來就顯得古怪了。我們得各自在盤裡切開食物，感覺粗魯而乏味；以奶油調理的鮮蔬似乎缺乏想像力。還有那道牛肉，火候雖然無懈可擊，卻略嫌大塊而單調。要切換回原本的口味實在困難。我們為味蕾的時差所苦，有那麼一陣子，熟悉的事物感覺全不對勁。我們就像潛水員，得逐漸上浮，以免在轉換時害了相思病。

◆ ◆ ◆

中國有句俗話說「民以食為天」，隨著享樂主義逐漸擺脫汙名，吃貨文化也在中國蓬勃發展。二〇一五年，中國公民在飲食上的平均花費達到史上最高點，《舌尖上的中國》這類飲食節目也獲得突破天際的好評。中國近三分之二的手機用戶習慣在開動前拍下餐點的照片，透過聚焦飲食的應用程式和社群平台分享；對飲食文化如數家珍是品味格調的表現。中國烹飪協會已向聯合國教科文組織提出申請，希望將中華料理定為非物質文化遺產。優質和有機食材的市場需求有增無減。近來有研究發現，無辣不歡的人壽命顯著較長，雖然確切原因尚不清楚，民眾仍欣然接受這項研究結果。頂級餐廳如雨後春筍冒出，目標對準富裕的中國和西方客人，光是在上海，近來就有五家餐廳榮登「亞洲最佳餐廳」名單。

在此同時，中國的土壤汙染和水汙染日趨嚴重，部分農糧產品的品質也必然隨之惡化。中國將近五分之一的可耕地有汙染問題。其他食材則爆發造假風波：三十萬名嬰兒因為喝下含三聚氰胺的奶粉而病倒；豆芽經有毒化學品處理以增添外觀亮白一事也遭到揭露；包子水餃所用的麵粉測出鋁含量危險超標；稻米飽含鎘與其他重金屬；消費者看到豬肉在沒開燈的廚房裡發光，從而發現燐光桿菌感染。二〇一一年，遭防凍劑汙染的調味醋在一場齋戒月餐會上導致多名穆斯林中毒死亡，以塑膠、石蠟和增稠劑製成的假雞蛋也流入地方市場。二〇一三年，一次針對某間食品儲藏所的臨檢搜出了自一九六七年冷凍至今的雞爪，業主把這些雞爪漂白，充作鮮品販售。二〇一五年，收賄的監管單位批准病死豬肉上市。在中國，平均每十份餐點有一份用了回收油，且往往是回收餐廳下水道流出的地溝油。

為了整頓食品安全，法規漸趨嚴格，然而執法標準不一，許多中國人也心存懷疑。例如，他們認為很多打著有機名號的食材其實名不符實。許多中國富人從海外進口他們認為品質較有保障的生鮮食材，光是進口水果的市場規模就高達近一百億美元。某些本土有機農場專為有政界關係的客戶成立，不對一般民眾販售。

同一時間，西式速食店大舉入侵也意味著許多民眾飲食過量，有礙健康。中國人的食鹽攝取量向來極高，現在他們吃下的脂肪也與日俱增，而在稻米銷售額下降之際，玉米製品的攝食量直線上升。加工食品包的購買量比美國更高，一年創造了近兩千五百億美元業績。肥胖率劇增，約有十二%人口罹患糖尿病，使中國成為全世界糖尿病患人數最多的國家。

中國 ◆ CHINA

外顯華麗，以求內在平靜：乾隆皇帝的歸政花園

Outward Opulence for Inner Peace: The Qianlong Garden of Retirement

《世界建築文物：無可取代的五十大賞遊景點》，2015

二〇〇五年，我在中國飲食之旅期間也到北京參觀了乾隆花園和倦勤齋。我曾多次造訪紫禁城，但在此之前從沒去過這片清幽雅致的區域。我在大學時修過中國藝術史，而這座花園設計與興建的那段時期讓我很感興趣，此外我也修過建築保存的課程。後來我成為世界建築文物保護基金會的理事，於是想更了解園林維護所面臨的挑戰。建築文物基金會即將迎來創會五十週年時，請我為他們的史蹟維護計畫寫篇文章，我便選了其中的乾隆花園。

史蹟維護是全球普遍關切的課題，不過在中國，為了邁向想像中更美好的現在與未來，他們十分熱衷於抹滅過去，這種熱衷令人憂心。我絕對支持更美好的現在與未來，但不認為摧毀過去是達成這個目標的有效手段。

◆ ◆ ◆

紫禁城的中軸布局意在震懾萬民，不過乾隆皇帝在一七七〇年代下令興建供他歸政退隱的倦勤齋，則是為了撫慰自己。紫禁城看在老百姓眼裡或許神祕，不過這座代表皇帝不朽存在的建築是對獲得特許的訪客開放的，而倦勤齋就不同了，它為皇帝提供了一種幾近孤寂的隱私。宏偉的歷史遺跡

當初多半為公務所用，然而倦勤齋及其外圍花園是乾隆為他個人打造，原初的設想只是一座小屋，要讓他能夠依照個人起居習慣生活，也讓他能夠卸下治國重任。話雖如此，倦勤齋沒有絲毫簡約之處，而是以精雕細琢彰顯出更為細膩的富麗堂皇。如果把紫禁城比作宏偉的雕塑，倦勤齋就是鑲著珠寶的珍玩。皇帝身為天地人的中樞，扮演了一種圭臬般的、永恆不變的自我，然而倦勤齋承認了時光之倏忽易逝，不論這方天地再如何燦爛奢華，都使進入其中的人顯出凡人的一面。

我在一九八二年首度前往中國時，胡同仍是北京主要的往來通道，悠長地蜿蜒在傳統的合院平房之間。中國人民在這些小路上緩緩踩著腳踏車，他們身穿毛裝、神色不安，與外國人保持刻意的距離。整座城市暗沉蕭條，奢華享受是違背共產主義的墮落思想，基本上完全不存在。現今稱為天安門廣場的區域在清朝是個有護牆的南北向廊道，牆外是中央各官衙所在地，而中共當局受到莫斯科紅場的啟發，在一九五〇年代剷平了那些衙府，闢出的空地就是我們現在所知的天安門廣場。這片空蕩蕩的廣場沒有任何點綴，大得教人不舒服，卻是共產黨政府舉行盛大典禮的理想地點，遊行隊伍就在這裡浩浩蕩蕩走過敬畏順服的百姓面前。在這一片蒼涼之中，紫禁城違和地拔地而起。曾有很長一段時間，這座宮殿被奉為權力的終極據點，全世界最顯赫的君主就在這深宮禁院中上朝。白金漢宮確實比對街房屋宏偉得多，羅浮宮也使一旁的里沃利街相形失色，然而，紫禁城與鄧小平治下的北京形成如此直接而強烈的對比，不僅是我前所未見，此行之後也再沒遇過。

紫禁城在一百萬名工人努力之下僅僅花了十四年即竣工，也是全球規模最大的統一木造建築群。所用的木材都是珍稀品種，屋頂的每片黃瓦片（黃色是天朝代表色）都在榮耀皇帝。這是明清二十四帝的朝廷所在，前後歷時六百年。一九八二年，我們隨一名政治神經敏銳的地陪參觀紫禁城，雖然他曾試圖對這塊地方所體現的價值觀表示出紆尊降貴之姿，不過，當他說起這裡曾有過的生活，仍無法完全泯除語氣中的驚歎。在外朝，我們感受到中國皇帝是如何高高在上，這些建築沒有任何一處是為了令人舒適而設計。在內廷，就連皇帝的寢殿顯然都在昭示天子之尊，令人生畏。全城的布局在在反映出王公貴族世襲財富與剝削人民的特權，也是中國官方不能容許之事。離開了氣派的宮城，長城代表的軍國主義就讓我們的地陪比較舒坦了，但他也承認，紫禁城建築的構思之優美、布局之精妙，也是某種中式精髓的極致表現——他承認，這確實屬於他的文化傳承。

那時我們既沒參觀也沒聽過說乾隆的歸政花園，倦勤齋所在的這處景點遠在紫禁城的另一端。這片園區對新興的觀光人潮來說過於隱蔽，當時的中國也沒人具備修復此地所必需的技能，從數十年的疏於照管也能看出當局的刻意漠視。雖然共產黨人控訴清朝剝削人民，不過那些皇帝代表了絕對的權威——一種毛澤東與其後繼者奮力維繫的歷史遺緒。歸政花園的亭台樓閣，體現了揮霍的物質主義和精良的智識，也成為毛思想的眼中釘。紫禁城仍是中國政權的精神代表，毛澤東的巨幅肖像也仍高掛主城門之上，昭示著他歷久不衰的權威地位。反觀乾隆花園則是華貴驕奢的休憩場所，供放下權力的皇帝縱情獨處——近代的中國統治者對放下權力後的生活不感興趣，鼓吹集體行動的人也對個人的避靜沉思不感興趣。

我曾多次重訪紫禁城，但直到一九九九年才得知歸政花園的存在。花園內的建築以及包含有九個隔間的倦勤齋已徹底荒廢，簡直像是被小規模洗劫或蓄意破壞過。乾隆在歸政花園落成初期就曾下旨，此處須永久維護，作為所有皇帝歸政後的休養居所。但由於除他之外再沒有皇帝遜位，所以在清朝往後的百餘年間，後人善意迴避了這片園地。諸皇子居所和後宮在六百年間歷經多次重建，唯獨倦勤齋例外。這是紫禁城絕無僅有的一方天地，獨屬一位皇帝且完整呈現他的觀點。慈禧太后曾一度暫居倦勤齋，幾名宮廷成員也曾在這裡慶生。清朝末代皇帝溥儀為這片院落增置過一幅畫作。除此之外，這裡一直不聞人聲，後來在一九二四年封鎖。故宮員工把全副心思放在紫禁城的對外開放區域，只把倦勤齋當作儲藏室使用。一九九九年，故宮開始為北京申奧預作準備，終於解封了有如時空膠囊的乾隆花園——中國在二十世紀大肆破壞歷史，這是少數倖存的史蹟。乾隆花園歷經風霜也失去了光彩，雖然略見腐朽但仍完整無缺，所以不像中國其他的歷史建築文物，修復乾隆花園不需要下太多推理猜測的功夫。

乾隆皇帝是滿清第六個統治者，公元一七三五到一七九六年間正式在位，實質上持續掌權到一七九九年。他幼時就聰慧出眾，個性沉著穩重、通曉文理且善與人交往，因此自眾多兄弟脫穎而出，繼任皇位。他胸懷壯志，可以說是中國版的路易十四、凱瑟琳大帝，或奧國皇帝法蘭茲．約瑟夫一世。乾隆拓展了中國疆域，躍居當時的全球首富。在他治下的鼎盛時期，中國對西方貿易保持順差。他一生作了超過四千首詩詞，是個集機智、風雅與藝術才情於一身，品味無懈可擊的鑑賞家。不過，他也曾興文字獄焚書，刑求並處決得罪他的作家。乾隆晚年自詡「十全老人」，而他確實鞏固了清朝的統治基礎，增加了三分之一的中國領土面積，全國人口在他去世時已成長超過二十％。

康熙帝是中國史上在位最久的統治者，乾隆身為他的孫子，為表敬意，決定不要超越皇祖的統治時間。因此他預先構思了歸政計畫——這是史上首次有皇帝做這個打算。他為了表明自己是真心想自國家機器抽身，於是想到了歸政花園的主意，根據他的設想，那應該是一片有假山湖石、亭台樓閣，處處美不勝收的天地。雖然他要等到年屆八十五歲、比祖父的任期短一年時才需要考慮退休，卻在六十出頭就著手造園。從一七七一到一七七四年，這位皇帝忙著設計和興建他在園裡的居所，也就是倦勤齋，後來又花了兩年時間裝潢。這段期間他荒廢了政事，貪腐的風氣也伺機滲入朝廷。他的親家和珅聚斂了鉅額不法之財，在乾隆駕崩後被迫自殺。乾隆在位六十年間的中國是全世界最和平的地方，人民過上優渥的生活，但也導致文化發展停滯不前，中國錯過了現代化與剛萌芽的工業化潮流。在乾隆盛世過後，外國人來到中國，而戰費超支、鎮壓民變也掏空了國庫。

由倦勤齋可以見得，乾隆確實是個集高雅、睿智和縱情放逸於一身的人；他為了抒發雅興而打造出這棟精美的避世小屋，卻連一晚都沒住過。雖然他在一七九六年宣布退位，實則繼續訓政三年到駕崩為止，這段期間他既未遷出皇帝寢殿，也沒有交接權力。

歸政花園重現了皇宮循序漸進的基本格局。園內建築大抵與紫禁城的主體宮殿相呼應，也要先經過開放式外院才會抵達內院，設計初衷是在這近兩千五百坪的園地裡，具體而微地呈現全城廣達二十二萬坪的架構。此外，乾隆還想把它打造成一座特大號的文人園林，為了達成宏願，也將蘇州、杭州、揚州細緻的南方園林法則轉化應用於上。最終成果既不是文人典型的假山園林，也不是帝王霸氣輝煌的據點，而是揉合了文人深邃的詩意和帝王的豪氣。山在歐洲人眼中是懾人的崇高存在，在中國人眼中卻是極樂之境、體現仁者情懷的地景。乾隆花園就引人聯想到仁者所樂之山。

這是一座冬季花園，供皇帝在駐留紫禁城的數月間使用。全區呈南北向，分四進院，如此布局是為了讓人感覺這是一連串近於方正而非狹長的區域。入園通道是一條夾在兩座假山間的曲徑——狹窄的入口界定出一種貼近人體尺度的規格。從乾隆對園中二十七處建築的命名能看出他對此地的期許：從「衍祺門」入園後，陸續經過的是「遂初堂」（紫禁城最高的建築之一）、「延趣樓」、「符望閣」，與「養和精舍」。他不只親自為建築賜名，也是花園的主設計者。「竹香館」意在模仿書冊，內部全以書法作品裝飾。最初的陳設有許多以木根雕鑿而成，這項高級工藝不只受歷代君王青睞，也代表了放下對精雕細琢的凡俗講究，轉而崇尚佛家重視真本性的理念。

官與文人在中國是兩種對立的身分，不論做哪方面的中國文化研究都要具備這項中心觀念。這種思維自戰國時代（公元前四七五－二二一年）起已有文獻紀錄，到了北宋（公元九六〇－一一二七年），不入仕的文人更把這種精神昇華成一種往往故作艱澀的美學。文人畫家常因批評朝廷遭到貶謫，在潦倒的流放生活中創作詩詞書畫，不過一般公認，他們的作品比俗豔且僅具裝飾性的宮廷畫來得更傑出。許多文人被逐出京城，但他們的書畫後來反倒成為宮廷收藏。乾隆的花園顯然也服膺於文人美學，而他這層素養來自過去出巡南方的見聞。園中的假山湖石、植栽和水道全位於平地，卻讓人聯想到宋明繪畫描摹的江南山景。傳統文人園林偏好蜿蜒曲折的布局，不過到了明朝被北方人講究對稱的品味取代。在乾隆花園，滿州式的中規中矩揉入了蘇州園林的柳暗花明、曲徑通幽，不過那種閒步探幽的況味，多少還是透過簡明且綜合的形式重現出來。

乾隆心目中的倦勤齋生活是遺世獨立的，也符合文人專注於沉思的理想，優美的建築即明喻著一種高雅的隱居生活。乾隆曾為詩：「耄期致勤倦，頤養謝塵喧。」齋內有個精心雕飾的戲台，雖然占據室內的大部分空間，卻只有一個座位。即使有這層文人心思，從建築作工仍能看出乾隆的揮霍無度，就連支撐骨架的梁木都是磨光的硬木。倦勤齋共有九個隔間，其中的東五間有兩層樓，是皇帝日常起居之處，裡面有十六個小隔間，都設有寶座床。東五間這一側有整片的紫檀木牆，那是歷代皇帝鍾愛的木材，在當時就極為稀有，現在更是幾近絕跡。室內的隔板鑲著大塊玉璧，其中一百七十三面透明夾紗隔扇採用罕見的蘇州雙面繡。牆面下半的裙板雕有百鹿圖，以紫檀木鑲嵌拼板為背景，用貼黃工藝（竹管內皮雕刻）做出前景。上層閣樓的裙板也以相同工法和材料做出孔雀、喜鵲和鳳凰圖。隔板其餘部分以竹絲鑲嵌裝飾：先以竹篾做出複雜的幾何底紋，再嵌入浮雕裝飾，極其費工。這些工藝通常只用於製作小件飾品，在倦勤齋卻是大面積應用——也是在建築物上施作的唯一案例。倦勤齋的漆藝之繁複、涵蓋面積之廣，也是絕無僅有。牆面的瓷質嵌飾高雅細膩，不輸珍品花瓶，護牆板鑲了石青、玉石、碧玉和其他半寶石。手工壁紙以雲母石壓紋，再印上孔雀綠的紋樣。室內陳設含一對乾隆親書的琺瑯底掛聯，是史上產製過體積最大的景泰藍之一。乾隆參與了興建過程的每個環節，根據故宮的文獻紀錄，他曾要求將某個門把換成景泰藍，實品也的確如此。

值得注意的是，倦勤齋也大方接納外來風氣。乾隆進口了多面照身大鏡，在十八世紀的中國，如此自戀肯定教人不敢恭維。倦勤齋櫥櫃精雕細琢的樣式是中國風格，但從不對稱的結構可見日本的影響。外窗鑲了歐洲玻璃，龍椅上的玻璃裝飾則呈現一種洋涇濱的西式風情，正如同西方人發想的中國風也是非驢非馬。西四間是小戲台和觀戲寶座所在地，裡面的竹籬其實是以更為堅固耐久的硬木製成，只是手工仿繪成斑竹。牆面和天花板覆滿壯觀的錯視通景畫，採用了義大利在文藝復興時期發明的前縮透視和單點透視法。這些通景畫受到郎世寧很大影響，這位耶穌會傳教士也是畫家和皇帝顧問，自一七一五年起定居中國，在一七六六年去世。雖然倦勤齋在他死後才開始興建，不過裡面的壁畫應該納入了他筆下的元素。頂棚尤其精彩，描摹出竹架上沉沉掛滿花團錦簇的紫藤——這是多子多孫的喜氣象徵。牆面的壁畫則是一片花園景致，將室外的美感延伸到室內。即使在北京的漫漫寒冬中，畫工筆下的牡丹仍舊盛開，天空也永遠是夏季的湛藍。這些壁畫以絲絹為底，混合西洋風格和國畫顏料，成果仍不違中式的審美觀。中國在這段時期對西方藝術產生怎樣影響，學界向來多有著墨，不過從倦勤齋能看到西方對中國其實也有複雜的反向影響，雖然相形少見，或許也比較表面，仍值得注意。

乾隆喜歡幻想當個遁入山林的隱士，倦勤齋顯然反映出這種幻想的矛盾。貴為世界首富卻過著刻苦清修的生活，他並不覺得哪裡不合理。他宣稱想以「無為」之名傳世，但從未追求這種閒適生活。他傾注巨大資源打造某個人生選項，然而這麼做僅是為了讓那個選項保持存在，他本人並未身體力行。不論怎麼看，這都是帝王墮落的徵兆。這座供人沉思冥想的花園帶給乾隆的樂趣，主要來自興建而非居住，他大興土木也只為折服自己。雖然如此，由這座花園的內在也可見他謹遵佛門教誨。儒家認為皇帝要能治國平天下，本身得博學多聞，而這座花園就表現出那種求知欲，乾隆在貴為天子之餘，也能在此鍛鍊身而為人應有的謙虛心性。修成佛家正果似乎就是他人生的終極目標。

滿清信奉藏傳佛教，而不是在中國更為普及的禪宗。滿人與蒙人在十七世紀是盟邦，一六〇〇年代中期，達賴喇嘛也將菩薩的頭銜授予滿族領袖。如同天主教對新教的差異，藏傳佛教比禪宗更傳統，看重慈悲待人，而不只是追求個人了悟的內在過程。乾隆從小與蒙古活佛若必多吉一起長大，這位活佛自幼入宮並與乾隆同窗，後來成為乾隆帝的佛教業師、太傅與國師。藏傳佛教認定滿清皇帝是文殊菩薩化身，所以乾隆一生數度前往佛教聖地五台山長住，因為據傳此地供養著一綹文殊的頭髮。乾隆晚年或許沉迷逸樂，但他一向有志於陶冶心性，歸政花園處處是為沉思冥想所設的地點。這方天地雖然造價不斐，背後的願景卻也深具宗教靈性。乾隆日日冥想打坐，廣建廟宇，也下令打造多尊佛像。為實踐佛教信仰豪擲千金，聽在有些西方人耳裡或許矛盾，卻是乾隆的行事準則。他的花園明顯可見受藏傳佛教影響的審美觀。

西方人往往認為園內建築的裝潢和花園結構是兩回事，自然或人為、內在思緒或外顯行動，不該混為一談。但乾隆的感知不宜以這種笛卡兒式的二元性來分析；倦勤齋的內裝都是根據齋外景觀打造，這裡沒有「屋子」或「花園」，只有合一的整體。人受造於自然，不過是自然的延伸展現。

要呈現中國皇帝的凡人形象從來不容易。公共紀錄記載著這些人有如天神的一面，他們私底下的面貌往往藏得太好，難以得知那是否存在。乾隆花園在這裡就派上用場了。在這座花園裡，我們開始感覺到這位皇帝不只是絕對權力結構中的至高手段，也是個凡人。他有自己的嗜好、個性和欲求，不論在精神上或其他。乾隆從很多方面看來都是個性情中人；他的第一任皇后在四十歲時逝世，而他一生不斷作詩向亡妻傾訴，直到他自己駕崩為止。

西方的觀點往往認為，中國的美學成就在宋末明初達到高峰，到了清初逐漸衰退，在乾隆身後陷入低潮。倦勤齋的巧奪天工有時超越了品味的層次，華貴搶過了細膩的風頭。許多西方鑑賞家偏愛中國的單色水墨和極簡主義，有些人甚至覺得，就連乾隆的父親雍正時期的創作都比倦勤齋來得更為不俗。不過乾隆代表了清朝品味的全盛時期，當代許多中國人醉心於繁複圖樣和金胎琺瑯，比起樸素無文，他們更欣賞大清盛世那種富麗蓬勃。一位學者曾說：「乾隆要是活在現代，他會穿凡賽斯。」在西方人「發掘」維多利亞式建築和世紀中期現代主義的這個年代，清代建築文物也應該在無可挽回以前獲得重視。

一九九八年，我參觀了紫禁城的建福宮花園，當時這裡正在重建，部分工程在丘筱銘女士（她的英文名字叫做可愛的「Happy Harun」）主持下進行。這座花園大約與倦勤齋同期落成，但在一九二三年焚燬，重建所根據的是影像紀錄和建築物殘存的柱基。一名員工提到，中國的文化部長曾在訪視重建工作時說：「木造結構都很美，不過那塊石頭太破爛了，應該換掉。」那名員工解釋，那是原建築倖存的遺跡，他們也根據原始風貌加以修復。結果文化部長說：「你會穿新衣、配舊鞋嗎？」

這種態度是倦勤齋修復團隊要面對的難題：他們得設法將國人習於打掉重建的心態，轉換為注重保存修復。更棘手的是，當初打造倦勤齋所用的技術實在精妙，現代師傅望塵莫及。例如，部分建築使用了少許硬化的漆紗，但這種工藝已經失傳（漆紗曾在漢朝用於製作鞋子、在宋朝製作帽子）；外觀可以模仿，但本體無法重現。為了還原某些效果或塗層的原始作法，世界建築文物保護基金會採用了一套工作流程，運用科技和顯微影像來協助鑑定出大部分的工序；這些工序往往涉及多層疊加的修飾，透過科學鑑定可以精準重現。正如同倦勤齋的原始建築和周遭環境，其修復也得揉合東西方的概念、美學、技術和材料。失傳已久的手藝得重新發明、重新學習，然後與現代科技結合。要了解或重構失傳的技術得靠科學，實際施作就有賴精湛的手工了。

乾隆的工匠為了將微型工藝放大操作，得重新設計下層支撐結構。當代修復師習於面對小型文物，手藝是透過鼻菸壺這類珍玩琢磨出來的，現在得設法擴展到能施作於建築物的大片表面。修復團隊聯絡了南方各省省長，請求他們代為尋找手工純熟的師傅，而這些師傅來自安徽、南京以西、浙江和上海以南各地。倦勤齋的修復師覺得這項計畫所用的紙張應該在中國製造，於是延聘一位英格蘭的造紙專家來中國培訓工人，而他傳授的技術最初發明於中國。一切工作都得在紫禁城區內完成，以避免送出原件卻換回高級贗品的風險。清華大學文化遺產保護中心的教職員也參與了這次國際合作，如今該中心提供「木造結構與歷史室內裝潢和家具建築修復」的研究所學位，部分就奠基於他們從倦勤齋計畫獲得的經驗。這是保存中國歷史室內裝潢與木造家具的第一個高等學位。

乾隆花園和園中建築之所以問世，是為了滿足一位皇帝的隱哲扮演欲，但有鑑於他從未在裡面住過，我們無法一窺他的生活樣貌。反之，我們看到的是他的思維：他希望極樂世界是什麼樣子。這是一篇關於生命終章的論述，對於衰老有何意義的思索。透過它揮霍的詩意、奢華的陳設，以及過度文飾的樸素，倦勤齋訴說著權力和超脫之間的模糊歧義。大約與乾隆帝興建歸政花園同一時期，在凡爾賽宮的皇后莊園，瑪麗．安東妮也執起曲柄杖扮演天真爛漫的牧羊女，然而她的矯揉造作之舉，於乾隆卻是由衷的理想。倦勤齋懸掛的琺瑯底對聯寫著這位皇帝自己的話：「萬幾絜矩一心存」。面對不安穩的天下，皇帝勢必要花上一生承擔其中的種種混亂。這座歸政花園之所以存在，是為了讓如此複雜的人生在其中化為澄明，又不減其可貴。

災難觀光是一門有待商榷的生意，出發點是在某些消失中的景點完全消失前帶人去參觀，希望他們在親眼見證後興起搶救的念頭。南極就是一處脆弱無比的所在。當冰山大片融化、海水升溫，全世界的生態系也陷入危機。比起無名小卒，偉人失足總是更令人心驚，因此我們細讀歷史悲劇，也因此莎士比亞戲劇常以王者為主角。南極就是個即將消溶無蹤的偉大皇帝。

◆
◆
◆

南極 ◆ ANTARCTICA

南極探險
Adventures in Antarctica

《漫旅》
November 2008

我偕先生報名了「寧錄號南極遠征百年紀念之旅」。或許我們當時就該留意到，恩尼斯．薛克頓爵士當年率領的這趟極地遠征以失敗告終，頂著他的大名往南方進發，可能是拿命運開玩笑。不過，我們只是想重溫他走過的路線——精確來說是部分路線——而不是達成他渴望達成的壯舉。我們的目標是他在羅斯海海濱蓋的小屋。有百年來的科技進步助陣，我們預期自己將輕鬆抵達目的地。當初蓋這棟小屋是為了在百年前撐過一個冬天，至今小屋卻仍然挺立，這不止見證了他行事的高標準，也可見南極的氣候連腐化微生物都嫌惡劣。

薛克頓在一九〇八年元旦從紐西蘭的利特爾頓踏上征途，我們則是在二〇〇八年元旦出發，時間與他同樣是在下午四點，並且從港口的同一個停泊處啟航。出發前，我們來到薛克頓隊伍禱告的聖公會教堂接受祝福、唱他們唱過的聖詩，副歌有如無人聽信的預言：「今為海上眾人呼求／使彼安然，無險無憂。」到場的人數不少，其中也有薛克頓隊員的後裔。就連幫薛克頓拉雪橇的薩摩耶犬的子代也來了。現場有管樂隊奏樂，當眾人揮手送行，那些狗兒也跟著吠叫，護送我們出海的拖船就是當年拖過寧錄號的那一艘。

我們的船在上甲板欄杆繫著一道小橫幅——自動洗衣店用來公告開張大吉的那種——寫著「恩德比精神號」，行程文宣也是這麼寫。與此相反，船身上卻以巨大的西里爾字母昭告這是「赫羅莫夫教授號」，救生艇、地圖和設備也如此標示。我們以赫羅莫夫教授號的名義出入港口，因為這才是真正的船名。「恩德比精神」是羅德尼．路斯（Rodney Russ）發揮奔放想像力的巧思，他是史蹟探險公司（Heritage Expeditions）的老闆，也是我們的領隊。同一份行前文宣提到了「翻新的俄國冰級航船」，而「翻新」讓人有種感覺，這艘一九八三年的蘇聯研究船動過的工程，應該不只有鋪設工業級藍色地毯而已——話說回來，我們不是衝著豪華船艙來的，如此簡陋的設施似乎也顯示我們這趟冒險旅程充滿了男子氣概。

在長達一個月的航程中，我們第一個景點是啟程兩天後抵達的斯奈爾斯群島。紐西蘭和南極洲之間零星散布著一些亞南極島嶼，斯奈爾斯是其中一部分。島上的鳥類極為密集，不論走哪條陸上小徑都會侵擾牠們築巢或繁殖的區域，於是我們改搭橡皮艇巡遊，並且看到了當地特有種：可愛的冠企鵝。回到船上，我與先生約翰加入其他四十六名乘客，除了另外兩個美國人，還有一個加拿大人、一個哥斯大黎加人，以及一群紐西蘭人、澳洲人、辛巴威和納米比亞白人和英國人。我們繼續航行，迎頭衝進十二公尺高的浪頭，讓我覺得自己好像卡在旋轉烘衣機出不來的毛巾；我們這才知道，原來赫羅莫夫教授號有能耐在海冰中航行，也就代表了無法在波濤洶湧的海面保持穩定。我們設法將行李物品間的空隙卡緊，塞進毛衣和保暖內衣，因此筆電砸上相機時傳來悶悶的微弱聲響。即使待在船艙已相對安全，你的頭仍不時會猛撞上臥鋪一端，擠壓脖子，腳又會撞上另一端，壓迫膝蓋。但在嚴峻的氣候裡來一次體能大冒險時，我原本期待的是減肥，而不是變矮。

我們首次停泊上岸的地方是恩德比島，謝天謝地，這座島就跟一般島嶼一樣，穩穩固定在同一個地方。島上遍地覆蓋低矮的植被，有開花灌木組成的林地，粗厚多刺的植物緊抓住冷硬的地面，各式各樣的草成簇生長。草叢看起來很美，要在裡面走動就困難了。我們看到的鳥類之繁多令人目瞪口呆，其中有賊鷗和多種信天翁，偶爾還能瞥見一隻黃眼企鵝。隨處都看得到胡氏海獅，也難怪牠們叫海「獅」：牠們的體型堪比冰箱，頸部長著鬃毛，要是你靠得太近——有時難免情不自禁，即使遍地是濃密的矮樹叢——牠們會揚起頭來咆哮。牠們捨棄海灘不去，卻選擇撲倒在灌木叢裡，感覺有點超現實，彷彿想騙你相信牠們是正港的陸生動物。每隔一陣子，牠們就用四片鰭足支起身子吃力地爬過草地，像老驢子一樣笨重而從容。

我們越過更洶湧的海域，兩天後來到麥夸利島，這個自然保護區設有一座小型研究站，每年只開放數百名遊客來訪。麥夸利島沿岸滿是野生動物：皇家企鵝、國王企鵝、巴布亞企鵝、跳岩企鵝，以及象鼻海豹。企鵝會好奇地向你圍過來，如果你向其中一隻皇家企鵝伸出手，牠會輕咬你的手指。這些企鵝神似紐約中央車站的通勤客，在發車月台尚未宣布前漫無目的地兜圈子，鰭一般的翅膀主要用來比畫溝通，又在四處奔跑時彼此前後點頭。正在掉毛的企鵝就像年邁婦女，身披蠹蟲咬過的毛皮大衣。島嶼一端住著超過二十萬對正在繁殖的國王企鵝，那種擁擠程度使東京也相形顯得地廣人稀。海豹往往一隻趴在另一隻身上，疊成一九五〇年代高中啦啦隊擅長的金字塔隊形。小海豹張著水汪汪的大眼，臉龐可愛得不可思議；比較成熟的雄海豹長著形似象鼻且布滿疙瘩的長鼻子，掛在臉上搖搖晃晃，可以看到打架留下的疤痕。

我們已經通過緯線的「咆哮四十度」和「狂暴五十度」，也就是環繞極地的暴風帶，現在即將展開橫越南冰洋的漫長航程，這片海域缺乏大面積陸塊來減緩橫掃地球表面的風勢。羅德尼發起比賽，看誰能猜中我們何時會見到第一座冰山。船上有位鳥類專家計算著海面上的鳥種。大家滿腦子都是那片第七大陸。從古至今都有人狂熱崇拜薛克頓爵士，我們這艘船就滿載著極地遠征專家。海浪逐漸失去亞南極海域的活潑洶湧，海水轉為濃重，有如行動遲緩的巨人的肌肉，在緊繃的皮膚下起伏。一月十二號，我們進入一片浮冰組成的拼圖，幽暗的海水線在沾滿雪粉的碎冰間遊走，有如一張巨大的黑色蜘蛛網。

有些碎冰層長達六公尺，形狀讓人聯想到老鷹、福斯金龜車、表情符號、西班牙立體地圖。多數氣候帶的景觀都可見分明的光影或柔和的灰色，不過我們在這裡看到的是強化而毫無陰影的冰白，有如閃光燈打出的效果。有些比較老的浮冰在緊鄰水線之下兜著一圈藍綠色的圍裙，幾座冰山上的小凹隙折射成蔚藍色。在別的地方，很多美景你都能一瞥盡收眼底，但置身南極圈時，最令遊客印象深刻的是一種咄咄逼人、強烈而原始的廣袤無際，只有置身其中才能體會。世界的盡頭只有冰雪。俄籍船員站在船頭留意海面有無厚重障礙，大副也根據他們的回報指示我們往左舷或右舷移動，船長在駕駛台上複查航海圖。船會淺淺滑上比較薄的浮冰，船身重量下壓時，這些冰隨之破裂。當天下午稍晚，船通過南極圈的那一刻，我們全體被喚到前甲板喝熱紅酒慶祝。

我們順著經度約一百八十度向南航行，這裡的季節性海流通常有助船隻通過羅斯海。我們也進入南極盛夏的永晝，當晚與隔天晚上，許多人都熬夜到凌晨兩點半，體驗這無盡的日光。接下來的一月十四號早晨，我們在起床後接到噩耗。船艙內密不透風的演講室裡舉行了一場「簡報」，羅德尼宣布浮冰比預期來得厚，我們已經在凌晨三點左右循原路掉頭，試著從更東處重新切進浮冰區。他對我們說：「這艘船是可以循原本的航線通過，不過我們得應付綿延二百四十公里的浮冰，航速卻只有三節。」根據我粗淺的計算，這表示循原路本來只要再花兩天就能通過羅斯海，我也納悶為了掉頭而損失一天時間是否明智，但我畢竟是生手，所以沒有開口。船長狄米屈接著用令人動容的破英文說：「這艘船不是破冰船。太多冰。」

有人說出大家的疑慮：「我們會不會根本過不去？」

羅德尼一臉蒼白。「我去南極三十六次了，每次都過得去。」口氣彷彿他為了致敬友誼辦了一場晚宴，卻被最老交情的朋友放鴿子。等我們回到甲板，看著那些綿延不盡的海冰，心情已是兩樣。我們為了探索冰天雪地跑這一趟，起初這些海冰令人無比雀躍期盼，現在卻成了惹人煩心的阻礙。船頂著浮冰前進時發出的輕柔「喀鏘」聲，我們原本聽著討喜，現在卻屢屢擔心自己走進了冰封的死胡同，只能止步於近得令人心癢難搔的羅斯海，功虧一簣。大家的談笑風生開始有種勉強，就像在戰俘營裡閒聊天氣是如何地好。隔天，我們整天都沉浸於身處困境卻安然自若的奇異心境，每隔一段時間就到演講室聽簡報，羅德尼會告訴我們浮冰圖顯示哪些好跡象，狄米屈則告訴我們有哪些壞跡象，然後有些乘客會支持放手一試，另一些支持放棄。

船沿一百七十八度的航向切進海冰區。接著在第三晚的就寢時間，船在浮冰上起起伏伏，我們卻在靜止不動的船身中醒來，並順從地再次走進底艙的演講室。羅德尼這幾天都熬夜到凌晨三點，對狄米屈好說歹說，希望他循原定計畫前進，不過狄米屈想在三點上床睡覺，而乘客到那時也昏昏欲睡了，於是這變得有如儀式一般，每天三點成為宣告失敗的時刻。看在外行人眼裡，我們一路通過的海冰似乎沒有差別，而且船雖然開得時快時慢，但仍然穩定。不過當時間來到凌晨三點，船長再次宣布我們過不了浮冰區。羅德尼坦承，以這季節來說，冰層厚得不尋常，卻又強調這艘船可以應付。我們的船長顯然具備俄國人的典型特色，既能沉默寡言同時又情緒滿點，他說這些海冰「還是太多」，說完聳了聳肩。他說：「我試也不試。」我們覺得他應該是想說「我試了又試」，只是他的說法恐怕更符合實際情況。看樣子，我們是過不去了。

羅德尼解釋突圍失敗令他多麼難受，說得淚水盈眶，彷彿他的處境最值得同情。起初，每個人都展現高超的英式風範，不動聲色，強打精神，不過好幾名乘客後來承認他們那天私下在房裡哭過，彷彿溫暖苦澀的淚水能融化橫亙在前方的冰凍海水。有些人開始高談言不由衷的大道理，說這提醒了我們，自然對人類不是有求必應，實在是很棒的啟發云云。然後有人問了那個明擺在眼前的問題：如果不去南極，接下來十五天到底要幹嘛？羅德尼說他還沒認真想過，他問：「你們想做什麼？」對一群既不團結又毫無概念的旅客提議投票，實在不智。絕望又含糊的提議馬上傾巢而出。

悲傷在赫羅莫夫教授號上蔓延。這趟旅程既不壯闊也不奢華，然而費用極為高昂，大家都做了可觀的投入。康拉德的家人存了八年的錢，送他這趟旅行作為五十歲生日禮物。琳恩參加過史蹟公司別的行程，這次說服了先生和五個朋友加入大冒險。尼克的母親在臨終前囑咐他拿為數不多的遺產完成他登陸南極的兒時夢想。葛瑞格用掉所有假期外加幾天無薪假，之後要等到二〇〇九年才能放假。蘿倫放棄退休，工作了一整年以支付她和史蒂芬的旅費。還有那幾個酷小孩——狄恩、荷西、葛蘭、約翰和卡蘿——他們是高級遊艇的專業船員，早在三年前就報名了這趟遠征，並為此用盡積蓄。我們的失望有點莎士比亞的況味，卻也無可奈何。英式文化傾向在最壞狀況做最好的打算，美式文化則鼓勵追求不可能的夢想，兩者在這時顯得衝突。我們當中的英國人和紐西蘭人傾向認為，既然生命給了我們檸檬，最好就做成檸檬汁。澳洲人、美國人和非洲人則認為，既然生命給了我們檸檬，我們應該拿檸檬向害我們挫敗的罪魁禍首砸過去。

在放棄登陸的第一晚，只有少數人站到艙外看那一望無際的海冰。我們置身這片人間異境卻全感到如此失望，某方面來說也是有點不可思議。「午夜陽光」在十點左右燦爛登場，將一片魚鱗天鍍得金光閃閃，底下的海冰起起伏伏，有如蛋白糖霜做成的小圓丘。我在甲板上目睹此情此景，只覺迷亂：既為了我們竟身在此處而驚嘆，也為了我們無法去到另一處而感到同等悲傷。這裡看得到哺乳動物和海鳥，我們也人手一台數位相機，競相拍照留念，罕見的羅斯海豹或普通的阿德利企鵝都不放過。阿德利企鵝零星四散，這裡一隻、那邊四隻，志得意滿地坐在海冰小島上，等我們的船逼近眼前才向前一趴，用肚子滑進水裡。雪鸌繞著我們飛翔，當陽光打在那雪白的羽毛上，看起來有如北方文藝復興繪畫裡的聖靈。如果你站上船頭的金屬踏階，就能把身子探到船外，趁船身推開碎冰前，在最晶瑩的冰塊上看到自己的虹光倒影。光是這裡的空氣就有如淨化身心的良藥。

然而，當我們無望地漂浮在這不似人間的白色天地，既搆不著最後一片大陸，也脫離了時間，有些惡劣的情緒是永晝之光無法撫平的。人通常會為意外驚喜興奮莫名，期待落空則分外懊惱，旅行時尤其如此。你或許從沒聽說過「布丁腳趾樹變色龍」，或是聖依維特修道院的中庭，可是當導遊說你特別有幸能一睹這罕見的蜥蜴，或巧遇修女一時興起打開修道院大門，都會令你喜出望外。要是狀況恰恰相反，你不只會大失所望，甚至還覺得遭到背叛。你咒罵自己為落空的體驗浪擲大把金錢，在你不得不一再重複「嗯，其實我們最後沒到那裡去」之前，已經惱恨起來。

希望迅速消減，一天後，我們魚貫登上橡皮艇往史考特島附近巡遊，這個鮮有人至的小岩島位於最厚的浮冰北邊。令人精神一振的是，我們看到了一隻豹斑海豹——這種掠食動物有攻擊人類的紀錄——牠正在做日光浴，活像海蛞蝓和恐龍生下的後代。到了下午的簡報時間，羅德尼說他覺得南邊的浮冰應該正在漂離，提議我們在史考特島附近等一、兩天，或許還是有機會過海。那天晚上，我們當中即使是無神論者都在臨睡前切切禱告。我們在抵擋絕望之際建立起脆弱的同袍情誼，彷彿因為這次經歷化身攜手作戰的士兵，卻又有種擺脫不了彼此的詭異感覺，有如沙特的劇作《無處可逃》[1]。

在這個自然環境岌岌可危、溶冰問題廣為人知的時代，我們眼前的景觀令人自覺如此渺小，倒也不失為慰藉。我們都害怕走這一趟會目睹正在綠化的南極，結果發現的是牢不可破的冰封寧靜。我們企盼保持原訂計畫、突破重圍登上南極，同時也對周遭壯麗的景觀感到敬畏又謙卑；就在我們祈禱厚冰自航道消失時，卻也希望這冰不會自地球上消失。

隔天我們停泊在史考特島附近，再等一陣子。糟糕的簡報時間愈來愈像一九七〇年代中期的意識提升座談會，每名與會者都得說說自己的想法，其他人則咬牙耐著性子聆聽。羅德尼現在關切的是，如果進得了羅斯海要花多少時間通過，比起進都進不去，返航的問題似乎沒那麼值得操心。我開始能同理歷史上那些一心只想抵達南北極點的探險家，了解他們為何會情急到即使不確定能否安然折返，仍然向未知的天地挺進，最後落得凍掉了四肢、消失在裂隙或茫茫的暴風雪之中。此時狄米屈宣布，通過浮冰要花好幾天，返航也得通過同樣的浮冰，我們沒有足夠的時間來回了。羅德尼不太有說服力地附和船長的判斷。

大家聽了悲憤不已。我們花了那麼多天來來回回，以致現在問題倒變成時間不夠了。羅德尼原本認為我們過得去，不過狄米屈拒不從命，我們在這場個人較量中成了任人擺布的棋子。天公不作美，我們多少能展現一點風度接受，但人類貪婪導致的後果就令人憤慨了。那時他們要是告知問題確實在於海冰，我們就會接受，然而這種笨拙無能加上人際衝突，實在教人難以心服。當晚在駕駛台上，依恩指出我們的航速只有九節：「因為這艘船是為了坐得舒服打造的，而不是速度。」瑪麗說：「說真的，我覺得它既不舒服也快不起來。」這話可真中肯。幾名團員在讀《世界最險惡之旅》，內容記述史考特隊長在一九一〇到一二年間那趟害他葬身南極的遠征，很是精彩，我們也開始戲稱這趟寧錄號百年之旅是「世界次險惡之旅」。

還有兩週時間。我們可以向西去賞冰山，再經亞南極帶返回紐西蘭。到目前為止我們踏上堅實陸地的次數只有四次，船上的大無畏探險家已經被搖晃到快發瘋了。我向來怕冷，不過在這些受困的日子裡，在甲板上顫抖帶給我某種異常的興奮感，手指和鼻尖凍僵的觸感也令我津津有味。即使沒有真正踏上南極洲，這種寒冷還是很南極，是寒冷體現了我們與企鵝、海豹和鯨魚短暫建立的親近關係。為了安慰自己此行不虛，我們三句不離新學來的詞彙：脂狀冰和荷葉冰，碎晶冰和堆冰，平頂冰山和冰山塊，首年冰和多年冰，碎冰群和雪脊。有一百種詞彙來形容雪的不是因紐特人——我們才是。

最終，我們來到冰山漂流的海域。許多冰山的外觀簡直前衛，有法蘭克・蓋瑞[2]冰山，聖地牙哥・卡拉特拉瓦[3]冰山，以及令人倍感親切、造型老派的法蘭克・洛伊・萊特[4]冰山，沿途各式各樣的沃爾瑪和宜家家居冰山更不在話下。常言道雪是白色的，在這裡就失準了：雪是藍色的，有時

1《無處可逃》（*Huis clos*）：沙特的存在主義戲劇作品，於一九四四年首演。著名的「他人即地獄」便是由此而來。——編注

2 法蘭克・蓋瑞（Frank Gehry, 1929-）：美國建築師，曾獲普立茲克獎，作品風格為後現代主義及解構主義。——編注

3 聖地牙哥・卡拉特拉瓦（Santiago Calatrava, 1951-）：西班牙建築師，擅長以幾何線條塑造動態感，有「建築詩人」之稱。——編注

在光照下閃著白色反光，但有時又呈綠色或黃色，極偶然的情況下帶有粉紅色條紋。濃密的積雪聚鎖在冰山冷冽的中心，只反射出耀眼的至藍光，彷彿強勁的南風攫住熱帶天空中霓虹般的藍色，帶到了這裡。最後我們駛近一座平頂冰山，在這裡與帶我們齊聚一堂的南極幻想訣別。這是我們此行見過最優美的冰山，也最為龐大，當我們乘著橡皮艇靠近，一塊體積堪比老式公寓大樓的冰層恰好自上頭崩落，直直墜入冰冷的海水，發出了能用於國慶慶典的巨響。

回程緩慢如送葬，不過在我們途經的多座島嶼當中，坎貝爾島令人頗感欣慰。島上有皇家信天翁築巢，我們有一小群人有幸目睹了罕見的親鳥換班護巢：雄鳥在返巢後接力抱蛋，好讓雌鳥出海覓食。牠們先深情地互相理毛半個小時，雌鳥才小心翼翼地踏到巢外，換雄鳥安頓下來值長班。就連同行的鳥類學家也是首次目睹。

除此之外，我們的觀光策略大抵是駛近某座島嶼欣賞丘陵風光，再爬上丘陵欣賞我們的船，然後返回船上回顧丘陵最後一眼。羅德尼會一馬當先，把年紀比較大的客戶拋在後頭，任他們在無人協助之下吃力地爬上陡峭泥濘的山坡。大家都在倒數計日。也不是這些島嶼沒意思，不過史蹟公司帶我們走的亞南極行程為期僅僅一星期，費用是每人約五千美元。等我們付清各項雜支，這趟旅行總共讓派我們出差的雜誌社為一問雙人艙房花了超過四萬美元，還不包括飛往紐西蘭的機票和付諸流水的工時。

我們等羅德尼主動提議補償，好歹部分退費或至少讓我們免費暢飲一晚，但他自始至終沒有任何表示。他在我提出質疑時說：「不論有沒有過海登陸南極，我為這一趟付出的成本都一樣多。」此行最後一天的傍晚，天氣好得出奇，我們置身一片溫暖明亮之中，距離目標如此遙遠，舉目所見清澈的藍天、波光粼粼的海水、紐西蘭夏季海岸的柔美，無不令我們沮喪至極。

我們就像畢生夢想一睹紐約市的外國遊客，心懷這個目標上路，卻受困紐華克[5]市中心一個月，想回家也回不了。失望之情一波波襲來：起初是震驚，接著我們安撫自己總不能一直嘔氣。全程觀賞到超過一百種鳥類、二十多種哺乳類，以及與海洋同樣遼闊的浮冰，也讓我們由衷喜悅。最後，是下船時那種壯志未酬的遺憾——交織著憤慨、失敗、輕信受騙、自責和懷疑。我們抱著重返青春的希望登船，回程卻滿懷年華老去的苦澀。

起初，我們以為史蹟探險的大而化之是率真不矯飾的表現，並陶醉於羅德尼編織的探索大夢。真實的自然險阻遇上同樣真實的業餘功夫，導致寧錄號百年紀念之旅慘烈收場。我們後來得知，有一艘「瑪麗娜・茨維塔耶娃號」與我們同時遇上一樣的浮冰問題，而他們改變航道，在英聯邦灣登陸南極。史蹟公司的大言不慚不失某種可愛與朝氣，又因為這似乎是我們全體的共業而幾乎教人心碎。我們從不覺得自己只是花錢買服務的觀光客，而是在相遇後結為好友的陌生人，全體有志一同，攜手大步邁向這世界僅存的最偉大的荒野。這樣的旅行既有種強烈的浪漫也不無風險，只可惜這一回，風險勝過了浪漫。倘若我們成功登上世界的白色盡頭，這趟旅行中任何令我強烈不滿的地方，都將成為我珍愛的體驗。雖然如此，我們還是見證了少有人目睹的美景。我們把握住這溫暖的幸福，以抵禦堅硬如冰的遺憾。

◆ ◆ ◆

4 法蘭克・洛伊・萊特（Frank Lloyd Wright, 1867-1959）：美國建築師，設計過的建築物逾一千棟，「有機建築」被公認為其創作理念，代表作品是落水山莊。——編注

5 紐澤西州行政區，與紐約市僅一河之隔。——譯注

隨著冰川持續崩裂，打亂我們這趟旅行的海冰與日俱增，如今就連科學家想前往研究站都益發困難。極圈臭氧層損耗，溫室氣體增加，熱帶地區升溫快過南極所形成的溫差，這些因素導致的強風使海冰阻道的問題更形惡化。強風吹襲帶動冰川底下溫度較高的海水上湧，促使冰川融化。西南極洲有些冰川的結構特徵使它們格外容易受溫度影響，而西南極冰層的消溶很可能導致海平面在近期上升至少一・二公尺，美國太空總署形容這是「無可抵擋」的過程。在此同時，東南極洲的托滕冰川則被兩股暖洋流夾擊。這座冰川蘊含相當於四分之三德州面積的陸冰，要是融化，海平面可能會再上升三・三公尺。

二〇一五年三月二十四號，南極半島北端的埃斯佩蘭薩基地錄得創紀錄的攝氏十七・五度。高溫促使南極各地紛紛冒出新種真菌，種類在二十一世紀結束前可能會增加二十五％，而這類真菌或許會助長入侵物種肆虐。暖化的天候已經使南極洲成為帝王蟹青睞的棲息地，然而這裡有些海洋動物缺乏防禦帝王蟹的能力，可能遭受嚴重威脅。融化中的冰川將鐵質溶到水裡，有益浮游藻類繁殖，企鵝跟著受惠，但也將嚴重擾亂生態系平衡。

《南極條約》的極區採礦禁令將在二〇四八年到期。中國在這片冰封大洲上建立了四座研究站，目前正在興建第五座。中國自南極海域撈捕巨量磷蝦，而中國農業發展集團董事長劉身利說：「南極洲是全人類的寶庫，中國也有權分享。」近來，中國與澳洲簽署了一項五年協定，允許船隻在繼續南行前重新加油，這將使中國得以撈捕海洋生物、開採南極洲豐沛的石油和礦藏，並自冰山採集淡水。紐西蘭坎特伯雷大學的政治學教授安妮—瑪麗・布雷迪（Anne-Marie Brady）說「中國在與美國打長期戰」，又表示，中國一直「大聲而明確地向國內群眾」宣示在南極採礦的決心。

印尼 ◆ INDONESIA

人人通手語的國度

When Everyone Signs

《背離親緣》

2012

二〇〇六年我申請到一筆研究獎助金，並認識了獲同一計畫獎助的澳洲語言學家尼可拉斯・艾文斯（Nicholas Evans），他告訴我，印尼峇里島有個村子盛行一種遺傳性耳聾，並發展出以聾為常的文化。從此以後我就一直想去參觀。從南極敗興而歸後，約翰與我樂得在回程中停留於峇里島，好讓我一償訪查聾人村的心願。

我在《背離親緣》裡把本卡拉（Bengkala）形容得有如世外仙境，有些讀者便以為我在大力鼓吹「高貴野蠻人」（noble savage）的原始生活。這類偏鄉村民的生活並不容易，我從沒想要粉飾太平。本卡拉只有從身心障礙者權利的角度觀之才是烏托邦。全世界的聾人都難逃社會排擠，大家都夢想著所有人能夠溝通無礙，而一個人人都通手語的世外仙境，即使位於窮鄉僻壤又局限於自耕自食的苦力勞動，仍然呼應了這個夢。

◆ ◆ ◆

峇里島北部有個叫做本卡拉的小村子，一種先天性耳聾在當地盛行了大約兩百五十年之久，不論哪個年代都有二%上下的人口因此不具聽力。在本卡拉，人人與聾人一起長大，也都懂村裡獨有的手語，所以聽人與聾人的隔閡或許比世上其他地方都來得小。我發現，在耳聾很普及的地方，這就不算是身障。聾人與聽人自由通婚，不論生下的孩子聽不聽得見，父母都一樣欣喜。

本卡拉也有「德沙寇洛」（Desa Kolok）的外號，意思是聾人村。我在二〇〇八年去參訪時，兩千名村民裡有四十六個聾人。我遇過有聾人孩子的聽人父母，有聽人孩子的聾人父母，親子都是聾人的家庭，也遇過聾人或聽人父母既有聽人也有聾人孩子。這個村子相當貧困，教育程度普遍不高，聾人的教育程度又更低。政府僅為聾人提供透過印尼文法手語[1]進行的教育，而峇里島唯一的啟聰學校位於省首府登帕薩。印尼文法手語根據聽覺語言的文法決定手勢順序，看在根據視覺文法溝通的人眼裡並不容易學習。肯塔（Kanta）是村裡的聽人老師，從二〇〇七年起推行一套教育計畫，以本卡拉獨有的「卡塔寇洛」（Kata Kolok）手語為聾人上課。村裡的聾人之前從未受過正規教育，因此第一個聾人專班的學生從七到十四歲都有，他們要學習用指拼法打出峇里語詞彙，此外也要學算數。

峇里島北部鄉村行氏族制，而聾人既有自己的氏族，也能跳脫氏族限制。例如聾人慶生時既能邀請同氏族的人，也能邀請氏族外的聾人朋友，換做聽人就絕不會邀請氏族以外的人。傳統上有幾種工作由聾人來做，他們埋葬亡者、擔任警察，不過當地幾乎沒有人犯罪。他們也負責修理老是故障的供水管線。聾人大多也務農，種植木薯、芋頭、餵牛的象草。本卡拉有傳統的村長，負責主持宗教儀式，也有峇里省中央政府選的行政村長，掌管公家政務，還有一個聾人村長，傳統上由最年長的聾人擔任。

我與語言學家吉德·馬薩亞（I Gede Marsaja）一起抵達本卡拉，他在鄰村出生，對卡塔寇洛有深入研究。我們攀進一座峽谷，在六十公尺高的峭壁下方有條河流湍急而過，幾個聾人村民在河邊等我們，那裡也是他們種紅毛丹的田地。其餘的聾人在接下來半小時陸續抵達。他們在地上墊了一大片防水布，又在布的一端鋪了紅毯子讓我坐，他們則沿防水布邊緣坐下。他們向我打手語，認為我一定看得懂。吉德幫我翻譯，肯塔則提供更進一步協助。我很快記住幾個手勢，一等我依樣畫葫蘆，全體聾人看了都綻出笑容。他們的手語似乎有難易之分，也有不同打法，因為他們對我打手語時好像在演默劇，我能清楚跟上敘述，可是聾人對彼此打的手語，我就看得一頭霧水，他們朝吉德打的手語則介於這兩者之間。有些聽人村民的手語比其他人好，此外，雖然卡塔寇洛有精確的文法，手語不流利的人也可以比出一串純粹象形的手勢來溝通，不需要用上文法。

用卡塔寇洛打「傷心」，是把食指和中指放在內眼角，模仿流淚往下畫。「父親」是把一根食指橫在上唇，代表八字鬍；「母親」是單手掌心朝上擺在胸前，彷彿托住假想的乳房。「聾人」是把一根食指伸進耳洞轉一轉，「聽人」是把整隻手握緊後放在耳朵旁邊，一邊伸離頭部一邊張開手指，像是從頭顱向外爆開。卡塔寇洛的正面詞彙通常包含往上指的動作，負面詞彙則往下指。有個村民曾出外遠遊，回來以後告訴大家豎中指在西方世界是髒話，於是他們現在也會比中指，但改成朝下比，表示「糟透了」。卡塔寇洛的詞彙不斷演變，文法則相當固定。這種語言或許就如同許多手語，數十年間規則不斷增加，第二代的語言總是比第一代更精細、有條理。

當地聽人農民的口語詞彙不多，卡塔寇洛也是，學者辨識出的手勢在一千種上下，不過聾人會的顯然更多，也能組合既有手勢來創造新的意思。受過教育的西方人要建立親密關係，往往得先互相了解，而所謂的了解是透過語言揭開對方內心的祕密後，遂得以增進。不過，有些人天生不善言詞，他們表達心意的方式是料理飲食、服侍情慾、在田裡攜手勞動。言語的含意於這些人只是次要，是愛的附帶產物，而不是愛的表現方式。我們來到的這個社會，不論對聽人或聾人來說，語言都不是親密關係的先決條件，也不是探索與理解世界的主要媒介。

1 文法手語：聾人之間溝通使用的手語稱為「自然手語」，這類手語自有其文法結構，而聽人與聾人溝通時，依照口語的文法來打出手語，因此與自然手語有所不同，這樣的手語稱為「文法手語」。——編注午飯後，十四名男性聾人圍上了沙龍，兩名女性則穿上花稍的蕾絲裝飾尼龍罩衫。聾人大多能感應鼓聲震動，他們也不例外，當他們跳起舞來，許多動作似乎源於他們有擬態特色的語言——看得出來舞步在表達乘船、抽菸、逃跑，各種意思。女性各邀一名男性共舞，其中一人的邀請對象是我，我也欣然接受，她在我倆共舞時把花環掛在我的脖子上。後來女士們表示濕氣重得不得了，讓她們又熱又累，於是舞蹈時間就此結束。男性主動為我們表演他們擔任村裡警衛用的武術，在施展拳腳招數的同時結合手語的手勢，我看得興味盎然。有個叫蘇臘亞薩（Suarayasa）的青年原本不想示範，直到後來經不起母親出言相激才下場，他一邊秀出一身本領，一邊不斷打手語：「看我！」場面激烈又逗趣。

女士們發給每人一罐雪碧，男士們接著便提議去河裡泡一泡，於是我們穿過種植象草和辣椒的田地，下水裸泳。我們頭頂是高聳的懸崖，長長的藤蔓自崖壁垂下，男性聾人就抓住藤蔓騰空擺盪。我在水裡翻筋斗，其他人倒立，大家也一起布置陷阱捕鰻魚。有些人潛進水裡，游到我身邊才猛然竄出穿流的水面。他們不斷向我打手語，這樣的溝通既豐富又生動，甚而令人愉悅。我們拜訪的這群人雖然貧困又有身障，但在那天的夕陽餘暉中，他們暢通無礙的溝通讓人覺得把這裡視為世外仙境似乎也不為過。

隔天，肯塔把卡塔寇洛譯成峇里語，偶爾對我說幾句有限的英語，而吉德把肯塔的峇里語譯成英語，偶爾比一比有限的卡塔寇洛，本卡拉的聾人村民則直接向我比出靈動的手語。我們能這樣雜七雜八混用多種語言，有賴全體強烈的溝通意願。就連釐清每戶人家各有幾個聾人和聽人都很困難，因為大家對於何謂家庭各有見解：家庭成員意指所有男性親屬？所有成人？還是共用一間廚房的人？我們能問的不多，因為很多文法結構無法翻譯。例如，卡塔寇洛既沒有條件式，也完全沒有問「為什麼」的手勢；這種語言沒有範疇類詞彙（例如「動物」或抽象意義的「名字」），只有具體詞彙（例如「牛」或某人的名字）。

我們首先訪問品達（Pinda）一家，他曾兩度離婚，目前再娶了另兩個太太。他有兩個孩子，瑞絲米妮（Ni Md Resmini）生的女兒和另一個太太生的兒子，前兩段婚姻帶來的三個孩子都夭折了。他的太太和孩子全是聾人。品達說：「我不喜歡這裡的聽人。我跟他們要錢，他們老是拒絕。」品達很自戀，頻頻要求我們幫他拍照，但他也待人熱誠，笑口常開。他說他很喜歡瑞絲米妮，因為她從早到晚割草餵牛，而且從不說話。他解釋：「聽人太囉唆了。」瑞絲米妮說：「我一直都想嫁給聾人，但孩子聽不聽得見，我一點也不在乎。我女兒要是嫁給聽人老公，或許會比較有錢，要是嫁給聾人老公，將來會跟我一樣，夫妻老是吵架。跟老公語言太通不是好事，情緒一上來，兩個人都太激動。」品達似乎為太太這番預測暗自得意，他說：「老婆如果有什麼不是，聾人立刻就把她趕出家門。她要是跟別的男人走得太近，我一定把她趕走。我絕不娶女聽人，我希望我兒子也跟聾人結婚。」顯然家裡要是有個女聽人，他要當一家之主就比較難了。

我見了桑提亞（Santia）一家人，他是聽人父母的聾人兒子，太太蘇柯絲蒂（Cening Sukesti）則是聾人父母的聾人女兒，兩人是青梅竹馬。桑提亞反應有點遲鈍，蘇柯絲蒂則活潑又聰明伶俐。蘇柯絲蒂選擇嫁給桑提亞，原因是他的聽人父母有足夠的土地供他們耕作。她說：「你生來是聾人，就是聾人；生來是聽人，就是聽人。事情就這麼簡單。我從沒嫉妒過聽人，他們的人生沒比較容易，我們只要努力工作也能賺錢。我會放牛、播種、煮木薯。要是住在別村，我可能會想當聽人，可是我喜歡這裡，聽不聽得見在這裡不是問題。」

他們生的四個孩子有三個耳聾，兒子索拉普查（Suara Putra）九個月大時，夫妻倆的聽人朋友說他聽得見。他從十一個月大開始打手語，但長大以後覺得說話比較順暢。索拉普查還年輕，經常擔任父母的翻譯。他一點也不想放棄聽力或手語，他說：「大多數人只會其中一種，我兩種都會。」但他也認為，他就算聽不見還是能過得同樣快樂。他的朋友一半是聾人，一半是聽人，他解釋：「我不會用那種方式給他們分類，因為聽聾對我來說都一樣。」然而他也說：「我想我爸媽很高興有個聽得見的孩子。不過，我要是跟他們一樣，關係或許不會那麼緊張。」蘇柯絲蒂說索拉普查的手語打得比聾人手足還要好，因為他懂口語語言，這有助他更自在表達複雜的想法。

他們的聾兒子蘇臘亞薩就是前天邊表演武術、邊打手語的人，他告訴我們，他的朋友聽聾都有，不過他很喜歡跟聾人朋友一起痛快買醉。他說：「我這年紀的聾人沒去上學，所以有時間工作，所以有錢買酒喝。」在本卡拉，酗酒問題在聾人圈子比較常見，幾個年輕的男性聾人得意洋洋地把酒後鬥毆的傷疤秀給我看。蘇臘亞薩的聾祖母說他得少喝點酒，對於他想娶聽人女孩子的事搖頭表示不以為然。我問他原因，他說：「聾人女孩子全拒絕我啦。她們不喜歡我喝酒，就算我從沒吐過也一樣。」

桑迪（Sandi）和柯比雅（Kebyar）是另一對比較年長的夫婦，與兩個聾人兒子那格達（Ngarda）和蘇達瑪（Sudarma）同住。那格達的妻子莫薩米（Molsami）是聽人，出身別村，當她發現自己懷了那格達的孩子，便決定自己最好學打手語。她說：「我在意的是老公勤勞還是好吃懶做，聽不聽得見沒太大差別。」那格達很高興四個孩子全聽得見，他鄭重地說：「這裡已經有很多聾人了，要是大家都聽不見，並非好事。」

蘇達瑪的看法恰恰相反。他娶了聾人太太寧平杜（Nym Pindu），並說他絕不娶聽人。與我在峇里島認識的其他人相較，他似乎更偏向西方聾人政治那種立場。他說：「聾人應該跟聾人在一起。聽人最好配聽人，聾人最好配聾人。我想要聾孩子，也想跟聾人一起生活。」他的三個孩子全聽不見。蘇達瑪喝酒喝得很凶，身上也有打架留下的疤痕。

有一天，我們原本打算先去拜訪聾人村長傑塔（Getar）和他妹妹凱絲雅（Kesyar），不過那天早上傑塔被叫出門修水管，於是我們隔天才訪談他們。七十五歲的傑塔不只還能修水管，要是手頭有錢，也會定期光顧鄰鎮的妓院，並且向我們鉅細靡遺地描述嫖妓的經驗。他上回去花了三萬印尼盾（三美元多一點）睡了三個「妞兒」。本卡拉的聾人人數起起伏伏，傑塔說他出生時村裡只有六個聾人——不過他接著解釋，他說的「人」是指「成年男性」，要是算進女人，他記得當時共有十一個聾人村民。他經常與聽人打交道，而他打的手語很簡略象形，既沒有蘇柯絲蒂的優美，也沒有蘇達瑪那種勁道。

傑塔只結過一次婚。太太為他生了五個孩子，後來因為吃了過量波羅蜜而過世。他的孩子都聽不見，五個裡頭有四個活過了襁褓期。身為村長，他主要的職責是為聾人同盟的成員分配工作。他解釋：「有些地方要修水管，有些地方需要警衛。大老闆來找我，由我決定派誰去做工。要是有人過世，家屬會來找我，我會挑人去挖墳。不論哪份工，去做的那個人都會領到最多錢，不過一部分會扣下來作為公用的聾人基金，我們每六個月殺一隻豬——要是有錢就多殺幾隻——肉由全體聾人均分。」傑塔告訴我，選誰去做哪項工作是政治問題，畢竟大家都想做錢多的差事。他說：「我把各人做過的工記下來，就能證明我是秉公處理。要是有人吃不飽、需要工作，我就讓他去。要是有人很久沒工作了，我也給他們機會。」別的聾人向傑塔打手語時，用的是比較正經、有禮的手勢，換作傑塔自己向聽人打手語，也是用比較有敬意的形式。傑塔沒被歧視過，但談起聾人晚輩享有的自由，仍滿心羨慕。他認為現在聾人變多了，生活也比較容易，如今還有學校可上。

經過多日漫長的訪談，蘇柯絲蒂邀我們去他家田地散散心。當時雖然下著雨，桑提亞仍然兩三下就爬上樹梢，為我們摘取新鮮的椰子，我們也吃了口感粉糯的玉米和濃膩的木薯。他們說了很多帶有影射意涵的笑話，蘇柯絲蒂一邊竊笑一邊向我們解釋，從前她堅決不讓桑提亞噹點甜頭，直到他把兩人的新婚小屋蓋好才依了他。本卡拉的聾人同盟有種迷人的自然大方，一種很快就把你當自己人看待的親密。當我問起聾人會不會被歧視，他們都認為在本卡拉一點也不會。他們都有聽人和聾人朋友，也能隨意與任何人往來。

在本卡拉，他們說起聽得見與聽不見，就好像我們在比較熟悉的社會裡提到身高或種族——不過是一種各有利弊的個人特質。他們既不看輕耳聾的意義，也並未淡化耳聾對生活的影響。他們並未忘記自己是聽是聾，也不期待別人忘記。只不過，他們認為這也是一種尋常的變異，既不足以引人側目，也不算嚴重身障。除了地理限制，本卡拉的聾人同盟不論從哪方面看來都極為自由，而他們之所以自由，是因為全村能用共同語言流暢溝通。我去本卡拉原本是為了考察社會建構論的身心障礙模式，結果卻發現，在一個耳聾無礙溝通的地方，聽障就不算障礙。

◆ ◆ ◆

卡塔寇洛在手語中之所以獨特，是因為使用它的聽人比聾人還多。然而，卡塔寇洛也面臨存亡危機，因為本卡拉有愈來愈多聾人青少年被送往寄宿學校就讀，而他們在那裡學的是印尼手語。許多人與峇里島其他地方的聾人通婚，也以印尼手語而非卡塔寇洛溝通。近年來，本卡拉陸續有八名聾人還居峇里島別處或移民澳洲。外地人不具有導致本卡拉村民耳聾普及的隱性基因，所以本卡拉的聾人即使與外地聾人通婚，也不太可能生下聾人孩子。自二〇〇五年起，不再有使用卡塔寇洛的聾人父母生下聾人孩子，聾人父母將這種手語重新傳給聾人孩子的傳統就此告終。本卡拉的聾人逐漸減少，卡塔寇洛的溝通效能也隨之遞減。

巴西 ◆ BRAZIL

希望之城：里約

Rio, City of Hope

《漫旅》
October 2011

二〇一〇年，我為《漫旅》雜誌走了一趟里約熱內盧，報導這座城市在籌備世足賽和奧運的過程中如何改頭換面，最重要的問題是權貴和下層階級間的互動出現怎樣的轉變。我當年發表的文章提到這個主題，這裡的擴充版則呈現更深入的考察。

◆ ◆ ◆

當今世上很多地方都陷入某種形式的衰退，里約熱內盧卻呈現一片熱望未來的景象，說它是希望之都或許並不為過。改變的浪潮席捲而來，背後有諸多因素：巴西經濟蓬勃成長、近岸發現石油、獲選二〇一四年世足賽和二〇一六年奧運主辦城市帶來的活力，而犯罪遽減則是最重要的推手。這些改變錯綜複雜，彼此牽動。里約並未變得像蘇黎世或雷克雅維克那樣安寧，但這就像是曾受憂鬱所苦的人，但凡體會到絲毫喜悅都有如狂喜，里約的改善也有種慶幸的況味，那是一向太平無事的城市絕對無法體會的。

濱海的城市比比皆是，卻沒有一個像里約與海洋如此深切結合。你能想像只有內陸地區的舊金山、減去港口的波士頓，可是要想像沒有了水岸的里約，就好像想像紐約少了摩天大樓，巴黎少了咖啡小館，洛杉磯少了演藝名流。那景觀有種堪比威尼斯的氣魄。藝術家維克・穆尼茲（Vik Muniz）說：「你要是不去海灘，就會跟現實脫節。有推特和手機也沒用，你還是得每天在海灘從四點待到日落。」海灘天生就是個民主的場所，當你在公共場合與人交際，而你身上只穿著泳衣，金錢便不再是展現魅力的唯一手段。雖然里約的海灘還是存在相當程度的階級區隔，因為膚色、泳裝和太陽眼鏡品牌都標誌著身分地位，然而一個人在海灘上展露的主要還是體態、排球技術以及你有多酷。這些特質都具有重要的社會意義。在里約，要擺架子是得花些力氣的。

地形主導了里約另一種反常的社會現象。他們的權貴階級住在海濱地勢平坦、不易發生土石流的「南區」（Zona Sul），這個區域涵蓋知名的科帕卡巴納、伊帕內瑪、萊伯倫海灘。這些街區裡零星散布著突然拔高的丘陵，約莫一世紀以來，丘陵上住的都是窮人。這些陡峭的地帶別稱「favela」，也就是貧民窟，住有里約近四分之一的人口，不過在市區地圖上大多只有含糊的標示，一直以來也欠缺基礎設施、垃圾清運、下水道和警力保護。即使身在權貴專屬的南區，距離最近的貧民窟也絕不會超過五分鐘路程。穆尼茲說：「你正坐在被摩加迪休[1]包圍的聖特羅佩。」

貧民窟充斥著違章建築，雨一下就有房屋倒塌。這些用高牆將市區與其隔離的飛地受到黑道把持，暴力事件層出不窮。舉凡城市泰半都有貧民窟，但大多位於市郊，或止於腹地有限的單一區域，包括巴西的其他許多城市也是如此。里約的貧民窟卻在全市區裡星羅棋布，有如餅乾裡的巧克力碎片。這座城市的地理型態如此奇特，身處最富裕的街區也聽得見貧民窟傳出的槍聲。在里約，社會階級的差異遠大於地理隔閡。

巴西有許多文化源於里約貧民窟，森巴舞在此發源，新式放克音樂也在此孕育。多位足球明星和巴西名模都從那裡出身。里約嘉年華是全世界最盛大的大齋節期前慶典，一天會有兩百萬人在街頭狂歡，而來自貧民窟的「森巴學校」表演就是不可或缺的重頭戲，各隊競相推出最炫麗奪目的陣容走上街頭。法國貴族絕不會說法國沒了巴黎的貧民窟就不值一提，義大利上流階級大多也為黑手黨感到汗顏，至於美國人，儘管有嘻哈文化，多數人仍寧可住在郊區。不過在里約熱內盧，權貴階級卻相當推崇那些既無權也不貴的人。荷西．馬力亞．札奇（José Maria Zacchi）是參與里約都市規劃改革政策的建築師，他告訴我，在十九世紀的巴西，莊園大宅距奴隸宿舍只有幾步之遙，這一點至今沒有太大改變。詩人暨評論家伊塔洛．莫里康尼（Italo Moriconi）說：「受過教育的上層中產階級喜歡和大家打成一片，非常喜歡。這是卡里歐卡文化的一部分。」（卡里歐卡〔Carioca〕指的是來自里約的人事物）。然而，巴西社會之不平等仍是全球數一數二——如同人類學家莉莉雅．莫里茲．舒瓦茲（Lilia Moritz Schwarcz）所說，這是個「文化包容、社會排擠」的地方。

卡里歐卡的榮光自一九六〇年開始黯淡。那一年，巴西遷都至遙遠的巴西利亞，政府雇員紛紛撤離。為配合國家施政目標，曾經等同於華盛頓特區和墨西哥城的里約，逐漸淪為與周遭地區同樣的未開發狀態。里約的商業活動日漸轉移到聖保羅，產業凋零。不論是貧是富，人人活在貧民窟的暴力陰影下。富人雇用私家保全，開起防彈車，不再穿戴珠寶。毒品幫派不只互相火拚，也與貪汙腐敗的警方交戰。幫派分子有時會把對手丟進輪胎塔裡放火燒死——這種處決手段叫「微波爐」，與南非殘忍的「掛項鍊」異曲同工。

貧民窟居民組成民兵以求自保，有些警察也兼差當民兵，然而這類組織與他們理當對抗的幫派難以區別；莫里康尼說這是「警方與犯罪的濫交」。二〇〇八年，聯合國的法外處決、即審即決或

1 索馬利亞第一大城，長年苦於內戰帶來的混亂。——譯注

任意處決問題特別報告員菲力普．艾斯頓（Philip Alston）說：「為數可觀的警察過著雙重生活，值勤時打擊毒品幫派，休假時又為組織犯罪效勞。」二〇〇八年，里約警方逮捕的每二十三人中，就有一人在受審前死於警方或其他被羈押人之手——美國這類案件比例則是每三萬七千人有一人，相較之下里約的統計數據相當驚人。

前巴西總統路易斯．伊納西奧．魯拉．達席爾瓦（一般慣稱魯拉）任職期間為二〇〇三至二〇一〇年，路易斯．艾鐸瓦多．蘇亞雷斯（Luiz Eduardo Soares）曾在他手下短暫出任全國公共安全祕書長。蘇亞雷斯創立了一個計畫，倡議公部門進駐貧民區時對當地人保持尊敬，他告訴我：「我們去是為了提供公共服務，不是侵門踏戶。」不過治安是地方性議題，某地的執法程序和觀念出了問題，很難透過全國性政策扭轉。蘇亞雷斯說：「當你賦予警察生殺大權，他就有權力拿性命講價。他可以對嫌犯說：『我可以殺了你，反正我不會有任何損失。但我也可以不殺你。你願意付多少？』」不消多久，一套江湖規矩就成形了。貧民窟居民擁重槍自衛，駁火則造成許多無辜傷亡，當地的預期壽命很短。街頭犯罪在南區成了日常生活的一部分。光是里約和聖保羅兩地，每年就有超過一千人被警方擊斃，遠高於美國全國總計。里約警局特勤組組長因貪汙遭到起訴。里約知名出版人羅貝托．斐斯（Roberto Feith）說：「窮人害怕警察，富人猜忌警察。」

有鑒於運動在巴西人心目中的地位崇高，奧運和世足賽會激發里約領導階層的改革意志也就不足為奇了。行政部門內鬥了數十年，如今里約市長、里約州長和巴西聯邦政府總算開始攜手合作。二〇〇八年，里約安全祕書長何西．馬利亞諾．貝拉特米（José Mariano Beltrame）創立「維和警隊」（Unidade de Polícia Pacificadora，或 Pacifying Police Unit，簡稱 UPP），這是一支成員年紀較輕、形象較為正

410

直的新警力，主要仰賴憲兵而非地方警長做後盾。維和警隊創隊指揮官荷西・卡瓦略（José Carvalho）上校說：「我們需要的不是藍波，而是清新、強健的心靈。」

自從維和方案發端以來，各貧民窟一一遭到掃蕩，幾乎無異於戰爭行動。貝拉特米在進軍每個貧民窟之前事先宣布，給藥頭脫身的機會，因為他的重點在於肅清槍械，而非剷除非法交易網絡。他調度陸海空三軍武力強勢入主貧民窟，一旦掃蕩結束，警察就地建立「維和警隊社服組」。這個單位類似馬歇爾計畫，旨在建立教育單位、公衛服務、合法的電力和有線電視系統、職訓課程，或協助升級這些基礎設施。警力留駐當地主要是為了保護貧民窟裡的人，而不是外頭的南區居民。在貝拉特米主事以前，貧民窟警察值勤趨於被動，方法是成立零星的轄區派出所，只在幾種特定暴行發生時才出面處理。現在維和警隊的目標是主動建立安寧秩序，防患於未然。從前的治安計畫企圖推平貧民窟，現行的計畫旨在革新貧民窟。

六、七〇年代的巴西政府作風獨裁，警察每擊斃一名貧民窟「匪徒」就能加薪。新政權的政策一百八十度大轉彎，宣稱即使罪犯也有人權。目前里約的一千一百個貧民窟裡只有六十八個有維和警隊，不過貝拉特米是從治安最糟的幾個貧民窟著手，目前已有近三十萬居民住在維和過的地區。終極目標是讓所有貧民窟成為市區一般鄰里，而不是被孤立迴避的區域。我問貝拉特米要花多久時間才能平定其餘的貧民窟，他的回應是，問題在於如何徵召夠多公正的警察。

一直以來，保守派警方都堅稱犯罪能靠加強武力平定，從前他們在貧民窟的作為基本上就是征討，將居民一概視為敵方戰鬥人員，法外殺戮也就被看成出於作戰考量所不可避免的傷亡。偏自由派的觀點則認為暴力犯罪是不良社會結構的產物，會隨著不公義的導正而消失，而這路思維帶來了鬆散的社服方案和激增的非營利組織。右派的激烈作風令人不安，左派的自我感覺良好也使人憂

411

心。貝拉特米的維和方案可謂神來之筆，原因在於同時滿足了兩方陣營，右派因犯罪減少大喜過望，左派則為社會公義提升振奮不已。富人的人身安全改善，窮人則改善經濟狀況。貝拉特米告訴我，他解雇了大批貪腐員警，但也強調警察「只是公共安全大局的其中一環」。蘇亞雷斯說：「常態警力有一半貪汙腐敗，另外三十五％漠不關心，剩下十五％才在意社會公不公義。如今這十五％的人正攀上主導位置。」

面對這支自稱志在服務而非魚肉百姓的新警力，貧民窟居民心存強烈懷疑。但日子一久，居民開始表示他們在自家也覺得安全。隨著警民的緊張關係趨緩，警方也較能感到安心，有些警員主動在值勤時不再攜帶重型槍械。警方拆除掩體、堵住槍孔、洗去幫派塗鴉，化解環境中的潛在威脅。里約州長在某次維和行動展開的隔日來到貧民窟，告訴居民他已在密切關注他們的處境。貧民窟還是有藥頭出沒，但居民大多不再攜帶武器，奪走無數人命的隨機暴行已然劇減。被逐出貧民窟的幫派分子很難在其他幫派的地盤另起爐灶，許多人走投無路，只能去坐牢。在維和過的貧民窟，槍械與毒品幫派（「規模最大的是「紅色司令」和「第三司令」）不再械鬥，紅色司令的「司令官」抱怨：「這該死的行動害我們日子過不下去了，生意變得很差。」

貝拉特米告訴我，交通是首要課題。他說：「政府以無法進入為藉口，不向貧民窟提供學校教育、水電、下水道或日間托育，也不協助執行贍養費給付這類基本的約定。一旦能安全進出貧民窟，這些全成了政府的責任。」他預期下一步合理的作法應是派出維和警隊的社服組，而且帶給民眾的觀感必須有別於武裝鎮暴部隊。他說：「重建歐洲的不是登陸諾曼第的部隊。維和警隊終結的毒梟地下帝國也算一種獨裁統治，現在人民可以重建生活了。」里卡多・亨利克（Ricardo Henriques）是維和警隊社服組組長，他表示，民眾需要一種新關係，好取代他們和犯罪的舊關係。他解釋：「你得建構文明的社會。」貝拉特米補充，從前貧民窟居民唯一的志向是成為街坊上的角頭老大，現在則有其他無限可能。「維和警隊掀開帷幕，讓他們看到外面的世界。從前的他們對這世界渾然不知，更不知道自己有可能成為一分子。警方進駐為他們帶來生活轉型的契機，而且是他們前所未有的契機。」

有些貧民窟居民堅決認為維和行動不過是駭人暴力的重演——日子就跟活在幫派和大毒梟的股掌間相去不遠。羅布森・羅德里奎・達席爾瓦（Robson Rodrigues da Silva）上校負責執行維和警隊的初期方案以及組織新生代警力，他在會見我的時候說：「維和的第一階段當然是鎮壓，我們逮捕了很多人。不過，第二階段就完全相反了。我們研究過警方和貧民窟住民有哪些共同點，又因為我們是信基督的國家，於是想出了那個共同點是家庭。所以我們指導警官，永遠都要跟孩子打好關係。」警察在某個社區發放復活節巧克力彩蛋，也曾在另一個社區教小朋友放風箏——這個舉動的象徵意義特別強烈，因為從前幫派會吸收兒童為他們把風，而孩子通報警察現身的方式就是把風箏從空中拉回地面。警方舉辦運動比賽，讓不同貧民窟的孩子玩在一起，參賽者都穿著印有他們社區名稱的T恤。這在維和行動以前是不可能的事，敵對的幫派只會互相殘殺。

羅德里奎得意地拿學童的畫給我看，有些學童畫的是警察踢足球或跳舞。他特別指出：「每一幅畫都有太陽在閃耀。我們看過他們從前畫的東西，凡是有警察的畫都很陰沉。」警方詢問社區居民有哪些特殊需求，羅德里奎上校管這叫「柔性社會控制」。他補充：「我們不會變成沒有暴力的城市，而是暴力程度在正常範圍內的城市。我們知道這個計畫正在生效，原因是貧民窟的人開始向我們維和警察舉報輕微的犯行。這就是我們想建立的信任。」有些警察上起戲劇課，學習如何調控說話聲音和行為舉止，好在溝通時顯得有威信而無敵意。也有警察對這類策略抱持懷疑，有人抱怨：「所以接下來呢？跳芭蕾舞嗎？」不過羅德里奎堅信，警方的注意力、觀察力和口條都因為這些努力有所提升。與人親善確實是一門藝術。

羅德里奎親自參加過貧民窟的放克派對。追逐新潮的觀光客在貧民窟的青年旅館落腳，其中幾家的設施已非常新穎。旅行社推出貧民窟行程，莫里康尼說：「他們開敞篷小貨車載客，跟非洲獵遊一樣。」新落成的貧民窟博物館是里約最有活力的場所之一。不過，貧民窟觀光往往讓人覺得是獵奇窺視而非深度交流，許多居民自覺被汙衊矮化。有些遊客意在發掘苦難與犯罪中值得拍攝的生動一面，那些居民不想被這種人拍下來。

僅僅過去兩年間，里約的槍傷率就減少了一半，目前的謀殺犯罪率比華盛頓特區還低。變革未必處處順遂無阻，但脫胎換骨的時刻顯然正在來臨。世界各地的大眾媒體都靠犯罪和災難報導牟利，巴西政府卻讓安寧日子成為頭條新聞。貝拉特米告訴我，無數民眾對維和警隊帶來的好處深有所感，再也不肯讓從前幫派統治那一套死灰復燃。他說：「要是有政治人物想終止維和計畫，選票必定會大量流失。這個計畫不可能終止，人民的生活改善太多了。」維和警隊真正的成功在於，它削弱了恐懼對於社會經濟的影響。劍橋大學的葛拉漢・丹耶・威利斯（Graham Denyer Willis）是研究發展中國家的英國專家，他指出，維和警隊的使命在於「拉近公民與政府間的距離——空間、社會和心理上的距離。」

話雖如此，讓維和警隊持續駐守貧民窟，不無一種將當地人幼體化的意味，好像維安警力若非昭然可見，居民就會故態復萌。克里斯多夫・加夫尼（Christopher Gaffney）是現居里約的美國籍都市計畫教授，他說：「維和警隊的啦啦隊說『現在有維和警隊，我們擺脫攜槍帶彈的毒販了』，卻沒說『原本的武裝勢力被我們用一幫新的換掉了』。這就是維和警隊達成的一切，他們並未開創使文明社會興盛的機制。」

精神分析師馬可仕・安德列（Marcus André）向富有的卡里歐卡收取高額治療費，為貧民窟居民則免費服務，他告訴我：「我厭倦了害怕貧民窟，後來發現他們其實也厭倦了怕我們。我們對那群人抱著不切實際的想像，反過來也是。等你終於跨過那堵牆，兩邊的偏執妄想也同時消除。」起初他到貧民窟工作時，一名青少女問他為何要來，他說：「我是來向你們學習的。」結果那個女孩子取笑他，回嘴道：「你要是得向我們學習，肯定是笨透了。」他想協助這些長期喪失公民權的人培養自尊。即使是尚未維和的貧民窟，他也帶自己的孩子一同前往。他說：「那裡是有點危險，可是在不切實際的偏執裡長大更危險。」

安德烈・烏拉尼（André Urani）是巴西首屈一指的經濟學家，著有《里約轉折點》（*Rio: The Turning Point*）一書，他告訴我，八〇年代末期國際貨幣基金組織承認的一百八十八個國家當中，只有一國的經濟體系比巴西更封閉，就是緬甸。別忘了，巴西在二十六年前才開始行民主制，成為消費型社會又是更晚近的事。烏拉尼指出：「巴西缺乏重要經濟活動，使得國人自尊低落，也導致經濟、政治和社會嚴重衰退。」費南多・加貝拉（Fernando Gabeira）是巴西頗孚人望的政治人物和作家，他說：「獨裁政權過後，巴西逐步走上世界舞台，世界也逐步走入巴西社會。」因為國內外交流的提升，巴西社會也需要新型態的才能與技術。藝術家穆尼茲說：「從演化角度來看，人類的長處並不多。我們的視覺不敏銳，動作不算快，既沒有大獠牙也不特別強壯。我們能勝過其他動物全靠組織協調的能力。不知怎地，我們在里約竟忘了這一點。」

里約亟需組織協調，也亟需組織協調的工具。羅德利戈・巴吉歐（Rodrigo Baggio）致力於縮小巴西社會的數位落差，他收集各界樂捐的舊電腦，在貧民窟設立社區中心以提供技術訓練。巴西人

415

能夠使用網路的比例不到三分之一，相較之下，美國人的比例則近四分之三。巴吉歐早在維和行動前就投身這項工作，維和後更是加快腳步。他說：「他們原本學的是如何當藥頭，現在我們剝奪了這項工作，得提供其他機會讓他們追求才行。」這樣的剖析既合乎人道，也合乎經濟考量。

瑪麗亞・席維雅・巴斯托斯・馬奎斯（Maria Silvia Bastos Marques）是巴西最成功的女企業家，在一九九九年出掌國民鋼鐵公司——身為拉美國家的女性，這是不可小覷的成就。現年五十五歲的她拒絕了主持國家石油公司的機會，目前負責督導奧運的商務運作。她強調，雖然一般傾向將巴西的改頭換面歸功於魯拉，但改變其實始於前任總統卡多索。一九八〇年代與九〇年代初期的通貨膨脹非常嚴重，巴斯托斯說：「通貨膨脹沒怎麼害到有錢人，他們的房屋和車子也一起增值。倚賴每週工資過活的窮人就很悲慘了，上週工錢還夠養活全家，這週就不夠了。」

即使擁有她這等身分地位，居高不下的通貨膨脹率還是教人手忙腳亂。她制訂的公司年度預算隔兩個月就成了廢紙。她嘆道：「誰都做不了任何計畫。」然而，當卡多索控制住通膨，計畫開始成真。她說：「舉國上下的心態全面改觀。」在她看來，里約正在經歷更大規模的改變，維和行動只是其中一環。她告訴我，從前她只開防彈車，最近卻買了一輛能搖下車窗的款式。她的孩子從沒搭過這種車，全喜歡得不得了。

奧運承辦計畫引發了不少爭議。一九九〇年代初期，巴斯托斯銜命向國際貨幣基金組織重新協商融資，那筆借款刺激了國內經濟復甦，而她認為奧運有異曲同工之效，將帶來「整頓自家秩序的契機」。里約市長派希（Eduardo Paes）告訴我：「『奧林匹亞』的意思是難以企及的目標。你看，巴塞隆納因為奧運重生，雅典卻幾近破產。我們得做的事並不容易。依我看，我們能讓奧運利用這個城市，又或者，這個城市能利用奧運達成永久目標。」巴拉達蒂茹卡（Barra da Tijuca）是里約的富人區，

416

派希在當地選上從政後的第一份公職，現在市府決定興建連接該區的通勤火車系統，引發部分低社經地位市民的質疑。那套路線的規劃似乎有意鞏固階級分野，而非加以緩解。許多市民正被迫遷出家園——僅僅一年內就有一萬九千戶人家——好讓位給這些路線。

加貝拉說：「我們應該根據城市而非賽事的需求做規劃。說這些計畫是為賽事而做，意味著一切就能不受民主程序審查，快速過關。」演員暨社運人士馬庫斯．維尼休斯．法提尼（Marcus Vinícius Faustini）說：「如果維和貧民窟其實只是為了吸引更多奧運觀光錢潮，後果會很慘烈。迫遷市民是災難一場。已經有證據顯示，為賽事做的建設計畫其實是社會控制的手段。」

貧民窟居民免繳房地產稅，有些中產階級選民為此憤慨不已。隨著政府為貧民窟提供的服務日漸增加，開徵這類稅賦似乎無可避免。乾淨的用水和可靠的電力將隨著帳單到來。法提尼說：「一旦貧民窟不再危機四伏，居民也成了各行各業牟利的對象，這在發達的城市是常態，不過貧民窟的人太不知世故，難以招架商業手段。」

有些貧民窟住民已經在同一間屋子住了三代，硬要說那不是他們的財產顯得不切實際。另一些住民則是去年才在此安頓下來，但好像也不能就此定論他們只配得到違法占屋者的權利。要是賦予這些人貧民窟住屋的所有權，他們會把地賣給想搶占丘陵視野的有錢人嗎？許多貧民窟都有美不勝收的景觀，有些能將里約市盡收眼底，還能一路遠眺救世基督像，直至海面。在其他城市，想坐擁這等開闊全景可得傾家蕩產。有些貧民窟住民賃屋而居，而租金行情在維和警隊進駐之處已經上揚。要是問里約的中產階級，大多數人的普遍想法是貧民窟必須保存下來，許多人不樂見窮人被迫全面出走。我在貧民窟不論遇見誰，都問他們想不想搬到「好一點」的街坊，但唯一有此想法的是

417

比較晚近才從巴西別處遷來的人。土生土長的住民想要改善他們深愛的這片天地。巴坦（Batan）是里約西北隅的貧民窟，這一帶離海灘很遠，是全市最窮困的地區，街容之醜令人不忍卒睹。即使如此，我在巴坦遇見的一個孩子還是說：「如果你能把這裡的喜悅裝罐，就能拿去賣給南區的人。」

有人說，整個維和警隊計畫有如為世界盃和奧運貼的OK繃，一等賽事落幕，二〇一七年政府將大砍預算，到時維和警隊肯定會因為經費不足解散。要是幫派回歸，又或者，幫派到時必將回歸，凡是配合過維和警隊的人也將淪為報復對象。二〇一〇年，維和警隊啟動的兩年後，聯合國人權事務高級專員辦事處調查發現這個計畫一事無成，批評它的行事方針鐵腕黷武，並譴責那種「接受偶爾有暴力入侵，安全才有保障」的思維。《日內瓦公約》針對的是國與國的戰爭，政府對國民維安不在其約束範圍。軍隊受的是殺戮訓練，不過大多數國家的警察學的是如何逮捕嫌犯，維持治安跟士兵出勤是兩回事。兩種角色間的界限凡有模糊，就是濫權的起頭。民眾對貪腐的恐懼也揮之不去。巴斯托斯說：「貪腐這回事肯定是一個巴掌拍不響，得要有人願意行賄、有人願意收賄。要打貪得雙管齊下。」維和警隊能提供上層階級多少保護，又真能改善貧民窟生活到怎樣的程度，仍是最大的問題。國家安全是軍事成就，人身安全則是社會成就。國家安全或許能透過軍事暴力達成，但人身安全有賴社會安寧。維和警隊是想保障人身安全，抑或著重的其實是國家安全？即使是出於善意的警方行動有時也會惡化為軍事占領，在一個剛擺脫獨裁統治的國家尤其如此。

歡樂丘（Morro dos Prazeres）是個近來才剛維和過的貧民窟，我在那裡旁聽了一場會議，歡樂丘和鄰近社區的領袖齊聚一堂，政府派出陣容可觀的代表與他們對談。市府官員在雨季暫停垃圾清運，因為這段期間垃圾車開在陡峭的街道上有安全疑慮，可是貧民窟居民不想讓垃圾留在街頭腐爛

418

發臭長達數月。有些居民的水管故障，不得不拿桶子汲水，有人語帶諷刺地問：「聖特蕾莎有人提水桶打水嗎？」他說的是緊鄰他家貧民窟的富人區。里約沒有一套能在二〇二五年前全面實施、協調一致的整體公衛計畫。

電力公司在部分街道裝設電表，但設定出了差錯，有些人被誤收別家的電費。公共設施只在有警力據點的地方運作正常，換作其他地方就不管用了。政府勒令關閉了一家不合規定的日托中心，使得有些兒童在母親上班時無處可去。陡峭的邊坡容易發生土石流，主管單位已宣布要拆除上面的危樓，但沒人想到要如何安置將被迫遷的居民。有些人只因為是膚色偏深的年輕男性，就連出入自家街坊都會被搜身檢查有無攜帶槍械。維和警隊的社服計畫起步得跌跌撞撞。

話雖如此，當有人站起來說：「雖然問題這麼多，以前我們很怕警察，現在卻很尊敬警察。」全場三百人仍然報以熱烈歡呼。艾瑞克・維特普・克里斯騰森（Erik Vittrup Christensen）在里約為聯合國人居署工作，他說：「獲得認可是他們的氧氣。」我在巴坦遇見的一名青少年說：「我本來以為這輩子都將活在被遺棄的感覺裡，想要擁有教育、健康、財富和文化，我就非離開不可。但我現在認為，留在這裡也能擁有這些東西。」另一名青少年說：「我有個同輩親戚被以前的警察殺了，現在巴坦的警察跟我是朋友；有個警察教我跳卡波耶拉，另一個給我上音樂課。音樂對他來說只是消遣，對我來說卻是挽救人生的機會。」不過他對於奧運過後，「這些警察的新鮮感消退時」，自己的未來會有怎樣變數，還是深感害怕。正如他點出的現實，三百公尺外有個尚未維和的貧民窟，老問題仍在那裡上演，「而且那幫人輕易就能回來。」

在里約，膚色偏淺的人日子無疑比較好過。依照官方作法，巴西人劃分為五大族裔——白人、黑人、黃種人、原住民和褐種人，最後這一種，當地有個人口統計學家大略解釋為「剩下諸如此類的」[2]。然而，有人做過一次大範圍採樣調查，若問卡里歐卡，他們對個人所屬族裔有一百三十六種不同稱呼。在這裡，族裔與特權顯然密不可分。我曾出席一場聚會，某個記者伸手往會場另一頭一指，問道：「那邊那個黑人男性是誰？」被他問到的另一名黑人說：「他不是黑人；他是我們的領袖。」那位領袖後來說：「我從前被當成黑人的時候，日子比較難過。」在近來一次調查中，巴西的城市人表示，比起都會區，他們在小型城鎮目擊了更多種族歧視行為，相反地，小型城鎮的居民則說他們住的地方沒有種族歧視，大城市卻屢見不鮮。人人都察覺有此問題，卻沒人肯承認。在一次針對聖保羅居民的調查中，九十七%的受訪者自稱不會種族歧視，但九十八%的受訪者說他們有親友會種族歧視。自知之明在這裡恐怕不是普遍的美德。

法提尼想當演員，於是離開了貧民窟，但後來開著加裝擴音器的車子返鄉，在最貧困的街區來回逡巡，大聲宣傳他要教學生演戲。他招收了兩千名年輕人報名教育和職訓課程。他認為，中產階級對貧民窟的關切反倒局限了那裡的居民。他說：「說出身貧民窟的人只能用放克音樂或森巴舞表達自己，這並不公平。他們要是想透過貝多芬自我表達，也該有這個選項才對。」他指出，政府支持貧民窟開辦卡波耶拉課，卻不贊助行銷或商業課程。說到維和行動，他也肯定那是為了整頓貧民窟的混亂失序。「可是，誰來定義什麼叫混亂？」他質問。貧民窟的生活過得下去，是因為他們自有一套東拼西湊的變通方法來滿足大家的需求。「如果你靠著摧毀原本管用的機制來平息混亂，後果可能不堪設想。」貧民窟的孩子對外在世界有許多懵懂無知之處，他自己的夢想是幫他們補足這些知識，然後，外面的世界也會進來向貧民窟學習。他說：「除非這裡的人有機會回饋社會，否則維和警隊帶來的東西毫無意義。」

辛緹雅．魯娜（Cíntia Luna）是富格提洛（Fogueteiro）的社區領袖，在某天的日落餘暉中，她帶我參觀她的貧民窟。她指向一棟蓋了一半的大樓，那在十年前原本預定作為校舍使用。她說：「我調閱過所有的紀錄，這間學校年年都有經費入帳，款項有教師薪水、營養午餐、教學器材。不過學校的大門從沒打開過。你覺得這些錢到哪去了呢？」我心想，她要是疑心當局背信，是否也連帶無法相信維和行動？聽我問完，她伸手搭住我的手臂說：「你先什麼都別說，一下下就好。」我們沉默地站了一會兒，然後她解釋：「從前，你沒有一刻能像這樣聽見風的聲音，只會聽見四周都是槍聲和吼叫。」

儘管危險和騷亂環伺，她還是認為當地的街坊自有其安寧，就算警方尚未逐出幫派前也一樣。她說：「大家都互相認識，生活步調很悠閒。我們一點也不怕幫派，比起我們現在得聯絡的市府辦公室，他們修電路和服務居民的手腳其實快多了。我們從前怕的是幫派和警察起衝突。現在南區人很高興沒了我們的幫派，而我們很高興沒了他們貪贓枉法的警察。雖然這只是妥協，大家的生活品質還是都提升了。」

巴西起初是殖民地，後來成為獨裁國家，即使幾度有過短暫的民選政府，民有的概念遲至一九八八年起才廣植於國民心中。蘇亞雷斯說：「所有的組織機構都得調整為民主制，首先是政治機構，接著是商業，再來是文化。可是我們的警界沒變，承襲了奴隸時代和獨裁政權兩百年來的殘酷不仁。這是改革的最後一里路。」他提到魯拉初次競選總統時，他陪同魯拉進貧民窟的往事。魯拉對蘇亞

2 話雖如此，但根據巴西地理與統計研究所（IBGE）二〇一〇年統計結果，褐種人（pardo）在巴西人口中占第二位，僅次於白種人（branco）。接下來依序是黑人（preto）、黃種人（amarelo）、原住民（indigenous）。——編注

421

雷斯說：「我想談醫療、教育、就業，可是他們只想講警察！」蘇亞雷斯說，當時他告訴魯拉：「因為這事關他們的兒子能不能活著回家。你得先活著，才能有爭取工作或教育的念頭；你得先活著，否則連病都沒得生，遑論想看病了。」

貧民窟改善計畫並非新鮮事，一名巴西救援人員對我開玩笑說，巴西的非營利組織比人還多。不過，現在是有史以來頭一遭，貧民窟發起了自己的公共服務組織。路易茲．卡羅斯．杜蒙茲（Luiz Carlos Dumontt）和杜杜．摩洛阿古多（Dudu de Morro Agudo）創立「扎根」（Enraizados）協會，致力於「文化戰鬥」，他們的網站每月有超過六十萬人次造訪。杜杜是饒舌歌手，他教孩子創作音樂和影片，藉此引導他們遠離幫派。「扎根」的藝術家也透過塗鴉壁畫來美化陰鬱的街區。他們的行動還包括街頭圖書館：你要是在路上發現一本書，可以登入書名頁對頁蓋印的網站，寫下你發現書的地點、你喜不喜歡這本書、又把它放在什麼地方，好讓別人也能找到它。書籍就這麼在貧民窟傳閱。

加貝拉曾為了抗議獨裁政權，在一九六九年綁架美國駐巴西大使，並因此聲名大噪。這次冒險行動被寫成暢銷書，也在一九九七年改編為電影《九月的某四天》。他在二〇〇八年參選里約市長，以不到一%的差距落敗。我與加貝拉坐在路邊的露天咖啡座聊天時，經過的車輛會停下來向他鳴喇叭致意。他說：「維和警隊的征討很成功，政治人物也歡欣鼓舞，不過他們是在慶祝自己征服了人民嗎？」加貝拉斷言，警方說貧民窟長久以來面對的是正義與犯罪衝突的狀態，但這實則是兩種犯罪的衝突，其中一方是意圖收割毒販的油水和權力的警察。他解釋：「安全不只關乎實際情況，也是觀感問題。只要民眾認為有所改善，那就是改善了。現在有錢人過得比較快樂，窮人也是。這已經很了不起了。」

422

世足賽和奧運的預備工作掀起一波建設狂熱，說到其中的史蹟舊址活化工程，卡里歐卡個個持有強烈見解。有人認為政府毀了馬拉卡納足球場，但也有人認為這是在搶救它。里約市立劇院剛為慶祝一百週年全面整修完工，這棟建築以巴黎的加尼葉歌劇院為範本，是托斯卡尼尼首次站上指揮台的地方，莎拉・伯恩哈特和史特拉汶斯基也曾在這裡演出。場內能容納近兩千五百人，不論歌劇、芭蕾或古典音樂表演，門票多半銷售一空。每週日會推出一雷亞爾（約合二十五美分）的門票，那時劇院會擠滿來自貧民窟的觀眾。每年七月十四號是創院紀念日，劇院全天開放，邀民眾免費入場。里約知名的音樂評論家路西亞娜・梅戴羅斯（Luciana Medeiros）說：「你或許以為犯罪活動的改變不影響文化生活，可是每個人都因為里約這些改變成為贏家。在我小的時候，里約最大的特色之一就是街道髒亂無比。突然之間，人人都開始注重市容。」

我去里約市政廳拜會市長時，在那棟巴洛克建築裡看到一半的人穿著夾腳拖鞋。里約是個不拘小節的地方，但不拘小節不代表邋遢。大多數文化先創造時尚，再找來模特兒展示時尚，不過巴西是先生出模特兒，再創造時尚讓他們穿上。塞吉歐・馬托斯（Sergio Mattos）是里約前幾大模特兒經紀公司的老闆，他說：「我們的模特兒帶著與生俱來的絕倫優雅，從貧民窟走出來。模特兒穿衣服要好看，但因為里約的海灘文化，他們必須不穿衣服也好看。我們是全世界唯一沒有飲食失調的時尚業。」巴西人對好身材極度敏銳，對壞身材又幾乎無感。外型出眾者身穿幾乎無法蔽體的泳衣（有些款式叫「牙線」），不過年邁或肥胖者也大方穿上同樣清涼的泳衣，沒有一絲扭捏。巴西人全心執著於感官之美。我在貧民窟遇見的一個年輕女孩子坦承，她把三分之一的收入花在護髮產品上。她說：「我這人就只有頭髮漂亮了，我這輩子都要好好利用這項本錢。」

莫里康尼說，他從小在里約長大，而從前每個知識分子都自認是巴西人，後來大家的身分認同

423

漸趨國際化，卻又兼具強烈的地方認同，因為里約這座城市及其本身的改頭換面令他們引以為榮。如今這座城市的街頭生活已經脫胎換骨，走在路上比從前安全，整個街坊從日落到黎明都能沉浸於樂趣之中。夜生活的中心是拉帕舊城區，這一帶雜亂得精采，也如同海灘，儘管不乏高消費的夜店，街上還是不分貧富，人潮如織。午夜時分，音樂從每一扇門後流洩而出，場地裝潢和演奏水準無關，選擇上哪家光顧前得先停步傾聽。許多店家看來既有歷史感又似暫時湊合，彷彿當初只是為了臨時用途搭建，卻永久流存下來。有天晚上我決定去探探某個地方，那棟建築看似迷你禮拜堂，外牆滿是宗教聖像，結果我發現那原來是間酒吧。酒吧老闆是一名中年的跨性別女性，從鄰州米納斯吉拉斯移居里約，她端出家鄉特產的利口酒，並告訴我們她如何在叢林中的農莊摸索出自己的性別認同；那酒肉桂香四溢，她妙趣橫生的故事令人絕倒。在這個緯度區，溫暖的不只有陽光，你在里約很快就能交上朋友，也會發現自己屢屢與新交促膝深談。他們會輪流熱切地把你介紹給朋友——有些也是他們才剛認識的人——沒過幾個晚上，你就有應接不暇的派對、晚餐和雨林遊覽邀約了。

就有這麼一個新朋友，邀我們在傍晚時分參加一場森巴派對。里約人常聚在一起隨興演奏，誰都可以帶樂器加入。派對地點位於市中心某區，從辦公室下班回家的生意人，或準備前往打掃那些辦公室的貧民窟居民，都會來這一區消磨時間。不論音樂或社交，即興都是他們的風格。樂手整晚只暫停演奏過一次，為的是提醒大家大麻的味道可能會引來警察。兩個來自巴伊亞州的豐滿女性在現場炸美味的阿嘎拉咭（acarajé），那是海鮮和黑眼豆做的餡餅，酒吧拿塑膠杯供應卡琵莉亞調酒。沒有背景音樂的里約不叫里約；音樂是鹽，讓其他感官都更有滋有味。

穆尼茲就憑著檢視這種種出人意表的事物，開創了個人的創作生涯。在紀錄片《垃圾狂想曲》裡，你能看到他在里約市郊的大型掩埋場結交以拾荒為生的人，最後與他們攜手創作。他說：「你

424

在紐約跟人初次見面，他們先問：『你叫什麼名字？』接下來會問：『你做什麼工作？』不過在里約，別人會問你：『你叫什麼名字？你喜歡做什麼？』」我遇過好幾個人向我引用裘賓的名言，他是寫出〈來自伊帕內瑪的女孩〉的音樂家，曾經向人解釋：「紐約的生活很棒，但這城市很爛；里約的生活很爛，但這城市很棒。」

談話節目紅星雷吉娜．凱斯（Regina Casé）在她的豪宅接見我，她身披飄逸的繫帶長袍，穿戴少說有五磅重的珠寶，臉上搽了一整專櫃的化妝品。她說：「北美跟歐洲我都去過。你們有松樹林，有橡樹叢，可是你去過我們的大西洋熱帶雨林嗎？我們有一百種樹，每種植物都長得比另一種更高，全都在競爭陽光和水，竟然又全存活下來，比世上任何地方都更茂盛。里約的社會結構也一樣。就像我們的亞馬遜雨林為全世界製造氧氣，里約也在製造社會的氧氣。你們要是不跟我們學著點，像我們一樣融合社會，一定會失敗。你們美國有很多問題、很多不公不義、很多衝突。你們想搞定那些問題。」她雙手向上一甩，故作驚恐模樣，「在里約，我們請所有的問題來開一場大派對，讓大家一起跳舞。現在，我們也邀請全世界的人來這裡，跟我們一起跳舞。」

◆　◆　◆

二〇一四年八月，這趟採訪的四年後，我重返里約待了幾天。維和警隊到那時已進駐將近四十個貧民窟及其鄰近地區，為大約一百五十萬居民服務，政府也為此付出天價。當時已有九千名員警接受過掃蕩犯罪和振興貧民窟的訓練，預計到了二〇一六年將超過一萬兩千人。從二〇〇九到二〇一四年，在維和過的貧民窟，幫派與警方擊斃的人數下降了一半，其他暴力犯罪的發生率則更大幅減少。《紐約時報》的報導指出，在維和過的貧民窟，學生的成績是里約平均的兩倍。

即使有如此長足的進步，社會與政治研究中心（Institute of Social and Political Studies）仍發現，里約近一半的貧民窟仍受民兵管控，超過三分之一的貧民窟由毒品幫派主導，每五個貧民窟只有不到一個有維和警隊進駐。二〇一一到二〇一三年間，警方申訴專員辦公室接獲近八千筆針對警察暴力的檢舉，包括人身侵犯、強暴、刑求與殺人——然而，其中只有十八名警員遭到懲處。國際特赦組織近來的一項調查則發現，里約在五年間有一千五百一十九件凶殺案是值勤員警犯下的——這代表該市官方登錄的所有凶殺案中，每六案就有近一案的主凶是警察。原本應負責提供醫療、運動和教育服務的維和警隊社服組，最後大多毫無建樹。

二〇一五年底發表的《排除賽事》（*Exclusion Games*）報告，內容主要由多個非營利組織共同彙整，逐一記錄巴西政府在奧運籌備期間違反兒童人權與基本公民自由權的事例。這份報告指出里約的警察暴力隨維和計畫陷入不穩而加劇，並控訴有超過四千戶家庭流離失所，另有兩萬五千人面臨類似的迫遷威脅，此外還有多名流浪兒童在所謂的社會淨化行動中失蹤。里約市政府反駁了部分指控。

後來又發生了阿馬里多事件。阿馬里多・德蘇薩（Amarildo de Souza）住在荷興亞（Rocinha）貧民窟，是患有癲癇症的建築工。二〇一三年七月十四號，有人看見他進入當地派出所，然後再也沒出來。有兩個月時間他都被歸為「失蹤人口」，直到大規模示威遊行在里約遍地開花，數千人齊聲高喊：「阿馬里多在哪裡？」終於迫使當局展開調查。包括荷興亞維和警隊隊長在內的十名警察被控刑求阿馬里多至死——手段包括電擊、塑膠袋套頭——後來又藏屍滅跡。

二〇一四年四月，舞者道格拉斯・拉斐爾・達席瓦・裴瑞拉（Douglas Rafael da Silva Pereira）遭警察毆打至死。事發後，他出身的貧民窟有個居民說：「維和貧民窟的努力很失敗，從前毒品幫派的所作所為只是被警察暴力取代而已。」在「被維和過」的聖瑪爾塔（Santa Marta），民眾抱怨情勢變得

426

愈來愈緊張。《華盛頓郵報》報導，在維和過的各個貧民窟，警方的據點至少發生過十起槍戰。相對安寧的時期過後，警方與幫派分子間的敵意逐漸高漲，殺人、縱火和報復性的凶殺案愈見頻繁。住在荷與亞的克萊伯．阿勞裘（Cleber Araujo）直言：「感覺就像活在戰爭裡。」一項皮尤研究信託的調查發現，二〇一四年，巴西人對警察的信任程度比四年前來得低。當警隊抵達馬雷（Maré）貧民窟掃蕩控制當地的幫派，就連守法良民的住屋都被入侵，財物慘遭損毀，而且警方的直昇機無差別開火射擊。二〇一五年，巴西國際特赦組織總幹事阿提拉．羅格（Atila Roque）表示，整個維和計畫「造成慘烈的反效果，走過之處徒留痛苦與破壞」。很多人認為，維和計畫一等奧運結束就會廢止。有人問一名貧民窟居民覺得幫派歸位要花多久時間，他說：「等他們重出江湖的時候，人多到會相撞。」

我實地走訪剛維和過的貧民窟維迪戈（Vidigal），陪同我的是身兼劇作家、演員和舞者的馬西歐．加努阿留（Márcio Januário）。加努阿留是黑人，渾身刺青，也是公開出櫃的同志，在當地廣受愛戴。跟他一起走在維迪戈，每十步就有人向我們問好。他與維迪戈的大人小孩合作推出戲劇表演，我去找他的時候，他剛下戲，那是一場背景設定在貧民窟的《羅蜜歐與茱麗葉》，由他與他成立的「自由心靈」（Free Minds）劇團共同演出。表演用的語言是他所謂的「貧民窟語」——貧民區的心理語言。維迪戈位於伊帕內瑪海灘附近的丘陵地，居高臨下，與高級社區巴拉達蒂茹卡比鄰，擁有全里約最佳景觀。加努阿留抱怨，因為維和行動，所有物價都在飆漲。很多人已經賣掉居住多代的老屋，而且在他們看來是大賺一筆——不過他說，他們之後絕對找不到條件能相提並論的房子，因為中產階級對貧民窟房地產的投資炒作，行情一直在漲。維迪戈現在有窮人區與富人區，雙方絕少往來。我問加努阿留是否曾考慮搬家，他嗤之以鼻：「我只能住在這裡。」他說這話時，我們正坐在他布置簡約而迷人的套房公寓裡。「等這裡貴到我住不起了，我會完全離開里約。」

維迪戈的學校糟糕透頂，公共服務屈指可數。加努阿留也擔任校園志工，他說那些孩子對念書不感興趣，原因是老師對教書也不感興趣。每年他會帶三十到四十個學生，很多人後來都上了大學。「七年前我剛開始這計畫的時候，有個老師跟我說：『你瘋了！這間學校是給笨蛋上的。窮哈哈的黑人才不需要戲劇。』」加努阿留堅決認為，有本事玩出這麼多趣味的人也有本事學習。他說：「他們每天醒來張開眼睛便說：『獅子在哪裡？我們來打獅子。』你只要幫他們把獅子換一換就得了。」我問他，貧民窟住民是不是沒那麼擔心害怕了，他回答：「對我們來說，活在恐懼裡很正常，換作是你也會覺得沒那麼難。暴力是種文化，世界上有很多人喜歡暴力。別以為我們所有人都想過平靜無波的日子。」如同許多貧民窟居民，加努阿留不只對整個維和行動的主意無動於衷，也對該計畫意圖整治的問題心存懷疑。

迦納 ◆ GHANA

與迦納總統同床？
In Bed with the President of Ghana?

《紐約時報》
February 9, 2013

為了參加朋友梅麗．娜娜—阿瑪．丹夸（Meri Nana-Ama Danquah）的婚禮，我走了一趟迦納。那是一場傳統婚禮，開場由一位新郎家族代表向一位新娘家族代表說：「我們在你家花園裡看見一朵美麗的花，想要摘下它。」雙方家人遵循傳統，你來我往提出挑戰。孩子的婚事往往令家長五味雜陳，這場儀式似乎體現了這種心理。不過，他們在儀式進行間也不時停下來高歌一曲，彷彿一邊交手、一邊慶祝。一反我的預期，夫家提出聘禮時並沒有拿新娘稱斤論兩的感覺，反而相當莊重，與其說他們花錢買了我的朋友，不如說他們肯定她這個人，以聘禮聊表敬意。

◆ ◆ ◆

八年前，我偕未婚夫前往迦納首都阿克拉近郊參加朋友的婚禮，在會場認識了從政的約翰．德拉馬尼．馬哈馬（John Dramani Mahama），對他一見如故。後來我主要透過共同朋友得知他在政壇的崛起，也欣聞他在二〇〇九年當選迦納副總統。我在二〇一〇年讀到他的回憶錄《我的第一次政變》（*My First Coup d'État*）初稿，便主動把他介紹給紐約的經紀人和編輯。在已開發世界，很多人以為非洲領袖若不是惜字如金又滿腦子政治，就是自滿又固守意識形態。馬哈馬的書出人意料之處在於處處流露溫柔的人性，而我認為要破除美國的偏見，這部作品將大有助益。《我的第一次政變》去年七月上市時，我四處宣傳，本書在謝辭裡向我致謝，我也為本書的成功出版辦了一場慶功宴。二〇一二年七月十號，我在紐約公立圖書館與馬哈馬做了一次面對觀眾的現場訪談。

七月二十四號，迦納總統約翰．艾塔．米爾茲去世，馬哈馬接任總統，並於同年十二月競選連任成功。二〇一三年一月下旬，迦納媒體突然爆出新聞，直指馬哈馬與我關係曖昧。一篇報導以十分可議的措辭寫道：「有消息來源指出，馬哈馬總統與同志人權說客安德魯，所羅門同床共枕。」另一篇報導宣稱：「據悉安德魯．所羅門集結多位財力雄厚的同志圈人士，為馬哈馬總統籌措競選經費，雙方並達成協議，若馬哈馬勝選將推行同志權利政策。」還有報導指稱我花了兩萬美元大量購買他的回憶錄。

這些揭發報導出刊之際，正值馬哈馬任命娜娜．奧耶．利瑟（Nana Oye Lithur）為性別、兒童與社會保護部部長，那是迦納政府新成立的部門，而媒體稱利瑟為「擁護人權與同志權利的激進人士」。在國會委員會的人事聽證會上，利瑟堅稱「每個人的權利都該獲得保障，同性戀也不例外」，從而引發風暴。儘管我從沒聽說過利瑟這個人，還是有人認為她的提名有我在推波助瀾。有些非洲人始終認為，同性戀是由墮落的西方世界傳進非洲的舶來品，而利瑟並非才幹過人，只是憑藉邪惡的外國勢力才獲得提名，這樣的說法正合他們的心意。

我既沒本事也沒興趣干涉他國選舉，更沒為馬哈馬題獻給我的那本書花過一毛錢。要說他對同志權利的看法受了我的影響，大概唯有那麼一次，就是我們這個有兩個爸爸的快樂一家子，曾趁他來紐約時招待他來家裡坐坐。被捲入國家級醜聞，又得知我想幫忙的好意反而造成對方困擾，令我寢食難安。

二〇一三年二月一號星期五，總統發言人表示馬哈馬總統與我素不相識。星期六，總統來電向我道歉。星期天，迦納政府發表聲明，說馬哈馬與我確實認識，不過我從未捐助他競選或鼓吹任何人這麼做，而且馬哈馬總統「不贊許同性戀，也不會採取任何措施在迦納推廣同性戀」。我不確定「推廣同性戀」所指為何，但我很欣慰地得知，與我保持真摯的友誼不算在內。

非洲各地的同志大多苦不堪言，而迦納政府反覆不一的聲明未能緩解各方深切的憂心。隨著這起緋聞爆發，我從個人網站和臉書專頁收到幾百封迦納人的來信，其中一半是同志痛陳他們的處境多麼嚴峻。一封電子郵件寫道：「面對這種羞辱和難堪，我真的累了。難道因為我是同志我就不算是個人。我也曾試著假裝成他們想看到的樣子。我需要您的建議和協助，很抱歉這麼說，但我好想自殺。我實在哭得太厲害，在此不得不停筆。」

另一些信函來自憤怒的民眾，威脅我哪天要是重返他們的國家，要給我點顏色瞧瞧。很多威脅十分凶狠，少數幾封寫得令人膽寒。我還真是很少遭人憎恨至此。不過，有更多信件來自異性戀盟友，而且似乎為數頗眾。一名女性抱怨：「男人老是欺騙我的感情，所以拜託了，請讓我加入多元性別界。」另一人宣稱：「要是神能保佑我像您一樣有福就好了。我不是同志，可是我非常、非常敬愛。願您一生幫助世人。」令人驚訝的是，我也接到不少牧師和其他神職人員來函，表示他們相信上帝眼中人人平等，感謝我為同志發聲，並說他們一定會教導會眾接納與愛人，而非論斷與譴責。

也是湊巧，這整起事件發生時，我正在印度宣傳自己的新書，那本書花了很大篇幅探討一種現象：不論任何病症，我們對它的看法都可能從一種不得不與之共存的疾病轉為一種身分認同。這也源於我的個人經驗，畢竟美國對同志的觀感即有此轉變。我在大約二十年前首次前往印度，當時明顯為同志的唯一一群人都窮困潦倒，遭社會排擠。後來我在一九九〇年代晚期二訪印度，認識了一

432

個男同志的次文化圈子，圈內人都相當高雅時髦。即使如此，每當有人承認我們的共同點何在，他們還是不禁臉紅。在二〇一三年二月舉行的齋浦爾文學節，我參加的「同志專題小組」吸引了超過一千人前來，許多人當眾抱怨印度社會對同志有怎樣令人髮指的偏見——不過，那些勇於公開批評偏見的人其實語帶希望，預期問題終將化解。現場的異性戀盟友人數也相當可觀。

迦納的那些報導雖然抨擊馬哈馬總統與我關係匪淺，卻也提到「全國針對男女同志權利展開激辯」。光是出現這種辯論就是一大進步——即使辯的是該不該把我們私刑處死。當地的政治宣傳者竟能煞有介事地指稱一位西非國家的總統受同志說客擺布，這其實反映出世界正在演進。我希望馬哈馬總統把握這個機會，成為非洲地區提倡多元性別權利的領袖。他的國家有那麼多人在這樁醜聞爆發時寫信給我，可見很多民眾其實都在思考這些議題。我希望不用再等多久，大家就會明白像我這樣的人其實對社會利大於弊。

◆ ◆ ◆

這篇文章所述的離奇傳說仍延續不輟。迦納凡有人撰文探討同志權利，幾乎必定會提到我的名字，從首都阿克拉到北方農村札布祖古，恐同分子都會拿我來代表在迦納橫行的惡魔。在此同時，令人痛心的信件繼續湧入我的電郵信箱。二〇一五年夏天，迦納媒體傳起一則謠言，說前總統米爾茲身故與我不脫干係，因為我「為了方便將同性戀傳進迦納」，使出毒計扶植我的男人馬哈馬上位——即使馬哈馬總統一直不願表態支持同志權利，謠言仍未止息。從最初的那則傳聞平息以來，馬哈馬已多年絕少與我聯絡。

近來迦納國內媒體又露出一則報導，一名任職於迦納大學的律師見到異象，顯示我很快就會全心歸信基督教，令他大喜過望。有篇報導是這麼說的：「迦納大學法律學院的法學講師摩西・弗—阿蒙寧（Moses Foh-Amoaning）預言知名同志社運人士安德魯・所羅門將成為牧師；所羅門據傳為馬哈馬總統之友。他說：『有一天，大家將會稱呼安德魯・所羅門為所羅門牧師。』這位講師在「阿廷卡晨間秀」節目（Atinka AM Drive）表示，那個同志鬥士很快就會更親近神。」另一篇關於弗—阿蒙寧預言的報導寫道：「根據他的說法，推動美國同性婚姻合法化風潮的勢力近來遭逢困厄——他也指出該勢力的主要旗手就是知名的同志倡議人士安德魯・所羅門——不過，『神終有一日將與他（所羅門）見面，並且擊打他、改變他。』」我至今尚未被神擊打，倒是相當期待與神相會的時刻到來。

二〇一六年一月，另一篇迦納報導說：「該名有意角逐寧格潘潘（Ninogo Prampram）區議員席位的候選人表示，馬哈馬總統為了金錢將無所不用其極，並舉知名同志社運人士安德魯・所羅門與總統的交情為例。他氣憤地表示：『要是這麼做能從同志圈海撈競選經費，他很快就會把迦納抵押給反基督分子，好贏得二〇一六年的選舉。』」

我在想，要是這筆抵押貸款真的談成了，不知道我能不能收利息？

羅馬尼亞 ◆ ROMANIA

羅馬尼亞的同志、猶太人、精神病患和吉普賽慈善組織

Gay, Jewish, Mentally Ill, and a Sponsor of Gypsies in Romania

《紐約客》
July 7, 2014

這篇文章一在《紐約客》網站上線，馬上引來上百篇留言，主要來自被激怒的羅馬尼亞人。因為《正午惡魔》在羅馬尼亞出版，我去了那裡一趟。當地的出版社慷慨大方，媒體對本書讚譽有加，羅馬尼亞朋友招待我更是殷勤周到，不過我仍遭遇了令人深感困擾的偏見。後續幾年間，我因為這篇文章收到更多來函，隨著餘波盪漾不絕，許多羅馬尼亞人後來也比較能接受文中的觀點了。雖然這篇散文持續引來關注，羅馬尼亞人的來信多半是為了回應我的個人著作，而這些回應又以尋求建議居多，有些人為憂鬱症所苦，有些人則是因為生下了身障子女。

◆ ◆ ◆

我少年時曾經問姑婆羅絲，我們家來自羅馬尼亞哪個地方。她推說她不記得了。我說：「羅絲姑婆，你在那裡一直住到十九歲，怎麼會說你不記得了？」她說：「那地方糟透了，我們能出來是運氣好。誰都不該再回去。」我央求她至少告訴我那裡叫什麼名字，而她反常地冷冷瞪著我，斬釘截鐵地說：「我不記得了。」這段對話就這麼畫下句點。

我爺爺是羅絲姑婆的哥哥，從前務農為生，十六歲時先她一步來到美國，逃離大屠殺和世襲貧窮。他在愛麗斯島通過入境程

435

436

序，落腳紐約市，勉強以微薄收入養家，餵飽孩子便所剩無幾。雖然如此，他仍設法確保我父親得到良好教育，從此以後我們家也過上相對優渥的生活。從前我常想，爺爺拋下的是怎樣的生活？我的祖先應該也生性好奇、心胸開放，就像我跟弟弟和爸爸一樣。我也曾思索，要是我們生在一個欠缺階級流動空間的社會，會是怎樣的一番景況。

我的朋友萊絲莉．霍克（Leslie Hawke）十五年前移居羅馬尼亞，創立非營利組織奧維德羅姆基金會（OvidiuRo），輔導羅姆（吉普賽）兒童就學。我加入他們的董事會，一來也是因為我認為羅姆人受到的迫害與我的猶太先人十分相似。我們家得以改善境遇，原因是離開了羅馬尼亞且有機會受教育，所以羅姆人在羅馬尼亞要是能上學，或許也能改善生活。

去年，一家羅馬尼亞出版社買下《正午惡魔：憂鬱症的全面圖像》該國版權，重燃了我對祖先故土的好奇心，於是我同意赴當地進行一次新書宣傳之旅。爺爺在窮困潦倒中離鄉，我卻以出書作家的身分回來，我想這也算榮歸故里了。我在臉書上與一個遠房親戚相認，她說我們的老家在多羅霍伊，那是布加勒斯特以北四百公里、近烏克蘭邊界的小城。有個業餘研究系譜學的朋友自告奮勇幫我追查，果真找到文件證明我們家來自多羅霍伊。一九〇〇年，我爺爺和他的兩個兄弟自漢堡搭客輪統艙出發，四年後又把父母和手足接到美國。

我的出版社原本擔心羅馬尼亞人還沒準備好公開討論憂鬱症，但時下風氣已有別於他們的猜想。米爾恰．克爾特雷斯庫是當今羅馬尼亞最傑出的作家，他不只為本書惠賜導言，還同意參加新書發表活動。《正午惡魔》在我抵達布加勒斯特前已成為暢銷書，而我到羅馬尼亞的頭兩天就接受了全國三大主要電視網的訪問，也上了羅馬尼亞國立廣播電臺和多家大報。首場活動吸引了大批民眾，擠滿一間占地廣大的書店，隔大《正午惡魔》隨即再刷。大家都待我很好，我聽到的智識談話與政治評論水準之高也令我印象深刻。

雖然如此，一切仍不如計畫中順遂。在我抵達前，萊絲莉已先聯繫上羅馬尼亞同志權利組織「接納」(ACCEPT）的會長弗勞林・布胡切努（Florin Buhuceanu）。萊絲莉的朋友潔納薇・費若（Genevieve Fierau）認識大學中央圖書館的人，那座宏偉的建築座落在布加勒斯特市中心，一九一四年由國王卡羅爾一世揭幕，裡面有個寬大優美的演講廳。她們都認為那是我與該市多元性別社群進行座談的理想場地。經潔納薇居中安排，萊絲莉偕弗勞林會見圖書館主任，進行了她們以為相當熱忱、長達一小時的討論。主任後來也確認演講廳有空檔，表示很樂意撥給我演講使用。弗勞林感謝她勇於支持多元性別組織，簽下租約交給圖書館，也在臉書公告了活動細節。

小布希總統執政期間，美國曾任命公開出櫃的男同志麥克・蓋斯特（Michael Guest）為駐羅馬尼亞大使，任期自二〇〇一到二〇〇四年，那段期間羅馬尼亞也收手不再打壓同志權利。然而，偏見仍深植於該國文化，而且普丁的恐同政策在東歐投下深長的陰影，更無助改善情況。二〇一四年六月初，羅馬尼亞眾議院以兩百九十八票反對、僅僅四票贊成，駁回了一部同性伴侶關係合法化的法案。同一週，圖書館主任打電話給潔納薇，指責她謊報演講內容，否則大學中央圖書館絕不會應允討論同志身分認同的活動。之後任憑弗勞林和萊絲莉三番兩次留言，主任一概不予回覆。

「接納」匆匆在國立戲劇暨電影藝術大學找到另一個演講場地，空間比較狹小，位置也沒那麼接近市中心。那天我演講完畢之後，問答時間持續了將近一個小時。提問大多關乎我的家庭生活：有先生和小孩的生活是怎樣的？從我父親和更廣大的社交圈獲得接納是什麼感覺？——這是他們無從想像的境遇，就好像我的曾祖父母要是看到我比他們發達那麼多，大概也會覺得不可思議。好幾名與會者說，他們的夢想是移民到某個也能如此接納同志的地方。許多人表示自己因社會壓迫而陷入重度憂鬱，還有幾個人委婉提及，我的演講得換場地就是這種迫害的實例。雖然無法與集體屠殺相提並論，這起事件仍有助我想像所羅門家族當年大概活在怎樣的光景裡，畢竟他們所屬的族群也曾為同胞所憎惡。

隔天，萊絲莉與我開了七小時的車前往摩爾達維亞高地北部的一座馬場，我們在那裡住了一晚，享用鄉村美食和農家自釀的黑莓白蘭地。第二天一早，我們先去接一位以編纂族譜為副業的猶太人，他是當地殘存的少數猶太人之一，然後我們一起往多羅霍伊前進。一路上我看著緩緩起伏的地景，遙想爺爺和他的爺爺也曾望向同樣的丘陵，令我低迴不已。一世紀的時間已然流逝，本地生活似乎不見多大改變。農夫駕牛車幹活，女人裹著頭巾在田裡靠雙手鋤地。這裡冬夏氣候嚴峻，春天與秋天則極其短暫，在他們的臉龐留下粗糙皸裂的痕跡。我們沿著一條長長的泥土路來到多羅霍伊的猶太墓園，高聳的金屬柵欄深鎖著大門。鑰匙由一個住在附近的男人保管，他跟我們每人收了大約五美元才讓我們進去，並熱切地解釋：「我不是猶太人，可是我很喜歡猶太人。」

這座墓園顯然嚴重荒廢——多羅霍伊這一帶的一切大抵如是。蕁麻叢圍繞著墓碑，有頭牛在其間低鳴漫步。萊絲莉率先發現一座所羅門族人的墳墓，我們很快找到更多別的——許多人都在我爺爺移民後才出生。這些墳墓是否屬於我家親戚，我們無從得知，不過本地猶太社群向來不大（這個郡只有大約四千五百座猶太墳墓），這些姓所羅門的應該是我們宗族的人沒錯。我遵循猶太人供石不供花的傳統，在幾座墳墓上放小卵石致意，默默懷想這些當初應該能走卻沒走的人。我們走進葬禮用的禮拜堂，那不過是個標了一枚大衛之星的小馬房，裡面停著一具老舊的靈柩馬車。

有座墓碑刻了一段碑文，緬懷「死於希特勒之手」的所羅門族人，許多逝者的名字跟我美國大家庭的親人十分相似。墓園中央有座紀念碑，追悼本地被抓走後再也沒有返鄉的五千名猶太人。羅絲姑婆說過：「我們能出來是運氣好。」我曾希望實情不全然如她所說，我們家族的起源地至少該是個風景如畫的地方；認祖歸宗的我會對這裡懷有一種令人驚訝的認同感才對。本地生活至今仍然匱乏，絲毫不見布加勒斯特那樣的知性火花。我不敢想像自己困在這樣的生活裡，那不知會令我多麼沮喪。數十年來，我赴戰亂和困苦地區做過許多報導，但總覺得那些事與自己沒有任何關聯，而這一回，那切身感令我震驚。我本來也可能在這裡出生，像這些人一樣活著，也像這些人一樣死去。

我們離開時看到墓園邊上有五棵高大的酸櫻桃樹，一時興起，跑過去摘起成熟的果子。我的雙手沾染了深紅色的果汁，我不禁遙想，家族中是否有誰也曾站在樹下，品嚐這既酸澀、又甜美的滋味。我也想到我的孩子，要是他們跟我一起來，肯定也會狼吞虎嚥。我突然想到，我的祖先也有過孩提時代——會來這地方的不是只有蓄滿鬍鬚的老人家——那是我腦海中的先人形象，小孩子也會爬上這樹，摘取高枝的纍纍結實。

離開多羅霍伊的路上，我看著本地的農民，不禁心想，其中有些人的祖先當初要是沒燒了我家祖先的屋子，我們家族也不會離開。我思索著所羅門家在兩代間有過哪些遭遇，又與怎樣的經歷擦身而過，結果我並沒有為遭受迫害的歷史忿忿不平，反倒是慶幸。壓迫帶給受害者的好處，有時反勝於加害人。蹂躪他者人生的人將氣力耗於毀滅，生活毀於一旦的人不得不致力尋求出路，有時反而能夠脫胎換骨。仇恨迫使我的家族投奔美國，奔向他們從前想像不到的自由。

萊絲莉接著帶我參觀羅姆人營區，相較之下，多羅霍伊有如紐約東漢普頓高級住宅區。羅馬尼亞北部的自耕農吃得粗淡，吉普賽營區的羅姆人食不果腹，農民的壽命相對短暫，吉普賽人則抱著明顯的慢性病徵度日。農民或許沒有現代的幹管系統，但吉普賽人則是一無所有，他們直接在四周的草地解手，整個營區臭不可聞。在我走筆至此時，因為奧維德羅姆基金會的努力，一千五百名羅姆兒童正在接受初等教育，有一天或許能因此脫貧。我遇見其中幾個孩子，他們眼神明亮、性情歡快，我也希望他們長大後不會變成陰鬱的青少年和無精打采的大人，就像那些坐在營區的髒亂汙穢裡的人。

回布加勒斯特的路上，我接到美國大使館代辦杜安・柏契（Duane Butcher）打來的電話（當時美國沒有駐羅馬尼亞大使，所以他實質上即為大使）。他想了解大學中央圖書館紛爭的始末，因為我寫了一篇臉書貼文說明那起事件，被某家通訊社拿去報導，後來在全國媒體廣為露出。柏契說他會就此事寫一封致羅馬尼亞政府的正式信函。

「接納」很快發布新聞稿，引用了布胡切努的話：「在羅馬尼亞，一個為多元性別權利奮鬥的人權組織，不能使用布加勒斯特最重要的圖書館的演講廳？一位傑出的美國作家與記者，不該在文化機構探討性傾向與身分認同的議題？不論是外國或羅馬尼亞的同志作家，光是因為性傾向，文學與學術界就要將他們的著作棄如敝屣嗎？」國會議員雷穆斯・瑟尼亞（Remus Cernea）告訴媒體，他已經要求教育部長懲處大學中央圖書館相關負責人員（圖書館官員遭國會與媒體指責後，做了可笑的公開聲明，推稱是「接納」當初「接洽不當」所致）。

當晚我預定與克爾特雷斯庫做一場四十分鐘的公開座談，場地在新歐洲學院（New Europe College），布加勒斯特知識分子經常聚集的地方。我們原本預期會有五、六十人出席，結果來了大概三百人，座無虛席，走道也站滿了人，人潮還外溢到會場外的走廊。開場的對話一如預期地相當輕鬆愉快，但二十分鐘後克爾特雷斯庫話鋒一轉：「現在，我個人要為你在圖書館的遭遇向你道歉。我想讓你知道，那些落後的看法不代表全體羅馬尼亞人的心態。」觀眾爆出熱烈掌聲。克爾特雷斯庫又說：「但願你在羅馬尼亞的其他見聞，能讓你了解我國人民真正的心意。」全場再度報以掌聲。

最後我們的對談持續了將近三個小時，我在會後又簽了兩百本書，這兩百本書的主人全都向我表達懊惱之意。排在簽書隊伍最後的是瑟尼亞議員，他說：「你也知道我們承認民事結合的法案沒過關，可是我們花了三天時間辯論，一年前沒人會想到討論這個議題。請再給我們多一點點時間。我們的政治人物比社會來得保守。」

羅馬尼亞如何看待猶太人、精神病患、同志和吉普賽人？在這個國家，我所代表的許多族群多少都曾因某些緣由挑起了偏見（正如同他們在我自己的國家，也曾在某些時代、因為別的因素而苦於偏見歧視）。我無意引起軒然大波，也沒料到這六天的行程會激起任何傷感之情。當我身在多羅霍伊的櫻桃樹下、布加勒斯特的新歐洲學院裡，心中湧起的喜悅也出乎我意料之外。在一個保守又恪守宗教傳統的國家，支持社會走向開明的人並非主流，不過站在他們對立面的人也不是。羅馬尼亞語是拉丁語系的語言，羅馬尼亞人的性格則揉合了義大利人的熱情和斯拉夫人的好鬥。好幾個羅馬尼亞人提醒我，因為我爺爺在那裡出生，我可以申請羅馬尼亞護照，有些人還央求我這麼做。目前我仍在考慮。我明白羅絲姑婆為何認為羅馬尼亞是個糟糕的地方、我們能逃出來是運氣好。不過，那也是個美好的地方，我由衷慶幸自己走了這趟返鄉之旅。

◆ ◆ ◆

我在二〇一五年得知，安德烈・羅斯（Andrei Rus），也就是安排我在國立戲劇暨電影藝術大學演講的教授，後來成為該校倫理委員會整治的對象。校方以他「宣傳同志意識形態、懷抱同性戀理念」而「損害本校形象」為由，終止他的工作合約——有鑑於他本人並非同志，校方這理由格外引人側目。應羅斯同事的請求，我寫了一封信聲援他，後來他受到懲處但未被解聘。

緬甸 ◆ MYANMAR

緬甸的關鍵時刻

Myanmar's Moment

《漫旅》

November 2014

當年《漫旅》交付我的任務，是描寫緬甸最壯觀的景點和最華美、舒適的住宿。不過在此行不久前，我剛當選美國筆會中心的主席，這是個支持言論自由的倡議組織，於是我也認識了一群正在緬甸籌組筆會的作家。所以後來我在緬甸待了一個月，行程就在豪華遊河之旅與前政治犯的訪談間來來回回。兩者間的差異並沒有聽起來那麼極端，所謂的豪華其實遠不如字面那麼可觀，那些曾入獄服刑的受訪者也比一般人想像的來得開朗樂觀。關於緬甸的社會、政治和經濟生活，本文比我為《漫旅》寫的專文報導做了更深入檢視。

443

◆◆◆

我在二○一四年一月參訪緬甸之前，以為我將見證一段充滿希望的時光。在此十八個月前，緬甸當局釋放了一千一百名政治犯，其中包括幾位最知名的異議人士。針對媒體的審查放寬了，政府舉行有限度的國會議員選舉，國際制裁泰半解除。外方投資正開始活化國內經濟。歷經二十年軟禁的翁山蘇姬終於在二○一○年重獲自由，她是在野領袖、一九九一年諾貝爾和平獎得主，也是正義鬥士的象徵。如今她正準備競選總統，她領導的全國民主聯盟（簡稱全民盟）也總算贏得議會席次。這個國家的經濟和

444

社會似乎都在進步。

結果一反預期，我發現他們抱持著一種極度小心的中立態度。沒人否認事態有所好轉，但也沒人認為問題已經解決。緬甸人民已經看過太多次搖曳著希望的燭火被硬生生捻熄，加上他們泰半信仰佛教，轉型的沛然生機也因為這樣的信仰哲學多少消退了些。緬甸人民在一九四八年邁向獨立前夕或許曾樂觀過；一九八八年的學運誓言達成全新的正義，當時他們又樂觀過一次；就連二〇〇七年番紅花革命期間，他們也仍存一絲樂觀之情，那時有數千名比丘起義反抗政府，結果只是遭到無情鎮壓。到了二〇一四年，人民基本上已經不再抱持任何從谷底往上爬的心情，他們所做的僅是觀望接下來會有什麼動靜。

他們對自己血淚斑斑的歷史也不怨恨。我本來預期前政治犯會對監獄裡的非人待遇大加撻伐，但少有人如此表示。很多人對自己的經歷心懷感恩。監獄讓他們有時間培養智識和心性，往往是透過冥想。大多數人從一開始就知道自己要做的事會引來牢獄之災，事後也昂首闊步走進牢房，獲釋時依然抬頭挺胸。作家暨民運人士丹吉女士（Ma Thanegi）曾擔任翁山蘇姬的個人助理，因此在牢裡度過多年光陰。她告訴我，反抗當局最好的方式就是在獄中保持愉快。她說：「這等於是往軍政府臉上吐口水。他們想要我們悲慘度日，我們偏不奉陪。」要是他們在牢裡怡然自得，處罰形同失效，當局對他們也就莫可奈何。如她所解釋的，他們堅定不移的喜樂既是一種操守，也是一種抉擇。

一九九三年，身兼作家、民運人士與醫師的蒂妲女士因「妨礙公共安寧」、接觸違禁組織、印行傳播不法資料，被判處二十年徒刑。她在獄中罹患肺結核與子宮內膜異位，健康急遽惡化。病情最嚴重時，她的體重只剩下三十六公斤，而且持續發燒不退、頻頻嘔吐，幾乎不能喝水也無法步行。後來她的肝臟開始失能。蒂妲原本獲准持有醫療補給品為其他囚犯看病，當她想為自己治療，獄醫卻以她可能服藥自殺為由沒收了藥品，等她開始絕食抗議才讓步。蒂妲一直被單獨監禁，她請求與其他受刑人共同監禁，就算是殺人犯或強盜也無所謂，但遭獄方拒絕。她不准持有紙筆，六年間只勉強以夾帶入獄的工具寫出三則短篇小說。「不過，我還是擁有我的身體和心智。所以我把這看成是學習跳脫生命輪迴的時機。這麼一來，我就能徹底自由。」逮捕她的官員問她有何目的，她說：「我想作個好公民，不多不少，如此而已。」她注意到對方露出不解的神色。不過，後來有個獄卒對她說：「蒂妲女士，你是自由人，但我們不是。」她在一九九九年獲釋時對那名獄卒說：「我為牢裡這段時間感謝你。」但拒絕為獲釋感謝他。她曾一心盼望把服刑的遭遇寫出來，同時心知她的書恐怕只有審查人員讀得到，但即使只讓那些公務員知道她的觀點，也不啻是項成就。如今她的監獄回憶錄在緬甸大為暢銷，她也有機會啟迪年輕一代的反抗意志了。她告訴我：「所以我的牢獄生涯成了全然正面的事。」

她勉為其難地指出緬甸的改革是由軍政府推動的，並表示高度懷疑。「我們緬甸人在高壓下展現絕佳風度，不過在體面之下，我們還是會一吐怨氣。事實是，改革雖然逐漸上路，但並未改變這社會的沉痾，也就是我們在獄中學會看清的那些問題。真正改變的不是法律，甚至也不是法律的執行，而是意識。人民意識到自己有權利，並運用這些權利提出要求、申訴問題。這才是衡量進步真正的指標。」在她看來，這一點不可小覷，比起下一任總統人選，更重要的是那位總統將領導怎樣的人民。

軍閥主政期間，常有人民因個人信念入獄，但只有公開表達立場才會被政府盯上，緬甸的言論管制從未像北韓或沙烏地阿拉伯那麼嚴格。前英國駐緬甸大使維琪．鮑曼（Vicky Bowman）說：「相較某些國家，像嚴格約束知識分子的柬埔寨，在緬甸工作向來愉快。知識分子在本地一直有能見度。

有時他們被迫坐牢，有時只能靜候發表著作的時機到來，不過他們一直都存在於公眾視野裡。」

雖然一九八八年掌權的將領大抵上仍持續鎖國，來自國外的關注對於異議人士仍至關重要。一九九七年，翁山蘇姬說出這句名言：「請運用你們的自由提升我們的自由。」到了二〇一四年，異議陣營已不那麼亟需外界支援，對於這樣的轉變，我在緬甸聽過各式各樣的剖析，還有很多人企圖加以量化統計。詩人暨民運人士丁迪先生（Maung Tin Thit）便諷刺道，從前政府總是暗中逮捕發表激進觀點的民眾，現在則是在光天化日下抓人。藝術家艾柯（Aye Ko）是八八民運領袖之一，後來淪為政治犯入獄服刑，他說：「除非這個政府交出權力，否則我不會相信他們。」喜劇演員盧茂（Lu Maw）挪用自己表演內容中的哏，點出這些改革虛有其表：「蛇蛻了皮還是蛇。軍方從一九五二年到現在一直還是同一批人，只是不時換套新制服。現在的政府也還是同一批人，只是連制服都省了。」

敏拉（Ko Minn Latt）在孟邦擔任鎮長，年紀輕輕的他幹勁十足，有意角逐議員席次，他說：「人民恐懼漸消，怒氣也就漸長，因為現在可以放心生氣了。百分之十的人潛心宗教，百分之十的人忙著賺錢，剩下百分之八十怒火中燒。可是，過去六十年製造出來的問題，不可能三年就解決。這是個『扭曲的民主制』——既因為軍政府仍然當權、變革由他們主導，也因為人民還不知道在民主制裡該怎麼運作。」不過他還是認為，政府高層太醉心於他們在世界舞台上新斬獲的地位，已經捨不得放棄。一旦藉由高壓手段達成改革，當局自我感覺又會更良好。

莫薩（Moe Satt）是獨立藝術策展人，他告訴我，緬甸藝術家已經開始討論後現代主義。他質疑：「可是，我們要怎麼在一個前現代的社會裡提出後現代的評論？我們首先得補上很大一段進度。」在他看來，緬甸很多藝術家和知識分子還沒準備好從專家權威的優勢地位來創作。「我們很抗拒壓力的終結。」他解釋，並提到來自政治或市場的壓迫如何逼藝術家生出最佳作品。朋樂（Nay Phone

Latt）曾以番紅花革命為題撰寫部落格，因此被判二十年徒刑，實際服刑四年。他說：「人民還不習慣負起責任，以為有人會替他們打點一切。要是緬甸還未變得民主，不全是將領的錯。」

然而，即使改革流於局部，且多有缺失，還是帶來明顯可見的改變。作家暨總統顧問吳丹敏說：「對一般民眾，尤其中下階層的那一半人來說，日常生活根本沒什麼改善。不過，這個國家過去是藉由恐懼來運作的，現在恐懼已經從運作方程式拿掉了。」緬甸猶太人山米．山謬斯（Sammy Samuels）是「緬甸你好」旅行社（Myanmar Shalom）的老闆，他說：「兩、三年前每次我從美國回來，即使身上什麼也沒帶，在機場還是怕得要死。從前移民官劈頭就問：『你在那邊幹什麼？』現在他們開口是說：『歡迎回國。』」即使是悲觀看待這一切的人，也不會預期事態退回從前那種高壓統治。他們擔心的是改革可能如何陷入停滯，而不是如何開倒車。

隨著政府開始鬆綁，人民心中升起高得不切實際的期望，覺得外資將大量湧入，機場會一座接一座地蓋，人人都會富起來。我有個朋友向計程車司機批評路況很糟，司機聽了說：「要是翁山蘇姬當選，這些坑洞全會補平。」實情是，基礎設施的欠缺仍在阻撓真正的進步。很多人發現各地建設其實都以牛步進行，大失所望。緬甸人管網路叫「Internay」，「nay」在緬甸語裡是「慢」的意思，全國六千萬人口僅有約一%能上網。盧卡斯．史都華（Lucas Stewart）是仰光英國文化協會的文學顧問，他說：「這裡什麼都不管用，說壞就壞。一切都是非法買來的，所以也都是二手貨，中國和泰國來的故障破爛。這裡不能用Skype，下載一段三、四分鐘的短影片要耗一整天。」近來一項調查顯示，即使ＳＩＭ卡的價格從超過一千五百美元跌到十五美元以下，緬甸的手機普及率仍低於北韓和索馬利亞。雖然緬甸的交通規則是左駕制，但本地汽車大多是右駕款的日規二手車。汽車對大多數民眾來說還是貴得買不起，但已非遙不可及，長久以來空空蕩蕩的街道，現在常車滿為患。

許多重大的戰爭與革命都有導火線：費迪南大公遇刺挑起第一次世界大戰，戈巴契夫軟禁事件預示了蘇聯的解體，突尼西亞的布瓦吉吉自焚案為阿拉伯之春開了第一槍。相形之下，緬甸的改革似乎是一夕間無中生有。世人對於改變的緣由並無共識，對於改變為何在該時間點發生也是眾說紛紜。這些改變並非由下往上的草根運動所致，而是一個由上往下、重新配置國家政策的嚴格監控過程。美國駐緬甸大使米德偉說：「一九八八年，甚至是二〇〇七年，緬甸或許都有過民意自基層湧現的時刻，像天安門那樣，不過現在是高層官僚採取行動。」他補充，原本的軍政府或許還能苟延殘喘一段時間，就像蘇聯要是沒有戈巴契夫著手拆解，或許也會再撐一陣子。即便看在獨裁領袖眼裡，改革開放有時也不失為最佳選擇。

軍政府聲稱，解放是始於二〇〇三年的七階段過程，所以這可能就像戈巴契夫的開放政策，當初起手為緬甸鬆綁的人，也沒料到會走到這個地步。在二〇〇三年的藍圖中，最後一階段是將權力賦予新政府——只不過這個新政府應是由軍方領袖欽點。二〇一一年上台的登盛總統是緬甸第一個沒有貪腐汙點的領導人。丹吉說：「他們想挑個貪官，卻誤選好人，現在只能自食其果了。」

有些緬甸人認為國際制裁使緬甸陷於貧窮、領導人被孤立，從而促成了改革。與鄰國相較，緬甸變得明顯比柬埔寨和寮國貧窮，更落後泰國和新加坡一大截。緬甸領導人顏面盡失，以至於就連他們也覺得鐵腕治國不再那麼有吸引力。大批國民長期營養不良，根據聯合國兒童基金會，緬甸兒童每四個就有一個體重過輕，約有三分之一發育不良。很多人無法穩定取得乾淨用水。外媒廣為報導二〇〇七年番紅花革命的血腥鎮壓，軍政府在國際間原本就已聲名狼藉，這下形象更是低落。

全球孤立最重大的影響，或許是迫使緬甸不得不冒險依賴中國，而在兩國悠久而充滿爭議的共同歷史上，中國從未優先考量緬甸的利益。一名政府官員向我抱怨，緬甸的下場恐怕是為中國老大哥供應毒品和娼妓，外加成為中國人的觀光賭場。加上有阿拉伯之春的前車之鑑，軍政府或許感覺到最好主動讓步，而不是等到人民群起躁動、一發不可收拾。軍政府與他們的「親信」——貪贓枉法的生意人，其中很多是退伍軍人，在當局庇蔭下大賺不義之財——已經見證格達費和海珊如何慘死，他們顯然比較中意印尼蘇哈托黨羽的路線：雖然蘇哈托終究在一九九八年讓權，他們終究保住了財富和權勢。世上的軍政權總有一天都會遭人民反對，逐步退場或能預防悲慘做收。如同作家培敏（Pe Myint）的諷刺：「軍事領袖心知肚明，人民可以輸好幾次，但統治者輸一次就完了。」

孤立雖然害緬甸付出了沉重代價，卻也保留了國內主流佛教信仰那神祕的本質。仰光大金寺是緬甸境內最崇高的聖地，民眾不分遠近都會前來朝拜。據傳軍政府將領曾用好幾噸黃金裝飾寺中央的佛塔——可不是金箔，而是厚實的金塊——近塔頂處懸吊的金傘也鑲滿珠寶。許多緬甸人堅稱這座金塔比英格蘭銀行更值錢。大金寺有如上座部[1]佛教教派的聖彼得堡大教堂，雄踞在仰光市區，超凡脫俗，與現代化的市容甚不協調。在緬甸，不論走到哪裡，你都能看到在陽光下熠熠生輝的金佛塔。在這些神聖塔樓投下的陰影裡，困頓的農民揮汗勞動。有個緬甸人對我尖酸地說，他們的國家雖然富有，人民卻十分窮苦。

對很多人來說，生活幾世紀以來似乎沒有太大改變：農民、牛車、布衣粗食不變，佛塔閃亮如故，在比較有錢的市鎮貼的是金箔，窮鄉僻壤只以油漆帶過。該來的改變從未發生，日頭卻每天照

1 上座部佛教與大眾部佛教為現存佛教的兩大派別，上座部佛教又名南傳佛教，盛行於緬甸、泰國、柬埔寨、寮國、斯里蘭卡等國；與其相對的大眾部佛教亦稱為北傳佛教，流行於中亞、東亞、藏區。——編注

常落下，實在不可思議。往昔的生活模式在現代運行不輟，而他們的現代生活正初次接觸外在世界並初啟改革，當人民全憑想像談起民主繁榮的未來，語氣彷彿這未來既難以理解又勢在必行。這個國家就在這之中勉力保持顫巍巍的平衡。

觀光客為緬甸帶來大筆官方收入，他們讚嘆不已的歷史遺跡，本國公民卻往往低估其價值。吳丹敏說，在緬甸，凡是居住的建築屋齡超過三十年，沒有一個人有愉快的經驗。過去十五年間，仰光市中心的老城區約有七百處重要建物被夷為平地。許多宏偉的殖民時代建築仍屬公部門所有，但自從政府在二〇〇五年遷都內比都，這些建築的命運也成為未知數。私人所有的歷史建築往往問題重重：訴訟官司、受惠於租金管制的房客、非居住者的所有權人（含已廢除的政府機構）。任何人若有心加以維護，都得面對一本法律爛帳。

緬甸直到一九四四年都是英屬殖民地，一九八九年以前國際舊稱為「Burma」[2]。英國在一八三四年占領緬甸部分領土，將這個民族多元的地區強行併入英屬印度作為邊疆緩衝省分，到了一八八五年，占領範圍擴大到現今的緬甸全境。殖民政府直接統御各支民族，對他們唯一的要求就是效忠王室。二戰期間，緬甸成為同盟國和日軍的重要戰場，數十萬平民在戰亂中喪命。翁山蘇姬的父親翁山將軍是戰功顯赫的英雄人物，為使緬甸脫離大英帝國獨立，他極力促成各民族派系簽訂協議，並向他們承諾地方自治權以換取支持，也保證十年後各民族要是對中央政府不滿，可以退出聯邦。後來翁山遇刺身亡，緬甸在他死後的一九四八年才獲准獨立，一個問題叢生的民主國家就此問世。克倫族、撣族和克欽族紛紛宣布獨立，他們覺得當局沒有實現諾言，都想脫離這個硬湊而成的國家。一九六二年，前緬甸軍隊將領尼溫發動不流血政變，緬甸運轉不靈的民主制度就此瓦解。尼溫高舉社會主義大旗，把持全國，造成一整個世代的鎖國孤立和經濟混亂。到了一九八〇年代中期，尼溫在位過久，執政手段日益暴虐，言論審查無所不在，貪腐猖獗外加高壓管控：國民必須從實報告一切行蹤。

一九八八年，學生運動爆發，訴求以民主體制取代尼溫的威權社會主義，翁山蘇姬就在這次運動中首度嶄露頭角。當時某間茶館發生打鬥，一名學生被警察開槍擊斃，從而觸發了民運。不過學生畢竟青澀，雖然示威抗議遍地開花且持續數月之久，迫使尼溫辭職下台，不過軍政府隨即以武裝鎮壓回擊（據信由尼溫策劃），無差別屠殺學生和比丘，連學童也不放過。因為那場民運是由學生帶頭，新上台的軍政府認為沒念過書的人民比較容易支配，於是緊縮教育管道。當時的緬甸全國識字率趨近八成，不過軍政府動手裁撤了這個在亞洲數一數二的教育制度。大專院校最先被查封，私校和教會學校隨後也關上大門。一九九〇年，緬甸首次舉行自由選舉，翁山蘇姬領導的全民盟獲得壓倒性勝利，不過軍隊拒絕交出政權。

英國在緬甸留下運作相當良好的體制，至此卻扭曲變形到連一點基本的人力與法制基礎建設都付之闕如，只剩千瘡百孔的基礎硬體設施。他們沒有教育機構、醫療體系、火車運輸。曾經有人養護的道路、橋梁和軌道很快就損耗到幾近無法通行。這個警察國家仰仗線民網絡來運作，曾經學生雲集的茶館成為軍情人員監控的目標，幸好要看出線民是誰很容易：為了避免軍靴磨腳，軍人是唯一常穿襪子的人，所以政府眼線就算穿著涼鞋，會看的人還是能認出他們腳踝上的襪子圈痕。

2 這是國內最大民族「緬族」的名稱，緬甸軍政府認為以此作為國名，對國內其他少數民族有失尊重，因此於一九八八年將國名改為Myanmar。美國、英國等國家則認為軍政府修改國名並未取得國民同意，因此拒絕使用，在官方文件上便沿用Burma的稱呼。——編注所謂的「八八世代」一直保持活躍。有些人在鄰國設立廣播電台，繼續傳揚異議觀點。抗議精神從未消失，又過了二十年忍氣吞聲的日子，民怨透過二〇〇七年的番紅花革命爆發，一部幾乎可謂民主的憲法隨即自二〇〇八年開始實施。這部憲法在某些方面確實值得稱道，但部分條款仍十分可議。其中一條規定軍隊在聯邦議會享有二十五%保障席次，另一條則將修憲門檻定於議會同意票數須達七十五%以上，賦予了軍隊強大的否決權。憲法究竟該如何修訂是緬甸的熱議話題，不過輿論大抵認為應該削減軍隊的權力，施政程序應該更民主。憲法能修訂到足以保障少數民族的權利嗎？軍隊否決權能否限縮？迫切的環境議題能否獲得處理？憲法又該如何執行？緬甸現行的法律中，至少有四百條違反憲法規定的基本權利。

教育系統也尚未從過去的全面打擊復原，不過近年國民識字率已有所提升。政府現在補貼年輕人學費，但很多人還是不想念書。學校教育大多著重死背硬記，而大多數教師都可以花錢買通，因為公家月薪只有區區六十美元。進步派的教師抱怨，學生從沒聽說過什麼叫異議，要教他們思辨簡直不可能。都會區的大學校園遲至二〇一四年才重新開放，恢復了高等教育機構的功能。朋樂說：「在民主國家，人民就是主人。如果他們沒受過教育，要怎麼履行這項作用？」敏拉是充滿抱負的孟邦鎮長，他在一九八八年親眼目睹警察射殺七年級的女學童，從此投身政治。他說：「起初我也參與社運，一心想要這個、想要那個，沒得妥協也沒得商量。我現在想做的是，幫助人民成為有民主素養的人。」

緬甸已自「Burma」改名「Myanmar」，而這個國家鮮少將自己的軍事力量砲口對外，它夾在中印兩個超級大國之間，卻絕對無法與任一方抗衡。軍隊的主要關切是保衛緬甸與孟加拉和泰國相接的國界，並鎮住世世代代頑強爭取自治的少數民族民兵。幾年前，曾有泰國難民營的緬甸流亡人士在受訪時表示，政府做了或說了什麼都無所謂，他們只想回家。現在民間普遍認為軍政府領袖應該道歉，但不必接受審判或懲處。將領能感覺到民意逐漸倒往問責的方向，所以他們的反應雖然偏激，倒也不盡然不理性。

美國比丘艾倫．克萊門（Alan Clements）為了撰寫《希望之聲》（*The Voice of Hope*），在一九九五年訪問翁山蘇姬。克萊門好奇的是，佛教強調寬恕，但壓迫者也有必要得到懲處，她要如何調和其中的矛盾。她說，如果將領坦承罪行，要寬恕他們就比較容易。訪談內容一公開，馬上引發一波鎮壓。想要在緬甸成立與南非「真相和解委員會」相仿的組織，近期內恐怕絕無可能。人人心知肚明，軍政府將領只有確保了個人銀行帳戶安全無虞，才可能退位走人。丹吉說：「他們老了，不想再大費周章照顧國家，他們對這不感興趣。其實，他們從來都不感興趣。現在我已經不在乎他們有沒有受罰。懲罰他們是很大快人心，可惜我們沒那個大快人心的餘裕。」

緬甸政府歷來都以仰光為據點，二〇〇五年卻突然遷都至全新規劃的內比都，這座新市鎮位於仰光以北大約三百二十公里處，之前只是一片荒煙蔓草。九一一攻擊事件後，美國在仰光蓋了一座嚴密加固的大使館，並拒絕遷址新都。我在仰光參加了一場示威抗議，主事者已先申請到必需的許可，而這場抗議就是為了反對集會遊行要取得許可。走上街頭的民眾怒氣衝天，訴求也很明確，不過抗議所針對的政府官員和議員既不肯聽，也不願看。公務員全在遙遠的內比都，仰光和曼德勒的激進分子鞭長莫及。地理上的緩衝令政府得以免受人民叨擾。

緬甸國內生產毛額有超過四分之一來自天然資源。大型國際企業已開始對本地進行投資，例如可口可樂、百事和通用電氣等消費品製造商，威士和萬事達卡等金融服務公司，以及埃克森美孚與雪佛龍等能源開採公司。本錢沒那麼雄厚的公司就是另一番光景了，緬甸持續不絕的暴亂、不透明的治理、反覆無常的政策和不可靠的公共設施，在在令他們戒慎恐懼。許多身懷一技之長的國民在一九八八年後外移，導致國內人才真空。光是在新加坡一地就住著數十萬名緬甸籍專業人士，諸如監工、會計、牙醫和醫師等等。沒有這些人才，外商要在緬甸開業非常辛苦，但除非外商開始營運，否則眾多海外移民也沒有返鄉的動機。要不要下場跳這支處處掣肘的舞，外國政府也遲疑不決。正如米德偉告訴我的：「國際社會從前把緬甸當成人道救援目標，如今則要把緬甸視同國家來交涉。」

政治運動人士推斷，含登盛在內，政府內部有三分之一是改革派，另有三分之一仍支持軍事強人統治，剩下三分之一舉棋不定。米德偉表示：「在這種環境要是選錯邊，損失會很慘重。」登盛從來不是英雄人物，卻曾力壓強硬派人士，他的同僚告訴我，登盛想達成不可能走回頭路的改革。他自二〇一一年起與翁山蘇姬數度會面，但旁人認為她並不信任登盛。一名外交人員說：「她做事極果決，常把登盛的謹慎視為優柔寡斷。她想要的不是別人提議的那種妥協方案，而是革命性的徹底翻轉。」緬甸很流行「夫人和獵人」的說法——就是形容翁山蘇姬對上貪腐的軍政府。丹吉說這樣的刻板印象是「一幫惡棍欺負美女的故事，對她太有利了」。自從登盛制住獵人的攻勢，夫人不得不走下神壇，沾染政治，即使尚未取得官方權力也一樣。這是必然的發展，但非所有人都樂見。

二〇一二年的議會補選出現超高投票率。我遇見的人都認為二〇一五年要是如期舉行議會大選，當人民嗅到自決的些微跡象，選票必將排山倒海湧入。他們預言的那種激奮之情，很像一九九四年我在南非扭轉歷史的大選前夕所見識到的，那場選舉讓數百萬人花三天時間排隊，就為了投下一票。然而在仰光，我聽到的卻是眾人幾乎無一例外，全擔心選舉舞弊。翁山蘇姬的全民盟似乎必將獲勝，不過登盛的聯邦團結發展黨（簡稱聯發黨）顯得有恃無恐，因為全民盟極可能欠缺治理實力，而就像在韓國、台灣和蒙古，壓迫者在倒台後還是有機會重振旗鼓，打贏選戰。從前，在執政黨內最出人意料的改革派是眾議院議長瑞曼。當年他接任議長時，眾人預料他會像前幾任議長一樣為軍政府的政綱背書，結果他卻致力將議會改造為能真正進行議事辯論的單位，拒絕聽從高層指令。瑞曼告訴米德偉：「我們試過社會主義，也讓軍人執政，兩樣都失敗了。現在我們相信民主會使我們強盛。人民要是不能對自己的事務表達意見，國家就不會穩定，也沒人會在這裡投資。」那時翁山蘇姬已當選議員並與瑞曼結盟，而他直接了當承認，想在政壇長保人氣不墜，唯一的辦法就是跟翁山蘇姬站在一起。

翁山蘇姬女士在緬甸地位之崇高，再怎麼強調也不為過（她的名字英文拼寫為Daw Aung San Suu Kyi。Daw是敬稱，Aung San是她父親的名，Suu Kyi是她的名，緬甸人通常簡稱她為「女士」）。米德偉很乾脆地說：「大家不是把她當成搖滾巨星，而是耶穌再臨。」她父親是革命先鋒，一手策劃了使緬甸成功脫英獨立的跨民族協議，在遇刺身亡後，他的地位更提升到神話般的境界。翁山蘇姬由母親欽季扶養長大，她們最初住在大光（亦即現今的仰光），接著輾轉旅居印度和尼泊爾（欽季接連出任這兩國的大使）。

一九六九年，翁山蘇姬取得牛津大學學位。她在短暫旅居紐約後返回英國，與牛津同學、英國人麥克・阿里斯（Michael Aris）結婚，育有兩子。一九八八年，翁山蘇姬回緬甸照顧住院的母親，恰好遇上八八八民運爆發，幾週後她首次發表演講，請求全國人民「團結一心」。革命遭鎮壓時，她與父親從前的副手在民主運動中聯手合作，並毅然扛下天降大任，自我犧牲：她選擇留在緬甸，而不是回英格蘭與夫兒團聚。翁山蘇姬引來愈來愈多關注，一年後遭軍方軟禁，又在一九九一年榮獲諾貝爾和平獎。雖然她在一九九五年獲釋，但二〇〇〇年後再度被軟禁，而且自始至終從未獲准自由行動。這樣的處境更增強了她的道德光環，而她確實獨具洞察力和領袖魅力。我遇過每個見過翁山蘇姬的人，沒有一個不為她折服。與她共事的丹叟光（Thant Thaw Kaung）語帶崇敬地對我說：「你在這世上找不到另一個這樣的人了。」

與軍政府沒有利益糾葛的緬甸人大多希望翁山蘇姬當總統，不過緬甸憲法正設計成用來打消這種希望。憲法第五十九F條規定，凡與外籍人士結婚或子女在外國出生者，一律不得競選總統——這是為了排除翁山蘇姬而特意設立的禁令。我在仰光的時候，五十九F條款的存廢是眾人經常提及的話題。凡是不准她參加的總統大選，就國內外看來都徒具形式，反之她要是當選，將能引來國際援助、促進經濟復甦，無奈她目前仍受限於憲法條文。許多人表示憂心，因為她既沒有著手建立專家團隊，也尚未指定副手。全民盟內部人士也頗感棘手，她的頑固雖然助她挺過長年軟禁、與家人分離，但現在對她來說恐怕不是好事。

翁山蘇姬與人往來是為了借他人之力達成自身使命，而不是尋求情誼。我從未遇過任何人自認與她有私交可言。緬甸企業家密蘇波莉（Misuu Borit）說她「有種孤僻的作風」，其他人則說，身為領袖要懂得與人建立信任關係，不過她似乎無法或不願意這麼做。米德偉說：「她凡事自己作主，一切都要經手。從這點看來，這也是種獨裁。」一名英國外交人員指出，下屆議會或許會有更多民主派的席次，但有行政歷練的議員就會減少了。她說：「之前他們都在坐牢，出獄後又都在開茶館。這些人聰明、有善意也有勇氣，但他們管理得了一個政府嗎？」全民盟直到二〇一二年才正式登記為政黨，然而部分核心成員的參與是很久以前的事了。密蘇波莉問：「你能多快就把所有聰明的人募集起來？想生小孩，你不能跟九個女人做愛，然後只等一個月。這些事情需要時間——要是沒經費，招兵買馬也快不起來。」其他人也有同感。

擋下翁山蘇姬參選資格的憲法門檻，反映出緬甸法制的更大問題。羅伯特・桑比（Robert San

Pe）是蘇姬的法律顧問，他拋出這個問題：緬甸該建立普通法系或大陸法系——癥結在於，如果要走普通法（習慣法），國內可能沒有夠多的先例可以遵循。桑比也點出，許多草率成章的法律正趕著通過立法。二〇一三年，瑞曼創立一座龐大的研究圖書館，議會為此雇用了一千五百名新員工，但因為館藏未經編目，也不是根據作者、書名或主題，而是根據捐贈者來分類，所以查找資料難如登天，研究的努力也受到阻礙。法規都以緬甸語起草，沒有官方翻譯，外國投資人得遵從自己無法理解的規範。在仰光，你能看到街頭小販在紅綠燈下，把投資法規的英譯本賣給情急的外國人。

翁山蘇姬曾說：「我們的人民不信任法院。我們不相信法院履行的司法正義。」緬甸憲法在二〇〇八年九月獲議會批准通過，那時強烈颱風納吉斯在不到六個月前剛過境緬甸，造成十四萬人死亡，全國經此浩劫後正力圖振作。近來政府剛成立聯合委員會，研議改寫憲法。法律學者堅稱增修條文一定比較容易，議會每四席必須為軍方保留一席的條文應該作廢。他們也反對總統職權在緊急狀態時缺乏制約機制。最高法院首席和其他大法官無須任何法律背景，而且均由總統任命。前述的修憲委員會有一〇九名成員，他們曾徵詢一般民意，結果有超過四萬筆意見湧入。

蒂妲認為，翁山蘇姬要想參選總統，憲改勢在必行，而這樣的改革必須有軍政府配合。此外，要是軍政府實施憲改，翁山蘇姬應以參與改革的身分出面，而不是堅守在野的反對立場。蒂妲說：「她會救他們一命。」而且她似乎樂見瑞曼與蘇姬競選的局面上演。

緬甸有兩大偏執：一是中國的侵略，二是孟加拉的一億六千萬名穆斯林和本國穆斯林將占據緬甸每一寸土地。很多緬甸佛教徒——如同歐美的反移民分子——堅決認為穆斯林不會同化。在緬甸，對穆斯林常見的控訴有：他們是守財奴（不過穆斯林大多一貧如洗）、放高利貸，最糟的是一夫多妻最終將使他們成為多數人口，佛教徒恐將遭到全面排擠。緬甸人不喜歡膚色深的人種，所以這其中也有種族歧視作祟。種族歧視在緬甸全國上下幾乎都是可以接受的事，例如在二〇〇九年，緬甸駐香港總領事寫信給全體員工，說羅興亞人膚色深，所以是「醜八怪」，不像緬甸人「白晰柔美」。

祖上來自孟加拉的穆斯林大多住在若開邦，多已世居緬甸，超過一個世紀。雖然他們自認是羅興亞人，國族分子卻把他們貼上外籍標籤，說他們是孟加拉人。米德偉說：「那些緬甸人不明白，這種態度其實救不了他們，反倒會毀了他們的社會、名聲和發展能力。他們說羅興亞人和穆斯林是國家認同議題，我會回答：『你說得沒錯。所以你們打算成為怎樣的國家？你們要成為一個無視法律存在，只因為不信任就對整個民族暴力相向的國家？又或者你們會尊重正當程序和人道價值，也就是我們以為你們正在奮鬥的目標？』」

緬甸舉國信仰虔誠，年輕男性大多會出家一段時間，財富公開集中於佛塔。他們的文化瀰漫著佛教將陷入危機的疑慮。很多人認為，在一個由基督信仰、伊斯蘭教和印度教稱霸的世界，緬甸和斯里蘭卡是上座部佛教最後兩座堡壘。根據這路說法，佛教雖然源於印度，不過穆斯林入侵者摧毀了佛教在當地的古典背景，導致這種信仰在發源地滅絕（蒙兀兒帝國統治印度時，佛教徒確實大舉逃往西藏）。如同吳丹敏的解釋：「緬甸人的自我認同根植於這個想法：緬甸是純正佛教信仰的堡壘，全世界別無他所。」

緬甸現稱若開邦的地區，直到一九八九年還叫做阿拉干。古代的阿拉干是強盛的濱海王國，至少從十七世紀起就有穆斯林居住。後來阿拉干在一七八四年被緬族征服，那是一支信仰佛教的多數民族，也是緬甸國名的由來。四十年後英國征服緬甸時，阿拉干一帶人煙稀少，多半被森林和沼澤覆蓋。英國人將小片土地分發給墾荒者開拓，並引進孟加拉勞工。這是本區第一批現代穆斯林移民，此後若開邦北部逐漸演變為以穆斯林族群為主。二十世紀初期，信佛的緬族開始覺得，英國殖民者和中國、孟加拉的移民在這個殖民省分興旺起來，而緬族自己卻遭到剝削。一九二〇年代，一波新移民更進一步改變了人口組成，當時一年有兩百萬印度人移民大光，是全球最大規模的人口變遷潮，等二〇年代結束，這個首都有八十%人口是印度人。因為很多印度住民曾為英國效力、打壓緬甸獨立組織，所以緬甸國族主義者堅稱緬族以外的族裔都是外國人，即使在緬甸出生者也不例外。

一九四七年印巴分治後，穆斯林游擊分子組成一個分離主義團體，尋求與巴基斯坦統一並將大批佛教徒逐出緬北，引發輿論強烈抨擊。他們的叛亂很快被平定，自一九五〇年代中期後也再沒有過穆斯林叛亂。很多緬甸人沒來由地咬定羅興亞人與蓋達組織和其他恐怖組織有所牽連，事實上，一九八〇年代，有些羅興亞人確實曾在阿富汗與聖戰者並肩抵抗蘇聯，後來又幫阿富汗對抗塔利班，但人數少到不值一提。羅興亞人雖是孟加拉人後裔，但大多無法申請孟加拉國籍；雖然他們生於緬甸，只要緬甸政府繼續將他們歸為外籍人士，他們仍是沒有國家的人。沒有國民身分證就不能接受教育，生活也陷於長期貧困。若開邦住有兩百萬佛教徒，自從近年軍政府放鬆鐵腕管制，有些佛教徒對人數幾乎與他們相當的羅興亞人展開了集體屠殺，在光天化日下縱火焚燒街坊、村莊和清真寺。

近年來第一波反對羅興亞人的聲浪在二〇一二年六月爆發，導火線是一名佛教徒婦女遭人先姦後殺，而犯人據傳是羅興亞穆斯林。下一波發生於同年稍晚，肇因是比丘威拉杜（Ashin Wirathu）煽動的極端主義和政治算計，威拉度聲稱國內外穆斯林正聯手起來，意圖摧毀「緬甸人優良的生活方式」，並鼓吹信眾「起義」、「熱血沸騰起來」，別讓這陰謀得逞。他在講道、訪談和長篇大論的網路文章中，指稱穆斯林是「卡拉」（kalar，緬甸語中等同「黑鬼」的蔑稱）、「惹是生非的傢伙」和「瘋狗」。他在某次講道時分發的手冊中警告道：「緬甸正面臨最危險、最可怕的毒計，嚴重到足以殲滅一切文明。」西方媒體會拿他與希特勒相提並論。威拉杜發起「九六九運動」，在店家、住宅甚至計程車貼出不歡迎穆斯林的標示。「九六九」是在譏諷穆斯林以數字「七六八」標示賣清真肉品的店家——這類店家被威拉杜打成分離主義（然而清真食品雜貨店從未排斥非穆斯林顧客）。緬甸所有的計程車幾乎全貼出九六九標章；一名司機憤慨地對我說，穆斯林能娶超過一名妻子，這證明他們在綁架佛教徒婦女、強迫她們懷上穆斯林的孩子。

雖然這種偏執實屬荒謬，根本的憂慮或許與史實不脫關係。穆斯林曾在一千年前將佛教徒逐出阿富汗，更晚近的塔利班政權又將巴基斯坦古老的佛教聖地摧毀殆盡，而激進的伊斯蘭主義者藉著譴責緬甸「野蠻的佛教徒」，敦促印尼接納羅興亞難民。言論審查放寬意味著非主流觀點可以更公開傳播，這在有助於推廣多元思想的同時，也讓挑起偏見變得容易。朋樂說：「有些人認為，言論審查解除，代表他們現在有權互相侮辱了。」

威拉杜及其陣營在臉書發動猛烈宣傳攻勢。在緬甸，沒網路的人從有網路的人身上獲取新知。各種謠傳甚囂塵上，甚至在那些一輩子沒看過電腦的人之間迅速廣傳。威拉杜曾因煽動仇恨被判入獄服刑，但在二〇一二年獲將領特赦後，立刻回頭繼續鼓吹鬧事，並聲稱在新開放的表達自由之下，他的討伐行動皆屬合法。若開邦的比丘開始散發手冊，敦促佛教徒不要與羅興亞人往來。不論政府或翁山蘇姬都沒有譴責若開邦的種族屠殺暴亂，翁山蘇姬的不表態又格外引人矚目。很顯然，發言譴責將不利選情。

若開邦各城鎮的羅興亞社區頻傳縱火打劫，羅興亞人被迫遷至環境慘不忍睹的難民營。一名六十歲的羅興亞裔教師說，她眼睜睜看著一名從前的得意門生放火燒了她家。若開邦的佛教徒要是疑似與羅興亞人做生意，住屋也會遭人縱火。若開邦首府實兌的醫院只為穆斯林保留十張床位。在該市人滿為患的難民營，醫療照護僅限每週一名醫生、看診一小時。美國大使米德偉向我描述，他曾親眼看見孩童死於原本應該很容易治療的疾病。

羅興亞難民營也爆發自相殘殺的暴力事件。一名聯合國救援人員說，他曾眼見這群走投無路的人出現強暴、亂倫和酗酒問題，但仍遠不及營區守衛行使的暴力那麼糟糕。很多人瀕臨餓死，有些人親眼看著自己的孩子遭人殺害。難民營所在區域大多地勢偏低，在每月雨量超過九百毫米的夏季雨季，水患頻仍，即使在我參訪的一月期間，營區仍然泥濘汙穢。因為這些營地就設在羅興亞社區旁，許多難民能望見自己從前的家和清真寺。舊時的穆斯林貧民窟，如今被刺鐵網重重封鎖。大批羅興亞人逃離緬甸，但鄰近國家都不願提供庇護，導致許多難民於尋找安全港口途中死在超載的船隻上。他們孤注一擲的流浪成了國際危機。在此同時，因為半數漁民都困在臨時難民營裡，若開邦的漁貨價格翻漲了一倍。出於相同原因，當地也找不到低薪勞工來收割稻田。

緬族、若開族和羅興亞人形成三角衝突。緬族認為，在這個含若開族在內的王國，緬族理應是統治者。若開族多半信仰上座部佛教，自認有權統治羅興亞人。若開族祖先建立的阿拉干王國曾涵蓋緬甸大片領土，他們對緬族的痛恨就跟對羅興亞人一樣強烈。如同許多意識形態教條，上座部佛教自詡在宗教和種族方面優於旁人，然而這支宗教也是番紅花革命的基石，那次革命的主事者宣稱軍政府違反了佛陀教法，也就是正確的道德規範。翁山蘇姬在演說中納入佛學用語，援引佛教理念來支持她對民主的追求。她的政治和宗教理念密不可分，而她似乎是出於選舉考量，所以拒絕公開譴責羅興亞人遭受的不當待遇。面對這樣的前景，穆斯林該何去何從？

西方救援組織曾想對羅興亞人伸出援手，但若開族屢屢從中阻撓。若開族十分貧困，資源稀缺無助於建立友善的關係。若開邦的開發程度在緬甸位列倒數第二，很多人既無廁所也沒有乾淨用水。國際慈善組織要想發揮作用，就必須確保對各族群維持某種程度的公平對待，儘管若開族生活自由而羅興亞人困坐難民營區。

雖然羅興亞人的遭遇最為悲慘，針對全體穆斯林的怒氣卻愈形熾烈。仰光的營建公司大多由穆斯林開設，佛教徒已經開始拒絕雇用他們，全國第二大城曼德勒也出現反穆斯林的騷亂。我人在緬甸時，仰光住有大量穆斯林的區域已實施宵禁。仰光英國文化協會的顧問史都華說：「我的住所附近有幫派分子開車沿街對穆斯林發出死亡威脅，大家都嚇得鎖上門躲在家裡。」他也說九六九運動「簡直是恐怖組織」。

緬甸的穆斯林可以分為四類。緬族穆斯林在大約一千兩百年前就來到本地定居。歷史學家曾在古代遺跡找到銘文，題獻對象是為初代君主效力的穆斯林，在十六與十七世紀來到緬甸的穆斯林馬商、砲兵和傭兵就屬於這一類。第二類是住在東北部的華人穆斯林，他們的根源大多能追溯到中國雲南省，是始於蒙古人統治時期的突厥墾荒者後代。第三類是英國將阿拉干併入緬甸時，隨之變更國籍的穆斯林。第四類是過去兩百年間的印度和孟加拉移民。吳丹敏說：「緬甸既有族裔偏見，也有比丘傳播的宗教偏見。兩種偏見波及同一群人，但原因不太一樣。」

小學老師埃倫（Aye Lwin）是前男子排球國手，曾代表緬甸出國比賽拿到金牌，也是緬族穆斯林的領袖。風度優雅的他住在仰光市中心一間舒適怡人的公寓。他認為若開邦之所以發生暴亂，罪魁禍首是反對軍政府放鬆箝制的既得利益者。他說：「有人試圖暗中阻撓緬甸走向民主化，因為要是全面實施民主制度，必定會有法治，而法治會為當前的統治階級帶來不利衝擊。每天都有人犯罪、每天都有人被強暴，可是他們刻意把這些事件操作成宗教衝突。他們原本可以在屋子剛著火時就捻熄火苗、制止仇恨言論。不過國族主義能用來消耗人民的精力，拖慢改革進程。」

密蘇波莉指出，世界各地都是窮人生孩子生得最快，少數族群人口的成長引發多數族群的偏見，多數族群的偏見也反過來推動了少數族群人口成長。當時曾謠傳一名佛教徒婦女遭穆斯林先姦後殺，於是激起了幾波種族屠殺。自古以來，強暴始終被作為一種非關個人的攻擊手段，普遍發生於種族、宗教或國族衝突所引起的戰爭中，而密蘇波莉認為，有鑑於警方對緬族或羅興亞族內的強暴案漠不關心到了一種「可恥」的地步，跨種族強暴案相形之下卻獲得這麼大的關注，更顯得居心叵測。她說：「有人在穆斯林和佛教徒之間醞釀事端。等事情一發不可收拾，統治者就叫軍隊出馬，聲稱他們在『拯救國家』，而我們只是孱弱的人民。都是他們一手策畫出來的。」

蒂妲發覺有一種更普遍且更深層的憤慨，正透過反穆斯林的暴行表現出來。她說：「從前軍政府將領對任何種族一概暴虐相向，那是對全民一視同仁的殘酷。」她認為，有些人從不相信法律是為了保護他們，而今他們正在報復當局。「所以穆斯林遭遇的問題不單純是公共暴力、宗教暴力或種族暴力，而是某種更深層心理的外在表現：非一視同仁、有選擇性的暴力。」

在實兌參觀過羅興亞人難民營和他們化為灰燼的社區後，我搭了五小時的渡輪來到妙烏，這裡是阿拉干王國自一四三〇到一七八五年間的首都。到了若開邦北部這一帶，宗教仇恨的陰霾簡直不像真實存在。在妙烏的第一個早晨，我四點四十五分就起床，開車行過破落村莊的幽暗小路，來到一座小山腳下，山壁上有人工鑿出的台階。清晨時分，緬甸的谷地和丘陵往往山嵐繚繞，令人悠然神往，霧氣勾勒出景物的近小遠大。寺廟和各種歷史建築乍看大小相當，但由輪廓模糊的程度就能判別遠近，從而分辨出規模其實有別。常有人叮囑遊客趁日出賞遍重大景點，就是因為山嵐實在美。

我吃了一頓若開風味的早餐：加足辛香調味料的魚湯米線，隨後前往參觀隔壁欽邦的幾座村落。緬甸國王曾四處蒐羅美女充實後宮，傳說欽族婦女為求自保，在臉龐刺上蜘蛛網般的線條，好教緬族覺得她們醜陋不堪。雖然威脅早已消散，紋面的習俗仍長久流傳下來。欽邦交通最方便的村落總是遊客如織，或許正是原因所在，當地的紋面婦女為接受拍照已擺過無數次姿勢。此地距孟加拉邊界只有幾公里之遙，有多支民族混居，而他們似乎對羅興亞人面臨的危機渾然不覺。在這個缺乏基礎通訊設施的國家，激進思想傳播得斷斷續續，有時跳過了整片區域。在這裡，我們連一張九六九運動的貼紙都沒看見。

現今緬甸境內有超過一百支民族，這個地區長久以來歷經多次改朝換代，暴虐的歷史也層出不窮。發起一九八八年民運的學生，後來證明了自身與鎮壓他們的軍閥幾乎同樣無情，他們堅持強硬訴求，建立自己的戰俘營，並對犯人施以酷刑折磨。眾多派系各擁山頭，往往行事殘忍得令人膽寒。不過，上座部佛教指引人追求一種毫不動搖的靜定，而我遇見的社運人士和藝術家大多也煥發出這項特質。在他們的建議之下，我橫越緬甸去參觀大金石，該國最崇高的佛教聖地之一。這個知名朝聖景點以陡峭的山巔為中心，向四面八方延伸。香客、比丘和比丘尼絡繹不絕，到處都有攤販叫賣街頭小吃和傳統藥材：豪豬刺、浸在麻油裡的山羊腿、一捆捆的乾燥草藥。很多人就地睡在竹蓆上或臨時帳棚裡。成千上萬的香燭處處閃爍，誦經吟哦聲不絕於耳，空氣裡飄著濃重的焚香味和食物供品的香氣。年輕伴侶前來朝拜，不只是出於虔誠，也因為隱身人群讓他們有機會卿卿我我。建築物綴滿亮麗的ＬＥＤ裝飾，就連敬拜大金石的寺廟也不例外。與這裡的萬頭鑽動相較，說尖峰時刻的紐約中央車站簡直有如冥想靜修所，都算是對此處的混亂輕描淡寫了。雖然如此，這裡還是散發一股祥和之氣。

大金石本身十分壯觀，這塊幾近正圓、直徑六公尺的巨岩立於山頭邊緣，彷彿隨時會直墜而下。傳說它之所以能保持危險平衡，都是因為有三根佛陀的頭髮鎮住了它。整塊石頭貼滿金箔，且香客仍不斷加添，以至於有些地方的金箔厚達二公分多，疙疙瘩瘩地成塊突起。吉諦瑜佛塔矗立在人所不能及的大金石頂端，不論在日出、午後、日落或夜間照明下，它金色的圓形塔身總是光輝燦爛，雖然隨著光線變化而有細微差異，但怎麼看都令人驚嘆。我攀爬到大金石下方，站到它旁邊，從每個視角都能感受到那奇異的平衡是多麼脆弱，巨石的體積多麼懾人，這些聖地又能帶給人何等寧靜。那是種出奇激動又出奇安心的複雜感受。大金石就如同世上所有的奇景，觀者即使不是為了祝禱，仍不禁全神貫注。

緬甸有五十萬比丘和眾多比丘尼——全國至少有一%人口出家，另有很多人曾經出家，男孩子大多會剃度修行一段時間再還俗。即使只是偶然入寺參拜，他們也能信手拈來一段經文。佛教建築可分為六種：堅實的佛塔通常用於供奉舍利，格局四方中空的寺廟是敬拜場所，佛窟是比丘的冥想要地，另外三種是戒堂、比丘居住的禪房，以及藏經閣。佛像大多以磚塊砌成，偶爾使用石灰岩，表面塗覆灰泥和亮漆。一般而言，只要灰泥和亮漆一褪色脫落就會修補，所以這些佛像總是煥然一新，絲毫不顯歲月痕跡。直通有座成於十一世紀的臥佛，近來剛修復完畢，看來簡直像是上星期二才被糕點師傅裝飾過。

在緬甸，不論走到哪裡都是置身古都——每個地方總有一段時期被某支民族統治過。蒲甘就是九到十三世紀的蒲甘王國首都。那段時期開始流行興建佛塔和佛寺，貴族競相打造最富麗輝煌的建築，身家沒那麼闊綽的平民則捐建比較樸素的樣式。這種靈性較量所留給後世的遺產，便是在六十七平方公里的平原上林立著四千四百四十六座宗教建築文物。光看照片無法體會這塊地方的珍貴，因為它的氣勢來自於那種連綿無盡。我們在佛塔間散步，也驅車穿梭其間。我們爬上一座寺廟看日落，又搭熱氣球一覽這古蹟星羅棋布的奇景。即使親身走訪，也很難準確捕捉蒲甘被廟宇所覆蓋的平原規模，它的面積比曼哈頓更大，是凡爾賽宮腹地的八倍有餘。部分建築被軍政府以拙劣手法修復過，另有一些雖老舊但仍然完整，此外還有無數廢墟。不論你看向哪座古蹟，都能在背景中看到另外一千座。若說大金石使人昇華，蒲甘就令人謙卑，既是因為它的過去，也因為它的現況。

信仰是緬甸人經常掛在嘴邊的話題，很多世俗經歷都會透過佛教觀點耙梳理清。經朋友介紹，我認識了仰光的精神科醫師珊珊歐（San San Oo）。過去總有人一再告訴她，緬甸人透過佛教自我療癒，不需要她提供的治療。而她試著解釋，慘遭軍政府摧殘的人民，或許能藉心理治療走出創傷後壓力症候群。不過那些緬甸人堅持，他們只要靠潛心禮佛就能超越創傷。珊珊歐使用催眠療法，她把催眠說成一種藉旁人協助進入冥想狀態的工具，才好不容易成功開業。她告訴我，她覺得催眠跟冥想一定有相同的腦波模式。她先生是藝術家翁明（Aung Min），改革前曾擔任密探，而他說：「佛教徒認為憤怒不好，會擾亂情緒和思考，只會造成負面影響和破壞。可是我從前實在很憤怒，於是接受了四個月的催眠，結果情緒緩和了。那其實就是深度冥想。」

雖然佛教是主流、伊斯蘭教居次，緬甸仍可見其他信仰存在。當地有不少基督徒，甚至還有一些緬甸裔猶太人。山謬斯是伊拉克猶太商人的後代，祖先在十九世紀來到仰光，將緬甸的茶葉和稻米賣到印度。他們在仰光建立猶太會堂、一間猶太學校和一座墓園，並與改信猶太教的佛教徒婦女結婚。緬甸到了一九一九年約有三千名猶太人，一九六九年以後，猶太族群多半移民以色列或美國，不過山謬斯一家人沒有。山謬斯的父親每天都去猶太會堂接待外國訪客；宗教文化部部長在那裡參加過一場跨信仰禮拜。緬甸在以色列建國的同一年獨立，為兩國創造出意想不到的連結。以色列獨立後，緬甸總理是全世界首位訪問耶路撒冷的國家領導人。戴陽將軍和本古里安總理都曾參訪仰光猶太會堂。即使在軍閥統治時期，緬甸也曾送留學生到以色列學習農業。現在猶太人也大力聲援穆斯林，因為他們都是腹背受敵的少數民族，惶惶不安地聯手對抗佛教基本教義派。埃倫說：「這裡的穆斯林和猶太人向來情同手足。」

緬甸許多民族為享有更多的自治權，極力爭取聯邦制，長期以來為此多次起義並導致武裝衝突。羅興亞人的境遇是另一個問題，但也不無關聯。穆斯林問題源於派系衝突、人口組成和宗教對峙，少數民族的武裝衝突則源於國族主義。米德偉說：「一個國家或許會有一、兩次內戰，這裡是十七場內戰同時進行。」所有不服政府的民族都想獲得權利，選出自己的立法機關、用自己的族語上課。二〇一四年，政府推動全國停火協議，以此為先決條件換取各方的初步和平會談，而這項協議之所以達成，原因是其中約定了未來的協商談判將不只有軍隊領導人，也會納入各民族的政治和社會領袖。後續協商也將研議含禁止歧視條款的修憲方案，以賦予各民族／地區更大的自主權、成立更可靠的安全部門，並著手清除地雷。總統顧問溫敏（Win Min）解釋：「他們願意讓中央政府主理國防、貨幣和國際貿易，可是他們想控制教育、社會部門、漁業、邦內交通，也想拿到各邦境內開採天然資源的稅金。」

緬甸的民族衝突也有意識形態的因素。在越戰、文革和紅色高棉的高峰時期，眼見游擊戰事可能擴大，很多緬甸人大為恐慌。當時近中國邊界的山區還有國民黨殘餘部隊出沒，緬甸軍隊害怕國家被入侵，亟欲將他們驅逐出境，同時也與反政府的共產黨人作戰。而不同民族的領袖曾多次選擇與共產黨合作，原因單純是為了聯合戰鬥力。吳丹敏也參與和平協商，他指出，緬甸軍政府為了自我辯解，大力強調這是「長達半世紀的機械式剿匪行動」。丹吉說：「獨立以來的民族叛亂多得數不清，他們不只跟中央政府打，也互相攻擊。這些人能保持清醒，沒斃了自己人，真是奇蹟。」

過去幾年已很少出現長期武裝對峙的局面，雖然政府為了重掌某條道路、關建水壩或主導有利可圖的採礦作業，在進入爭議領土時仍爆發過小規模衝突。英國殖民者從未徹底深入偏遠崎嶇的區域，這些地方的基礎建設就跟穩定的政局同樣稀缺。有些民兵會為本地人打跑投機開發分子，另一些則向鄉民抽稅。其他自立為王的武裝勢力自有一套生意經。例如，撣邦東部民族民主同盟軍（勐拉軍）旗下有三千兵力，領導人曾是中國的紅衛兵，有人控訴他經營賭博和販毒集團、交易瀕危野生物種。在克欽邦，政府監獄關押了十二萬人，原因是他們參與或支持民族運動，近來也有影片揭露緬甸國軍曾轟炸克欽族的作戰壕溝。當地的翡翠礦場每年掘出數十億美元收入，但克欽族能分到的少之又少。在克倫邦，鄉村居民的人均年收入不到一千美元，卻可以看到僅兩公里外、住在泰國境內的克倫人每年收入一萬美元。

我去孟邦時，在當地從政的老師季兆倫（Kyi Zaw Lwin）告訴我，他在仕途上無法晉升的原因是他只有一半孟族血統，所以緬族和孟族都不信任他。混血背景遠重於他的政見或學經歷。孟族曾建立一個規模與泰國相當的王國，但在一〇五七年被緬族征服，時至今日，他們還是想重建自己當初的王國。緬甸各邦均有邦議會，建立聯邦的要件已經到位。只不過，邦議會該有多大權限？他們該代表全邦人民，或只代表主要民族？一般的共識是中央政府應下放權力給各邦議員，但究竟下放到什麼程度，仍莫衷一是。

吳丹敏認為，自一九四八年以來，和平協議的簽訂從沒這麼近在咫尺。總統顧問溫敏也同意，各民族戰鬥人員和緬甸國軍正值前所未有的高度互信。不過敏拉語重心長地說，目前全國上下還沒準備好面對全球競爭，自治邦也還沒準備好和鄰近的大型經濟體較量，如泰國或柬埔寨。關鍵在於緬甸是否能成功民主化，又不分裂為弱小版塊。中央政府要如何支持多元的民族認同，又不失去團結一體的國家認同？該如何塑造國家認同，感覺才不會像是軍政府將領斧鑿出的那個認同的殘影？許多觀察人士憂心緬甸將大開倒車，如同昔日的南斯拉夫分裂成多個共和國，陷入長年對立交戰。

佛教強調寬恕的精神也在此發揮了影響。緬甸鮮少有人提及報復性正義，這次也不例外——向前看比究責來得更重要。一九八八年民運後，溫敏在叢林裡躲了好幾年，後來他去美國念書，接著移居泰國並當上教授。當他受邀擔任緬甸新政府的顧問，家人警告他，當局可能是要利用他營造改革的表象，不過他實在太想加入自己曾一心盼望的變革。他說：「我們還沒起步，這需要時間。」

文藝茶館在仰光和曼德勒湧現，作家齊聚一堂看表演、讀作品。我們在仰光街頭散步時，一個本地人告訴我：「那裡就有個短篇故事的茶館。偵探和推理小說家會去馬孔大廈站旁邊那家。詩人去三十七街，小說家去三十三街那家。」這類活動在五年前是不可能的事。軍政府審查最嚴的主題是政治、宗教和裸露。筆名「如」(Ju)的作家丁溫溫（Tin Win Win）說，他們也不准描寫貧困生活，當局認為這是破壞國家形象。要出書得先拿到許可證，申請許可證又得先通過出版前的審閱。二〇一二年，審查部門主管在全國電視台公開表示：「要邁向真正的民主，我們必須廢除審查制。」這陣子，如同丹吉指出的：「不論什麼地方，凡有不公不義，消息都會見報。我們從沒見過這種情形。就算還是沒有任何整頓，至少大家知道發生過那些事。」長久以來不准批評政府的記者，現在除了批評政府很少做別的事。

丹叟光是知名的出版人和外文書經銷商，曾在二〇〇七年販賣一套英文百科全書。有個朋友指出那書裡有好長一段「人權」條目，於是丹叟光把整套百科全書下架，到各門市將已送出的貨全部回收，以免高層人士注意到了，把他抓去坐牢。如今他的英文書在全國擴大發行，他還創立流動圖書館，把緬甸文書籍載運到鄉村地區。

政府監管圖書出版的部門從前叫「出版審查註冊局」，現已更名為「版權註冊局」。雖然版權註冊局已不在圖書出版前逐行細審，仍會在出版後審閱，要是書籍批評政府或軍隊的力道太猛，還是會被下架。本土暢銷作家寫一本書能賣幾十萬冊，但鮮少有外文書譯成緬甸文。作家大多只為雜誌撰寫短篇散文和詩詞，部落格創作也有一定人氣。不過蒂妲認為，寫作者已經內化了言論審查的精神，要再過一個世代，大家才會發自內心地自由下筆。她創辦了一本雜誌和一份報紙，主張自由若不行使就會凋萎，鼓勵年輕一代寫作者拓寬格局。她的出版品探討了長期以來均屬敏感的主題，例如民族衝突，此外也觸及更新穎的領域，例如女性、同志和身心障礙者的權利。

二〇〇七年，朋樂想讓旅外國人了解國內時事，於是寫起了部落格，這在當時是審查人員和編輯都管不著的平台。因為緬甸的網路不堪使用，所以他在新加坡架站。他從未直接批評政府，而是創作充滿隱喻的短篇故事和詩詞。其中一篇故事說，有隻老虎來到一座村莊，進入一座佛塔，就這麼待了下來。村民認為那頭野獸該活在森林裡才對，有些人想乾脆殺了牠。村長的女兒說，問題不在老虎，而是牠占據的那個地方，不過沒人有辦法讓牠離開佛塔，村民只好一直活在恐懼之中。朋樂解釋：「審查人員看不懂我的意思，所以各家雜誌敢刊登這些故事。」

他在番紅花革命前夕自新加坡返國，創立緬甸部落格協會，教導記者從仰光發表或能見於外界的報導。他認為，發自國內的報導對往後數年的改革有關鍵影響。後來，有人在朋樂的個人電郵收件匣裡發現侮蔑當局的漫畫，政府於是逮捕了他。雖然他再三解釋，無論是誰都能寄任何東西到他的收件匣，無須經他同意，不過審問官員不肯相信。他們盤問了他十天，期間不准他睡覺，屢屢對他拳打腳踢，有時五花大綁，還把他蒙眼押送到不同地方，因此朋樂既不知道自己身在何處，也不知道是誰審問他。他說：「在軍事獨裁國家，人在監獄裡外的差別不大，反正整個國家就像個監獄。」

他被判處超過二十年徒刑，首先被押往仰光惡名昭彰的永盛監獄，蒂妲也曾被關在那裡。他一度被轉押到若開邦一間戒備不那麼森嚴的監獄，在那裡獲准和家人通信，於是再度透過隱喻描寫所見所聞。他說：「想要專心，那是個再好不過的地方。我們有權閱讀，我爸媽每個月都來探監、帶書給我。我從不覺得傷心難過，我的小牢房就像個小圖書館。」他邀其他獄友來房裡，教他們英文或讀東西給他們聽，雖然牢裡沒電腦可用，他還是教他們電腦知識。他把新創作的故事口述給父母聽，他們再用假名發表。二〇一二年大赦後，他出版了《獄中書簡》（*Prison Letters*）。

朋樂說，他認識的政治犯沒有一個在關押期間感到害怕。「坐牢讓我們變得更堅強、更有學養；監獄等於是我們的大學。我在那裡學會永遠不要把心思放在遙遠的未來上。我學會了專注於當下。」即使到了現在，他仍認為政府在利用法律箝制表達自由。「不是藉由施壓，而是法律。我們是能寫，但有時他們會企圖對報紙、編輯和作者提告。」他指出，他被判刑所依據的《電子交易法》目前仍用於管制圖書，雖然刑期在修法後已經縮短。是否執行哪些法規，決定權還是握在軍方手裡。「我們其實沒那麼安全。」記者的寒蟬效應依然強烈。

言論審查助長了藝文工作者的力量，因為那暗示了表達自由威力無窮又極度危險。審查是恐懼的表現，政府怕誰，誰就有了威信。登林（Htein Lin）是一九八八年民運領袖之一，當時就讀法律系，後來在鎮壓期間逃到印度的難民營。一九九二年，印度與緬甸軍政府關係正常化，雖然印度仍宣稱支持緬甸民主，全緬學生民主陣線的成員還是很快逃離了印度，棲身於緬甸近中國邊界的叢林難民營。難民營的新舊成員間上演了殘酷的衝突，有如小說《蒼蠅王》的情節。登林和大約八十名難民遭指控為奸細，於是被同志酷刑折磨又關押起來。有十個人被切掉手指，死於傷口感染，另有十五人被昔日的學生同志處決。登林說：「你是走不出叢林的，只會弄得渾身濕透，永遠乾不了。每踩一步都會陷進地裡。食物又在哪裡？你擺脫不了瘧疾，然後還有水蛭。牠們趁你睡著時咬進你皮膚最細嫩的地方，等你醒來，能感覺到牠們在吸你眼睛的血。」

最終他還是逃出叢林，完成了法律學業。接著在一九九八年，他的名字出現在籌畫抗議活動的祕密名單上，上面的人全被抓去坐牢。登林被判七年徒刑，不過跟叢林比起來，監獄實在舒服太多了。從前他在印度學過畫，而他與一名獄卒交上朋友，對方從沒聽說過繪畫這回事。登林主動說要畫一幅送他，那名獄卒便帶了一些油漆給他。登林抽出打火機的導火芯，充作畫筆。監獄裡沒有廁紙，囚犯把淘汰的囚服撕碎了來清理自己，而登林把他的份省下一半，在這些破破爛爛的白棉布條上，畫出了可說是最令人難以忘懷的戰爭場景。登林也創作單版畫，材料是一枚瓶蓋、一片玻璃、一塊他拿來刻版的肥皂和一張舊漁網。他還從監獄醫院弄來一枚針筒，改造成畫細線的工具。

有個獄卒誤以為登林的抽象畫是逃獄用的監獄圖，於是把他的創作全部沒收銷毀。他從頭開始，在七年的牢獄生涯中創作出三百多幅畫作。日子一久，登林的獄卒開始對其他幾名受到信任的守衛推心置腹，說他們看守的這個犯人是大畫家。每當值班的都是知情的獄卒，那些畫就被夾帶出獄，偷偷送到他家人手中。後來登林有個朋友找上英國駐緬甸大使鮑曼，請她代為保管這批收藏。她不只首肯，也透過登林的創作與他墜入愛河，他們在登林獲釋後很快結婚。二○○五年他在仰光開畫展，也邀請為他張羅創作材料的獄卒到場，兩人一起舉杯為他們的合作慶祝。登林跟我聊到，藝術在塑造新意識形態的過程中發揮了怎樣的作用。他說：「我在牢裡認識了很多政治人物和律師，他們在裡面全成了詩人和詞曲創作者。」

我認識登林時，他正在組合一件叫做《舉手》（*A Show of Hand*）的裝置作品。他盡可能聯絡上政府關押過的三千名政治犯（官方統計數字，很多人認為遠低於實際人數），為他們翻製手部石膏模。我參觀他的工作室時，他已經累積了大約兩百副模型。石膏既能固定傷處，也限制了傷處，他覺得這種雙重性質有很強大的隱喻力量。問到丹吉時，她說只要她能決定擺什麼手勢，就讓登林翻模——結果她比了中指，是向關她入獄的獨裁強人比的。登林說：「難怪你沒死。」

其他藝術家用比較迂迴的方式處理政治議題。瓦努（Wah Nu）告訴我，從前他們家製作工藝品賣給觀光客，翁山的半身雕像非常暢銷，不過到了一九八八年後，他們不再生產翁山雕像，還得把成品藏起來。瓦努和她先生童文翁（Tun Win Aung）在二〇一二年以後開始展覽作品。從前的社會主義政府把翁山最後的演講當作政宣材料，沒完沒了地播放，他們夫妻倆也在畫廊裡循環播放這段演講，並在展廳擺出幾十尊不再違法的翁山半身像。這件裝置作品既懷舊又諷刺，向翁山致敬之餘，也揶揄了他的名號被人用一種狂熱崇拜的方式，拿來代表緬甸一切的優點——這跟中國藝術家拿毛澤東影像當素材有異曲同工之妙。當然了，對翁山的一切指涉也是對他女兒的指涉。童文翁說：「翁山蘇姬改變不了我們。我希望她當選，到時候我會非常高興，可是我不期待她改變我。我們生活在這個政府之下已經腐化了，現在得從頭學著做個正直單純的人。」

我在曼德勒認識丁替（Maung Tin Thit）時，他看起來很疲憊。他也參加了一九八八年的社運，曾設法躲藏了好幾年沒被逮捕。後來警察在一九九八年搜索他的公寓，發現一本寫滿詩作的個人筆記，其中這一首令他們格外惱火：

屋前的街道需要
光輝的月亮照耀。
街道非我所有。
但要是不踏上這條街，這條路，我就到不了
我的家。
為了淨化心靈，或許我得動手掃街。

為了這寥寥數行，他坐了超過七年牢。他一直在寫一本書，報導若開邦到中國的油氣輸送管議題，這種良心調查報導仍是當局懲處的對象。他說：「我入獄以前滿心激情憤怒，我的詩就出自這些情緒。不過在監獄裡，隨著我靜心冥想，我醒悟到那種憤怒一事無成。這本新作不是出於憤怒而寫的。現在我也不怕回去坐牢，因為我已經學會怎麼在裡面過日子。」

丹吉也寫了一本《鐵欄亦非牢籠》（*Nor Iron Bars A Cage*），回憶她的牢獄時光。她說：「從前我對政治一點興趣也沒有，可是八八年上街遊行的都是年輕學生，結果他們被開槍打死。我實在羞愧，於是加入那個行列。然後翁山蘇姬出面演講，我們很多人都去了那片泥濘的廣場，聚在場中央聽她怎麼說；到處都是蟋蟀和小青蛙跳來跳去。我們把塑膠袋鋪在地上當坐墊，等她到場等了兩個小時。音響很糟糕，結果我們什麼也沒聽到。小時候我曾經跟翁山蘇姬同校，我五年級她二年級，我在學校看過她，所以我跟她提起這件事，我們是用英語交談。我受當下激情感染，跟別人一樣對她說：『有我們幫得上忙的地方，儘管開口。』隔天她就讓一個人打電話給我，我馬上知道自己將來要面對槍口，也會去坐牢。我得確定自己到時不會崩潰；在亞洲，要判斷一個人教養好不好，端看他能不能處變不驚。所以我想了一下自己有沒有處變不驚的能耐，然後說：『我準備好了』。」

幾年後，丹吉公開反對蘇姬支持的國際制裁，並料中軍政府將領會趁制裁的機會獨占市場、中飽私囊。她預期將領會大肆濫砍硬木林，把翡翠礦脈開採殆盡，害後代子孫無以為繼。她說：「最後一棵樹都不會留下。」蘇姬譴責丹吉是叛徒，但因為她倆的共事關係，丹吉最終還是坐了牢。至今她仍覺得跟獄友比家人還親。她告訴我：「今天下午我才在其中一人家裡跟另一個獄友見面，所有年輕獄友和我們全體一起吃午飯，大家天南地北什麼都聊。有些人我出獄後就沒再見過了，可是等我們在二十五年後重逢，那好像只是昨天的事。」

密蘇波莉別名茵妙蘇（Yin Myo Su），是緬甸傑出的女企業家，率先打造出全國最迷人的旅館並引領國內餐飲文化。她說，她覺得冥想根本是不可能的事：「我沒辦法去一個要我什麼都不做、只是一心專注的地方。我小時候試過，結果只是把腿坐到全麻了，沒辦法有任何其他感覺，於是開始無聊。我祖母透過做菜來冥想，我也這麼做。」

波莉的父母在茵萊湖附近有間小民宿。一九七〇年代，她還小的時候，她父親在那裡接待客人、母親為他們煮飯，波莉做丑角表演娛賓。一九八八年，她開始在她的中學參加政治集會，但不敢告訴父母。有一天她回家晚了，父親質問她究竟上哪去了，她不得不據實以告。「結果他說：『去洗澡吃飯，然後我們一起回學生聚會的中心去。』他沒懲罰我，反倒加入我的行列。我父親就這麼進入政壇，後來我也幫他競選，我這輩子第一次投票就是投給他。」他在一九九〇年當選後，波莉申請到人生第一本護照，到瑞士念旅館經營管理。

到了後八八時代，先前當選公職的人約有八十五%被捕入獄，很多人服了長期徒刑，波莉的父親只被關了兩年。他希望女兒在國外完成學業，囑咐家人不要把他坐牢的事告訴波莉。不過後來有個朋友寫信給她，信中說：「我為你爸爸感到難過。」波莉有個住在仰光的姑姑家裡有電話，當波莉打給她問父親出了什麼事，姑姑掛了她電話。她因此知道事態嚴重，立刻趕回緬甸，等她走進家門，她母親尖叫著要她回瑞士，以免害她父親更擔心。波莉說：「她那麼說有點殘酷，不過也是想保護我。而且她是對的，因為那年頭將領看到黑影就開槍，知道有人出國又回來，這很可疑。我才陪了我媽三個晚上，他們就來找我了。」母親把她藏起來，她在隔天十九歲生日當天逃到泰國，在那裡幾乎餓死，後來才想辦法回到歐洲，在法國一間餐旅學校打工換食宿。五年後，她總算返鄉與父親團聚，彼時他已退出政壇，開了一家有二十五間客房的旅館，波莉也加入父親這門事業。

波莉一點一滴擴大家族的地產。如今她在妙烏有一家小旅館，在北部的茵萊湖有一間民宿，還有一座占地十八公頃的農場，一間教授餐旅經營、有機農法和傳統藝術的學校。她旗下有超過兩百名全職員工。她也創立茵達傳統之家（Inthar Heritage House），重新訓練當地工匠的古建築技術，如此一來，他們就能協助打造一座傳統工藝博物館。茵達傳統之家處處可見她祖父母的家具，各式古董則是從鄰居那兒一件件收集來的，因為他們比較想要中國工廠製的新擺設。茵達傳統之家也附設緬甸貓育種中心——這個品種之前在緬甸絕跡已久——以及全國最出色的餐廳，在這裡能吃到根據她祖母家傳食譜做出的美味佳餚，例如緬甸國菜涼拌茶葉（lahpet），這是拿發酵茶葉拌入辣椒、麻油、炸蒜片、蝦米、花生和薑，咖啡因含量不低，最好別在睡前吃。所有食材都是自家栽種或手工製作，客人有時會嘖嘖稱奇，不過她說：「從前我們一向是從農場到餐桌，要是不自己種，根本沒別的地方找得到東西上桌。」

茵萊湖是個秀麗絕俗的淺湖，當地居民長年打魚為生。他們站在船上用單腿搖槳，空出雙手操作漁網，那畫面令人讚嘆：他們的身姿挺拔，動作出奇優雅，全身如蛇一般扭動自如。湖區有許多景點可搭船前往：林立的廟宇和佛塔、如詩如畫的村落，掩沒在荒煙蔓草間的廢棄寺院。湖上有個知名的水上市集，湖濱另有幾處市集觀光氣息沒那麼濃厚，可以看到紡織工現場用藕絲織布。

緬甸在二〇一一年有二十萬遊客到訪，二〇一二年有一百萬人，二〇一三年將近兩百萬人，到了二〇一四年超過三百萬人。茵萊湖東岸的地景出現一道破口，那是一處剛啟建不久的工地，完工後，湖區的旅館客房數將增為三倍。然而，本地脆弱的基礎建設絕對撐不起蜂擁而至的遊客。因為不顧永續的農耕，茵萊湖本身正逐漸淤塞，周遭狹窄的水道已擁擠不堪。茵萊湖之美——其實全緬甸各地之美也是——多少得益於外人長期不得踏足，現在如此迅速對外開放，恐怕很快就沒有值得遊客踏足之地了。

479

二〇一四年初，多名作家和記者遭政府逮捕。《團結報》（*Unity Journal*）披露了一處據說是化武工廠的工地，社長和四名記者因此被判十年苦役，後來減為七年。另有超過五十人出面抗議此一判決結果，也遭到逮捕。翁蛟南（Aung Kyaw Naing）曾是翁山蘇姬的保鏢，他在報導孟邦克倫叛軍和緬甸國軍的衝突時被國軍俘虜，關押期間被害身亡。欽邦新成立一間公立學校，一名記者為了報導該校的獎學金計畫，想訪問一名教育官員，結果被依「妨礙公務員執行公務」和非法入侵罪名判處一年徒刑。報社依法得登記立案，不過登記門檻說變就變，所以報社乾脆逕自發行，直到惹惱官員、被勒令停業為止。二〇一四年秋天，欽邦有四家報社遭到取締。《正午陽光》期刊（*Bi Mon Te Nay*）刊登了某社運團體的錯誤聲明，說翁山蘇姬已建立臨時政府，期刊的三名記者和兩名發行人全被判處兩年徒刑。廷喬（Htin Kyaw）在仰光籌畫抗議遊行，被依擾亂公共秩序的罪名判處十三年徒刑。

緬甸在世界上的媒體自由排名穩定提升，二〇一一年在一百八十個國家裡排名第一百六十九，二〇一二年第一百五十一，二〇一三年已升至第一百四十五。不過，「人權觀察」組織的資深緬甸研究員戴夫．馬迪森（Dave Mathieson）還是強調，二〇一四年，緬甸仍有兩百人在押，包含和平抗議人士、記者和社運人士等等。李亮喜（Yanghee Lee）是聯合國的緬甸人權特別報告員，她在聯合國大會報告指出，該國政府持續「宣告公民社會與媒體活動非法而加以阻撓」、處以「重得不成比例」的刑罰。我在緬甸訪問的藝文工作者和知識分子之所以獲釋，是依據刑法第四〇一條，不過這條法規只允許「有條件」特赦，要是他們得罪政府，便將面臨服完全部刑期的風險。

蒂妲說：「我們漸漸明白，監控不只改變了作家的思維，也改變了社會的思維。誰都不敢相信誰。當民眾不能彼此信任，要操弄他們就很容易了。所以這個社會本身還沒為民主做好準備。」她並不期待所謂的「改革政府」很快帶來自由，所以如同朋樂，她對開倒車的情形不特別訝異。不過，她也不得不反思她對緬甸社會復原的期望：「現在我懂了，我們一直以來缺乏的是一個共同的夢想。我們的歷史滿是抵抗壓迫的過去：殖民統治、社會主義專制，還有軍政府。我們完全忘了自己究竟想生活在一個怎樣的社會。只能盼望新一代的眼界會更寬廣了。」

聽聞記者被捕的消息，緬甸人不以為然，不過他們也會寬心接受更糟的事態。緬甸人總是鎮定沉著，無論如何都保持心平氣和，就算對個人際遇的好轉幾乎不抱希望的人也一樣。相形之下，國家發生了顯著的正向改革卻未見高度樂觀的民情，則不那麼值得一提。緬甸人既不那麼樂觀，也不那麼悲觀——這或許是上座部佛教理念的文化表現。即使沒有共同的夢想，他們仍有一種出奇強烈的共同性格：堅忍卓絕。雖然這未必會達成改革，卻也是改革不可或缺的要素。

◆ ◆ ◆

羅與亞危機在二〇一五年緬甸大選前急遽惡化。緬甸種族佛教保護聯合會（Ma Ba Tha）成立後，九六九運動更是如火如荼。該組織自稱以捍衛上座部佛教為宗旨，威拉杜也是活躍成員。因為佛教激進分子的迫害，羅與亞人大舉逃亡海外，留下來的人得面對家鄉和難民營的嚴苛處境。這群人無處可去。一個美國組織依種族滅絕罪名對登盛總統提起告訴。激進佛教徒企圖左右大選、拱登盛的政黨上台，最後未獲成功，不過這群人恐怕不會消失。

全民盟對援助穆斯林絲毫不顯興趣。大選過後，該黨高層幹部溫廷（U Win Htein）說：「我們另有優先事項。」即使穆斯林多半世居緬甸已久，他仍解釋：「我們要跟孟加拉政府交涉，因為他們幾乎都是從那裡來的。」又補充說他們應該「被送回去」。全民盟沒有提名任何穆斯林候選人，自一九四八年獨立建國以來，穆斯林議員首次在新議會缺席。不過穆斯林社群仍然表示，他們認為全民盟會推行法治，並希望有了法治以後，他們的權利將比之前更受尊重。

軍閥統治集團在二〇一一年正式解散，隔年民間出版限制放寬，媒體業冒出了三十二家日報、大約四百種週刊，以及約三百五十種月刊，很多後來又宣告歇業。登盛的施政團隊幾乎全由貌似平民的成員組成，然而他們逐漸緊縮媒體自由，登盛為改革說的一番美言也大打折扣。許多記者獲釋出獄，不過害他們被定罪的法律不動如山。

記者與出版業者仍常被判刑，依據的是「教唆動亂」這類含糊其詞的罪名。官方的出版前審查被更加無遠弗屆的自我審查取代，珍惜個人自由的記者已學會避開爭議主題。舉凡政府貪汙、羅與亞人的處境、各民族的長期衝突、士兵犯下的強暴案、經濟開發計畫導致的迫遷，或是正迅速興起的佛教國族主義如何危險，想追查的人等於在招惹監控、騷擾和官司上身——就算政府不出手，憤怒的民眾也會主持自以為是的正義。對於被冤判的人民或初萌芽的獨立媒體，要彌補過去的傷害，新上任的全民盟政府有很多工作要做。然而，隨著網路連線透過智慧型手機大幅普及，很多國人現在都從臉書看新聞，有些變化可能已不是政府所能掌握。

憲政改革遭政府擋下，堵住民主派領袖翁山蘇姬的總統之路，卻阻止不了全民盟在二〇一五年十一月的國民議會選舉中獲勝。翁山蘇姬的政黨在一九九〇年的民意調查中領先，此後民眾對她的熱烈支持未曾稍減。政府延長她的軟禁，又為了阻止她當選總統而操弄憲法，只是更強化了她勢將崛起的印象。議會選舉的投票結果是如此篤定無疑，就連將領也沒有表示反對。雖然如此，軍隊仍在議會占有四分之一席次，繼續把持決定性的否決權。內政部、國防部和邊境管制部仍得看軍隊的臉色行事。

「女士」領導國家能否像在野時那麼有力，尚待觀察。一個如此偏好自行作主的領導人，是否能成功下放權責於他人，我們還無從預料。這位民主偶像斷言，雖然她不是總統，但她將凌駕於「無權的總統」之上——這話很貶損那個她可望而不可得的位置。她也對憲法嗤之以鼻，說那是「很愚蠢」的文獻。緬甸憲法雖然問題叢生——尤其是害她不得擔任官方領導人的第五十九F條——到底是廢除不當法規的程序依據。她對憲法如此輕蔑，不免流露一絲專制氣息。

時間將會證明，一個成員泰半毫無政務經驗的政黨究竟能否成功執政；軍政府及其銀彈充裕的盟友，將如何回應會降低他們領導人經濟優勢的政策改革；一個新的緬甸政府，又要如何處理持續不絕的種族暴力，以及終身居民竟被慘無人道地剝奪國籍的問題。

澳洲 ◆ AUSTRALIA

汪洋迷失記
Lost at the Surface

《飛蛾》
2015

這本書始於我兒時的旅行，現在即將在我和一個孩子結伴的旅行中畫下句點。這本書始於對冒險初萌芽的渴望，現在將結束於對衝動逞強的保留。對永垂不朽的意有所指，讓位給生命有限的篤定。我長大了。

◆ ◆ ◆

從前從前，我是個膽小的孩子。我不喜歡遊樂場的飆速器材，也討厭恐怖電影和一切陌生古怪的東西。我很容易就焦慮不安。我六歲的時候，敏笛．席維斯坦（Mindy Silverstein）的母親帶我們兩個一起參加賓果之夜，我竟然緊張到吐出來，她只好掉頭帶我回家。另一回，我們去看米爾頓伯伯，大人要我到外頭跟強尼堂哥玩。他動作很粗魯，結果我恐慌發作，跑回屋裡黏著爸媽。跟很多膽小的孩子一樣，我不是活在真實世界，而是活在書本裡。我也會看電視的自然報導節目，對雅克．庫斯托的海洋生物紀錄片特別著迷。我喜歡看別人冒險犯難，自己卻不想冒險。

到了十二歲那年，有天母親帶我出去吃午餐，我們聊到我現在早已不記得的某件事，母親趁機對我說，我要是膽子更大一點，就不會錯過那麼多事了。我說：「媽媽！可是我才剛點了鰻魚耶！」她柔聲說：「吃東西很敢嚐鮮，跟真正的大膽還是不一樣。」

我下定決心，要憑堅強的意志轉性成大膽的人。一般人大都年紀愈長愈謹慎，但我不一樣，長大以後的我愈來愈放得開。我玩過高空跳傘和滑翔翼，也赴戰地和災區做過報導。有時候，我直言不諱地說出私密心聲，因此不得不面對隨之而來的無情公審。

有一次我接到一份工作，得走遍所羅門群島做報導，便覺得學潛水應該很不錯。有個德國朋友恰好在我們啟程前來紐約看我們，大家決定一起去東九十街的公共游泳池上水肺潛水課，不過後來缺了幾堂課沒上全。雖然如此，我們還是決定到開放水域試試身手，於是開車前往賓州一個淹滿水的廢棄採石場。業主在水底弄了幾輛舊校車點綴，實在有點詭異，不過他們說，這是為了讓想拿潛水證書的人有點「殘骸」可看。是沒錯，這下我們腦海裡也浮現溺水兒童的景象了。我們的指導員是個脾氣暴躁的漢子，我誤會了他的指示，還不該下水就跳進水裡，結果他叫我們通通上岸，並且氣得撒手不幹。我們只好摸摸鼻子回家，大老遠跑這一趟，只看到一輛沉水的校車。

我跟約翰結婚後，去尚吉巴群島度蜜月。約翰的心情無比飛揚，因為我們辦了一場喜氣洋洋的婚禮，我的心情卻跌到了谷底，因為那場喜氣洋洋的婚禮已經結束了。在尚吉巴的第一晚，他說：「我忍不住一直回想我們的婚禮。」我說：「我也是。」他說：「我忍不住一直想，我們的婚禮真是美麗又無可挑剔，大家都好開心，那麼多優秀的朋友都來給我們加油打氣。」我說：「我忍不住一直想，我們要是讓尼基坐五號桌而不是六號桌，不是比較好嗎？」約翰看我顯然在自尋煩惱，決定幫我找點別的事情分心，於是提議一起去上旅館提供的七日潛水課程。我聽他的話去上課，畢竟在尚吉巴的度假中心，除了潛水好像也沒別的事可做。可是一看到那麼多複雜的潛水裝備，我嚇得倒退三步。我可是考了三次路考才拿到駕照——拿到駕照之後，我母親說，考官放我過關的唯一理由，是他擔心要是不這麼做，恐怕得再跟我坐上同一輛車。我有讀寫障礙，自己身體的左右邊都分不清，直到戴上婚戒才解決了這個問題。小時候我看庫斯托潛水，好像優雅得毫不費力，現在輪到我來學習各種呼吸裝置、安全配備的名字，還得搞懂怎麼把它們組裝起來，卻是手忙腳亂。

然後我們還得練習應對輸氣失靈該如何是好。

不論面對任何危機，只要給我至少半小時思考，我都能巧妙應對。我能在棘手的情境中擬定策略，談判出解決之道。我曾設法從東柏林的警局羈押中脫身，也曾罹患令人不知所措的憂鬱症、苦於混亂的治療迷宮，並從中解析出一條走出病症的路，我也搞定了以同志身分成立家庭所需的繁複程序。但說到手眼協調或任何彈指間的直覺反應，我就很不拿手了。只要想像我在水面下九公尺因為輸氣管故障而不能呼吸，因而得找到潛水伙伴並跟對方共用輸氣管時，就讓我噁心反胃，像是重返敏笛的賓果之夜。

雖然如此，我還是學會了潛水，從此以後，凡是到了適合水下觀光的地方，我都會到水底逛逛。大堡礁位於澳洲東北岸外的珊瑚海，是享譽全球的景點，我向來都想一睹為快。所以，當我受邀為雪梨作家節的開幕式演講，我便帶著約翰和兒子喬治同行，並安排了賞珊瑚礁的行程。我親愛的朋友蘇・麥卡尼—史內普（Sue Macartney-Snape）是出色的澳洲漫畫家，也是最先鼓勵我參加雪梨作家節的人。她的速寫乍看是在記錄芸芸眾生的古怪現狀，實則是藉此揭露其中最隱密的人性幽微處。她憑著善於撮合朋友的神奇本事，幫助我在雪梨結交了很多知己，也在我造訪期間辦了好幾場慶祝會。雖然她不想潛水，我還是說服她跟我們一起去看大堡礁，而慷慨的她自願留在旅館照顧剛滿五歲的喬治，好讓我們放心出海探險。近大堡礁的旅館凡有一定檔次，大多不准小孩入住——因為那些旅館其實就是海灘度假村，這種規定實在掃興。奧菲斯島是少數可以帶小孩同行的地方，所以我們這就往那裡出發。

第一天，我們整天都待在氣氛放鬆愉快的旅館，約翰與我挑選了潛水裝備——助人上浮的充氣式浮力調整裝置、氣瓶、呼吸調節器、增重用的尼龍配重腰帶，諸如此類——接著跳上旅館寬敞舒適的汽艇。蘇和喬治這時已經堆起了沙堡，向我們揮手道別。同船的除了潛水長，還有一對父女，爸爸出身馬里蘭州，說話輕聲細語，女兒活潑開朗，正值大學年紀。女孩宣稱潛水是她最喜歡的休閒活動，並自承每當她身在離海洋很遠的地方，「我會花很多、太多時間逛水族館。」她跟父親一起潛水過幾百次，她也把其中大半經歷說給我們聽。

汽艇先帶我們經過許多小島，再駛進遙遠的外海——遠得完全看不到陸地——然後下錨，讓我們一個接一個順著錨繩入海。潛水長警告這片海域洋流很強，並帶我們複習一次潛水計畫：大家入水順著洋流漂一陣子，船會來到我們浮出水面的地方接人。她說如此安排的優點是我們能潛行很長距離、看到很多東西，又不用消耗太多精力自己游。

然而我們出師不利。來自馬里蘭的男人調節器失靈，不能通氣，幸好他馬上察覺苗頭不對，只好把自己吊回船上，坐看整趟潛水。旅館員工竟然讓客人配戴故障器材到外海潛水，不過我太專注於出發準備，無暇感到不安。我還是大膽下水了。這裡的珊瑚雖然不算出奇精彩，還是很漂亮，魚群也繽紛亮麗，但比起十幾年前我在所羅門群島的馬羅沃潟湖口浮潛所見，生物的數量跟種類都沒那麼多。強勁的洋流捲起海砂和沉積物，降低了能見度。水族館女孩看到一隻烏賊，於是打出恰當的「過來」和「烏賊」手勢，招我們過去，可惜我們還是沒趕上。光線突然一暗，想來是太陽躲到了雲朵後方。因為我在水底老是緊張兮兮，呼吸比能手粗重得多，於是氧氣表比別人更快指向紅色警戒。我把氧氣表秀給潛水長看，她打手勢問我能不能自己上浮回船上，我堅定地比了個「ＯＫ」表示沒問題，隨即開始上浮，途中暫停了一次做減壓。

根據潛水的標準作業，一般浮上水面以後，要伸出一隻手臂在空中揮舞，潛水船會過來接你。我破水而出時，發現洋流其實並未把我們帶得很遠，不像在水面下十到十二公尺處所感覺的那樣。我開心地舉手過頭揮舞，年輕的船長正大致面朝我這方向，我便等他發動引擎開過來。不過，船停在原處沒動。於是我更用力揮了揮手。船長還是茫然地看向我這邊，我也仍繼續揮手，而且現在雙臂齊用。我舉起潛水面鏡，從嘴裡取出調節器想出聲喊叫，不過我正對逆風位置，也知道我的聲音一定會被風浪聲蓋過。我不禁想到飛機救生衣上總會寫著「吹哨子引起注意」。

別忘了，潛水後通常會精疲力竭，而且澳洲的陽光猛烈，浪頭也不小，當下的洋流更是強勁，所以我真的得離水才行。我開始模仿深夜電視節目，學泰山長嘯一聲。船長隨即消失在船身另一側，徒留我眼巴巴地盯著落空的指望。

當我頂風面朝汽艇，海浪也一波波拍過我的頭頂。之前我不明白為什麼有人穿救生衣還會溺死，不過，我在給浮力裝置打氣的時候醒悟到，如果我繼續維持這個方向，一定會把大量海水吸進氣管和腸胃。這是大自然的水刑。所以我背過身子，每隔幾分鐘再轉回去確認船長是不是回到我的視線之內，這時他也就會看到我了。我等呀等，等呀等，過了大約十分鐘，他總算回來了，又是一臉直直向我看過來的模樣。到了這時候，我揮手的姿勢已經堪比太陽馬戲團的雜耍花招——雙臂在頭頂迅速擺動、上下前後左右飛舞。我甚至試著猛蹬蛙鞋半躍出水面，活像長了手臂的飛魚。船長平靜地向我這邊凝視了幾分鐘，接著重啟他的甲板小旅行。

不論你在賓州或尚吉巴學潛水，教練都會鉅細靡遺地教你如何應對輸氣系統失靈、向潛水長示警問題要用哪些手勢，也會要求你牢記許多技巧，以應付林林總總可能的錯誤、失常和危險。可是從來沒有人告訴你，要是你在水面上不知怎的竟成了隱形人，該如何是好？

洋流正在把我帶離那艘船，所以我試著逆流游過去。但即使我使盡全力划水仍無法前進半分，我很快便發現自己游不進浪裡，尤其身上還穿戴著氣瓶和配重腰帶。於是我只在戴上潛水面鏡時呼吸，吸的是氣瓶剩餘的空氣。我最初會上浮就是因為氣瓶快空了，而且我不只需要空氣來呼吸，也得靠空氣才能浮在水面，因為我的浮力調整裝置微微漏氣，我得不斷給它充氣。那配重腰帶呢？圍著它的好處是能減緩我漂離潛水船的速度，壞處是它也拖慢了我的泳速，更可能加速浮力裝置洩氣。我盡可能叫醒我的邏輯腦袋，想做個決斷，只不過，即使我有超過半小時的時間思考，還是毫無頭緒。其他人現在應該都回到船上，要來找我了，雖然沒有地標可循，不過潛水長知道我在哪裡出水。我移動的方向只有一個，就是洋流的方向，要找到我應該不是太難。我繼續穿著配重腰帶，心裡盤算著我離船愈近應該愈容易被發現。

至此我已無計可施，只能任憑自己隨洋流漂浮，保留體力，把臉從汽艇和逆風的方向轉開，整個人被浩瀚無邊的大海包圍。

終於，我耳邊傳來一陣令人倍感安慰的聲音。汽艇的引擎發動了。我大大鬆了一口氣，轉過身去，重啟我的揮手奧運——然後眼睜睜看著船推動排檔往反方向出發。汽艇離我而去，加速開往海平面。

現在，我隻身一人在海上，四面八方除了海水和藍天，什麼也沒有。既沒人可以揮手，也沒有可以游過去的目標。那天早上，我第一次有了這個念頭：「有人就是這麼死的。」洋流想必把我愈拉愈往外海去了。我也想起太平洋是片相當遼闊的水域，又想起太平洋裡有鯊魚——牠們大抵無害，但有些生性凶猛。要是有人總算出海來找我，我載浮載沉的小腦袋只怕很不起眼。

我一會兒嚇得全身僵硬，一會兒又認為只要浮力裝置管用就不會有事，這麼漂個一、兩天也不成問題。我從沒仔細想像過淹死是怎麼一回事，不知道淹死會花多久時間，又有多麼痛苦？想到我可能無法呼吸，真教人受不了，雖然我隱約記得，有些瀕臨溺斃又被搶救回來的人說過，那其實有點近似臨終的平靜。我納悶氣瓶剩餘的空氣能讓我再漂浮多久。我實在好累，不知道最後會不會漂著漂著就在海上睡著了。

然後，我聽見了父母的聲音。父親在我腦海中說：「你冒這個險，就為了看平常看不到的魚？」我能聽到他建議我，還不如學人家花太多時間逛水族館就得了。天空裡一片雲也沒有，我想像二十五年前便過世的母親責備我：「這就是為什麼你一定、一定要搽防曬油呀！」

浪頭似乎愈來愈大。要是我漂到礁區之外，會被捲進巨浪裡，到時候就沒辦法讓頭部長時間浮在水面上了。

我不時試著再游兩下，純粹想做點什麼，然後又放棄。

然後，沒有人來找我。然後，又過了二十分鐘。接著是四十分鐘。接著是一個小時。

我替約翰難過，他在船上一定很擔心。我想像約翰和蘇對喬治解釋發生了什麼事。我想到我女兒布蕾恩，她在德州跟她母親在一起，又想到我恐怕沒辦法看她長大了，真教人喪氣。我實在好奇，我的孩子長大以後會成為什麼樣的人？我想到我們另一雙年紀比較大的兒女，奧利弗和露西，與他們的兩個媽媽住在明尼亞波利斯。我這輩子的心願至此多半已經達成：我有愛，有孩子，四處冒險尋奇，也有一段有意義的職涯。雖然我剩下的時間不多，還是對我擁有的人生心存感激。我父親恐怕會因我離世而悲痛欲絕，我也懊悔害他受那種苦。我最擔心的是我的孩子可能會覺得我棄他們不顧，為此我深感內疚——既內疚，又無比悲傷。不知道他們會不會記得我？

我不禁思索：「這可能是我臨終前最後幾個念頭了，我該想想大事才對。」不過，我想不到任何大事可想。我的心思飄往莎士比亞和哲學泰斗，卻沒有任何創新的洞見。我想把此生掠影召喚到眼前，浮現的卻只有瞇縫眼看到的花花炫光，這是在豔陽下泡在海裡太久的結果。我考慮著要說什麼遺言，即使沒人在一旁聆聽。可是我想不到任何深刻或機智的話對海浪說。我發現自己一直在想我最喜歡的一則《小熊維尼》故事：〈小豬被大水包圍了〉。害怕的小豬在故事裡思念維尼，心想「兩個人作伴，感覺實在好太多了」。

我慶幸約翰平安無事，因為他一定能好好照顧喬治和布蕾恩，但我也難過他不在我身邊——這兩種想法同時浮上我心頭。到了這時候，我已經奮力保持漂浮大約一個半小時，都快曬成脆皮人乾了，感覺也有點發燒，吞下的海水彷彿有好幾加侖。

我從沒覺得這麼孤單過。

我想到文學史上那句老生常談：不論生命如何告終，人人都是孤獨而終。

我試著盤點我原本打算跟孩子一起做些什麼，又想為他們做些什麼。閃過我眼前的不是我自己的一生，反倒是他們的人生。我向來不善於活在當下，現在再度靠著計畫無從計畫的未來逃避當下。我感到自己是多麼無足輕重，人是多麼渺小。我感到不論是誰，一個人是生是死，其實一點也不重要。

我的白日夢被風中傳來的人聲打斷了——有個聽起來詭異地像似約翰的聲音在大喊：「救命！救命！」我想喊回去，但海風還是從中作梗。然後我聽見另一個人聲，於是恍然大悟，其他三人想必落得與我同樣處境。因為我人在下風處，所以能聽見他們的聲音，不過他們聽不見我。從他們的聲音判斷，我們既離彼此很遠，也離汽艇很遠。不過，潛水長或許知道我所不知的脫困辦法。

在天際線上，我突然看到一艘船，雖然不確定那是不是我們的船。有個東西進入我的眼簾，看起來像是巨大的粉紅色乳房，大概一．五公尺高，並且往那艘已明顯可辨的船移動。說不定那些人聲、那艘船和那只乳房都只是幻覺。那艘船愈來愈像我們的汽艇了，它往粉紅色乳房前進，然後兩者似乎結為一體。船接著往其他人出聲的方向開過去，隨後停住不動，就這麼過了幾分鐘。

然後，它往我的方向開過來。

我抓住那副潛水梯時的狂喜，是我這輩子不論迎向哪一任情人時都不曾有過的。我渾身顫抖著爬上了船，整個人垮在約翰懷裡。

約翰也吃足了苦頭，但跟我還是很不一樣。他和其他兩個人在一起，其中一個是潛水長，而且他們比我晚四十五分鐘左右才上浮。結果落得與我同病相憐，引不起船長的注意。他們三個人輪流游向汽艇，但汽艇總是早一步開走，有一次約翰還游到距船身不到十五公尺的地方。粉紅乳房原來是潛水長攜帶的求救氣球。稍後我不禁納悶，為什麼有人明明知道這東西可能派上用場，卻讓潛水新手如我獨自返回水面？潛水長看到船以後，把氣球充氣，帶著它一起游泳，最後船長總算瞥見那個東西，過去接她。她一離水，就指示船往約翰和水族館女孩的方向開。這段期間他們都束手無策，約翰以為我已經上船了，等他得知我下落不明，馬上氣得抓狂。幸好潛水長聽到我想回應約翰的叫聲，便指示船往相應的方向開。我在海上浮浮沉沉將近兩個小時，漂流了好幾公里。

我直到爬上了船才生起氣來：既氣船長，也氣潛水長，更氣旅館的管理不善。不過，我也由衷感激自己保住了一條命。要同時火冒三丈、又深深感激，那可是很困難的。我擁抱約翰，擁抱水族館女孩，擁抱潛水長，又擁抱了馬里蘭男，害他略感驚慌。船長說了幾句俏皮話想緩和氣氛，我以一陣粗啞的咆哮回答，約翰後來形容那聲音是「琳達・布萊爾上身」，說的是電影《大法師》裡被魔鬼附身的小女孩。

原來，人真的可以同時既感激、又憤怒。

我隨波漂流的時候，滿腦子都是我的孩子。不是我自以為我這個爸爸當得有多好，而是我確實覺得對他們有責任。上岸以後，我們決定不要告訴喬治這件事。我覺得這會嚇到他，就像我自己也還驚魂未定。不過，因為我大半時間不發一語，所以喬治一個勁地跟我說他那天早上的冒險事蹟——他早餐吃了什麼、他跟蘇挖到了什麼、他撿到海浪沖上岸的哪些貝殼和小樹枝、他獨自游了多遠。聽他興沖沖說個不停，我感到自己的不幸遭遇得到了彌補。在那一刻，我領悟到一件事。不論是放膽點一客鰻魚，或是玩高空跳傘，或是遠赴戰火摧殘的地區，與為人父母充滿冒險的家庭生活相比，都不算什麼。因為要為人父母，你不只得應付這世界的浩瀚無邊，也得願意在同時，至少是短暫幾年間，成為孩子心目中浩瀚無邊的依靠。

謝辭
Acknowledgments

我剛開始編集這本書的時候，以為所謂文選，就是把很久以前寫的東西瀏覽一遍再寄給出版社就得了。這真是天大的誤會。其實，要編文選得挑選文章、為全書撰寫導言、給每篇文章寫前言和後記、沒完沒了地潤校從前的文字，有些還得重寫。史考特・費茲傑羅曾說，他不想重拾純真，反倒想重拾失去純真的樂趣。編纂這麼一本文集，就好像給我自己一個機會，從天真無知再長大一回。

回顧前塵往事不只讓我重新踏上過去的探險旅程，也讓我想起這些文章當初發表時與我共事的編輯。我很幸運，能受命前往那麼多精彩的地方不說，寫下的報導也獲得認真仔細的對待。我要感謝《哈潑女王》的 Nicholas Coleridge 和 Meredith Etherington-Smith，他們派我出了我最早的幾次重大報導任務，在尚無明顯理由之前就對我有信心。感謝《紐約時報雜誌》Jack Rosenthal、Adam Moss、Annette Grant 的指點，他們協助我長大成為我自己，並開發出我的讀者。我很幸運能與《新共和》的 David Shipley 共事。至於我為《紐約客》撰寫的文章，我要感謝 David Remnick、Henry Finder、Amy Davidson 和 Sasha Weiss 無可挑剔的用心。Nancy Novogrod 一執掌《漫旅》雜誌社，就馬上派我走遍我向來夢寐以求的地方，她賜給我更寬廣美好的人生，那是沒有她我絕不可能擁有的。我們合作的數十年時光是我職涯與個人生活的亮點。也感謝我在《漫旅》共事過的多位編輯，特別是Sheila Glaser和優秀的Luke Barr。感謝《酒食誌》Dana Cowin的支持，沒人能夠結交到比她更好的朋友了。她慷慨的關愛和沉著的智慧所帶給我的喜悅，要我奉送整個世界作為交換我都樂意。感謝「飛蛾」的Catherine Burns和她的同事，總是心情愉快地協助我寫故事。

一如既往，我由衷感謝我在斯克里布納出版社（Scribner）傑出的編輯Nan Graham，她的招牌特質是集忠誠、耿直、才華和善良於一身，不論對於我的作品或作品以外的事務，她都是讓一切井然有序的力量。斯克里布納團隊中還有千金不換的Brian Belfiglio、無與倫比的Kate Lloyd，他們是我最棒的公關。多虧有Daniel Loedel沉靜的好耐性，一次又一次保護我免於充滿壓力的繁瑣文書作業。還有對出版抱著無比慷慨熱情、最最親愛的Roz Lippel。孜孜不倦的Katie Rizzo，用她取之不盡的耐性抓出那沒完沒了的校訂處。我也感激Steven Henry Boldt出色的校對，以及Eric Rayman細心的法律審查。感謝Chatto & Windus優異得無懈可擊的編輯Clara Farmer，以及她可愛貼心的助理Juliet Brooke。感謝本書由David Solomon拍攝的封面照片，法洛克・沙敏拍攝的書脊照片，盧卡・崔瓦多拍攝的卷頭照片，也感謝Claire Jones將這些影像數位化。感謝Julia Mandeville協助發想本書封面，Jaya Miceli設計了美麗的書衣。

我的經紀人Andrew Wylie是指引我寫作生涯的光，每次出書，我都感恩自己是多麼幸運有他這位代理人和朋友。我也感謝Wylie經紀公司慷慨投入這份工作的其他員工：Jeffrey Posternak、Sarah Chalfant、Charles Buchan、Percy Stubbs、Alba Ziegler-Bailey。

我對Alice Truax感激不盡，她就像我文字的汽車美容坊，把每個磕磕碰碰的句子琢磨到光滑閃亮，用令人叫絕的清楚透徹換掉我論述中所有刮花模糊的玻璃。Kathleen Seidel幫我揪出研究錯誤，為每個有疑義或不確定的地方找到正確答案。經她一絲不苟的耙梳，我的文字也變得更清晰易懂。她也彙整了註腳、參考書目、網站和一切可以彙整的東西。寫作是瘋狂的空中飛人表演，她就是我身下的那張安全網。也感謝Jane McElhone協助事實查核。

本書有部分寫於雅多藝術村，我在那裡下筆總是比在別的地方來得更快更清楚，我也深深感激在那裡度過的時光。特別感謝雅多藝術村主任Elaina Richardson，她為我每一次皆收穫良多的雅多行更添喜悅。

感謝美國筆會的同僚，協助我更深入思考自由和正義的意義，尤其是我們傑出的執行董事Suzanne Nossel。

感謝世界建築文物保護基金會的Bonnie Burnham、Henry Ng、George McNeely，不厭其煩，一再給予我關於這世上各個天涯海角的寶貴建議。

一直以來，克里斯汀．卡里爾都好像我的靈感泉源。當我剛開始報導一九八〇年代的俄國和那時已在柏林展出的俄國藝術家，他讓我在德國借宿他家。我也跟他一起去哈薩克，與他結伴攀過高山險阻，不論實體和異國民族方面的險阻都是。當他與他的家人旅居日本，我又到東京睡過他們家。我本來不敢去阿富汗，最後是他說服我出發的，也是他確保我在抵達以後有地方落腳、有人當我的嚮導。此外，他也讀了本書的草稿，給了我寶貴的心得回饋。要是沒有他，《比遠方更遠》和我的人生看起來都會很不一樣。

我要感謝出現在這許許多多報導中的人物，也就是所有准許我觀察和訪談的對象，人數之多實是不及備載。有些人在異國助我一臂之力，或幫我順利抵達當地，這裡也要特別感謝他們：Beezy Bailey、Sara Barbieri、Janet Benshoof、Eliot Bikales、Bonnie Burnham、Mario Canivello、Hans van Dijk、阿舒爾・艾威比、蘇珊娜・范恩斯、Fred Frumberg、Maria Gheorghiu、Philip Gourevitch、Guo Feng、David Hecht、Harold Holzer、羅傑・詹姆斯、Cheryl Johnson、Susan Kane、Aung Kyawmyint、Francesca Dal Lago、李玉玲、Elvira Lupsa、吉德・馬薩亞、Joan B. Mirviss、Freda Murck、Henry Ng、Brent Olson、I Gede Primantara、Michaela Raab、Emily K. Rafferty、Jack Richard、Ira Sachs、Hélène Saivet、João Salles、法洛克・沙敏、Gabriel Sayad、Andreas Schmid、Lisa Schmitz、Jill Schuker、Luiz Schwarcz、Julie Krasnow Streiker、Andrea Sunder-Plassmann、Corina Şuteu、Dina Temple-Raston、Farley Tobin、Ko Winters、Mauricio Zacharias。

感謝多位旅伴與我攜手同行，其中包括Anne Applebaum、Jessica Beels、Chuck Burg、泰考特・坎普、梅麗・娜娜—阿瑪・丹夸、Kathleen Gerard、Kathryn Greig、韓楓、John Hart、萊絲莉・霍克、Cheryl Henson、Michael Lee、蘇・麥卡尼—史內普、David Solomon、Claudia Swan，我永遠最銘感於心的是Alexandra K. Munroe，謝謝她陪我走過一片又一片的大陸。

感謝Richard A. Friedman和Richard C. Friedman，許多經歷往往令人莫名其妙，是他們幫助我在其中保持神智清明，也要感謝Jon Walton在生命感覺沒那麼像天堂的時候，給予我靈性指引。Judy Gutow年復一年為我打點旅程，在最遙遠的目的地幫我挖到折扣票價、搞定緊急訂房。在這裡向Danusia Trevino致敬，她總是看似不費吹灰之力，協助搞定那麼多沒有功勞、只有苦勞的雜事，而且從沒失去耐性；還有Tatiana Martushev，在本書出版計畫初期的數年間提供了類似協助。大大感謝Celso、Miguela以及Olga Mancol，是他們在我瘋狂投入寫作的期間讓我們的家務保持運作如常，又在我無暇呵護自己的時候呵護我。感謝 Sergio Avila 載我出行，感謝 Kylee Sallak 和 Ildikó Fülöp，為我兒子的生活帶來愛與秩序，我的生活連帶也有了愛與秩序。

感謝我的母親，是她鼓勵我放膽冒險。她已經過世二十五年了，不過這本選集中的早期作品曾有她過目與點評。她總是希望我下筆明晰且溫柔。回顧早年的那些作品也提醒了我，打從一開始她就如何影響了我的方方面面。我父親過了很久才接受我前往那些他絕不會去，也不想要我去的地方，而他依舊是我第一個讀者，也是最忠誠的讀者，每當我飛得太靠近太陽，他永遠不離不棄，向我伸出雙臂。我也感謝我的繼母 Sarah Billinghurst Solomon，她是本書出版計畫堅定不移的支持者。

感謝 Tamara Ward 和 Laura Scher 總是站在我這一邊，帶來滿滿的愛與歡笑。

感謝 Blaine Smith，當情勢看似波濤洶湧時，是她光輝而明智的存在穩住了我，她平靜的洞察助我以美好的方式成長。

感謝奧利弗・謝爾、露西・謝爾、布蕾恩・所羅門、喬治・所羅門。這世上沒有人能像他們一樣，讓我如此穩穩扎根。

最後，我要感謝我的丈夫約翰・哈比克・所羅門，不論外在或內心的旅程，他都陪在我身邊。他是我最想攜手遊歷世界的人，也是我最想一起生活在這個世界的人。他是我的南極、北極和赤道，我的南回歸線與北回歸線，我的七大洲與七大洋。

love children of hate." *Washington Post*, March 28, 2004.
Westcott, Lucy. "Gay refugees addresses [*sic*] U.N. Security Council in historic meeting on LGBT rights." *Newsweek*, August 25, 2015.
Winata, S., et al. "Congenital non-syndromal autosomal recessive deafness in Bengkala, an isolated Balinese village." *Journal of Medical Genetics* 32 (1995): 336–43.
Winterbottom, Tom. "The tragedy of the Maracanã Stadium." *Rio On Watch*, June 13, 2014.
World Bank. "Ease of doing business in Rwanda." World Bank, 2015.
———. "Poverty continued to decline, falling from 27.4 percent in 2012 to 21.6 percent in 2014." World Bank, July 1, 2015.
———. "Rwanda overview." World Bank, October 6, 2015.
———. "World Bank, Govt. of Solomon Islands launch two new projects towards improved power supply, disaster & climate resilience." World Bank, April 1, 2014.
World Health Organization. "Mental health atlas 2011: Cambodia." Department of Mental Health and Substance Abuse, World Health Organization, 2011.
———. "WHO country cooperation strategy for Mongolia 2010–2015." World Health Organization, 2010.
———. "WHO mental health atlas 2011: Senegal." Department of Mental Health and Substance Abuse, World Health Organization, 2011.
Worth, Robert F. "An American aid worker is killed in her line of duty." *New York Times*, April 18, 2005.
Wullschager, Jackie. "No more Chinese whispers." *Financial Times*, October 2, 2004.
Xinhua News Agency. "Former Mongolian president jailed for four years." *CRI English*, August 3, 2012.
Xu, Angela. "China's digital powered foodie revolution." *Lab Brand*, January 6, 2015.
Yanagizawa, David. "Propaganda and conflict: Theory and evidence from the Rwandan genocide." Dissertation, Stockholm University, 2009.
Yin Pumin. "Probing ancient mysteries." *Beijing Review*, December 7, 2009.
Zaccardi, Nick. "President of company preparing Rio for Olympics resigns." *NBC Sports*, April 1, 2014.
Zaiman, Jonathan. "Remembering Moses Samuels, the man who preserved Jewry in Myanmar." *Tablet*, June 2, 2015.
Zhong Nan. "China has a healthy appetite for food imports." *China Daily*, March 2, 2015.
Zhu Linyong. "Art on the move." *China Daily*, January 25, 2010.
Zilkha, Bettina. "Andrew Solomon named President of PEN." *Forbes*, March 5, 2015.
"Zuma, Marikana painting pulled from Jo'burg Art Fair." *Mail & Guardian*, September 27, 2013.
Zway, Suliman Ali, and Carlotta Gall. "Libyan factions reject unity government plan." *New York Times*, October 20, 2015.

Steele, Jonathan. "Marla Ruzicka." *Guardian*, April 19, 2005.
Stephen, Chris. "Gaddafi's son Saif al-Islam sentenced to death by court in Libya." *Guardian*, July 28, 2015.
Sternberg, Troy, et al. "Tracking desertification on the Mongolian steppe through NDVI and field-survey data." *International Journal of Digital Earth* 4, no. 1 (2011): 50–64.
Strangio, Sebastian. "Myanmar's wildlife trafficking hotspot." *Al Jazeera*, June 17, 2014.
Strokan, Sergey, and Vladimir Mikheev. "EU-Russia sanctions war to continue." *Russia Beyond the Headlines*, June 26, 2015.
Sulteeva, Renata. "The market for Russian contemporary art: An historical overview and up-to-date analysis of auction sales from 1988 to 2013." Dissertation, Sotheby's Institute of Art, New York, 2014.
"'Sunflower' protesters break on to political scene." *Economist Intelligence Unit*, April 2, 2014.
Tan, Michael. "One million SIM cards sold in Myanmar." *CNET*, October 2, 2014.
"Татьяна Веденеева расстается с мужем (Tatiana Vedeneeva has divorced)." *DNI*, June 2, 2008.
Tau, Byron, and Peter Nicholas. "Hillary Clinton defends actions in Benghazi." *Wall Street Journal*, October 22, 2015.
Taylor, Alan. "The Chernobyl disaster: 25 years ago." *Atlantic*, March 23, 2011.
Tempest, Rone. "Pope meets with Castro, agrees to a Cuba visit." *Los Angeles Times*, November 20, 1996.
Temple-Raston, Dina. *Justice on the Grass*. New York: Free Press, 2005.
Tennyson, Alfred. *Poems by Alfred Tennyson in Two Volumes*. Boston: William D. Ticknor, 1842.
Tierney, Dominic. "Forgetting Afghanistan." *Atlantic*, June 24, 2015.
Topping, Alexandra. "Widows of the genocide: How Rwanda's women are rebuilding their lives." *Guardian*, April 7, 2014.
Torgovnik, Jonathan. *Intended Consequences: Rwandan Children Born of Rape*. New York: Aperture, 2009.
Torode, Greg. "Myanmese envoy says Rohingya ugly as ogres." *South China Morning Post*, February 11, 2009.
Traufetter, Gerald. "Climate change or tectonic shifts? The mystery of the sinking South Pacific islands." *Der Spiegel*, June 15, 2012.
Travis, John. "Genes of silence: Scientists track down a slew of mutated genes that cause deafness." *Science News*, January 17, 1998.
Turner, Rochelle, et al. "Travel and tourism: Economic impact 2015: Myanmar." World Travel and Tourism Council, 2015.
Tyan, Alexandra. "Classes aimed at raising a new generation of Russian business- men." *Moscow Times*, July 27, 2015.
UNICEF. "Country statistics: Myanmar." UNICEF, 2015.
United Nations Educational, Scientific and Cultural Organization. "Naadam, Mongolian traditional festival." United Nations Educational, Scientific and Cultural Organization, 2010.
———. "Tentative lists: Marovo-Tetepare complex." United Nations Educational, Scientific and Cultural Organization, December 23, 2008.
United Nations Office for the Coordination of Humanitarian Affairs. "Our bodies, their battle ground: Gender-based violence in conflict zones." *IRIN News*, September 1, 2004.
United Nations Office of the High Commissioner for Human Rights. "UN Special Rapporteur finds that killings by Brazilian police continue at alarming rates, government has failed to take all necessary action." United Nations Office of the High Commissioner for Human Rights, June 1, 2010.
Urani, André, and Fabio Giambiagi. *Rio: A Hora da Virada*. Rio de Janeiro: Elsevier, 2012.
US Department of Defense. "Casualty report." US Department of Defense, November 10, 2015.
US Department of State. "Country reports on human rights practices for 2011: Brazil." US Department of State, 2012.
———. "U.S. economic engagement with Burma." US Embassy in Rangoon, June 2014.
US Department of the Army. "Standards of medical fitness." Army Regulation 40-501, August 4, 2011.
Uwiringiyimana, Clement. "Rwandan parliament agrees to extend Kagame's rule." Reuters, October 29, 2015.
Vrieze, Paul. "Experts reject claims of 'Rohingya mujahideen' insurgency." *Irrawaddy*, July 15, 2013.
Wachter, Sarah J. "Pastoralism unraveling in Mongolia." *New York Times*, December 8, 2009.
Walker, Shaun. "Russia swoops on gang importing £19m of banned cheese from abroad." *Guardian*, August 18, 2015.
Walsh, Declan. "Second female Afghan journalist killed in five days." *Guardian*, June 6, 2007.
Wan, William. "China tried to erase memories of Tiananmen. But it lives on in the work of dissident artists." *Washington Post*, May 31, 2014.
———. "Chinese artist recounts his life, including the one time he painted 'X' on Mao's face." *Washington Post*, June 2, 2014.
———. "Taiwan's 'white shirt army,' spurred by Facebook, takes on political parties." *Washington Post*, November 11, 2013.
Watts, Jonathan. "Brazil: Rio police charged over torture and death of missing favela man." *Guardian*, October 2, 2013.
———. "Rio Olympics linked to widespread human rights violations, report reveals." *Guardian*, December 8, 2015.
———. "Rio police tackle favelas as World Cup looms." *Guardian*, June 10, 2013. Wax, Emily. "Rwandans are struggling to

Rosenberg, Matthew, and Michael D. Shear. "In reversal, Obama says U.S. soldiers will stay in Afghanistan to 2017." *New York Times*, October 15, 2015.

Rossi, Melissa. "Gun wounds down in Complexo do Alemão." *Rio Times*, July 3, 2012.

Rowling, Megan. "Solomons town first in Pacific to relocate due to climate change." Reuters, August 15, 2014.

Royte, Elizabeth. "The outcasts." *New York Times Magazine*, January 19, 1997.

Rush, James. "Images emerge of 'gay' man 'thrown from building by Isis militants before he is stoned to death after surviving fall.'" *Independent*, February 3, 2015.

Rushdie, Salman. "Heroes: Nay Phone Latt." *Time*, April 29, 2010.

Ruskin, John. *The Works of John Ruskin, Vol. 5: Modern Painters*. Vol. 3. Edited by E. T. Cook and Alexander Wedderburn. London: G. Allen, 1904.

Ryan, Hugh. "Kyrgyzstan's anti-gay law will likely pass next month, but has already led to violence." *Daily Beast*, September 18, 2015.

Safi, Michael. "Antarctica's increasing sea ice restricting access to research stations." *Guardian*, May 11, 2015.

Samuels, Sammy. "Hanukkah with spirit in Yangon." BBC News, December 4, 2015. San Yamin Aung. "Supreme Court rejects appeal of Unity journalists." *Irrawaddy*, November 27, 2014.

Sartore, Mara. "Lampedusa: Migration and desire, an interview with Vik Muniz." *My Art Guides*, June 2015.

Saul, Stephanie, and Louise Story. "At the Time Warner Center, an enclave of powerful Russians." *New York Times*, February 11, 2015.

Schunert, Tanja, et al. "Cambodian mental health survey." Royal University of Phnom Penh, Department of Psychology, 2012.

Schwarcz, Lilia Moritz. "Especificidade do racismo Brasileiro." In *História da Vida Privada no Brasil*. Edited by Fernando Novais. São Paulo: Companhia de Letras, 1998.

———. "Not black, not white: Just the opposite: Culture, race and national identity in Brazil." Working Paper CBS-47-03, Centre for Brazilian Studies, University of Oxford, 2003.

Schwarz, Benjamin. "A vision in concrete." *Atlantic*, July/August 2008.

Seow, Joanna. "More Myanmar professionals in Singapore heading home to tap booming economy." *Straits Times*, March 24, 2014.

Sérgio, Antonio, and Alfredo Guimarães. "The Brazilian system of racial classification." *Ethnic and Racial Studies* 35, no. 7 (2012): 1157–62.

Serrano-Berthet, Rodrigo, et al. "Bringing the state back into the favelas of Rio de Janeiro: Understanding changes in community life after the UPP pacification process." World Bank, October 2012.

Shakespeare, William. *Henry VIII*. In *The Complete Works*. Edited by G. B. Harrison. New York: Harcourt, Brace & World, 1968.

Shearlaw, Maeve. "30 under 30: Moscow's young power list." *Guardian*, June 8, 2015.

Shestakova, Sasha. "Outcry: Ten recent art exhibitions that caused a storm in Russia." *Calvert Journal*, July 29, 2015.

Shun, Ekow. "Moscow's new art centres." *Financial Times*, March 15, 2013.

Simmons, William. *Eyes of the Night: Witchcraft among a Senegalese People*. Boston: Little, Brown, 1971.

Simpson, Brigitte Vittrup. "Exploring the influences of educational television and parent-child discussions on improving children's racial attitudes." Dissertation, University of Texas at Austin, May 2007.

Smith, Matthew, et al. "'All you can do is pray': Crimes against humanity and ethnic cleansing of Rohingya Muslims in Burma's Arakan State." Human Rights Watch, April 2013.

Smith, Russell. "The impact of hate media in Rwanda." BBC News, December 3, 2003.

Sneed, Annie. "American eel is in danger of extinction." *Scientific American*, December 1, 2014.

Solomon, Andrew. "As Asia regroups, art has a new urgency." *New York Times*, August 23, 1998.

———. "Defiantly deaf." *New York Times Magazine*, August 28, 1994.

———. *Far from the Tree: Parents, Children, and the Search for Identity*. New York: Simon & Schuster, 2012.

———. "Hot night in Havana." *Food & Wine*, January 2002.

———. *The Irony Tower: Советские художники во времена гласности*. Mos- cow: Garage, 2013.

———. *The Irony Tower: Soviet Artists in a Time of Glasnost*. New York: Knopf, 1991.

———. *The Noonday Demon: An Atlas of Depression*. New York: Simon & Schuster, 2001.

———. "Paper tsars." *Harpers & Queen*, February 1990.

Sommers, Marc. "The darling dictator of the day." *New York Times*, May 27, 2012.

South African Press Association. "Appeal tribunal declassifies 'The Spear.'" *City Press*, October 10, 2012.

———. "Mugabe condemns Europe's gay 'filth.'" *IOL News*, April 14, 2011.

Stauffer, Caroline. "Brazil's Petrobras corruption investigators to probe Olympic contracts." Reuters, November 25, 2015.

Paton, Callum. "Libya: Scores killed in ethnic clashes for control of south's people-trafficking routes." *International Business Times*, July 23, 2015.
Patton, Dominique. "Cashing in on health scares, China online food sales boom." Reuters, August 11, 2013.
Pearlman, Jonathan. "Jihadist group calls on Muslims to save Burmese migrants from 'savage Buddhists.'" *Telegraph*, May 20, 2015.
Peixoto, Karin Elisabeth von Schmalz, et al. "Rio 2016 Olympics: The exclusion games." World Cup and Olympics Popular Committee of Rio de Janeiro, December 7, 2015.
PEN America. "Publishers' pledge on Chinese censorship of translated works." PEN America, October 15, 2015.
Perlez, Jane. "China, pursuing strategic interests, builds presence in Antarctica." *New York Times*, May 3, 2015.
Perry, Alex. "South Africa: Over-exposing the President." *Time*, May 23, 2012.
Pershakova, Sasha. "Zine scene: How Russia's long tradition of self-publishing is still thriving today." *Calvert Journal*, October 28, 2014.
Pfanner, Eric. "Vows: Andrew Solomon and John Habich." *New York Times*, July 8, 2007.
Phipps, Claire, and Matthew Weaver. "Aung San Suu Kyi vows to make all the decisions in Myanmar's new government." *Guardian*, November 10, 2015.
Pollman, Lisa. "Art is stronger than war: Afghanistan's first female street artist speaks out." *Art Radar*, July 19, 2013.
Pomerantsev, Peter. "Putin's God squad: The Orthodox Church and Russian politics." *Newsweek*, September 10, 2012.
Popham, Peter. *The Lady and the Peacock: The Life of Aung San Suu Kyi*. New York: Experiment, 2012.
Porter, Tom. "Gangs of Russia: Ruthless mafia networks extending their influence." *International Business Times*, April 9, 2015.
———. "Vladmir [*sic*] Putin allies named as 'key associates of Russian gangsters' by Spanish prosecutors." *International Business Times*, June 30, 2015.
"Poslednyi Geroi: Georgy Guryanov (1961–2013)." *Baibakov Art Projects*, July 20, 2013.
"'Prayer' is the key against 'devilish' homosexuality worldwide: Moses Foh- Amoaning." *Daily Guide Ghana*, July 14, 2015.
Probert, Thomas, et al. "Unlawful killings in Africa." Center for Governance and Human Rights, University of Cambridge, 2015.
Pyae Thet Phyo. "Ex-minister's agent denies seeking recount." *Myanmar Times*, November 12, 2015.
Radio Free Asia Khmer Service. "Cambodian province plans campaign for monks to care for mentally ill." Radio Free Asia, April 20, 2015.
Rahim, Fazul, and Sarah Burke. "Afghan artist Kabir Mokamel takes aim at corruption with blast wall art." NBC News, September 19, 2015.
Ramon, Paula. "Poor, middle class unite in Brazil protests." CNN News, July 24, 2013.
Ramzy, Austin. "After Myanmar election, few signs of a better life for Muslims." *New York Times*, November 18, 2015.
Rao, Mallika. "Five Chinese dissident artists who aren't Ai Weiwei." *Huffington Post*, June 10, 2014.
Rapp, Jessica. "Locavores, health food, and celebrity chefs: The hottest trends in Shanghai's dining scene." *Jing Daily*, August 24, 2015.
Rasool, Daud. "Rebuilding Afghanistan's creative industries." British Council, October 14, 2013.
Rauhala, Emily. "Complete freedom, always just eluding the grasp of Chinese artist Ai Weiwei." *Washington Post*, July 30, 2015.
Recchia, Francesca. "Art in Afghanistan: A time of transition." *Muftah*, August 6, 2014.
Reeves, Jeffrey. "Mongolia's environmental security." *Asian Survey* 51, no. 3 (2011): 453–71.
Reis, Luiz Felipe. "As muitas redes do agitador da 'perifa' Marcus Vinicius Faustini." *O Globo*, July 21, 2012.
Reitman, Janet. "The girl who tried to save the world." *Rolling Stone*, June 16, 2005.
"Reporter Daniel Pearl is dead, killed by his captors in Pakistan." *Wall Street Journal*, February 24, 2002.
Reporters Without Borders. *World Press Freedom Index, 2015*. Paris: Reporters Without Borders, 2015.
Republic of the Union of Myanmar. "Final report of inquiry commission on sectarian violence in Rakhine State." Republic of the Union of Myanmar, July 8, 2013.
Resende, Leandro. "'A nação está pertubada,' define antropólogo Luiz Eduardo Soares." *O Dia Brasil*, October 10, 2015.
Rever, Judi, and Geoffrey York. "Assassination in Africa: Inside the plots to kill Rwanda's dissidents." *Globe & Mail*, May 2, 2014.
Richardson, Jayson, et al. "Mental health impacts of forced land evictions on women in Cambodia." *Journal of International Development*, September 27, 2014.
Rilke, Rainer Maria. *Selected Poetry of Rainer Maria Rilke*. Trans. Stephen Mitchell. New York: Vintage, 1984.
Ritu, Moshahida Sultana. "Ethnic cleansing in Myanmar." *New York Times*, July 12, 2012.
Robinson, Simon. "Appreciation: Marla Ruzicka, 1977–2005." *Time*, April 18, 2005.
Rodrigues, Robson. "The dilemmas of pacification: News of war and peace in the 'marvelous city.'" *Stability Journal* (May 22, 2014): Article 22.

———. "Myanmar old guard clings to $8 billion jade empire." Reuters, October 1, 2013.
———. "The 969 catechism." Reuters, June 26, 2013.
Mashal, Mujib. "Women and modern art in Afghanistan." *New York Times*, August 6, 2010.
Ma Thanegi. "The Burmese fairy tale." *Far Eastern Economic Review*, February 19, 1998.
———. *Nor Iron Bars a Cage*. San Francisco: Things Asian Press, 2013.
Mathieson, David. "Perilous plight: Burma's Rohingya take to the seas." Human Rights Watch, 2009.
Maung Zarni. "Racist leader monk Rev. Wirathu's speech." *M-Media*, March 24, 2013.
McGregor, Richard. "Zhou's cryptic caution lost in translation." *Financial Times*, June 10, 2011.
McLaughlin, Daniel, and Elisabeth Wickeri. "Mental health and human rights in Cambodia." Leitner Center for International Law and Justice, July 31, 2012.
McLoughlin, Beth. "Rio's funk parties silenced by crackdown on gangs." BBC News, May 5, 2012.
McManus, John. "Egypt court clears men accused of bathhouse 'debauchery.'" BBC News, January 12, 2015.
McNamara, Kelly. "Burmese cats return to a new Burma." *Bangkok Post*, September 14, 2012.
McNamara, Robert S., and Brian Van De Mark. *In Retrospect: The Tragedy and Lessons of Vietnam*. New York: Times Books, 1995.
McVeigh, Tracy. "Aung San Suu Kyi 'released from house arrest.'" *Guardian*, November 13, 2010.
Medeiros, Étore, and Ana Pompeu. "Brasileiros acham que há racismo, mas somente 1.3% se consideram racistas." *Correio Braziliense*, March 25, 2014.
Michaels, Samantha. "Quintana releases final report on Burma human rights." *Irrawaddy*, March 14, 2014.
Miguel, Antonio Carlos. "Ser ou não ser carioca da gema não é a questão (To be or not to be carioca is the question)." *O Globo*, February 28, 2015.
"A milestone for Myanmar's democracy." *New York Times*, November 12, 2015.
Milne, A. A. *Winnie-the-Pooh*. New York: Dutton, 1926.
Mooney, Chris. "The melting of Antarctica is bad news for humans. But it might make penguins pretty happy." *Washington Post*, August 13, 2015.
———. "Scientists declare an 'urgent' mission—study West Antarctica, and fast."
Washington Post, September 29, 2015.
Mooney, Paul. "Jail, lawsuits cast shadow over Myanmar media freedom." Reuters, May 15, 2014.
Morgan, Julie. "Keeping 'em diving in the Keystone State." *Sport Diver*, April 21, 2006.
Morton, Adam. "The vanishing island." *Age*, September 19, 2015.
Moscow Biennale of Contemporary Art. "One-man picket." Moscow Biennale of Contemporary Art, 2015.
"Moscow venue refuses to host pro-LGBT teen photo display, cites police pressure." *Queer Russia*, June 13, 2015.
Motlagh, Jason. "When a SIM card goes from $2,000 to $1.50." *Bloomberg Business*, September 29, 2014.
Mthembu, Jackson. "ANC outraged by Brett Murray's depiction of President Jacob Zuma." African National Congress, May 17, 2012.
Muggah, Robert, and Ilona Szabo de Carvalho. "Fear and backsliding in Rio." *New York Times*, April 15, 2014.
Musharbash, Yassin. "The 'Talibanization' of Pakistan: Islamists destroy Buddhist statue." *Der Spiegel*, November 8, 2007.
Mydans, Seth. "Yangon Journal; Burmese Jew shoulders burden of his heritage." *New York Times*, July 23, 2002.
Nay Phone Latt. "Nay Phone Latt speaks." *Myanmar Times*, March 3, 2014.
Ndayambaje, Jean Damascène. "Le genocide au Rwanda: Une analyse psychologique." Thesis, National University of Rwanda, Butare, 2001.
Neuffer, Elizabeth. *The Key to My Neighbour's House: Seeking Justice in Bosnia and Rwanda*. London: Bloomsbury, 2002.
Niederhauser, Matthew. "Rio's Olympic inequality problem, in pictures." *Citylab*, September 9, 2015.
Nobel Zaw. "Activist hit with additional sentence, totaling over 13 years." *Irrawaddy*, October 31, 2014.
———. "Court sentences 3 journalists, 2 media owners to 2 years in prison." *Irrawaddy*, October 16, 2014.
Nowrojee, Binaifer. *Shattered Lives: Sexual Violence during the Rwandan Genocide and Its Aftermath*. New York: Human Rights Watch, 1996.
"NPM southern branch to open with jadeite cabbage display." *Want China Times*, September 18, 2015.
O'Grady, Siobhan. "Former Rwandan official worries that Kagame's administration is backsliding into mass murder." *Foreign Policy*, September 29, 2014.
O'Shea, Mary. "Journey of shelf discovery." *Post Magazine*, October 14, 2012.
Panja, Tariq, and David Biller. "Soccer icon Romario, Rio mayor Paes cited in corruption tape." Bloomberg, November 25, 2015.
Pater, Walter. *Selected Writings of Walter Pater*. Edited by Harold Bloom. New York: Columbia University Press, 1974.

Knöpfel, Ulrike. "Risky business: China cracks down on Ai Wei Wei protégé Zhao Zhao." *Der Spiegel*, August 28, 2012.
Korolkov, Alexander. "Is the protest movement dead?" *Russia Beyond the Head- lines*, January 15, 2015.
Krouse, Matthew. "Art fair forced to reinstate Mabulu painting after Goldblatt threat." *Mail & Guardian*, September 28, 2013.
Kuo, Lily. "By 2015, China will be the world's largest consumer of processed food." *Quartz*, September 23, 2013.
Kuper, Jeremy. "Venice Biennale: View from the ground." *Mail & Guardian*, May 20, 2015.
Kusters, Annelies. "Deaf utopias? Reviewing the sociocultural literature on the world's 'Martha's Vineyard situations." *Journal of Deaf Studies & Deaf Education* 15, no. 1 (January 2010): 3–16.
Kuzmin, Dmitry. "On the Moscow metro and being gay." Trans. Alexei Bayer. *Words without Borders*, 2013.
Kyaw Hsu Mon. "Govt to push left-hand steering wheels on future car imports." *Irrawaddy*, November 25, 2014.
Kyaw Myo Min, Kyaw Kyaw Aung, and Khin Khin Ei. "Hopes fade for Myanmar landslide survivors as lawmakers urge greater safety for miners." Radio Free Asia, November 24, 2015.
Kyaw Phyo Tha. "Ex–political prisoner Win Tin demands apology from junta leaders." *Irrawaddy*, October 30, 2013.
———. "Hands of hardship; Artist Htein Lin spotlights political prisoners' travails." *Irrawaddy*, July 27, 2015.
———. "A purr-fect pedigree in Burma." *Irrawaddy*, February 24, 2014.
Kyaw Zwa Moe. "Burmese professionals earn good money in Singapore but still miss home." *Irrawaddy*, March 2007.
Lankarani, Nazanin. "The many faces of Yue Minjun." *New York Times*, December 5, 2012.
Lawi Weng. "Arakan monks boycott UN, INGOs." *Irrawaddy*, July 6, 2012.
Lawi Weng, Nyein Nyein, and Kyaw Hsu Mon. "Missing reporter killed in custody of Burma army." *Irrawaddy*, October 24, 2014.
Lazarus, Emma. *An Epistle to the Hebrews*. New York: Jewish Historical Society, 1987.
Lee, Yanghee. "Report of the Special Rapporteur on situation of human rights in Myanmar." United Nations Office of the High Commissioner for Human Rights, September 23, 2014.
Lee, Yulin. "Strategies of spatialization in the contemporary art museum: A study of six Japanese institutions." Dissertation, New York University, 2012.
Lescaze, Zoë. "An abbreviated Moscow Biennale unites scrappy performances, bourgeois spiders, and one former Greek finance minister." *ARTnews*, October 16, 2015.
Li Xiaoyu. "A bite of food culture." *BJ Review*, July 2, 2015.
Light, Whitney. "Pressing questions with Aye Ko." *Myanmar Times*, May 18, 2014.
Lins, Clarissa. "Providing electricity to Rio de Janeiro's favelas." *Guardian*, March 18, 2014.
Littauer, Dan. "Mugabe promises 'hell for gays' in Zimbabwe if he wins." *Gay Star News*, June 17, 2013.
Lorch, Donatella. "Rape used as a weapon in Rwanda: Future grim for genocide orphans." *Houston Chronicle*, May 15, 1995.
Lovett, Richard A. "Deadly tsunami sweeps Solomon Islands." *National Geographic News*, April 2, 2007.
Luhn, Alec. "LGBT website founder fined under Russia's gay propaganda laws."
Guardian, July 29, 2015.
Luong, Hillary. "Artists detained by Myanmar police." *Art Asia Pacific*, June 8, 2012.
Lv Jun, et al. "Consumption of spicy foods and total and cause specific mortality: Population based cohort study." *British Medical Journal* 351 (August 4, 2015): h3942.
Lynge, Inge. "Mental disorders in Greenland." *Man & Society* 21 (1997): 1–73.
Lyon, Julia. "Invited to escape to America, some refugees just say no." *St. Louis Tribune*, September 14, 2009.
Ma, Sophanna. "Funeral of our beloved Mum Phaly Nuon." Ezra Vogel Special Skills School, December 2012.
MacGregor, Karen. "A spear to the heart of South Africa." *New York Times*, June 5, 2012.
Mahtani, Shibani, and Myo Myo. "Myanmar signs draft peace deal with armed ethnic groups." *Wall Street Journal*, March 31, 2015.
Makinen, Julie. "Myanmar press freedom: Unprecedented but still subject to pressures." *Los Angeles Times*, March 27, 2015.
Malaurie, Jean. *The Last Kings of Thule*. Trans. Adrienne Foulke. New York: Dutton, 1982.
Malaysian Myanmar Business Council. "U.S. contributes publications to parliamentary library." Malaysian Myanmar Business Council, October 24, 2012.
Maler, Sandra, and Peter Cooney. "Magnitude 6.6 quake hits Solomon Islands in the Pacific: USGS." Reuters, August 12, 2015.
Manayiti, Obey. "Mugabe chides homosexuals again." *NewsDay* (Bulawayo), July 25, 2013.
Mann, Zarni. "DVB reporter jailed for one year." *Irrawaddy*, April 7, 2014. Marsaja, I Gede. *Desa Kolok: A Deaf Village and Its Sign Language in Bali, Indonesia*. Nijmegen, Netherlands: Ishara Press, 2008.
Marshall, Andrew. "Myanmar gives official blessing to anti-Muslim monks." Reuters, June 27, 2013.

Hufferd, Marlene Lima. "Carnaval in Brazil, samba schools and African culture: A study of samba schools through their African heritage." Retrospective Theses and Dissertations, Paper 15406, University of Iowa, 2007.
Human Rights Watch. "Brazil: Reforms fail to end torture." Human Rights Watch, July 28, 2014.
———. "Letter: Brazil: Protect detainees in police custody." Human Rights Watch, July 25, 2014.
Idov, Michael. "No sleep till Brooklyn: How hipster Moscow fell in love with Williamsburg." *Calvert Journal*, December 31, 2013.
"In memory of Vlad Mamyshev-Monroe, 1969–2013." *Baibakov Art Projects*, March 22, 2013.
International Lesbian, Gay, Bisexual, Trans and Intersex Association. "The lesbian, gay and bisexual map of world laws." International Lesbian, Gay, Bisexual, Trans and Intersex Association, May 2015.
"Introducing the Center for Contemporary Art Afghanistan (CCAA)." ARCH International, no date.
Ireland, Doug. "7000 lashes for sodomy." *Gay City News*, October 11, 2007.
"ISIL 'brutally' quells rebellion in Libya's Sirte." *Al Jazeera*, August 17, 2015.
Ivanitskaya, Nadezhda. "As a State Duma deputy and businessman Yuzhilin Kobzar built a billion-dollar business." *Forbes Russia*, October 22, 2011.
Ives, Mike. "Culling Myanmar's past for memories." *New York Times*, October 16, 2013.
Iyengar, Rishi. "Burma's million-strong Rohingya population faces 'final stages of genocide,' says report." *Time*, October 28, 2015.
Janoi, Banyar Kong. "Pushing for ethnic language media in a changing Burma." *Asia Calling*, November 10, 2012.
Jason, Stefanie. "SA trips as Joburg lands on the steps of the Venice Biennale." *Mail & Guardian*, April 30, 2015.
———. "Venice Biennale: SA Pavilion finally announces artists." *Mail & Guardian*, April 16, 2015.
Jenkins, Simon. "Vision of the future or criminal eyesore: What should Rio do with its favelas?" *Guardian*, April 30, 2014.
Johnson, Ian. "Some Chinese artists are testing their limits." *Wall Street Journal*, October 2, 2009.
Johnson, Jenna. "Conservative suspicions of refugees grow in wake of Paris at- tacks." *Washington Post*, November 15, 2015.
Jones, Taryn. "The art of 'War': Voina and protest art in Russia." *Art in Russia*, September 29, 2012.
Jung, C. G. *Mysterium Coniunctionis: An Inquiry into the Separation and Synthesis of Psychic Opposites in Alchemy*. Princeton, NJ: Princeton University Press, 1977.
Kaiman, Jonathan. "Beijing independent film festival shut down by Chinese authorities." *Guardian*, August 24, 2014.
Kaminski, Anna. "In Russia, contemporary art explodes from Soviet shackles." BBC News, February 23, 2014.
Kanthor, Rebecca. "In China, imported fruit is the must-have luxury item for the new year." *The World*, Public Radio International, February 20, 2015.
Kaplan, Sarah. "The serene-looking Buddhist monk accused of inciting Burma's sectarian violence." *Washington Post*, May 27, 2015.
Katsuba, Valera. "The roosters are coming." *Independent*, February 12, 1997.
Katz, Nathan, and Ellen S. Goldberg. "The last Jews in India and Burma." *Jerusalem Letter*, April 15, 1988.
Kaufman, Jason Edward. "South Africa's art scene is poised for a breakthrough— at home and abroad." *Huffington Post*, February 19, 2013.
Keane, Fergal. "Myanmar election: Full BBC interview with Aung San Suu Kyi." BBC News, November 10, 2015.
Kendzulak, Susan. "Burma's flying circus." *Art Radar*, October 18, 2013.
Kennard, Matt, and Claire Provost. "The lights are on but no one's home in Myanmar's capital Naypyidaw." *Guardian*, March 19, 2015.
Kestler-D'Amours, Jillian. "Silencing Brazil's baile funk." *Al Jazeera*, July 5, 2014.
Khin Maung Yin. "Salience of ethnicity among Burman Muslims: A study in identity formation." *Intellectual Discourse* 13, no. 2 (2005): 161–79.
Kim, Jim Yong. "How Mongolia brought nomads TV and mobile phones." *Bloomberg View*, October 14, 2013.
Kino, Carol. "Where art meets trash and transforms life." *New York Times*, October 21, 2010.
Kinsella, Eileen. "Who are the top 30 Chinese artists at auction?" *Artnet News*, September 8, 2014.
Kirey, Anna. "'They said we deserved this': Police violence against gay and bisexual men in Kyrgyzstan." Human Rights Watch, January 28, 2014.
Kirkpatrick, David, and Steven Lee Myers. "Libya attack brings challenges for U.S." *New York Times*, September 12, 2012.
"Киселев после увольнения из 'Почты России' получит почти 3 млн руб (Kiselev after the dismissal of 'Mail of Russia' will receive nearly 3 million rubles)." *RIA Novosti*, April 19, 2013.
Kiss, Ligia, et al. "Health of men, women, and children in post-trafficking services in Cambodia, Thailand, and Vietnam: An observational cross-sectional study." *Lancet Global Health* 3, no. 3 (March 2015): e154–e161.
Knickmeyer, Ellen. "Victims' champion is killed in Iraq." *Washington Post*, April 18, 2005.

many shadows." Africa Faith & Justice Network, July 13, 2015.
Global Justice Center. *The Right to an Abortion for Girls and Women Raped in Armed Conflict*. New York: Global Justice Center, 2011.
Global Legal Research Directorate. "Laws on homosexuality in African nations." US Library of Congress, June 9, 2015.
Golluoglu, Esmer. "Aung San Suu Kyi hails 'new era' for Burma after landslide victory." *Guardian*, April 2, 2012.
Goncharova, Masha. "Cosmoscow: A fair for the Russian art collector." *New York Times*, September 17, 2015.
Gorbachev, Aleksandr. "Meet Boris Grebenshchikov, the Soviet Bob Dylan."*Newsweek*, May 25, 2015.
Gourevitch, Philip. *We Wish to Inform You That Tomorrow We Will Be Killed with Our Families: Stories from Rwanda*. New York: Picador, 1999.
Gowen, Annie. "Hard-line Buddhist monks threaten Burma's hopes for democracy." *Washington Post*, November 5, 2015.
Graham-Harrison, Emma. "Afghan artist dons armour to counter men's street harassment." *Guardian*, March 12, 2015.
Gray, Denis. "The remaining veterans of China's 'lost army' cling to old life styles in Thailand." *Los Angeles Times*, June 7, 1987.
Green, Penny, Thomas MacManus, and Alicia de la Cour Venning. "Countdown to annihilation: Genocide in Myanmar." International State Crime Initiative, 2015.
"Greenland powers up fifth hydroelectric plant." *Arctic Journal*, September 6, 2013.
Greig, Geordie. "My big fab gay wedding."*Tatler*, October 2007.
Grillo, Cristina. "Brasil quer ser chamado de moreno e só 39% se autodreinem como brancos." *Folha*, June 25, 1995.
Grubel, James. "Tsunami kills at least five in Solomons after big Pacific quake." Reuters, February 6, 2013.
Guibert, Nathalie, Yves-Michel Riols, and Hélène Sallon. "Libya's Tripoli and Tobruk dilemma no nearer to resolution." *Guardian*, January 27, 2015.
Hagan, Maria. "The 10 richest Russians in 2014." *Richest*, October 10, 2014.
Hail, Rob. "Madame Nuon Phaly is gone." *Out of the Blog*, November 27, 2012.
Hamblin, James. "How the most important glacier in east Antarctica is melting." *Atlantic*, March 20, 2015.
Hansford, Joanna, and Mary Bolling Blackiston. "Luxury boutique hostel opens in Vidigal." *Rio Times*, March 4, 2014.
Harding, Luke, and Chris Stephen. "Chris Stevens, US ambassador to Libya, killed in Benghazi attack." *Guardian*, September 12, 2012.
Harvey, Chelsea. "Next up from climate change: Shell-crushing crabs invading Antarctica." *Washington Post*, September 28, 2015.
Hatzfeld, Jean. *Machete Season: The Killers in Rwanda Speak*. New York: Farrar, Straus & Giroux, 2005.
Hawkins, Chelsea. "9 artists challenging our perceptions of Afghanistan." *Mic*, October 9, 2014.
Hay, Mark. "Nomads on the grid." *Slate*, December 5, 2014.
Healy, Patrick, and Michael Barbaro. "Donald Trump calls for barring Muslims from entering U.S." *New York Times*, December 7, 2015.
Heijmans, Philip. "Skirting comedy limits in Myanmar." *New York Times*, July 29, 2015.
Hetter, Katia. "Antarctic hits 63 degrees, believed to be a record." CNN News, April 1, 2015.
Higgins, Andrew. "Putin and Orthodox church cement power in Russia." *Wall Street Journal*, December 18, 2007.
Hilderbrand, Rachael. "Conheça Cíntia Luna, presidente da AMUST do Morro do Fogueteiro." *Rio On Watch*, July 4, 2014.
Hill, Matthew. "Yellow fever relaxation by South Africa helps Zambia tourism." Bloomberg, February 5, 2015.
Hilsum, Lindsey. "Don't abandon Rwandan women again." *New York Times*, April 11, 2004.
———. "Rwanda's time of rape returns to haunt thousands." *Guardian*, February 26, 1995.
———. "Saif al-Islam Gaddafi: The prophet of his own doom." *Guardian*, August 5, 2015.
Hnin Yadana Zaw and Antoni Slodkowski. "Myanmar's ousted ruling party head to work with Suu Kyi." Reuters, November 5, 2015.
Holewinski, Sarah. "Marla Ruzicka's heroism." *Nation*, September 18, 2013.
Höller, Herwig. "Aleksandr Ilich Lyashenko known as Petlyura: A controversial protagonist of Russian contemporary art." *Report: Magazine for Arts and Civil Society in Eastern and Central Europe*, June 2006.
Holley, Peter. "In Afghanistan, the art of fighting extremism." *Washington Post*, September 12, 2015.
Holmes, Oliver. "Aung San Suu Kyi wins outright majority in Myanmar election." *Guardian*, November 13, 2015.
———. "Much still at stake in Myanmar after Aung San Suu Kyi's election victory." *Guardian*, November 13, 2015.
Horowitz, Judith, et al. "Brazilian discontent ahead of World Cup." Pew Research Global Attitudes Project, June 3, 2014.
Houttuin, Saskia. "Gay Ugandans face new threat from anti-homosexuality law." *Guardian*, January 6, 2015.
Huang, Angela Lin. "Leaving the city: Artist villages in Beijing." *Media Culture Journal* 14, no. 4 (August 2011): 1–7.
Huang Yanzhong. "The 2008 milk scandal revisited." *Forbes*, July 16, 2014.

Des Forges, Alison Liebhafsky. *"Leave None to Tell the Story": Genocide in Rwanda*. New York: Human Rights Watch, 1999.
Dettmer, Jamie. "The ISIS hug of death for gays." *Daily Beast*, April 24, 2015.
de Vivo, Marcelo. "Experience the best of Russian nightlife." *Pravda*, October 10, 2013.
de Vos, Connie. "Absolute spatial deixis and proto-toponyms in Kata Kolok." *NUSA: Linguistic Studies of Languages in and around Indonesia* 56 (2014): 3–26.
———. "A signers' village in Bali, Indonesia." *Minpaku Anthropology News*, 2011.
de Vos, Connie, and N. Palfreyman. "Deaf around the world: The impact of language." *Journal of Linguistics* 48, no. 3 (November 2012): 731–35.
De Young, Karen. "Ban on U.S. investment in Burma is lifted." *Washington Post*, July 11, 2012.
Dickey, Lisa. "Moscow: Rap star MC Pavlov." Russian Chronicles, *Washington Post*, November 2, 2005.
"Die economist André Urani." *O Globo*, December 14, 2011.
Dilawar, Arvind. "Teatime with Big Brother: Chinese artist Wu Yuren on life under surveillance." *Vice*, June 15, 2015.
Dolcy, Marion. "Russian art anarchists explain themselves." *Don't Panic*, December 20, 2010.
Donadio, Rachel. "Museum director at Hermitage hopes for thaw in relations with West." *New York Times*, May 14, 2015.
Douglas, Bruce. "Brazil officials evict families from homes ahead of 2016 Olympic Games." *Guardian*, October 28, 2015.
Downie, Andrew. "Rio finally makes headway against its drug gangs." *Time*, November 26, 2010.
Dudley, Steven. "Deadly force: Security and insecurity in Rio." North American Congress on Latin America, November 1998.
Durao, Carlos, Marcos Machado, and Eduardo Daruge Jr. "Death in the 'micro- wave oven': A form of execution by carbonization." *Forensic Science International* 253 (August 2015): e1–3.
Ebbighausen, Rodion. "Myanmar: The uprising of 1988." *Deutsche Welle*, August 8, 2013.
Euro-Burma Office. "The Rohingyas: Bengali Muslims or Arakan Rohingyas?" EBO Briefing Paper No. 2, Euro-Burma Office, 2009.
Feast, Lincoln. "Strong quake hits near Solomon Islands; tsunami warning cancelled." Reuters, April 12, 2014.
Feltham, John. *The English Enchiridion*. Bath: R. Crutwell, 1799.
Ferrie, Jared. "Myanmar president enacts law allowing referendum on disputed constitution." Reuters, February 12, 2015.
———. "SIM sales soar as Myanmar races to catch up in telecoms." Reuters, May 6, 2015.
Fitzgerald, Mary. "Libyan renegade general Khalifa Haftar claims he is winning his war." *Guardian*, June 24, 2014.
"Five injured in Mandalay unrest, damage limited." *Irrawaddy*, July 2, 2014.
Florida, Richard. "Gun violence in U.S. cities compared to the deadliest nations in the world." *Citylab*, January 22, 2013.
Flueckiger, Lisa. "Brazil's federal police to investigate after FIFA scandal." *Rio Times*, May 29, 2015.
Forbes, Alexander. "Manifesta 10 succeeds despite controversy." *Artnet News*, June 27, 2014.
Foster, Peter. "Top 10 Chinese food scandals." *Telegraph*, April 27, 2011.
Frank, Marc. "Cuba's atheist Castro brothers open doors to Church and popes." Reuters, September 7, 2015.
Freedom House. "Nations in transit 2015: Russia." Freedom House, 2015.
Freedom to Marry. "The freedom to marry internationally." Freedom to Marry, 2015.
Freeman, Joe. "Myanmar's Jewish vote." *Tablet*, November 9, 2015.
French, Howard. "Kagame's hidden war in the Congo." *New York Review of Books*, September 24, 2009.
Fuller, Thomas. "Back to a Burmese prison by choice." *New York Times*, December 6, 2014.
———. "Conservatives in Myanmar force out leader of ruling party." *New York Times*, August 13, 2015.
———. "Extremism rises among Myanmar Buddhists." *New York Times*, June 20, 2013.
———. "Myanmar's leader backs change to constitution." *New York Times*, January 2, 2014.
———. "Myanmar's military uses political force to block constitutional changes."
New York Times, June 15, 2015.
Fullerton, Jamie. "Chinese artist who posted funny image of President Xi Jinping facing five years in prison as authorities crackdown [*sic*] on dissent in the arts." *Independent*, May 28, 2015.
Furbank, P. N., and F. J. H. Haskell. "E. M. Forster: The art of fiction no. 1." *Paris Review*, Spring 1953.
Gabeira, Fernando. *O Que É Isso, Companheiro?* Rio de Janeiro: Editora Codecri, 1979.
Gaffney, Christopher. "Global parties, galactic hangovers: Brazil's mega event dystopia." *Los Angeles Review of Books*, October 1, 2014.
Garver, Rob. "Putin lets criminals bring money back to Russia." *Fiscal Times*, June 11, 2015.
Geertz, Hildred, and Clifford Geertz. *Kinship in Bali*. Chicago: University of Chicago Press, 1975.
George, Jason. "The suicide capital of the world." *Slate*, October 9, 2009.
Global Campaign for Rwandan Human Rights. "Crimes and repression vs. development in Rwanda: President Paul Kagame's

———. "Taiwan rejects 'looted' China art." BBC News, October 7, 2009.
Bronson, Po, and Ashley Merryman. "Even babies discriminate: A Nurture Shock excerpt." *Newsweek*, September 4, 2009.
Brownmiller, Susan. *Against Our Will: Men, Women and Rape*. New York: Simon & Schuster, 1975.
Buckley, Sarah. "Who are Burma's monks?" BBC News, September 26, 2007.
Buncombe, Andrew. "India's gay community scrambling after court decision recriminalises homosexuality." *Independent*, February 26, 2014.
Burkitt, Laurie. "Selling health food to China." *Wall Street Journal*, December 13, 2010.
Byrnes, Mark. "A brief history of Brazil's most treasured World Cup stadium." *Citylab*, June 16, 2014.
Cai Muyuan. "Eat green, think greener." *China Daily Europe*, June 5, 2015.
Calin, Dorina. "Decizie UNATC: Criticul de film Andrei Rus nu va fi dat afară din instituție, dar va fi sancționat." *Mediafax*, July 2, 2015.
Campbell, Charlie. "Arakan strife poses Suu Kyi political problem." *Irrawaddy*, July 13, 2012.
Canzian, Fernando. "É bom, mas é ruim (It's good, but it's bad)." *Folha*, July 13, 2009.
Carpenter, Frances. *Tales of a Korean Grandmother*. St. Louis, MO: Turtleback Books, 1989.
Caryl, Christian. "Putin: During and after Sochi." *New York Review of Books*, April 3, 2014.
———. "The young and the restless." *Foreign Policy*, February 17, 2014.
Casey, Michael. "Why the cyclone in Myanmar was so deadly." *National Geographic News*, May 8, 2008.
Cha, Frances. "Japanese eel becomes latest 'endangered food.'" *CNN Travel*, February 5, 2013.
Chang, Jack. "Chinese art colony's free-speech illusion shatters." *Asahi Shumbun*, October 17, 2014.
Chao, Loretta. "Rio faces surge of post–World Cup violence in slums." *Wall Street Journal*, July 22, 2014.
"Charges dropped against 23 journalists." *Nation* (Bangkok), August 25, 2014.
Chekhov, Anton. *The Three Sisters: A Play by Anton Chekhov Adapted by David Mamet*. New York: Samuel French, 1992.
Chen Te-Ping. "In latest mash-up, China puts spotlight on spuds." *Wall Street Journal*, August 17, 2015.
Coates, Eliane. "Sectarian violence involving Rohingya in Myanmar: Historical roots and modern triggers." Middle East Institute, August 4, 2014.
Coelho, Janet Tappin. "Brazil's 'peace police' turn five. Are Rio's favelas safer?" *Christian Science Monitor*, December 19, 2013.
Cohen, Andrew. "Off the page: Li Xianting." *Art Asia Pacific* 71, November/ December 2010.
Collins, Sean. "City's theater re-opens in style." *Rio Times*, June 8, 2010.
Collinson, Stephen. "Marathon Benghazi hearing leaves Hillary Clinton largely unscathed." *CNN Politics*, October 23, 2015.
Conwill, William Louis. "N'deup and mental health: Implications for treating Senegalese immigrants in the U.S." *International Journal for the Advancement of Counselling* 32, no. 3 (September 2010): 202–13.
Cooper, Tanya. "License to harm: Violence and harassment against LGBT people and activists in Russia." Human Rights Watch, December 15, 2014.
Cooperman, Alan, Phillip Connor, and Erin O'Connell. "Russians return to religion but not to church." Pew Research Center, February 10, 2014.
Corben, Ron. "Burmese refugees in Thailand long to return home." *Deutsche Welle*, December 13, 2011.
Crichton-Miller, Emma. "Young Russian curators tap into country's recent art history." *Financial Times*, June 27, 2014.
Crow, Kelly. "Moscow's contemporary art movement." *Wall Street Journal*, June 4, 2015.
Curtis, Tine, and Peter Bjerregaard. *Health Research in Greenland*. Copenhagen: Danish Institute for Clinical Epidemiology, 1995.
Dahas, Nashla. "Luis Eduardo Soares." *Revista de Historia*, January 11, 2014.
Damptey, Daniel Danquah. "Investigate Mills' death." *GhanaWeb*, July 29, 2015.
Darnton, Robert. "Talking about Brazil with Lilia Schwarcz." *New York Review of Books*, August 17, 2010.
Davies, Wyre. "Brazil: Protesters in Rio clash with police over dancer's death." BBC News, April 23, 2014.
de Bruyn, Maria. *Violence, Pregnancy and Abortion: Issues of Women's Rights and Public Health*. 2nd ed. Chapel Hill, NC: Ipas, 2003.
Delgado, Fernando Ribeiro. "Lethal force: Police violence and public security in Rio de Janeiro and São Paulo." Human Rights Watch, December 8, 2009.
DelReal, Jose. "Donald Trump won't rule out warrantless searches, ID cards for American Muslims." *Washington Post*, November 19, 2015.
De Main, Bill. "The disputed history of the Tarzan yell." *Mental Floss*, August 22, 2012.
Demick, Barbara. "In China, what you eat tells who you are." *Los Angeles Times*, September 16, 2011.
Demirjian, Karoun. "Russian youths find politics as their pop icons face pressure." *Washington Post*, December 2, 2014.

———. "Women journalists targeted in Afghanistan." NBC News, June 26, 2007.
Aung San Suu Kyi. "Please use your liberty to promote ours." *New York Times*, February 4, 1997.
Aung San Suu Kyi and Alan Clements. *The Voice of Hope: Conversations with Alan Clements*. New York: Seven Stories Press, 2008.
Aung-Thwin, Michael, and Maitrii Aung-Thwin. *A History of Myanmar since Ancient Times*. Chicago: University of Chicago, 2012.
Aung Zaw. "The SPDC's diplomatic gambit." *Irrawaddy*, February 1999. Australian Associated Press. "Temperature affects fungi in Antarctica." Special Broadcasting Service, September 28, 2015.
Aye Nyein Win. "Right-hand drives to remain on the roads." *Myanmar Times*, October 23, 2015.
"Baird bears gifts." *Mizzima*, March 9, 2012.
Barber, Elizabeth. "'Gutter oil' scandal raises food-safety fears once again in greater China." *Time*, September 8, 2014.
Barchfield, Jenny. "Transgenders break into Brazil's modeling sector." *CNS News*, December 6, 2012.
Bass, Katy Glenn, and Joey Lee. "Silenced voices, threatened lives: The impact of Nigeria's LGBTI law on Freedom of Expression." PEN American Center, June 29, 2015.
Beam, Christopher. "Beyond Ai Weiwei: How China's artists handle politics (or avoid them)." *New Yorker*, March 27, 2015.
Becker, Kathrin. "In memoriam Timur Novikov." *Art Margins*, May 23, 2002.
Beech, Hannah. "The face of Buddhist terror." *Time*, July 1, 2013.
Benson, Todd. "U.N. watchdog denounces police killings in Brazil." Reuters, September 15, 2008
Bevins, Vincent. "Coming 'tsunami'? In Brazil, calls for reform in wake of FIFA scandals." *Los Angeles Times*, June 12, 2015.
Bjerregaard, Peter, and Christina Viskum Lytken Larsen. "Time trend by region of suicides and suicidal thoughts among Greenland Inuit." *International Journal of Circumpolar Health* 74 (February 19, 2015): 26053.
Black, Michael, and Roland Fields. "Virtual gambling in Myanmar's drug country." *Asia Times*, August 26, 2006.
"Blackout hits Taipei's Palace Museum Thursday afternoon." *Want China Times*, July 10, 2015.
Block, Melissa. "Skin color still plays big role in ethnically diverse Brazil." *All Things Considered*, National Public Radio, September 19, 2013.
Boehler, Patrick. "Bad eggs: Another fake-food scandal rocks China." *Time*, November 6, 2012.
———. "Police seize chicken feet in storage since 1967, smuggled from Vietnam." *South China Morning Post*, July 8, 2013.
Boesveld, Sarah. "Stealing beauty: A look at the tattooed faces of Burma's Chin province." *National Post*, July 15, 2011.
Boswell, James. *Boswell's Life of Johnson*. Edited by George Birkbeck Hill. Oxford: Clarendon Press, 1887.
Bowater, Donna. "Olympics bus route to displace 900 families from Rio favela."
Al Jazeera, September 1, 2014.
———. "Rio's police-occupied slums see an increase in drug-related violence." *Washington Post*, February 19, 2014.
Bradsher, Keith. "Rare glimpses of China's long-hidden treasures." *New York Times*, December 28, 2006.
Branigan, Tania. "Chinese treasures to be reunited in Taiwan." *Guardian*, February 19, 2009.
———. "It's goodbye Lenin, hello dinosaur as fossils head to Mongolia museum." *Guardian*, January 27, 2013.
———. "Mongolia declares state of emergency as riots kill five." *Guardian*, July 2, 2008.
Bremmer, Ian. "These 5 facts explain Russia's economic decline." *Time*, August 14, 2015.
British Broadcasting Corporation. "Aung San Suu Kyi hails Shwe Mann as an 'ally.'" BBC News, August 18, 2015.
———. "Brazil corruption: Rio police arrested over 'extortion racket.'" BBC News, September 16, 2014.
———. "Burma's 1988 protests." BBC News, September 25, 2007.
———. "Cameroon 'gay sex' men acquitted." BBC News, January 7, 2013.
———. "Chernobyl: 20 years on." BBC News, June 12, 2007.
———. "Chinese police arrest 110 for selling 'contaminated pork.'" BBC News, January 12, 2015.
———. "Egypt cuts 'gay wedding video' jail terms." BBC News, December 27, 2014.
———. "Greenland's Jakobshavn Glacier sheds big ice chunk." BBC News, August 24, 2015.
———. "Iranian hanged after verdict stay." BBC News, December 6, 2007.
———. "Moscow protest: Thousands rally against Vladimir Putin." BBC News, December 25, 2011.
———. "Myanmar court 'must investigate Aung Kyaw Naing death.'" BBC News, December 3, 2014.
———. "Paul Kagame's third term: Rwanda referendum on 18 December." BBC News, December 9, 2015.
———. "Profiles of Russia's 2012 presidential election candidates." BBC News, March 1, 2012.
———. "Report: One fifth of China's soil contaminated." BBC News, April 18, 2014.
———. "Rio de Janeiro's favelas reflected through art." BBC News, May 29, 2011.
———. "Self-rule introduced in Greenland." BBC News, June 21, 2009.

參考書目
Bibliography

Abrahams, Fred. "In his first interview, Saif al-Islam says he has not been given access to a lawyer." *Daily Beast*, December 30, 2012.
Adams, Susan. "Treasure islands: Inside a Japanese billionaire's art archipelago."
Forbes, July 29, 2015.
Agence France-Presse. "Muslim groups sue Myanmar president for Rohingya 'genocide.'" *Guardian*, October 5, 2015.
——. "Rwanda opposition says can't find lawyer for Kagame 3rd term case— one said 'God was against it.'" *Mail & Guardian*, July 8, 2015.
——. "US opposes third term for Rwanda's Kagame: Diplomat." *Guardian* (Nigeria), June 5, 2015.
Agyman, Gyasiwaa. "'Mahama will soon mortgage Ghana to anti-Christ.'" *Adom Online*, January 8, 2016.
Ai Weiwei. "Ai Weiwei: China's art world does not exist." *Guardian*, September 10, 2012.
Akinsha, Konstantin. "Art in Russia: Art under attack." *ARTnews*, October 1, 2009.
Alston, Philip. "Report of the Special Rapporteur on extrajudicial, summary or arbitrary executions: Follow-up to country recommendations—Brazil." United Nations Human Rights Council, May 28, 2010.
Alter, Alexandra. "China's publishers court America as its authors scorn censor- ship." *New York Times*, May 28, 2015.
American Consul Rio de Janeiro. "Counter-insurgency doctrine comes to Rio's favelas." September 30, 2009.
Amey, Katie. "Government-issued housing, super-highways that span 20 lanes but not a soul in sight: Inside Myanmar's haunting capital city." *Daily Mail*, April 18, 2015.
Amnesty International. "Caught between state censorship and self-censorship: Prosecution and intimidation of media workers in Myanmar." Amnesty International, June 16, 2015.
——. "State of Libya." In "The state of the world's human rights." Amnesty International, March 11, 2015.
Amos, Howard. "Russian publisher prints books about Putin under names of western authors." *Guardian*, August 11, 2015.
Anistia Internacional Brasil. "You killed my son: Homicides by military police in the city of Rio de Janeiro." Amnesty International, August 3, 2015.
"Anti Muslim monk Wira thu talk about Meiktila before riot." YouTube, March 24, 2013. http://youtube.com/watch?v=N7irUgGsFYw.
Antunes, Anderson. "When samba meets African dictators: The ugly side of Rio de Janeiro's Carnival." *Forbes*, February 19, 2015.
Antwi-Otoo, Kweku. "Gay activist Andrew Solomon will be a pastor one day: Moses Foh-Amoaning." *Atinka 104.7 FM Online*, July 13, 2015.
Arendt, Laurie. "A toast to her brother," *Ozaukee Press*, September 13, 2007. Artavia, David. "Cameroon's 'gay problem.'" *Advocate*, July 7, 2013.
Asia Foundation. "The Asia Foundation donates books to parliamentary library in Burma." Asia Foundation, October 24, 2012.
Associated Press. "Assault on U.S. consulate in Benghazi leaves 4 dead, including U.S. Ambassador J. Christopher Stevens." CBS News, September 12, 2012.
——. "Vinegar contaminated with antifreeze kills Chinese Muslims at Rama- dan meal." *Guardian*, August 22, 2011.

Mooney, "Jail, lawsuits cast shadow over Myanmar media freedom," Reuters, May 15, 2014; and Amnesty International, "Caught between state censorship and self-censorship: Prosecution and intimidation of media workers in Myanmar," Amnesty International, June 16, 2015.

482 The military's constitutionally enshrined dominance over Burmese politics is noted in "A milestone for Myanmar's democracy," *New York Times*, November 12, 2015.

482 Suu Kyi's remarks on the constitution of Myanmar are reported in Claire Phipps and Matthew Weaver, "Aung San Suu Kyi vows to make all the decisions in Myanmar's new government," *Guardian*, November 10, 2015; see also Fergal Keane, "Myanmar election: Full BBC interview with Aung San Suu Kyi," BBC News, November 10, 2015.

汪洋迷失記

483 I would not have seemed such an adventurous eater had I been born forty years later. Eel has become so popular that both Japanese and American varieties have been added to the International Endangered Species List; see Frances Cha, "Japanese eel becomes latest 'endangered food,'" *CNN Travel*, February 5, 2013; and Annie Sneed, "American eel is in danger of extinction," *Scientific American*, December 1, 2014.

484 Dutch Springs Quarry in Lehigh, Pennsylvania, is the watery grave of not only a school bus, but also a fire truck, a trolley, three different airplanes, and a Sikorsky H-37 helicopter; see Julie Morgan, "Keeping 'em diving in the Keystone State," *Sport Diver*, April 21, 2006.

485 My opening address at the Sydney Writers' Festival can be viewed on the festival website, at http://swf.org.au.

485 Orpheus Island Resort, a pleasant enough place when you aren't being abandoned at sea by its incompetent staff and then asked to pay for your trip by its impenitent manager, has a website at http://orpheus.com.au.

487 Although the Tarzan yell is unmistakable, its provenance is debatable; see Bill De Main, "The disputed history of the Tarzan yell," *Mental Floss*, August 22, 2012.

490 The story "In Which Piglet Is Entirely Surrounded by Water" is chapter 9 of A. A. Milne, *Winnie-the-Pooh* (1926).

471 Thant Thaw Kaung's story is told in Mary O'Shea, "Journey of shelf discovery," *Post Magazine*, October 14, 2012.
473 Htein Lin's life and work are the subjects of Thomas Fuller, "Back to a Burmese prison by choice," *New York Times*, December 6, 2014.
475 Htein Lin's project, *A Show of Hand*, is described on his website, at http://hteinlin.com/a-show-of-hand; and in Kyaw Phyo Tha, "Hands of hardship; Artist Htein Lin spotlights political prisoners' travails," *Irrawaddy*, July 27, 2015.
475 The work of Wah Nu and Tun Win Aung is discussed in Mike Ives, "Culling Myanmar's past for memories," *New York Times*, October 16, 2013; and Susan Kendzulak, "Burma's flying circus," *Art Radar*, October 18, 2013.
476 Maung Tin Thit (also known as U Ye Mon) won a seat in the Hluttaw (the legislative assembly) in the 2015 general elections; see Pyae Thet Phyo, "Ex-minister's agent denies seeking recount," *Myanmar Times*, November 12, 2015.
476 Ma Thanegi, *Nor Iron Bars a Cage* (2013).
476 Ma Thanegi articulated her opposition to sanctions in "The Burmese fairy tale," *Far Eastern Economic Review*, February 19, 1998.
478 Misuu Borit's efforts to reestablish the Burmese cat in its native land are recounted in Kelly McNamara, "Burmese cats return to a new Burma," *Bangkok Post*, September 14, 2012; and Kyaw Phyo Tha, "A purr-fect pedigree in Burma," *Irrawaddy*, February 24, 2014.
479 Figures on tourism in Myanmar come from Turner et al., op. cit.
479 The convicted *Unity Journal* staffers remain in prison; see San Yamin Aung, "Supreme Court rejects appeal of Unity journalists," *Irrawaddy*, November 27, 2014.
479 Charges against some protesters were eventually dropped; see "Charges dropped against 23 journalists," *Nation* (Bangkok), August 25, 2014.
479 The death of Aung Kyaw Naing (Par Gyi) in police custody is reported in Lawi Weng, Nyein Nyein, and Kyaw Hsu Mon, "Missing reporter killed in custody of Burma army," *Irrawaddy*, October 24, 2014. On the aftermath of the event, see British Broadcasting Corporation, "Myanmar court 'must investigate Aung Kyaw Naing death,'" BBC News, December 3, 2014.
479 Zaw Pe's conviction for "trespassing" while investigating a scholarship program is described in Zarni Mann, "DVB reporter jailed for one year," *Irrawaddy*, April 7, 2014.
479 The conviction and sentencing of the *Bi Mon Te Nay* staffers is reported in Nobel Zaw, "Court sentences 3 journalists, 2 media owners to 2 years in prison," *Irrawaddy*, October 16, 2014.
479 Htin Kyaw's arrest and conviction are the subject of Nobel Zaw, "Activist hit with additional sentence, totaling over 13 years," *Irrawaddy*, October 31, 2014.
479 Press freedom rankings come from Reporters Without Borders's annual World Press Freedom Index, 2015, at http://index.rsf.org.
480 The quotes from Yanghee Lee ("to criminalize and impede," "disproportionately high") come from Yanghee Lee, "Report of the Special Rapporteur on situation of human rights in Myanmar," United Nations Office of the High Commissioner for Human Rights, September 23, 2014.
480 The increasingly desperate plight of the Rohingya people is described in Rishi Iyengaar, "Burma's million-strong Rohingya population faces 'final stages of genocide,' says report," *Time*, October 28, 2015; and Penny Green, Thomas MacManus, and Alicia de la Cour Venning, "Countdown to annihilation: Genocide in Myanmar," International State Crime Initiative, 2015.
481 The 969 movement is the subject of Andrew Marshall's reports "The 969 catechism," Reuters, June 26, 2013; and "Myanmar gives official blessing to anti-Muslim monks," Reuters, June 27, 2013. For discussion of the Ma Ba Tha political party, see Annie Gowen, "Hard-line Buddhist monks threaten Burma's hopes for democracy," *Washington Post*, November 5, 2015.
481 The pending lawsuit against Burmese president Thein Sein is discussed in Agence France-Presse, "Muslim groups sue Myanmar president for Rohingya 'genocide,'" *Guardian*, October 5, 2015.
481 The National League for Democracy's election victory is reported in Oliver Holmes, "Aung San Suu Kyi wins outright majority in Myanmar election," *Guardian*, November 13, 2015. U Win Htein's postelection comments on Muslims in Burma are drawn from Austin Ramzy, "After Myanmar election, few signs of a better life for Muslims," *New York Times*, November 18, 2015.
481 The expansion of the Myanmar press, and its simultaneous suppression by the government, is the subject of Julie Makinen, "Myanmar press freedom: Unprecedented but still subject to pressures," *Los Angeles Times*, March 27, 2015; Paul

tarian violence involving Rohingya in Myanmar: Historical roots and modern triggers," Middle East Institute, August 4, 2014.

460 Speculation that the Rohingya have links with terrorist groups is disputed by security experts and Burmese parliamentarians; see Paul Vrieze, "Experts reject claims of 'Rohingya mujahideen' insurgency," *Irrawaddy*, July 15, 2013.

460 Human Rights Watch has documented the persecution of Rohingya in Matthew Smith et al., "'All you can do is pray': Crimes against humanity and ethnic cleansing of Rohingya Muslims in Burma's Arakan State," Human Rights Watch, April 2013.

460 Ashin Wirathu's sermon that is thought to have provoked the massacre of Rohingya at Meiktila can be viewed online at "Anti Muslim monk Wira thu talk about Meiktila before riot," YouTube, March 24, 2013; a summary translation is available at Maung Zarni, "Racist leader monk Rev. Wirathu's speech," *M-Media*, March 24, 2013. Wirathu's exhortation to "rise up" and "make your blood boil" was quoted in Hannah Beech, "The face of Buddhist terror," *Time*, July 1, 2013. The quote from the pamphlet distributed at one of Ashin Wirathu's sermons appears in Thomas Fuller, "Extremism rises among Myanmar Buddhists," *New York Times*, June 20, 2013. Wirathu is compared to Hitler in Sarah Kaplan, "The serene-looking Buddhist monk accused of inciting Burma's sectarian violence," *Washington Post*, May 27, 2015.

461 See Yassin Musharbash, "The 'Talibanization' of Pakistan: Islamists destroy Buddhist statue," *Der Spiegel*, November 8, 2007.

461 The term "savage Buddhists" is cited in Jonathan Pearlman, "Jihadist group calls on Muslims to save Burmese migrants from 'savage Buddhists,'" *Telegraph*, May 20, 2015.

462 The Rohingyas' flight from Myanmar is documented in David Mathieson, "Perilous plight: Burma's Rohingya take to the seas," Human Rights Watch, 2009.

462 Suu Kyi's silence on the Rohingya issue has been widely noted; see, e.g., Moshahida Sultana Ritu, "Ethnic cleansing in Myanmar," *New York Times*, July 12, 2012; and Charlie Campbell, "Arakan strife poses Suu Kyi political problem," *Irrawaddy*, July 13, 2012.

462 Tensions between Arakanese Buddhists and foreign aid workers are described in Lawi Weng, "Arakan monks boycott UN, INGOs," *Irrawaddy*, July 6, 2012.

462 The 2014 Mandalay riots were reported in "Five injured in Mandalay unrest, damage limited," *Irrawaddy*, July 2, 2014.

463 For a scholarly discussion of the variety of Muslims residing in Myanmar, see Khin Maung Yin, "Salience of ethnicity among Burman Muslims: A study in identity formation," *Intellectual Discourse* 13, no. 2 (2005).

465 For more information on the tattooed women of Chin state, see Sarah Boesveld, "Stealing beauty: A look at the tattooed faces of Burma's Chin province," *National Post*, July 15, 2011.

466 The number of monks in Myanmar is put at four hundred thousand to five hundred thousand in Sarah Buckley, "Who are Burma's monks?" BBC News, September 26, 2007.

467 The history of Jewish migration to and from South Asia is explored in Nathan Katz and Ellen S. Goldberg, "The last Jews in India and Burma," *Jerusalem Letter*, April 15, 1988.

467 Moses Samuels died on May 29, 2015; see Jonathan Zaiman, "Remembering Moses Samuels, the man who preserved Jewry in Myanmar," *Tablet*, June 2, 2015.

468 Moses Samuels himself stated, "There is no problem with religion here"; see Seth Mydans, "Yangon Journal; Burmese Jew shoulders burden of his heritage," *New York Times*, July 23, 2002. Also, see a touching remembrance of Moses Samuels and an account of Myanmar's Jewish community: Sammy Samuels, "Hanukkah with spirit in Yangon," *BBC News*, December 4, 2015.

468 The outcome of cease-fire negotiations with armed rebel groups in Myanmar is reported in Shibani Mahtani and Myo Myo, "Myanmar signs draft peace deal with armed ethnic groups," *Wall Street Journal*, March 31, 2015.

468 For more background on the remnants of the Kuomintang in Myanmar, see Denis D. Gray, "The remaining veterans of China's 'lost army' cling to old life styles in Thailand," *Los Angeles Times*, June 7, 1987.

469 Mong La's National Democratic Alliance and its leader, Sai Leun, figure in Michael Black and Roland Fields, "Virtual gambling in Myanmar's drug country," *Asia Times*, August 26, 2006; and Sebastian Strangio, "Myanmar's wildlife trafficking hotspot," *Al Jazeera*, June 17, 2014.

469 Kachin state's lucrative jade industry is investigated in Andrew Marshall, "Myanmar old guard clings to $8 billion jade empire," Reuters, October 1, 2013. The escalating death toll in a landslide at a jadeite mine is reported in Kyaw Myo Min, Kyaw Kyaw Aung, and Khin Khin Ei, "Hopes fade for Myanmar landslide survivors as lawmakers urge greater safety for miners," Radio Free Asia, November 24, 2015.

Aye Nyein Win, "Right-hand drives to remain on the roads," *Myanmar Times*, October 23, 2015.

449 Statistics on child nutrition in Myanmar come from UNICEF, "Country statistics: Myanmar," UNICEF, 2015.

450 For a detailed analysis of the contribution of tourism to Myanmar's economy, see Rochelle Turner et al., "Travel and tourism: Economic impact 2015: Myanmar," World Travel and Tourism Council, 2015.

450 More background on Burmese history can be found in Michael Aung-Thwin and Maitrii Aung-Thwin, *A History of Myanmar since Ancient Times* (2012).

451 For more detail on the 1988 student uprisings, see British Broadcasting Corporation, "Burma's 1988 protests," BBC News, September 25, 2007; and Rodion Ebbighausen, "Myanmar: The uprising of 1988," *Deutsche Welle*, August 8, 2013.

452 Full text of the "Constitution of the Republic of the Union of Myanmar (2008)" can be found on the website of the World Intellectual Property Organization, http://wipo.int/edocs/lexdocs/laws/en/mm/mm009en.pdf. For discussion of the constitution's problematic aspects and efforts to reform it, see Thomas Fuller, "Myanmar's leader backs change to constitution," *New York Times*, January 2, 2014; Jared Ferrie, "Myanmar president enacts law allowing referendum on disputed constitution," Reuters, February 12, 2015; and Thomas Fuller, "Myanmar's military uses political force to block constitutional changes," *New York Times*, June 15, 2015.

453 The homesickness of Burmese refugees is described in Julia Lyon, "Invited to escape to America, some refugees just say no," *St. Louis Tribune*, September 14, 2009; and Ron Corben, "Burmese refugees in Thailand long to return home," *Deutsche Welle*, December 13, 2011.

453 Among dissidents demanding an apology from their former captors is Win Tin; see Kyaw Phyo Tha, "Ex–political prisoner Win Tin demands apology from junta leaders," *Irrawaddy*, October 30, 2013.

453 See Aung San Suu Kyi, *The Voice of Hope: Conversations with Alan Clements* (2008).

453 Myanmar's low-occupancy capital is described in Matt Kennard and Claire Provost, "The lights are on but no one's home in Myanmar's capital Naypyidaw," *Guardian*, March 19, 2015; and Katie Amey, "Government-issued housing, super-highways that span 20 lanes but not a soul in sight: Inside Myanmar's haunting capital city," *Daily Mail*, April 18, 2015.

454 See US Department of State, "U.S. economic engagement with Burma," US Embassy in Rangoon, June 2014.

454 Although many Burmese professionals have removed to Singapore, the tide is slowly turning; see Kyaw Zwa Moe, "Burmese professionals earn good money in Singapore but still miss home," *Irrawaddy*, March 2007; and Joanna Seow, "More Myanmar professionals in Singapore heading home to tap booming economy," *Straits Times*, March 24, 2014.

455 Shwe Mann's pragmatic alliance with Aung San Suu Kyi engendered misgivings among his fellow USDP members, including President Thein Sein, who staged Mann's dramatic ouster from his role as head of the party; see Thomas Fuller, "Conservatives in Myanmar force out leader of ruling party," *New York Times*, August 13, 2015; British Broadcasting Corporation, "Aung San Suu Kyi hails Shwe Mann as an 'ally,'" BBC News, August 18, 2015; and Hnin Yadana Zaw and Antoni Slodkowski, "Myanmar's ousted ruling party head to work with Suu Kyi," Reuters, November 5, 2015.

455 See the highly regarded biography by Peter Popham, *The Lady and the Peacock: The Life of Aung San Suu Kyi* (2012).

456 Aung San Suu Kyi's Nobel Lecture can be found on the Nobel Prize website at http://nobelprize.org/nobel_prizes/peace/laureates/1991/kyi-lecture_en.html.

456 See previously cited sources on the Burmese constitution: Fuller (2014 and 2015), op. cit., and Ferrie, op. cit.

457 Robert San Pe discusses constitutional reform in the twenty-four-minute video "Legal adviser to Aung San Suu Kyi, Robert Pe," Reliefweb Labs, May 5, 2015.

457 Donors to Myanmar's fledgling Parliamentary Library include Canada, the United States, and the Asia Foundation; see "Baird bears gifts," *Mizzima*, March 9, 2012; Malaysian Myanmar Business Council, "U.S. contributes publications to parliamentary library," October 24, 2012; and Asia Foundation, "The Asia Foundation donates books to parliamentary library in Burma," October 24, 2012.

457 For discussion of the impact and dynamics of Nargis, see Michael Casey, "Why the cyclone in Myanmar was so deadly," *National Geographic News*, May 8, 2008.

458 Consul General Ye Myint Aung's outrageous statement appeared in a letter dated February 9, 2009 (available online at https://www.newmandala.org/wp-content/uploads/2009/02/the-consul-generals-letter.pdf), and was originally reported in Greg Torode, "Myanmese envoy says Rohingya ugly as ogres," *South China Morning Post*, February 11, 2009.

458 For the Myanmar government's interpretation of the history of its Muslim population, see Republic of the Union of Myanmar, "Final report of inquiry commission on sectarian violence in Rakhine State," July 8, 2013.

459 Several NGOs have prepared overviews of the history of the Rohingya; see, e.g., Euro-Burma Office, "The Rohingyas: Bengali Muslims or Arakan Rohingyas?" EBO Briefing Paper No. 2, Euro-Burma Office, 2009; and Eliane Coates, "Sec-

與迦納總統同床？

431 Speculation that I had figured in the death of the late president of Ghana was published in Daniel Danquah Damptey, "Investigate Mills' death," *GhanaWeb*, July 29, 2015.

432 Moses Foh-Amoaning's prophecy that I would one day join the ministry was broadcast on Ghanaian radio; see Kweku Antwi-Otoo, "Gay activist Andrew Solomon will be a pastor one day: Moses Foh-Amoaning," *Atinka 104.7 FM*, July 13, 2015. The quote "God will meet him at a point and hit him to change" comes from another report that deals with my sexual identity at some length, "'Prayer' is the key against 'devilish' homosexuality worldwide: Moses Foh-Amoaning," *Daily Guide Ghana*, July 14, 2015.

432 For similar, albeit less hopeful, demagoguery, see Gyasiwaa Agyeman, "'Mahama will soon mortgage Ghana to anti-Christ,'" *Adom Online*, January 8, 2016.

羅馬尼亞的同志、猶太人、精神病患和吉普賽慈善組織

442 The sanction against National University of Theater Arts and Cinematography professor Andrei Rus for allegedly "ruining the University's image" with his "gay propaganda and homosexual agenda" was reported in Dorina Calin, "Decizie UNATC: Criticul de film Andrei Rus nu va fi dat afară din instituție, dar va fi sancționat," *Mediafax*, July 2, 2015.

緬甸的關鍵時刻

443 All quotes in my essay on Myanmar come from personal interviews unless otherwise specified.

443 Myanmar's release of eleven hundred political prisoners was acknowledged in a 2014 report by Tomás Ojea Quintana, UN human rights rapporteur for Burma; see Samantha Michaels, "Quintana releases final report on Burma human rights," *Irrawaddy*, March 14, 2014.

443 The initial US relaxation of sanctions against Burma is reported in Karen De Young, "Ban on U.S. investment in Burma is lifted," *Washington Post*, July 11, 2012.

444 Suu Kyi's release from house arrest is reported in Tracy McVeigh, "Aung San Suu Kyi 'released from house arrest,'" *Guardian*, November 13, 2010; the NLD's victory in the 2012 general elections, in Esmer Golluoglu, "Aung San Suu Kyi hails 'new era' for Burma after landslide victory," *Guardian*, April 2, 2012.

445 Paradoxically, at least one Burmese commentator regarded Ma Thida's early release from prison as a cynical PR ploy on the part of the military junta; see Aung Zaw, "The SPDC's diplomatic gambit," *Irrawaddy*, February 1999.

446 Aung San Suu Kyi, op. cit.

446 The artist Aye Ko discusses his work in Whitney Light, "Pressing questions with Aye Ko," *Myanmar Times*, May 18, 2014.

446 Lu Maw and his brother, the late Par Par Lay, were imprisoned after a performance by their comedy troupe in 1996; see Philip Heijmans, "Skirting comedy limits in Myanmar," *New York Times*, July 29, 2015.

446 In addition to his role as mayor, Ko Min Latt is also editor of the Mon- language newspaper *Than Lwin Times*; see Banyar Kong Janoi, "Pushing for ethnic language media in a changing Burma," *Asia Calling*, November 10, 2012.

446 Moe Satt, too, has aroused official suspicion of his art; see Hillary Luong, "Artists detained by Myanmar police," *Art Asia Pacific*, June 8, 2012.

447 Nay Phone Latt's journalistic bravery earned him a place on *Time* magazine's 2010 *Time 100* roster; see Salman Rushdie, "Heroes: Nay Phone Latt," *Time*, April 29, 2010. For a recent interview, see "Nay Phone Latt speaks," *Myanmar Times*, March 3, 2014.

447 Thant Myint-U, grandson of former UN secretary-general U Thant, is a prolific author on political topics and chairman of Yangon Heritage Trust, which seeks to document the history of historical architecture, establish zoning laws, and preserve urban architecture in Yangon; the organization's website is at http://yangonheritagetrust.org.

447 For a recent article featuring Sammy Samuels, see Joe Freeman, "Myanmar's Jewish vote," *Tablet*, November 9, 2015. Sammy Samuels's travel agency, Myanmar Shalom, can be found online at http://myanmarshalom.com.

448 The dramatic expansion of the mobile-phone industry in Myanmar is discussed in Jason Motlagh, "When a SIM card goes from $2,000 to $1.50," *Bloomberg Business*, September 29, 2014; Michael Tan, "One million SIM cards sold in Myanmar," *CNET*, October 2, 2014; and Jared Ferrie, "SIM sales soar as Myanmar races to catch up in telecoms," Reuters, May 6, 2015.

448 Responding to safety concerns, Myanmar has recently passed legislation requiring left-hand drive on new car imports; see Kyaw Hsu Mon, "Govt to push left-hand steering wheels on future car imports," *Irrawaddy*, November 25, 2014; and

422 For perspectives on the renovation of Estádio do Maracanã, see Tom Winterbottom, "The tragedy of the Maracanã Stadium," *Rio On Watch*, June 13, 2014; and Mark Byrnes, "A brief history of Brazil's most treasured World Cup stadium," *Citylab*, June 16, 2014.

423 The renovation of the Theatro Municipal is described in Sean Collins, "City's theater reopens in style," *Rio Times*, June 8, 2010.

423 Sergio Mattos discusses trends in the modeling industry in Jenny Barchfield, "Transgenders break into Brazil's modeling sector," *CNS News*, December 6, 2012.

424 See Vik Muniz's film *Waste Land* (2011); see also Kino, op. cit.

425 Tom Jobim's alleged pronouncement "Morar em Nova Iorque é bom mas é uma merda, morar no Rio é uma merda mas é bom" has attained the status of urban legend in Brazil; references to it online abound. Cautious journalists identify the quote as "attributed"; see, e.g., Antonio Carlos Miguel, "Ser ou não ser carioca da gema não é a questão (To be or not to be carioca is the question)," *O Globo*, February 28, 2015 ("O conceito atribuído a Tom Jobim…é daqueles infalíveis"); and Fernando Canzian, "É bom, mas é ruim (It's good, but it's bad)," *Folha*, July 13, 2009 ("A frase é atribuída a Tom Jobim…").

425 Statistics on the UPPs come from Clarissa Lins, "Providing electricity to Rio de Janeiro's favelas," *Guardian*, March 18, 2014; and Janet Tappin Coelho, "Brazil's 'peace police' turn five. Are Rio's favelas safer?" *Christian Science Monitor*, December 19, 2013.

425 The drop in crime rates following implementation of the UPP program is described in Simon Jenkins, "Vision of the future or criminal eyesore: What should Rio do with its favelas?" *Guardian*, April 30, 2014; educational improvements are noted in Robert Muggah and Ilona Szabo de Carvalho, "Fear and backsliding in Rio," *New York Times*, April 15, 2014.

425 Findings of research by the Institute of Social and Political Studies regarding criminal activity in Rio's favelas were reported in Coelho, op. cit.

426 The minuscule number of sanctions resulting from citizens' reports of police violence are discussed in Human Rights Watch, "Letter: Brazil: Protect detainees in police custody," July 25, 2014.

426 For Amnesty International's report on homicides by police in Rio, see "You killed my son: Homicides by military police in the city of Rio de Janeiro," Amnesty International, August 3, 2015.

426 For the report finding widespread displacement of favela residents and disappearance of street children during preparations for the 2016 Olympics, see Karin Elisabeth von Schmalz Peixoto et al., "Rio 2016 Olympics: The exclusion games," World Cup and Olympics Popular Committee of Rio de Janeiro, December 7, 2015; see also Jonathan Watts, "Rio Olympics linked to widespread human rights violations, report reveals," *Guardian*, December 8, 2015.

426 The demise of Amarildo de Souza while in police custody was widely reported and analyzed; among the articles dealing with it is Jonathan Watts, "Brazil: Rio police charged over torture and death of missing favela man," *Guardian*, October 2, 2013; see also Human Rights Watch, "Brazil: Reforms fail to end torture," Human Rights Watch, July 28, 2014.

426 Douglas Rafael da Silva Pereira's death by beating provoked widespread protests; see Wyre Davies, "Brazil: Protesters in Rio clash with police over dancer's death," BBC News, April 23, 2014.

426 Gunfights in "pacified" favelas are described in Donna Bowater, "Rio's police-occupied slums see an increase in drug-related violence," *Washington Post*, February 19, 2014.

426 The quote from Cleber Araujo ("It feels like we're in a war") comes from Loretta Chao, "Rio faces surge of post–World Cup violence in slums," *Wall Street Journal*, July 22, 2014.

427 The Pew Research Trust found increasing distrust of police by Brazilian citizens; see Judith Horowitz et al., "Brazilian discontent ahead of World Cup," Pew Research Global Attitudes Project, June 3, 2014.

427 The impact on local residents of police attempts to expel criminal gangs from the Maré favela is described in Jonathan Watts, "Rio police tackle favelas as World Cup looms," *Guardian*, June 10, 2013. Pacification of the Rocinha favela also had a devastating effect on law-abiding citizens; see Paula Ramon, "Poor, middle class unite in Brazil protests," CNN News, July 24, 2013.

427 The quote from Atila Roque ("backfiring miserably") comes from "You killed my son: Homicides by military police in the city of Rio de Janeiro," op. cit.

427 The quote from the anonymous favela resident ("They will run into each other on the way out") appears in Rodrigo Serrano-Berthet et al., "Bringing the state back into the favelas of Rio de Janeiro: Understanding changes in community life after the UPP pacification process," World Bank, October 2012.

drug gangs," *Time*, November 26, 2010; and US Department of State, "Country reports on human rights practices for 2011: Brazil," US Department of State, 2012.

412 The complaint of the Red Command's *patrão* ("It is fucking up our lives...") comes from Jonathan Watts, "Rio police tackle favelas as World Cup looms," *Guardian*, June 10, 2013.

413 The colonel sets forth his perspective on pacification in greater detail in Robson Rodrigues, "The dilemmas of pacification: News of war and peace in the 'marvelous city,'" *Stability Journal*, May 22, 2014.

414 Thanks to official concerns over gang influence, unofficial *baile* funk parties have become an endangered species; see Beth McLoughlin, "Rio's funk parties silenced by crackdown on gangs," BBC News, May 5, 2012; and Jillian Kestler-D'Amours, "Silencing Brazil's baile funk," *Al Jazeera*, July 5, 2014.

414 For one example of more recent upscale accommodations in the favelas, see Joanna Hansford and Mary Bolling Blackiston, "Luxury boutique hostel opens in Vidigal," *Rio Times*, March 4, 2014.

414 The work of the Museu de Favela is described in British Broadcasting Corporation, "Rio de Janeiro's favelas reflected through art," BBC News, May 29, 2011.

414 On the reduction of bullet wounds in Rio, see Melissa Rossi, "Gun wounds down in Complexo do Alemão," *Rio Times*, July 3, 2012. On comparative murder rates in Rio and DC, see Richard Florida, "Gun violence in U.S. cities compared to the deadliest nations in the world," *Citylab*, January 22, 2013.

414 For more of Christopher Gaffney's insights into his adoptive homeland, see Christopher Gaffney, "Global parties, galactic hangovers: Brazil's mega event dystopia," *Los Angeles Review of Books*, October 1, 2014.

415 André Urani died shortly after publication of his book *Rio: A Hora da Virada* (2011); see his obituary, "Die economist André Urani," *O Globo*, December 14, 2011.

416 When I originally interviewed Maria Silvia Bastos Marques, she was head of Empresa Olímpica Municipal. She has since stepped down from this position; see Nick Zaccardi, "President of company preparing Rio for Olympics resigns," NBC Sports, April 1, 2014.

417 Controversy over forced evictions of favela dwellers to make way for Olympic commuter trains is discussed in Donna Bowater, "Olympics bus route to displace 900 families from Rio favela," *Al Jazeera*, September 1, 2014; Matthew Niederhauser, "Rio's Olympic inequality problem, in pictures," *Citylab*, September 9, 2015; and Bruce Douglas, "Brazil officials evict families from homes ahead of 2016 Olympic Games," *Guardian*, October 28, 2015.

417 For a lengthier interview with Faustini, see Luiz Felipe Reis, "As muitas redes do agitador da 'perifa' Marcus Vinicius Faustini," *O Globo*, July 21, 2012.

418 Philip Alston's denouncement of the idea that "occasional violent invasions can bring security" comes from the press release "UN Special Rapporteur finds that killings by Brazilian police continue at alarming rates, government has failed to take all necessary action," United Nations Office of the High Commissioner for Human Rights, June 1, 2010. For his detailed analysis of the situation in Brazil, see Philip Alston, "Report of the Special Rapporteur on extrajudicial, summary or arbitrary executions: Follow-up to country recommendations—Brazil," United Nations Human Rights Council, May 28, 2010.

420 For a historical overview of racial identity politics in Brazil, see Antonio Sérgio and Alfredo Guimarães, "The Brazilian system of racial classification," *Ethnic and Racial Studies* 35, no. 7 (2012).

420 The bewildering assortment of racial identities claimed by Brazilians is discussed in Melissa Block, "Skin color still plays big role in ethnically diverse Brazil," *All Things Considered*, National Public Radio, September 19, 2013; for a report of the study finding 136 varieties, see Cristina Grillo, "Brasil quer ser chamado de moreno e só 39% se autodreinem como brancos," *Folha*, June 25, 1995.

420 The study examining attitudes toward racism of Brazilian urbanites and rural dwellers is described in Étore Medeiros and Ana Pompeu, "Brasileiros acham que há racismo, mas somente 1.3% se consideram racistas," *Correio Braziliense*, March 25, 2014.

420 The study of São Paulo residents' perceptions of their own and others' racism is described in Lilia Moritz Schwarcz, "Especificidade do racismo Brasileiro," in *História da vida Privada no Brasil* (1998).

421 Cíntia Luna describes her work in Rachael Hilderbrand, "Conheça Cíntia Luna, Presidente da AMUST do Morro do Fogueteiro," *Rio On Watch*, July 4, 2014.

422 The Enraizados website is at http://enraizados.com.br.

422 For Fernando Gabeira's memoir, see *O Que É Isso, Companheiro?* (1979); the film based upon it is *Four Days in September* (1997).

405 The postscript on the Kata Kolok language relies on the work of Connie de Vos of the Max Planck Institute for Psycholinguistics, who has emerged as the most prolific scholar of the language. See, for example, Connie de Vos and N. Palfreyman, "Deaf around the world: The impact of language," *Journal of Linguistics* 48, no. 3 (November 2012), which describes the relative numbers of deaf and hearing users of Kata Kolok; Connie de Vos, "Absolute spatial deixis and proto-toponyms in Kata Kolok," *NUSA: Linguistic Studies of Languages In and Around Indonesia* 56 (2014), which examines the relocation of Kata Kolok signers from Bengkala; and Connie de Vos, "A signers' village in Bali, Indonesia," *Minpaku Anthropology News*, 2011, which chronicles the lack of new transmission of the language.

希望之城：里約

407 The 2014 World Cup finals are the subject of both domestic and international corruption investigations; see Lisa Flueckiger, "Brazil's federal police to investigate after FIFA scandal," *Rio Times*, May 29, 2015; and Vincent Bevins, "Coming 'tsunami'? In Brazil, calls for reform in wake of FIFA scandals," *Los Angeles Times*, June 12, 2015.

407 Circumstances surrounding Brazil's selection as the site of the 2016 Olympics are also suspect; see Caroline Stauffer, "Brazil's Petrobras corruption investigators to probe Olympic contracts," Reuters, November 25, 2015; and Tariq Panja and David Biller, "Soccer icon Romario, Rio mayor Paes cited in corruption tape," Bloomberg, November 25, 2015.

408 For more on the work of Vik Muniz, see Carol Kino, "Where art meets trash and transforms life," *New York Times*, October 21, 2010; and Mara Sartore, "Lampedusa: Migration and desire, an interview with Vik Muniz," *My Art Guides*, June 2015.

409 For a comprehensive history of samba and Rio's Carnival, see Marlene Lima Hufferd, "Carnaval in Brazil, samba schools and African culture: A study of samba schools through their African heritage," Retrospective Theses and Dissertations, Paper 15406, University of Iowa, 2007. Alas, not even the world's biggest party is free from allegations of corruption; see Anderson Antunes, "When samba meets African dictators: The ugly side of Rio de Janeiro's Carnival," *Forbes*, February 19, 2015.

409 Lilia Moritz Schwarcz shares insights about her country's culture in an interview with Robert Darnton, "Talking about Brazil with Lilia Schwarcz," *New York Review of Books*, August 17, 2010. For a sample of her academic work, see Lilia Moritz Schwarcz, "Not black, not white: Just the opposite: Culture, race and national identity in Brazil," Working Paper CBS-47-03, Centre for Brazilian Studies, University of Oxford, 2003.

409 For an in-depth discussion of Brasília, see Benjamin Schwarz, "A vision in concrete," *Atlantic*, July/August 2008.

409 A clinical description of the horrendous practice of execution with flaming tires occurs in Carlos Durao, Marcos Machado, and Eduardo Daruge Jr., "Death in the 'microwave oven': A form of execution by carbonization," *Forensic Science International* 253 (August 2015).

409 The quote by Philip Alston ("A remarkable number of police lead double lives…") comes from Todd Benson, "U.N. watchdog denounces police killings in Brazil," Reuters, September 15, 2008.

410 Figures on the proportion of arrestees killed by police in Rio and in the United States come from Fernando Ribeiro Delgado, "Lethal force: Police violence and public security in Rio de Janeiro and São Paulo," Human Rights Watch, December 8, 2009.

410 Luiz Eduardo Soares has repeatedly called for a complete overhaul of Brazil's police structure; see Nashla Dahas, "Luis Eduardo Soares," *Revista de Historia*, January 11, 2014; and Leandro Resende, "'A nação está pertubada,' define antropólogo Luiz Eduardo Soares," *O Dia Brasil*, October 10, 2015.

410 Figures on the number of people killed by police in Rio and São Paulo come from the Human Rights Watch report, Delgado, op. cit.

410 The arrest of Colonel Alexandre Fontenell Ribeiro, chief of special operations of the Rio de Janeiro military police, is reported in British Broadcasting Corporation, "Brazil corruption: Rio police arrested over 'extortion racket,'" BBC News, September 16, 2014.

410 The quote from Colonel José Carvalho ("We need fresh, strong minds, not a Rambo") comes from a 2009 diplomatic cable included in the WikiLeaks disclosures; see American Consul Rio de Janeiro, "Counter-insurgency doctrine comes to Rio's favelas," September 30, 2009.

411 For discussion of the practice of offering pay raises for police demonstrations of "bravery" against favela residents, see Steven Dudley, "Deadly force: Security and insecurity in Rio," North American Congress on Latin America, November 1998.

411 Figures on the number of favelas served by UPPs come from Andrew Downie, "Rio finally makes headway against its

370 Sources on food adulteration in China include Yanzhong Huang, "The 2008 milk scandal revisited," *Forbes*, July 16, 2014; Peter Foster, "Top 10 Chinese food scandals," *Telegraph*, April 27, 2011; Associated Press, "Vinegar contaminated with antifreeze kills Chinese Muslims at Ramadan meal," *Guardian*, August 22, 2011; Patrick Boehler, "Bad eggs: Another fake-food scandal rocks China," *Time*, November 6, 2012; Patrick Boehler, "Police seize chicken feet in storage since 1967, smuggled from Vietnam," *South China Morning Post*, July 8, 2013; British Broadcasting Corporation, "Chinese police arrest 110 for selling 'contaminated pork,'" BBC News, January 12, 2015; and Elizabeth Barber, "'Gutter oil' scandal raises food-safety fears once again in greater China," *Time*, September 8, 2014.

370 Chinese skepticism regarding the "organic" label is noted in Dominique Patton, "Cashing in on health scares, China online food sales boom," Reuters, August 11, 2013.

370 The popularity of imported food, particularly fruit, is the subject of Rebecca Kanthor, "In China, imported fruit is the must-have luxury item for the New Year," *The World*, Public Radio International, February 20, 2015; and Nan Zhong, "China has a healthy appetite for food imports," *China Daily*, March 2, 2015.

371 The secretive cultivation of organic food for the Chinese political elite is described in Barbara Demick, "In China, what you eat tells who you are," *Los Angeles Times*, September 16, 2011.

371 For more information on the increasing popularity of alternatives to rice in the Chinese diet, see Te-Ping Chen, "In latest mash-up, China puts spotlight on spuds," *Wall Street Journal*, August 17, 2015.

371 Recent increases in obesity and diabetes in China are discussed in Laurie Burkitt, "Selling health food to China," *Wall Street Journal*, December 13, 2010; and Lily Kuo, "By 2015, China will be the world's largest consumer of processed food," *Quartz*, September 23, 2013.

南極探險

395 Global warming's impact on the ability of scientists to reach their posts in Antarctica is the subject of Michael Safi, "Antarctica's increasing sea ice restricting access to research stations," *Guardian*, May 11, 2015.

396 The deterioration of the West Antarctic ice sheet is discussed in Chris Mooney, "Scientists declare an 'urgent' mission—study West Antarctica, and fast," *Washington Post*, September 29, 2015.

396 The potential fate of the Totten Glacier is described in James Hamblin, "How the most important glacier in east Antarctica is melting," *Atlantic*, March 20, 2015; this article is also the source of the quote from NASA.

396 Record temperatures in Antarctica are reported in Katia Hetter, "Antarctic hits 63 degrees, believed to be a record," CNN News, April 1, 2015.

396 The effects of warmer temperatures on fungi, crustaceans, and penguins are discussed in Australian Associated Press, "Temperature affects fungi in Antarctica," Special Broadcasting Service, September 28, 2015; Chelsea Harvey, "Next up from climate change: Shell-crushing crabs invading Antarctica," *Washington Post*, September 28, 2015; and Chris Mooney, "The melting of Antarctica is bad news for humans. But it might make penguins pretty happy," *Washington Post*, August 13, 2015.

396 China's intent to expand operations in Antarctica is detailed in Jane Perlez, "China, pursuing strategic interests, builds presence in Antarctica," *New York Times*, May 3, 2015.

人人通手語的國度

397 Bengkala is the focus of I Gede Marsaja, *Desa Kolok: A Deaf Village and Its Sign Language in Bali, Indonesia* (2008). The first report in the medical literature of the strain of deafness prevalent there is S. Winata et al., "Congenital non-syndromal autosomal recessive deafness in Bengkala, an isolated Balinese village," *Journal of Medical Genetics* 32 (1995). For a general, accessible discussion of syndromic deafness within endogamous communities, see John Travis, "Genes of silence: Scientists track down a slew of mutated genes that cause deafness," *Science News*, January 17, 1998. Additionally, for an opinionated overview of the academic research on the subject, see Annelies Kusters, "Deaf utopias? Reviewing the sociocultural literature on the world's 'Martha's Vineyard situations,'" *Journal of Deaf Studies & Deaf Education* 15, no. 1 (January 2010).

398 The complex webs of relations among the Balinese are the subject of Hildred and Clifford Geertz's oft-cited *Kinship in Bali* (1975).

403 "Deaf" with a lowercase *d* refers to hearing impairment; the same word, capitalized, refers to the culture of those who communicate with each other in sign language and identify themselves as part of a community. For an exploration of Deaf politics in the United States in the nineties, see my article "Defiantly deaf," *New York Times Magazine*, August 28, 1994.

Reuters, October 29, 2015. The referendum required to approve extension of term limits is described in British Broadcasting Corporation, "Paul Kagame's third term: Rwanda referendum on 18 December," BBC News, December 9, 2015.

319 The inability of Rwanda's Green Party to obtain legal counsel for a lawsuit challenging the abolition of term limits is reported in Agence France-Presse, "Rwanda opposition says can't find lawyer for Kagame 3rd term case—one said 'God was against it,'" *Mail & Guardian*, July 8, 2015.

火圈：利比亞來鴻

356 For contemporary reports on the attack on the US consulate in Benghazi, see Associated Press, "Assault on U.S. consulate in Benghazi leaves 4 dead, including U.S. Ambassador J. Christopher Stevens," Associated Press / CBS News, September 12, 2012; Luke Harding and Chris Stephen, "Chris Stevens, US ambassador to Libya, killed in Benghazi attack," *Guardian*, September 12, 2012; and David Kirkpatrick and Steven Lee Myers, "Libya attack brings challenges for U.S.," *New York Times*, September 12, 2012. In 2015, former secretary of state Hillary Clinton defended her actions prior to and following the attack before the US Congress; see Byron Tau and Peter Nicholas, "Hillary Clinton defends actions in Benghazi," *Wall Street Journal*, October 22, 2015; and Stephen Collinson, "Marathon Benghazi hearing leaves Hillary Clinton largely unscathed," *CNN Politics*, October 23, 2015.

356 The capture of Sirte by ISIL (also known as ISIS or Daesh) forces is reported in "ISIL 'brutally' quells rebellion in Libya's Sirte," *Al Jazeera*, August 17, 2015.

356 The relationship between ethnic conflict and human trafficking is explored in Callum Paton, "Libya: Scores killed in ethnic clashes for control of south's people-trafficking routes," *International Business Times*, July 23, 2015.

356 Amnesty International documented the assassination of hundreds of Libyan citizens by Islamist forces in "The state of the world's human rights," Amnesty International, March 11, 2015.

357 The quote from the French foreign minister ("two governments, two parliaments, and complete confusion") comes from Nathalie Guibert, Yves-Michel Riols, and Hélène Sallon, "Libya's Tripoli and Tobruk dilemma no nearer to resolution," *Guardian*, January 27, 2015. Responses to proposals for a "unity government" are discussed in Suliman Ali Zway and Carlotta Gall, "Libyan factions reject unity government plan," *New York Times*, October 20, 2015. Khalifa Haftar's threats to form yet another government were reported in Mary Fitzgerald, "Libyan renegade general Khalifa Haftar claims he is winning his war," *Guardian*, June 24, 2014.

357 Saif Qaddafi's troubling words ("There will be civil war in Libya…") are recorded in Lindsey Hilsum, "Saif al-Islam Gaddafi: The prophet of his own doom," *Guardian*, August 5, 2015.

357 Saif Qaddafi describes the amputation of his fingers by his captors in Fred Abrahams, "In his first interview, Saif al-Islam says he has not been given access to a lawyer," *Daily Beast*, December 30, 2012.

357 The conviction and sentencing of Saif Qaddafi is reported in Chris Stephen, "Gaddafi's son Saif al-Islam sentenced to death by court in Libya," *Guardian*, July 28, 2015; and Hilsum, op. cit.

357 The chant of the August 2015 pro-Qaddafi demonstrators ("Zintan, Zintan, free Saif al-Islam") was described in Hilsum, ibid.

吃在中國

370 Food-oriented television programming in China is described in Li Xiaoyu, "A bite of food culture," *BJ Review*, July 2, 2015.

370 Statistics on the proportion of Chinese who regularly share photos of their meals online rely on Angela Xu, "China's digital powered foodie revolution," *Lab Brand*, January 6, 2015.

370 Efforts to persuade UNESCO to include Chinese cuisine on its list of Intangible Cultural Heritage of Humanity are described in Li, op. cit.

370 The growing popularity of organic food in China is the subject of Cai Muyuan, "Eat green, think greener," *China Daily Europe*, June 5, 2015.

370 The apparent health benefits of spicy food are documented in Jun Lv et al., "Consumption of spicy foods and total and cause specific mortality: Population based cohort study," *British Medical Journal* 351 (August 4, 2015).

370 Shanghai's dominance in Asian restaurant ratings is reported in Jessica Rapp, "Locavores, health food, and celebrity chefs: The hottest trends in Shanghai's dining scene," *Jing Daily*, August 24, 2015.

370 The widespread contamination of Chinese soil is discussed in British Broad- casting Corporation, "Report: One fifth of China's soil contaminated," BBC News, April 18, 2014.

My Neighbour's House: Seeking Justice in Bosnia and Rwanda (2002); Binaifer Nowrojee, *Shattered Lives: Sexual Violence during the Rwandan Genocide and Its Aftermath* (1996); Philip Gourevitch, *We Wish to Inform You That Tomorrow We Will Be Killed with Our Families: Stories from Rwanda* (1999); and Jonathan Torgovnik, *Intended Consequences: Rwandan Children Born of Rape* (2009). For journalistic coverage, see Donatella Lorch, "Rape used as a weapon in Rwanda: Future grim for genocide orphans," *Houston Chronicle*, May 15, 1995; Elizabeth Royte, "The outcasts," *New York Times Magazine*, January 19, 1997; Lindsey Hilsum, "Rwanda's time of rape returns to haunt thousands," *Guardian*, February 26, 1995; Lindsey Hilsum, "Don't abandon Rwandan women again," *New York Times*, April 11, 2004; and Emily Wax, "Rwandans are struggling to love children of hate," *Washington Post*, March 28, 2004.

306 The role of Rwandan media in inciting genocide is discussed in Dina Temple-Raston's remarkable book *Justice on the Grass* (2005). See also Rus- sell Smith, "The impact of hate media in Rwanda," BBC News, December 3, 2003. Also, in his doctoral dissertation, "Propaganda and conflict: Theory and evidence from the Rwandan genocide" (Stockholm University, 2009), political economist David Yanagizawa found a direct correlation between hate radio and violence by analyzing locations of transmission towers and topographical impediments to transmission, and the locations and numbers of subsequent genocide prosecutions.

306 The Rwandan proverb "A woman who is not yet battered is not a real woman" is reported in Nowrojee, op. cit., page 20.

306 General information sources on rape as a tool of war include Susan Brownmiller, *Against Our Will* (1975); Maria de Bruyn, *Violence, Pregnancy and Abortion: Issues of Women's Rights and Public Health* (2003); and the Global Justice Center report *The Right to an Abortion for Girls and Women Raped in Armed Conflict* (2011).

307 The expression "die of sadness" and the account that follows of atrocities committed against one rape survivor are documented in Nowrojee, op. cit.

307 Statistics on wartime rapes in Rwanda are supported by the UN Office for the Coordination of Humanitarian Affairs news report "Our bodies, their battle ground: Gender-based violence in conflict zones," *IRIN News*, September 1, 2004. Estimates of the numbers of wartime rapes and births come from the introduction by Marie Consolée Mukagendo, "The struggles of Rwandan women raising children born of rape," in Torgovnik, op. cit.

307 The expression "children of bad memories" (*enfants de mauvais souvenir*) comes from Nowrojee, op. cit., but is used widely.

307 The phrase "living legacy of a time of death" comes from Wax, op. cit.

308 The quote "I could not even die with this baby inside me…" comes from Wax, op. cit.

308 The quote "To be taken as a wife is a form of death…" comes from Nowrojee, op. cit.

308 The quote from Catherine Bonnet occurs in Nowrojee, op. cit., page 79, citing to Bonnet's paper "Le viol des femmes survivantes du génocide du Rwanda," in *Rwanda: Un génocide du XXe siècle* (1995), page 18.

308 The quote from Godelième Mukasarasi ("The women who have had children after being raped are the most marginalized…") comes from Nowrojee, op. cit.

308 The work of Avega is described in Alexandra Topping, "Widows of the genocide: How Rwanda's women are rebuilding their lives," *Guardian*, April 7, 2014.

309 Jean Damascène Ndayambaje examines psychological roots of the Rwandan genocide in his thesis, "Le genocide au Rwanda: Une analyse psychologique" (National University of Rwanda, 2001).

310 The loaded baby names chosen by some Rwandan rape survivors are catalogued in Wax, op. cit.

319 Figures on annual growth of GDP and ease of doing business in Rwanda rely on "Rwanda overview," World Bank, October 6, 2015; and "Ease of doing business in Rwanda," World Bank, 2015.

319 Assassinations, atrocities, invasions, and exploitation by Paul Kagame's regime are outlined in Howard W. French, "Kagame's hidden war in the Congo," *New York Review of Books*, September 24, 2009; Judi Rever and Geoffrey York, "Assassination in Africa: Inside the plots to kill Rwanda's dissidents," *Globe & Mail*, May 2, 2014; Siobhan O'Grady, "Former Rwandan official worries that Kagame's administration is backsliding into mass murder," *Foreign Policy*, September 29, 2014; and Global Campaign for Rwandan Human Rights, "Crimes and repression vs. development in Rwanda: President Paul Kagame's many shadows," Africa Faith & Justice Network, July 13, 2015.

319 Information on relative rates of political exclusion, and the reference to Rwanda as "a country on lockdown," come from Marc Sommers, "The darling dictator of the day," *New York Times*, May 27, 2012.

319 The claim that Paul Kagame sought to abolish term limits in Rwanda in response to "popular demand" comes from Agence France-Presse, "US opposes third term for Rwanda's Kagame: Diplomat," *Guardian* (Nigeria), June 5, 2015. The success of his campaign is reported in Clement Uwiringiyimana, "Rwandan parliament agrees to extend Kagame's rule,"

284 Kubra Khademi's performance art project and its aftermath are chronicled in Emma Graham-Harrison, "Afghan artist dons armour to counter men's street harassment," *Guardian*, March 12, 2015.

284 For more on the Center for Contemporary Art, see "Introducing the Center for Contemporary Art Afghanistan (CCAA)," ARCH International, no date, at http://archinternational.org.

284 The quote by Munera Yousefzada ("Before I opened the gallery…") comes from Peter Holley, "In Afghanistan, the art of fighting extremism," *Washington Post*, September 12, 2015.

284 Turquoise Mountain's programs are described on its extensive website, http://turquoisemountain.org, and in Daud Rasool, "Rebuilding Afghanistan's creative industries," British Council, October 14, 2013.

284 A cofounder of Berang Arts discusses the situation of artists in Afghanistan in Francesca Recchia, "Art in Afghanistan: A time of transition," *Muftah*, August 6, 2014.

284 Professor Alam Farhad's description of the explosion of interest in the arts program at Kabul University is recounted in Mujib Mashal, "Women and modern art in Afghanistan," *New York Times*, August 6, 2010.

284 Ali Akhlaqi's lament ("Kabul is a cursed city of night …") comes from Chelsea Hawkins, "9 artists challenging our perceptions of Afghanistan," *Mic*, October 9, 2014.

284 The quote from Shamsia Hassani comes from her interview with Lisa Pollman, "Art is stronger than war: Afghanistan's first female street artist speaks out," *Art Radar*, July 19, 2013.

284 Azim Fakhri's philosophy ("My feeling is accept what you can't change…") comes from Hawkins, op. cit.

285 Kabir Mokamel's "Art Lords" project is described in Fazul Rahim and Sarah Burke, "Afghan artist Kabir Mokamel takes aim at corruption with blast wall art," NBC News, September 19, 2015.

285 Marla Ruzicka was well loved and widely mourned; see, e.g., Ellen Knickmeyer, "Victims' champion is killed in Iraq," *Washington Post*, April 18, 2005; Robert F. Worth, "An American aid worker is killed in her line of duty," *New York Times*, April 18, 2005; Simon Robinson, "Appreciation: Marla Ruzicka, 1977–2005," *Time*, April 18, 2005; Jonathan Steele, "Marla Ruzicka," *Guardian*, April 19, 2005; Janet Reitman, "The girl who tried to save the world," *Rolling Stone*, June 16, 2005; and Sarah Holewinski, "Marla Ruzicka's Heroism," *Nation*, September 18, 2013.

沒有圍牆的美術館

291 Up-to-date information about the Benesse Art Site can be found on its website, http://benesse-artsite.jp. For a recent review of Benesse, see Susan Adams, "Treasure islands: Inside a Japanese billionaire's art archipelago," *Forbes*, July 29, 2015. The quote by Soichiro Fukutake comes from Lee Yulin's dissertation, "Strategies of spatialization in the contemporary art museum: A study of six Japanese institutions" (New York University, 2012).

所羅門之歌

302 For information about UNESCO's designation of the Marovo Lagoon, see "Tentative lists: Marovo-Tetepare complex," United Nations Educational, Scientific and Cultural Organization, December 23, 2008.

302 Reports of major seismic events in the Solomon Islands include Richard A. Lovett, "Deadly tsunami sweeps Solomon Islands," *National Geographic News*, April 2, 2007; James Grubel, "Tsunami kills at least five in Solomons after big Pacific quake," Reuters, February 6, 2013; Lincoln Feast, "Strong quake hits near Solomon Islands; tsunami warning cancelled," Reuters, April 12, 2014; and Sandra Maler and Peter Cooney, "Magnitude 6.6 quake hits Solomon Islands in the Pacific: USGS," Reuters, August 12, 2015.

303 The relocation of Choiseul is reported in Megan Rowling, "Solomons town first in Pacific to relocate due to climate change," Reuters, August 15, 2014; and Adam Morton, "The vanishing island," *Age*, September 19, 2015.

303 World Bank–funded efforts to upgrade infrastructure in order to withstand disasters better are announced in the press release "World Bank, Govt. of Solomon Islands launch two new projects towards improved power supply, disaster & climate resilience," World Bank, April 1, 2014.

303 Tectonic phenomena endangering the Solomon Islands are discussed in Gerald Traufetter, "Climate change or tectonic shifts? The mystery of the sinking South Pacific islands," *Der Spiegel*, June 15, 2012.

慘痛回憶之子

305 Unsourced quotations in my essay about Rwanda come from personal interviews conducted in Rwanda in 2004.

Books consulted on the Rwandan genocide include Alison Liebhafsky Des Forges, *"Leave None to Tell the Story": Genocide in Rwanda* (1999); Jean Hatzfeld, *Machete Season: The Killers in Rwanda Speak* (2005); Elizabeth Neuffer, *The Key to*

"Former Mongolian president jailed for four years," *CRI English*, August 3, 2012.

247 The effects of overgrazing on the environment are analyzed in Sarah Wachter, "Pastoralism unraveling in Mongolia," *New York Times*, December 8, 2009; see also Troy Sternberg et al., "Tracking desertification on the Mongolian steppe through NDVI and field-survey data," *International Journal of Digital Earth* 4, no. 1 (2011).

247 The decline of many overharvested Mongolian species is discussed in Jeffrey Reeves, "Mongolia's environmental security," *Asian Survey* 51, no. 3 (2011).

247 For more information on the impact of modern technology on daily life in Mongolia, see Jim Yong Kim, "How Mongolia brought nomads TV and mobile phones," *Bloomberg View*, October 14, 2013; and Mark Hay, "Nomads on the grid," *Slate*, December 5, 2014.

247 UNESCO's designation of Naadam as an Intangible Cultural Heritage of Humanity is documented in "Naadam, Mongolian traditional festival," United Nations Educational, Scientific and Cultural Organization, 2010.

247 The repurposing of the former Lenin Museum in Ulaanbaatar is the subject of Tania Branigan, "It's goodbye Lenin, hello dinosaur as fossils head to Mongolia museum," *Guardian*, January 27, 2013.

發明對話

250 The suicide rate in Greenland at the time of my original research there had been most recently published in Tine Curtis and Peter Bjerregaard's *Health Research in Greenland* (1995), page 31.

255 The descriptions of polar hysteria, mountain wanderer syndrome, and kayak anxiety come from Inge Lynge, "Mental disorders in Greenland," *Man & Society* 21 (1997). I must thank John Hart for providing the parallel to "running amok."

256 Malaurie's quote ("There is an often dramatic contradiction…") is from Jean Malaurie, *The Last Kings of Thule* (1982), page 109.

258 The high incidence of suicide in Greenland is explored in Jason George, "The suicide capital of the world," *Slate*, October 9, 2009; and Lene Bech Sillesen, "Another word for suicide," *Al Jazeera*, November 21, 2015. Sillesen's report is the source of Greenland's current suicide rates, and the quote from Astrid Olsen. For a scholarly discussion of the subject, see Peter Bjerregaard and Christina Viskum Lytken Larsen, "Time trend by region of suicides and suicidal thoughts among Greenland Inuit," *International Journal of Circumpolar Health* 74 (2015).

259 Greenland's vote for independence from Denmark is reported in British Broadcasting Corporation, "Self-rule introduced in Greenland," BBC News, June 21, 2009.

259 Expansion of hydroelectric power in Greenland is discussed in "Greenland powers up fifth hydroelectric plant," *Arctic Journal*, September 6, 2013.

259 The dramatic calving of a Manhattan-size chunk from a Greenland glacier is reported in British Broadcasting Corporation, "Greenland's Jakobshavn Glacier sheds big ice chunk," BBC News, August 24, 2015.

裸浴公羊血，暢飲可樂，好不痛快！

262 For a discussion of the tradition of communicating with spirits among the Senegalese, see William Simmons, *Eyes of the Night: Witchcraft among a Senegalese People* (1971).

268 My comments on the state of mental health care in Senegal rely on World Health Organization, "WHO mental health atlas 2011: Senegal," Department of Mental Health and Substance Abuse, World Health Organization, 2011.

268 The quote "Without openness to Lebou beliefs and culture…" comes from William Louis Conwill's seminal academic study of the *n'deup* ritual: William Louis Conwill, "N'deup and mental health: Implications for treating Senegalese immigrants in the U.S.," *International Journal for the Advancement of Counselling* 32, no. 3 (September 2010).

塔利班之後的甦醒

283 Statistics on the number of US casualties in Afghanistan rely on US Department of Defense, "Casualty report," US Department of Defense, November 10, 2015; numbers of troops remaining appear in Matthew Rosenberg and Michael D. Shear, "In reversal, Obama says U.S. soldiers will stay in Afghanistan to 2017," *New York Times*, October 15, 2015.

283 Dominic Tierney's comment "The popular narrative…" comes from his article "Forgetting Afghanistan," *Atlantic*, June 24, 2015.

284 Murders of female journalists in Afghanistan are described in Declan Walsh, "Second female Afghan journalist killed in five days," *Guardian*, June 6, 2007; and Associated Press, "Women journalists targeted in Afghanistan," NBC News, June 26, 2007.

「不准動我們的國寶！」

203 The renovation and reopening of Taiwan's National Palace Museum was reported in Keith Bradsher, "Rare glimpses of China's long-hidden treasures," *New York Times*, December 28, 2006. Attendance figures come from "Blackout hits Taipei's Palace Museum Thursday afternoon," *Want China Times*, July 10, 2015. The opening of the Chiayi branch is the subject of "NPM southern branch to open with jadeite cabbage display," *Want China Times*, September 18, 2015.

203 The National Palace Museum's refusal to exhibit sculptures allegedly looted from the Summer Palace is described in British Broadcasting Corporation, "Taiwan rejects 'looted' China art," BBC News, October 7, 2009. The loan by the PRC of Qing dynasty relics and Taiwan's restrictions on loans to other countries are discussed in Tania Branigan, "Chinese treasures to be reunited in Taiwan," *Guardian*, February 19, 2009. For more information on cooperation between the two museums, see Yin Pumin, "Probing ancient mysteries," *Beijing Review*, December 7, 2009.

203 Quotes from White Shirt Army founder Liulin Wei come from William Wan, "Taiwan's 'white shirt army,' spurred by Facebook, takes on political parties," *Washington Post*, November 11, 2013.

203 The Sunflower movement is described in "'Sunflower' protesters break on to political scene," *Economist Intelligence Unit*, April 2, 2014.

各取其色的政治調色盤

210 I reported on Cai Guo-Qiang's "Golden Missile" project in Andrew Solomon, "As Asia regroups, art has a new urgency," *New York Times*, August 23, 1998.

尚比亞魅力

227 Recent developments favorable to the Zambian tourism industry are dis- cussed in Matthew Hill, "Yellow fever relaxation by South Africa helps Zambia tourism," Bloomberg, February 5, 2015.

龍斐莉的三個步驟

229 The horrors of the Khmer Rouge are extensively documented. For a vivid if slightly fictionalized reenactment of the atrocities, I would commend the 1984 film *The Killing Fields*.

235 The death of Phaly Nuon was announced in Rob Hail, "Madame Nuon Phaly is gone," *Out of the Blog*, November 27, 2012; her funeral observance is described in Sophanna Ma, "Funeral of our beloved Mum Phaly Nuon," Ezra Vogel Special Skills School, December 2012.

235 For in-depth analyses of the impact of human trafficking and forced displacement on the mental health of Cambodians, see Ligia Kiss et al., "Health of men, women, and children in post-trafficking services in Cambodia, Thailand, and Vietnam," *Lancet Global Health* 3 (March 2015); and Jayson Richardson et al., "Mental health impacts of forced land evictions on women in Cambodia," *Journal of International Development*, September 27, 2014.

235 Figures on Cambodia's suicide rate come from World Health Organization, "Mental health atlas 2011: Cambodia," Department of Mental Health and Substance Abuse, World Health Organization, 2011.

235 Figures on the proportion of mentally ill Cambodians who are permanently restrained, and on the country's mental health budget, rely on Daniel McLaughlin and Elisabeth Wickeri, "Mental health and human rights in Cambodia," Leitner Center for International Law and Justice, July 31, 2012.

235 Figures on the number of psychiatrists in Cambodia come from Tanja Schunert et al., "Cambodian mental health survey," Royal University of Phnom Penh, Department of Psychology, 2012.

235 Proposals to relocate mentally ill citizens to pagodas are described in Radio Free Asia Khmer Service, "Cambodian province plans campaign for monks to care for mentally ill," Radio Free Asia, April 20, 2015.

天寬地闊在蒙古

247 The decline of nomadism in Mongolia is described in World Health Organization, "WHO country cooperation strategy for Mongolia 2010–2015," World Health Organization, 2010.

247 Figures on the Mongolian economy rely on the World Bank press release "Poverty continued to decline, falling from 27.4 percent in 2012 to 21.6 percent in 2014," World Bank, July 1, 2015.

247 Riots over purported election fraud in Mongolia were reported in Tania Branigan, "Mongolia declares state of emergency as riots kill five," *Guardian*, July 2, 2008; the conviction of former president Nambar Enkhbaya, in Xinhua News Agency,

at http://chinesecontemporary.com.

137 The uproar over Zhu Yu's video in the *Fuck Off* exhibition is described in Wullschager, op. cit.

137 The quote from Wang Peng comes from William Wan, "China tried to erase memories of Tiananmen. But it lives on in the work of dissident artists," *Washington Post*, May 31, 2014.

137 Chen Guang's work and the official reaction to it are described in Mallika Rao, "Five Chinese dissident artists who aren't Ai Weiwei," *Huffington Post*, June 10, 2014.

137 Dai Jianyong's arrest is reported in Jamie Fullerton, "Chinese artist who posted funny image of President Xi Jinping facing five years in prison as authorities crackdown [*sic*] on dissent in the arts," *Independent*, May 28, 2015.

137 The story of and quote from Zhao Zhao comes from Ulrike Knöpfel, "Risky business: China cracks down on Ai Wei Wei protégé Zhao Zhao," *Der Spiegel*, August 28, 2012.

138 Wu Yuren is the subject of Arvind Dilawar, "Teatime with Big Brother: Chinese artist Wu Yuren on life under surveillance," *Vice*, June 15, 2015. Wu's exchange with his arresting officers relies on a November 4, 2015, personal communication via Ysabelle Cheung, Klein Sun Gallery, New York.

138 The description of the arrest and torture of Wang Zang and the quote from his wife come from Wan, op. cit. Tan Jianying's observation on the limits to freedom of speech in modern China comes from Jack Chang, "Chinese art colony's free-speech illusion shatters," *Asahi Shumbun*, October 17, 2014.

139 Quotes from Xi Jinping and other PRC officials on the role of art and artists in society come from Fullerton, op. cit.

139 My discussion of Ai Weiwei's work and Chinese officials' response to it relies on Emily Rauhala, "Complete freedom, always just eluding the grasp of Chinese artist Ai Weiwei," *Washington Post*, July 30, 2015. The quote "Chinese art is merely a product . . ." comes from Ai Weiwei, "Ai Weiwei: China's art world does not exist," *Guardian*, September 10, 2012; "They always stand on the side of power" comes from Beam, op. cit. The comment from the Beijing curator critical of Ai Weiwei comes from Wan, op. cit.

140 The anonymous Chinese curator's and Ouyang Jianghe's words come from Lankarani, op. cit.

南非藝術家：隔離，與平等

175 Observations on the South African art scene by National Gallery director Riason Naidoo come from Jason Edward Kaufman, "South Africa's art scene is poised for a breakthrough—at home and abroad," *Huffington Post*, February 19, 2013.

175 For full text of the ANC's objections to *The Spear*, see Jackson Mthembu, "ANC outraged by Brett Murray's depiction of President Jacob Zuma," African National Congress, May 17, 2012. Protesters' vandalization of the painting is described in Alex Perry, "South Africa: Over-exposing the President," *Time*, May 23, 2012. The Shembe Church leader's call to stone Brett Murray to death, and quotes from Steven Friedman, Aubrey Masango, and Jonathan Jansen, come from Karen MacGregor, "A spear to the heart of South Africa," *New York Times*, June 5, 2012. For the withdrawal of the classification of the painting as "harmful," see South African Press Association, "Appeal tribunal declassifies 'The Spear,'" *City Press*, October 10, 2012.

176 The withdrawal and reinstatement of Ayanda Mabulu's painting of Zuma is the subject of "Zuma, Marikana painting pulled from Jo'burg Art Fair," *Mail & Guardian*, September 27, 2013; and the quote from Avanda Mabulu ("It's not the first time I've been censored . . .") comes from Matthew Krouse, "Art Fair forced to reinstate Mabulu painting after Goldblatt threat," *Mail & Guardian*, September 28, 2013.

176 The controversy over South Africa's choice of curators and exhibitors for the 2015 Venice Biennale is chronicled in Stefanie Jason's reports, "Venice Biennale: SA Pavilion finally announces artists," *Mail & Guardian*, April 16, 2015; and "SA trips as Joburg lands on the steps of the Venice Biennale," *Mail & Guardian*, April 30, 2015 (source of the "reputation of butchering foreigners" quote); see also Jeremy Kuper, "Venice Biennale: View from the ground," *Mail & Guardian*, May 20, 2015.

弗拉基的勝利

177 The BBC's assessment of Vladimir Zhirinovsky appears in British Broadcasting Corporation, "Profiles of Russia's 2012 presidential election candidates," BBC News, March 1, 2012; Howard Amos's characterization comes from Howard Amos, "Russian publisher prints books about Putin under names of western authors," *Guardian*, August 11, 2015.

99 The quotes from Dmitry Kuzmin come from his essay "On the Moscow metro and being gay," trans. Alexei Bayer, *Words without Borders*, 2013.

99 The role of conservative religious authority figures in the contemporary Russian power structure, and allegations against Patriarch Kirill, are discussed in Peter Pomerantsev, "Putin's God squad: The Orthodox Church and Russian politics," *Newsweek*, September 10, 2012. Churchgoing habits in post-Soviet Russia are documented in Alan Cooperman, Phillip Connor, and Erin O'Connell, "Russians return to religion but not to church," Pew Research Center, February 10, 2014. Quotes from Patriarch Kirill, Ivan Ostrakovsky, Georgi Mitrofanov, and the Orthodox skinhead gangsters come from the *Newsweek* piece.

100 Alleged affiliations between Vladimir Putin and Russian criminal gangs are described in Tom Porter, "Vladmir [*sic*] Putin allies named as 'key associates of Russian gangsters' by Spanish prosecutors," *International Business Times*, June 30, 2015; Porter discusses the Russian mafia in depth in "Gangs of Russia: Ruthless mafia networks extending their influence," *International Business Times*, April 9, 2015.

100 Freedom House's assessment of corruption in Russia appears in Freedom House, "Nations in transit 2015: Russia," Freedom House, 2015.

101 Putin's offer of amnesty to criminals with assets abroad, and the quote from Andrey Makarov, are reported in Rob Garver, "Putin lets criminals bring money back to Russia," *Fiscal Times*, June 11, 2015. Capital flight from Russia is put at $150 billion in Stephanie Saul and Louise Story, "At the Time Warner Center, an enclave of powerful Russians," *New York Times*, February 11, 2015.

101 Russian authorities' crackdown on imports of foreign food is described in Shaun Walker, "Russia swoops on gang importing £19m of banned cheese from abroad," *Guardian*, August 18, 2015.

101 Economic inequality in modern Russia is discussed and the wealthiest oligarchs are listed in Maria Hagan, "The 10 richest Russians in 2014," *Richest*, October 10, 2014.

101 Russia's schools for aspiring tycoons are described in Alexandra Tyan, "Classes aimed at raising a new generation of Russian businessmen," *Moscow Times*, July 27, 2015.

102 My discussion of the Russian economy relies heavily on Ian Bremmer's excellent "These 5 facts explain Russia's economic decline," *Time*, August 14, 2015.

102 Max Katz, Isabelle Magkoeva, Roman Dobrokhotov, and other young movers and shakers are the subject of Shearlaw, op. cit.

102 The modern Russian protest movement and official retaliation against its leaders are examined in Alexander Korolkov, "Is the protest movement dead?" *Russia Beyond the Headlines*, January 15, 2015; this article is the source of quotes by Georgy Chizhov, Nikita Denisov, and Yelena Bobrova.

他們的諷刺、幽默（和藝術）或能拯救中國

135 The phenomenal prices realized for the works of contemporary Chinese artists are reported in Nazanin Lankarani, "The many faces of Yue Minjun," *New York Times*, December 5, 2012; Ian Johnson, "Some Chinese artists are testing their limits," *Wall Street Journal*, October 2, 2009; and Eileen Kinsella, "Who are the top 30 Chinese artists at auction?" *Artnet News*, September 8, 2014.

135 The quotes from Lao Li (Li Xianting) come from Jackie Wullschager, "No more Chinese whispers," *Financial Times*, October 2, 2004.

136 Quotes from Cao Fei and Huang Rui come from Christopher Beam, "Beyond Ai Weiwei: How China's artists handle politics (or avoid them)," *New Yorker*, March 27, 2015.

136 The history of Chinese artist villages is explored in Angela Lin Huang, "Leaving the city: Artist villages in Beijing," *Media Culture Journal* 14, no. 4 (August 2011). The quote from Li Wenzi comes from Zhu Linyong, "Art on the move," *China Daily*, January 25, 2010.

136 Fang Lijun's praise for Lao Li occurs in Andrew Cohen, "Off the page: Li Xianting," *Art Asia Pacific* 71, November/December 2010.

136 The shuttering of the Beijing Independent Film Festival was reported in Jonathan Kaiman, "Beijing independent film festival shut down by Chinese authorities," *Guardian*, August 24, 2014.

137 The ongoing ordeals of Yuanmingyuan "mayor" Yan Zhengxue are described in William Wan, "Chinese artist recounts his life, including the one time he painted 'X' on Mao's face," *Washington Post*, June 2, 2014.

137 Ma Liuming's 1994 arrest and incarceration is noted in the artist's biography, "Ma Liuming," *Chinese Contemporary*, 2002,

sia, June 13, 2015.

58 For a comprehensive analysis of the art market in Russia, see Renata Sulteeva's dissertation, "The market for Russian contemporary art: An historical overview and up-to-date analysis of auction sales from 1988 to 2013" (Sotheby's Institute of Art, 2014).

58 Vladimir Ovcharenko's comment on artists in the kitchen was originally published in Emma Crichton-Miller, "Young Russian curators tap into country's recent art history," *Financial Times*, June 27, 2014.

俄國青年的叛逆頹廢

79 "A Stewardess Named Zhanna" was a 1996 hit for pop singer Vladimir Presnyakov. These days, his fans can find him on Facebook, SoundCloud, and Instagram.

97 For obituaries of and memorials to deceased Russian artists featured in "Young Russia's Defiant Decadence," see Kathrin Becker, "In memoriam Timur Novikov," *Art Margins*, May 23, 2002; "Poslednyi Geroi: Georgy Gu- ryanov (1961–2013)," *Baibakov Art Projects*, July 20, 2013; and "In memory of Vlad Mamyshev-Monroe, 1969–2013," *Baibakov Art Projects*, March 22, 2013. Herwig Höller pays tribute to Petlyura in "Aleksandr Ilich Lyashenko known as Petlyura: A controversial protagonist of Russian contemporary art," *Report: Magazine for Arts and Civil Society in Eastern and Central Europe*, June 2006. Petlyura participated in the One-Man Picket at the 2015 Moscow Biennale; see Moscow Biennale of Contemporary Art, "One-man picket." The story of Garik Vinogradov's persecution at the hands of the mayor of Moscow is told in Konstantin Akinsha, "Art in Russia: Art under attack," *ARTnews*, October 1, 2009. Valera Katsuba describes his most recent project, "Father and Child (Отцы и дети)," at http://katsuba.net.

97 Boris Grebenshchikov's musical career is the subject of Aleksandr Gorbachev, "Meet Boris Grebenshchikov, the Soviet Bob Dylan," *Newsweek*, May 25, 2015; and Alexandra Guryanova, "Boris Grebenshchikov: The founding father of Russian rock," *Russia and India Report*, October 19, 2014.

97 MC Pavlov's observations on musical trends in Russia appear in Lisa Dickey, "Moscow: Rap star MC Pavlov," Russian Chronicles, *Washington Post*, November 2, 2005.

97 Artyom Troitsky's sartorial protest against electoral fraud is described in British Broadcasting Corporation, "Moscow protest: Thousands rally against Vladimir Putin," BBC News, December 25, 2011.

97 Yuri Begalov's business dealings are discussed in Nadezhda Ivanitskaya, "As a State Duma deputy and businessman Yuzhilin Kobzar built a billion dollar business," *Forbes Russia*, October 22, 2011; and his marital split in "Татьяна Веденеева расстается с мужем (Tatiana Vedeneeva has divorced)," *DNI*, June 2, 2008.

97 Aleksandr Kiselev's profitable resignation is reported in "Киселев после увольнения из 'Почты России' получит почти 3 млн руб (Kiselev after the dismissal of 'Mail of Russia' will receive nearly 3 million rubles)," *RIA Novosti*, April 19, 2013.

97 Sergei Stankevich's political career, and the graft charges that led him to flee to Poland, are described in Andrew Higgins, "Putin and Orthodox church cement power in Russia," *Wall Street Journal*, December 18, 2007; and Sergey Strokan and Vladimir Mikheev, "EU-Russia sanctions war to continue," *Russia Beyond the Headlines*, June 26, 2015.

98 *Pravda* touts the Russian club scene in Marcelo de Vivo, "Experience the best of Russian nightlife," *Pravda*, October 10, 2013.

98 Avdotja Alexandrova's description of the aesthetic philosophy underpinning her innovative modeling agency appears in Maeve Shearlaw, "30 under 30: Moscow's young power list," *Guardian*, June 8, 2015.

98 The quote from independent publisher Sergey Kostromin comes from Sasha Pershakova, "Zine scene: How Russia's long tradition of self-publishing is still thriving today," *Calvert Journal*, October 28, 2014.

98 Andrey Urodov's magazine *Russia Without Us* features in Michael Idov, "No sleep till Brooklyn: How hipster Moscow fell in love with Williamsburg," *Calvert Journal*, December 31, 2013; this article is also the source of the quote "Every Moscow restaurant is a theme restaurant…"

98 The censoring of musicians Andrei Makarevich and Noize MC for their expressions of support for the people of Ukraine is reported in Karoun Demirjian, "Russian youths find politics as their pop icons face pressure," *Washington Post*, December 2, 2014.

99 Human Rights Watch has documented the oppression of Russia's LGBT population and their allies in considerable detail; see Cooper, op. cit.

99 Official and popular responses to Yelena Klimova's creative work are described in Alec Luhn, "LGBT website founder fined under Russia's gay propaganda laws," *Guardian*, July 29, 2015.

in homosexual acts are dis- cussed in British Broadcasting Corporation, "Cameroon 'gay sex' men acquitted," BBC News, January 7, 2013; see also David Artavia, "Cameroon's 'gay problem,'" *Advocate*, July 7, 2013.

35 For more details on Zimbabwe president Robert Mugabe's dramatic condemnation of homosexuals, see South African Press Association, "Mugabe condemns Europe's gay 'filth,'" *IOL News*, April 14, 2011; Obey Manayiti, "Mugabe chides homosexuals again," *NewsDay* (Bulawayo), July 25, 2013; and Dan Littauer, "Mugabe promises 'hell for gays' in Zimbabwe if he wins," *Gay Star News*, June 17, 2013.

35 The Ugandan legislature's crusade against gays has entered a further round; see Saskia Houttuin, "Gay Ugandans face new threat from anti-homosexuality law," *Guardian*, January 6, 2015.

36 Protests against surreptitious censorship of translated works by Chinese publishers are covered in Alexandra Alter, "China's publishers court America as its authors scorn censorship," *New York Times*, May 28, 2015; and PEN America, "Publishers' pledge on Chinese censorship of translated works," PEN America, October 15, 2015.

36 See Bettina Zilkha, "Andrew Solomon named President of PEN," *Forbes*, March 5, 2015.

37 "Words are no deeds" occurs in William Shakespeare's *Henry VIII*, act 3, scene 2, line 152.

37 Emma Lazarus's oft-quoted saying, "Until we are all free, we are none of us free," originally appeared in "Epistle to the Hebrews," a series of columns published in the *American Hebrew* from November 3, 1882, to February 23, 1883; see the centennial anthology, *An Epistle to the Hebrews* (1987), page 30.

37 Aung San Suu Kyi's entreaty served as the title to her 1997 op-ed, "Please use your liberty to promote ours," *New York Times*, February 4, 1997.

38 In relation to Dima Prigov in the living room, I am thinking in particular of Luis Buñuel's brilliant 1972 film, *The Discreet Charm of the Bourgeoisie*.

38 See "Reporter Daniel Pearl is dead, killed by his captors in Pakistan," *Wall Street Journal*, February 24, 2002.

39 Proposals by Republican presidential candidate Donald Trump and other conservatives to staunch the entry of Muslims into the United States and routinely subject Muslim Americans to surveillance following the November 15 terrorist attacks in Paris are discussed in Jenna Johnson, "Conservative suspicions of refugees grow in wake of Paris attacks," *Washington Post*, November 15, 2015; Jose DelReal, "Donald Trump won't rule out warrantless searches, ID cards for American Muslims," *Washington Post*, November 19, 2015; and Patrick Healy and Michael Barbaro, "Donald Trump calls for barring Muslims from entering U.S.," *New York Times*, December 7, 2015.

39 See Brigitte Vittrup Simpson's dissertation, "Exploring the influences of educational television and parent-child discussions on improving children's racial attitudes," University of Texas at Austin, May 2007. I became aware of her work via Po Bronson and Ashley Merryman, "Even babies discriminate: A NurtureShock excerpt," *Newsweek*, September 4, 2009.

40 The quote from Jung ("If one does not understand a person, one tends to regard him as a fool") occurs on page 125 of his alchemical treatise, *Mysterium Coniunctionis* (1977).

44 The quote from Rainer Maria Rilke ("We need, in love, to practice only this…") occurs in "Requiem for a Friend," in *Selected Poetry of Rainer Maria Rilke* (1984), page 85.

冬季色調

57 Recent surveys of the art scene in Russia include Anna Kaminski, "In Russia, contemporary art explodes from Soviet shackles," BBC News, February 23, 2014; Kelly Crow, "Moscow's contemporary art movement," *Wall Street Journal*, June 4, 2015; and Ekow Shun, "Moscow's new art centres," *Financial Times*, March 15, 2013.

57 For more background on art fairs in Russia, see Alexander Forbes, "Mani-festa 10 succeeds despite controversy," *Artnet News*, June 27, 2014; Masha Goncharova, "Cosmoscow: A fair for the Russian art collector," *New York Times*, September 17, 2015; Rachel Donadio, "Museum director at Hermitage hopes for thaw in relations with West," *New York Times*, May 14, 2015; and Zoë Lescaze, "An abbreviated Moscow Biennale unites scrappy performances, bourgeois spiders, and one former Greek finance minister," *ARTnews*, October 16, 2015.

57 Quotes from members of the "art-anarch-punk gang" Voina come from Marion Dolcy, "Russian art anarchists explain themselves," *Don't Panic*, December 20, 2010; see also Taryn Jones, "The art of 'War': Voina and protest art in Russia," *Art in Russia*, September 29, 2012.

57 The quote by Andrei Klimov occurs in Sasha Shestakova, "Outcry: Ten recent art exhibitions that caused a storm in Russia," *Calvert Journal*, July 29, 2015.

57 This broad range of art controversies, including those relating to the exhibitions with LGBT content, are reviewed in Shestakova, op. cit.; and "Moscow venue refuses to host pro-LGBT teen photo display, cites police pressure," *Queer Rus-*

18 I reminisce about my Cuban New Year's Eve party at greater length in my article "Hot night in Havana," *Food & Wine*, January 2002.

22 See Robert S. McNamara and Brian Van De Mark, *In Retrospect: The Tragedy and Lessons of Vietnam* (1996).

24 The Vilna Gaon Jewish State Museum continues to welcome visitors; its website is at http://jmuseum.lt.

24 The quote from John Ruskin ("It is merely being 'sent' to a place...") appears in the essay "The moral of landscape," anthologized in *The Works of John Ruskin, Vol. 5* (1904), pages 370–71.

25 The quote from E. M. Forster ("When I got away, I could get on with it") comes from an interview by P. N. Furbank and F. J. H. Haskell, "E. M. Forster: The art of fiction no. 1," *Paris Review*, Spring 1953.

25 The quote from Samuel Johnson ("All travel has its advantages...") occurs in Boswell's *Life of Johnson* (1887).

27 The "paper architects" were the subject of my article "Paper tsars," *Harpers & Queen*, February 1990.

29 Walter Pater's advice can be found in the "Conclusion" to *The Renaissance* and appears on page 60 of *Selected Writings of Walter Pater* (1974).

29 Zhou Enlai's quip about the French Revolution is disputed, but is nonetheless "a misunderstanding that was too delicious to invite correction"; see Richard McGregor, "Zhou's cryptic caution lost in translation," *Financial Times*, June 10, 2011.

32 See Andrew Solomon, *The Noonday Demon: An Atlas of Depression* (2001); and Andrew Solomon, *Far from the Tree: Parents, Children, and the Search for Identity* (2012).

33 For a recent tally of countries permitting same-sex marriage, see Freedom to Marry, "The freedom to marry internationally," Freedom to Marry, 2015.

33 For an up-to-date summary of overseas legislation pertaining to homosexuality, see International Lesbian, Gay, Bisexual, Trans and Intersex Association, "The lesbian, gay and bisexual map of world laws," ILGBTIA, May 2015.

34 News coverage of my wedding includes Eric Pfanner, "Vows: Andrew Solomon and John Habich," *New York Times*, July 8, 2007; Laurie Arendt, "A toast to her brother," *Ozaukee Press*, September 30, 2007; and Geordie Greig, "My big fab gay wedding," *Tatler*, October 2007.

34 For a report of the UN sessions on abuses committed by terrorists against gays, see Lucy Westcott, "Gay refugees addresses [*sic*] U.N. Security Council in historic meeting on LGBT rights," *Newsweek*, August 25, 2015.

34 Terrorist atrocities against gay people in Syria and Iraq are documented in James Rush, "Images emerge of 'gay' man 'thrown from building by Isis militants before he is stoned to death after surviving fall,'" *Independent*, February 3, 2015; and Jamie Dettmer, "The ISIS hug of death for gays," *Daily Beast*, April 24, 2015.

35 The execution of Makwan Moloudzadeh is reported in British Broadcasting Corporation, "Iranian hanged after verdict stay," BBC News, December 6, 2007.

35 For background on the charges against twenty-six men arrested in a raid on a Cairo bathhouse, see John McManus, "Egypt court clears men accused of bathhouse 'debauchery,'" BBC News, January 12, 2015.

35 The arrest of guests at a gay wedding in Egypt is reported in British Broadcasting Corporation, "Egypt cuts 'gay wedding video' jail terms," BBC News, December 27, 2014.

35 A Saudi Arabian court's draconian 2007 sentence of two men for sodomy is reported in Doug Ireland, "7000 lashes for sodomy," *Gay City News*, October 11, 2007.

35 On the deplorable situation in Russia, see Tanya Cooper, "License to harm: Violence and harassment against LGBT people and activists in Russia," Human Rights Watch, December 15, 2014.

35 Entrapment of gay men in Kyrgyzstan is documented in Anna Kirey, "'They said we deserved this': Police violence against gay and bisexual men in Kyrgyzstan," Human Rights Watch, January 28, 2014. Recent proposals for antigay legislation in Kyrgyzstan are the subject of Hugh Ryan, "Kyrgyzstan's anti-gay law will likely pass next month, but has already led to violence," *Daily Beast*, September 18, 2015.

35 Human consequences of the Indian court decision recriminalizing homosexuality are discussed in Andrew Buncombe, "India's gay community scrambling after court decision recriminalises homosexuality," *Independent*, February 26, 2014.

35 For a catalogue of homophobic laws in Africa, see Global Legal Research Directorate, "Laws on homosexuality in African nations," Library of Congress, June 9, 2015.

35 For an exhaustive review of persecution of gay people in Nigeria and elsewhere in Africa, see Thomas Probert et al., "Unlawful killings in Africa," Center for Governance and Human Rights, University of Cambridge, 2015. The chilling effects of Nigeria's anti-gay legislation are documented in Katy Glenn Bass and Joey Lee, "Silenced voices, threatened lives: The impact of Nigeria's anti-LGBTI law on freedom of expression," PEN American Center, June 29, 2015.

35 The sentencing of Roger Jean-Claude Mbede and the ordeal of two other Cameroonian men jailed for allegedly engaging

注釋
Notes

（中文編按：以下注釋句首所列的參照頁碼為原書頁碼。）

來自四方的絮語

2 The US Army's Standards of Medical Fitness (Army Regulation 40-501) call for referral to a Medical Evaluation Board for "pes planus, when symptomatic, more than moderate, with pronation on weight bearing which prevents the wearing of military footwear, or when associated with vascular changes." Mild and moderate cases of flat feet would not disqualify one from military service.

4 Erika Urbach's obituary can be found on the Norwegian Bachelor Farmers website, at http://norwegianbachelorfarmers.com/lakewoodrock/stories/Erika.html.

4 This delightful collection is still in print: Frances Carpenter, *Tales of a Korean Grandmother* (1989).

8 The ruins of Ingapirca—also known as the "Inca wall"—are currently being restored; see "En Ingapirca continúa proceso de restauración en piedras," *El Tiempo*, April 8, 2015.

11 The Chernobyl nuclear disaster is described in British Broadcasting Corporation, "Chernobyl: 20 years on," BBC News, June 1v2, 2007. For a striking collection of photographs of the site at the time of the reactor fire and over the following twenty-five years, see Alan Taylor, "The Chernobyl disaster: 25 years ago," *Atlantic*, March 23, 2011.

11 In Chekhov's 1900 play, *The Three Sisters*, youngest sister, Irina, yearns for the family's return to the city of her birth. Act 2 closes with her plaint "Moscow... Oh, Lord. Could we go to Moscow"; see Anton Chekhov, *The Three Sisters: A Play by Anton Chekhov Adapted by David Mamet* (1992).

12 Sotheby's first auction of contemporary Soviet art, conducted July 7, 1988, was recounted in my first book, *The Irony Tower: Soviet Artists in a Time of Glasnost* (1991).

13 Nikita Alexeev's statement ("We have been preparing ourselves to be not great artists, but angels") occurs on page 283 of Solomon (1991), ibid.

14 For the Russian edition, see *The Irony Tower.* Советские художники во времена гласности (2013).

16 Tennyson's "Ulysses" may be found on page 88 of *Poems by Alfred Tennyson in Two Volumes: Vol. 2* (1842).

16 The earliest known instance of the quote attributed to St. Augustine ("The world is a book and those who do not travel read only one page") occurs on page 2 of John Feltham, *The English Enchiridion* (1799).

16 Christian Caryl is author of *Strange Rebels: 1979 and the Birth of the 21st Century* (2013), and dozens of insightful pieces of political journalism; see, e.g., "The young and the restless," *Foreign Policy*, February 17, 2014; and "Putin: During and after Sochi," *New York Review of Books*, April 3, 2014.

18 For more background on the shifts in Cuba's official stance regarding religion, see Rone Tempest, "Pope meets with Castro, agrees to a Cuba visit," *Los Angeles Times*, November 20, 1996; and Marc Frank, "Cuba's atheist Castro brothers open doors to Church and popes," Reuters, September 7, 2015.

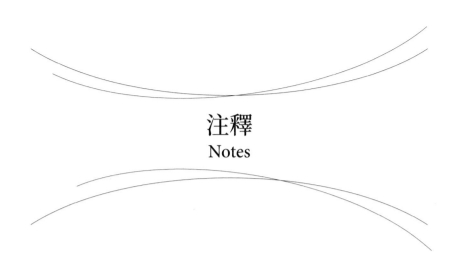

比遠方更遠

走入個人與國族，凝視政治下的創傷與差異，一場起於變革年代的人性之旅

FAR and AWAY

How Travel Can Change the World

作　　者　安德魯・所羅門（Andrew Solomon）
譯　　者　林凱雄
責任編輯　賴逸娟
協力編輯　佘鎧瀚
行銷企畫　陳詩韻
總 編 輯　賴淑玲
設　　計　廖　韡
排　　版　黃暐鵬

社　　長　郭重興
發 行 人　曾大福
出　　版　大家出版／遠足文化事業股份有限公司
發　　行　遠足文化事業股份有限公司
231新北市新店區民權路108-2號9樓
電　　話　(02) 2218-1417
傳　　真　(02) 8667-1065
劃撥帳號　19504465　戶名・遠足文化事業股份有限公司
法律顧問　華洋法律事務所　蘇文生律師
定　　價　新台幣650元
初版一刷　2023年5月

I S B N　978-986-5562-90-8（平裝）
978-986-5562-91-5（PDF）
978-626-7283-10-3（EPUB）

比遠方更遠：走入個人與國族，凝視政治下的創傷與差異，一場起於變革年代的人性之旅／安德魯・所羅門（Andrew Solomon）作；林凱雄譯.
－初版.－新北市：大家出版：
遠足文化事業股份有限公司發行，2023.05
面；公分
譯自：Far and away : how travel can change the world
ISBN 978-986-5562-90-8（平裝）
1.CST: 社會改革　2.CST: 社會變遷
541.4　111020601